Office 2021 und Microsoft 365

Das Praxisbuch

Office 2021

und Microsoft 365

Das Praxisbuch

PHILIP KIEFER

Markt+Technik

ISBN 978-3-95982-296-1

Produktmanagement Christian Braun, Burkhardt Lühr
Herstellung Jutta Brunemann
Korrektorat Alexandra Müller
Covergestaltung David Haberkamp
Coverfoto © Production Perig – adobe.stock.com
Satz inpunkt[w]o, Haiger (www.inpunktwo.de)
Druck mediaprint solutions GmbH, Paderborn
Printed in Germany

Vorwort

Die Office-Suite von Microsoft erfreut sich nicht umsonst ungebrochener Beliebtheit. Auch die aktuelle Version Office 2021 bzw. die laufend aktualisierte Abo-Version Microsoft 365 läuft stabil und liefert einen schier unerschöpflichen Funktionsumfang. Mithilfe dieses Buches werden Sie den Umgang mit Office 2021 oder Microsoft 365 mitten in der Praxis erlernen und perfektionieren. Sie profitieren von den Buchinhalten sowohl als Neueinsteiger wie auch als Umsteiger von einer anderen Office-Version.

Dieses Buch beruht auf dem Werk meines geschätzten Kollegen Gerhard Philipp, der für umfassende, perfekt erklärte und geradlinige Fachbücher stand. 2017 ist er leider verstorben. Es ist mir eine Ehre, sein Praxisbuch zu Microsoft Office weiterzuführen. Bei den Aktualisierungen für diese Neuauflage habe ich mich bemüht, wo es ging, Texte und Strukturen von ihm beizubehalten, und wo dies nicht möglich war, wenigstens möglichst nah an seinem Stil zu schreiben.

Ich gehe davon aus, dass Sie Office 2021 bzw. Microsoft 365 bereits auf einem Windows-Computer installiert haben. Ergänzend können Sie die Office-Programme auch auf einem Tablet-PC oder einem Smartphone verwenden. Das Synchronisieren Ihrer Office-Dateien erfolgt am einfachsten übers Internet, sodass Sie von überall auf der Welt und von verschiedenen Geräten aus darauf zugreifen können.

Haben Sie nun viel Freude beim Lesen und Durcharbeiten dieses Fachbuches, das Ihnen viele neue Kenntnisse und sicher auch das eine oder andere Aha-Erlebnis vermitteln wird!

Ihr Autor Philip Kiefer

1 Office 2021: Neuerungen und erste Schritte

1.1 Das sind die Highlights der neuen Office-Version

Wie es nun schon bei mehreren Versionen von Microsoft Office der Fall war, setzt Microsoft bei der Aktualisierung seiner Office-Suite auf stetige Verbesserungen statt auf die große Revolution. Besonders ersichtlich ist dies in der Abo-Variante Microsoft 365, bei der immer wieder neue Funktionen hinzukommen können, ohne dass sich das große Bild ändert. Doch auch bei dem größeren Schritt von Office 2019 auf Office 2021 hält Microsoft die Änderungen im Rahmen. Das hat natürlich einen guten Grund: Viele Millionen Menschen weltweit nutzen die Office-Suite von Microsoft, und diese haben verständlicherweise keine Lust, sich immer wieder in eine komplett neue Software einzuarbeiten. Deshalb bleibt Microsoft Office auch nach mehreren Versionen noch wiedererkennbar und die Basisfunktionen bleiben die gleichen.

Aber natürlich gibt es ein paar Änderungen, und diese möchte ich Ihnen in diesem ersten Kapitel vorstellen, in dem Sie sich der Office-Suite zunächst einmal annähern, bevor Sie dann gleich ab dem zweiten Kapitel in die Office-Praxis starten.

Für die Darstellung in diesem Buch habe ich die neue Office-Suite auf einem Rechner mit Windows 11 laufen lassen. Unter Windows 10 können Sie Office 2021 bzw. Microsoft 365 aber genauso weiter nutzen.

Allgemeine Highlights

Wenn Sie eines der klassischen Office-Programme Word, Excel oder PowerPoint aufrufen, wird Ihnen der bereits von Office 2019 bekannte Startbildschirm angezeigt, auf dem Sie zum einen Zugriff auf verschiedene Vorlagen, aber auch Ihre zuletzt verwendeten, angehefteten oder mit Ihnen geteilten Dateien erhalten.

Öffnen Sie eine Datei bzw. eine Vorlage, werden Sie auf die erste Veränderung gegenüber Office 2019 aufmerksam. Das Menüband hat abgerundete Ecken erhalten und einige Funktionen wurden anders angeordnet.

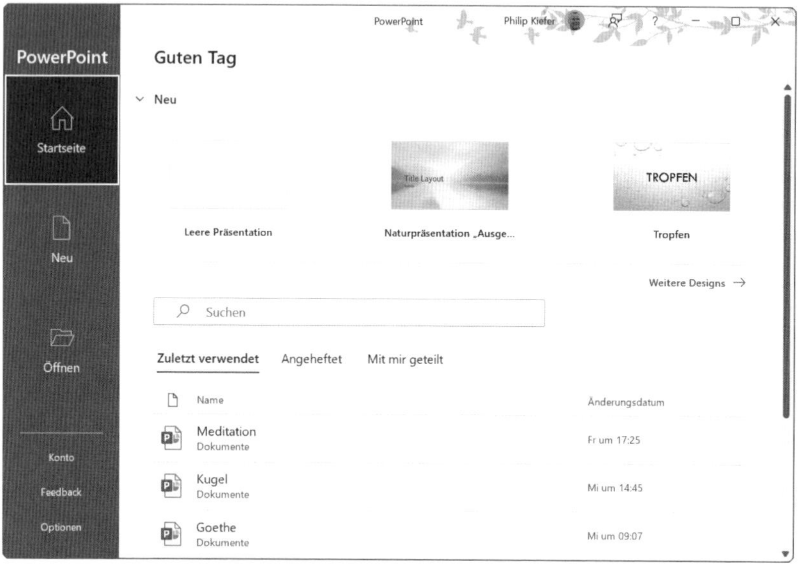

Diese Abbildung zeigt als Beispiel den Startbildschirm des Office-Programms PowerPoint, das dem Erstellen von Präsentationen dient.

Besonders auffällig: Die Funktionen zum Rückgängigmachen und Wiederholen wurden auf der Registerkarte *Start* eingefügt. Na ja, das kann ziemlich umständlich sein, wenn Sie damit häufiger was korrigieren möchten.

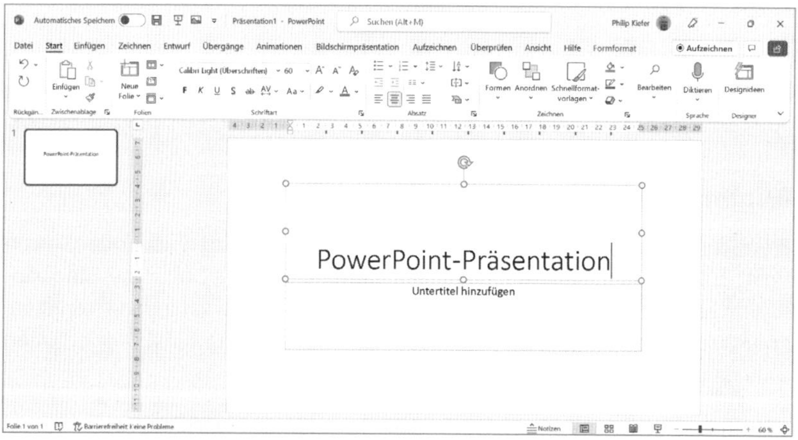

Das Menüband in Office 2021 unterscheidet sich optisch recht deutlich von dem Menüband in Office 2019.

Grund für die Positionierung der Funktionen im Menüband ist wohl, dass Ihnen der Verzicht auf die Schnellzugriffsleiste schmackhaft gemacht werden soll. Wie Sie diese Schnellzugriffsleiste gegebenenfalls einblenden und ganz nach Belieben einrichten, lesen Sie in Kapitel 2.

Eine noch deutlichere Veränderung des Menübands gibt es im Office-Programm Outlook. Hier wird Ihnen standardmäßig ein »vereinfachtes Menüband« angezeigt, wobei Sie aber jederzeit zum klassischen Menüband zurückwechseln können. Zu Outlook lesen Sie dann alles in Kapitel 6.

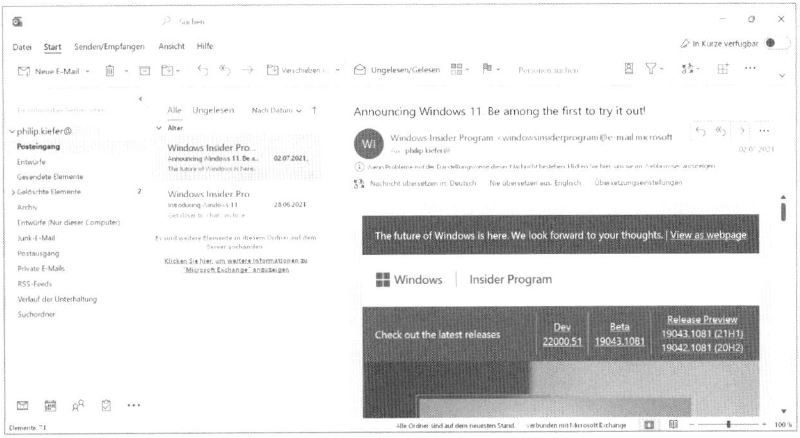

Das vereinfachte Menüband spart eine Menge Platz, bietet aber trotzdem einen schnellen Zugriff auf alle benötigten Funktionen.

Auch das Thema Zusammenarbeit wird in Office 2021 großgeschrieben. Bemerkbar macht sich das z. B. durch den neu gestalteten Kommentarbereich in Word, Excel und PowerPoint, in dem sich Kommentare in Form von »Threads« posten lassen. Microsoft selbst bezeichnet dies als »moderne Kommentare«.

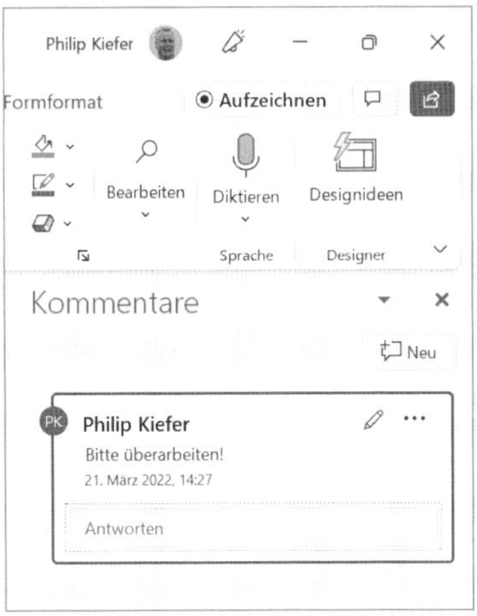

So sieht ein »moderner Kommentar« aus, in diesem Fall im Kommentarbereich von PowerPoint 2021.

Ebenfalls in diesen Zusammenhang gehört die Möglichkeit in Office 2021, Dokumente in Echtzeit mit mehreren Personen gemeinsam zu bearbeiten, und zwar, ohne dass dazu erst E-Mails oder Notizen hin und her geschickt werden müssten. Sie können sogar sehen, wo der andere Bearbeiter in einem gemeinsam bearbeiteten Dokument gerade unterwegs ist.

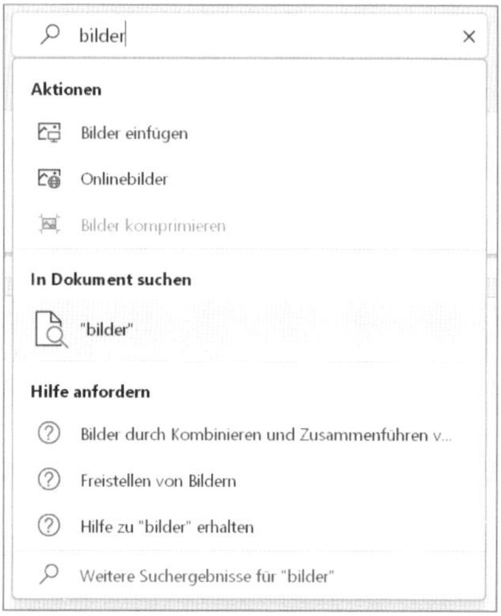

Ebenfalls eine Neuerung in allen Office-Programmen ist das verbesserte Suchfeld, das in die Titelleiste integriert ist. Hier können Sie gleichermaßen nach Inhalten in einem Dokument suchen wie nach Programmbefehlen oder Hilfe zu einzelnen Programmfunktionen.

Für die schnelle Suche nach Inhalten oder Befehlen können Sie das in die Titelleiste integrierte Suchfeld einsetzen.

Weiterhin wird in den Office-Programmen ein großes Augenmerk auf das Thema Barrierefreiheit gerichtet. Ob in diesem Zusammenhang Probleme bestehen oder nicht, sehen Sie auf Anhieb in der Statusleiste. Ein Mausklick auf den Eintrag in der Statusleiste öffnet den entsprechenden Bereich sowie gegebenenfalls zusätzlich die Registerkarte *Barrierefreiheit*.

Nicht auf den ersten Blick deutlich sind die Änderungen auf der Registerkarte *Zeichnen*, die Sie für Freihandzeichnungen einsetzen können. Hier leisten Ihnen in Office 2021 das Lasso, der Punktradierer sowie das Lineal gute Dienste.

Darüber hinaus gibt es noch einige kleinere Änderungen (z. B. die Eingabe von Hexadezimalwerten bei der Farbauswahl) sowie Leistungsverbesserungen. Microsoft verspricht, dass Office 2021 noch mal schneller und stabiler läuft als die Vorgängerversion.

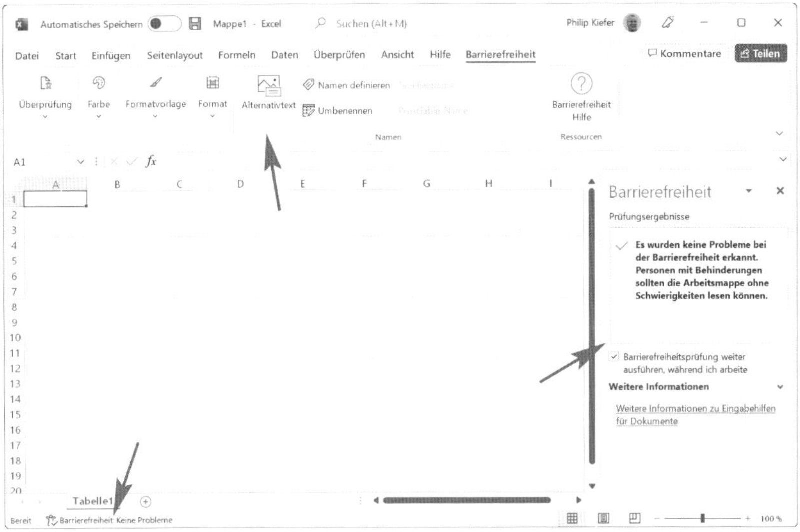

Hier wird in Excel per Mausklick auf den Statusleisteneintrag zur Barrierefreiheit rechts ein Bereich und oben eine Registerkarte eingeblendet.

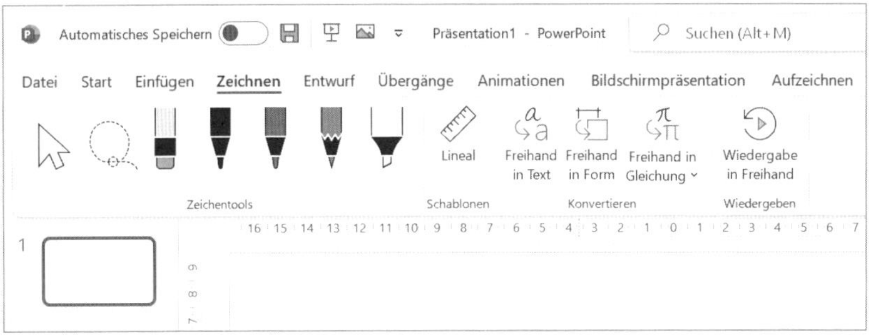

Die Registerkarte »Zeichnen« wartet in Office 2021 mit einigen kleinen, aber feinen Neuerungen auf.

Word-Highlights

Wenn Sie in Word ein Dokument verfassen, sei es ein Referat oder Ihre Memoiren, kleben Sie oft stundenlang am Bildschirm fest. Um Ihre Augen zu schonen, wird Ihnen in Office 2021 der Darstellungsmodus *Schwarz* angeboten. Bei diesem Modus wird nicht nur die Benutzeroberfläche abgedunkelt, sondern auch – zumindest in Word und Outlook – das Dokument selbst.

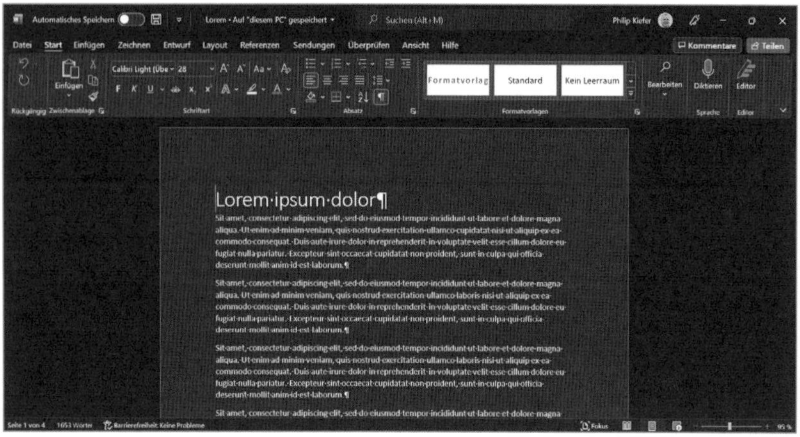

Mit dem Darstellungsmodus »Schwarz« soll das augenschonende Betrachten und Bearbeiten von Dokumenten in Word möglich sein.

Wie Sie diesen Darstellungsmodus aktivieren? Dazu klicken Sie im Menüband von Word auf den Reiter *Datei* und wählen anschließend *Konto*. Entscheiden Sie sich nun im Menü *Office-Design* für den Eintrag *Schwarz*. Schon wird Ihnen schwarz vor Augen! Aber nur in Word und Outlook wird auch das Dokument schwarz dargestellt, in den anderen Programmen wird nur die Benutzeroberfläche eingefärbt.

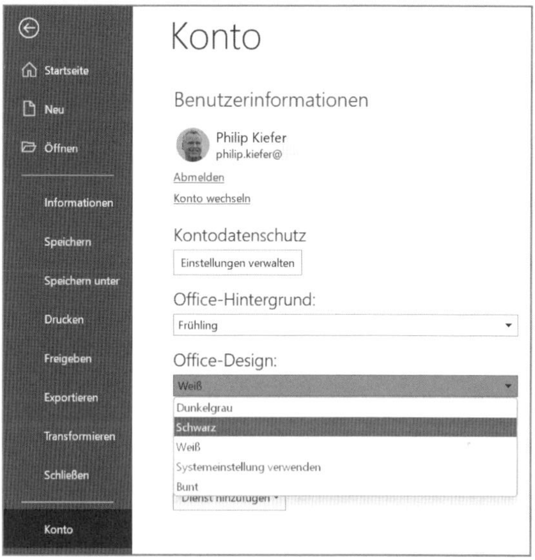

Der Darstellungsmodus lässt sich mit wenigen Handgriffen ändern und gilt dann für alle Office-Programme.

Die ehemaligen *Lerntools* heißen jetzt *Plastischer Reader*. Auch damit lässt sich das Lesen nicht nur augenfreundlicher, sondern auch effizienter gestalten, etwa durch das Anpassen des Zeilenfokus. Sie werden den plastischen Reader im Word-Kapitel noch näher kennenlernen.

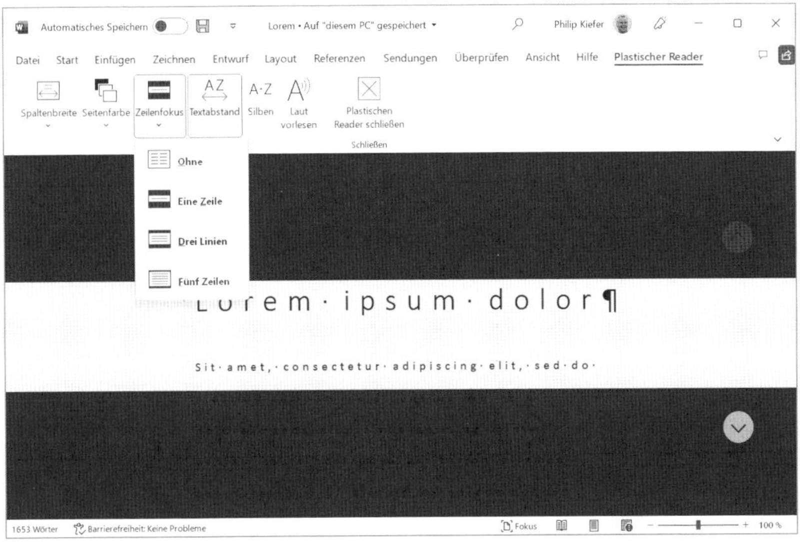

Speziell für das augenfreundliche und effiziente Lesen gedacht: der plastische Reader.

Excel-Highlights

Das Office-Programm Excel ist ein mächtiges Tabellenkalkulationsprogramm mit einem unglaublich großen Funktionsumfang. Sie können es im privaten Bereich für die Planung des kargen Monatsbudgets genauso einsetzen wie in großen Unternehmen für die Buchhaltung. Die neue *Barrierefreiheit*-Registerkarte in Excel 2021 habe ich Ihnen schon gezeigt.

Daneben ist die Funktion *Neue Tabellenansicht* hinzugekommen. Wird eine Excel-Tabelle mit anderen Personen gemeinsam bearbeitet, ermöglicht es diese Funktion, die Ansichtsoptionen für sich selbst anzupassen, während die anderen Personen ungestört an der Tabelle weiterarbeiten können. Sie finden diese Option auf der Registerkarte *Ansicht* in der Gruppe *Tabellenansicht*. Die Option steht aber nur zur Verfügung, wenn eine Arbeitsmappe auf OneDrive hochgeladen wurde.

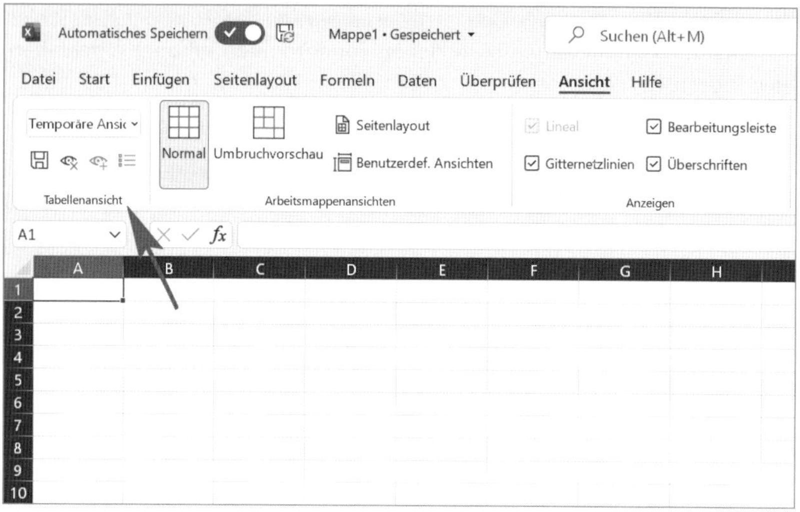

Hier wurde, nach dem Hochladen einer Arbeitsmappe auf OneDrive, die neue Tabellenansicht aufgerufen.

Spannend sind natürlich auch die neuen Excel-Funktionen in Excel 2021, die Hunderte bereits vorhandene Funktionen ergänzen. Zu nennen sind in diesem Zusammenhang:

- XVERWEIS: Diese Funktion ermöglicht die Suche nach einem genauen Begriff in einer beliebigen Spalte einer Matrix.

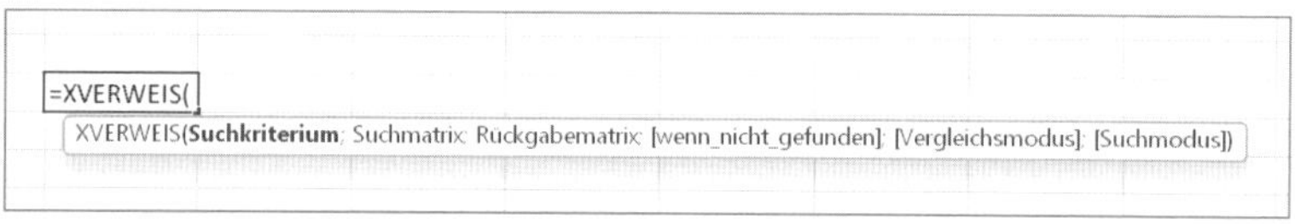

Wenn Sie einer Funktion ein Gleichheitszeichen voranstellen und eine öffnende Klammer folgen lassen, werden automatisch die zugehörigen Funktionsargumente eingeblendet.

- XVERGLEICH: Auch mit dieser Funktion können Sie eine Suche in einer Matrix starten und sich die relative Position des Elements zurückgeben lassen.
- FILTER: Damit lassen sich Daten in einer Matrix nach bestimmten Kriterien filtern.
- SORTIEREN: Mit dieser Funktion können Sie die Daten in einer Matrix nach bestimmten Kriterien sortieren.

- SORTIERENNACH: Auch dies ist eine Sortierfunktion, wobei das Sortieren in diesem Fall nach Werten innerhalb einer Matrix erfolgt.
- EINDEUTIG: Diese Funktion gibt eine Liste eindeutiger Werte in einer Matrix zurück.
- SEQUENZ: Generieren Sie mit dieser Funktion eine Liste laufender Nummern in einer Matrix.
- ZUFALLSMATRIX: Wie der Name schon sagt, gibt diese Funktion eine Matrix aus Zufallszahlen zurück.
- LET: Diese neue Funktion schließlich weist den Berechnungsergebnissen Namen zu.

Einige Funktionen werden Sie noch in Kapitel 4 kennenlernen, das sich ausführlich dem Tabellenkalkulationsprogramm Excel widmen wird. Dort werden Sie auch erfahren, was eine Funktion überhaupt ist, und auch der Begriff Matrix wird noch erklärt. Also: keine Panik!

PowerPoint-Highlights

Beim Präsentationsprogramm PowerPoint gibt es ebenfalls ein paar kleine, aber feine Neuerungen. Hier ist besonders eine clevere Aufzeichnungsfunktion zu nennen, die Sie direkt per Mausklick auf die Schaltfläche *Aufzeichnen* rechts oben im Menüband aufrufen. Sollten Sie für die Zusammenarbeit mit anderen Personen das Microsoft-Tool Teams nutzen, können Sie außerdem per Schaltfläche eine Präsentation in Teams starten.

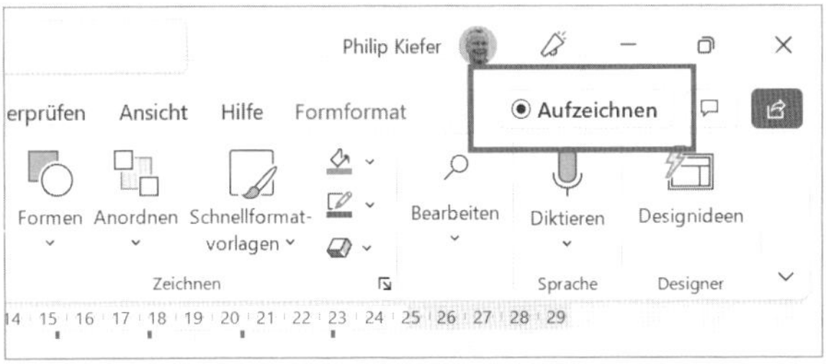

Gelangen Sie mit nur einem Mausklick in das Aufzeichnungsfenster, ohne den Umweg über die Registerkarte »Aufzeichnen« zu gehen.

Schon stehen Ihnen die Funktionen zum Aufzeichnen der Präsentation zur Verfügung. Schauen Sie sich in dem Fenster einfach mal um, damit Sie mit den vielfältigen Einstellungen vertraut werden. Und wozu wohl der rote Button da ist? Richtig geraten: zum Starten der Aufzeichnung.

Das Aufzeichnungsfenster lässt sich im neuen Menüband in Office 2021 mit einem einzigen Mausklick aufrufen.

Pfiffig ist auch die neue Funktion *Wiedergabe in Freihand* auf der Registerkarte *Zeichnen*. Wenn Sie eine Zeichnung erstellen, können Sie per Mausklick auf diese Schaltfläche eine Zeichnung in der Abfolge animieren, in der Sie sie erstellt haben.

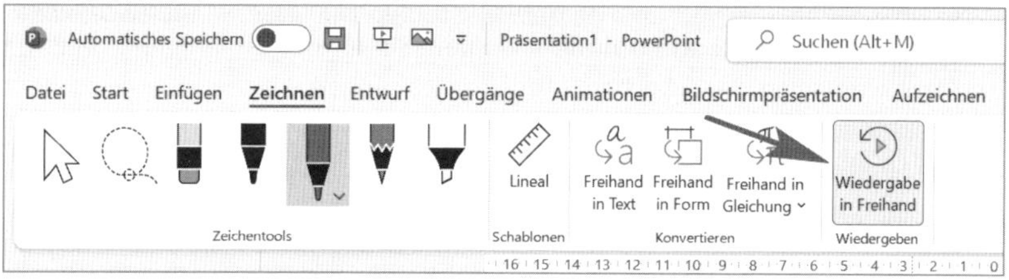

Pfiffige Wiedergabeoption für Freihandzeichnungen: Animieren Sie eine Zeichnung in der Abfolge ihres Entstehens.

Outlook-Highlights

Das Office-Programm Outlook ist ein sogenannter PIM – ein **P**ersonal **I**nformation **M**anager. Sie senden und empfangen damit E-Mails, können das Programm aber auch zum Verwalten Ihrer Termine und Aufgaben oder für den Zugriff auf Ihre Kontakte einsetzen. Auch bei Outlook 2021 greift der augenschonende Darstellungsmodus *Schwarz*. Wenn Sie eine E-Mail in diesem Darstellungsmodus erstellen, wird weiße Schrift auf schwarzem Hintergrund dargestellt. Aber keine Sorge: Beim E-Mail-Empfänger kommt Ihre E-Mail selbstverständlich in Schwarz auf Weiß an, es sei denn, dieser hat ebenfalls den Darstellungsmodus *Schwarz* aktiviert.

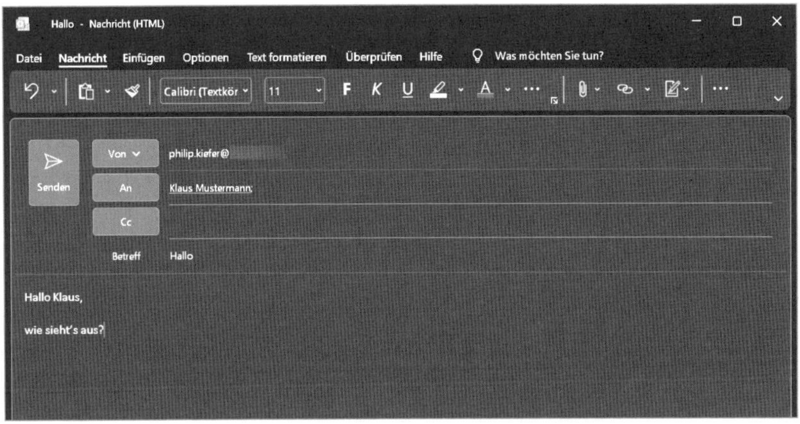

Die E-Mail wird auf schwarzem Hintergrund erstellt – beim Empfänger kommt die E-Mail aber in normaler Darstellung an.

Praktisch bei internationalem E-Mail-Verkehr: Sie können eine E-Mail, die Sie in Outlook 2021 empfangen, aus über 70 Sprachen ins Deutsche übersetzen lassen – oder natürlich auch in eine andere Sprache. Klicken Sie dazu auf den Übersetzungslink, der oberhalb der fremdsprachigen E-Mail eingeblendet wird.

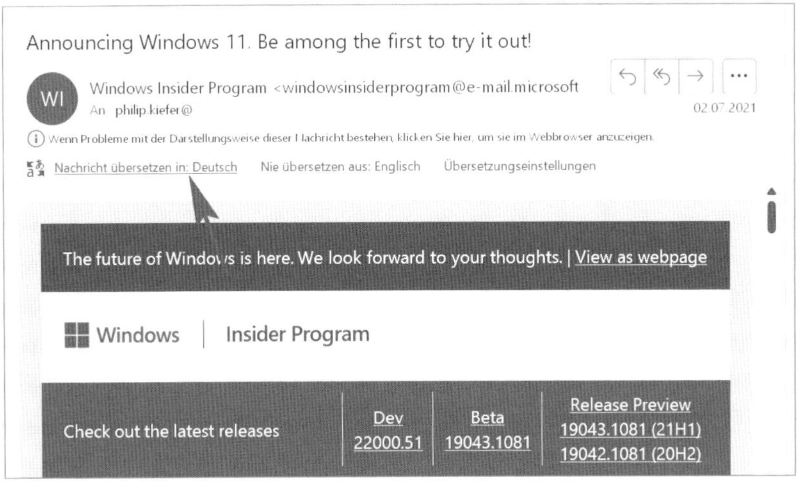

Die automatischen Übersetzungen in Outlook 2021 sind zwar alles andere als perfekt, verhelfen aber zumindest zu einem ersten Textverständnis.

Nun, das sind die vier Programme, die in diesem Buch ausführlich behandelt werden. Abhängig vom installierten Office-Paket könnten Sie noch über weitere Office-Programme verfügen, etwa die Datenbanksoftware Access oder die Desktop-Publishing-Software Publisher.

Auch OneNote und Teams werden Sie vielleicht gerne nutzen. Nach dem Durcharbeiten dieses Buches sind Sie in jedem Fall imstande, sich die Funktionen weiterer Office-Programme auf eigene Faust zu erschließen.

1.2 Office-Programme sicher und schnell aufrufen

Das Starten der einzelnen Office-Programme ist denkbar einfach. Sie rufen diese unter Windows 10 oder Windows 11 im Startmenü auf, das Sie wiederum per Mausklick auf das Windows-Logo unten auf dem Bildschirm Ihres Windows-Computers in der Taskleiste öffnen. Unter Windows 10 wird die Liste mit den verfügbaren Apps direkt eingeblendet, unter Windows 11 müssen Sie gegebenenfalls noch auf *Alle Apps* klicken, um das gewünschte Office-Programm zu finden.

Hier wird das Office-Programm Word im Startmenü von Windows 11 aufgerufen.

Für den noch schnelleren Zugriff auf die Office-Programme sowie gegebenenfalls auf Sprunglisten zu den zuletzt verwendeten Dateien legen Sie die Icons der Programme in die Taskleiste. Dazu klicken Sie einen Programmeintrag im Startmenü mit der rechten Maustaste an, wählen dann *Mehr* und *An Taskleiste anheften.*

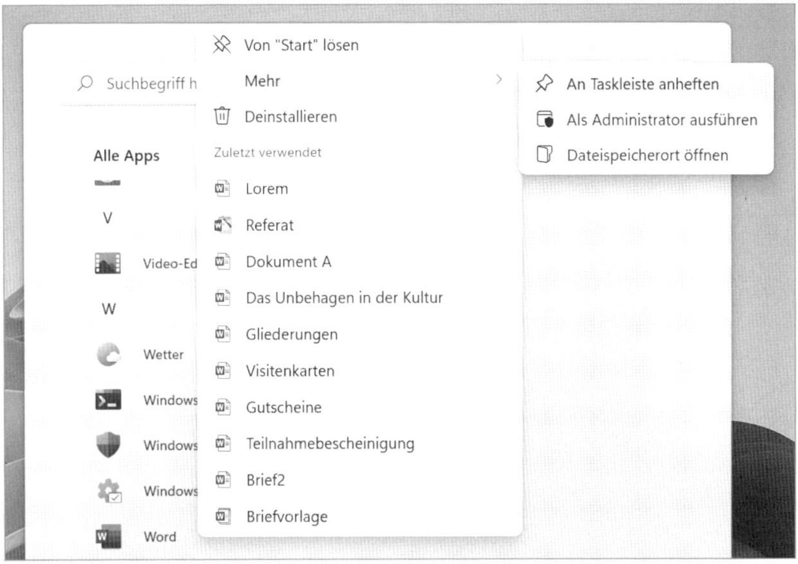

Heften Sie die Office-Programme mit ein paar Handgriffen an die Taskleiste an, um jederzeit schnell darauf zugreifen zu können.

Um eine geöffnete Office-Datei zu schließen, wählen Sie *Datei/Schließen* bzw. in Outlook *Datei/Beenden*. Alternativ klicken Sie zum Beenden einfach in den Fenstern auf das Kreuz oben rechts.

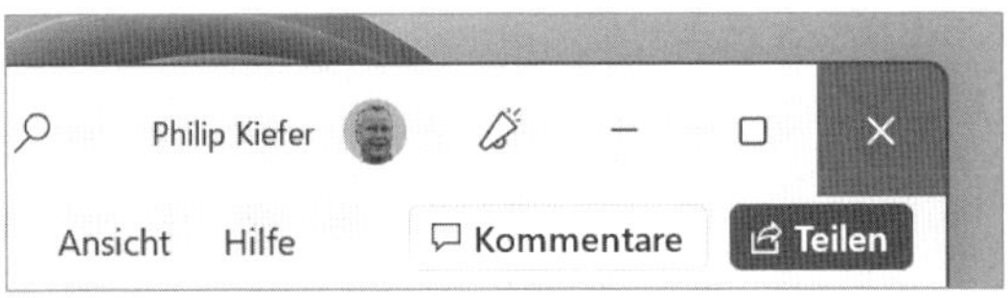

Am schnellsten schließen Sie ein Office-Programm per Kreuzsymbol.

Aber nun wollen Sie natürlich erst mal Dateien anlegen oder vorhandene Dateien öffnen. Lesen Sie dazu einfach weiter in Kapitel 2.

2 Cloud, Dateiformate und Co.: wichtige Office-Grundfunktionen

2.1 Arbeiten in der Cloud – Zugriff von überall

Was ist die Cloud?

Bisher haben Sie vielleicht alles lokal auf Ihrem PC oder auf einem Server Ihrer Firma gespeichert. Und Sie haben – hoffentlich – immer eine Datensicherung auf einer externen Festplatte durchgeführt, um so einem möglichen Datenverlust vorzubeugen. Damit könnte bald Schluss sein, wenn Sie Ihre Daten in der Cloud und nicht mehr auf Ihrer heimischen Festplatte abspeichern.

Die Cloud ist ein Onlinespeicher, in dem Sie Ihre Daten ebenso ablegen können wie auf Ihrer Festplatte, jedoch mit einem großen Unterschied. Die Cloud vergisst nichts. Selbst wenn bei Ihnen zu Hause ein Feuer ausbrechen würde, hätte das keinen Einfluss auf Ihre Daten.

Der zweite Vorteil der Cloud: Sie haben Ihre Daten immer und überall zur Hand. Sie brauchen nur einen Onlinezugang und können überall auf der Welt auf Ihre Daten zugreifen.

Die Cloud ist ein Speicherort, der von verschiedenen Firmen zur Verfügung gestellt werden kann. Dabei bekommen Sie ein bestimmtes geringes Kontingent an Speicherplatz in der Regel kostenlos. Brauchen Sie mehr, müssen Sie zahlen.

In diesem Buch geht es um Office 2021, also ein Produkt aus dem Hause Microsoft, und deshalb werde ich mich im Folgenden auf den Speicherdienst von Microsoft beschränken, der optimal mit Office 2021 bzw. Microsoft 365 zusammenarbeitet.

Das Speichern in der Cloud ist wirklich ein verlockendes Angebot. Nie mehr Datenverluste, nie mehr Datensicherung. Ich möchte Ihre Euphorie aber etwas dämpfen, denn man sollte jedes Angebot von mehreren Seiten betrachten.

Wenn Ihre Daten in der Cloud liegen, haben Sie keinen wirklichen Einfluss mehr darauf. Sie wissen nicht sicher, wo sie liegen, Sie wissen nicht, wer noch Zugriff darauf hat, und sie in der Cloud zu löschen heißt nicht, dass die Daten weg sind. Sie sind zwar, genau wie auf der Festplatte, aus dem Inhaltsverzeichnis verschwunden, aber als Daten schlummern sie noch so lange auf den Cloud-Servern wie auch auf Ihrer Festplatte, bis der Bereich dann tatsächlich durch andere Informationen überschrieben wird.

Und deshalb sollten Sie Ihre Einkommensteuererklärung vielleicht eher nicht in die Cloud laden, genauso wenig wie die Atteste Ihres Arztes oder Ihre Gehaltsabrechnungen. Über Bankdaten in der Cloud brauche ich sicher nichts zu sagen. Und ob Sie als Firmenchef zum Zwecke der besseren Teamarbeit die Firmendaten in der Cloud ablegen, damit alle Mitarbeiter auf die Daten zugreifen können, sollten Sie nach reiflicher Überlegung selbst entscheiden ... und es besser nicht tun.

Sie sehen: Letztlich muss jeder für sich selbst entscheiden, ob und für welche Zwecke er die Cloud nutzen möchte oder nicht.

Anmelden und Speichern bei OneDrive

Beim Speichern innerhalb eines Office-Programms haben Sie stets die Möglichkeit, Dateien entweder lokal oder in der Cloud zu speichern. Dazu müssen Sie sich aber einmal anmelden. Klicken Sie also gegebenenfalls in einem der Programme zunächst unter *Datei/Speichern unter* auf *OneDrive* und dann auf *Anmelden*.

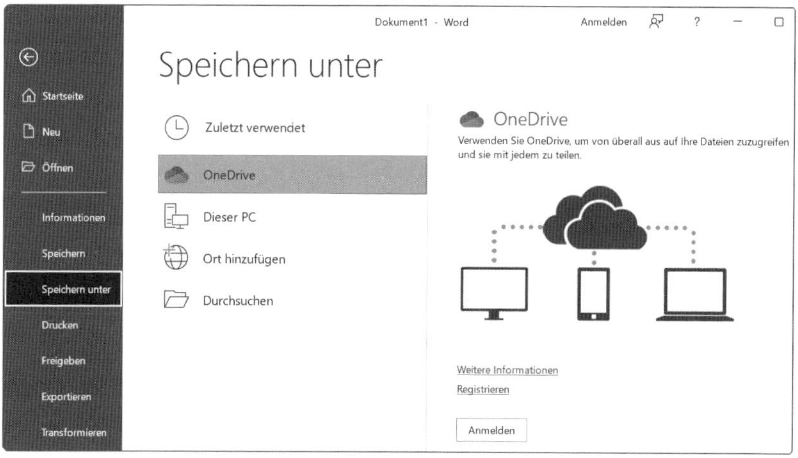

Melden Sie sich mit den zu Ihrem Microsoft-Konto gehörenden Zugangsdaten an. Sofern Sie noch nicht über ein Microsoft-Konto verfügen, können Sie sich zunächst registrieren, indem Sie auf den Link *Eins erstellen!* klicken und anschließend den Anweisungen auf dem Bildschirm folgen.

Nach der Anmeldung steht OneDrive als Speicherort in Office 2021 zur Verfügung. Übrigens können Sie unter dem Betriebssystem Windows (Windows 10, Windows 11) auf die bei OneDrive gespeicherten Dateien auch im Datei-Explorer zugreifen. Wenn Sie eine Office-Datei im Datei-Explorer in einen OneDrive-Ordner ziehen, wird diese ebenfalls auf OneDrive gespeichert.

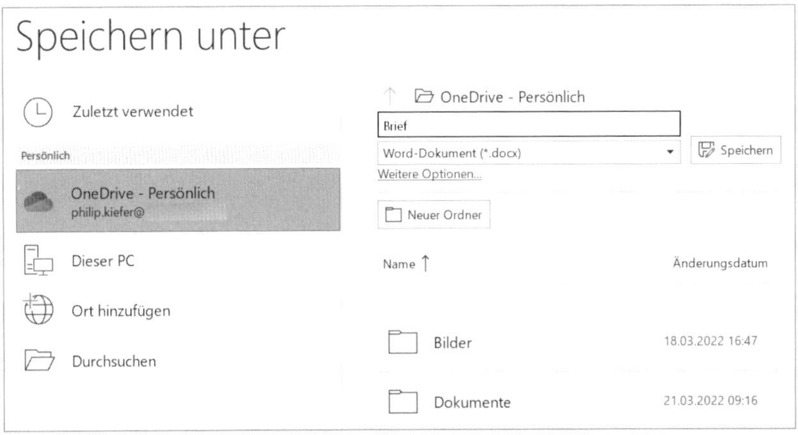

Wie gesagt: Dank OneDrive können Sie überall auf der Welt mit einem Internetzugang auf Ihre Daten in der Cloud zugreifen. Ein weiterer Vorteil: Haben Sie eine Office-Datei in der Cloud gespeichert, können Sie das automatische Speichern aktivieren – so bleiben Ihre Daten auch nach einem eventuellen Programmabsturz erhalten.

Öffnen in der Cloud

Das Öffnen einer auf OneDrive gespeicherten Datei erfolgt vom Prinzip her genauso wie das Öffnen einer lokal gespeicherten Datei, d. h., Sie wählen *Datei/Öffnen*, entscheiden sich in diesem Fall für den Speicherort *OneDrive* und klicken auf die Datei, die Sie öffnen möchten.

Wenn Sie einmal unterwegs auf ein Dokument zugreifen möchten, können Sie dies aber auch in einem Webbrowser tun. Rufen Sie dazu die Webadresse *https://onedrive.live.com* auf und melden Sie sich mit Ihren OneDrive-Zugangsdaten an. Klicken Sie auch hier eine Office-Datei zum Öffnen an ...

... und bearbeiten Sie sie in einer Web-App des jeweiligen Office-Programms, in diesem Fall wird die Datei in Word Online aufgerufen.

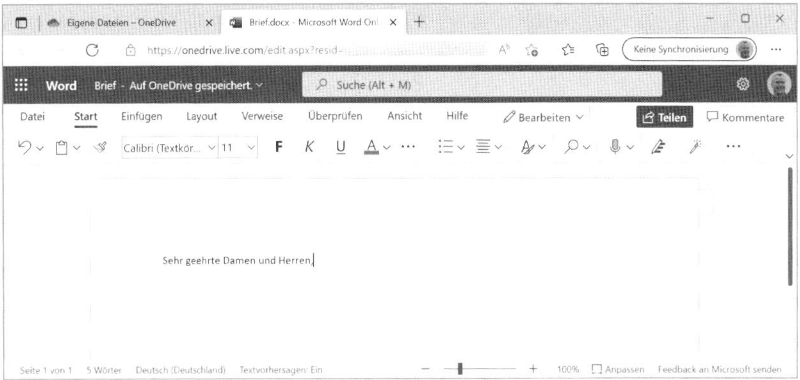

TIPP

Office auch auf Smartphone und Tablet-PC nutzen
Neben der Möglichkeit, im Webbrowser auf die abgespeckten Onlineversionen der Office-Programme zuzugreifen, gibt es auch Apps für mobile Geräte. So können Sie die Programme z. B. auf einem Apple- oder Android-Gerät einzeln aus dem jeweiligen App Store laden. Die Arbeit an Dokumenten ist auf den kleineren Bildschirmen etwas fummelig, aber auf alle Fälle eine gute Notlösung.

Zusammenarbeit in der Cloud

Nein, ich möchte Ihnen die Cloud hier keineswegs schmackhaft machen. Aber einen weiteren wichtigen Vorteil möchte ich Ihnen nicht verschweigen, nämlich die Möglichkeit, Office-Dateien in der Cloud für die gemeinsame Bearbeitung freizugeben.

Angenommen, Sie arbeiten mit mehreren Personen an einem Referat, könnten Sie alle auf dieselbe Word- oder PowerPoint-Datei zugreifen und Ihre jeweiligen Änderungen daran vornehmen. Die Bearbeiter können sich jeweils ansehen, wer welche Änderungen durchgeführt hat.

Wie Sie eine Office-Datei für andere Personen freigeben, zeigt Ihnen die folgende Anleitung.

1 Speichern Sie die Office-Datei, wie gerade gezeigt, auf OneDrive.

2 Klicken Sie nun rechts oben in dem Office-Programm auf die Schaltfläche *Teilen*.

3 Bestimmen Sie im folgenden Fenster zunächst die Freigabeoptionen, z. B. ob jeder, der den Link erhält, die Datei bearbeiten darf oder nur bestimmte Personen. Klicken Sie dazu auf die standardmäßige Freigabeoption.

4 Nun können Sie die Freigabe auf bestimmte Personen beschränken, entscheiden, ob Sie die Bearbeitung zulassen möchten oder nicht, und wenn Sie mögen, auch ein Ablaufdatum für die Freigabe festlegen. Bestätigen Sie Ihre Einstellungen mit *Übernehmen*.

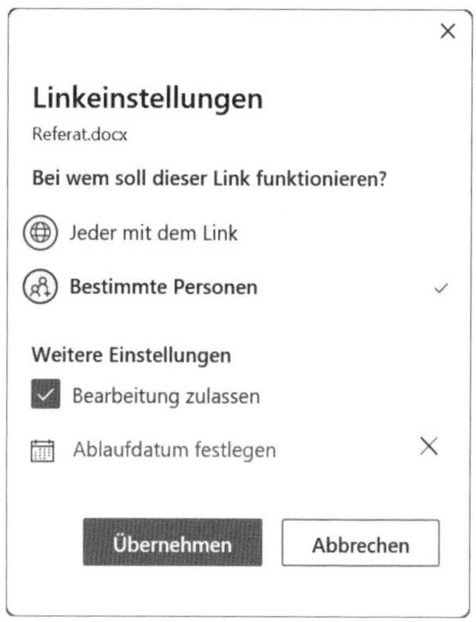

5 Wählen Sie schließlich die Personen für die Freigabe aus und schicken Sie diesen mit der Schaltfläche *Senden* eine Einladung.

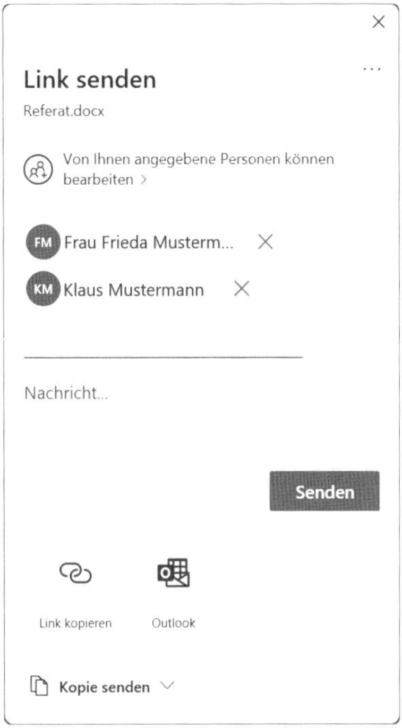

Natürlich können Sie Bearbeiter nachträglich wieder entfernen. Dazu wählen Sie erneut die Schaltfläche *Teilen* und klicken im Fenster, das sich öffnet, auf das Symbol mit den drei Punkten. Wählen Sie *Zugriff verwalten*. Nun können Sie die zuvor den einzelnen Personen gewährten Berechtigungen wieder zurückziehen.

TIPP

Nachverfolgung aktivieren

Egal ob in der Cloud oder nicht: Wenn Sie ein Word-Dokument mit mehreren Personen gemeinsam bearbeiten, empfiehlt es sich, die Nachverfolgung zu aktivieren, um jede Änderung am Dokument zu markieren. Diese Option aktivieren Sie im Word-Menüband auf der Registerkarte *Überprüfen* in der Gruppe *Nachverfolgung* mit der Schaltfläche *Änderungen nachverfolgen*. In der Gruppe *Änderungen* finden Sie die Schaltflächen zum Annehmen oder Ablehnen von Änderungen.

2.2 Speichern und Öffnen auf der Festplatte

Speichern und Speichern unter – was ist der Unterschied?

Das lokale Speichern und Öffnen von Dateien erfolgt in Word, Excel und PowerPoint auf ähnliche Weise wie das Speichern und Öffnen in der Cloud. Schauen wir uns das Ganze am Beispiel einer Word-Datei an. Wenn Sie das

Programm Word gestartet und einen Text geschrieben haben, möchten Sie diesen Text natürlich auch speichern. Das geschieht über den Reiter *Datei* im Menüband von Word. Klicken Sie also darauf.

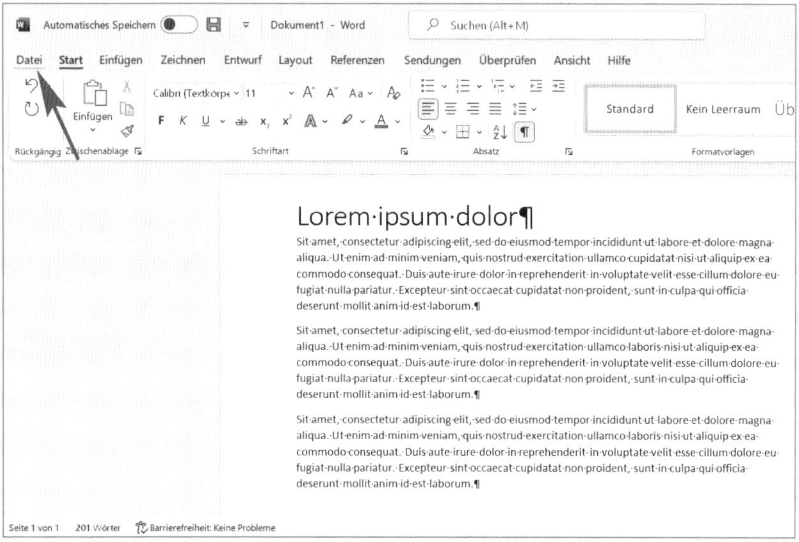

Wie Sie beispielsweise einen Brief und das ganze »Drumherum« schreiben, erfahren Sie ausführlich in Kapitel 3.

Wenn Sie nun auf *Datei* geklickt haben, müssen Sie sich zwischen *Speichern* und *Speichern unter* entscheiden. Aber worin besteht da der Unterschied?

Eine Datei, die noch nie gespeichert wurde, bekommt von Microsoft einen Standardnamen zugewiesen. Bei Word ist das *Dokument1*, *Dokument2* etc. – je nachdem, wie viele neue Dokumente Sie bei einer Word-Sitzung schreiben.

Beim Abspeichern sollten Sie aber für Ihre Dokumente sinnvollere Namen vergeben, denn nach ein paar Wochen werden Sie nicht mehr wissen, was Sie in *Dokument9* geschrieben haben.

Diesen frei wählbaren Namen legen Sie beim ersten Speichern fest. Insofern ist es also beim erstmaligen Speichern gleichgültig, welche der beiden Möglichkeiten Sie wählen. Hat Ihr Text aber schon einen anderen als den Standardnamen, gibt es einen großen Unterschied zwischen *Speichern* und *Speichern unter.*

Der Unterschied zwischen »Speichern« und »Speichern unter« macht sich bemerkbar, wenn Sie eine Datei bereits gespeichert haben.

Nehmen wir einmal Folgendes an: Sie haben einen Brief geschrieben und ihn unter dem Namen *Finanzamt 2021* abgespeichert. Nun haben Sie diesen Brief im folgenden Jahr (2022) wieder geöffnet, denn Sie müssen nur ein paar Kleinigkeiten ändern.

Wenn Sie nun *Speichern* wählen, wird Ihr neuer Brief unter dem Namen *Finanzamt 2021* abgespeichert. Ihr ursprünglicher Text ist damit durch den neuen Text überschrieben worden. Das ist in der Regel aber nicht gewollt, denn Sie sollten auch noch nach Jahren lesen können, was Sie dem Finanzamt im Jahr 2021 geschrieben haben.

Das heißt, der neue Brief aus dem Jahr 2022 muss unter einem anderen Namen abgespeichert werden. Und das erreichen Sie mit dem Befehl *Speichern unter*. Nur damit können Sie einem schon gespeicherten Dokument einen anderen Namen geben.

Wie gesagt, beim erstmaligen Speichern können Sie beide Befehle wählen. Klicken Sie nun also auf *Speichern*.

Nun können Sie zwischen Ihrem Computer als Speicherort und Ihrem OneDrive-Konto auswählen. Da Sie in den verschiedenen Ordnern noch Unterordner anlegen können, müssen Sie auf jeden Fall zu dem Ort gehen, an dem die Datei abgelegt werden soll. Diesen Ort müssen Sie aber selbst bestimmen. Unter *Dieser PC* können Sie den Dateinamen direkt eingeben und mit *Speichern* bestätigen. Wenn Sie ein Dokument nicht gerade im Standardordner *Dokumente* speichern, kann das aber etwas unübersichtlich sein.

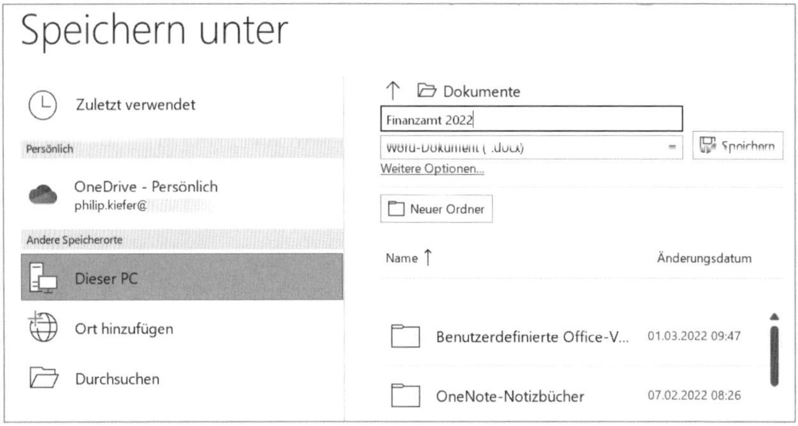

Wenn Sie die Datei in der Cloud ablegen wollen, klicken Sie auf *OneDrive*. Sie werden in diesem Zusammenhang merken, dass Sie keinen Browser brauchen, um in die Internet-Cloud von Microsoft zu kommen, da der Cloud-Speicherdienst OneDrive in Office 2021 integriert ist. Diese Option haben Sie ja auch schon zu Beginn von Kapitel 2 kennengelernt.

Möchten Sie die Datei aber ganz klassisch in einem beliebigen Ordner auf Ihrem Computer speichern, klicken Sie auf *Durchsuchen*. Wählen Sie einen der möglichen Ordner aus. Nun gehen Sie im folgenden Fenster in den Ordner, in dem Sie die Datei speichern möchten, und vergeben bei *Dateiname* einen möglichst sinnvollen Namen.

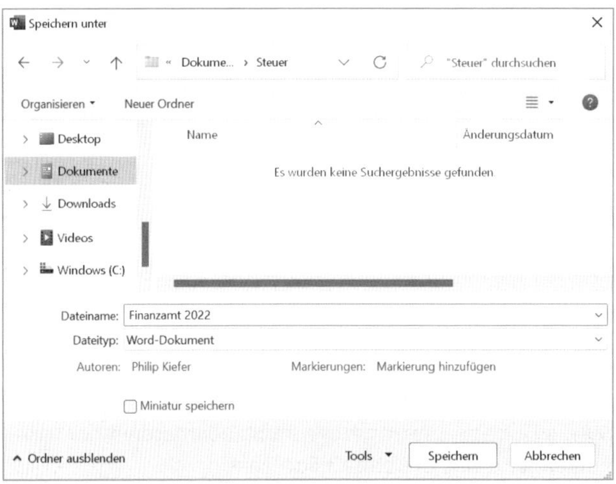

Das Kreuz mit den Dateinamen

Word schlägt Ihnen beim erstmaligen Speichern als Dateinamen bis zu 223 Zeichen vor. Es sind die ersten 223 Zeichen Ihres Dokuments einschließlich Leerzeichen und Umlauten. Sie sehen, die Dateinamen können sehr lang sein. Diese langen Dateinamen können aber bei der Sicherung auf bestimmten Datenträgern Probleme bereiten, denn hier sind oft nur 100 Zeichen zugelassen. Deshalb sollten auch Sie sich bei der Vergabe von Dateinamen auf maximal 100 Zeichen beschränken.

Jetzt wäre es natürlich schön, wenn es in Word eine Einstellung gäbe, die von vornherein nur 100 Zeichen zulässt. Das gibt es in Word aber nicht. Und, um ganz ehrlich zu sein, selbst diese 100 Zeichen finde ich zu lang, denn sie fressen unnötigerweise Speicherplatz in Ihrem Inhaltsverzeichnis auf der Festplatte. Ich denke, maximal 50 Zeichen für den Dateinamen reichen völlig aus.

Erweitern Sie Ihr Wissen – das Kreuz mit den Dateinamenerweiterungen .doc/.xls/.ppt und .docx/.xlsx/.pptx

Ist Ihnen aufgefallen, dass der von Ihnen gewählte Dateiname die Erweiterung *.docx* bekommen hat?

Wer von einer alten Office-Version (beispielsweise Office 2000 oder 2003) auf Office 2021 umgestiegen ist, wird sich erinnern, dass die früheren Dateinamen die Erweiterung *.doc* bekommen haben. Nun ist es *.docx*. Doch worin liegt der Unterschied?

Zum einen sind DOCX-Dateien im Unterschied zu DOC-Dateien kleiner, auch wenn sie den gleichen Inhalt haben. Das ist schon einmal sehr bemerkenswert und liegt daran, dass sich das Dateiformat ähnlich verhält wie eine komprimierte Datei. Das klingt ja wieder einmal wunderbar – gleiche Datei, verbraucht aber weniger Speicherplatz. Was will man mehr?

Natürlich hat dieser Vorteil auch einen Nachteil. Dateien mit der Endung *.docx* sind nicht abwärtskompatibel, d. h., ältere Office-Versionen können dieses Dateiformat nicht lesen.

Wenn Sie also einen Brief mit der Endung *.docx* abspeichern und ihn per E-Mail an eine Person, die noch mit Office 2003 arbeitet, schicken, wird sie den Brief nicht lesen können.

Das heißt, Sie müssen sich beim Speichern sehr wohl überlegen, wer die Datei vielleicht bekommen wird und welche Office-Version derjenige besitzt.

Beim Speichern können Sie bei *Dateityp* wählen, mit welcher Erweiterung abgespeichert werden soll.

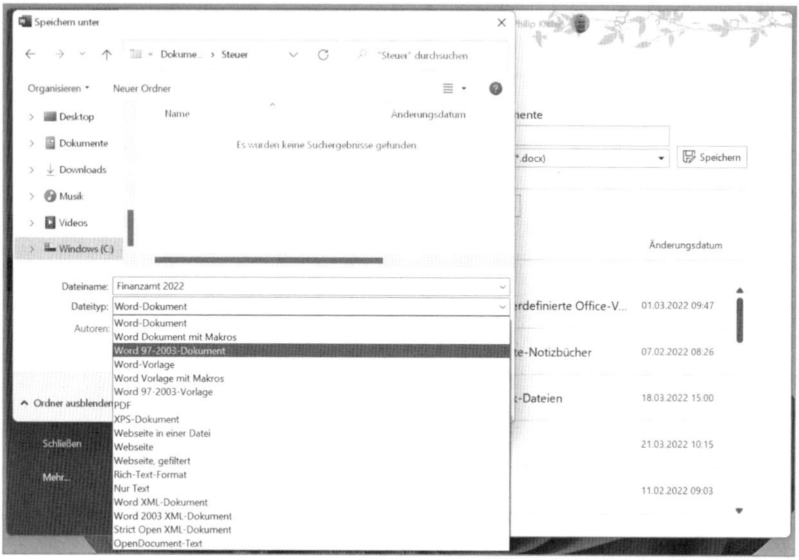

Wenn Sie hier *Word 97-2003-Dokument (*.doc)* wählen, sind Sie auf der sicheren Seite. Dann kann quasi jedes ältere Office Ihr Dokument lesen. Dennoch verschenken Sie damit die Vorteile des neuen Formats, und einige neue Features in Office 2021 können nicht gespeichert werden.

Werfen Sie noch einmal einen Blick auf die Dateitypen, in denen Sie ein Dokument speichern können. Sie bemerken – im Fall des Speicherns in Word – den Eintrag *OpenDocument-Text*. Hierbei handelt es sich um ein freies Office-Format, das als Alternative zu den Microsoft-Formaten genutzt werden kann. Da auch freie Office-Suiten (z. B. LibreOffice) mit den Microsoft-Dateien – dem jeweiligen Funktionsumfang entsprechend – kompatibel sind, erscheint es aber nicht erforderlich, dieses Format in Office 2021 auszuwählen.

Sie sollten sich am Anfang keine allzu großen Sorgen wegen der unterschiedlichen Erweiterungen machen. Nehmen Sie das neuere Microsoft-Format, dann wird wenigstens alles gespeichert. Und wenn Sie dann später vor dem Problem stehen, die Datei an jemanden weitergeben zu müssen, der mit der Datei nicht umgehen kann, speichern Sie die Datei unter einem anderen Namen ab und wählen dabei den gewünschten Dateityp.

TIPP

Umbenennen der Datei funktioniert nicht
Wegen der unterschiedlichen Dateiendungen sind schon einige Anwender aus Verzweiflung auf die Idee gekommen, den Dateinamen auf der Festplatte über den Explorer umzubenennen und dabei einfach das *x* bei *.docx* zu löschen. Das funktioniert jedoch nicht. Das Einzige, was funktioniert, ist, die Datei mit *Speichern unter* unter einem anderen Dateityp neu abzuspeichern.

Was gerade am Beispiel einer Word-Datei gesagt wurde, gilt natürlich entsprechend auch für Excel- und PowerPoint-Dateien.

Öffnen von Dateien

Im letzten Abschnitt haben wir eine Word-Datei gespeichert. Nun soll einmal eine Excel-Datei geöffnet werden.

1 Der erste Schritt ist natürlich das Starten von Excel.

2 Gehen Sie dann über den Reiter *Datei* auf *Öffnen.*

3 Nun wählen Sie entweder bei *Zuletzt verwendet* die Datei durch Klick aus, oder, falls die Datei hier nicht zu finden ist, klicken Sie auf *Durchsuchen* und gehen in den Ordner, in dem sich die Datei befindet.

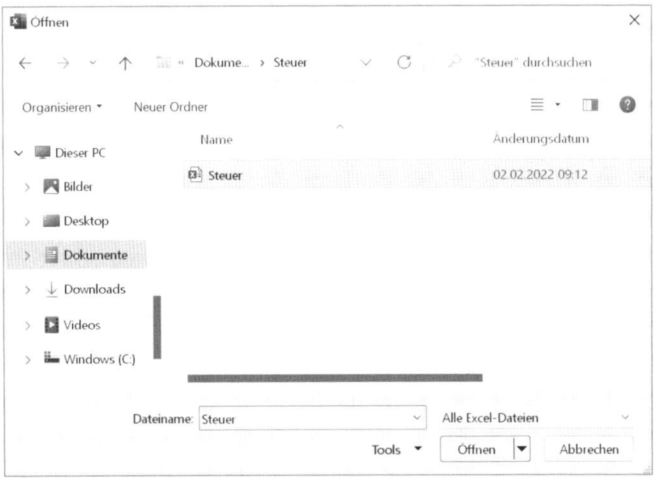

4 Klicken Sie die Datei an, und wählen Sie *Öffnen*, oder klicken Sie zum Öffnen doppelt auf den Dateinamen.

2.3 Wichtige grundlegende Einstellungsmöglichkeiten

Für alle Programme – das Dateiformat

Wie schon erwähnt, speichern die Office-Programme die Dateien standardmäßig mit der Erweiterung *.docx* für Word-Dateien, *.xlsx* für Excel-Dateien und *.pptx* für PowerPoint-Dateien. Diese Erweiterungen sind aber für Office-Versionen kleiner als 2007 nicht lesbar. Wer also viele Dateien mit Computern austauschen muss, die noch mit alten Office-Versionen arbeiten, muss beim Speichern immer die alte Erweiterung *.doc* für Word-Dateien wählen. Das kann sehr lästig werden, wenn es sehr häufig vorkommt. In diesem Fall kann man Office 2021 veranlassen, DOC als Standardspeicherformat für Word-Dateien zu nehmen. Wie Sie diese Einstellung vornehmen können, erkläre ich am Beispiel von Excel 2021. In Word und PowerPoint funktioniert das analog.

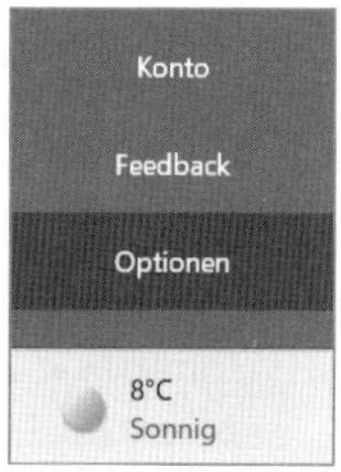

1 Starten Sie Excel.

2 Wählen Sie den Reiter *Datei* und klicken Sie anschließend auf *Optionen*.

3 Im folgenden Fenster gehen Sie links in den Kategorien auf *Speichern*. Hier wählen Sie bei *Dateien in diesem Format speichern* die in der Abbildung gezeigte Option *Excel 97-2003-Arbeitsmappe*.

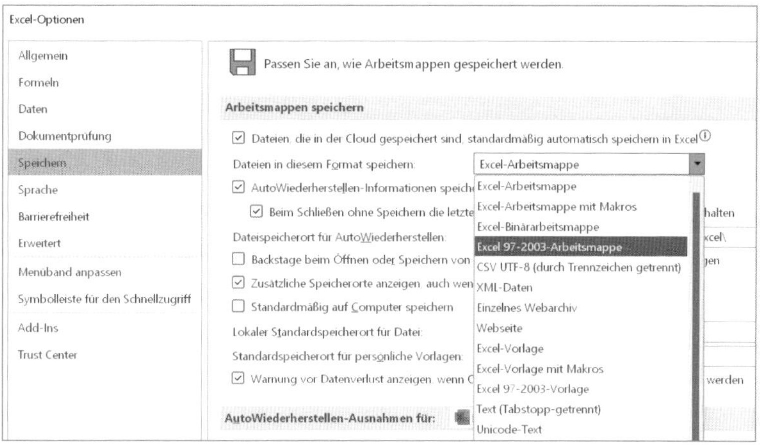

4 Bestätigen Sie das Fenster mit *OK*.

Wenn Sie diese Schritte auch für Word und PowerPoint durchführen, werden diese Programme zukünftig ebenfalls das alte Format als Standard nehmen.

Der Vorteil: Sowohl alte als auch neue Office-Versionen können dieses Dateiformat lesen.

Der Nachteil: Neue Gestaltungsmöglichkeiten in Office 2021 können in der Regel damit nicht gespeichert werden.

Für alle Programme – der Speicherort

Auch der Standardspeicherort lässt sich anpassen. Beim Speichern von Dateien wählen die einzelnen Office-Programme einen von Microsoft vorgegebenen Ort auf der Festplatte. Doch häufig hat man eine völlig andere Ordnerstruktur als die, die sich Microsoft ausgedacht hat. Um nun nicht jedes Mal viele Schritte durchlaufen zu müssen, um an den eigenen Speicherort zu gelangen, können Sie diesen Ort auch voreinstellen, sodass das entsprechende Programm bei Anwahl von *Speichern* oder *Speichern unter* gleich in diesem Ordner ist. Schauen wir uns das am Beispiel von Word an. Bei den anderen Programmen funktioniert es genauso.

1 Starten Sie Word. Wählen Sie unter dem Reiter *Datei* die *Optionen*.

2 Gehen Sie in den Kategorien auf *Speichern*. Bei *Lokaler Standardspeicherort für Datei* klicken Sie auf *Durchsuchen* und wandern zu dem Ordner, der der Standardspeicherort werden soll.

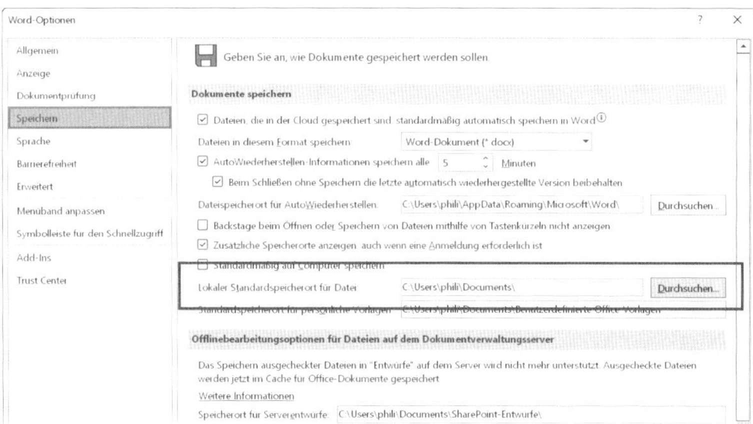

3 Bestätigen Sie mit *OK*.

Zukünftig schlägt Ihnen Office 2021 den gewählten Ordner als Standardspeicherordner vor. Natürlich können Sie beim Speichern trotzdem jederzeit auch in einen anderen Ordner wechseln.

Für alle Programme – die Schnellzugriffsleiste

Die Schnellzugriffsleiste wird oben im Fenster des entsprechenden Office-Programms eingeblendet. Hier möchte ich Ihnen zunächst zeigen, wie Sie eine gegebenenfalls ausgeblendete Schnellzugriffsleiste einblenden und diese Ihren Arbeitsbedürfnissen anpassen. Auch in diesem Fall soll die Beschreibung am Beispiel von Word erfolgen, denn auch hier gilt das Gesagte für Excel und PowerPoint in gleicher Weise.

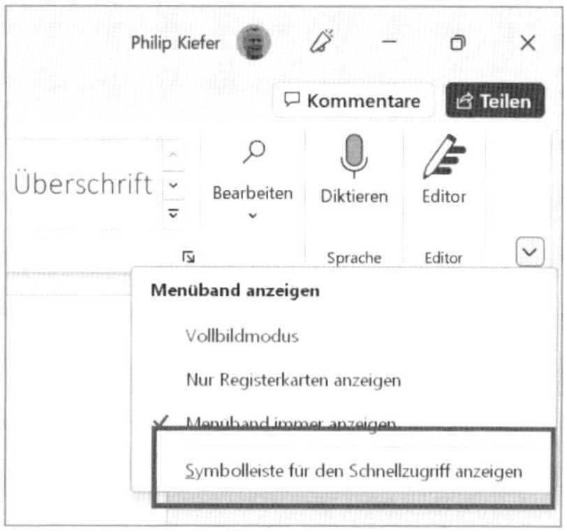

Ist die Symbolleiste für den Schnellzugriff (kurz: die Schnellzugriffsleiste) ausgeblendet? Zum Einblenden klicken Sie rechts im Menüband auf den nach unten weisenden Pfeil. Klicken Sie im sich öffnenden Menü auf den Eintrag *Symbolleiste für den Schnellzugriff anzeigen.*

Wird die Schnellzugriffsleiste eventuell unterhalb des Menübands eingeblendet? Da gehört sie nicht hin, sondern oberhalb des Menübands. Klicken Sie die Schnellzugriffsleiste in diesem Fall mit der rechten Maustaste an und wählen Sie im Kontextmenü den Eintrag *Symbolleiste für den Schnellzugriff über dem Menüband anzeigen.*

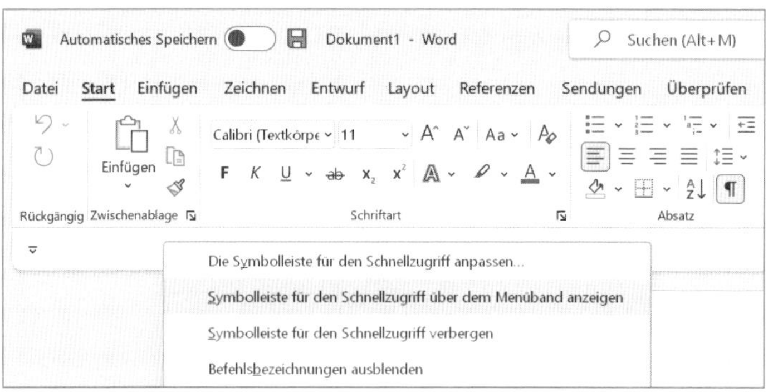

In der Schnellzugriffsleiste können Sie Symbole platzieren, die Sie häufig brauchen und die oft erst über mehrere Klicks zu erreichen sind. Sie müssen dann nicht erst lange im Menüband suchen und können Funktionen unabhängig von der gerade geöffneten Registerkarte auswählen.

So gehen Sie vor, um die Schnellzugriffsleiste nach Ihren individuellen Bedürfnissen einzurichten:

1 Klicken Sie in der Titelleiste des Office-Programms auf das nach unten weisende Pfeilsymbol – es handelt sich hierbei um das Menüsymbol der Symbolleiste für den Schnellzugriff.

2 Ihnen werden im Menü einige häufig benötigte Funktionen angezeigt. Setzen Sie per Mausklick ein Häkchen bei denjenigen Funktionen, die Sie als Symbol in der Schnellzugriffsleiste haben möchten. Hier habe ich z. B. die Symbole für *Schnelldruck*, *Rückgängig* sowie *Wiederholen* aktiviert.

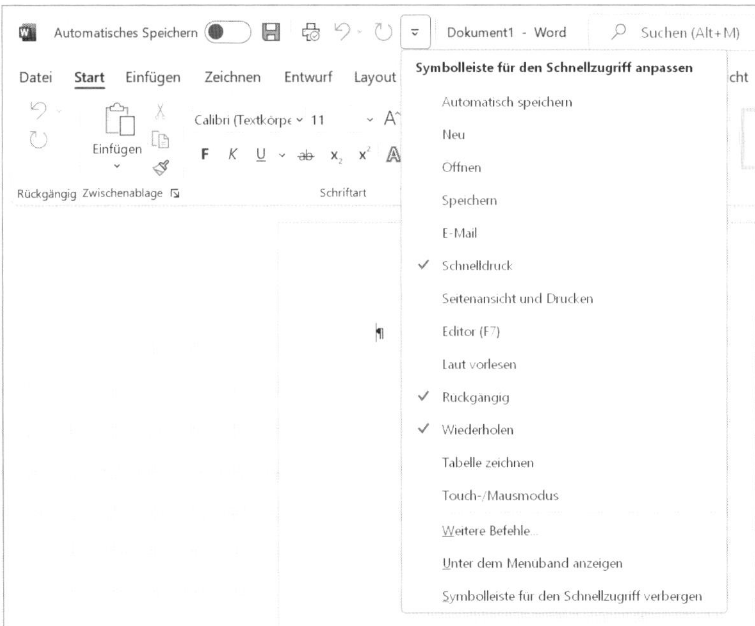

3 Wird die benötigte Funktion nicht im Menü aufgelistet? Dann wählen Sie unten im Menü den Eintrag *Weitere Befehle*.

4 Entscheiden Sie sich im folgenden Fenster im Menü *Befehle auswählen* für *Alle Befehle*.

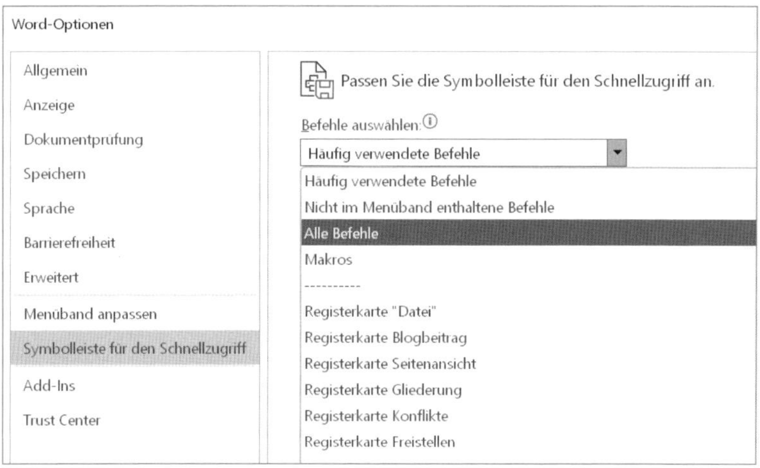

5 Wählen Sie in der linken Liste die Befehle, die Sie ebenfalls noch in die Schnellzugriffsleiste packen möchten, per Klick aus, und klicken Sie dann

auf *Hinzufügen*. Das Beispiel in der Abbildung ermöglicht einen viel schnelleren Zugriff auf die Word-Optionen.

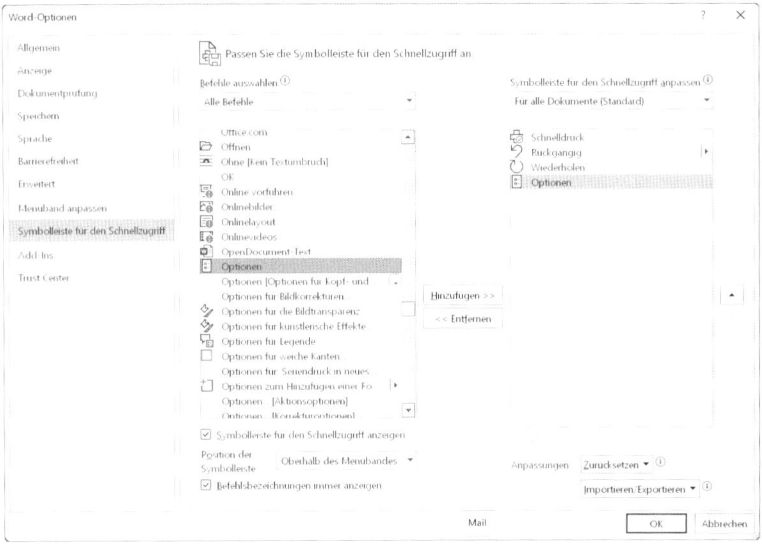

So können Sie diese Leiste schnell Ihren eigenen Bedürfnissen anpassen. Aber denken Sie daran, es soll eine Schnellzugriffsleiste sein. Wenn Sie Dutzende von Symbolen dort hineinsetzen, ist der Sinn der Leiste verfehlt.

Wenn man sich zum ersten Mal mit einem Programm auseinandersetzt, wird man sicher noch nicht den Überblick darüber haben, was man brauchen kann und worauf man eher verzichten könnte. Sie können jederzeit weitere Symbole hinzufügen oder entfernen. Wenn Sie also nicht ganz genau wissen, was lohnend ist, warten Sie, bis Sie es wissen.

Das Einrichten der Schnellzugriffsleiste erfolgt übrigens für jedes Office-Programm extra. Die Einstellungen in Word werden also z. B. nicht in Excel übernommen.

Word

Formatierungszeichen

In Word gibt es einige Formatierungszeichen, die man vielleicht permanent am Bildschirm sehen möchte, um die Formatierung von Texten besser beurteilen zu können.

Alle diese Zeichen, die nicht mit ausgedruckt werden, können über das in der Abbildung markierte Symbol ein- und ausgeblendet werden. Wenn Sie aber gezielt nur einige wichtige dieser Formatierungszeichen immer sehen wollen, müssen Sie sie permanent einschalten.

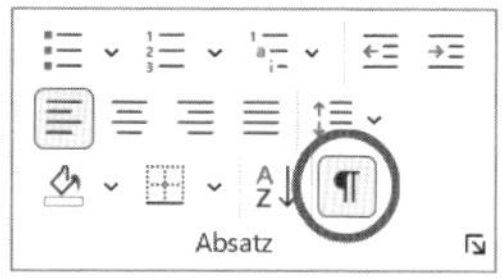

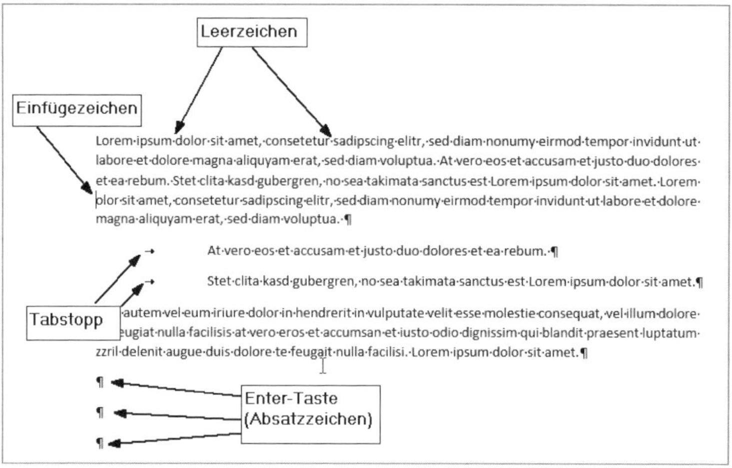

1 Zum permanenten Einschalten solcher Zeichen gehen Sie über den Reiter *Datei* auf *Optionen*.

2 Wählen Sie dort die Kategorie *Anzeige*, und klicken Sie die Formatierungszeichen an, die Sie immer sehen wollen.

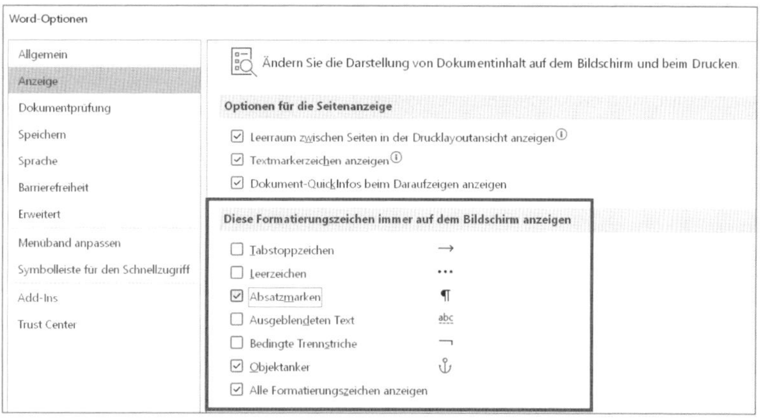

Denken Sie daran: Diese Zeichen werden nicht mit ausgedruckt.

3 Bestätigen Sie das Fenster mit *OK*.

Rechtschreibung und Grammatik

Wer sich genervt fühlt, wenn Word ein unbekanntes Wort mit einer Schlangenlinie versieht, obwohl das Wort richtig geschrieben ist, möchte vielleicht diese Rechtschreibprüfung während der Eingabe ausschalten.

1 Wählen Sie erneut *Datei/Optionen*.

2 In der Kategorie *Dokumentprüfung* können Sie die Rechtschreibprüfung durch Setzen oder Entfernen der Häkchen ein- oder ausschalten.

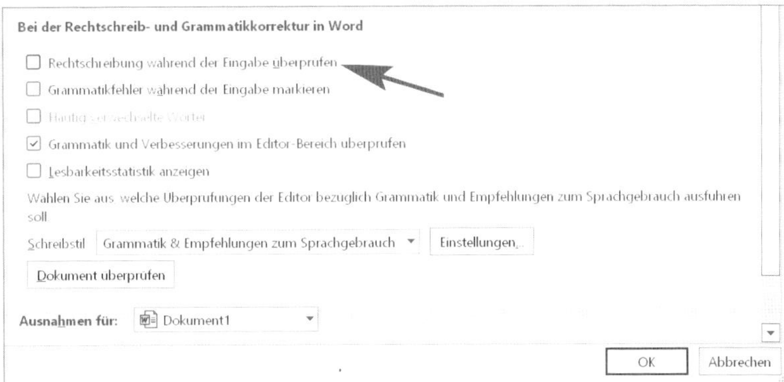

Eine neue Standardschrift

Word 2021 arbeitet standardmäßig mit der Schrift Calibri 11 pt. Möchten Sie als Standardschrift lieber Arial 12 pt oder Times New Roman 12 pt einsetzen, klicken Sie auf der Registerkarte *Start* in der Gruppe *Schriftart* auf den kleinen Pfeil rechts unten.

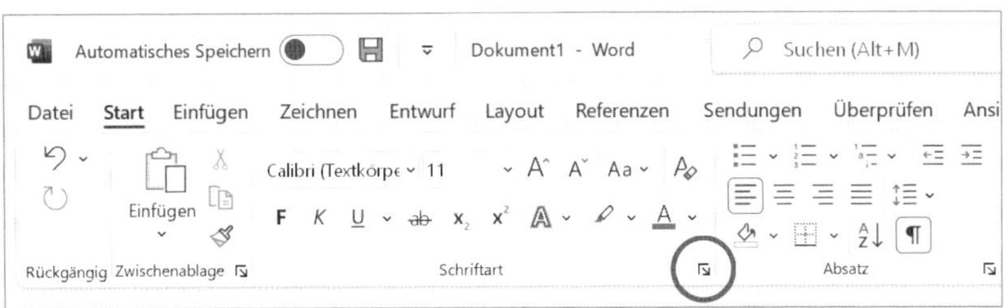

Im folgenden Fenster wählen Sie die gewünschte Standardschrift und -größe und klicken dann auf die Schaltfläche *Als Standard festlegen*.

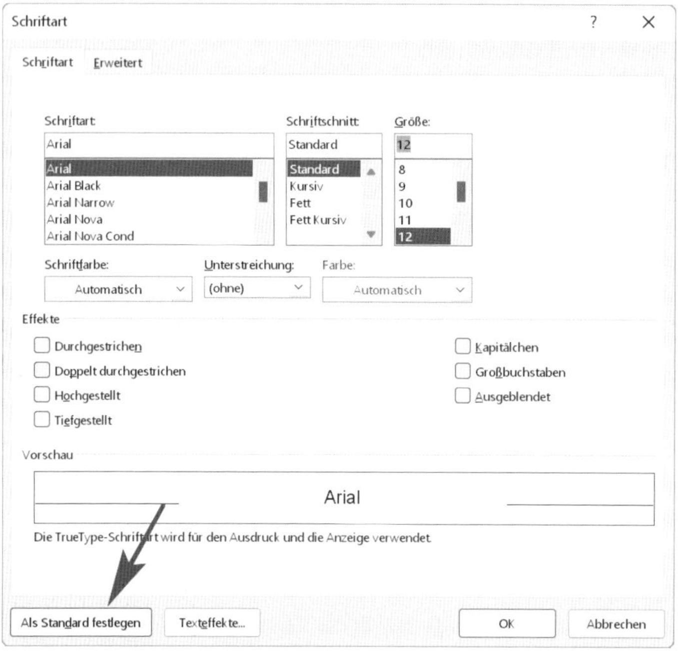

Sie erhalten noch folgende Frage:

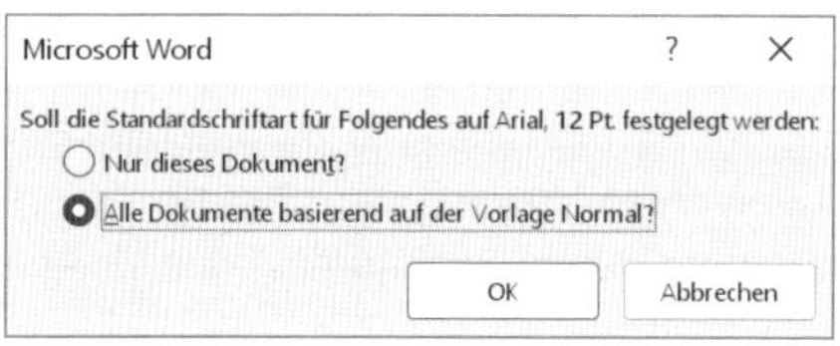

Hier müssen Sie natürlich *Alle Dokumente basierend auf der Vorlage Normal.dotm* wählen.

Excel

Die Fehlerüberprüfung im Hintergrund

Die Fehlerüberprüfung in Excel ist ja eine durchaus vernünftige Sache, aber wenn man schon recht gut mit dem Programm umgehen kann, stört sie manchmal gewaltig. Wenn Sie diese Fehlerüberprüfung ausschalten möchten, wählen Sie den Reiter *Datei* und dann *Optionen*.

In der Kategorie *Formeln* nehmen Sie das Häkchen bei *Fehlerüberprüfung im Hintergrund aktivieren* heraus.

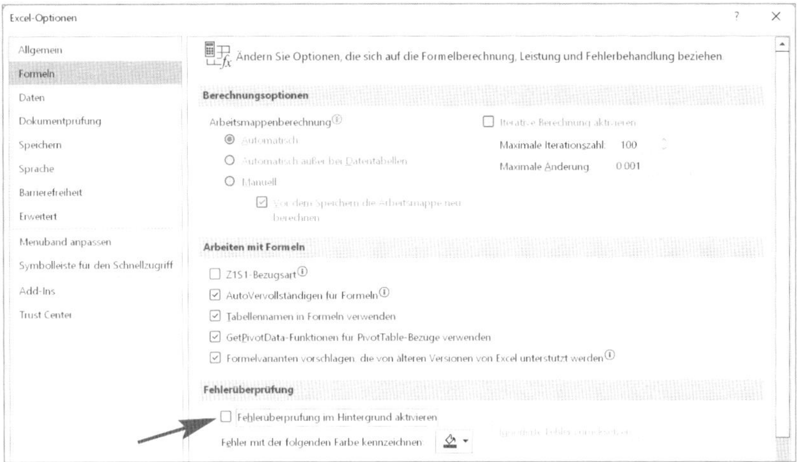

Eine neue Standardschrift in Excel

Um für Excel eine neue Standardschrift zu wählen, gehen Sie über die Registerkarte *Datei* in die *Optionen*. Dort wählen Sie in der Kategorie *Allgemein* im Bereich *Beim Erstellen neuer Arbeitsmappen* die gewünschte Standardschrift und -größe aus.

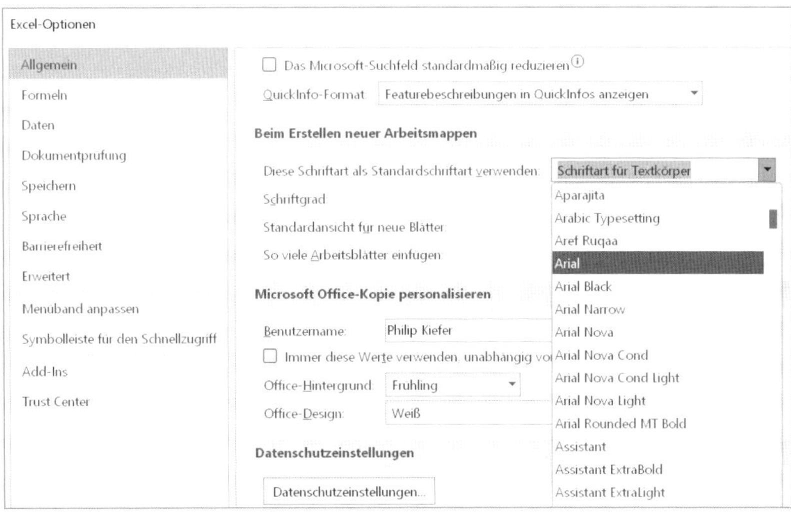

PowerPoint

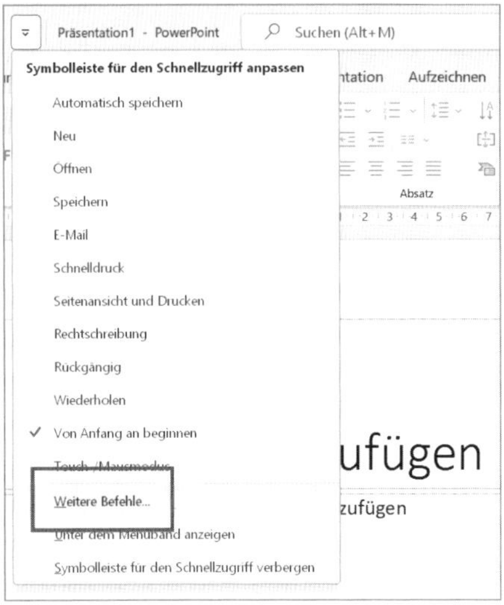

In PowerPoint ist es zum Beispiel durchaus sinnvoll, den Befehl für das Einfügen von Bildern in die Schnellzugriffsleiste zu legen, da man Bilder sicher recht häufig in die Präsentation einbindet. Die Funktion zum Einfügen von Bildern befindet sich aber nicht im Menü der Symbolleiste für den Schnellzugriff. Sie müssen also im Menü auf *Weitere Befehle* klicken.

Im folgenden Fenster wählen Sie oben bei *Befehle auswählen* den Befehl *Registerkarte Einfügen*. Im Listenfeld wählen Sie *Bilder* und klicken dann auf *Hinzufügen*.

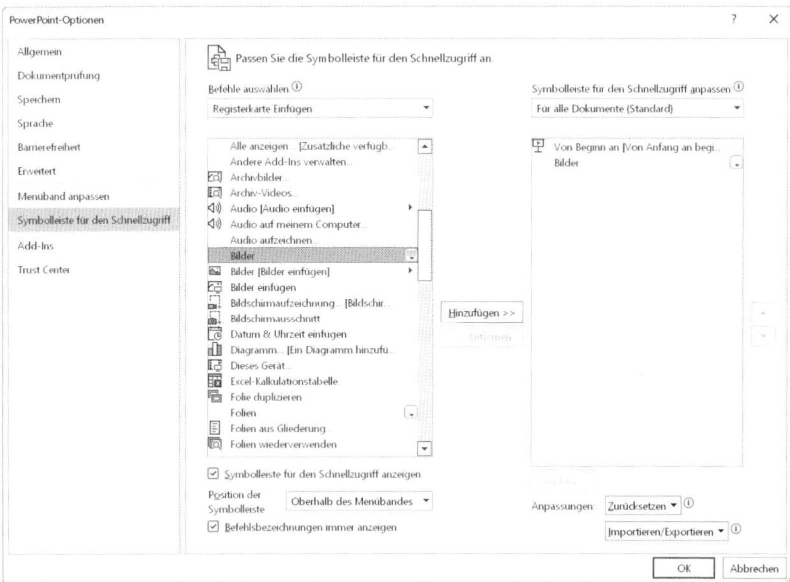

3 Mit Word ansprechende Dokumente gestalten

Möchten Sie attraktive Dokumente erstellen und diese z. B. mit Grafiken oder Tabellen versehen? Das Programm Word 2021 ist hierfür hervorragend geeignet. Briefe, Bewerbungen, Semesterarbeiten – dies alles ist kein Problem. Sogar mathematische oder physikalische Formeln lassen sich einbinden, und diese können durchaus sehr komplex sein. Damit ist Word 2021 auch für das Schreiben naturwissenschaftlicher Dokumente bestens geeignet.

Ohne auf Publisher oder andere DTP-Programme (DTP = Desktop-Publishing) zugreifen zu müssen, können Sie in Word sowohl Einladungen als auch Ihre Vereinszeitung erstellen. Gutscheine mit wechselndem Inhalt sind ebenso möglich wie eigene Visitenkarten. Oder planen Sie, Ihre Memoiren zu verfassen? Mit Word 2021 erstellen Sie ansprechende Dokumente aller Art.

3.1 Text erfassen und gekonnt formatieren

Ihre Texte eingeben, verändern, markieren

Nach dem Starten von Word wird Ihnen zunächst mal der Startbildschirm angezeigt:

Hier können Sie aus vordefinierten Layoutvorlagen auswählen. Wir wollen aber zunächst Word ohne Vorlagen kennenlernen, und dazu brauchen wir ein leeres Dokument. Später, wenn Sie die einzelnen Elemente von Word kennengelernt haben, werden wir uns auch die Layoutvorlagen anschauen.

Wählen Sie also zunächst *Leeres Dokument.*

Dieses leere Dokument ist nun Grundlage für Ihre Arbeit mit Word. Sie können mit dem Schreiben beginnen. In der Leiste oben im Programmfenster wird der Name des Dokuments angezeigt, der standardmäßig zunächst *Dokument1* lautet. Diesen Namen können Sie dann beim Speichern des Dokuments beliebig ändern.

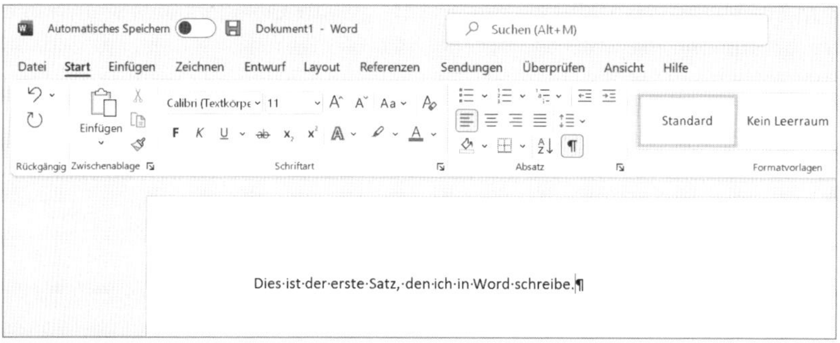

Zum eigentlichen Schreiben eines normalen Textes ist nicht viel zu sagen. Eine neue Zeile beginnt Word automatisch, wenn Sie am Ende der vorherigen Zeile angekommen sind. Um in eine neue Zeile zu kommen, brauchen Sie also nicht die [↵]-Taste zu drücken. Im Gegenteil, die [↵]-Taste drücken Sie nur, wenn Sie einen Absatz einfügen möchten.

Sie können in Word mit mehreren Dokumenten gleichzeitig arbeiten. Um zusätzlich zu einem geöffneten Dokument ein zweites zu erstellen, klicken Sie links oben in Word auf den Reiter *Datei* und wählen anschließend die Option *Neu.* Dann erhalten Sie wieder den Bildschirm mit den vielen Layoutvorlagen. Wählen Sie nun eine dieser Vorlagen aus. Wenn Sie etwa die Vorlage *Professioneller Lebenslauf, gestaltet von MOO* auswählen, sehen Sie den Bildschirm wie auf Seite 55 oben.

Hier wird Ihnen unmissverständlich klargemacht, wer für das Layout der Vorlage verantwortlich ist: Microsoft. Klicken Sie nun auf *Erstellen,* und Word erstellt Ihnen mit dieser Vorlage ein Dokument mit vordefinierten Inhalten, die Sie nur noch an Ihre Anforderungen anpassen müssen.

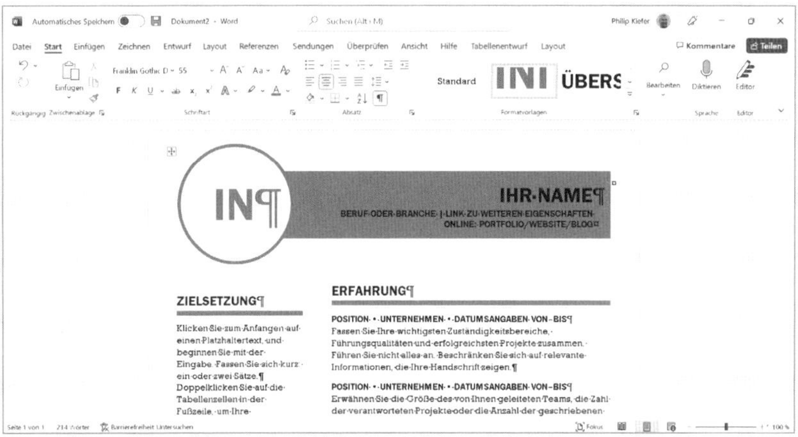

Um Ihren eigenen Text eingeben zu können, klicken Sie einfach auf die verschiedenen Bereiche der Vorlage. Der Weg über solche Layoutvorlagen bietet sich immer dann an, wenn es mal besonders schnell gehen soll oder wenn Sie keine Lust haben, sich mit Word intensiver auseinanderzusetzen, aber trotzdem sehenswerte Ergebnisse benötigen.

In der Taskleiste am unteren Ende Ihres Bildschirms finden Sie nun zwei überlappend angeordnete Word-Dokumente. Fahren Sie mit Ihrer Maus darüber (ohne zu klicken!). Die beiden Dokumente fächern auf, und Sie können eines der beiden Dokumente durch Klick auswählen.

Aber auch innerhalb von Word können Sie zwischen verschiedenen geöffneten Dokumenten wechseln, wenn Sie die Registerkarte *Ansicht* wählen. Darin klicken Sie auf *Fenster wechseln*. Sie erhalten nun eine Liste aller geöffneten Dokumente und können durch einfaches Klicken zu einem anderen Dokument springen.

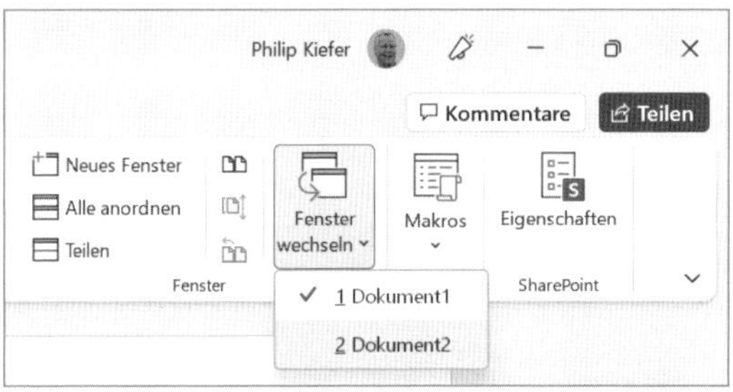

Sie können ein Dokument durch Klick auf das Kreuzsymbol oben rechts schließen oder unter dem Reiter *Datei* mit dem Befehl *Schließen*.

Wenn Sie die einzelnen Reiter des Menübands in Word 2021 anklicken, stellen Sie fest, dass sich die Registerkarten entsprechend ändern. Übrigens passt sich das Menüband auch der Fenstergröße an, z. B. können – je nach Fenstergröße – Schaltflächen direkt auf der Registerkarte oder innerhalb eines Menüs angezeigt werden.

Menüband ausblenden

Sie können das Menüband bei Bedarf ausblenden, um so einen größeren Bildausschnitt zum Eingeben von Text zu bekommen. Dazu klicken Sie auf den nach unten weisenden Pfeil ganz rechts im Menüband.

Mit *Nur Registerkarten anzeigen* wird das Menüband nur dann angezeigt, wenn Sie einen Registerreiter anklicken. Es wird ausgeblendet, sobald Sie in den Text klicken. Zum permanenten Einblenden des Menübands entscheiden Sie sich wieder für die Option *Menüband immer anzeigen.*

Für ganz viel Platz auf dem Bildschirm sorgt die Option *Vollbildmodus*. Bei dieser Option werden das Menüband samt der Registerreiter, aber auch Symbol- und Statusleiste ausgeblendet. Zum Einblenden des Menübands klicken Sie im Vollbildmodus auf das Symbol mit den drei Punkten.

Das Menüband individuell anpassen

Im Menüband finden Sie Befehle, die die meisten Benutzer von Word verwenden. Aber vielleicht benötigen Sie für Ihre Dokumente noch weitere Befehle, die Sie gern in das Menüband integrieren möchten.

Klicken Sie dazu mit der rechten Maustaste ins Menüband und entscheiden Sie sich im Kontextmenü für den Eintrag *Menüband anpassen.*

In den Word-Optionen wird die Kategorie *Menüband anpassen* angezeigt. Markieren Sie im rechten Bereich die Registerkarte, in die der neue Befehl eingefügt werden soll. Klicken Sie nun auf *Neue Gruppe*, denn Sie können nur in eine von Ihnen erstellte neue Gruppe neue Befehle einfügen. Word wird den Standardnamen *Neue Gruppe* wählen.

Mit *Umbenennen* können Sie selbst einen sinnvollen Namen für die Gruppe vergeben.

Nun klicken Sie Ihre neue Gruppe an und wählen im linken Bereich den Befehl, den Sie in der neuen Gruppe haben möchten. Im Drop-down-Menü des Bereichs können Sie sich für die Anzeige aller verfügbaren Befehle entscheiden. Durch Klick auf *Hinzufügen* wird der ausgewählte Befehl der neuen Gruppe hinzugefügt. Mit *Entfernen* können Sie ihn wieder aus der Gruppe entfernen.

Eine neue Registerkarte bekommen Sie durch Klick auf *Neue Registerkarte*.

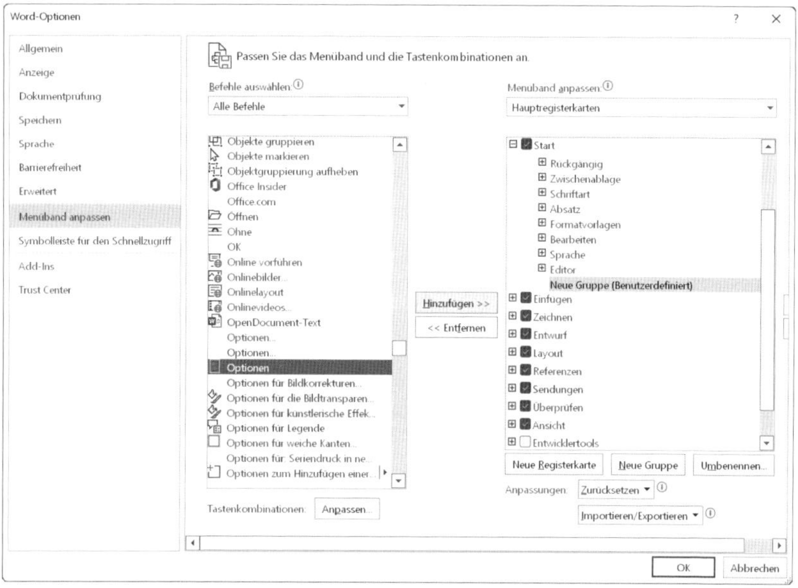

Die Word-Arbeitsumgebung einrichten

Ein Word-Dokument besteht nicht nur aus Text und Zahlen, sondern auch aus nicht druckbaren Sonderzeichen, die zum Beispiel zeigen, wo die [↵]-Taste für einen Absatz gedrückt wurde oder die [↹]-Taste, um zu einem Tabulator zu springen. Auch kann es hilfreich sein, dass Word schon bei der Eingabe den Text nach Rechtschreibfehlern überprüft und diese sofort anzeigt.

Solche Einstellungen können Sie jederzeit treffen. Welche sinnvoll sind und welche stören, muss jeder für sich entscheiden. Sie können natürlich Ihre individuellen Einstellungen auch jederzeit wieder ändern.

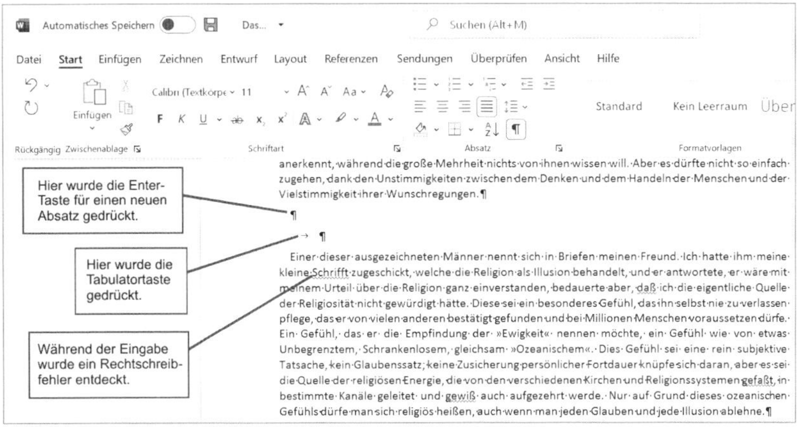

Wie und wo stellen Sie so etwas ein? Klicken Sie im Menüband auf den Reiter *Datei* und wählen Sie *Optionen*. Dort entscheiden Sie in der Kategorie *Anzeige*, was Sie zukünftig als Sonderzeichen am Bildschirm sehen wollen. Diese Sonderzeichen können Sie eingeblendet lassen, sie werden nicht mit ausgedruckt.

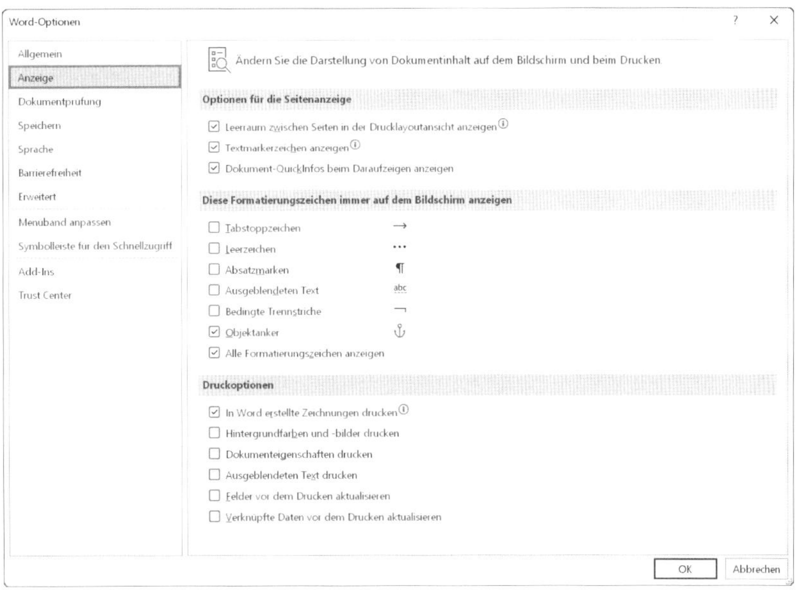

Einige dieser nicht zu druckenden Sonderzeichen werden im Laufe dieses Kapitels noch erläutert.

Im Abschnitt *Druckoptionen* sind zwei Häkchen sehr sinnvoll: *Felder vor dem Drucken aktualisieren* bedeutet, dass Word Feldfunktionen automatisch vor dem Druck des Dokuments aktualisiert. Dadurch haben Sie immer eine korrekte Nummerierung, etwa von Abbildungen, in Ihrem Dokument. *Verknüpfte Daten vor dem Drucken aktualisieren* bedeutet, dass Tabellen aus Excel, die Sie mit dem Word-Dokument verknüpft haben, immer aktuell sind. Wie Sie Dateien des Office-Pakets miteinander verknüpfen können, wird in Kapitel 7 erläutert.

Nun wechseln Sie in den Word-Optionen noch zur Kategorie *Dokumentprüfung* und entscheiden, ob Sie die Rechtschreibung- und Grammatikprüfung wünschen oder nicht. Die anderen Möglichkeiten in dieser Kategorie erklären sich von selbst, und Sie müssen entscheiden, was Word noch standardmäßig für Sie tun soll.

Um das gegebenenfalls ausgeblendete Zeilenlineal einzublenden, wählen Sie im Menüband den Reiter *Ansicht* und setzen in der Gruppe *Anzeigen* bei *Lineal* ein Häkchen. Das Zeilenlineal ist sehr hilfreich beim Einrücken von Absätzen.

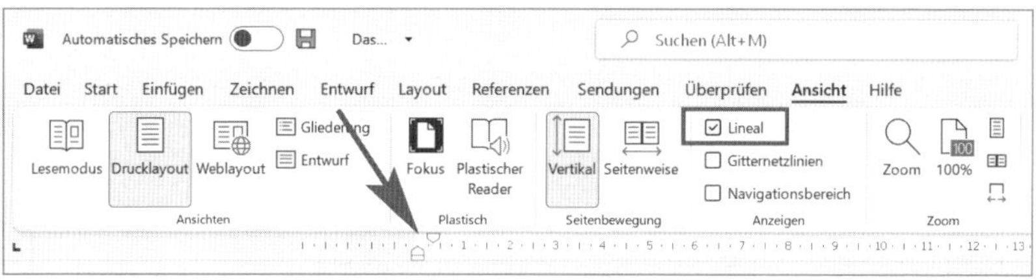

Markieren von Textteilen ist das A und O

Mausposition	Markierte Elemente
vor die Zeile gehen und klicken	Die ganze Zeile wird markiert. ·/¶ Man·kann·sich·des·Eindrucks·nicht·erwehren,·dass·die·Menschen·gemeinhin·mit·falschen·Maßstäben· messen,·Macht,·Erfolg·und·Reichtum·für·sich·anstreben·und·bei·anderen·bewundern,·die·wahren· Werte·des·Lebens·aber·unterschätzen.·Und·doch·ist·man·bei·jedem·solchen·allgemeinen·Urteil·in·
vor eine Zeile gehen, linke Maustaste festhalten und nach unten ziehen	Mehrere Zeilen werden markiert. ·/¶ Man·kann·sich·des·Eindrucks·nicht·erwehren,·dass·die·Menschen·gemeinhin·mit·falschen·Maßstäben· messen,·Macht,·Erfolg·und·Reichtum·für·sich·anstreben·und·bei·anderen·bewundern,·die·wahren· Werte·des·Lebens·aber·unterschätzen.·Und·doch·ist·man·bei·jedem·solchen·allgemeinen·Urteil·in· Gefahr,·an·die·Buntheit·der·Menschenwelt·und·ihres·seelischen·Lebens·zu·vergessen.·Es·gibt·einzelne· Männer,·denen·sich·die·Verehrung·ihrer·Zeitgenossen·nicht·versagt,·obwohl·ihre·Größe·auf·

Mausposition	Markierte Elemente
Doppelklick auf ein Wort	Das ganze Wort wird markiert.
Strg-Taste festhalten und Doppelklick auf einzelne Wörter	Mehrere unabhängige Wörter werden markiert. 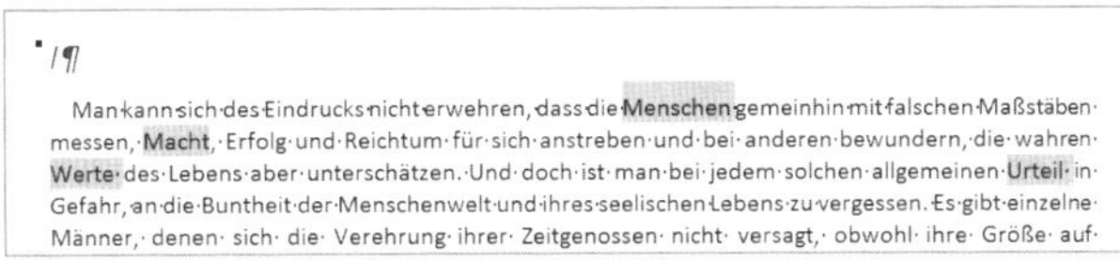
Strg-Taste und Klick auf einen Satz	Der gesamte Satz wird markiert.
Dreifachklick in einen Absatz	Der gesamte Absatz wird markiert.
irgendwo im Text die linke Maustaste festhalten und mit der Maus ziehen	Die damit überstrichenen Textteile werden markiert. 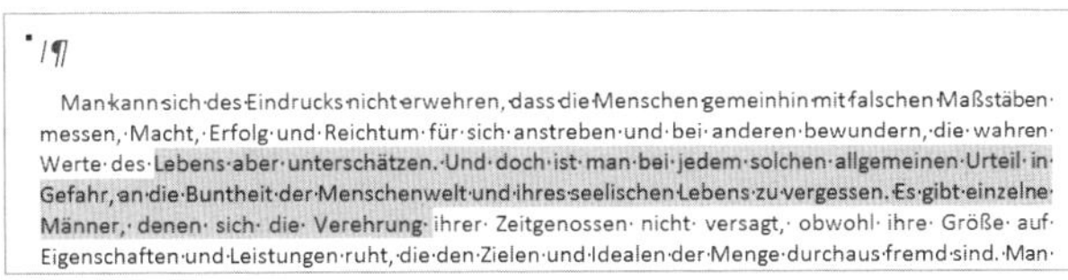

Schriftart und -größe, Absätze und Einzüge

Nach dem Markieren erfolgt das Formatieren. Wir wollen uns hier erst einmal um die einfachen Formatierungen kümmern. Spezielle Formatierungen, besonders Formatvorlagen, werden wir zu einem späteren Zeitpunkt näher betrachten. Wenn Sie zum Beispiel durch einen Doppelklick ein Wort markieren, erhalten Sie ein Fenster mit den wichtigsten Formatierungsmöglichkeiten:

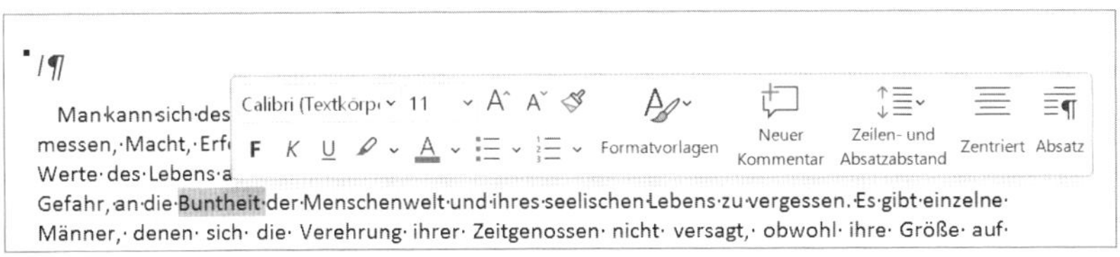

Nach dem Markieren wird automatisch ein Fenster mit den wichtigsten Formatierungsmöglichkeiten eingeblendet.

Ich denke, das eingeblendete Fenster erklärt sich annähernd von selbst.

Ein Wort vielleicht zu dem Malerpinsel-Symbol, mit dem Sie den Befehl *Format übertragen* aufrufen. Sollten Sie für ein Textelement mehrere Formate benutzen – möchten Sie es zum Beispiel fett, mit einer Farbe und vielleicht noch unterstrichen formatieren –, können Sie diese drei Formate mit dem Pinsel auf ein anderes Textelement übertragen.

Dazu markieren Sie das Textelement, dessen Format übertragen werden soll, klicken auf den Pinsel und klicken dann auf das Textelement, dem das Format zugeordnet werden soll, oder markieren es.

Neue Absätze erzeugen Sie, wie Sie bereits an anderer Stelle gelernt haben, mit der [↵]-Taste.

Für das Einrücken von Textteilen blenden Sie am besten das Zeilenlineal über *Ansicht/Lineal* ein.

TIPP

Aufpassen beim Einrücken

Absatzeinrückungen sollten niemals, absolut niemals, mit der Leertaste vorgenommen werden.

Um Absätze professionell einzurücken, markieren Sie den Absatz, den Sie einrücken möchten. Hierzu genügt es, die Einfügemarke per Mausklick in den Absatz zu setzen. Im Zeilenlineal finden Sie die Symbole zum Einrücken.

<table>
<tr><th>Symbol</th><th>Ihr Text</th></tr>
<tr><td>
</td><td>Das untere Rechteck zieht den ganzen Absatz von links ein.
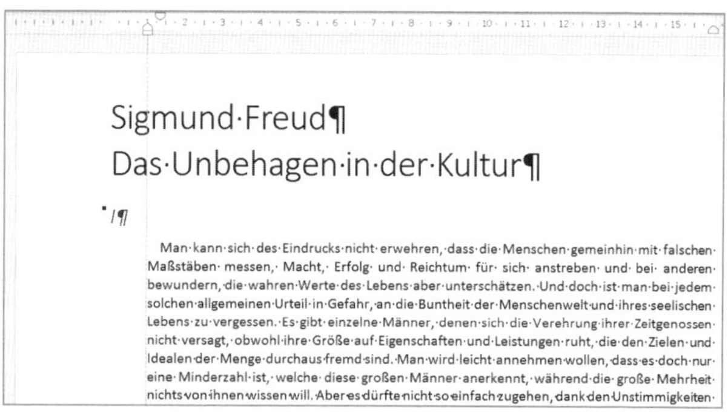
</td></tr>
</table>

<table>
<tr><th>Symbol</th><th>Ihr Text</th></tr>
<tr><td>
</td><td>Das Dreieck mit der Spitze nach oben lässt die erste Zeile des Absatzes unberührt, rückt aber den Rest des Absatzes ein.
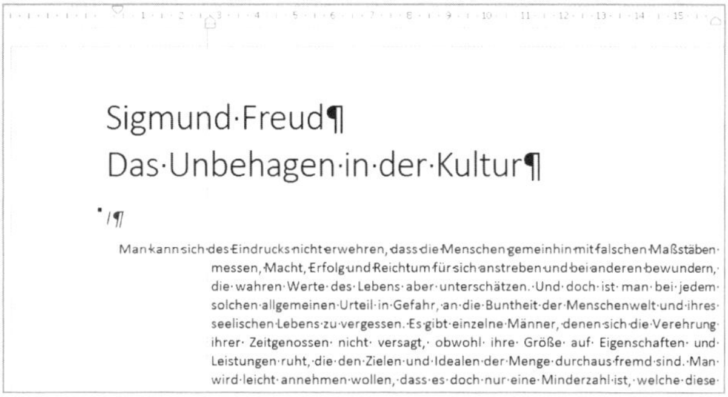
Sigmund·Freud¶
Das·Unbehagen·in·der·Kultur¶
/¶
Man kann sich des Eindrucks nicht erwehren, dass die Menschen gemeinhin mit falschen Maßstäben messen, Macht, Erfolg und Reichtum für sich anstreben und bei anderen bewundern, die wahren Werte des Lebens aber unterschätzen. Und doch ist man bei jedem solchen allgemeinen Urteil in Gefahr, an die Buntheit der Menschenwelt und ihres seelischen Lebens zu vergessen. Es gibt einzelne Männer, denen sich die Verehrung ihrer Zeitgenossen nicht versagt, obwohl ihre Größe auf Eigenschaften und Leistungen ruht, die den Zielen und Idealen der Menge durchaus fremd sind. Man wird leicht annehmen wollen, dass es doch nur eine Minderzahl ist, welche diese</td></tr>
<tr><td>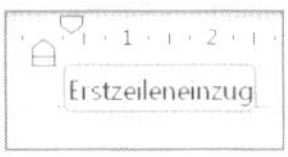
</td><td>Das obere Dreieck rückt nur die erste Zeile ein und lässt den Rest des Absatzes unberührt.
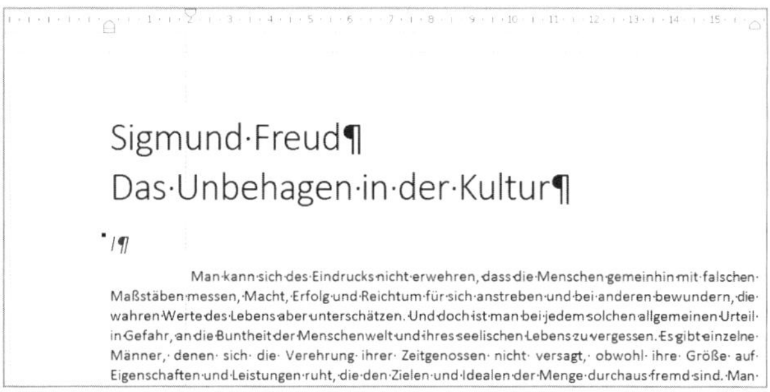
Sigmund·Freud¶
Das·Unbehagen·in·der·Kultur¶
/¶
Man kann sich des Eindrucks nicht erwehren, dass die Menschen gemeinhin mit falschen Maßstäben messen, Macht, Erfolg und Reichtum für sich anstreben und bei anderen bewundern, die wahren Werte des Lebens aber unterschätzen. Und doch ist man bei jedem solchen allgemeinen Urteil in Gefahr, an die Buntheit der Menschenwelt und ihres seelischen Lebens zu vergessen. Es gibt einzelne Männer, denen sich die Verehrung ihrer Zeitgenossen nicht versagt, obwohl ihre Größe auf Eigenschaften und Leistungen ruht, die den Zielen und Idealen der Menge durchaus fremd sind. Man</td></tr>
<tr><td>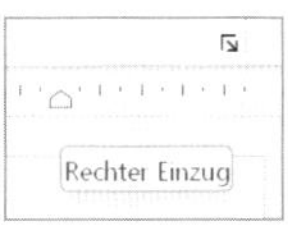
</td><td>Zum Einrücken eines Absatzes von rechts gibt es in Word nur ein Symbol, um den gesamten Absatz einzurücken.
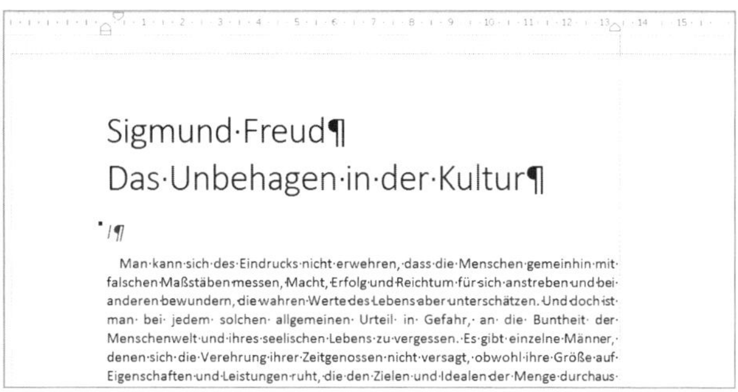
Sigmund·Freud¶
Das·Unbehagen·in·der·Kultur¶
/¶
Man kann sich des Eindrucks nicht erwehren, dass die Menschen gemeinhin mit falschen Maßstäben messen, Macht, Erfolg und Reichtum für sich anstreben und bei anderen bewundern, die wahren Werte des Lebens aber unterschätzen. Und doch ist man bei jedem solchen allgemeinen Urteil in Gefahr, an die Buntheit der Menschenwelt und ihres seelischen Lebens zu vergessen. Es gibt einzelne Männer, denen sich die Verehrung ihrer Zeitgenossen nicht versagt, obwohl ihre Größe auf Eigenschaften und Leistungen ruht, die den Zielen und Idealen der Menge durchaus</td></tr>
</table>

Seiten- und Abschnittsumbrüche

Lange Texte können Sie problemlos eingeben. Word wird automatisch mit neuen Seiten beginnen, wenn die aktuelle Seite voll ist. Doch kann es manchmal nötig sein, dass Sie einen Seitenumbruch, also den Beginn einer neuen Seite, selbst festlegen wollen, obwohl die aktuelle Seite noch nicht voll ist.

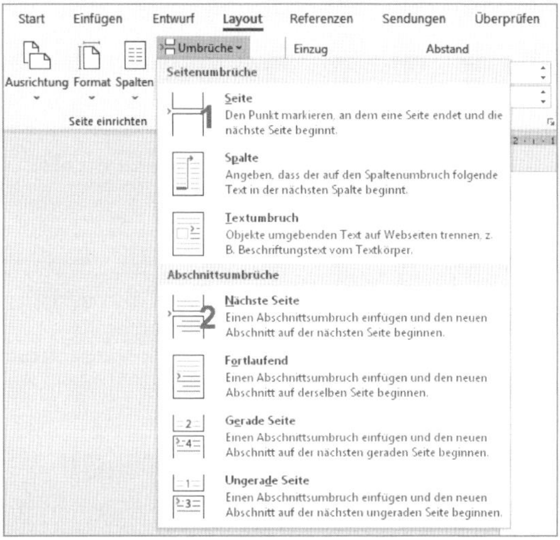

Die einfachste Möglichkeit, eine neue Seite zu beginnen, ist die Tastenkombination Strg+↵. Der längere Weg führt über die Registerkarte *Layout* und den dortigen Befehl *Umbrüche*.

Bei **1** erhalten Sie das Gleiche wie mit der oben genannten Tastenkombination.

Mit **2** erhalten Sie einen Abschnittsumbruch. Ein Abschnittsumbruch ist wesentlich flexibler als ein Seitenumbruch, denn bei einem Abschnittsumbruch können Sie innerhalb des gleichen Dokuments zum Beispiel vom Hoch- zum Querformat umschalten. Das ist bei wissenschaftlichen Arbeiten wichtig, wenn man umfangreiche Tabellen im Querformat in den Text integrieren möchte. Der Text sollte aber im Hochformat bleiben. Sie können auch nach einem Abschnittsumbruch völlig neue Kopf- und Fußzeilen erstellen und die Seitennummerierung von vorne beginnen lassen. Das ist interessant, wenn Sie ein umfangreiches Inhaltsverzeichnis etwa mit römischen Ziffern nummerieren lassen wollen, den Rest des Textes aber mit unseren arabischen Ziffern.

All das werden wir in Abschnitt 3.5 ab Seite 141 besprechen.

Rahmen und Schattierung – die Gruppe »Absatz«

Schauen wir nun auf die Möglichkeit, Rahmen und Schattierungen für Textelemente zu vergeben. Um einen Absatz mit einem Rahmen zu versehen, markieren Sie ihn durch Anklicken und wählen dann auf der Registerkarte *Start* den zum Rahmensymbol gehörenden Pfeil in der Gruppe *Absatz*.

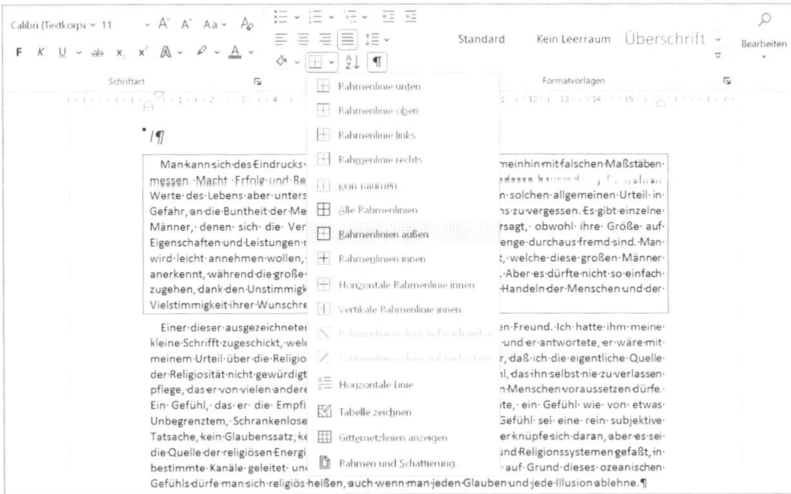

Nun können Sie einen geschlossenen Außenrahmen oder zwei Linien oberhalb oder unterhalb Ihres Textelements ziehen. Das Besondere ist hier, dass Sie den Mauszeiger nur auf den entsprechenden Befehl bewegen müssen, um das Ergebnis im Text zu sehen. Erst wenn Sie mit dem Ergebnis zufrieden sind, klicken Sie, um die Auswahl tatsächlich zu übernehmen. Möchten Sie zusätzlich noch die Dicke der Linien ändern, wählen Sie *Rahmen und Schattierung*. Dies führt zu folgendem Fenster:

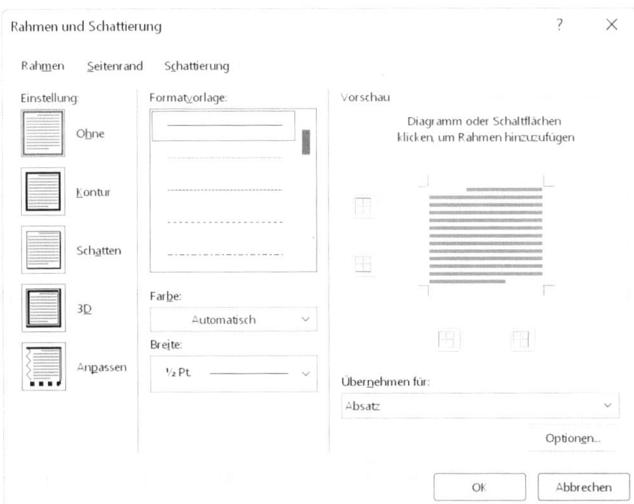

Hier wählen Sie bei *Formatvorlage* die Art Ihrer Linien aus, und bei *Breite* stellen Sie ein, wie dick die Linien sein sollen. Aber es kommt noch besser. Wenn Sie ein paar Wörter markieren, können Sie nur um diese Wörter einen Rahmen ziehen. Zum Zeichnen dieses Rahmens wählen Sie im Fenster *Rahmen und Schattierung* zunächst *Kontur* und anschließend im Menü *Übernehmen für* die Option *Text*.

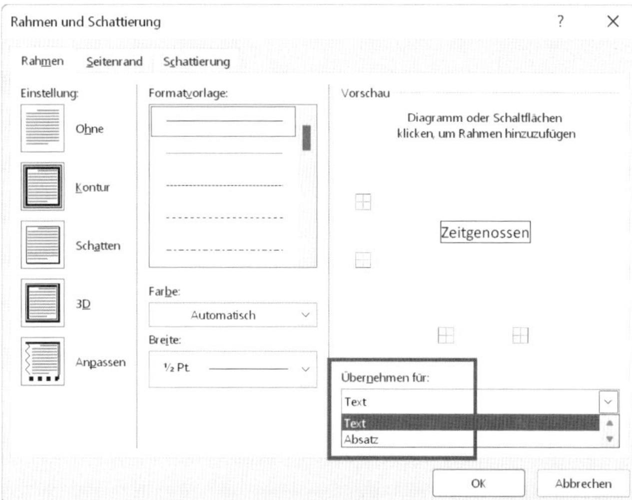

Um nun den umrahmten Text noch mit einem grauen oder farbigen Hintergrund zu versehen, wählen Sie auf der Registerkarte *Start* das kleine Dreieck beim Farbtopf und suchen sich eine Farbe aus.

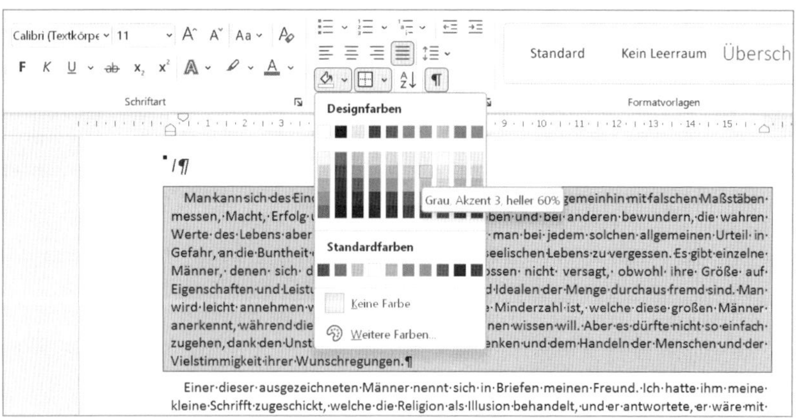

Aufzählungen und Nummerierungen

Möchten Sie Textelemente mit einem Aufzählungszeichen versehen, erstellen Sie für jedes Element, dem ein Aufzählungszeichen zugeordnet werden soll, einen eigenen Absatz.

Markieren Sie die Absätze, die Aufzählungszeichen erhalten sollen, und wählen Sie auf der Registerkarte *Start* in der Gruppe *Absatz* den zum Aufzählungszeichen-Symbol gehörenden Pfeil.

Wie immer haben Sie nun die Qual der Wahl, für welches Aufzählungszeichen Sie sich entscheiden sollen.

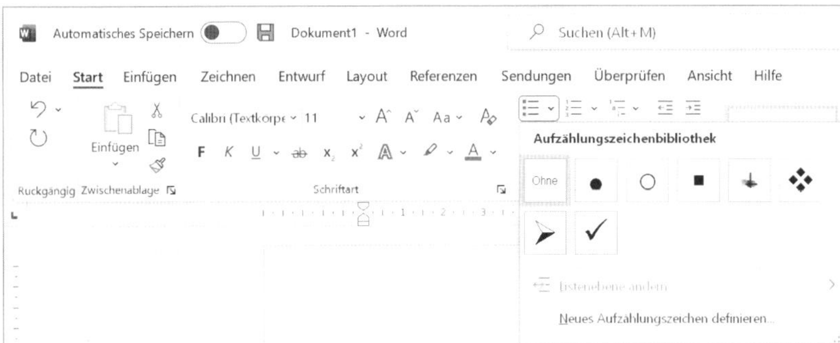

Ist keines dabei, das Ihren Vorstellungen entspricht, wählen Sie *Neues Aufzählungszeichen definieren*. Im folgenden Fenster können Sie ein beliebiges Symbol oder sogar ein Bild auswählen.

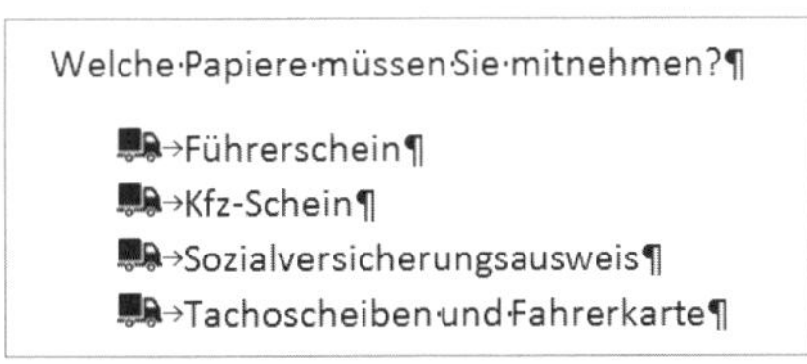
Welche·Papiere·müssen·Sie·mitnehmen?¶
→Führerschein¶
→Kfz-Schein¶
→Sozialversicherungsausweis¶
→Tachoscheiben·und·Fahrerkarte¶

Hier sollten Sie aber nicht übertreiben. Auch wenn Sie im Text aufzählen möchten, welche Papiere ein Lkw-Fahrer auf Tour mitzunehmen hat, sieht es nicht besonders professionell aus, das Bild eines Lkws als Aufzählungszeichen zu nehmen.

Bleiben Sie möglichst neutral – besonders wenn es offizielle Dokumente sind.

Möchten Sie zwischen zwei der Aufzählungszeichen ein weiteres einfügen, klicken Sie ans Ende des oberen Aufzählungstextes und drücken die [↵]-Taste. Im folgenden Beispiel klicken Sie hinter *Lebenslauf mit Foto* und drücken die [↵]-Taste.

Für·die·schriftliche·Bewerbung·benötigen·Sie·folgende·Unterlagen:¶

¶

- → Bewerbungsschreiben¶
- → Lebenslauf·mit·Foto¶
- → ¶
- → Zeugnisse·aller·angegebenen·Tätigkeiten¶
- → Nachweise·über·Zusatzkenntnisse·wie·z.·B.·Fernlehrgänge,·Sprachkurse·usw.¶

¶

Brauchen Sie kein neues Aufzählungszeichen, da der neue Text nur eine Erläuterung des Textes mit dem Aufzählungszeichen ist, drücken Sie anstelle der [↵]-Taste die Tastenkombination [⇧]+[↵].

- → Bewerbungsschreiben¶
- → Lebenslauf·mit·Foto↵
  Der·Lebenslauf·sollte·in·tabellarischer·Form·verfasst·sein.¶
- → Zeugnisse·aller·angegebenen·Tätigkeiten¶
- → Nachweise·über·Zusatzkenntnisse·wie·z.·B.·Fernlehrgänge,·Sprachkurse·usw.¶

Wenn Sie anstelle der neutralen Aufzählungszeichen eine nummerierte Aufzählung benötigen, markieren Sie Ihren Text erneut, wählen auf der Registerkarte *Start* den zum Symbol für die nummerierte Aufzählung gehörenden Pfeil und entscheiden sich, wie nummeriert werden soll.

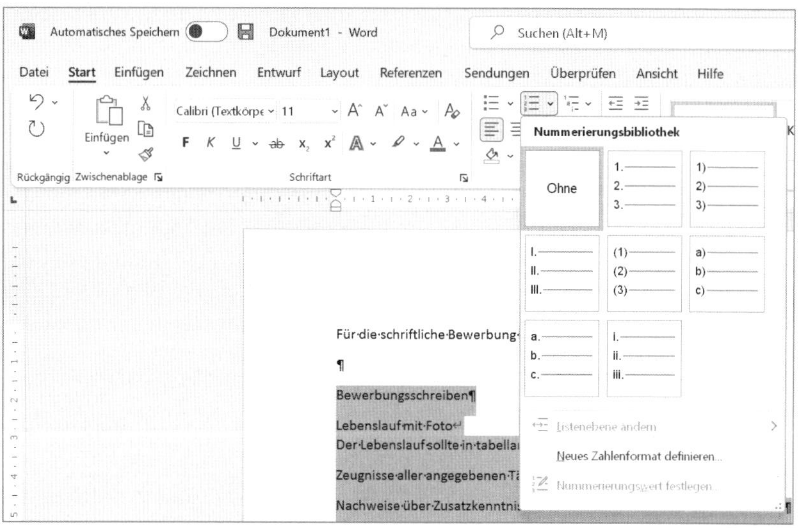

Seitenränder – braucht man häufiger, als Sie denken

Wenn Sie Word starten, erhalten Sie ein Dokument, das schon definierte Seitenränder besitzt. In der Regel kann man mit diesen durchaus arbeiten.

Manchmal jedoch müssen diese Seitenränder neu festgelegt werden. Ein Lebenslauf kann andere Seitenränder bekommen als das Anschreiben in der Bewerbung.

Zum Ändern der Seitenränder gehen Sie über die Registerkarte *Layout* auf *Seitenränder*.

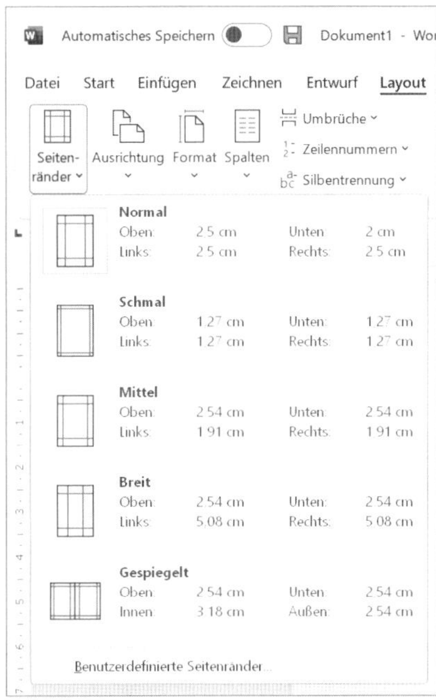

Hier können Sie zunächst aus einer Liste vordefinierte Seitenränder auswählen.

Wenn Sie *Gespiegelt* wählen, werden die Ränder der linken Seite auf die Ränder der rechten Seite gespiegelt. Die Innen- und Außenränder weisen jeweils die gleiche Breite auf.

Diese Option ist wichtig, wenn Sie Bücher oder wissenschaftliche Arbeiten schreiben müssen, bei denen Vorder- und Rückseite bedruckt und alle Seiten zum Schluss noch gebunden werden müssen.

Das werden wir uns in Abschnitt 3.5 über wissenschaftliche Texte ab Seite 142 noch genauer anschauen.

Sollte in der Liste der von Ihnen gewünschte Seitenrand nicht zu finden sein, wählen Sie *Benutzerdefinierte Seitenränder*, um eigene Angaben machen zu können.

Bei einem Standardbrief, bei dem die Adresszeile in ein handelsübliches Fensterkuvert passen soll, könnten Sie folgende Einstellungen wählen:
Oben: 6 cm
Links: 2,4 cm
Rechts: 2,4 cm

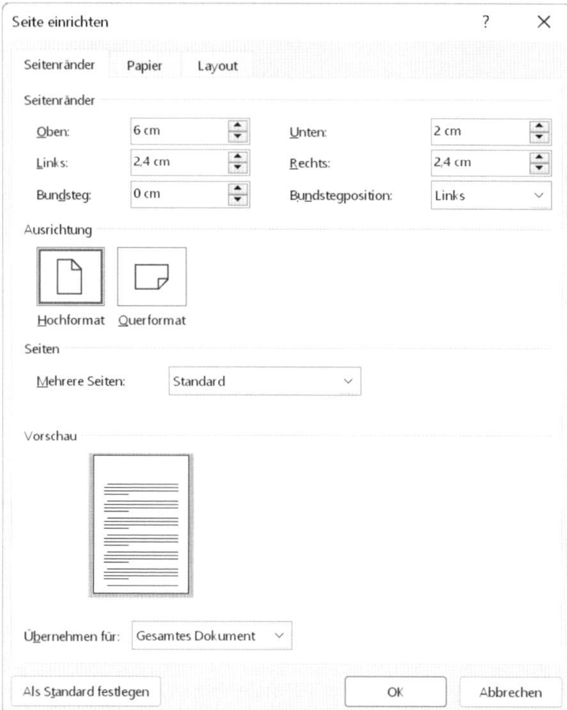

Stellen Sie bei diesen Angaben sicher, dass bei *Mehrere Seiten* die Auswahl *Standard* steht.

Der *Bundsteg* ist wichtig, wenn Ihr Dokument beidseitig gedruckt und dann noch gebunden werden soll. Am besten lässt sich der Begriff Bundsteg anhand der Abbildung auf der folgenden Seite erklären.

Der Satzspiegel ist der Teil einer Seite, der wirklich bedruckt wird, und der Bundsteg ist der Bereich, in dem Ihr gedrucktes Werk gebunden wird.

Spezielle Einstellungen im Bereich *Seitenränder* werden wir in den entsprechenden Abschnitten besprechen.

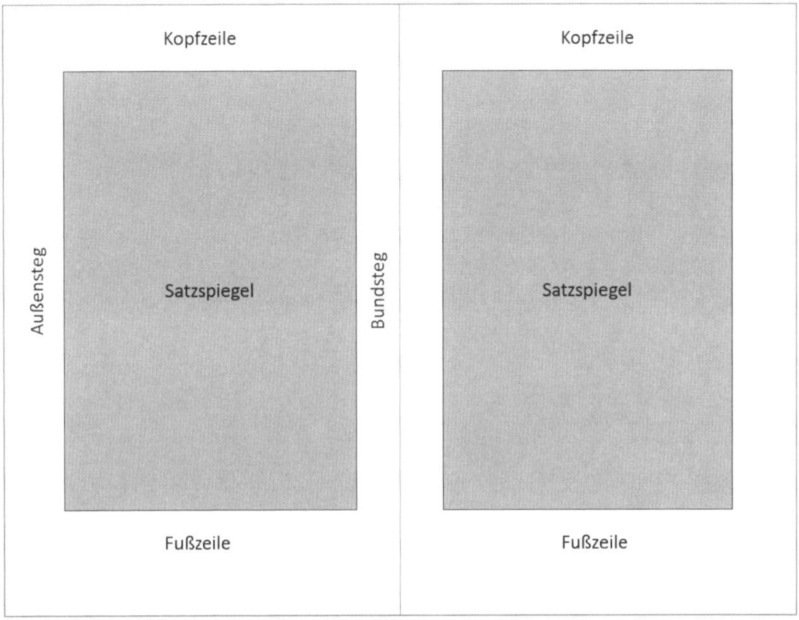

Satzspiegel, Bundsteg und Co. im Überblick.

Tabulatoren einsetzen, etwa für den Lebenslauf

Jeder Bewerbung für den Traumjob muss ein Lebenslauf beigefügt werden. Dieser sollte sehr schnell erfassbar sein, keine Lücken enthalten und nicht mehr als maximal zwei Seiten umfassen. Dass man einen Lebenslauf heute in tabellarischer Form schreibt, sollte nur noch am Rande erwähnt werden müssen.

In Office 2021 gibt es mehrere Möglichkeiten, Lebensläufe zu schreiben: Sie können entweder Tabulatoren oder die Tabellenfunktion verwenden. Wir wollen hier einen Lebenslauf mit Tabulatoren schreiben.

Eigenartigerweise haben viele Anwender noch eine gewisse Scheu, Tabulatoren zu benutzen, und nehmen die Formatierung lieber mit entsprechenden Leerzeichen vor. Die Benutzung von Leerzeichen, um Texte einzurücken, zeugt jedoch nicht nur von sehr geringen Kenntnissen in der modernen Textverarbeitung, sondern führt recht bald zum Chaos innerhalb Ihrer Datei. Leerzeichen gehören nur zwischen Wörter – und auch dort sollte nur ein Leerzeichen zu finden sein.

Um nun einen Lebenslauf mit Tabulatoren zu erstellen, gehen Sie folgendermaßen vor:

Geben Sie alle gewünschten Daten untereinander ein. Die Jahresangaben und die entsprechenden Ausbildungsstätten sollten Sie durch Drücken der ↹-Taste voneinander trennen. Und widerstehen Sie vor allen Dingen dem Drang, mehrmals die ↹-Taste zu drücken, damit der Text untereinandersteht. In der folgenden Abbildung habe ich Leerzeichen durch kleine Punkte und das einmalige Drücken der ↹-Taste durch einen Pfeil kenntlich gemacht, damit Sie sehen, welche Taste wann gedrückt werden muss.

```
Lebenslauf¶
¶
Persönliche·Daten¶
¶
·  →  Heiner·Beispiel¶
·  →  Musterstraße·14¶
·  →  783737·Musterstadt¶
·  →  18.·März·2004¶
·  →  Ledig¶
¶
Schulausbildung¶
¶
2010-2013  →  Münchhausen-Grundschule,·Musterstadt¶
2013-2022  →  Exempel-Gymnasium,·Berlin¶
·  →  Abschluss:·Abitur¶
¶
```

Sie sehen, dass das noch nicht besonders gut aussieht, da die Aufzählungen in den einzelnen Abschnitten sich nicht untereinander befinden. Das wird sich aber nun durch das Setzen von Tabulatoren schnell ändern.

TIPP

Tabstoppzeichen anzeigen lassen
Sollten Sie sich die Tabstoppzeichen noch nicht anzeigen lassen, empfiehlt es sich hier, zumindest kurzzeitig einmal alle nicht druckbaren Sonderzeichen sichtbar zu machen. Das hilft nämlich bei der Arbeit ungemein. Klicken Sie dazu auf der Registerkarte *Start* auf das Symbol ¶ in der Gruppe *Absatz*.

1 Nach Eingabe aller Daten legen Sie die Tabstopps fest. Markieren Sie dazu die Textteile, denen Sie die Tabstopps zuweisen möchten. In unserem Beispiel können Sie den gesamten Text mit Strg+A markieren.

2 Klicken Sie nun links neben dem Zeilenlineal ggf. zunächst auf das Tabstoppzeichen, bis der linksbündige Tabulator zu sehen ist. Klicken Sie dann im Zeilenlineal auf die Stelle, an der die Daten nach dem Tabulatorzeichen ausgerichtet werden sollen.

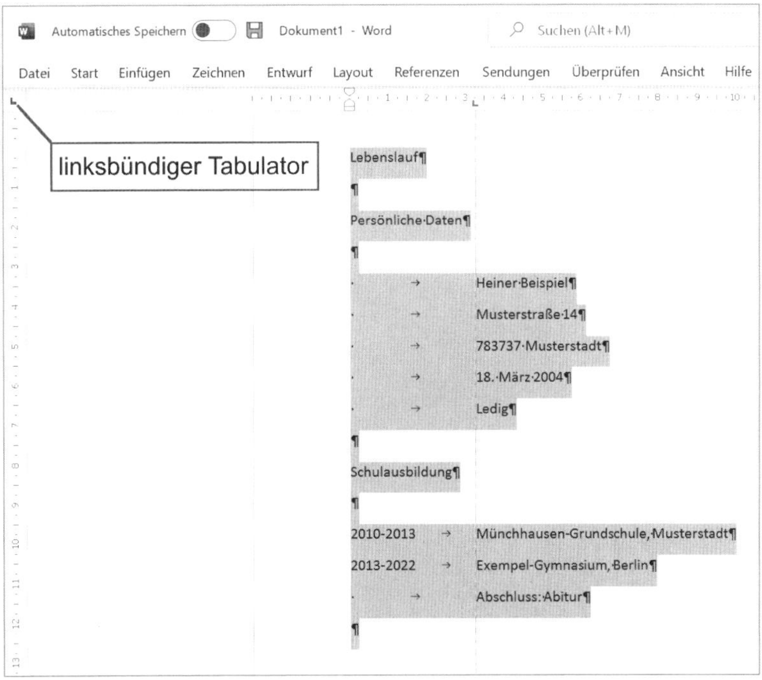

3 Sollten Sie feststellen, dass diese zweite Spalte zu weit entfernt von den Jahresangaben oder zu nah daran ist, können Sie den Tabulator problemlos verschieben. Klicken Sie den Tabulator an, den Sie verschieben möchten, halten Sie die linke Maustaste fest, und ziehen Sie ihn dann an die gewünschte Stelle. Aber Achtung, ziehen Sie den Tabulator nicht aus dem Zeilenlineal heraus, denn dadurch würde er gelöscht.

TIPP Übernahme der Tabulatoren in den nächsten Absatz

Erkennen Sie zum Schluss, dass Sie eine weitere Zeile mit den Tabulatoren brauchen, ist auch das kein Problem. Alle Absatzformatierungen werden in der Absatzmarke ¶ gespeichert. Sie brauchen also nur vor die Absatzmarke zu klicken und die Formatierung mit der [↵]-Taste in die nächste Zeile zu übernehmen.

TIPP Tabulatoren entfernen

Um einen Tabulator zu entfernen, ziehen Sie ihn einfach aus dem Zeilenlineal heraus. Dadurch wird aber nur der Tabulator entfernt, in dessen Zeile Sie aktuell stehen. Wenn Sie die Tabulatoren für mehrere Zeilen löschen möchten, müssen Sie diese Zeilen vorher markieren.

Möchten Sie nun noch jede einzelne Zwischenüberschrift mit einer Linie versehen, verwenden Sie nicht das Symbol für das Unterstreichen, denn das Unterstreichen unterstreicht lediglich das Wort. Sie sollten aber für alle Zwischenüberschriften eine Linie vom linken Rand zum rechten Rand ziehen. Das sieht einfach besser aus.

1 Wir haben bereits beim Eingeben des Textes vor und nach jeder Überschrift eine Leerzeile eingefügt. Sollten Sie das noch nicht getan haben, holen Sie es jetzt nach.

2 Setzen Sie die Einfügemarke in diese leere Zeile, d. h., klicken Sie in diese leere Zeile.

3 Gehen Sie auf die Registerkarte *Start*, und wählen Sie in der Gruppe *Absatz* den zum Symbol *Rahmen* gehörenden Pfeil.

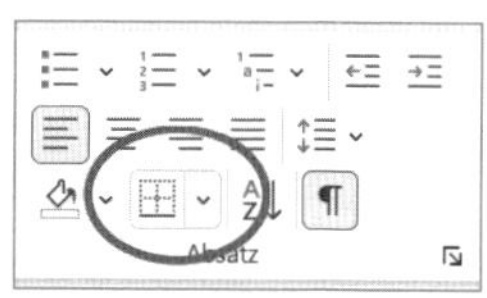

4 Im folgenden Listenfeld wählen Sie die Linie für den oberen Teil der Zeile (*Rahmenlinie oben*).

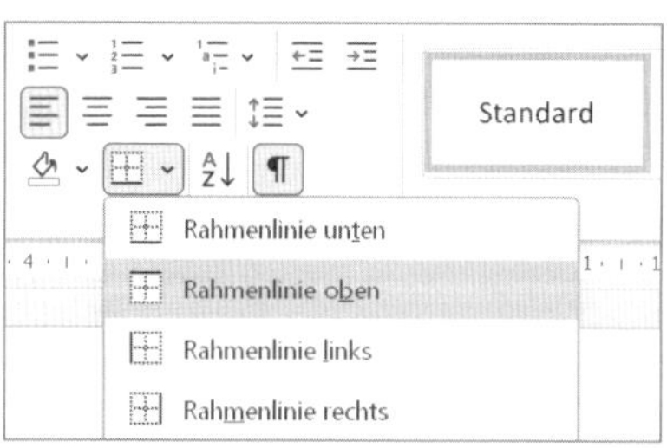

5 Wenn Sie lieber eine andere Linie wollen, gehen Sie im Listenfeld ganz unten auf *Rahmen und Schattierung*.

6 Klicken Sie im Vorschaufenster zuerst auf den oberen Rahmen, und suchen Sie sich dann die Linie aus. Zum Schluss klicken Sie erneut auf den oberen Teil des Rahmens im Vorschaubild.

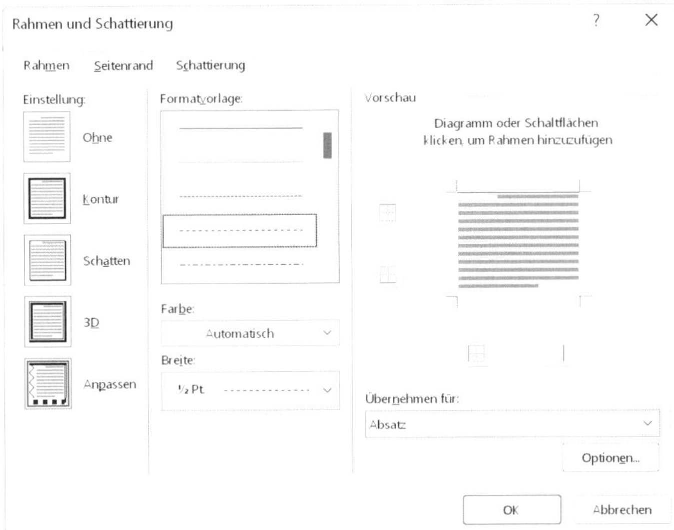

7 Wiederholen Sie das für alle weiteren Zwischenüberschriften, oder markieren Sie, bevor Sie die erste Linie setzen, alle Zeilen, in denen Sie die Linie haben wollen. Das Markieren unterschiedlicher Elemente gelingt in Office 2021 mit der [Strg]-Taste.

Wir haben bisher nur den linksbündigen Tabulator benutzt. Natürlich gibt es auch andere Tabulatoren, die in der folgenden Tabelle zusammengefasst sind.

Tabulator	Wirkung
	Dies ist ein linksbündiger Tabulator. Der Text steht linksbündig am Tabulator im Zeilenlineal.
	Dies ist ein zentrierter Tabulator. Der Text steht zentriert am Tabulator im Zeilenlineal.
	Dies ist ein rechtsbündiger Tabulator. Der Text steht rechtsbündig am Tabulator im Zeilenlineal.

Tabulator	Wirkung
	Der dezimale Tabulator setzt bei Zahlen die Dezimalzeichen untereinander.
	Der Leiste-Tabstopp legt, anders als die bisher besprochenen Tabstopps, keine Textposition fest, sondern fügt an der Position nur eine vertikale Linie ein. In der Abbildung wurden ein Leiste-Tabstopp und ein dezimaler Tabstopp gesetzt.
	Die beiden letzten Tabulatoren sind Einzugsmarken, die Sie aber sehr selten brauchen, da es dafür auch andere Möglichkeiten gibt. Sie sind gleichbedeutend mit den Einzugsmarken im Zeilenlineal.

Grafiken und Bilder einbinden und platzieren

Um ein Bild oder eine Grafik in einen Text einzufügen, setzen Sie zunächst die Einfügemarke an die Stelle, an der das Bild eingefügt werden soll. Wählen Sie dann auf der Registerkarte *Einfügen* die Schaltfläche *Bilder*. Möchten Sie ein Bild einfügen, das Sie auf Ihrem PC gespeichert haben, wählen Sie anschließend *Dieses Gerät*. Alternativ können Sie auch aus online gespeicherten Bildern wählen.

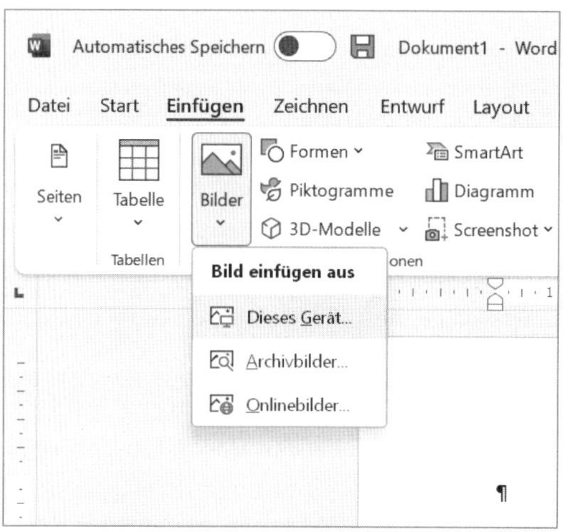

Im folgenden Fenster wählen Sie den Ort auf Ihrer Festplatte, an dem sich das Bild befindet, und bestätigen mit *Einfügen*. Möchten Sie das eingefügte Bild proportional vergrößern oder verkleinern, ziehen Sie es an den Eckpunkten.

Wenn Sie nun auch noch Text haben, den Sie um das Bild herumfließen lassen möchten, klicken Sie das Bild an. Am rechten Rand finden Sie die *Layoutoptionen*.

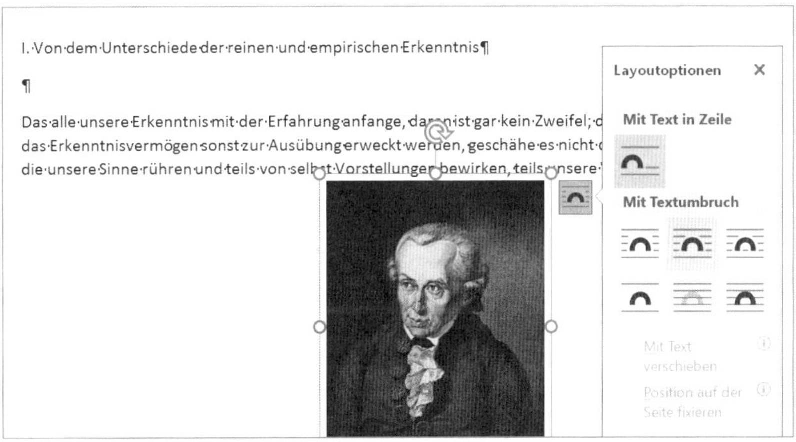

Suchen Sie sich einen passenden Textumbruch, und entscheiden Sie, ob Sie das Bild mit dem Text verschieben wollen (wenn Sie zum Beispiel neuen Text einfügen) oder ob das Bild auch bei neu eingefügtem Text fest an der Position fixiert bleiben soll.

Anschließend schieben Sie das Bild an die Position, an der Sie es haben wollen.

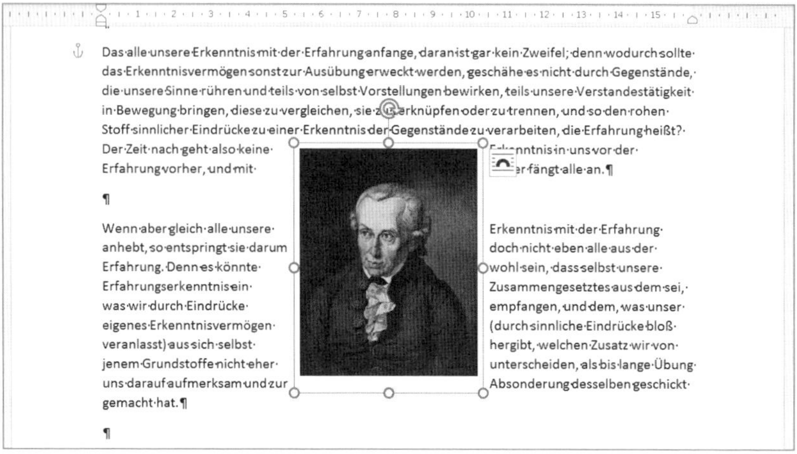

Experimentieren Sie ein wenig mit den verschiedenen Layoutoptionen. In der folgenden Abbildung wurde das Bild durch Ziehen der Drehmarke gedreht, und der gesamte Text wurde im Blocksatz mit dem entsprechenden Symbol formatiert.

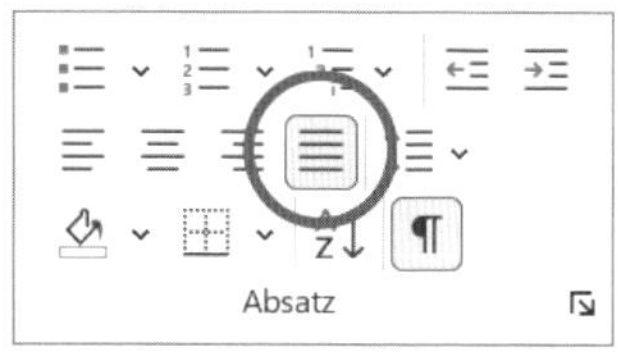

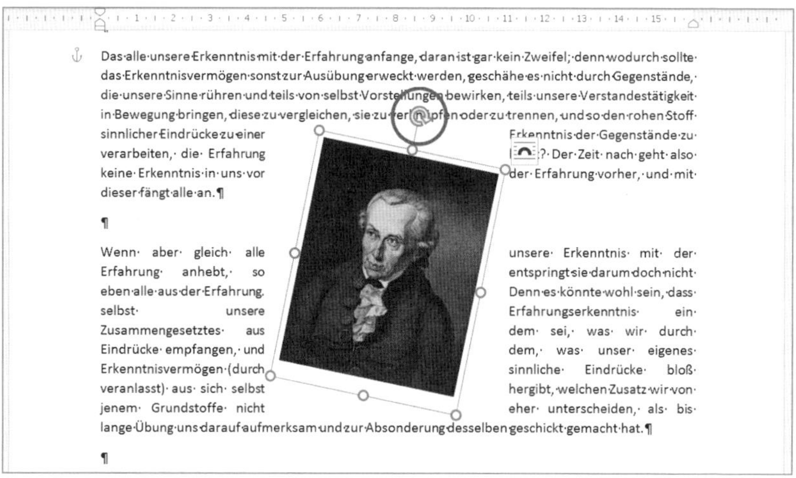

Wenn Sie nun der Meinung sind, mehr könne Word nicht, irren Sie gewaltig. Sie können ein Bild auch ohne Hintergrund darstellen.

Fachsprachlich heißt das, das Bild wird freigestellt.

1 Klicken Sie Ihr Bild an, und wählen Sie dann unter dem bei ausgewähltem Bild eingeblendeten Reiter *Bildformat* die Schaltfläche *Freistellen*.

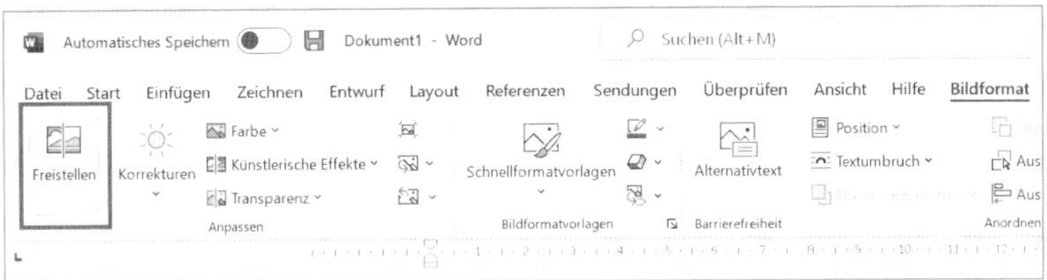

2 Word schlägt Ihnen vor, was Sie freistellen können. Oftmals ist da aber noch weiterer Bearbeitungsbedarf. Um festzulegen, welche Elemente im Bild beibehalten werden sollen, klicken Sie auf *Zu behaltende Bereiche markieren*, mit *Zu entfernende Bereiche markieren* lassen sich entsprechend zu entfernende Elemente festlegen.

3 Nehmen Sie die Markierung vor, indem Sie auf ein Element klicken und bei gedrückter Maustaste ziehen.

4 Ist der Rahmen nun richtig, klicken Sie auf *Änderungen beibehalten.*

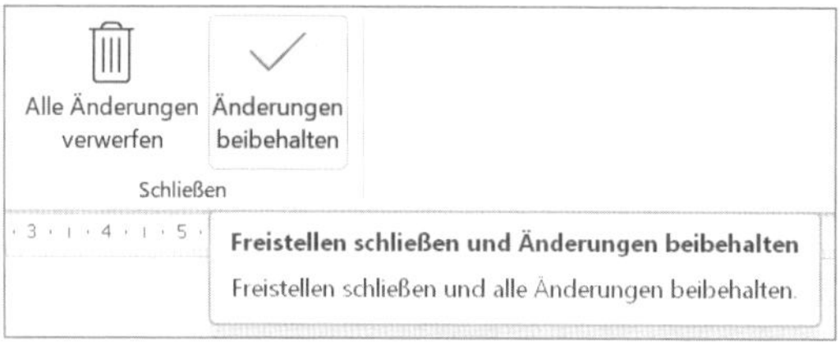

5 Nun haben Sie das Bild ohne den Hintergrund in einem passenden viereckigen Rahmen. Möchten Sie den Text aber nicht als Viereck um das freigestellte Bild, sondern soll der Text dem Verlauf des freigestellten Bildes etwas angepasst werden, wählen Sie nun bei *Textumbruch* einen anderen Umbruch, zum Beispiel *Eng*.

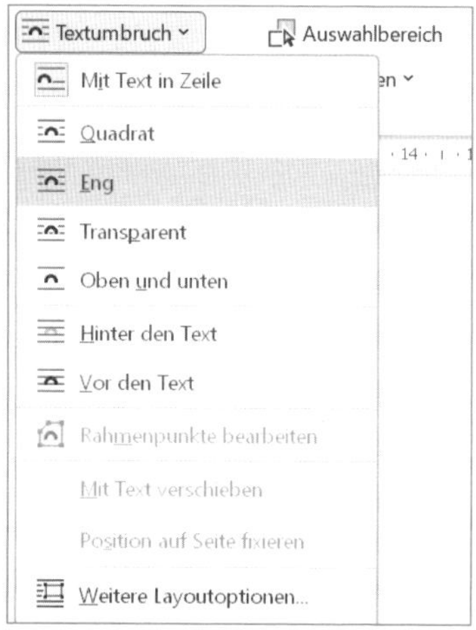

6 Danach können Sie das Bild an die Position schieben, an der Sie es haben möchten.

Weitere Möglichkeiten zum Freistellen von Bildern lernen Sie in Abschnitt 5.3 zu PowerPoint kennen.

Nicht nur für Floskelsätze – Schnellbausteine

Schnellbausteine bieten Ihnen die Möglichkeit, komplexe Text- oder Tabellenstrukturen, die Sie häufig brauchen, sehr einfach innerhalb eines Textes zu benutzen.

Hier möchte ich Ihnen zeigen, wie Sie eine häufig benötigte Anredeformel eines Briefes recht einfach gestalten können. Die komplexeren Möglichkeiten werden wir in speziellen Abschnitten besprechen.

Word 2021 unterscheidet zwischen AutoText und Schnellbausteinen. Handhabung und Einsatzzweck sind ziemlich ähnlich. Unterschiede gibt es nur beim Speicherort und dem Dateinamen auf der Festplatte.

Das macht zunächst für den normalen Benutzer keinen Unterschied. Nur bei großen IT-Netzen mit vielen Anwendern sollte man sich intensiver mit diesen beiden Dateien und dem Speicherort befassen. Da dieses Buch aber für den normalen Anwender geschrieben wurde, brauchen wir uns hier nicht weiter mit diesen beiden Dateien herumzuschlagen.

Nehmen wir an, Sie möchten als Briefanrede den Text »Liebe Mitarbeiter und Freunde,« häufiger einsetzen.

Sie können das natürlich bei jedem Brief neu eingeben, einfacher geht es aber als Schnellbaustein.

1 Schreiben und formatieren Sie die Floskelsätze so, wie sie im Brief stehen sollen.

2 Markieren Sie nun alles, was zu einem Schnellbaustein (oder AutoText) werden soll.

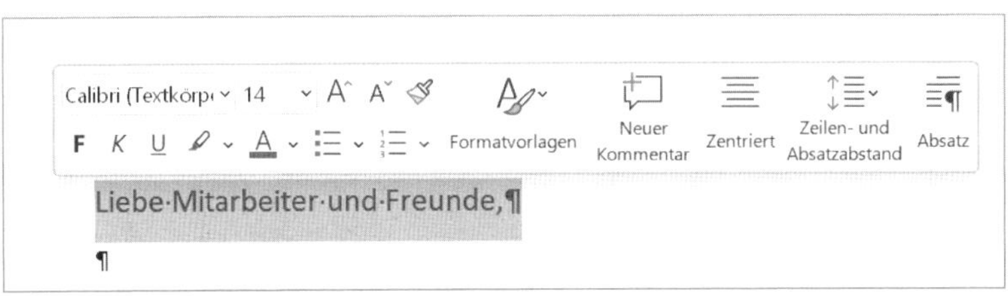

3 Wählen Sie dann auf der Registerkarte *Einfügen* das Dreieck bei *Schnellbausteine*. Dort gehen Sie auf *AutoText* und klicken auf *Auswahl im AutoText-Katalog speichern*.

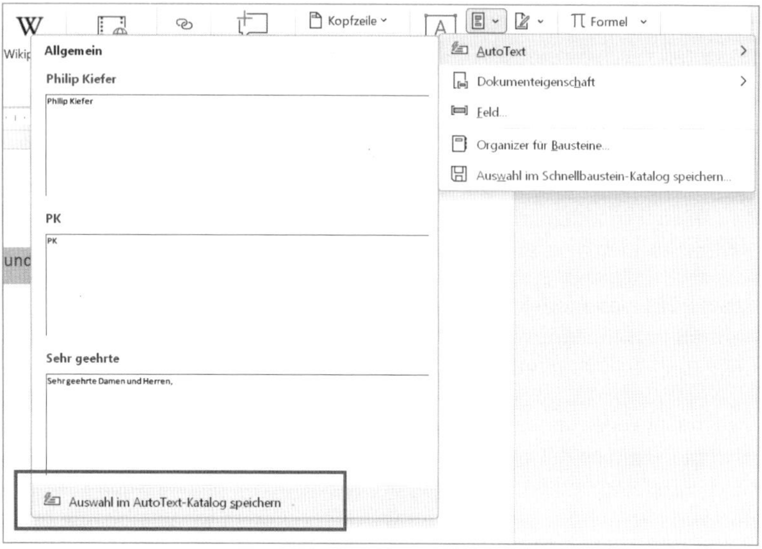

4 Vergeben Sie einen sinnvollen Namen. Dieser Name sollte nicht allzu lang sein, denn diesen Namen tippen Sie ein, um den AutoText abrufen zu können. Im Beispiel ist als Name *Liebe Mitarbeiter* gewählt worden. Bestätigen Sie nun alles mit *OK*.

Wenn Sie nun in Ihrem Brief an der passenden Stelle den Namen des Bausteins eingeben, können Sie den gesamten Baustein mit der ↵-Taste oder der F3-Taste in Ihren Brief einfügen.

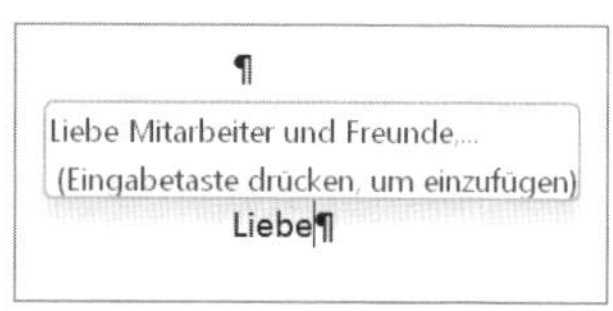

AutoText-Einträge können fast beliebig lang und komplex sein, und sie erleichtern die Arbeit ungemein, wenn Sie viele solcher Sätze benutzen – etwa »Wie bereits telefonisch besprochen, übersende ich Ihnen die gewünschten Unterlagen«. In späteren Abschnitten, wenn wir Tabellen oder die Nummerierung von mathematischen Formeln besprechen, werden Sie sehen, was noch alles hinter Schnellbausteinen/AutoText steckt.

WordArt und Texteffekte

Bei WordArt handelt es sich um Texte, die mit besonderen grafischen Effekten ausgestattet werden können. Gut geeignet sind sie für Einladungen, Plakate und Ähnliches. In offiziellen Briefen und Texten sollte man sie sehr sparsam oder besser überhaupt nicht einsetzen. Aber für den eigenen Briefkopf, den wir im nächsten Abschnitt behandeln werden, können Texte mit WordArt als Blickfang dienen.

1 Wählen Sie auf der Registerkarte *Einfügen* in der Gruppe *Text* das Symbol *WordArt*.

2 Dadurch rufen Sie den elementaren WordArt-Katalog auf. Wählen Sie ein Element aus – egal, welches. Sie können alles nachträglich ändern. Schreiben Sie nun Ihren Text.

3 Unter dem bei ausgewählter WordArt eingeblendeten Reiter *Formformat* können Sie den Text in ungeahnt vielfältiger Weise formatieren. Probieren Sie einfach mal einiges aus.

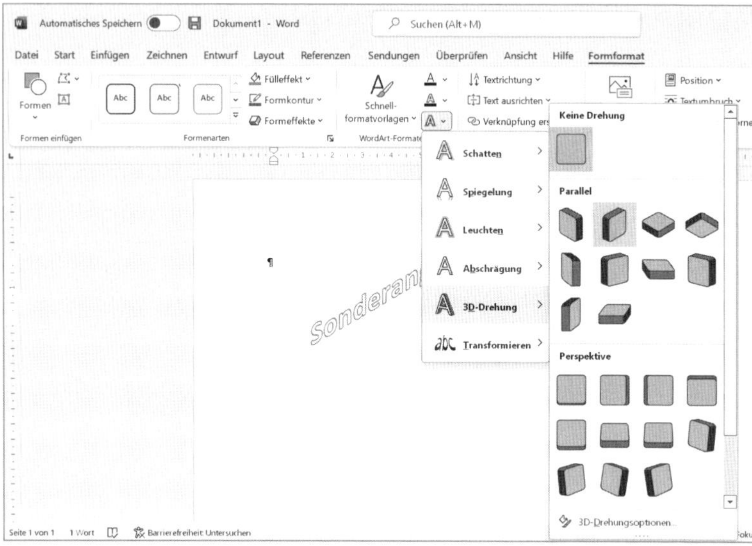

4 Über den kleinen Pfeil unter *Format* bei *WordArt-Formate* haben Sie weitere tolle Möglichkeiten, den Text zu gestalten.

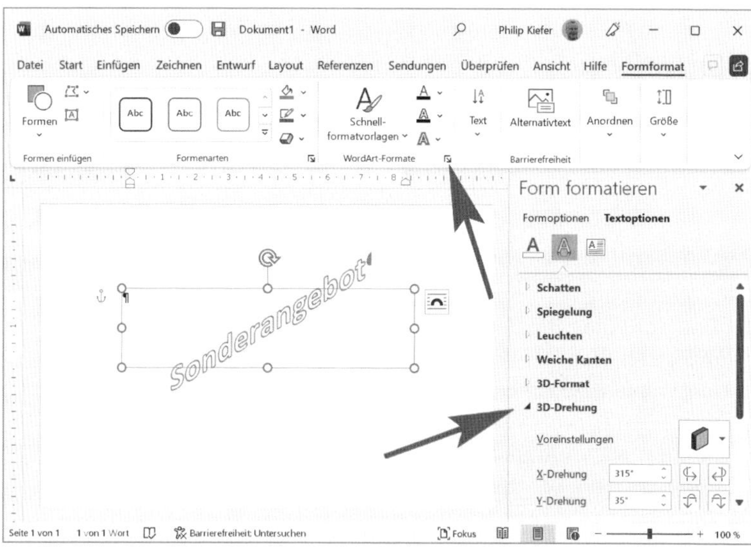

Hier möchte ich Sie nun Ihrer Kreativität überlassen. Die Möglichkeiten sind zu vielfältig, um sie hier alle detailliert besprechen zu können.

Wasserzeichen in einem Dokument

Ein weiteres ganz nettes Gestaltungselement ist das Wasserzeichen. Ein Wasserzeichen kann ein Text, aber auch ein Bild sein. Wir wollen hier einmal ein Bild als Wasserzeichen für eine Urkunde benutzen.

1 Auf der Registerkarte *Entwurf* klicken Sie in der Gruppe *Seitenhintergrund* auf *Wasserzeichen*.

2 Im geöffneten Listenfeld wählen Sie ganz unten *Benutzerdefiniertes Wasserzeichen*.

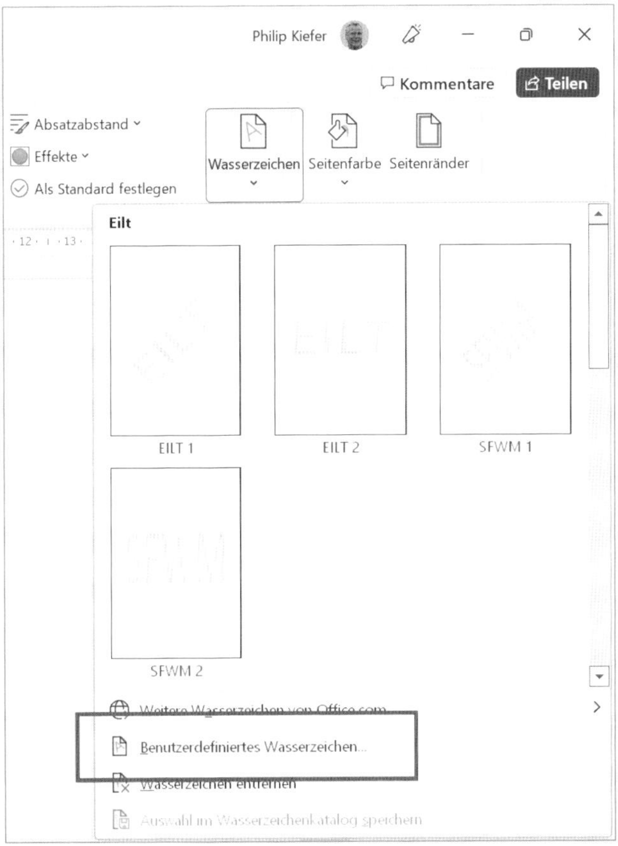

3 Nun aktivieren Sie *Bildwasserzeichen* und suchen per Klick auf *Bild auswählen* das gewünschte Bild auf Ihrer Festplatte. Bestätigen Sie das Fenster mit *OK*.

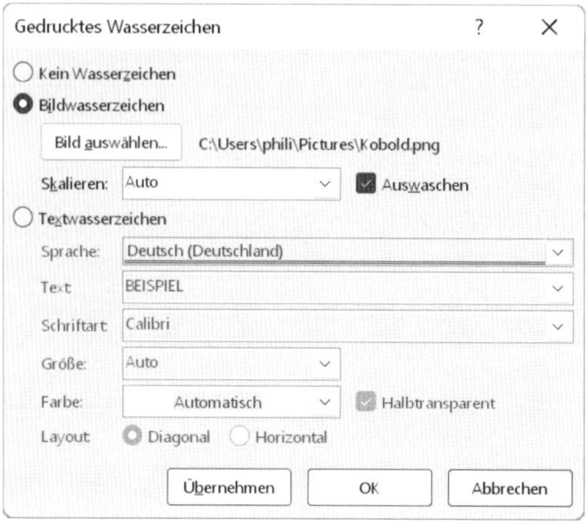

4 Schon haben Sie das Bild als Wasserzeichen eingefügt und können nun Ihren Text darüberschreiben. Sie können aber natürlich auch zuerst den Text schreiben und erst dann das Wasserzeichen einfügen.

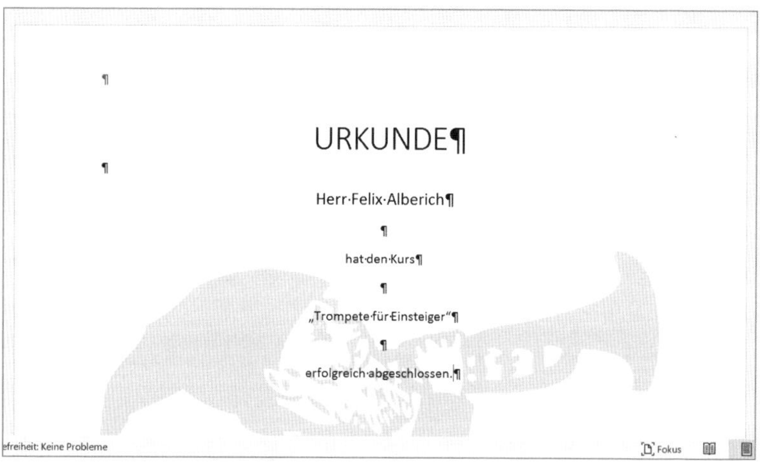

Falzmarken

Falzmarken dienen dazu, Briefe an der richtigen Stelle zusammenzufalten, damit der Adressblock auch richtig im Fensterkuvert erscheint. Falzmarken haben vom oberen Blattrand aus gesehen eine Position von 10,5 cm und 21 cm.

1 Wählen Sie auf der Registerkarte *Einfügen* die Option *Formen* und dann *Linie*.

2 Zeichnen Sie nun irgendwo eine waagerechte Linie beliebiger Länge.

3 Auf der Registerkarte *Formformat* geben Sie im Bereich *Größe* im Feld *Breite* den Wert *1 cm* ein und bestätigen mit der ↵-Taste.

4 Als Nächstes klicken Sie unter *Format* in der Gruppe *Anordnen* auf *Position* und darin auf *Weitere Layoutoptionen*.

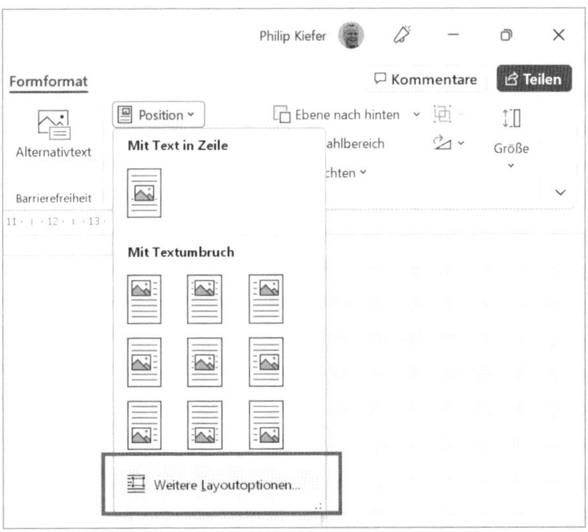

5 Deaktivieren Sie gegebenenfalls das Kontrollkästchen bei *Objekt mit Text verschieben*. Geben Sie nun die Werte der Abbildung ein.

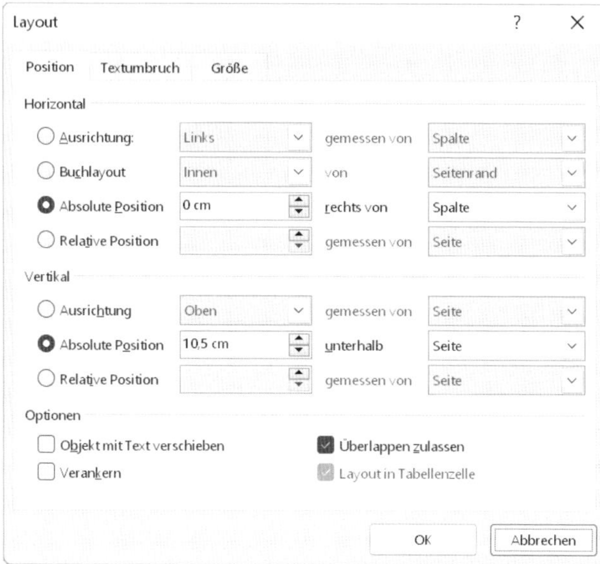

6 Nachdem Sie das Fenster mit *OK* bestätigt haben, ist die erste Falzmarke gesetzt. Duplizieren Sie diese mit der Tastenkombination Strg+D

7 Wählen Sie wieder *Position/Weitere Layoutoptionen*.

8 Setzen Sie im Fenster *Layout* folgende Werte: *Absolute Position 0 cm rechts von Seite* und unter *Vertikal Absolute Position 21 cm unterhalb Seite*.

9 Damit haben Sie die zweite Falzmarke gesetzt und können den Brief nun immer an der richtigen Stelle falzen.

3.2 Tabellen effektiv aufbauen und einsetzen

Bisher haben wir Tabellen mit Tabulatoren erstellt. Das ist zugegebenermaßen manchmal ziemlich langwierig. Und wenn Sie dann noch Zeilen oder Spalten austauschen müssen, kommen Sie mit Tabulatoren schnell in »Teufels Küche«.

Leistungsfähiger und auch einfacher zu bedienen ist die Tabellenfunktion. Sie kann problemlos eingesetzt werden, um z. B. einen Lebenslauf professionell zu gestalten. In Tabellen, die Sie mit der Tabellenfunktion erstellen, ist es ebenfalls sehr einfach, Bilder und Grafiken zu integrieren. Und auch das Vertauschen von Zeilen oder Spalten ist ein Kinderspiel.

Vielfach wird an dieser Stelle gefragt, warum man in Word eine umfangreiche Tabellenfunktion braucht, wenn man doch im Office-Paket Excel hat. Etwas Besseres als Excel für Tabellen gibt es doch wohl nicht.

Excel ist eine klassische Tabellenkalkulation, d. h., es wird hier mehr auf umfangreiche Rechenoperationen Wert gelegt, weniger auf das Verarbeiten langer Texte. Die Zellen einer Excel-Tabelle sind vom Inhalt her begrenzt, denn sie sind mehr dafür ausgelegt, lange und komplexe Formeln zu berechnen. Die Abstracts einer wissenschaftlichen Arbeit können Sie in einer Excel-Tabelle nicht sinnvoll verwalten, das Ausrechnen komplexer und schwieriger mathematischer Gleichungen bereitet dagegen kaum Probleme.

In Word können Sie mit der Tabellenfunktion wirklich lange Texte verwalten. Diese Texte können Sie nach Herzenslust formatieren und sogar Bilder integrieren. All das ist in einer Excel-Zelle nicht möglich. Auf der anderen Seite können Sie in Word-Tabellen zwar rechnen, aber Sie stoßen dabei sehr schnell an Grenzen.

Umfangreiche Tabellen, also Tabellen mit vielen Zeilen und Spalten, bei denen auch noch gerechnet werden muss, macht man in Excel. Haben Sie kleine Tabellen, aber viel Text, ist Word die bessere Wahl.

Sie sehen, die Tabellenfunktion in Word hat natürlich ebenso ihre Daseinsberechtigung wie die Tabellenkalkulation Excel. Beide konkurrieren nicht miteinander, sondern ergänzen sich.

Die klassische Tabelle

Es gibt mehrere Möglichkeiten, Tabellen in ein Word-Dokument einzufügen. Die einfachste Methode führt über die Registerkarte *Einfügen* mit einem Klick auf *Tabelle*.

Hier wählen Sie mit der Maus die Anzahl der Zeilen und Spalten aus, die Ihre Tabelle haben soll. Fahren Sie einfach über die Tabellenstruktur, und klicken Sie, wenn Sie genügend Zeilen und Spalten markiert haben. Keine Angst, Sie können nachträglich jederzeit einfach und schnell Zeilen oder Spalten einfügen oder löschen. Also machen Sie sich am Anfang keine allzu großen Gedanken darüber, wie viele Zeilen oder Spalten Ihre Tabelle haben muss.

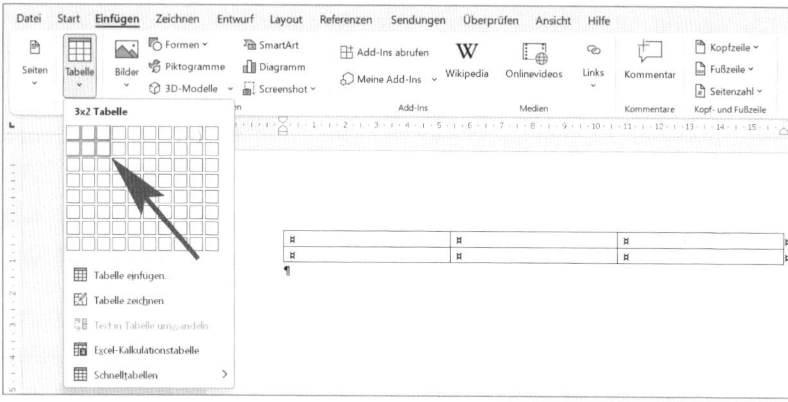

Für den zweiten Weg, eine Tabelle einzufügen, klicken Sie im Tabellenfenster nicht auf die Zeilen- und Spaltenanzahl, sondern auf *Tabelle einfügen*. Nun können Sie in einem Dialog die Tabellengröße bestimmen. Aber auch hier gilt: Sie können alles jederzeit nachträglich ändern.

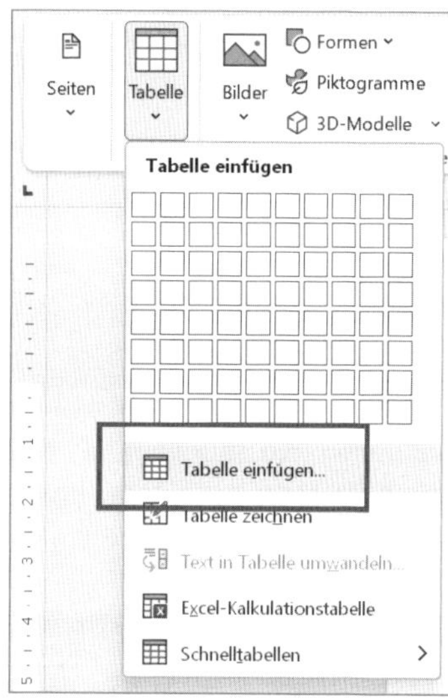

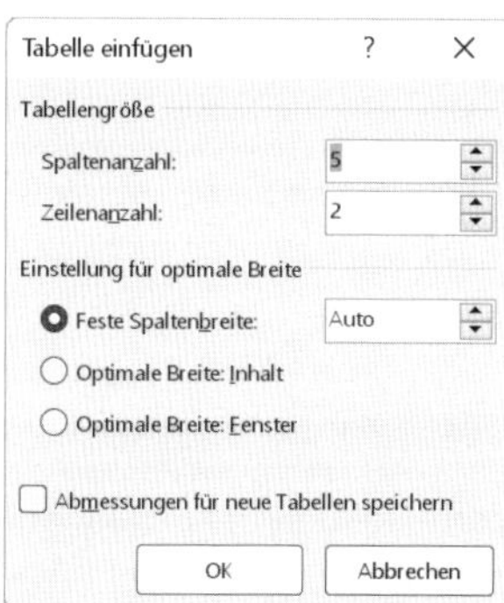

Dieses Fenster bietet noch einiges mehr. Hier können Sie bei *Einstellung für optimale Breite* entscheiden, ob die optimale Breite vom Inhalt oder der Fenstergröße abhängt. Wählen Sie hier *Optimale Breite: Inhalt*, ändert sich die Spaltenbreite mit dem Textinhalt. Die Spaltenbreite wird also dem Spalteninhalt angepasst. Es erfolgt erst dann ein Zeilenumbruch, wenn es wirklich nicht mehr anders geht. Durch die Option *Optimale Breite:Fenster* füllt die Tabelle immer das ganze Blatt von links nach rechts aus. Die Breite der Spalten bleibt erhalten, es erfolgt gegebenenfalls ein Zeilenumbruch.

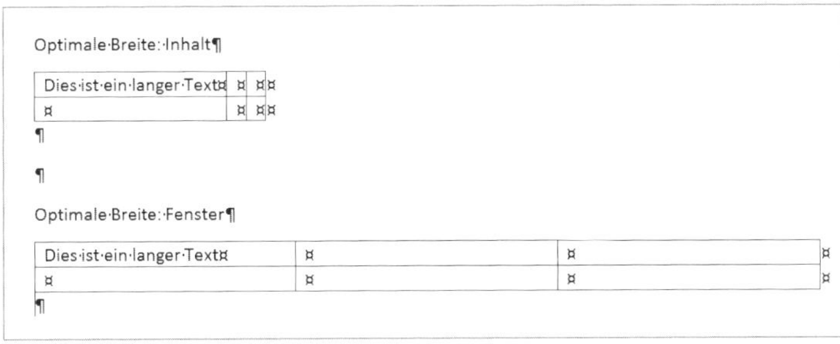

Wenn Sie Ihre zukünftigen Tabellen diesen Einstellungen entsprechend erstellen möchten, aktivieren Sie das Kontrollkästchen *Abmessungen für neue Tabellen speichern.* Zum Eingeben der Inhalte ist nur noch zu beachten, dass Sie mit der [Tab]-Taste von einer Zelle in eine andere springen. Mit [⇧]+[Tab] springen Sie zurück. Sind Sie in der letzten Zelle Ihrer Tabelle angekommen, erzeugt ein weiteres Drücken der [Tab]-Taste eine zusätzlich Zeile unterhalb der letzten Zeile.

Zeilen und Spalten markieren

Bevor Sie einzelne Zeilen, Spalten oder Zellen formatieren können, müssen Sie sie natürlich markieren. Für das Markieren gibt es viele Möglichkeiten. Wie immer fehlt der Platz, alle aufzuzählen. Das ist auch nicht nötig, wenn man die schnellsten Wege kennt. Andere entdeckt man während der Arbeit mit den Tabellen.

Das wollen Sie markieren	Das müssen Sie tun
Zelle	Klicken Sie links in die Zelle, wenn sich der Mauszeiger zu einem schwarzen Pfeil geändert hat. Halten Sie die [Strg]-Taste fest, können Sie auch mehrere nicht zusammenhängende Zellen markieren. 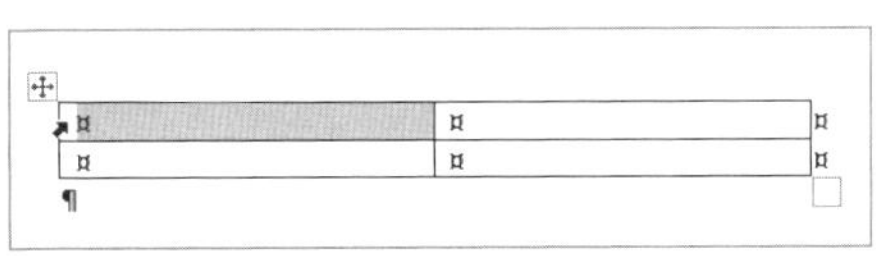
Zellbereich	Markieren Sie durch Ziehen der Maus von der ersten bis zur letzten Zelle. Alternativ markieren Sie die erste Zelle, halten die [⇧]-Taste gedrückt und markieren die letzte Zelle. Es reicht auch, den Cursor nur in die erste Zelle zu setzen, die [⇧]-Taste festzuhalten und in die letzte Zelle zu klicken.

Das wollen Sie markieren	Das müssen Sie tun
Zeile(n)	Klicken Sie links vor die Zeile. Mit dem weißen Pfeil ziehen Sie dann nach unten (oder oben), um weitere Zeilen zu markieren. Halten Sie die [Strg]-Taste fest, können Sie auch Zeilen markieren, die nicht untereinanderstehen.
Spalte(n)	Gehen Sie auf die Oberkante einer Spalte. Wenn ein schwarzer Pfeil erscheint, klicken Sie. Halten Sie in diesem Bereich die Maustaste fest, können Sie weitere Spalten durch Ziehen markieren. Die [Strg]-Taste wirkt analog zur Zellen- bzw. Zeilenmarkierung. 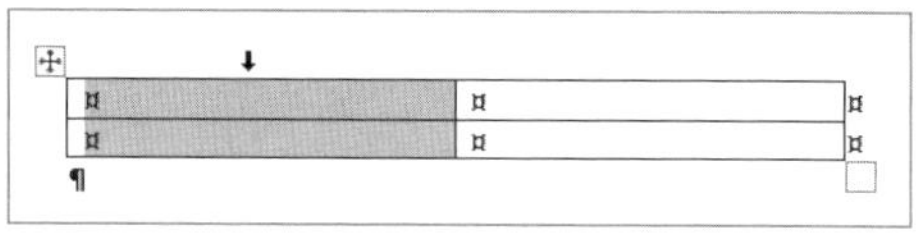
gesamte Tabelle	Gehen Sie auf das in der Abbildung gezeigte Symbol oben links, und klicken Sie. Das Symbol erscheint, sobald Sie in eine Zelle klicken. 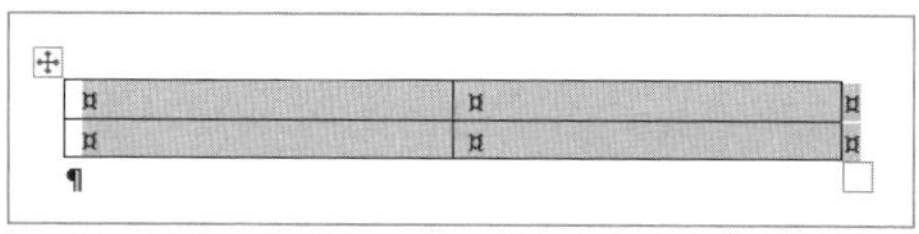

Zeilen und Spalten einfügen und löschen

Das wollen Sie tun	Das ist der Weg
eine neue Zeile unterhalb der letzten Zeile einfügen	Gehen Sie in die letzte Zelle der Tabelle, und drücken Sie die [⇆]-Taste.
eine neue Zeile zwischen zwei Zeilen einfügen	Gehen Sie mit der Maus vor eine Spalte. Es erscheint ein kleiner Kreis mit einem Pluszeichen. Klicken Sie auf das Pluszeichen zum Einfügen einer Zeile. 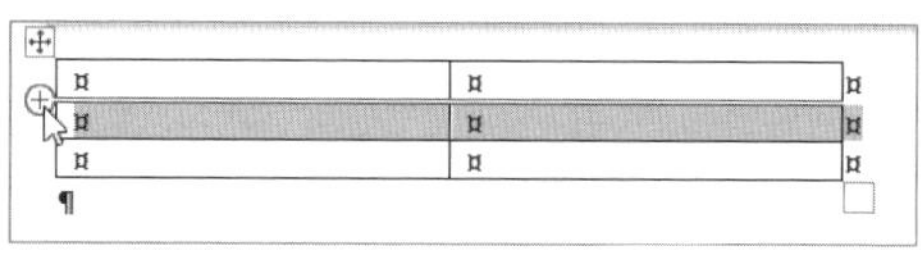

Das wollen Sie tun	**Das ist der Weg**
eine Zeile oberhalb der Tabelle einfügen	Markieren Sie die erste Zeile. Es erscheint das Formatierungsfenster mit dem Befehl *Einfügen*. Wählen Sie *Darüber einfügen*. 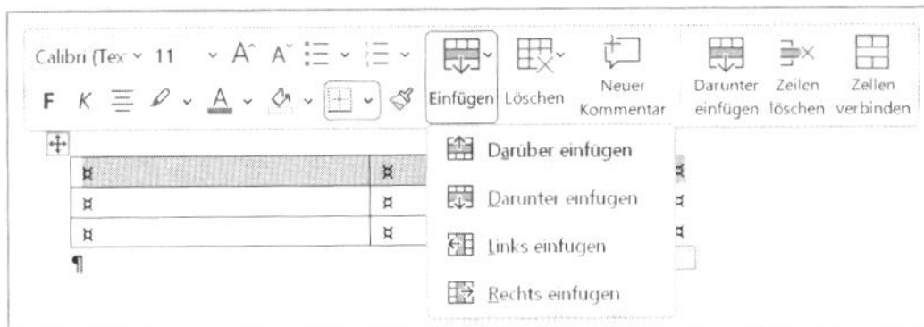
eine Spalte zwischen zwei Spalten einfügen	Gehen Sie mit der Maus im oberen Teil der Tabelle auf die Begrenzung der Spalten. Es erscheint wieder das Pluszeichen in einem Kreis. Klicken Sie darauf. 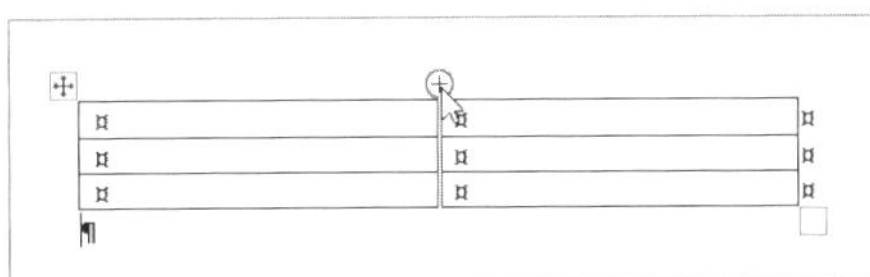
eine Spalte am Ende einfügen	Es funktioniert wie das Einfügen zwischen zwei Spalten, diesmal gehen Sie allerdings ans obere Ende der Tabelle. 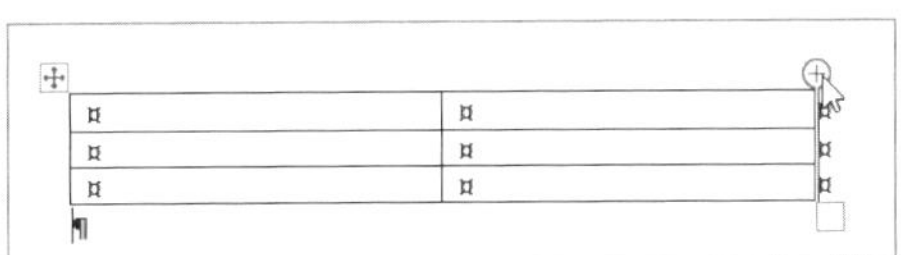

Das Löschen von Zeilen und Spalten erfolgt im gleichen Fenster wie das Einfügen. Sie wählen das Symbol *Löschen* und müssen dann entscheiden, ob Sie eine Zeile, eine Spalte oder die ganze Tabelle löschen möchten. Wichtig ist nur, dass Sie vorher das markieren, was Sie löschen möchten. Aber auch dafür gibt es noch zahlreiche weitere Möglichkeiten.

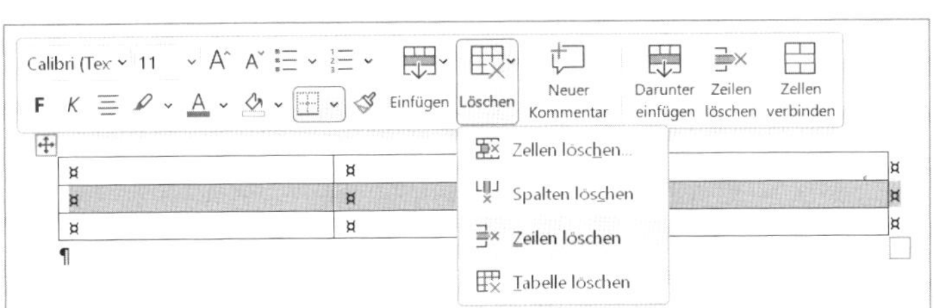

TIPP

Löschen von Zellinhalten

Wenn Sie Inhalte einer Tabelle löschen möchten, markieren Sie die entsprechenden Zellen und drücken die [Entf]-Taste. Diese Taste löscht aber nur die Inhalte, nicht die Zellstruktur. Eine Zeile oder Spalte können Sie mit der [Entf]-Taste nicht löschen.

Spaltenbreite verändern

Durch Ziehen einer Spaltenbegrenzung bei gedrückter linker Maustaste können Sie die Breite der Spalten sehr einfach verändern.

Beachten Sie aber, dass Sie dadurch die Breite sowohl der linken als auch der rechten Spalte verändern, die durch die Spaltenbegrenzung getrennt wird.

Um so etwas zu vermeiden, gibt es ein paar sehr nützliche Tasten, die Sie während des Ziehens drücken können.

Taste(n), die Sie drücken	Der Effekt auf die Spalten
	Wenn Sie ziehen, ohne eine weitere Taste gedrückt zu halten, verändern Sie die Breite der linken und rechten Spalte. Die anderen Spalten bleiben davon unberührt.
[⇧]	Bei gedrückter [⇧]-Taste ändern Sie nur die Breite der linken Spalte. Die Folgespalten rücken mit gleichbleibender Breite nach außen, dadurch vergrößert oder verringert sich die Gesamtbreite der Tabelle.
[Strg]	Bei gedrückter [Strg]-Taste wird die linke Spalte verändert, die Folgespalten rechts passen sich mit der gleichen Breite an. Die Tabellenbreite ändert sich dadurch also nicht, und die Änderungen werden gleichmäßig auf alle Folgespalten verteilt.

Tabulatoren in Tabellen

Nach der ganzen Theorie schauen wir uns nun ein praktisches Beispiel an. Nehmen wir einmal diese kleine Tabelle.

Messgerät	Eingang A (mV)	Eingang B (mV)	Bemerkungen
PX 468	4,678	345,78	Dieser Text dient nur zur Darstellung des Zeilenumbruchs.
PX 469	8,6784	1,347	Dieser Text dient nur zur Darstellung des Zeilenumbruchs.
PX 470	12,3	26,4	Dieser Text dient nur zur Darstellung des Zeilenumbruchs.

Die Struktur der Tabelle und die entsprechenden Inhalte einzugeben, dürfte jetzt eigentlich kein Problem mehr sein: Klicken Sie auf die Registerkarte *Einfügen*, dann auf *Tabelle*, und wählen Sie vier Zeilen und vier Spalten aus.

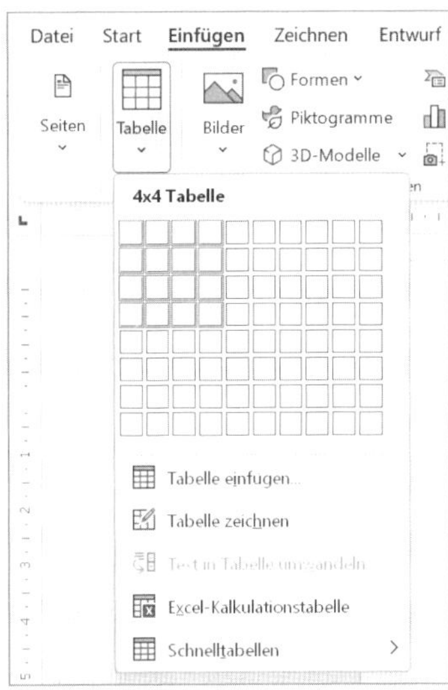

Danach geben Sie die Überschriften und Werte nacheinander ein. Mit der [⭾]-Taste wandern Sie von einer Zelle zur nächsten. Beim Eingeben des Textes in der vierten Spalte werden Sie merken, dass Word den Text automatisch umbricht, wenn das Zellenende erreicht ist. Word vergrößert nun die entsprechende Zeilenhöhe. Natürlich können Sie in den Zellen mit der [↵]-Taste auch einen Absatz einfügen.

Alle Inhalte, die Sie in eine Tabellenspalte eingeben, werden linksbündig ausgerichtet. Möchten Sie das ändern, stehen Ihnen die bekannten Formatierungssymbole der Registerkarte *Start* zur Verfügung. Diese haben wir weiter oben bereits besprochen.

Nun sollen ein paar Formatierungen besprochen werden, die sich speziell auf Tabellen beziehen. Standardmäßig stehen alle Werte in der linken oberen Ecke der jeweiligen Zelle, das Zentrieren über die Funktion auf der Registerkarte *Autostart* bewirkt lediglich eine Zentrierung am oberen Rand der Zelle. Das sieht nicht besonders schön aus. Schöner wäre es, wenn man Zellinhalte mittig in die Zelle setzen könnte. Kann man!

1 Dazu markieren Sie alles, was mittig in die Zellen gesetzt werden soll.

2 Dann wählen Sie auf der bei ausgewählter Tabelle eingeblendeten Registerkarte *Layout* das in der Abbildung markierte Symbol. Achtung: Verwenden Sie den Reiter *Layout*, der bei ausgewählter Tabelle eingeblendet wird, nicht den Reiter *Layout* neben dem Reiter *Entwurf*!

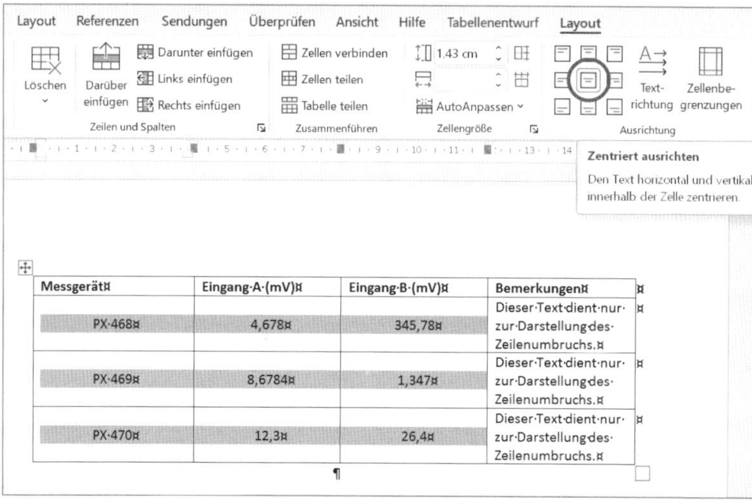

3 Nun stehen alle markierten Inhalte sowohl vertikal als auch horizontal in der Mitte der jeweiligen Zelle.

Zum Ausrichten der Zellinhalte braucht man also keine Tabulatoren. Und trotzdem ist der dezimale Tabulator auch in Tabellen hervorragend einsetzbar, um die Dezimalkommata untereinanderzusetzen.

1 Markieren Sie alle Zellen, denen Sie einen dezimalen Tabulator geben möchten. Aber Achtung: Dezimale Tabulatoren vergeben Sie nur spaltenweise. Wenn Sie also zwei Spalten mit einem dezimalen Tabulator beglücken wollen, müssen Sie die Spalten einzeln behandeln.

2 Dann wählen Sie links in den Tabulatoren den dezimalen Tabulator aus.

3 Nun setzen Sie den Tabulator wie gewohnt über der Spalte im Zeilenlineal.

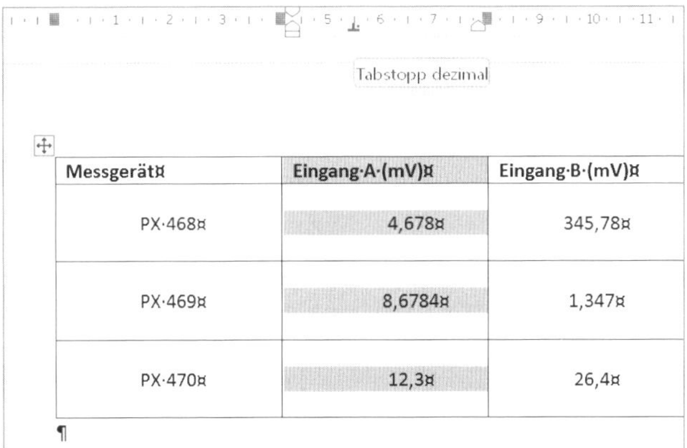

4 Aber Achtung: Sollte das bei Ihnen nicht funktionieren, haben Sie die Zelle horizontal mittig gesetzt. Und das hat eine höhere Priorität als der Tabulator. In diesem Fall formatieren Sie die Spalte wieder linksbündig.

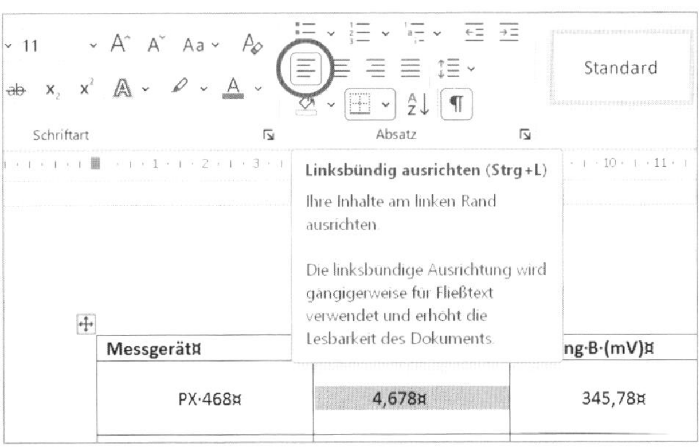

5 Machen Sie nun das Gleiche mit allen anderen Spalten, die einen dezimalen Tabulator bekommen sollen.

Zeilen und Spalten vertauschen

Jetzt merken Sie auf einmal, dass Spalte 3 (*Eingang B*) vor Spalte 2 (*Eingang A*) muss. Hätten Sie bis hierhin Tabulatoren verwendet, hätten Sie nun ein kleines Problem. Mit der Tabellenfunktion ist es aber eine Kleinigkeit.

1 Markieren Sie die Spalte, die Sie verschieben möchten.

2 Schneiden Sie die Spalte mit der Schere aus.

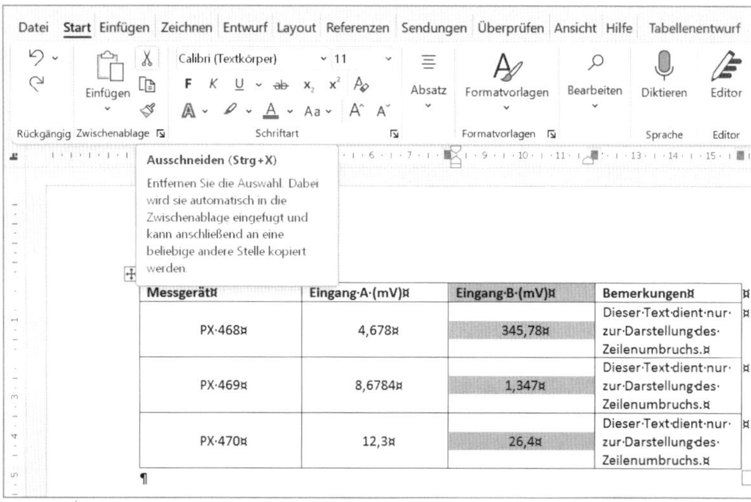

3 Setzen Sie die Einfügemarke in die erste Zelle der Spalte, die links die ausgeschnittene Spalte erhalten soll. In unserem Beispiel soll die Spalte zwischen Spalte 1 und Spalte 2.

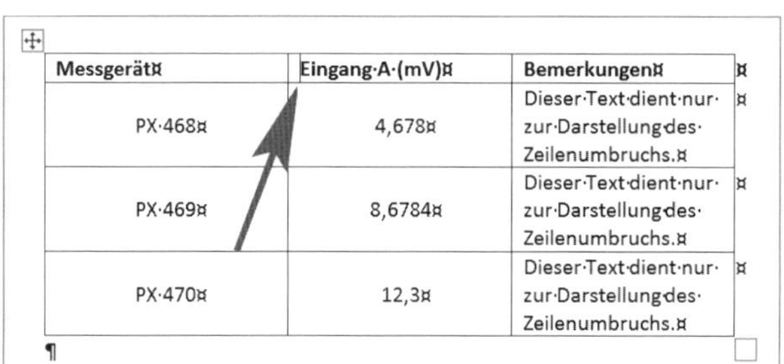

4 Nun wählen Sie auf der Registerkarte *Start* das *Einfügen*-Symbol (Achtung: nicht die Registerkarte *Einfügen*!).

Und schon haben Sie die beiden Spalten vertauscht. In der gleichen Art und Weise funktioniert auch das Tauschen von Zeilen.

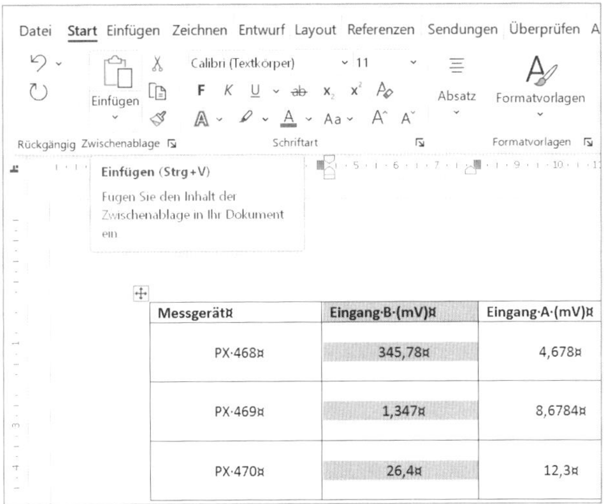

Der tabellarische Lebenslauf mit Bild

Natürlich können Sie mit der Tabellenfunktion auch einen wirklich gut aussehenden Lebenslauf anfertigen. Das Grundgerüst geben Sie in die einzelnen Zellen einer Tabelle ein.

Lebenslauf¶

¶

Persönliche·Daten¤	¤	¤
¤	¤	¤
Name:¤	Lisa·Jung¤	¤
Straße:¤	Musterstraße·1¤	¤
Stadt:¤	123456·Beispielhausen¤	¤
Geburtstag:¤	27.·Juni·2004¤	¤
Familienstand:¤	Ledig¤	¤
¤	¤	¤
¤	¤	¤
¤	¤	¤
¤	¤	¤
Schulausbildung¤	¤	¤
2010-2013¤	Münchhausen-Grundschule,·Musterstadt¤	¤
2013-2022¤	Exempel-Gymnasium,·Berlin↵ Abschluss:·Abitur¤	¤

¶

Na ja, werden Sie jetzt sagen, der Lebenslauf mit den Tabulatoren sah irgendwie professioneller aus – selbst wenn Sie es sich auf einer richtigen DIN-A4-Seite vorstellen. Da haben Sie recht. Was hier noch ziemlich stört, sind die Gitternetzlinien der Tabelle. Die hat Word standardmäßig eingeschaltet.

Bevor Sie die Linien unsichtbar machen, sollten Sie die Spalten sinnvoll verkleinern, denn das macht die Positionierung eines Bildes einfacher. Sie machen die Linien unsichtbar, indem Sie die Tabelle markieren. Dann wählen Sie auf der Registerkarte *Start* bei *Absatz* das Listenfeld für die Rahmen. Dort entscheiden Sie sich für *Kein Rahmen*.

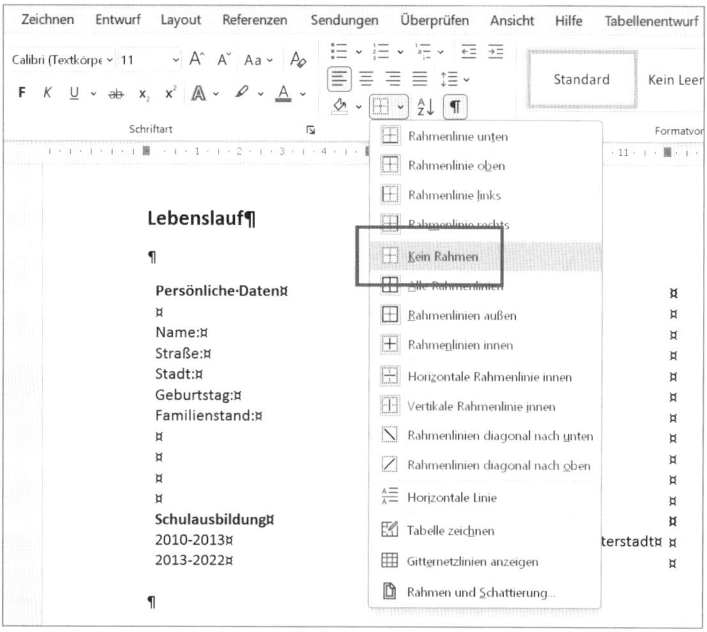

Das sieht jetzt schon um einiges besser aus! Wenn wir nun noch das Bild einfügen, ist der Lebenslauf mit der Tabellenfunktion eine durchaus ernst zu nehmende Alternative zu Tabulatoren. Um ehrlich zu sein, Sie sollten Lebensläufe immer mit der Tabellenfunktion erstellen.

Fügen wir noch das Bild ein. Wie das geht, wissen Sie aber auch schon.

1 Wählen Sie *Bild* auf der Registerkarte *Einfügen*, dann suchen Sie auf Ihrer Festplatte nach dem Bild, das Sie einfügen möchten, und klicken auf *Einfügen*.

2 Wahrscheinlich müssen Sie noch das Layout des Bildes verändern, damit Sie es an eine beliebige Stelle schieben können. Klicken Sie dazu das Bild an, und wählen Sie die *Layoutoptionen*.

3 Wenn Sie das in der Abbildung markierte Symbol nehmen (*Quadrat*), können Sie das Bild an eine beliebige Position schieben.

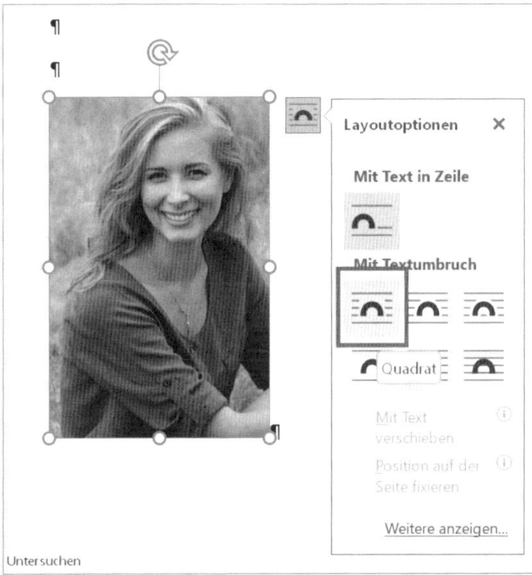

4 Tun Sie das nun: Ziehen Sie das Bild bei gedrückter Maustaste rechts neben die Tabelle.

Lebenslauf¶

¶

Persönliche·Daten¤	¤
¤	¤
Name:¤	Lisa·Jung¤
Straße:¤	Musterstraße·1¤
Stadt:¤	123456·Beispielhausen¤
Geburtstag:¤	27.·Juni·2004¤
Familienstand:¤	Ledig¤
¤	¤
¤	¤
¤	¤
¤	¤
Schulausbildung¤	¤
2010-2013¤	Münchhausen-Grundschule,·Musterstadt¤
2013-2022¤	Exempel-Gymnasium,·Berlin↵ Abschluss:·Abitur¤

¶

Wenn Sie das in der Abbildung rechts markierte Symbol verwenden (*Vor den Text*), können Sie das Bild auch auf einen Teil der Tabellenstruktur legen.

Soll das Foto die Tabelle überdecken dürfen, entscheiden Sie sich für die Layoutoption »Vor den Text«.

Wie Sie zukünftig Ihren Lebenslauf schreiben, ist Ihre Sache. Sie kennen nun zwei Möglichkeiten, entscheiden müssen Sie.

Tabellen in Text – Text in Tabellen verwandeln

Am Anfang ist man unsicher, mit welcher der beiden Möglichkeiten Tabellen am besten zu erstellen sind. Nimmt man Tabulatoren oder die Tabellenfunktion? Bevor Sie tagelang dieses Problem mit sich herumtragen, wählen Sie einfach irgendeine der Möglichkeiten, denn Sie können nachträglich Tabellen mit Tabulatoren in Tabellen mit der Tabellenfunktion und umgekehrt verwandeln. Das geht sogar ziemlich problemlos, vorausgesetzt, Sie haben die entsprechende Tabelle fehlerfrei erstellt.

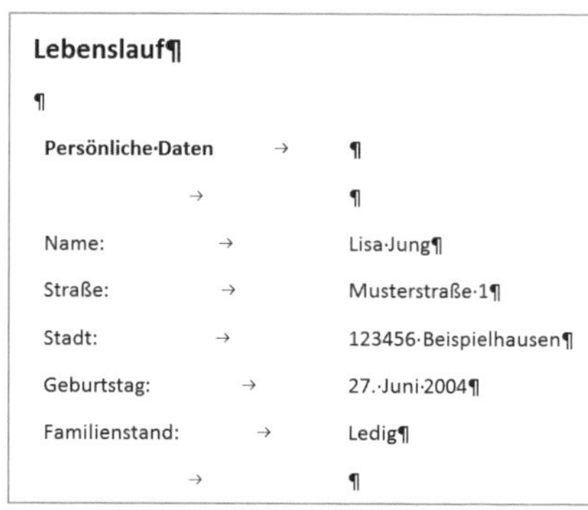
Lebenslauf¶

¶

Persönliche·Daten → ¶

→ ¶

Name: → Lisa·Jung¶

Straße: → Musterstraße·1¶

Stadt: → 123456·Beispielhausen¶

Geburtstag: → 27.·Juni·2004¶

Familienstand: → Ledig¶

→ ¶

Angenommen, Sie haben die folgende Tabelle mit Tabulatoren erzeugt, d. h., zwischen jedem Inhalt befindet sich ein Tabulatorzeichen. Ich lasse für das folgende Beispiel die nicht druckbaren Sonderzeichen bewusst sichtbar, damit Sie besser nachvollziehen können, was geschieht.

Nun beschließen Sie, diesen Text – mehr ist es nämlich für Word nicht, auch wenn es für uns wie eine Tabelle aussieht – doch lieber in eine richtige Tabelle zu konvertieren. Gehen Sie dazu folgendermaßen vor:

1 Um eine solche Tabelle in eine mit der Tabellenfunktion zu konvertieren, markieren Sie zunächst den Text, den Sie umwandeln möchten.

2 Klicken Sie im Register *Einfügen* auf *Tabelle*.

3 Wählen Sie *Text in Tabelle umwandeln*.

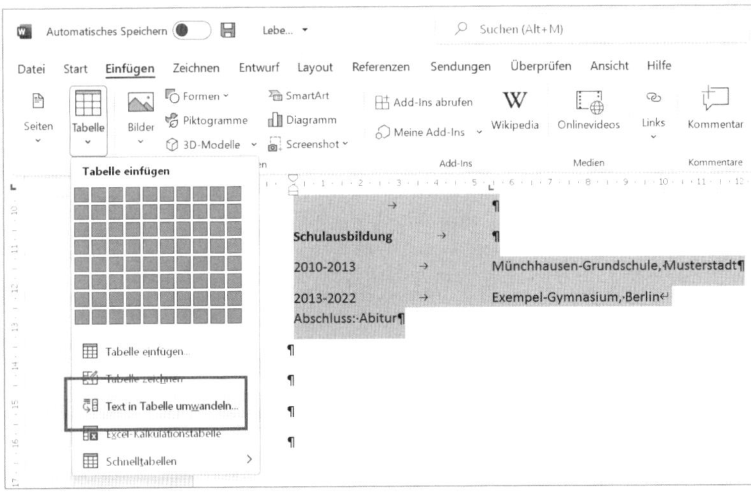

4 Im folgenden Fenster bestimmen Sie die Spaltenanzahl und entscheiden, an welchen Trennzeichen sich Word orientieren soll. In unserem Beispiel haben wir Tabstopps benutzt.

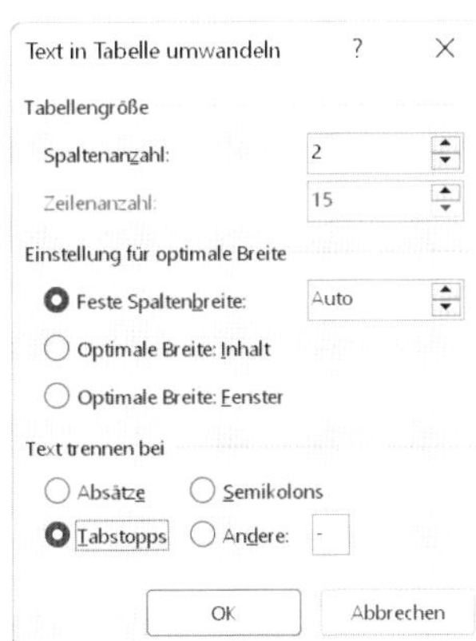

5 Und sofort haben Sie den Text mit den Tabulatoren dazwischen in eine Tabelle umgewandelt. Diese Tabelle können Sie nun, wie schon beschrieben, weiterbearbeiten.

Lebenslauf¶

¶

Persönliche·Daten¤	¤	¤
¤	¤	¤
Name:¤	Lisa·Jung¤	¤
Straße:¤	Musterstraße·1¤	¤
Stadt:¤	123456·Beispielhausen¤	¤
Geburtstag:¤	27.·Juni·2004¤	¤
Familienstand:¤	Ledig¤	¤
¤	¤	¤
¤	¤	¤
¤	¤	¤
¤	¤	¤
Schulausbildung¤	¤	¤
2010-2013¤	Münchhausen-Grundschule,·Musterstadt¤	¤
2013-2022¤	Exempel-Gymnasium,·Berlin¤	¤
Abschluss:·Abitur¤	¤	¤

¶

Natürlich können Sie auch den anderen Weg gehen, also eine Tabelle in einen Text mit Tabulatoren umwandeln.

1 Markieren Sie die Tabelle, die Sie umwandeln möchten, am einfachsten mit dem Tabellensymbol links oberhalb der Tabelle (es erscheint, wenn Sie den Mauszeiger über die Tabelle bewegen).

¶

Persönliche·Daten¤	¤	¤
¤	¤	¤
Name:¤	Lisa·Jung¤	¤
Straße:¤	Musterstraße·1¤	¤
Stadt:¤	123456·Beispielhausen¤	¤
Geburtstag:¤	27.·Juni·2004¤	¤
Familienstand:¤	Ledig¤	¤
¤	¤	¤
¤	¤	¤
¤	¤	¤
¤	¤	¤
Schulausbildung¤	¤	¤
2010-2013¤	Münchhausen-Grundschule,·Musterstadt¤	¤
2013-2022¤	Exempel-Gymnasium,·Berlin¤	¤
Abschluss:·Abitur¤	¤	¤

¶

2 Dann wählen Sie den bei ausgewählter Tabelle eingeblendeten Reiter *Layout* aus. Hier finden Sie in der Gruppe *Daten* die Option *In Text konvertieren*, die Sie anklicken.

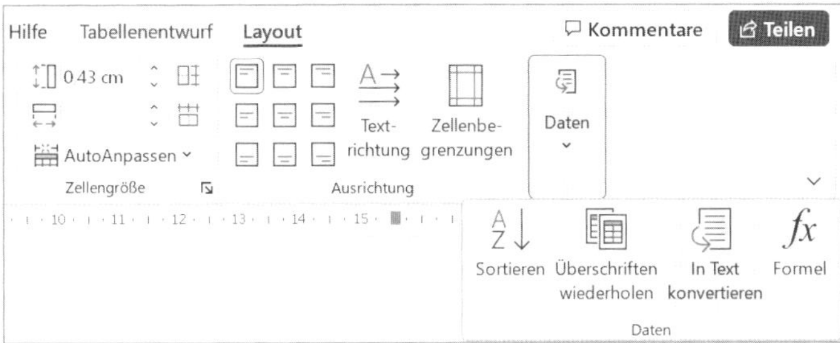

3 Die nächste Entscheidung, die Sie treffen müssen, ist, welches Trennzeichen Sie zwischen den Texten haben möchten. Bestätigen Sie mit *OK*.

4 Und schon haben Sie unsere Tabelle mit Tabulatoren dazwischen erstellt.

Für kleine Tabellen durchaus geeignet – Rechnen in Word

In der folgenden Tabelle müssen die Werte von *Eingang A* mit den Werten von *Eingang B* multipliziert werden.

Messgerät	Eingang A (mV)	Eingang B (mV)	Ergebnis
PX-468	4,678	345,78	
PX-469	8,6784	1,347	
PX-470	12,3	26,4	

So etwas macht man natürlich sinnvollerweise in Excel, aber wenn Sie halt Ihre Tabelle in Word angelegt haben und in einer Spalte noch umfangreichen erklärenden Text zum Messgerät eingegeben haben, ist ein Transfer der Tabelle nach Excel nicht sehr sinnvoll. Und wenn sich das Rechnen auf die einfachen Grundrechenarten beschränkt, kann man das schon in Word machen.

Aber wenn Sie in Word rechnen möchten, benutzen Sie die Tabellenfunktion und keine Texte mit Tabstopps dazwischen.

Die einzugebende Formel sieht von der Struktur her aus wie eine Formel in Excel, jedoch mit einem großen Unterschied: Es gibt keine Zeilen- und Spaltenköpfe. In welcher Zelle befindet sich zum Beispiel der Wert *12,3*? Sie müssen abzählen, es ist Zelle B4. Die oben dargestellte Beispieltabelle reicht also von A1 bis D4.

1 Um Zelle B2 mit C2 zu multiplizieren und das Ergebnis in Zelle D2 anzuzeigen, klicken Sie in die Zelle D2.

2 Gehen Sie unter dem bei ausgewählter Zelle eingeblendeten Reiter *Layout* im Bereich *Daten* auf *Formel*.

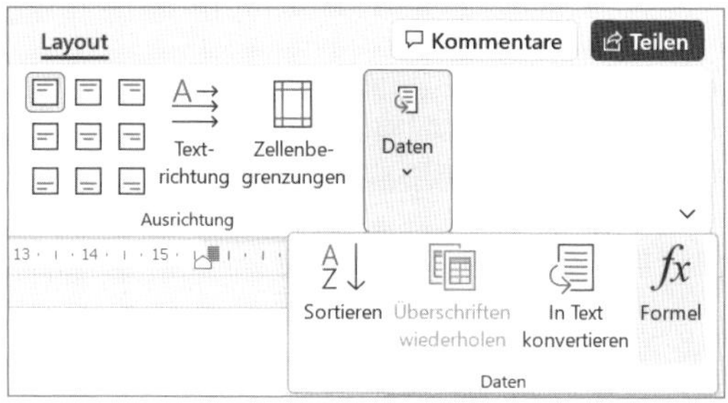

3 Word schlägt Ihnen eine Formel vor und möchte meist irgendwelche Summen bilden. Wir aber wollen ja multiplizieren, deshalb müssen Sie die Formel ändern, wie in der Abbildung gezeigt. Danach können Sie noch ein entsprechendes Zahlenformat auswählen, indem Sie das kleine Dreieck bei *Zahlenformat* anklicken. Die seltsamen Zeichen in den Zahlenformaten werden in Kapitel 4 (Excel) ab Seite 271 erläutert.

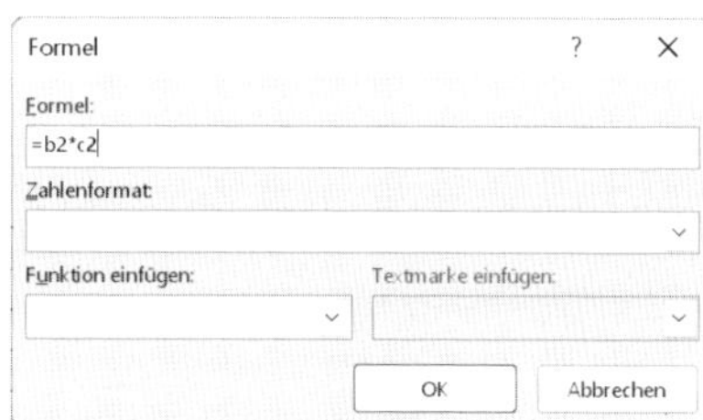

4 Wenn Sie nun der Meinung sind, man könne jetzt doch einfach, wie in Excel, die Formel nach unten kopieren, haben Sie sich getäuscht. Sie müssen jede Formel einzeln eintippen. Sie können die Formel zwar mit Strg+C und Strg+V in die anderen Zellen kopieren, aber Word wird die Zelladressen nicht anpassen.

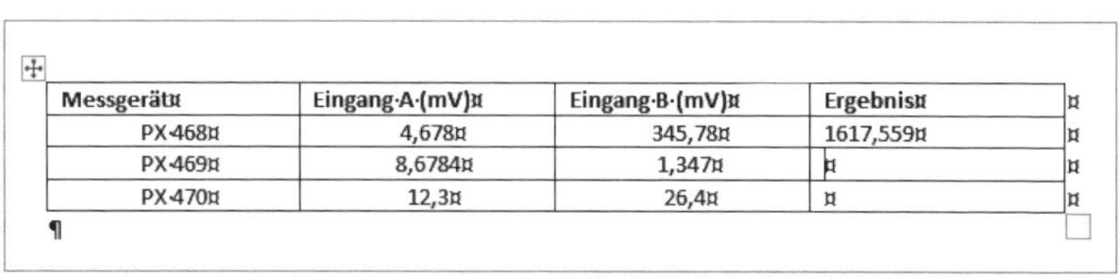

Messgerät	Eingang A (mV)	Eingang B (mV)	Ergebnis
PX-468	4,678	345,78	1617,559
PX-469	8,6784	1,347	
PX-470	12,3	26,4	

Wenn Sie Werte in der Tabelle ändern, wird Word auch nicht automatisch neu rechnen, wie das in Excel üblich ist. Schließlich sind Sie in Word! Soll Word neu rechnen, müssen Sie die Zelle markieren und die F9-Taste drücken.

Word ist eben ein Textverarbeitungsprogramm und keine Tabellenkalkulation. Deshalb meine Empfehlung: Wann immer Sie komfortabel rechnen wollen, geben Sie Ihre Tabelle in Excel ein.

Apropos Excel: Sie können in Word auch eine Excel-Tabelle einfügen – mit allen Vorteilen der Tabellenkalkulation. Mehr darüber erfahren Sie im folgenden Abschnitt.

Eine Excel-Tabelle einfügen

So fügen Sie in Word eine klassische Excel-Tabelle ein:

1 Gehen Sie über die Registerkarte *Einfügen* auf *Tabelle*.

2 Klicken Sie auf *Excel-Kalkulationstabelle*.

3 Das Word-Menüband wird durch das Excel-Menüband ersetzt. Gleichzeitig erscheint eine leere Excel-Tabelle in Ihrem Dokument.

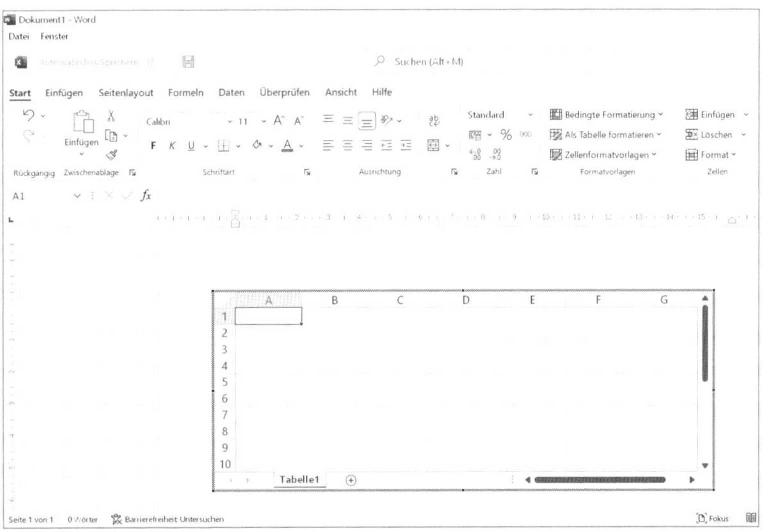

4 Bearbeiten Sie diese Tabelle, wie es in Kapitel 4 (Excel) beschrieben wird. Haben Sie Ihre Eingaben vorgenommen, klicken Sie irgendwo in Ihr Dokument, und Sie kommen wieder zum »reinen« Word zurück.

Wenn Sie die Tabelle nachträglich ändern möchten, öffnen Sie sie mit einem Doppelklick darauf.

Haben Sie bereits eine fertige Excel-Tabelle, können Sie auch diese dynamisch in Ihr Word-Dokument einbinden. Dynamisch heißt, wenn Sie Werte in der Excel-Tabelle verändern, werden sie auch gleichzeitig in der Word-Tabelle verändert.

1 Zum dynamischen Einbinden einer bestehenden Excel-Tabelle wählen Sie die Registerkarte *Einfügen*. Dort klicken Sie auf die Schaltfläche *Objekt*.

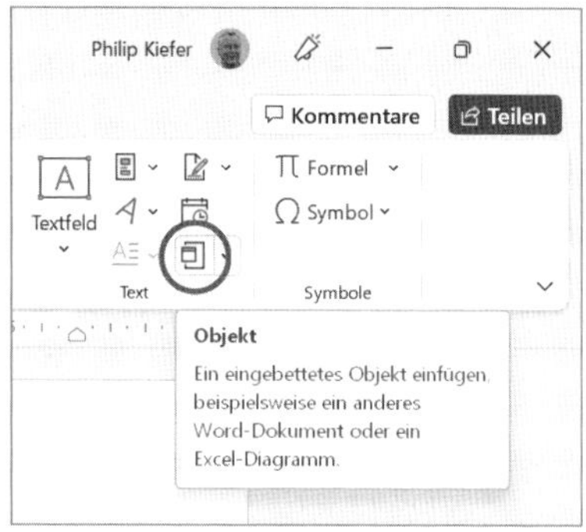

2 Nun wählen Sie die Registerkarte *Aus Datei erstellen* und gehen über *Durchsuchen* auf der Festplatte in den Ordner, in dem sich Ihre Tabelle befindet. Wählen Sie sie aus, und klicken Sie dann auf *OK*. Vergessen Sie nicht, ein Kreuzchen bei *Verknüpfen* zu machen, denn nur dann wird bei einer Änderung der Werte in Excel auch die in Word eingebundene Tabelle verändert.

Möchten Sie die Excel-Tabelle nachträglich in Word ändern, klicken Sie doppelt auf die Tabelle.

3.3 Besondere Texte – Brief und Bewerbung

In diesem Abschnitt sollen einige spezielle Dokumente und ihre Besonderheiten besprochen werden. Worauf müssen Sie achten, wenn Sie einen normalen Brief schreiben wollen? Wie sieht die Gestaltung einer Bewerbung optimal aus? Und in Abschnitt 3.4 ab Seite 123 werden wir Einladungen und Visitenkarten entwickeln.

Der richtige Brief

Der perfekte Brief richtet sich natürlich nach DIN 5008. Aber keine Angst, es reicht, sich ein paar Faustregeln einzuprägen und anzuwenden, um gut aussehende Briefe zu gestalten. Dies soll jetzt aber kein Kapitel über DIN-Normen oder -Regeln werden, sondern es soll gezeigt werden, wie Sie welche Werte aus DIN-Normen wo in Word eingeben können. Ich übernehme keine Haftung, dass im Folgenden immer die neuesten DIN-Normen zur Anwendung kommen.

In der DIN-Norm werden zum Beispiel Seitenränder festgelegt und Positionsangaben gemacht, damit der Adressblock eines Briefes optimal in einen Fensterumschlag passt. Wenn Sie eine Bewerbung und den Lebenslauf mit Word 2021 erstellen, dürfen die in der Norm genannten exakten Millimeterangaben ruhig gerundet werden.

So legt die Norm den linken Seitenrand auf 2,1 cm fest. Es ist aber durchaus akzeptabel, wenn Sie den Standardseitenrand von Word von 2,5 cm benutzen. Erkundigen Sie sich trotzdem in Ihrer Firma oder an der Uni, wie genau Sie hier sein müssen.

Beginnen wir also mit dem Problem, den Adressblock an der richtigen Stelle zu positionieren, sodass er in einem üblichen Fensterumschlag zu sehen ist.

Dazu gehen Sie über die Registerkarte *Layout* auf *Seitenränder* und wählen *Benutzerdefinierte Seitenränder*. Tragen Sie in den Bereich *Seitenränder* folgende Werte ein: *Oben 5,5 cm*, *Links 2,4 cm* und *Rechts 2,4 cm*. Den Wert für *Rechts* brauchen Sie für den Adressblock nicht, aber für den Rest des Briefes. Sie sollten bei der Eingabe der Anschrift daran denken, dass für das Fensterkuvert nur neun Zeilen für die Adresse vorgesehen sind.

Wenn Sie die Angaben nun bestätigen, können Sie am oberen Rand die Adresse des Empfängers eintragen und haben sichergestellt, dass sie in einem Fensterkuvert sichtbar ist.

Die weiteren Angaben, etwa das Datum, sollen nun nicht mehr so akribisch eingegeben werden.

1 Drücken Sie die [↵]-Taste, bis Sie drei Leerzeilen eingefügt haben, und geben Sie das Datum ein. Wenn Sie möchten, können Sie die Feldfunktion *Datum* von Word verwenden. Dazu gehen Sie auf die Registerkarte *Einfügen* und wählen ziemlich weit auf der rechten Seite des Menübands die Schaltfläche *Datum und Uhrzeit*.

2 In dem darauffolgenden Fenster müssen Sie sich noch für das Datumsformat entscheiden.

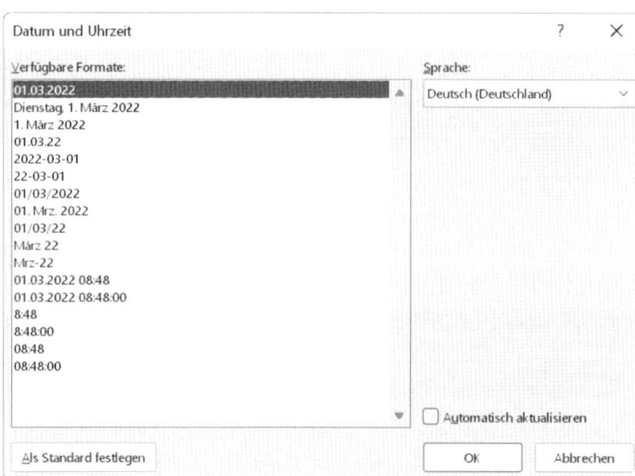

3 Setzen Sie das Datum nun rechtsbündig, und geben Sie nach weiteren drei Leerzeilen die Betreffzeile ein. Nach der DIN-Norm sollten Sie dort das Wort »Betreff« nicht mehr verwenden. Formatieren Sie die Betreffzeile fett.

4 Fügen Sie zwei Leerzeilen ein, und schreiben Sie die Anrede.

5 Nach einer weiteren Leerzeile beginnen Sie nun mit dem eigentlichen Brieftext.

6 Am Ende des Briefes fügen Sie erneut eine Leerzeile ein und haben nun die Position erreicht, an der die Grußformel (»Mit freundlichen Grüßen«) und Ihr Name stehen sollen. Hier können Sie dann auch einen Textbaustein einfügen. Nach der Grußformel folgen drei bis vier weitere Leerzeilen, diese bieten Platz für die Unterschrift und den Namen des Unterzeichners.

An die¶

Universität Entenhausen¶

- Frau Prof. Dr. Julia Schöne –¶

Bergstraße 13¶

¶

12345 Irgendwo¶

¶

¶

12. März 2022¶

¶

¶

Ihr Aufsatz in *Physik für Alle* vom Januar 2022¶

¶

¶

Sehr geehrte Frau Prof. Schöne,¶

¶

Lorem ipsum dolor sit amet, consetetur sadipscing elitr, sed diam nonumy eirmod tempor invidunt ut labore et dolore magna aliquyam erat, sed diam voluptua. At vero eos et accusam et justo duo dolores et ea rebum. Stet clita kasd gubergren, no sea takimata sanctus est Lorem ipsum dolor sit amet. Lorem ipsum dolor sit amet, consetetur sadipscing elitr, sed diam nonumy eirmod tempor invidunt ut labore et dolore magna aliquyam erat, sed diam voluptua. At vero eos et accusam et justo duo dolores et ea rebum. Stet clita kasd gubergren, no sea takimata sanctus est Lorem ipsum dolor sit amet. Lorem ipsum dolor sit amet, consetetur sadipscing elitr, sed diam nonumy eirmod tempor invidunt ut labore et dolore magna aliquyam erat, sed diam voluptua. At vero eos et accusam et justo duo dolores et ea rebum. Stet clita kasd gubergren, no sea takimata sanctus est Lorem ipsum dolor sit amet. Duis autem vel eum iriure dolor in hendrerit in vulputate velit esse molestie consequat, vel illum dolore eu feugiat nulla facilisis at vero eros et accumsan et iusto odio dignissim qui blandit praesent luptatum zzril delenit.¶

¶

Mit freundlichen Grüßen¶

¶

¶

¶

(Rainer Zufall)¶

Was sollten Sie noch bedenken? Verwenden Sie zugunsten der Lesbarkeit im Text keine Schrift, die kleiner als 10 Punkt ist. In offiziellen Briefen hat eine Schreibschrift nichts verloren. Verzichten Sie also auch auf ausgefallene Schriftarten und -stile.

Die Briefvorlage

Sie können ein Dokument, wie wir es gerade erstellt haben, abspeichern, jederzeit wieder öffnen, verändern und unter einem anderen Namen ablegen. Damit haben Sie immer das ursprüngliche Dokument und gleichzeitig den neu geschriebenen Brief. Viel leichter und weniger fehleranfällig ist es, eine eigene Vorlagendatei zu erstellen. Das wollen wir nun tun.

1 Erstellen Sie ein neues leeres Dokument.

2 Wählen Sie unter *Datei* den Befehl *Speichern unter* und dann *Durchsuchen*. Im folgenden Fenster wählen Sie bei *Dateityp* den Typ *Word-Vorlage* und geben einen sinnvollen Namen für Ihre Vorlage ein.

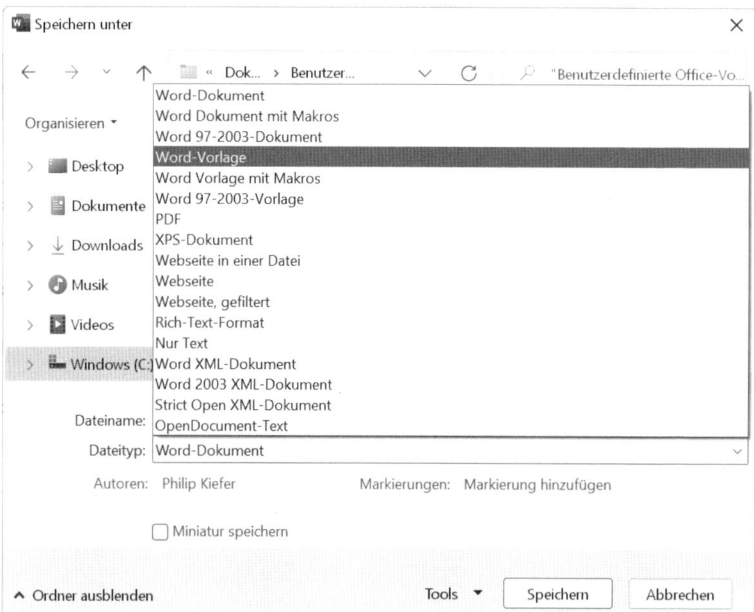

3 Nun erstellen Sie einen Briefkopf. Sinnvollerweise nehmen Sie dazu die Kopfzeile. Eine Kopfzeile ist ein Bereich, der automatisch auf jeder Seite des Dokuments ausgedruckt wird. In die Kopfzeile gehören meist Ihr Absender und vielleicht ein persönliches Logo. Die Kopfzeile beginnt standardmäßig bei 1,25 cm, was in unserem Fall zu tief ist. Sie sollten diesen Wert verringern, indem Sie auf der Registerkarte *Einfügen* auf *Kopfzeile* klicken.

4 In dem nun aufgeklappten Listenfeld wählen Sie *Kopfzeile bearbeiten*. Verringern Sie in der Gruppe *Position* den entsprechenden Wert *Kopfzeile von oben* auf einen Wert von *0,7 cm* und bestätigen Sie mit der [↵]-Taste.

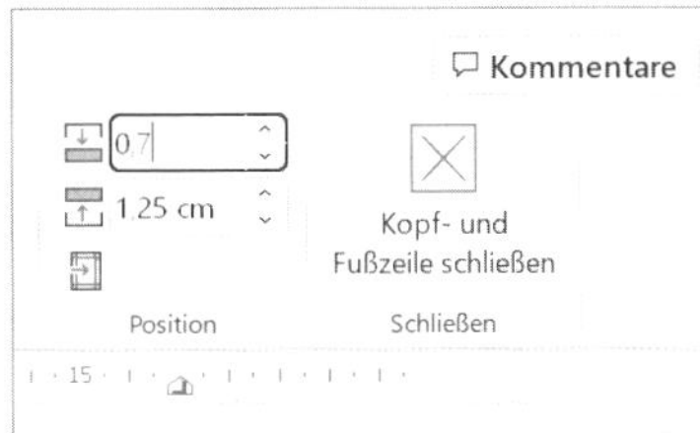

5 Als Nächstes fügen Sie Ihr Logo ein. Über *Einfügen/Bilder* fügen Sie ein Bild ein, das Sie als Logo benutzen möchten.

6 Möchten Sie das Bild noch etwas verändern, klicken Sie auf der bei ausgewähltem Bild eingeblendeten Registerkarte *Bildformat* beispielsweise auf *Künstlerische Effekte* und nehmen Ihre Auswahl vor.

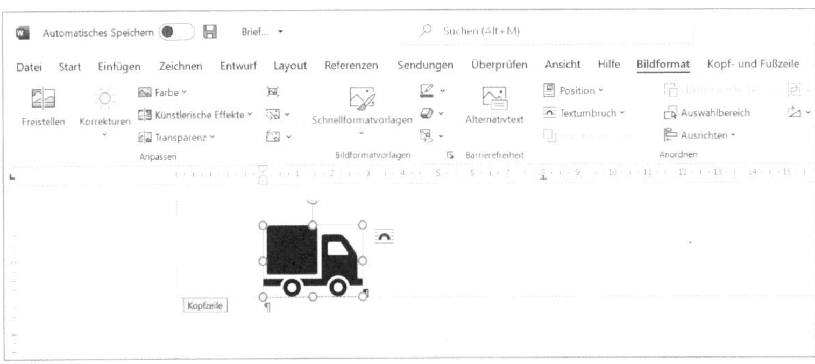

7 Nun müssen Sie Word noch durch die *Layoutoptionen* mitteilen, wie weiterer Text um das Bild herum platziert werden soll.

8 Tragen Sie nun mithilfe der Tabulatoren oder der Tabellenfunktion Ihren Namen und Ihre Adresse ein, und formatieren Sie alles nach Wunsch. Wenn Sie es mit der Tabellenfunktion machen, vergessen Sie nicht, den Rahmen der Tabelle zu entfernen.

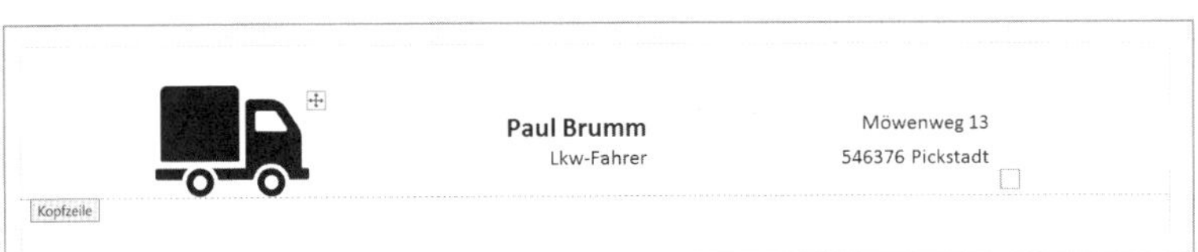

9 Wenn alles fertig ist, schließen Sie die Kopfzeile über *Kopf- und Fußzeile schließen*, oder Sie klicken doppelt irgendwo in den leeren Bereich des Dokuments.

10 Wählen Sie nun *Datei/Speichern*, damit die fertige Datei erneut gespeichert wird.

Wenn Sie nun zukünftig einen neuen Brief mit Ihrem speziellen Briefkopf schreiben wollen, gehen Sie über *Datei* in *Neu* und wählen dort *Persönlich*. Word listet Ihnen nun alle selbst erstellten Vorlagendateien auf.

Leider erhalten Sie hier keine der gewohnten Vorschauen, deshalb ist es wichtig, dass Sie sprechende und sinnvolle Dateinamen für Ihre Vorlagen wählen.

Wenn Sie nun noch Falzmarken in der Vorlagendatei setzen und eine Adresse als Dummy an die richtige Position setzen und vielleicht die Kopfzeile mit einer Linie vom Rest des Briefes trennen, haben Sie einen professionell aussehenden Brief erstellt.

Vorlagendateien werden üblicherweise in folgender Ordnerstruktur gespeichert:

C:\Benutzer\Ihr Anmeldename\Dokumente\Benutzerdefinierte Office-Vorlagen.

Das sieht ja schon mal ganz gut aus. Was aber passiert, wenn Sie in einem Brief mehr als zwei Seiten haben? Dann bekommen Sie auch auf der zweiten Seite die gleiche Kopfzeile. Und auf jeder weiteren Folgeseite. Das ist nicht immer gut.

Dass weitere Kopfzeilen auftauchen, ist natürlich gewollt, sonst hätte man keine Kopfzeile gebraucht. Aber auf Folgeseiten sollten diese Kopfzeilen etwas dezenter ausfallen, insbesondere in einem Brief.

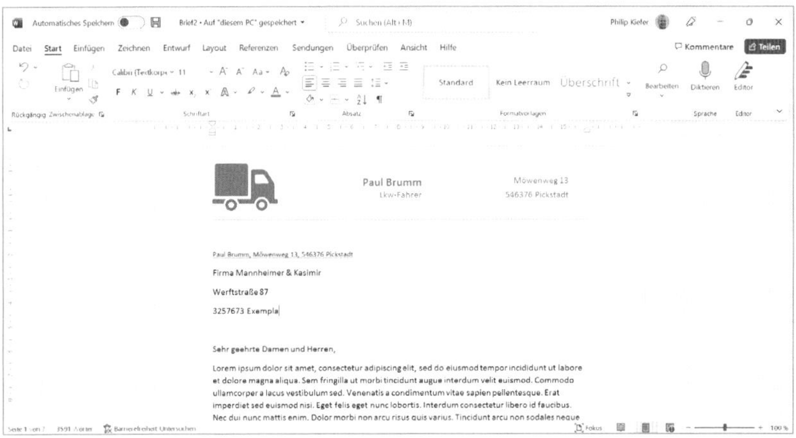

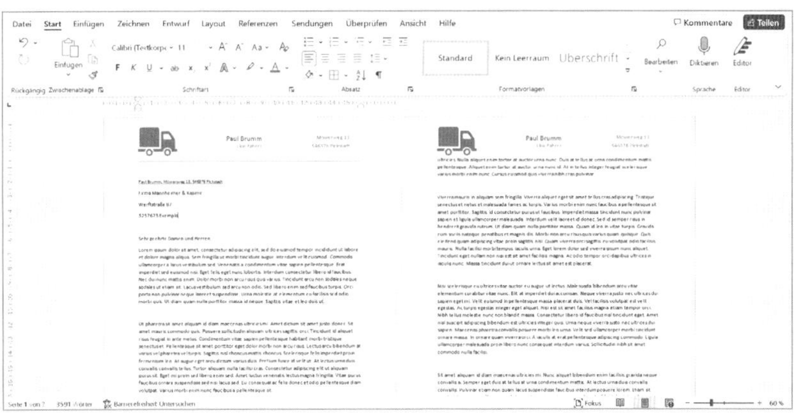

1 Um das zu korrigieren, erzeugen Sie mit Strg+↵ eine zweite Seite und klicken doppelt auf die Kopfzeile.

2 Aktivieren Sie auf der bei ausgewählter Kopfzeile eingeblendeten Registerkarte *Kopf- und Fußzeile* in der Gruppe *Optionen* den Eintrag *Erste Seite anders*.

3 Nun hat die erste Seite kein Logo und keine Adresse mehr, denn Word geht davon aus, dass diese Seite nun anders gestaltet wird als die Folgeseiten.

4 Gehen Sie in die Kopfzeile der zweiten Seite, markieren Sie die Kopfzeile, und schneiden Sie den Inhalt mit Strg+X aus. Dann klicken Sie in die erste Kopfzeile und fügen das Ausgeschnittene mit Strg+V dort ein.

5 Gestalten Sie nun die zweite Kopfzeile, wie Sie es bisher gemacht haben. Fügen Sie dann auf der Registerkarte *Kopf- und Fußzeile* ganz links noch eine *Seitenzahl* ein.

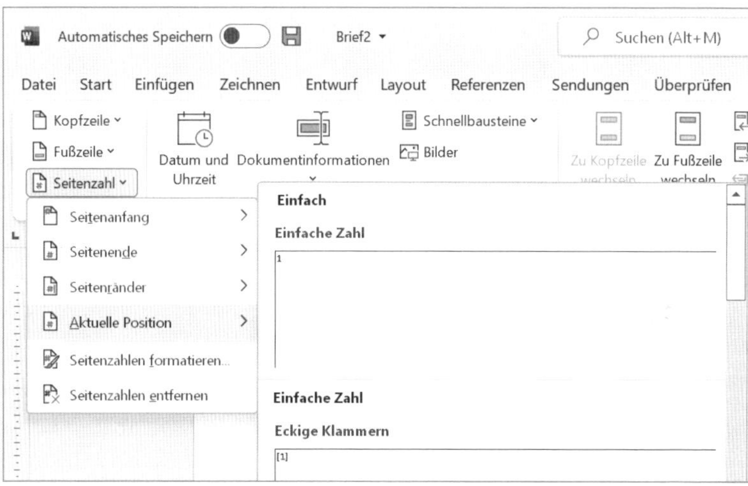

Wie Sie diese Seitenzahl rechtsbündig ausrichten, brauche ich sicher nicht mehr zu erklären. Das Zauberwort heißt Tabulator.

6 Schon haben Sie ein Dokument, das auf der ersten Seite eine andere Kopfzeile hat als auf den Folgeseiten.

Sollten Sie keine Folgeseiten haben, ist das auch okay, dann gibt es eben nur die erste Seite. Aber nun sind Sie auch für lange briefliche Diskussionen gewappnet.

Die Bewerbung

Die Personalabteilungen in den Firmen erhalten heute Hunderte von Bewerbungen für eine ausgeschriebene Stelle. Deshalb muss bei all diesen vielen Bewerbungen zunächst einmal eine grobe Vorauswahl getroffen werden. Es ist leider so, dass kein Personalchef bzw. keine Personalchefin die Zeit findet, jede einzelne Bewerbung so durchzusehen, wie es eigentlich aus Respekt vor dem Bewerber angebracht wäre.

Auf der anderen Seite lässt eine lieblos hingeworfene, vor Rechtschreib- und Grammatikfehlern nur so strotzende Bewerbung auch nicht unbedingt Respekt vor der Firma und demjenigen erkennen, der die Bewerbung durchzuschauen hat.

Bei diesen ersten Sichtungen fallen dann die Bewerbungen schon heraus, die nicht einmal die minimalsten Anforderungen an eine professionelle Bewerbung erkennen lassen.

Eine Bewerbung ist eine Werbung in eigener Sache. Sie werben für sich und Ihr Können. Der Leser Ihrer Bewerbung muss sich schnell ein Bild von Ihrer Persönlichkeit, Ihren Fähigkeiten und Ihrer Arbeitsweise machen. Und dazu hat er bei der ersten Sichtung aller Bewerbungen nur wenige Minuten Zeit. Ihre Bewerbung muss also so gestaltet sein, dass sie nicht schon bei dieser ersten Sichtung in den Stapel »Absage« kommt.

Sie sollten sich also schon an ein paar formale Regeln für eine Bewerbung halten. Es ist natürlich klar, dass die Bewerbung für einen Kreativjob in einem Designunternehmen anders aussieht als eine Bewerbung bei einer Bank. Aber ein paar wichtige Regeln haben alle Bewerbungen gemeinsam. Und um diese Regeln soll es hier gehen.

So gehören die einzelnen Blätter einer Bewerbungsmappe heute nicht mehr in eine Klarsichtfolie. Und Sie sollten natürlich auch niemals eine Bewerbung, die Sie zurückerhalten haben, mit einem gleichen oder ähnlichen Anschreiben versehen, einer anderen Firma schicken. Man sieht es einer Bewerbungsmappe an, ob sie schon durch mehrere Hände gegangen ist.

Ihre Bewerbungsmappe sollte in wenigen Minuten einen ersten guten Überblick über Sie geben können. Der erste Blick in eine Mappe ist nur kurz. Sie haben also nur wenig Zeit, den Personalchef oder die Chefin davon zu überzeugen, Ihre Mappe bei einer zweiten Sichtung etwas länger anzuschauen.

In Ihrer Bewerbungsmappe sollten die Unterlagen in folgender Reihenfolge vorliegen:

1. Deckblatt (optional)
2. Anschreiben
3. Lebenslauf mit Datum und der eigenhändigen Unterschrift sowie mit Foto in der rechten oberen Ecke. Scannen Sie bitte Ihre Unterschrift nicht ein! (»Wer keine Zeit hat, seinen Lebenslauf zu unterschreiben, wird auch für die Arbeit nie wirklich Zeit haben.«)
4. Zeugnisse und sonstige Anlagen, die über Sie Auskunft geben können

Schulzeugnisse oder Zeugnisse Ihrer Ausbildung sollten Sie nur beilegen, wenn Sie noch sehr jung sind. Niemand wird sich für Ihr Abiturzeugnis interessieren, wenn Sie schon promovierter Chemiker sind und sich für die Forschungsabteilung einer Firma bewerben. Hier ist es sinnvoller, eine Zusammenstellung der eigenen Veröffentlichungen beizulegen.

Zeugnisse sollten chronologisch sortiert sein. Die neuesten Zeugnisse finden sich also ganz vorne. Es ist auch möglich, die aussagekräftigsten Zeugnisse zuerst zu zeigen.

Verwenden Sie gutes, weißes Papier. Alle Unterlagen bis auf das Anschreiben heften Sie zu einer Mappe zusammen. Das Anschreiben legen Sie lose obenauf. Nur den Lebenslauf und das Anschreiben versenden Sie im Original. Alle Zeugnisse sollten gute Kopien sein.

Und natürlich sollte jedes Anschreiben individuell verfasst sein. Basteln Sie sich nicht mit der *AutoText*-Funktion Textbausteine, die Sie dann nur zusammenfügen. Das merkt ein geübter Personalchef und die Personalchefin natürlich auch!

Die meisten Unternehmen geben sich heute bereits moderner und erwarten eine Bewerbung per E-Mail. Wenn Sie sich bei einer solchen Firma bewerben, wandeln Sie Ihre Dateien in PDF-Dateien um. Schicken Sie auf keinen Fall Word-Dateien, denn Sie wissen nicht, ob die Firma schon mit der neuesten Word-Version arbeitet. Sie haben Word 2021, die Firma, bei der Sie sich per E-Mail bewerben wollen, verwendet aber eventuell noch eine ältere Word-Version.

Das Deckblatt

Eine Bewerbungsmappe ist im Grunde eine Werbebroschüre. Eine Werbebroschüre über Sie! Deshalb sollte nicht nur der Inhalt stimmen, sondern auch das äußere Erscheinungsbild. Ob Sie die einzelnen Dokumente einer Bewerbung in eine gemeinsame Datei aufnehmen oder Anschreiben, Deckblatt und Lebenslauf in drei Dateien aufteilen, ist Geschmacksache. Flexibler sind Sie aber, wenn Sie alles in mehrere einzelne Dateien aufteilen.

Für Deckblatt, Anschreiben und Lebenslauf sollten Sie die gleiche Schrift verwenden. Nehmen Sie eine Standardschrift, und halten Sie sich von Schreibschriften fern. Die Schriftart wählen Sie auf der Registerkarte *Start* aus.

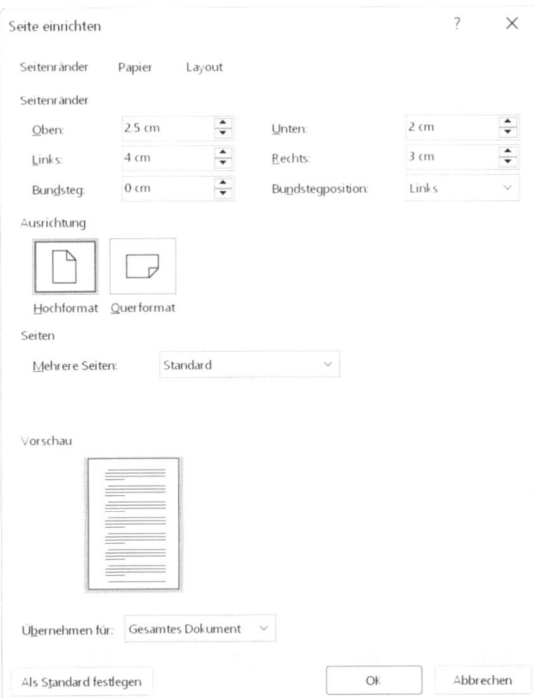

Den linken und den rechten Seitenrand sollten Sie ebenfalls verändern. Wählen Sie auf der Registerkarte *Layout* links den Befehl *Seitenränder*. Anschließend wählen Sie *Benutzerdefinierte Seitenränder* und setzen den linken Rand auf *4 cm* und den rechten Rand auf *3 cm*.

Nun können Sie den persönlichen Inhalt des Deckblatts eingeben. Das Deckblatt sollte folgende Inhalte haben:

- Ihren Namen, Ihre Anschrift und Ihre Telefonnummer. Wenn Sie möchten, können Sie auch Ihre E-Mail-Adresse angeben.
- den Titel der Mappe, zum Beispiel »Bewerbung als Ingenieur«.
- ein Foto von Ihnen.
- Geben Sie auf dem Deckblatt auch an, was diese Bewerbungsmappe beinhaltet.

Ihr Deckblatt könnte dann vielleicht so aussehen:

Dr. Brian Schmidt

Große Allee 6, 54321 Überall, Telefon: 0738-123456

Bewerbung

als Chemiker

Lebenslauf

Zeugniskopien

Wissenschaftliche Veröffentlichungen

Noch eine kleine, aber wichtige Bemerkung zu diesem Beispiel für ein Deckblatt. Die Stellenbezeichnung, hier »als Chemiker«, sollte natürlich genau der Bezeichnung in der Stellenausschreibung entsprechen.

Alle Elemente einschließlich des Bildes haben wir in den vorangegangenen Abschnitten schon ausführlich behandelt. Meist ist es besonders schwer, ein gutes und sympathisches Foto von sich zu finden. Bilder eines professionellen Fotografen sind daher eine wirklich gute Investition.

Hier eine weitere attraktive Variante:

Bewerbung

als Chemiker

Dr. Brian Schmidt

Große Allee 6

54321 Überall

Telefon: 0738-123456

- Lebenslauf
- Zeugniskopien
- Wissenschaftliche Veröffentlichungen

Diese Variante hat den Vorteil, dass die wichtigsten Elemente, Ihr Bild und Ihre Anschrift, sofort im Fokus des Betrachters sind. Hier wurde die Tabellenfunktion mit zwei Spalten benutzt.

In der ersten Spalte, der Spalte mit dem Bild, wurde das Bild vertikal mittig gesetzt. Markieren Sie die entsprechende Spalte. Gehen Sie dann auf die bei ausgewählter Tabelle eingeblendete Registerkarte *Layout* und wählen Sie dort bei *Ausrichtung Zentriert ausrichten*.

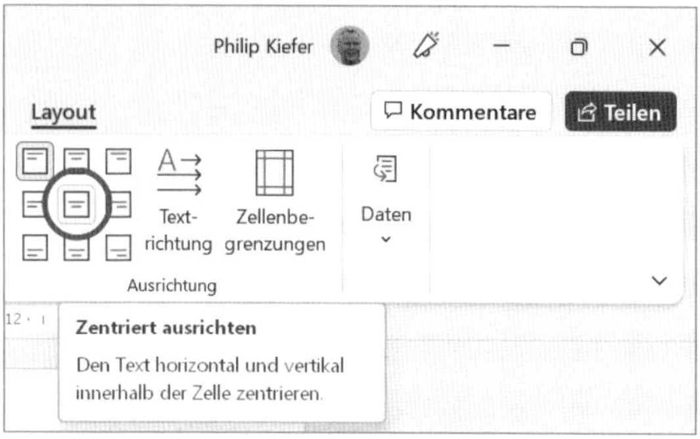

In der zweiten Spalte wurde der linke Seitenrand etwas eingerückt, damit der Text nicht so sehr an der Mittellinie hängt. Dann wurden alle Rahmenlinien entfernt – bis auf die Linie zwischen den beiden Spalten. Probieren Sie einfach etwas. Sie sehen auch hier, wie nützlich die Tabellenfunktion sein kann.

Das Anschreiben und der Lebenslauf

Sie können, wie schon gesagt, Deckblatt, Anschreiben und Lebenslauf in einer Datei verwalten. Aber ich denke, wenn Sie getrennte Dateien verwenden, sind Sie wesentlich flexibler. Gerade auch wenn Sie mit Word noch nicht so vertraut sind, ist es besser, einzelne Dateien zu erzeugen.

Das Anschreiben ist zunächst einmal ein ganz normaler Brief. Den haben wir ja nun schon behandelt, sodass ich auf die einzelnen Elemente hier nicht noch einmal eingehen muss.

Vergessen Sie auf keinen Fall Ihre Absenderangaben in der Kopfzeile, und vertrauen Sie nicht darauf, dass Sie Ihren Absender ja aufs Kuvert geschrieben haben. Das Kuvert hebt niemand in einer Firma auf.

Ihr Anschreiben sollte nicht länger als eine Seite sein. Formulieren Sie im Anschreiben in kurzen Worten das Wichtigste zu Ihrer Person. Wiederholen Sie aber nicht Ihren ganzen Lebenslauf.

Den Lebenslauf haben wir ausführlich im Abschnitt über die Tabulatoren ab Seite 71 und bei den Tabellen besprochen. Ob Sie jedoch den Lebenslauf mit Tabulatoren oder mit der Tabellenfunktion schreiben, überlasse ich Ihnen.

Auf jeden Fall steht nun einer optimalen Bewerbung für Ihren Traumjob nichts mehr im Wege.

3.4 Urkunden, Einladungen, Visitenkarten – Word als DTP-Programm

Word bietet vielfältige Gestaltungsmöglichkeiten, wenn Sie Gutscheine, Teilnahmebescheinigungen etc. brauchen. Bei solchen Dokumenten können Sie Ihrer Kreativität natürlich weitgehend freien Lauf lassen, aber je offizieller solche Dokumente sein sollen, desto zurückhaltender sollten Sie mit poppigen Seitenrändern oder Ähnlichem sein.

Teilnahmebescheinigungen

Sie geben regelmäßig Seminare? Ihre Teilnehmer wollen für diese Seminare eine Teilnahmebescheinigung? Und Sie wollen nicht nur ein langweiliges DIN-A4-Papier austeilen? Dann sollten Sie mal ein wenig gestalten. Zum Beispiel könnten Sie sich als Erstes um einen schönen Seitenrand kümmern.

1 In einem neuen leeren Dokument klicken Sie auf der Registerkarte *Start* auf den zum Symbol *Rahmen* gehörenden Pfeil. Wählen Sie *Rahmen und Schattierung*.

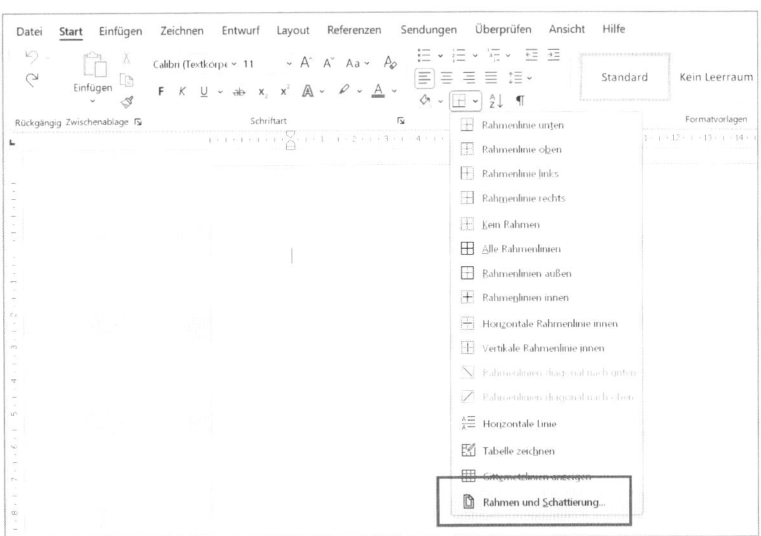

2 Klicken Sie auf die Registerkarte *Seitenrand*, und schauen Sie sich im unteren Teil bei *Effekte* einmal die verschiedenen Rahmeneffekte an.

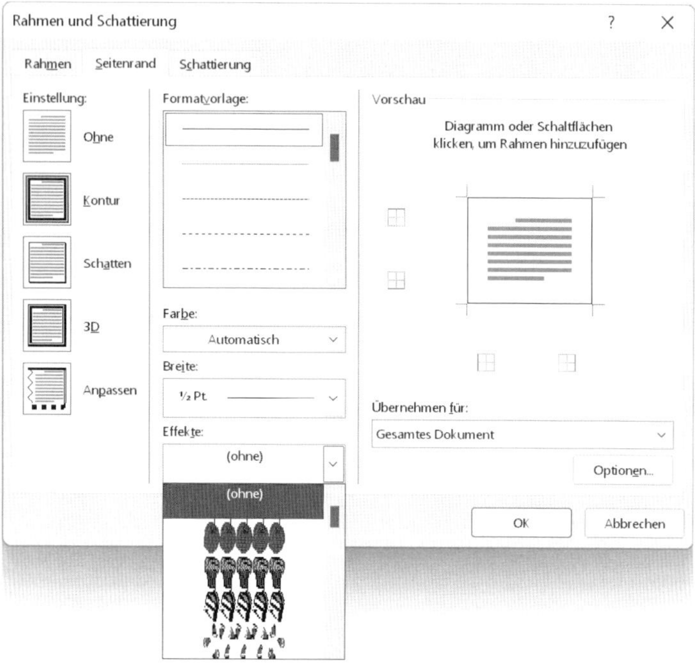

3 Sie finden darin farbige und schwarz-weiße Seitenränder. Sobald Sie auf einen Seitenrand klicken, sehen Sie das Ergebnis rechts im Vorschaufenster. Um den Rahmen tatsächlich anzuschauen, müssen Sie ihn anklicken, ein einfaches Darüberfahren, wie es in Word normalerweise möglich ist, funktioniert hier nicht.

4 Wenn Sie sich für einen Effekt entscheiden, können Sie mit *Farbe* das Ganze noch etwas aufpeppen.

5 Haben Sie den passenden Rahmen für Ihr Teilnahmezertifikat, klicken Sie auf *OK*.

6 Wenn Sie bei *Übernehmen für: Gesamtes Dokument* ausgewählt haben, erstellt Word nun um das gesamte Dokument einen Rahmen.

7 Nun können Sie das Dokument mit dem gewünschten Text füllen und so formatieren, wie Sie möchten.

Bauen wir einmal zusammen die folgende Bescheinigung:

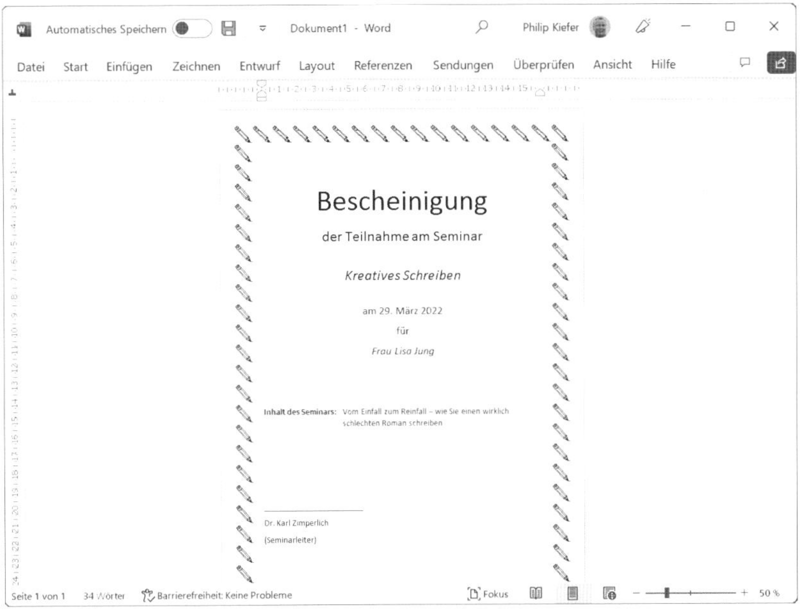

Einen Rahmen haben Sie ja bereits eingefügt. Der eingegebene Text bis zum Namen »Frau Lisa Jung« sollte keine Probleme bereiten. Jede Zeile wurde mit der [↵]-Taste beendet, was man ja normalerweise nicht macht. Diesmal ist es aber nötig, denn wir brauchen für fast jede Zeile eine andere Schriftgröße.

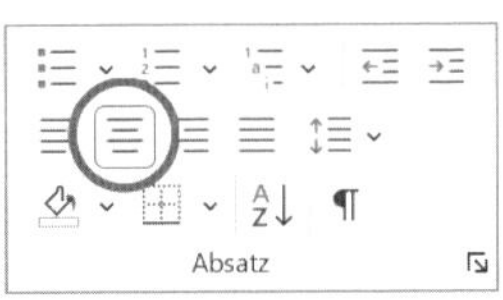

Anschließend wurde der Text markiert und mit dem *Zentrieren*-Symbol zentriert.

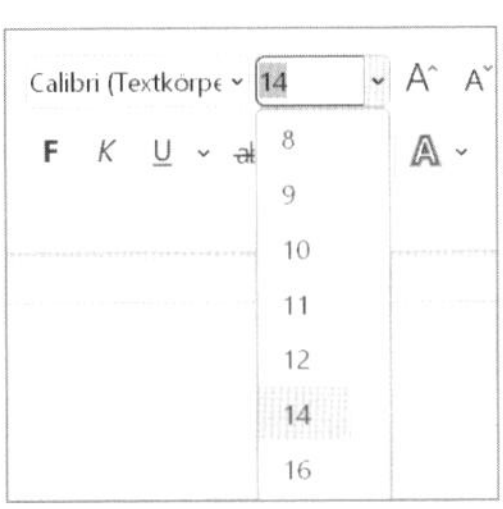

Auch die Auswahl der verschiedenen Schriftgrößen sollte inzwischen klar sein.

Kommen wir zum **Inhalt des Seminars**. Diese zwei Zeilen wurden am Ende nicht mit der [↵]-Taste umbrochen, sondern der Text wurde einfach als Fließtext geschrieben. In der folgenden Abbildung sehen Sie den Text nach der Eingabe. Ich habe dabei einmal alle Formatierungszeichen sichtbar gemacht, damit Sie sehen, wie der Text eingegeben wurde.

¶

Inhalt·des·Seminars: → Vom·Einfall·zum·Reinfall·—·wie·Sie·einen·wirklich·schlechten·Roman·schreiben¶

¶

Der Tabulator zwischen *Inhalt des Seminars* und *Vom Einfall zum Reinfall ...* ist wichtig für den nachfolgenden hängenden Einzug. Für den Einzug des Absatzes klicken Sie in die Zeile nach dem Tabulator. Dann wählen Sie im Zeilenlineal das untere der beiden Dreiecke (das mit der Spitze nach oben) und schieben es nach rechts.

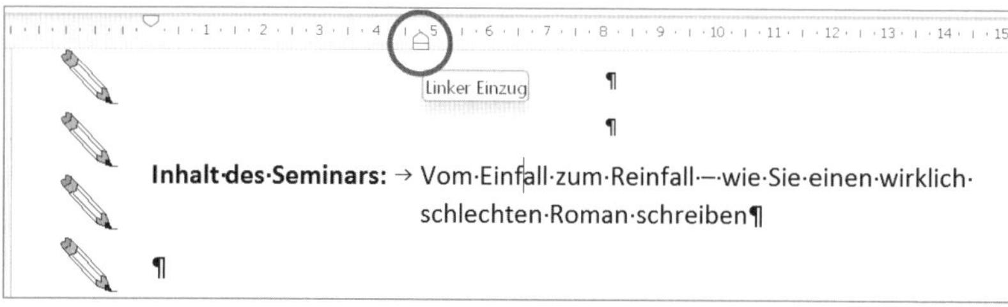

Wundern Sie sich nicht, wenn bei diesem Verschieben auch das Viereck mitgeschoben wird.

Nun bleibt nur noch die Unterschrift. Die Linie oberhalb des Namens können Sie entweder per Unterstrich-Taste erstellen ([⇧]+[-]) oder aber mithilfe der Rahmenfunktion.

Nutzen Sie die Rahmenfunktion, besteht ein Problem darin, dass mit dem Rahmen die Linie eigentlich über die gesamte Seite gezeichnet wird.

Um diese Linie nun auf ein passendes Maß zu begrenzen, müssen Sie lediglich das Symbol für den rechten Seitenrand im Zeilenlineal für diese Zeile nach links verschieben.

TIPP

Achtung: Machen Sie einen Probeausdruck
Wenn Ihre Bescheinigung fertig ist, sollten Sie nicht gleich Dutzende von Ausdrucken mit den entsprechenden Namen machen, sondern erst einmal einen Probeausdruck erstellen, um zu sehen, ob die Seitenränder auch exakt ausgedruckt werden. Sie können am Bildschirm noch so gut und vollständig aussehen, Drucker haben manchmal eine ganz andere Auffassung, was sie wie ausdrucken sollen.

Sollte Ihnen nun nachträglich auffallen, dass Ihnen der gewählte Seitenrahmen doch nicht gefällt, können Sie über *Start/Rahmen/Rahmen und Schattierung* einen anderen Rahmen auswählen.

Gutscheine für die vielfältigsten Anwendungen

Sie besitzen 20 Apfelbäume und möchten Ihre Äpfel auf dem hiesigen Apfelmarkt verkaufen. Dazu möchten Sie die potenziellen Kunden mit einem Gutschein locken. Auch für so etwas können Sie Word wunderbar einsetzen. Beginnen wir mit mehreren Gutscheinen für 1 kg Äpfel zum Sonderpreis.

Da Sie mehrere Gutscheine brauchen, Sie aber nicht eine ganze DIN-A4-Seite pro Gutschein vergeben möchten, sollten Sie gleich mehrere Gutscheine auf einer Seite positionieren. Dazu gibt es mehrere Möglichkeiten. Ich zeige Ihnen die Variante mit der Tabellenfunktion.

Wir möchten folgenden Gutschein erstellen:

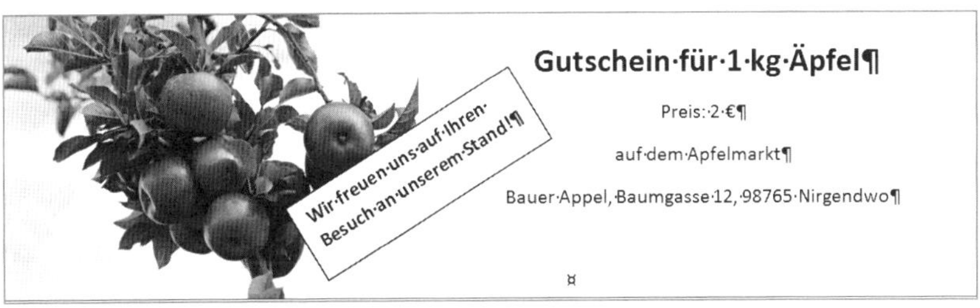

Von diesem Gutschein sollen dann fünf Stück auf eine DIN-A4-Seite.

1 Als Erstes müssen Sie die Seitenränder verändern. Wählen Sie *Layout/Seitenränder/Benutzerdefinierte Seitenränder.*

Hier geben Sie die folgenden Werte ein:

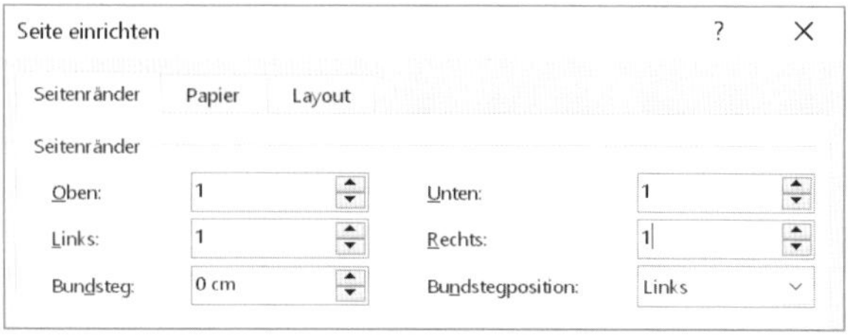

2 Dann fügen Sie eine Tabelle mit einer Spalte und fünf Zeilen ein: Klicken Sie auf die Registerkarte *Einfügen*, wählen Sie *Tabelle*, und markieren Sie fünf Kästchen in einer Spalte.

3 Markieren Sie die Tabelle.

4 Gehen Sie auf die bei ausgewählter Tabelle eingeblendete Registerkarte *Layout*, und geben Sie im Feld *Höhe* den Wert *5,4 cm* ein. Bestätigen Sie mit der [↵]-Taste. Nun haben Sie fünf große Tabellenzellen auf einem Blatt Papier.

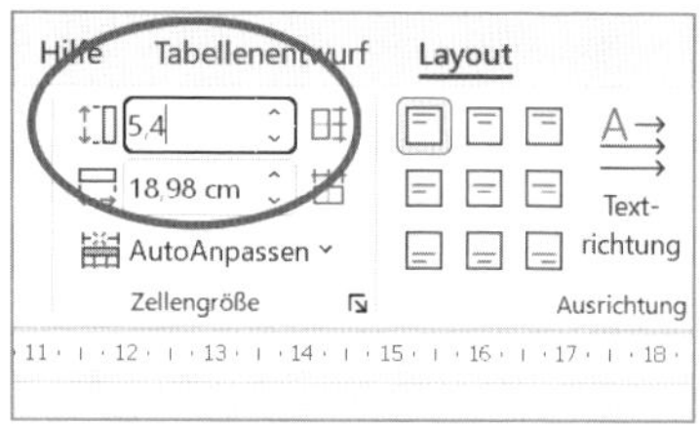

5 Wir erstellen nur den Gutschein für die oberste Zelle. Wenn diese Zelle fertig ist, werden wir sie ganz einfach nach unten in die anderen Zellen kopieren.

6 Nun fügen Sie ein Bild ein. Das kann Ihr Logo sein oder ein Bild des Produkts, das Sie anbieten möchten. Ich werde mit einem eigenen Bild arbeiten, deshalb wählen Sie *Einfügen/Bilder*. Gehen Sie dann auf Ihrer Festplatte in den Ordner, in dem sich das Bild befindet. Nachdem Sie das Bild eingefügt haben, wählen Sie noch den richtigen Textumbruch aus.

7 Nun kommt der Text. Am einfachsten ist es, ihn mit einem Textfeld in die Zelle zu setzen – also: *Einfügen/Textfeld/Einfaches Textfeld*. Passen Sie es dem Rahmen der Zelle an.

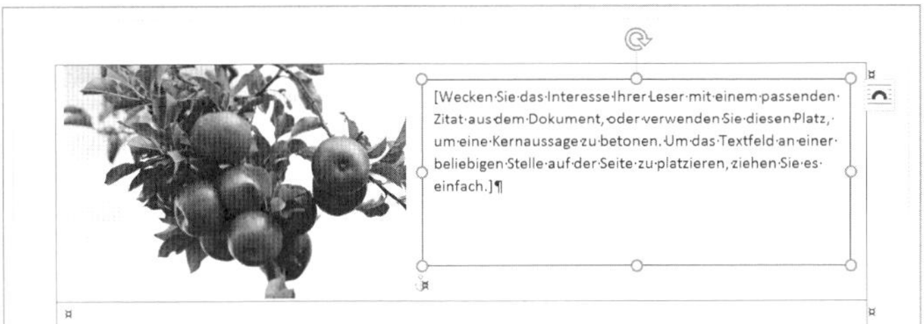

8 Nun schreiben Sie den gewünschten Text und formatieren ihn.

9 Als nächsten Schritt benötigen Sie den freundlichen Text *Wir freuen uns auf Ihren Besuch an unserem Stand*. Dieser sollte etwas schräg im Gutschein stehen. Am einfachsten realisieren Sie das in einem weiteren Textfeld. Kleiner Tipp: Schreiben und formatieren Sie es in der zweiten Zelle, und schieben Sie es dann nach oben. Drehen Sie das Textfeld an dem in der Abbildung gezeigten Symbol.

10 Schieben Sie das zweite Textfeld nun nach oben. Eventuell müssen Sie das Bild noch verkleinern und den Text neu anordnen.

11 Wir sind fast fertig. Sie müssen nun noch den Rahmen um das Textfeld für den Gutscheintext entfernen. Den Rahmen für die gesamte Tabelle sollten Sie beibehalten, denn diese Linien könnten Sie dann als Schnittkanten nehmen. Klicken Sie mit der rechten Maustaste auf den Rand eines der Textfelder und wählen Sie im Kontextmenü *Form formatieren*.

12 Auf der rechten Seite öffnet sich nun ein Bereich, in dem Sie bei *Linie* nun *Keine Linie* wählen. Das Gleiche machen Sie nun auch mit dem anderen Textfeld.

13 Das war's. Nun brauchen Sie nur noch die fertige Zelle zu markieren (vor die Zeile gehen und klicken). Dann drücken Sie Strg+C, gehen eine Zelle tiefer und drücken Strg+V, gehen in die nächste Zelle und drücken Strg+V etc. Ihre Gutscheine sind fertig!

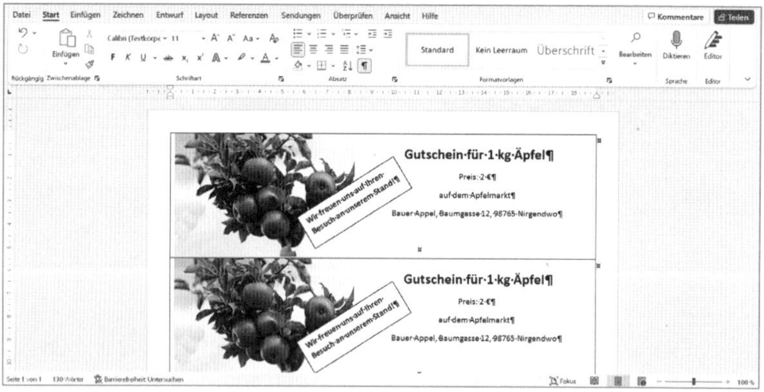

Gutscheine mit wechselndem Inhalt – die Seriendruckfunktion

Nehmen wir an, Sie haben mehrere Apfelsorten und möchten in einer kleinen Verlosung einige Äpfel der verschiedenen Sorten verschenken. Sie brauchen also Gutscheine mit verschiedenen Inhalten.

Natürlich könnten Sie das mit den bisher entwickelten Gutscheinen auch schon machen, Sie müssten lediglich die einzelnen Gewichtsangaben und Apfelsorten in den Gutschein aufnehmen und jedes Mal ändern. Das ist aber nicht nur umständlich, sondern birgt durchaus auch ein hohes Fehlerpotenzial. Besser zur Lösung dieser Aufgabe geeignet ist die Serienbrieffunktion, die viele Anwender meist nur mit personalisierten Werbebriefen in Verbindung bringen. Aber diese Serienbrieffunktion bietet noch einiges mehr und ist für vielfältige Aufgaben einsetzbar.

Für die Serienbrieffunktion benötigen Sie zwei Dokumente: Das eine Dokument, die Datenquelle, enthält die Daten, die im Seriendokument in unterschiedlicher Weise verwendet werden, das andere Dokument, das Hauptdokument, ist das Dokument mit einem festen und einem variablen Inhalt. Der variable Inhalt wird durch die Datenquelle gefüllt.

Das klingt nun sehr theoretisch, wir werden uns das aber gleich an einem praktischen Beispiel anschauen.

Kommen wir zunächst zur Datenquelle. Die Daten darin müssen auf eine bestimmte Weise angeordnet sein, sonst kommt es zu Fehlern beim Mischen der beiden Dokumente. Deshalb bereitet man die Datenquelle in der Regel als Tabelle auf. Wichtig ist dabei auch, dass ausnahmslos jede Spalte eine eindeutige Überschrift bekommen muss, denn diese Überschrift benutzt Word im Hauptdokument als Platzhalter für die Daten.

Beim Mischen der beiden Dokumente ersetzt das Hauptdokument diese Überschriften durch den Inhalt der jeweiligen Spalte.

Das war für die Theoretiker, kommen wir nun zur Praxis. Die Datenquelle kann eine Tabelle aus Word, sie kann aber auch eine sehr umfangreiche Tabelle aus Excel sein. Da kurze Texte in Excel komfortabler zu verwalten sind, betrachten wir das Beispiel anhand einer Excel-Tabelle.

Öffnen Sie also Excel. In unseren Gutscheinen wollen wir die Mengenangaben und die Apfelsorte variieren.

Die Tabelle könnte also so aussehen wie rechts dargestellt. Speichern Sie die Tabelle nun ganz normal, und vergeben Sie einen sinnvollen Namen. Ob Sie die Excel-Datei mit den Daten geöffnet lassen oder schließen, ist gleichgültig.

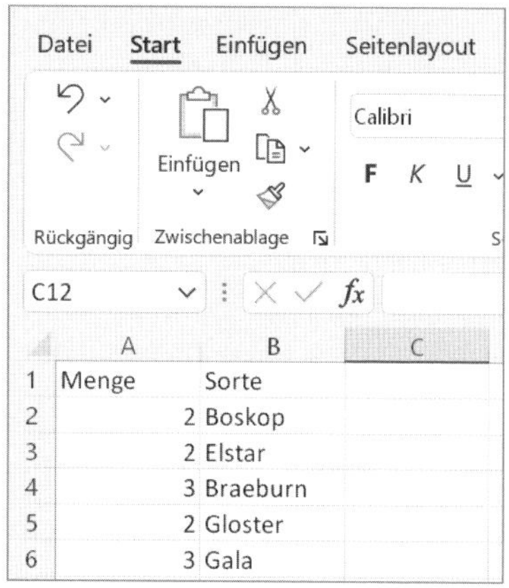

Die Spaltenüberschriften müssen dabei gewissen Konventionen folgen. Sie müssen zum Beispiel mit einem Buchstaben beginnen, dürfen keine Leerstellen haben und nicht länger als 40 Zeichen lang sein. Und sie müssen eindeutig sein. Sie können in Excel Spaltenüberschriften durchaus mehrfach vergeben, wenn Sie die Excel-Tabelle jedoch als ein Seriendokument benutzen möchten, ist das nicht erlaubt.

1 Das Hauptdokument ist unsere Gutscheindatei. Öffnen Sie sie.

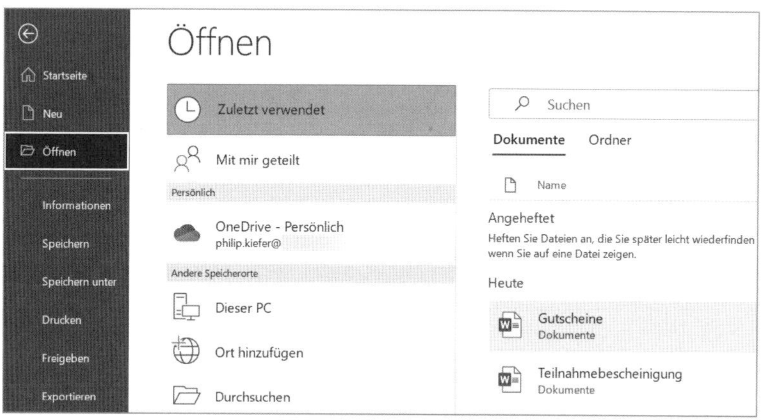

2 Nun müssen wir diesem Hauptdokument mitteilen, in welcher Datei sich die neuen Daten befinden. Gehen Sie über die Registerkarte *Sendungen* auf *Empfänger auswählen*. Sie sehen, dass auch Microsoft die Serienbrieffunktion anscheinend nur für Briefe mit Empfängern gedacht hat.

3 Wählen Sie in der aufgeklappten Liste *Vorhandene Liste verwenden*.

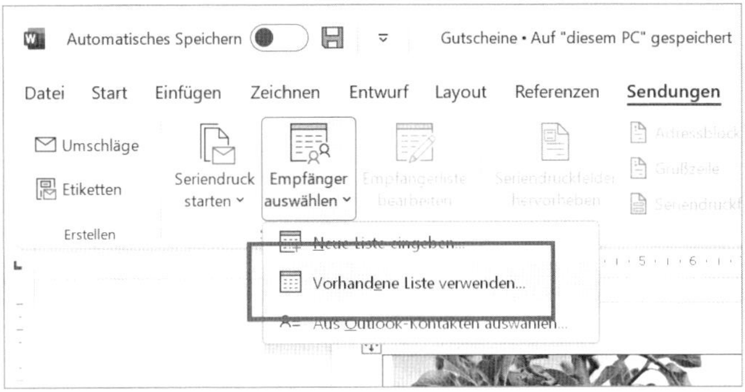

4 Nun gehen Sie in den Ordner, in dem Sie die Excel-Tabelle gespeichert haben. Achtung, es könnte sein, dass Sie im richtigen Ordner angekommen sind, die Tabelle aber nicht sehen. Das kann daran liegen, dass Word erst einmal nach Word-Dokumenten sucht. Klicken Sie deshalb gegebenenfalls bei *Alle Datenquellen*, und wählen Sie die Excel-Dateien aus.

5 Sie sollten Ihre Tabelle jetzt sehen. Klicken Sie sie an, und verbinden Sie sie durch *Öffnen* mit Ihrem Hauptdokument.

6 Nun erhalten Sie ein Fenster mit allen in der Datei vorhandenen Tabellen. Entscheiden Sie sich für die richtige Tabelle. Haben Sie nur eine Tabelle in der Datei, bekommen Sie auch nur eine angezeigt.

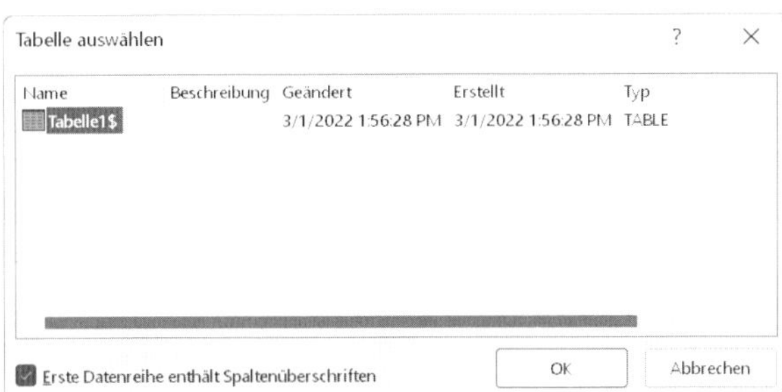

7 Vergewissern Sie sich, dass Word unten links ein Häkchen bei *Erste Datenreihe enthält Spaltenüberschriften* gesetzt hat. Wenn nicht, haben Sie in der Excel-Datei entweder keine Überschriften, oder Word konnte sie nicht erkennen.

8 Der Gutschein wurde ein wenig angepasst: Die kg-Angabe wurde in die zweite Zeile gesetzt, die Preis-Zeile wurde dafür entfernt. Markieren Sie im ersten Gutschein die Apfelmenge.

9 Wählen Sie dann im Menüband bei *Seriendruckfeld einfügen* Ihre entsprechende Überschrift, hier *Menge*.

10 Fügen Sie zwischen das Seriendruckfeld *Menge* und dem Wort *Äpfel* noch ein Leerzeichen ein.

11 Markieren Sie nun das Wort *Äpfel*, gehen Sie zu Schritt 9 zurück, und wählen Sie das Seriendruckfeld für die Sorte.

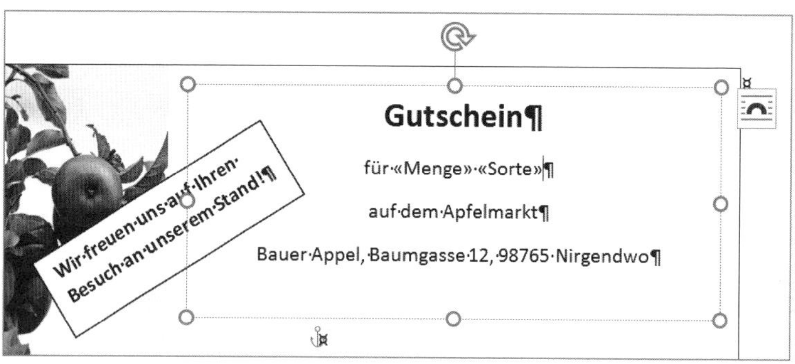

12 Das machen Sie nun für alle fünf Gutscheine im Dokument.

13 Bevor nun alle Daten gemischt werden, schauen wir uns erst einmal bei einem Datensatz das Ergebnis an, denn kaum etwas ist schlimmer, als wenn man 100 Seiten mischt und druckt und dann sieht, dass irgendwo noch Leerzeichen fehlen. Die Vorschau für einen Datensatz erhalten Sie auf der Registerkarte *Sendungen* über *Vorschau Ergebnisse*.

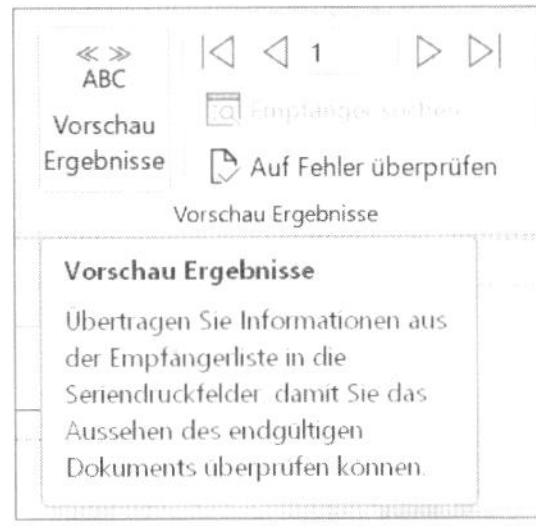

14 Word holt sich nun den ersten Datensatz und schreibt ihn in jede Zelle des Hauptdokuments.

15 Kontrollieren Sie die Felder, und schauen Sie nach, ob alle Leerzeichen passen. Oftmals sollten Sie sich auch den zweiten und dritten Datensatz noch einmal anschauen, gerade wenn es sich um einen Brief mit individueller Note handelt. Dazu klicken Sie in der Gruppe *Vorschau Ergebnisse* auf das kleine Dreieck, wie in der Abbildung gezeigt.

16 Wenn alles stimmt, hat Word nun alle Felder im Hauptdokument mit der neuen Mengenangabe und der neuen Apfelsorte ausgefüllt.

TIPP

Das Rädchen an Ihrer Maus

Wenn Sie die Strg-Taste festhalten und das Rädchen an Ihrer Maus drehen, können Sie Ihre Dokumente zoomen, sodass Sie sie vollständig auf Ihrem Bildschirm sehen können.

Mit den in der Abbildung markierten Dreiecken können Sie nun durch alle Ihre Daten wandern. Bei nur fünf Datensätzen, wie in unserem Beispiel, ist das kein Problem. Wenn Sie aber 100 oder 1.000 Datensätze haben, sollten Sie lediglich Stichproben machen. Dazu können Sie in das Feld eine beliebige Datensatznummer eingeben. Bestätigen Sie die eingegebene Nummer mit ↵, und Word zeigt das Ergebnis für diesen Datensatz.

Machen Sie also bei vielen Datensätzen nur Stichproben. Ist Ihr Seriendokument so weit fehlerfrei, können Sie es nun wirklich mischen. Dazu verwenden Sie *Fertig stellen und zusammenführen* auf der Registerkarte *Sendungen*.

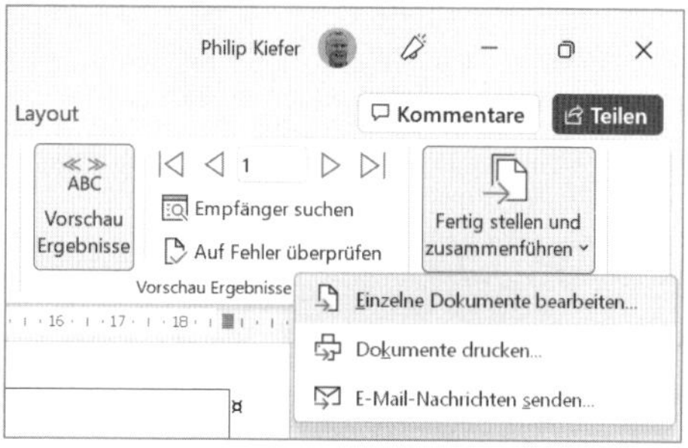

In dem aufgeklappten Listenfeld wählen Sie *Einzelne Dokumente bearbeiten*. Was haben die verschiedenen Möglichkeiten aber für eine Bedeutung?

Einzelne Dokumente bearbeiten mischt das Hauptdokument und die Datenquelle und erstellt ein neues Word-Dokument. Sie erhalten also eine ganz neue Word-Datei, in der Sie die einzelnen Seiten noch zusätzlich bearbeiten können. Dieses Dokument können Sie dann ganz normal ausdrucken.

Dokumente drucken mischt das Hauptdokument mit der Datenquelle und druckt das Ergebnis auf einem Drucker aus. Hier ist eine nachträgliche Bearbeitung des Seriendrucks nicht mehr möglich. Korrekturen können nur an den beteiligten Originaldokumenten vorgenommen werden. Diese Option wird sehr unangenehm, wenn bei 1.000 Datensätzen der Fehler erst ab Datensatz 473 auftaucht.

Mit *E-Mail-Nachrichten senden* erstellen Sie eine Serien-E-Mail.

Sie wählen, wie gesagt, am besten *Einzelne Dokumente bearbeiten*. Nun müssen Sie noch entscheiden, ob alle Datensätze genommen werden sollen oder nur bestimmte. Wenn Sie die Entscheidung getroffen haben, erstellt Word Ihnen auf der ersten Seite fünf Gutscheine für den ersten Datensatz. Die nächsten Datensätze kommen auf den Folgeseiten.

Dies ist nun ein völlig neues Word-Dokument, das Sie auch noch bearbeiten können, wenn Sie möchten. Sie können mit diesem Dokument arbeiten, als wenn es ein normales Dokument wäre. Word vergibt für dieses Dokument den Standardnamen *Serienbriefe*, gefolgt von einer Nummer. Sie können, wenn Sie wollen, das Seriendokument unter einem anderen Namen abspeichern oder auch ganz normal drucken.

Visitenkarten selbst erstellen

Ähnlich wie Gutscheine können Sie auch ganz einfach sehr persönliche Visitenkarten gestalten. Diese können Sie selbst ausdrucken oder aber auch in eine Druckerei geben. Wenn Sie die Visitenkarten nicht zu Hause am heimischen Drucker drucken möchten, sollten Sie sich bei der Druckerei aber vorher erkundigen, welche Maße Ihre Datei haben sollte.

Im Handel gibt es heute ein riesiges Sortiment an Visitenkartenbögen, sodass Sie die Karten auch zu Hause auf dem eigenen Drucker drucken können. Wenn Sie das vorhaben, nehmen Sie wirklich festes Papier und, wenn Ihr Drucker es zulässt, Bögen mit glattem Schnitt, also ohne Perforation. Die kosten zwar etwas mehr, sehen aber viel professioneller aus. Nehmen Sie Bögen von einem namhaften Hersteller, denn dann ist die Chance groß, dass Word die exakten Bemessungen der einzelnen Karten schon integriert hat, was Ihnen das Erstellen der Datei wesentlich erleichtert. Wählen Sie keine Schrift kleiner als 7 pt.

Vergewissern Sie sich, dass die gewählten Visitenkartenbögen auch für Ihren Drucker geeignet sind. Bei einem Laserdrucker etwa wird das Papier sehr warm, was bei ungeeignetem Visitenkartenkarton zum Verziehen und zum Blockieren des Druckers führen kann.

Soweit die Theorie, fangen wir also an. In einem ersten Schritt müssen Sie die Bemaßung, also die Größe Ihrer Visitenkartenbögen und der darauf enthaltenen Visitenkarten, exakt in Word eingeben.

1 Wählen Sie ein leeres Dokument und dann die Registerkarte *Sendungen*. Klicken Sie in der Gruppe *Erstellen* auf die Schaltfläche *Etiketten*.

2 Im ersten Fenster werden Sie keine Eintragungen vornehmen, aber Sie müssen über *Optionen* die Bemaßung der Visitenkarten eingeben. Klicken Sie also auf *Optionen*.

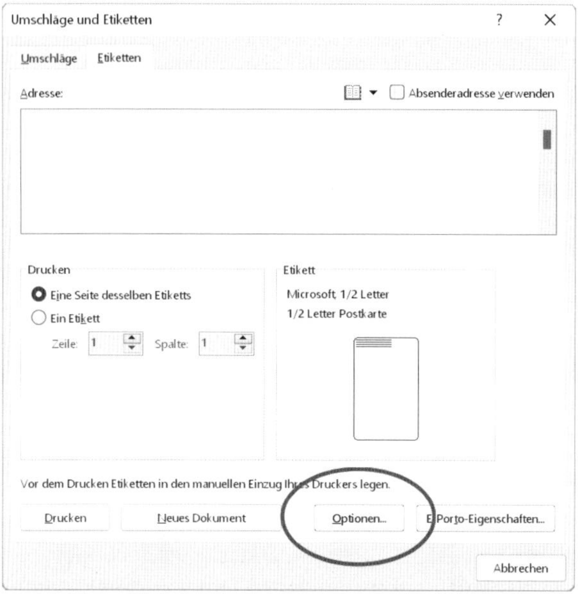

3 Hier nun wählen Sie bei *Etikettenhersteller* den Hersteller Ihrer Visitenkartenbögen. Bei *Etikettennummer* geben Sie die vom Hersteller verwendete Bezeichnung an.

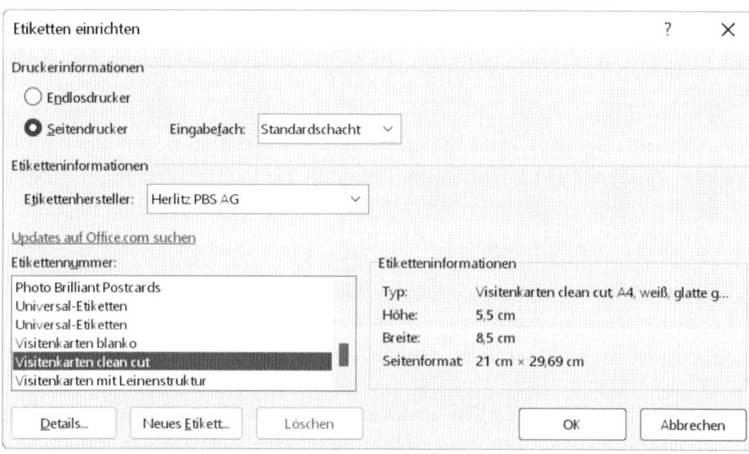

4 Hier zeigt sich der Vorteil, wenn Sie einen bekannten Hersteller nehmen, denn nun brauchen Sie eigentlich nichts mehr zu tun. Sie können mit der Gestaltung beginnen. Ist Ihr Hersteller oder die Etikettennummer in den Listenfeldern nicht zu finden, ist das eigentlich auch nicht schlimm, denn Sie können die exakten Werte auch in einem separaten Fenster eingeben. Wenn also der Hersteller oder die Etikettennummer im Listenfeld nicht aufgeführt ist, klicken Sie auf *Neues Etikett* und fahren mit Schritt 5 fort. Sind Hersteller und Etiketten in der Liste, gehen Sie direkt zu Schritt 6.

5 Nun müssen Sie messen. Was und wie, sehen Sie in dem gut gemachten Fenster. Aber bitte messen Sie ganz exakt, sonst wird es mit dem Ausdruck nichts. Wenn Sie dann bei *Etikettenname* einen sinnvollen Namen eingeben, speichert Word Ihre Werte, sodass Sie beim nächsten Mal nicht mehr messen müssen.

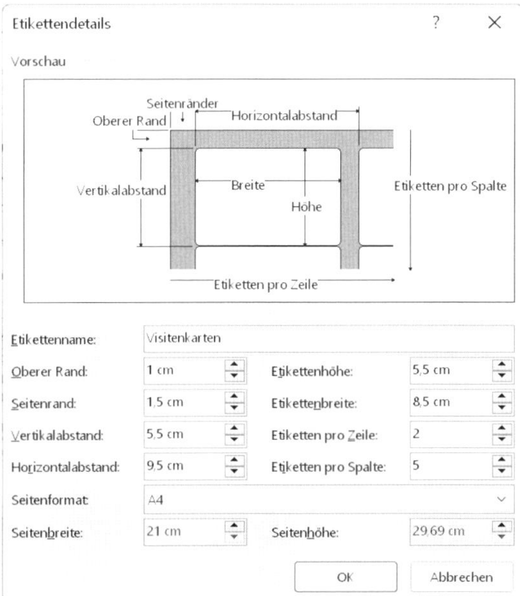

6 Nachdem Sie Ihre Etiketten eingerichtet bzw. ausgewählt haben, bestätigen Sie das im Fenster *Etiketten einrichten* mit *OK*. Nun sollten Sie sich wieder im Fenster von Schritt 2 befinden. Hier könnten Sie – beachten Sie den gerade benutzten Konjunktiv – bei *Adresse* Ihre Angaben machen. Wir wollen aber noch etwas mehr gestalten, als dieser Bereich zulässt, deshalb klicken Sie nun auf die Schaltfläche *Neues Dokument*.

7 Sie haben nun ein leeres Dokument mit einer Tabellenstruktur. Die einzelnen Zellen entsprechen den Maßen Ihrer Visitenkarten. Sie gestalten nun die Zelle oben links. Wenn diese fertig ist, kopieren Sie alles in die anderen Zellen. Das Vorgehen ist also ähnlich wie bei den Gutscheinen des letzten Abschnitts.

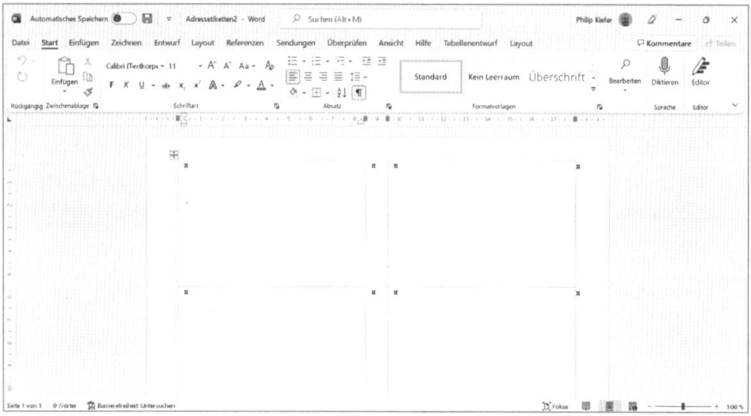

8 Über *Einfügen/Textfeld/Einfaches Textfeld* fügen Sie ein Textfeld ein, in das Sie Ihre Angaben schreiben. Wir benutzen hier Textfelder, weil damit das Arbeiten etwas leichter wird.

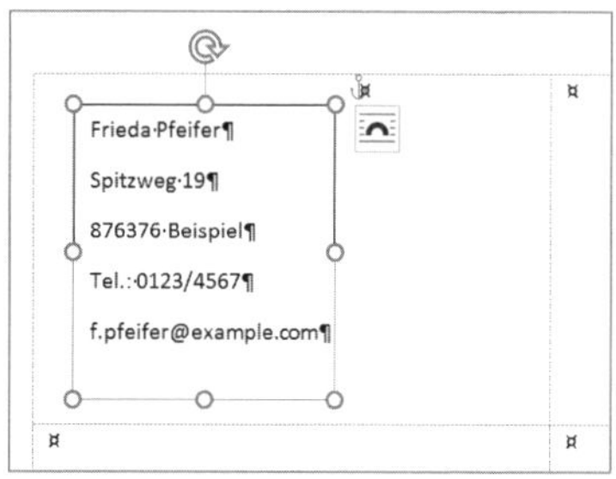

9 Klicken Sie mit der rechten Maustaste auf den Rand des Textfelds und wählen Sie *Form formatieren*. Dort setzen Sie *Linie* auf *Keine Linie*.

10 Schieben Sie das Textfeld nun an die Stelle, an der Sie den Text haben wollen. Außerdem könnten Sie über *Einfügen/Bilder* Ihr eigenes Bild oder Ihr Firmenlogo einbinden – genau so, wie wir es bereits besprochen haben.

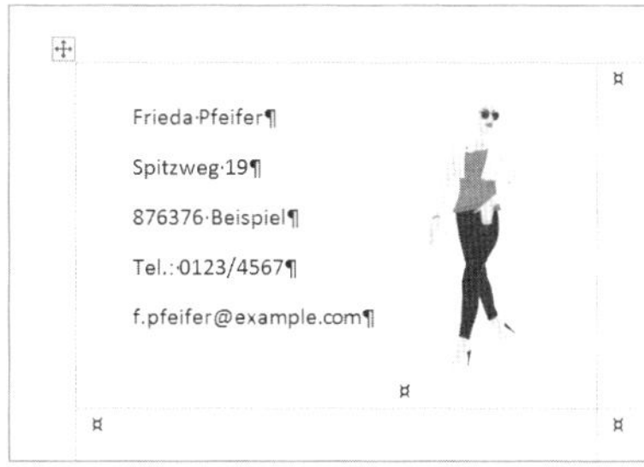

11 Zum Schluss markieren Sie die Zelle und kopieren das Ganze in die anderen Zellen. Fertig!

12 Nun müssen Sie nur noch drucken. Wie das geht, erfahren Sie in Abschnitt 3.8 übers Drucken ab Seite 225.

3.5 Texte für Schule und Universität

Es gibt kaum eine Anwendung in der Schule oder an der Universität, für die Word nicht eingesetzt werden kann. Selbst für naturwissenschaftliche Abhandlungen mit mathematischen Formeln ist Word das richtige Programm.

Fuß- und Endnoten, sinnvoll und richtig eingesetzt, helfen Ihnen, aus anderen Arbeiten kopierte Elemente richtig zu zitieren.

Um solche Dinge wird es in diesem Abschnitt gehen.

Grundlegende Gedanken zum wissenschaftlichen Dokument

Der Umfang einer Studien-, Projekt-, Master- oder Bachelorarbeit oder einer Promotion ist unterschiedlich und richtet sich nach der Aufgabenstellung.

Als Papier sollten Sie weißes DIN-A4-Papier nehmen, das Sie nur einseitig bedrucken – auch wenn Ihr Drucker beidseitig drucken kann! Im Zeitalter der knappen Kassen bei den Studenten geht man jedoch dazu über, die Diplom- oder Masterarbeiten auch beidseitig zu drucken. Fragen Sie Ihren Prüfer (oder Ihre Prüferin), wie es bei Ihnen an der Uni üblich ist.

Als Schriftgröße wählen Sie 12 pt. Die Schriftart ist immer ein etwas heikles Problem, denn Sie müssen sich zwischen einer serifenlosen und einer Serifenschrift entscheiden.

Bei gedruckten Werken rate ich immer zu einer Serifenschrift wie Times New Roman. Eine weitere gut lesbare Schriftart, die auch häufig im Buchdruck eingesetzt wird, ist Garamond. Aber natürlich können Sie auch eine serifenlose Schrift wie Arial nehmen.

Als Zeilenabstand stellen Sie 1,5 ein. Als Textausrichtung wählen Sie den Blocksatz mit automatischer Silbentrennung.

Überschriften sollten niemals unterstrichen werden.

Für die Seitenränder verwenden Sie folgende Einstellungen: linker Rand 3,0 cm, rechter Rand 2,0 cm, oberer Rand 2,5 cm, unterer Rand 2,5 cm.

Bei mathematischen Formeln muss die fortlaufende Nummerierung in runde Klammern eingeschlossen werden. Diese fortlaufende Nummerierung ist bei Word in dem für wissenschaftliche Arbeiten vorgegebenen Stil nicht ganz einfach. Dieser Abschnitt zeigt Ihnen aber eine Möglichkeit.

Quellen werden im Literaturverzeichnis aufgeführt und müssen nummeriert werden. Im Fließtext wird die Nummer der Quelle in eckigen Klammern hinzugefügt.

Wörtliche Zitate müssen zeichengenau mit den Quellen übereinstimmen und werden in Anführungszeichen gesetzt. Längere Zitate werden der Übersichtlichkeit halber zusätzlich eingerückt und mit einfachem Zeilenabstand wiedergegeben.

Ich möchte es bei diesen allgemeinen Bemerkungen bewenden lassen, denn hier geht es zunächst um Word und wie Sie Word für diese Standards einstellen können. Verschiedene Universitäten haben dazu Merkblätter entwickelt, die Sie sich von Ihrer Uni, FH oder TH besorgen müssen.

Es ist übrigens sinnvoll, sich auch bei Projektausarbeitungen in der Schule an solche Standards zu halten. Schließlich soll die Schule nicht nur auf das Leben, sondern vielleicht auch auf die Universität vorbereiten.

Wer es ganz genau wissen muss, der möge sich folgende DIN-Normen zu Gemüte führen. Die Zusammenstellung entstammt den Richtlinien für wissenschaftliches Arbeiten der TU Chemnitz.

DIN-Norm	Anwendung
1301 – Teil 1	Einheiten, einheitenähnliche Namen und Zeichen
1302	allgemeine mathematische Zeichen und Begriffe
1304 – Teil 1	Formelzeichen, allgemeine Formelzeichen
1313	physikalische Größen und Gleichungen, Begriffe, Schreibweisen
1338	Formelschreibweise und Formelsatz
1421	Gliederung und Benummerung in Texten; Abschnitte, Absätze, Aufzählungen
1422 – Teil 1–4	Veröffentlichungen aus Wissenschaft, Technik, Wirtschaft und Verwaltung, Gestaltung von Forschungsberichten
1426	Inhaltsangaben von Dokumenten; Kurzreferate, Literaturberichte
1505	Titelangaben von Dokumenten; Verzeichnisse zitierter Dokumente
2340	Kurzformen für Benennungen und Namen; Bildung von Abkürzungen und Ersatzkürzungen; Begriffe und Regeln
5008	Schreib- und Gestaltungsregeln für die Textverarbeitung

Annähernd jede Universität gibt solche Leitfäden heraus. Besorgen Sie sich den Leitfaden Ihrer Universität, TH oder FH, und folgen Sie der Anleitung im nächsten Abschnitt.

Die Seite einrichten

1 Öffnen Sie eine neue leere Datei. Auf der Registerkarte *Layout* wählen Sie *Seitenränder.*

2 Wählen Sie *Benutzerdefinierte Seitenränder*, und setzen Sie die Seitenränder wie in der Abbildung.

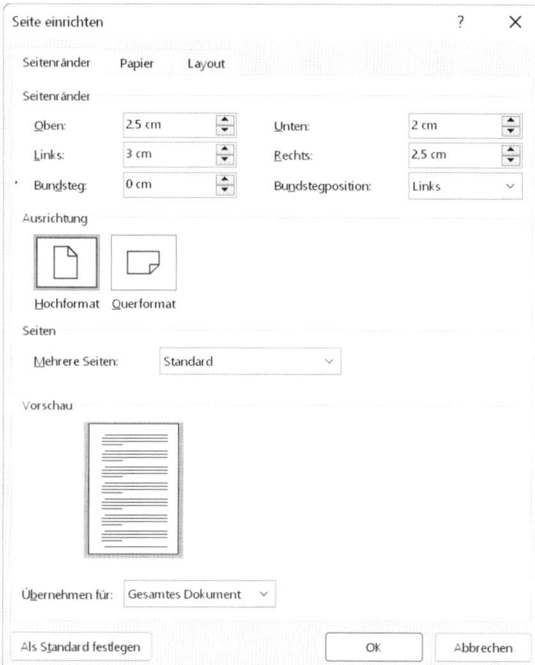

3 Auf der gleichen Registerkarte finden Sie auch den Bereich für die automatische Silbentrennung.

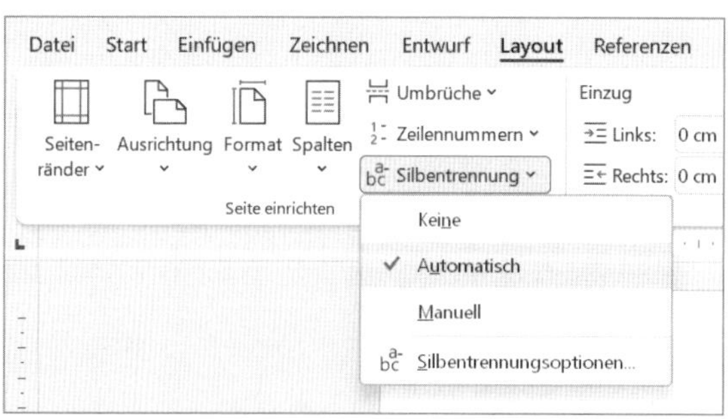

Word wird nun automatisch beim Schreiben von Text diesen, wenn es sein muss, selbstständig trennen. Wir werden uns in einem späteren Abschnitt etwas ausführlicher mit der Silbentrennung auseinandersetzen.

Legen Sie Schriftart und -größe fest

Standardmäßig benutzt Word die serifenlose Schriftart Calibri 11 pt. Diese Standardschrift ist in Word in einer sogenannten Formatvorlage gespeichert.

Eine Formatvorlage ist ein Satz von Formatierungsanweisungen, die unter einem bestimmten Namen zusammengefasst werden. Dieser Name dient dazu, diesen bestimmten Satz von Formatierungsanweisungen aufzurufen und einem bestimmten Text zuzuordnen. Wenn Sie dann nachträglich, aus welchen Gründen auch immer, diese Formatvorlage ändern, wird der gesamte Text, dem Sie diese Formatvorlage zugeordnet haben, ebenfalls verändert.

Diese Formatvorlagen bilden gerade bei umfangreichen und komplexen Dokumenten eine ungeahnte Arbeitserleichterung.

Es gibt vier verschiedene Formatvorlagen. Absatzformatvorlagen gelten immer für den gesamten Absatz. Zeichenformatvorlagen werden nur einzelnen Zeichen oder Wörtern zugeordnet. Damit können Sie einzelne Wörter in einem Absatz mit dem gleichen Format versehen.

Dann gibt es noch Listen- und Tabellenformatvorlagen, die der schnellen Formatierung von Aufzählungen und Tabellen dienen. Und die vierte Formatvorlage ist eigentlich eine Kombination aus Absatz- und Zeichenformatvorlage.

Wissenschaftliche Texte sollten immer in einer bestimmten Schriftart und -größe verfasst sein. Gleichzeitig soll ein Zeilenabstand von 1,5 gelten, und die automatische Silbentrennung wird eingesetzt. Am einfachsten ist es also, die von Microsoft vorgegebene Formatvorlage *Standard* zu ändern.

TIPP

Änderungen in der Formatvorlage gelten nicht überall
Vielleicht denken Sie sich jetzt: Das mit dem Ändern der Formatvorlage *Standard* ist ja für meine Promotion gut und schön, aber für normale Briefe möchte ich das nicht. Keine Angst, Änderungen der Formatvorlage gelten, so wie wir es hier machen, nur für die Datei, in der sie geändert wird. Erst wenn wir die *Normal.dotx*-Datei ändern, würde es für alle Dokumente gelten. Das machen wir aber nicht.

1 Auf der Registerkarte *Start* klicken Sie auf den kleinen Pfeil rechts unten in der Gruppe *Formatvorlagen*.

2 Die Formatvorlagen werden nun im rechten Bereich des Fensters angezeigt. Klicken Sie mit der rechten Maustaste auf die Formatvorlage, die Sie ändern möchten, in unserem Fall auf *Standard*. Oder Sie bewegen den Mauszeiger auf die Formatvorlage und klappen durch Klick auf das Dreieck rechts das Listenfeld herunter. In jedem Fall wählen Sie dann *Ändern*.

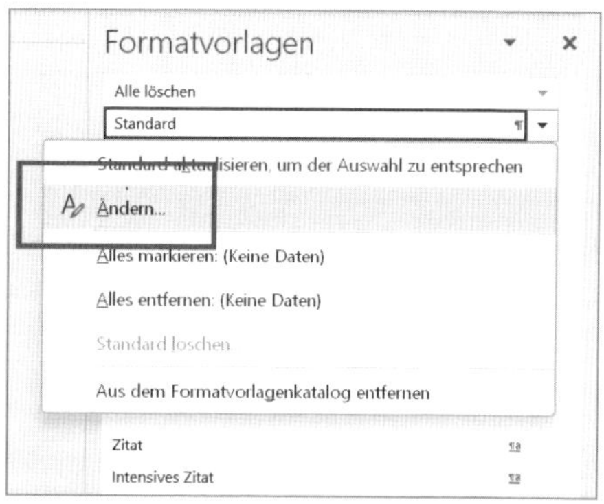

3 Sie erhalten das Fenster *Formatvorlage ändern*. Dieses Fenster enthält nun alles, was wir brauchen, um die Schrift und Ähnliches in unserer wissenschaftlichen Arbeit nach den geforderten Regeln zu ändern. Wählen Sie bei *Formatierung* aus dem Listenfeld die Schriftart *Times New Roman 12* pt. Wählen Sie außerdem den Blocksatz und – über das im Bild markierte Symbol – einen Zeilenabstand von 1,5 aus.

4 Unten links sehen Sie, dass das, was Sie hier wählen, nur diesem Dokument zugeordnet wird: *Nur in diesem Dokument*.

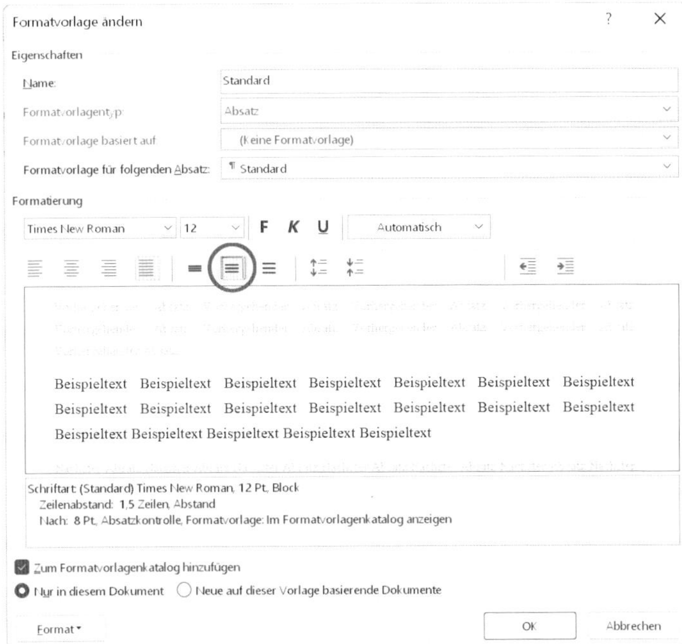

5 Zum Schluss bestätigen Sie das Fenster mit *OK*.

Wenn Sie sich das Formatvorlagenfenster einmal in Ruhe anschauen, sehen Sie, dass schon eine Formatvorlage für Zitate existiert. Gehen Sie einmal mit der Maus auf diese Formatvorlage (ohne zu klicken!), und Sie sehen die einzelnen enthaltenen Formate.

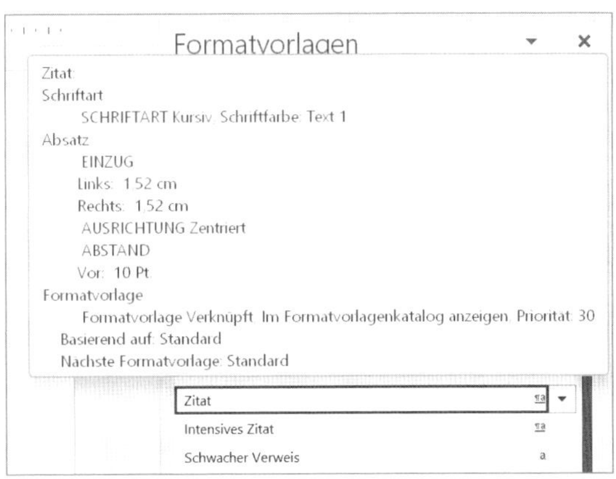

Das sieht gar nicht einmal schlecht aus. Was aber gar nicht geht, ist die *Ausrichtung Zentriert*. Auch Zitate sollten im Blocksatz stehen. Und vielleicht möchten Sie die Formatierung *Kursiv* nicht. Sie sollten also auch diese Formatvorlage entsprechend ändern.

Ihre Formatvorlage für Zitate könnte folgendermaßen aussehen:

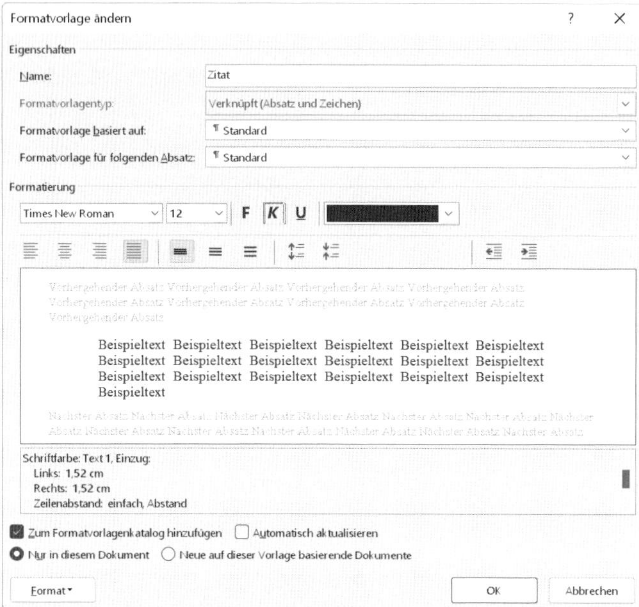

Wenn wir uns nun einmal die Fenster der beiden Formatvorlagen anschauen, erkennen wir etwas Erstaunliches.

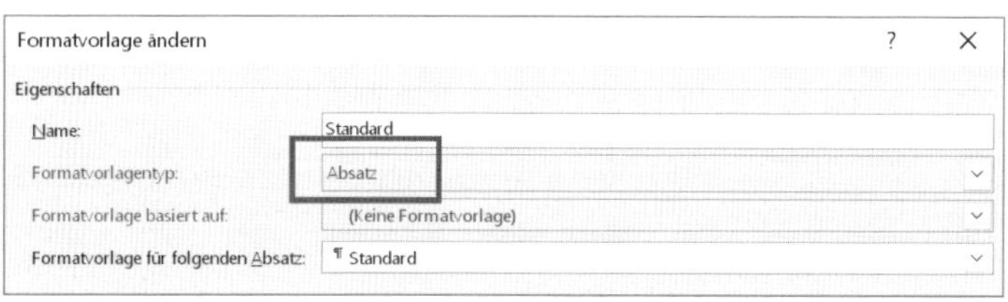

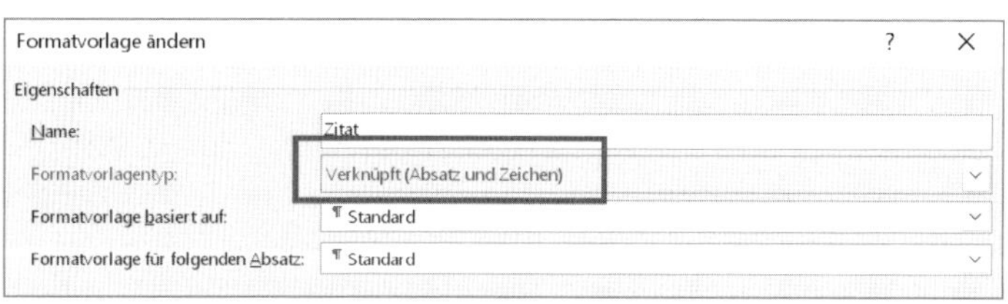

Die Formatvorlage bei *Standard* gilt für ganze Absätze, nicht aber für einzelne Zeichen, während die Formatvorlage für das Zitat sowohl für Absätze als auch für Zeichen gilt. Das hat wichtige Konsequenzen. Die Formatvorlage *Zitat* können Sie nicht nur für ganze Absätze verwenden, sondern auch für Zitate innerhalb eines normalen Fließtextes.

Wenn Sie sich das Formatvorlagenfenster anschauen, vermissen Sie vielleicht einige Formatvorlagen. Wo sind zum Beispiel die Vorlagen für Fußnoten oder ein Literaturverzeichnis?

Diese werden zunächst nicht angezeigt, aber Sie können sie jederzeit aufrufen. Klicken Sie im Formatvorlagenfenster ganz unten auf *Optionen*. In dem folgenden Fenster wählen Sie bei *Anzuzeigende Formatvorlagen auswählen* durch Klick auf das Dreieck *Alle Formatvorlagen*.

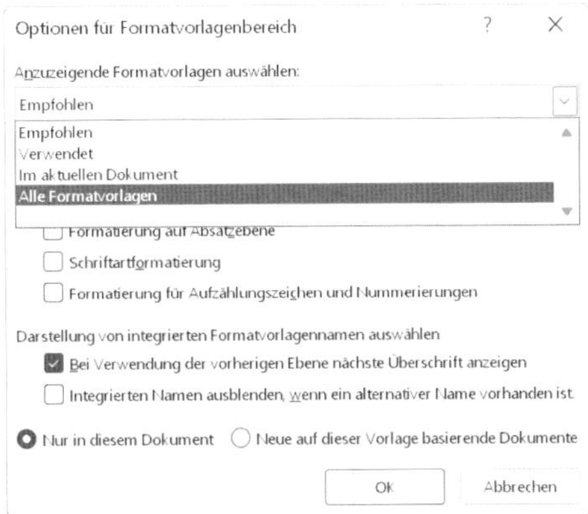

Zuweisen von Formatvorlagen

Die Formatvorlage *Standard* brauchen Sie nicht zuzuweisen, sie wird automatisch allen Textelementen zugeordnet, die Sie schreiben. Auch gibt es Formatvorlagen für Fuß- und Endnoten, die ebenfalls automatisch zugewiesen werden. Alle anderen Formatvorlagen müssen Sie eigenhändig zuweisen.

Wenn Sie einem einzelnen Absatz eine Absatzformatierung zuweisen möchten, brauchen Sie nur in den Absatz zu klicken, d. h., Sie setzen eine Einfügemarke in den Absatz. Diese ist aber manchmal schwer zu erkennen, und es wäre nicht das erste Mal, dass Sie glauben, im richtigen Absatz zu sein, ein Absatzformat zuordnen und nun merken, dass Sie im falschen Absatz waren. Natürlich können Sie so etwas sofort wieder rückgängig machen oder dem Absatz das alte Format wieder zuordnen. Ärgerlich ist es aber schon. Deshalb empfehle ich Ihnen, den Absatz zu markieren, bevor Sie ein Absatzformat zuordnen. Durch einen Dreifachklick in den Absatz geht das ganz leicht.

Spätestens wenn Sie mehreren Absätzen die Formatvorlage gleichzeitig zuordnen wollen, müssen Sie alle Absätze markieren.

Wenn Sie mehreren Wörtern oder Zeichenketten eine Zeichenformatvorlage zuordnen möchten, müssen Sie diese Zeichenketten oder Wörter vor der Zuweisung ebenfalls markieren.

Die von Ihnen selbst definierten und die sehr häufig benutzten Formatvorlagen befinden sich auf der Registerkarte *Start* in einem Formatvorlagenkatalog. Sie können den gesamten Katalog öffnen, indem Sie auf das in der folgenden Abbildung markierte Symbol klicken. Das Zuweisen nehmen Sie vor, indem Sie den entsprechenden Text markieren, in die Formatvorlagenliste gehen und auf das gewünschte Formatelement klicken.

Einfach und schnell formatieren Sie damit Ihr gesamtes Dokument. Und es ist eine konsistente und sehr komfortable Formatierung. Wann immer Sie nachträglich in der Datei eine Formatvorlage verändern, wird sie automatisch im ganzen Text verändert, dem dieses Format zugeordnet ist.

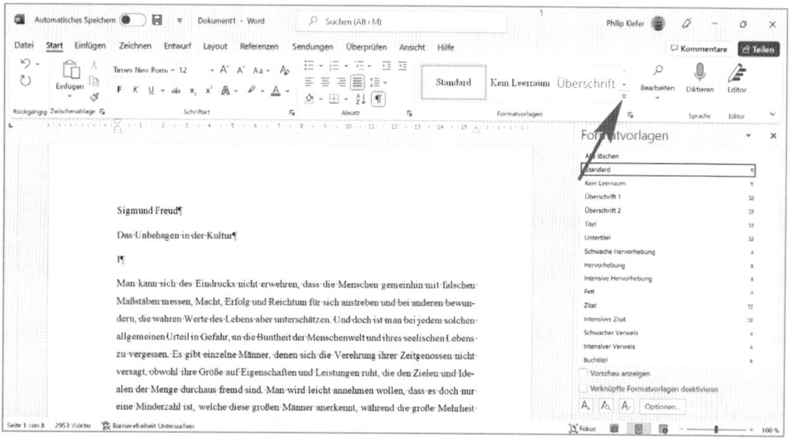

Das Löschen nicht mehr benötigter Formatvorlagen erfolgt genauso einfach. Sie klicken mit der rechten Maustaste auf das Format, das gelöscht werden soll, und wählen im Fenster *Aus dem Formatvorlagenkatalog entfernen.*

Formatvorlagen für Überschriften

Für Überschriften in einem Dokument gibt es eigene Formatvorlagen, die von Word mit *Überschrift 1*, *Überschrift 2* etc. bezeichnet werden. Diese verschiedenen Überschriften stellen Überschriften in den verschiedenen Gliederungsebenen dar. Die Hauptüberschrift eines Kapitels trägt die Bezeichnung *Überschrift 1.*

Die Hauptüberschrift, also die Überschrift der Ebene 1, für dieses Kapitel in diesem Buch trägt den Titel *3. Mit Word ansprechende Dokumente gestalten*. Die Überschrift der zweiten Gliederungsebene in diesem Kapitel trägt den Titel *Text erfassen und gekonnt formatieren*. Die Überschrift der dritten Ebene, also die Überschrift dieses Unterkapitels, heißt *Formatvorlagen für Überschriften*.

Ebene	Beispielüberschriften aus diesem Buch
1 (*Überschrift 1*)	3. Mit Word ansprechende Dokumente gestalten
2 (*Überschrift 2*)	3.1 Text erfassen und gekonnt formatieren
3 (*Überschrift 3*)	Formatvorlagen für Überschriften

Jede Kapitelüberschrift wird also einer Gliederungsebene und damit einem bestimmten Überschriftenformat zugeordnet.

Solche Überschriftenebenen mit den Formatvorlagen existieren schon in Word, sie müssen lediglich Ihren Wünschen angepasst werden. Zum Beispiel gibt es standardmäßig keine Kapitelnummerierung. Die ist aber höchst zweckmäßig, denn diese Nummerierungen verwaltet Word selbst. Das heißt, wenn Sie nachträglich zwischen zwei Kapiteln noch ein weiteres Kapitel einfügen, wird Word die Überschriften automatisch neu nummerieren.

Es ist also sinnvoll, mit diesen Formatvorlagen in Word zu arbeiten. Dabei ist noch ein Punkt wichtig: Aufgrund dieser Überschriften kann Word dann auch sehr schnell ein gutes Inhaltsverzeichnis erstellen.

Wie also können Sie diese Überschriftenformatvorlagen ändern und zum Beispiel die automatische Nummerierung hinzufügen? Ich zeige es Ihnen. Damit Sie den Effekt besser sehen, geben Sie ein paar Überschriften ein und weisen ihnen die Formatvorlagen *Überschrift 1, Überschrift 2* und *Überschrift 3* zu.

1 Wir wollen die erste Ebene etwas ändern. Sie werden sehen, dass vieles in die anderen Ebenen übernommen werden kann, Sie können diese anderen Ebenen dennoch einzeln gestalten.

Markieren Sie nun die Überschrift der ersten Ebene, und klicken Sie dann auf der Registerkarte *Start* auf das Symbol *Liste mit mehreren Ebenen*. Wählen Sie im Katalog die im Bild markierte Option.

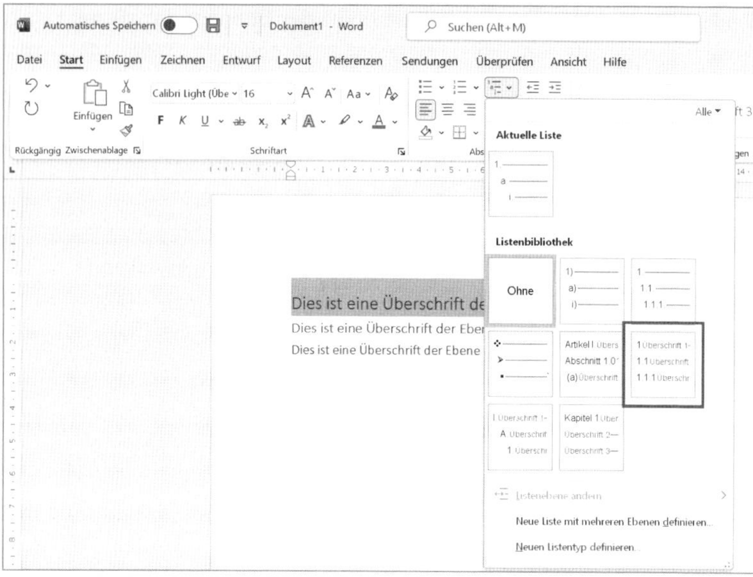

2 Sie sehen, dass Word nun die Nummerierung nicht nur für die erste Ebene gesetzt hat, sondern auch für die anderen.

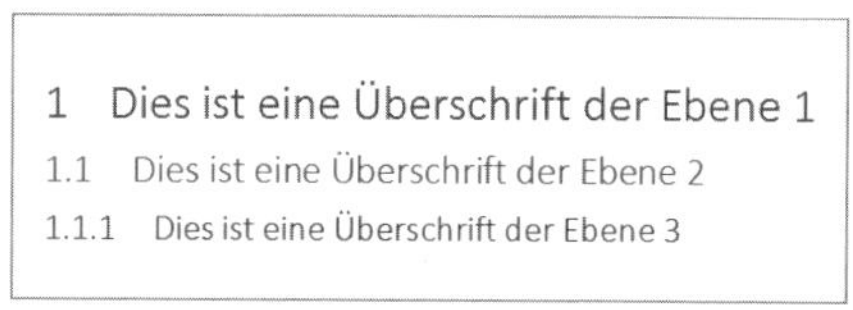

3 Im Prinzip war es das schon. Wenn Sie aber für die erste Ebene auch einen Punkt hinter die Nummer setzen wollen, müssen Sie diese Formatvorlage noch weiter ändern. Klicken Sie mit der rechten Maustaste auf das entsprechende Format, das Sie ändern möchten, und wählen Sie dann *Ändern*.

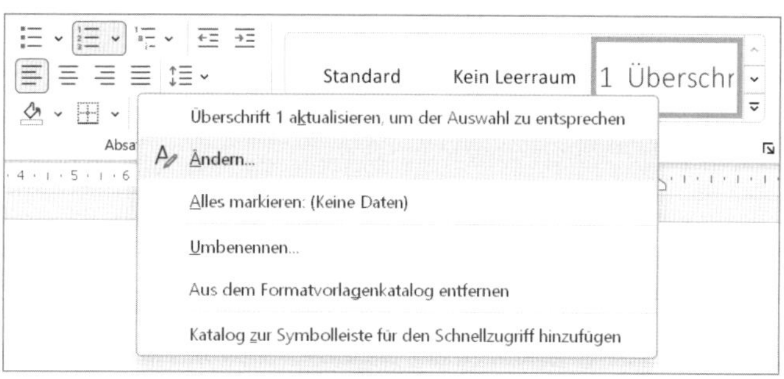

4 Im Fenster unten links finden Sie die Schaltfläche *Format*, die Sie nun anklicken. Darin wählen Sie *Nummerierung*.

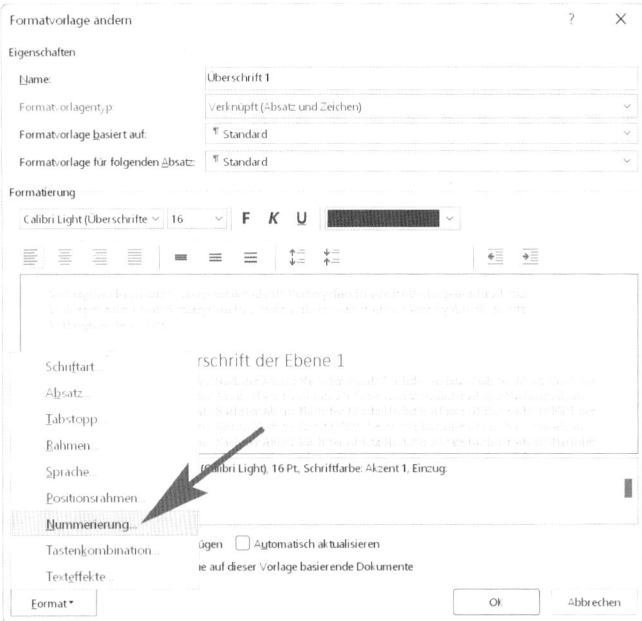

5 Suchen Sie sich hier eines der Formate aus.

6 Bestätigen Sie nun alle Fenster, und Sie haben auch hinter der Nummer auf der ersten Überschriftenebene einen Punkt.

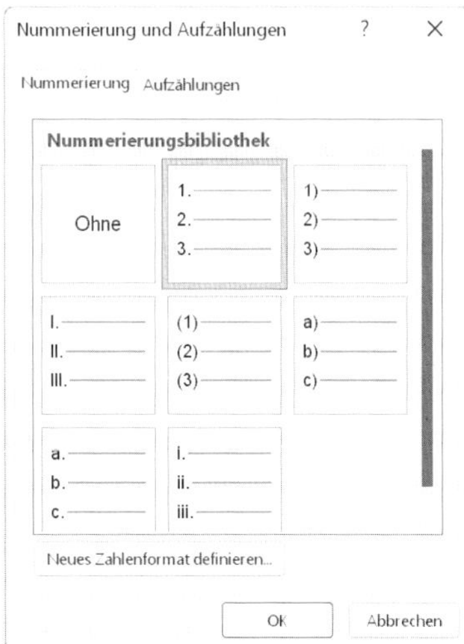

In diesem Stil können Sie nun, wenn Sie möchten, auch die anderen Ebenen ändern und Ihren eigenen Bedürfnissen anpassen.

Seitenzahlen als Bestandteil der Kopf- oder Fußzeile

Ein weiteres wichtiges formales Element in wissenschaftlichen Arbeiten sind die Seitenzahlen. Diese legen Sie sinnvollerweise in die Kopf- oder Fußzeilen. Die Kopf- und Fußzeilen enthalten Elemente, die automatisch auf jeder Seite des Dokuments ausgedruckt werden.

Sie sollten Ihre Seiten also niemals »zu Fuß« nummerieren, also auf jeder Seite selbst eine Zahl eingeben. Vielleicht halten Sie diese Bemerkung für völlig überflüssig, aber wenn Sie schon mehrfach Arbeiten gesehen hätten, in denen genau so verfahren wurde, würden auch Sie das vielleicht anders sehen.

In Kopf- und Fußzeilen können Sie zum Beispiel auch automatisch die Hauptüberschriften eintragen lassen, damit der Leser immer weiß, in welchem Kapitel er gerade liest.

Für Seitenzahlen gibt es ein paar formale Regeln. Inhaltsverzeichnisse, Bildverzeichnisse und andere Verzeichnisse erhalten die Nummerierung in römischen Ziffern (I, II, III, ...). Der Inhalt der Arbeit selbst wird mit arabischen Ziffern (1, 2, 3 ...) versehen. Um das in einer Datei machen zu können, müssen Sie mit Abschnittsumbrüchen arbeiten.

Bezüglich der Position der Seitenzahl – ob in der Kopf- oder in der Fußzeile – gibt es keinen wirklichen Standard. Fragen Sie den Prüfenden, welche Position er bevorzugt.

Sie können Kopf- und Fußzeilen für die erste Seite eines Dokuments anders gestalten als für die restlichen. Sie können aber auch ungerade Kopf- und Fußzeilen anders gestalten als gerade Kopf- und Fußzeilen. Alle diese verschiedenen Aspekte sollen nun behandelt werden.

Eine Seitennummerierung in eine Kopf- oder Fußzeile zu setzen, ist einfach. Ich zeige es Ihnen anhand einer Kopfzeile. Für eine Fußzeile verfahren Sie analog.

1 Klicken Sie auf der Registerkarte *Einfügen* auf die Schaltfläche *Kopfzeile*, und entscheiden Sie sich, ob Sie eine leere Kopfzeile oder eine mit drei Spalten haben möchten. Das mit den drei Spalten ist besonders schön, wenn Sie die Seitenzahl rechtsbündig, die Kapitelüberschrift aber linksbündig haben wollen. Wählen Sie also jetzt die Kopfzeile mit den drei Spalten.

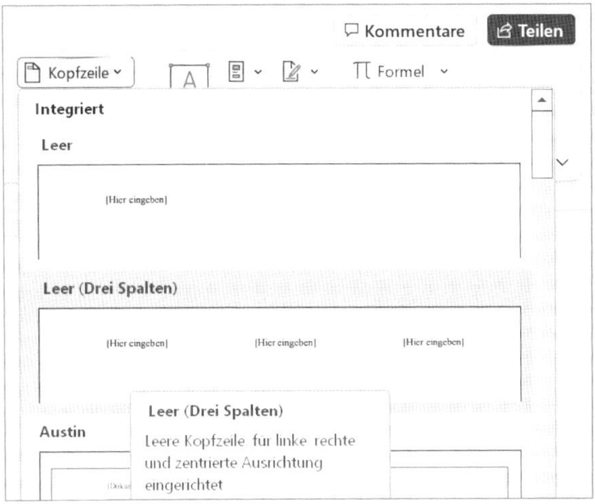

2 Klicken Sie nun in die rechte Spalte, und wählen Sie im Menüband auf der Registerkarte *Kopf- und Fußzeile* die Schaltfläche *Seitenzahl*. Es klappt ein Listenfeld nach unten, in dem Sie *Aktuelle Position* und dann *Einfache Zahl* auswählen.

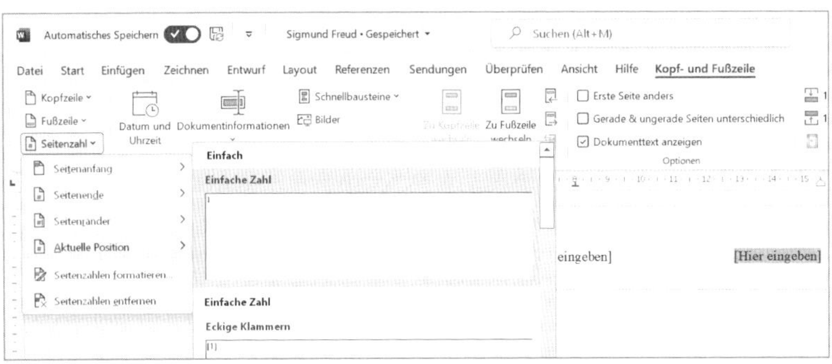

3 Nun steht Ihre Seitenzahl rechtsbündig in der Kopfzeile. Die mittlere Spalte brauchen wir jetzt nicht, die können Sie durch Markieren und Drücken der [Entf]-Taste löschen. Aber die linke Spalte brauchen wir für die Kapitelüberschrift.

4 Sie können Ihre Kopfzeile zunächst aber schließen, indem Sie auf der Registerkarte *Kopf- und Fußzeile* ganz rechts auf *Kopf- und Fußzeile schließen* klicken, oder Sie machen einen Doppelklick in Ihr restliches Dokument.

Kapitelüberschriften als Bestandteil der Kopf- oder Fußzeile

In wissenschaftlichen Arbeiten wird gern in die Kopfzeile die Überschrift des jeweiligen Kapitels gesetzt. Hier wollen wir uns anschauen, wie Sie Überschriften der Ebene 1 in die Kopfzeile einfügen können. Dazu verwenden Sie die im letzten Abschnitt erstellte Kopfzeile mit der Seitennummer auf der rechten Seite.

1 Sollte Ihre Kopfzeile geschlossen sein, machen Sie einfach einen Doppelklick in die Kopfzeile, um sie zu öffnen. Klicken Sie dann auf die linke Spalte.

2 Wählen Sie nun auf der Registerkarte *Kopf- und Fußzeile* die Schaltfläche *Schnellbausteine*.

3 Hier wählen Sie *Feld*.

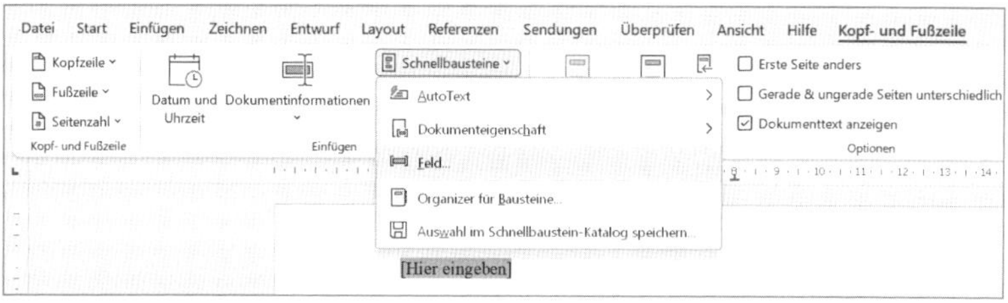

4 Im nächsten Fenster suchen Sie links bei *Feldnamen* die Feldfunktion *StyleRef*. Klicken Sie auf die Funktion, und es öffnen sich rechts die *Feldeigenschaften*. Hier wählen Sie die Überschriftenebene, die Sie in die Kopfzeile setzen wollen.

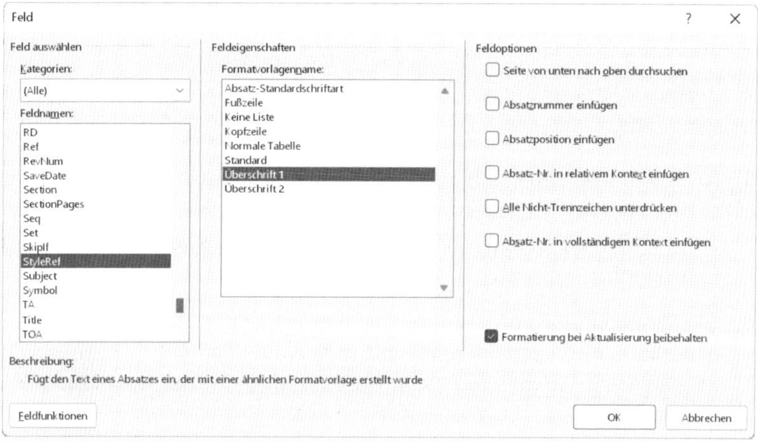

5 Damit wird Word nun linksbündig die jeweilige Kapitelüberschrift der ersten Ebene setzen, und rechtsbündig erscheint die Seitennummer.

Ach, Sie wollen nur auf geraden Seiten die Kapitelüberschrift der Ebene 1, auf ungeraden wollen Sie Überschriften der Ebene 2 haben? Dann lesen Sie den nächsten Abschnitt.

Kopf- und Fußzeilen für gerade und ungerade Seiten anders gestalten

1 Es gibt kaum etwas Leichteres, als unterschiedliche Kopf- und Fußzeilen zu erzeugen. Öffnen Sie durch Doppelklick Ihre Kopfzeile. Auf der beim Öffnen der Kopfzeile eingeblendeten Registerkarte *Kopf- und Fußzeile* setzen Sie in der Gruppe *Optionen* ein Häkchen bei *Gerade & ungerade Seiten unterschiedlich*.

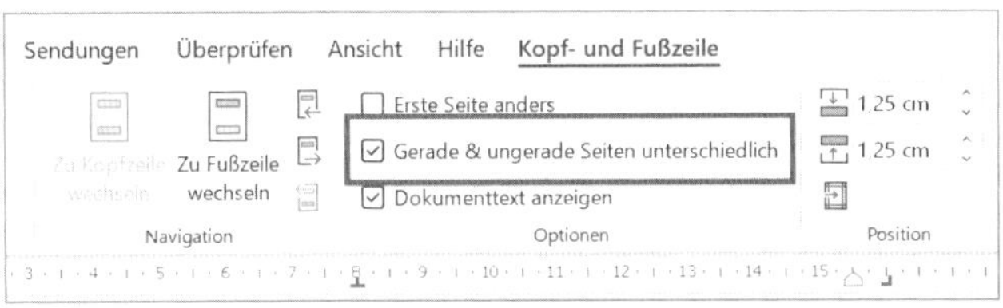

2 Zur Kontrolle können Sie nun auf die Registerkarte *Ansicht* gehen und dort *Mehrere Seiten* anklicken.

3 Word zeigt Ihnen nun zwei Seiten nebeneinander. Sie sehen, dass in der Kopfzeile für ungerade Seiten noch der Text *Überschrift Ebene 1* und eine Seitennummer stehen, während auf der zweiten Seite noch keine Kapitelüberschrift und keine Seitennummer vorhanden sind.

4 Nun müssen Sie für die gerade Kopfzeile noch die Seitenzahl und die Kapitelüberschrift der Ebene 1 einsetzen und für die ungerade Kopfzeile die Überschrift zur Ebene 1 ändern. Bei Büchern und wissenschaftlichen Werken ist es üblich, auf der ungeraden Kopfzeile die Kapitelüberschrift der Ebene 2 und auf geraden Kopfzeilen die Kapitelüberschrift der Ebene 1 zu setzen.

5 Beginnen Sie auf der ungeraden Seite. Hier markieren Sie die vorhandene Überschrift und gehen über *Schnellbausteine* auf *Feld*. Dort wählen Sie wieder *StyleRef*, nun aber *Überschrift 2*. Natürlich sehen Sie nur eine Überschrift 2, wenn Sie auch tatsächlich einer Überschrift in Ihrem Dokument die Formatvorlage *Überschrift 2* zugewiesen haben. Im folgenden Abschnitt werden wir uns ausgiebig mit Gliederungen beschäftigen.

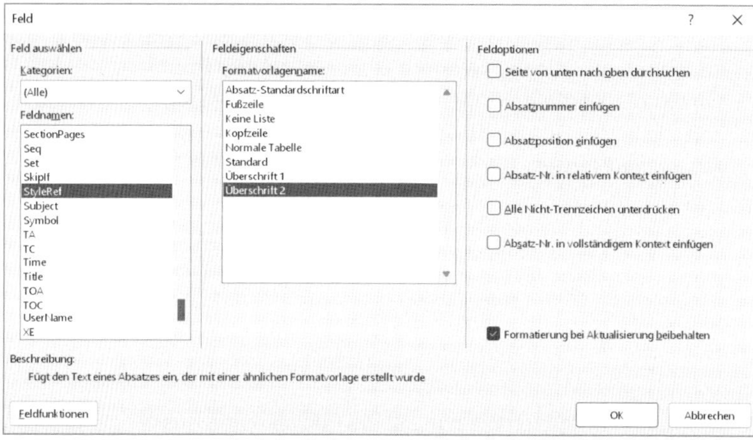

6 Klicken Sie nun auf den linken Bereich in der geraden Kopfzeile, und gehen Sie wieder über *Schnellbausteine* auf *Feld*. Dort wählen Sie erneut *StyleRef*, nun aber *Überschrift 1*.

7 Jetzt drücken Sie zweimal die [Tab]-Taste, um zum rechtsbündigen Tabulator zu kommen und dort die Seitennummer ebenfalls einzugeben. Sie erinnern sich? Die Seitennummer fügen Sie auf der Registerkarte *Kopf- und Fußzeile* ganz links bei *Seitenzahl* ein.

8 Schließen Sie die Kopfzeile.

Was Ihnen vielleicht auffällt, ist, dass in den Kopfzeilen die jeweilige Kapitelnummer nicht aufgeführt wird. Wenn Sie das aber möchten, verwenden Sie die Funktion *StyleRef* einfach mehrfach in einer Zeile.

Klicken Sie dazu doppelt in Ihre Kopfzeile, um sie zu öffnen, und gehen Sie wieder über *Schnellbausteine* auf *Feld*. Dort wählen Sie erneut *StyleRef* und *Überschrift 1*. Nun wählen Sie aber zusätzlich rechts *Absatznummer einfügen*.

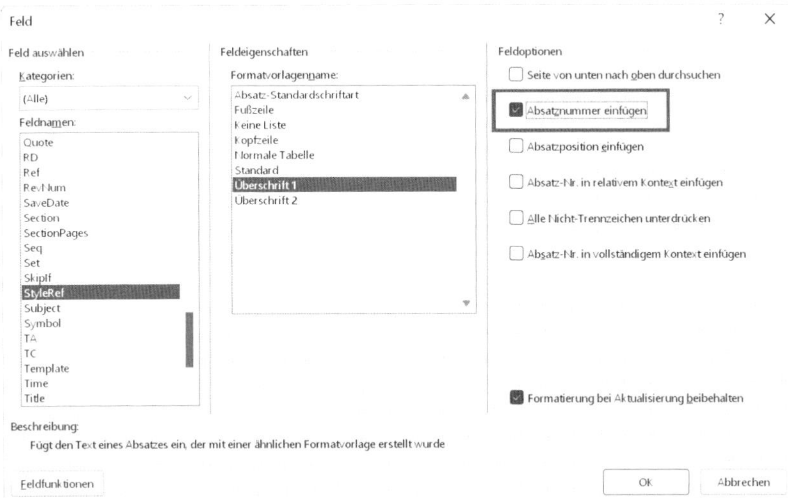

Setzen Sie, der Ästhetik halber, noch einen normalen Punkt und einen Leerschritt hinter die eingefügte Nummer, und Word wird nun auf jeder Seite die entsprechenden Kapitelüberschriften in die Kopfzeile setzen.

In diesem Abschnitt haben wir Feldfunktionen benutzt. Da Sie bei Verwendung von Feldfunktionen immer nur das Ergebnis sehen, nicht aber die Funktion selbst, müssen Sie in das Fenster zurück, in dem Sie die Feldfunktion eingegeben haben. Am schnellsten geht das, indem Sie mit der rechten Maustaste auf das Ergebnis der Feldfunktion klicken und *Feld bearbeiten* auswählen.

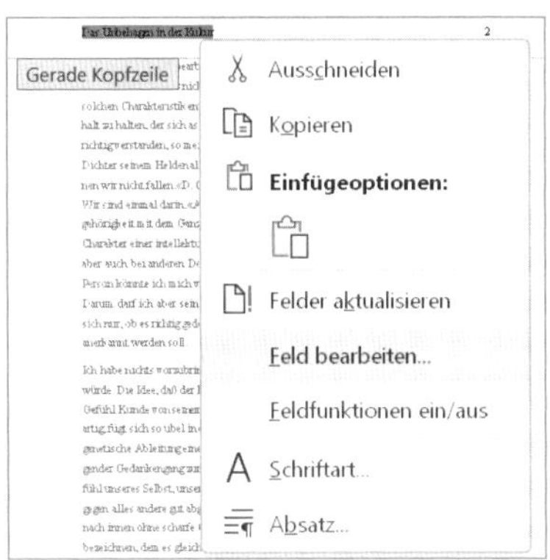

Da Sie in einem Word-Dokument meist mit vielen Feldfunktionen arbeiten, können Sie mit der Tastenkombination [Alt]+[F9] zwischen dem Anzeigen aller Feldfunktionen und dem Ergebnis der Feldfunktion leicht hin- und herschalten.

TIPP **Etwas Theorie: Was sind Feldfunktionen?**

Die kurze Antwort: Sie haben gerade zwei Feldfunktionen benutzt: eine für die Seitenzahl und die zweite für die Kapitelüberschrift. Die lange Antwort: Feldfunktionen sind Objekte, die im Hintergrund etwas in Ihrem Text bewirken. Die Kapitelüberschriften und die Seitenzahlen hätte man auch jedes Mal eintippen können. Feldfunktionen übernehmen solche Arbeiten aber sehr viel besser und fehlerfreier.

Es sind also Textelemente, bei denen Sie zwar immer das Ergebnis sehen, nicht aber, was im Hintergrund abläuft. Word kennt viele Feldfunktionen. Einige werden wir noch benutzen, ohne dass Sie sie als Feldfunktionen erkennen. Für das Erstellen des Inhaltsverzeichnisses benutzen Sie etwas später ebenfalls eine Feldfunktion. Wir können uns zwar nicht alle anschauen, doch ein paar wichtige werden in den folgenden Abschnitten noch kommen.

Gliederungen

Wir haben nun schon einige Male Gliederungen benutzt, aber nun schauen wir uns an, wie Formatvorlagen und Gliederungen zusammen verwendet werden können. Nehmen wir an, Sie haben folgenden Text mit zwei Gliederungsebenen:

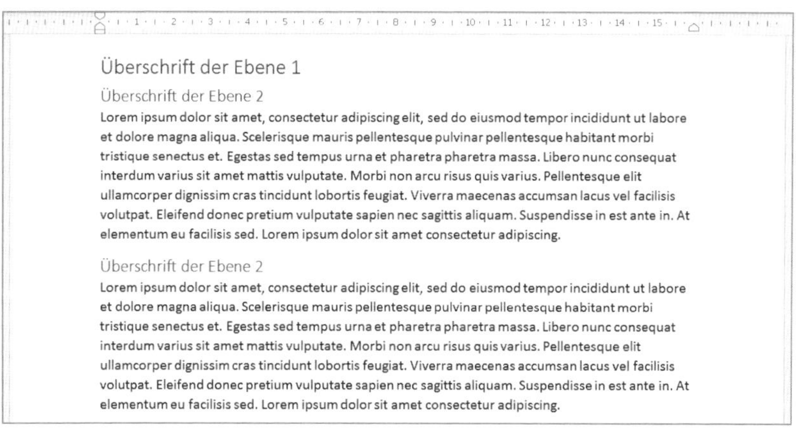
Überschrift der Ebene 1

Überschrift der Ebene 2

Lorem ipsum dolor sit amet, consectetur adipiscing elit, sed do eiusmod tempor incididunt ut labore et dolore magna aliqua. Scelerisque mauris pellentesque pulvinar pellentesque habitant morbi tristique senectus et. Egestas sed tempus urna et pharetra pharetra massa. Libero nunc consequat interdum varius sit amet mattis vulputate. Morbi non arcu risus quis varius. Pellentesque elit ullamcorper dignissim cras tincidunt lobortis feugiat. Viverra maecenas accumsan lacus vel facilisis volutpat. Eleifend donec pretium vulputate sapien nec sagittis aliquam. Suspendisse in est ante in. At elementum eu facilisis sed. Lorem ipsum dolor sit amet consectetur adipiscing.

Überschrift der Ebene 2

Lorem ipsum dolor sit amet, consectetur adipiscing elit, sed do eiusmod tempor incididunt ut labore et dolore magna aliqua. Scelerisque mauris pellentesque pulvinar pellentesque habitant morbi tristique senectus et. Egestas sed tempus urna et pharetra pharetra massa. Libero nunc consequat interdum varius sit amet mattis vulputate. Morbi non arcu risus quis varius. Pellentesque elit ullamcorper dignissim cras tincidunt lobortis feugiat. Viverra maecenas accumsan lacus vel facilisis volutpat. Eleifend donec pretium vulputate sapien nec sagittis aliquam. Suspendisse in est ante in. At elementum eu facilisis sed. Lorem ipsum dolor sit amet consectetur adipiscing.

Und Sie möchten zukünftig mit Formatvorlagen, also komfortabel, folgendes Ergebnis bekommen:

1. Überschrift der Ebene 1

1.1. Überschrift der Ebene 2

Lorem ipsum dolor sit amet, consectetur adipiscing elit, sed do eiusmod tempor incididunt ut labore et dolore magna aliqua. Scelerisque mauris pellentesque pulvinar pellentesque habitant morbi tristique senectus et. Egestas sed tempus urna et pharetra pharetra massa. Libero nunc consequat interdum varius sit amet mattis vulputate. Morbi non arcu risus quis varius. Pellentesque elit ullamcorper dignissim cras tincidunt lobortis feugiat. Viverra maecenas accumsan lacus vel facilisis volutpat. Eleifend donec pretium vulputate sapien nec sagittis aliquam. Suspendisse in est ante in. At elementum eu facilisis sed. Lorem ipsum dolor sit amet consectetur adipiscing.

1.2 Überschrift der Ebene 2

Lorem ipsum dolor sit amet, consectetur adipiscing elit, sed do eiusmod tempor incididunt ut labore et dolore magna aliqua. Scelerisque mauris pellentesque pulvinar pellentesque habitant morbi tristique senectus et. Egestas sed tempus urna et pharetra pharetra massa. Libero nunc consequat interdum varius sit amet mattis vulputate. Morbi non arcu risus quis varius. Pellentesque elit ullamcorper dignissim cras tincidunt lobortis feugiat. Viverra maecenas accumsan lacus vel facilisis volutpat. Eleifend donec pretium vulputate sapien nec sagittis aliquam. Suspendisse in est ante in. At elementum eu facilisis sed. Lorem ipsum dolor sit amet consectetur adipiscing.

Ich zeige Ihnen nun Schritt für Schritt, wie Sie dorthin gelangen.

Fangen wir an.

1 Markieren Sie zunächst die Überschrift der Ebene 1.

2 Wählen Sie dann auf der Registerkarte *Start* bei *Formatvorlagen* den kleinen Pfeil.

3 In dem Fenster, das auf der rechten Seite erscheint, wählen Sie die Formatvorlage *Überschrift 1*. Nun dürfte Ihre Überschrift vielleicht hellblau geworden sein, und auch die Schriftart hat sich vielleicht verändert. Aber keine Bange, wir korrigieren das gleich.

Zunächst wollen wir aber noch die erste Gliederungsebene hinzufügen. Dazu klicken Sie auf *Liste mit mehreren Ebenen* und wählen dort die in der Abbildung hervorgehobene Liste.

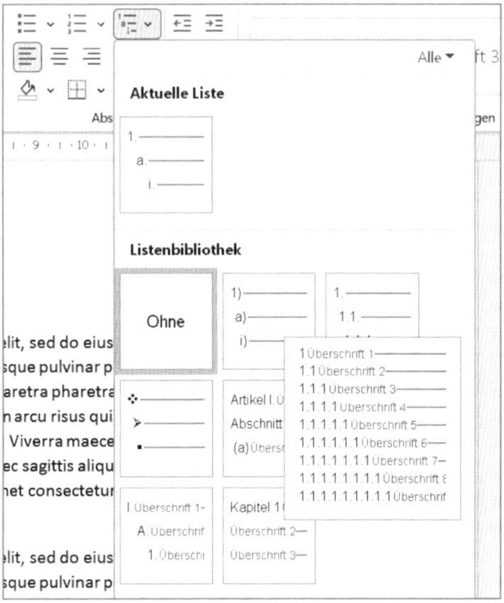

Nun sollte eine 1 vor der Kapitelüberschrift stehen, aber alles sieht noch immer nicht besonders schön aus.

4 Klicken Sie nun auf der rechten Seite bei den Formatvorlagen mit der rechten Maustaste auf *Überschrift 1*, und wählen Sie *Ändern*. Hier entscheiden Sie sich nun für die Schriftart und -größe und natürlich auch für die Farbe der Schrift. Danach klicken Sie unten links auf *Format* und wählen *Absatz*.

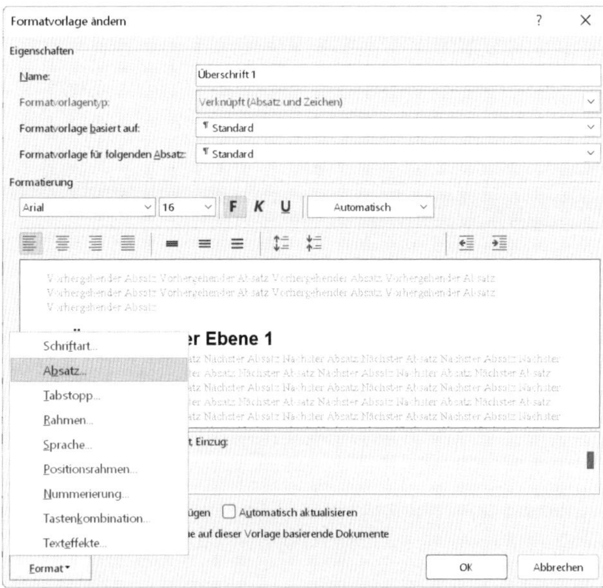

5 Nun wählen Sie bei *Sondereinzug* und bei *Um* den Wert *1 cm* und bestätigen zweimal mit *OK*. Ihr Text könnte nun so aussehen:

1 Überschrift der Ebene 1

1.1 Überschrift der Ebene 2

Lorem ipsum dolor sit amet, consectetur adipiscing elit, sed do eiusmod tempor incididunt ut labore et dolore magna aliqua. Scelerisque mauris pellentesque pulvinar pellentesque habitant morbi tristique senectus et. Egestas sed tempus urna et pharetra pharetra massa. Libero nunc consequat interdum varius sit amet mattis vulputate. Morbi non arcu risus quis varius. Pellentesque elit ullamcorper dignissim cras tincidunt lobortis feugiat. Viverra maecenas accumsan lacus vel facilisis volutpat. Eleifend donec pretium vulputate sapien nec sagittis aliquam. Suspendisse in est ante in. At elementum eu facilisis sed. Lorem ipsum dolor sit amet consectetur adipiscing.

1.2 Überschrift der Ebene 2

Lorem ipsum dolor sit amet, consectetur adipiscing elit, sed do eiusmod tempor incididunt ut labore et dolore magna aliqua. Scelerisque mauris pellentesque pulvinar pellentesque habitant morbi tristique senectus et. Egestas sed tempus urna et pharetra pharetra massa. Libero nunc consequat interdum varius sit amet mattis vulputate. Morbi non arcu risus quis varius. Pellentesque elit ullamcorper dignissim cras tincidunt lobortis feugiat. Viverra maecenas accumsan lacus vel facilisis volutpat. Eleifend donec pretium vulputate sapien nec sagittis aliquam. Suspendisse in est ante in. At elementum eu facilisis sed. Lorem ipsum dolor sit amet consectetur adipiscing.

6 Wir brauchen noch einen Punkt hinter der Kapitelnummer. Dazu lassen Sie die *Überschrift der Ebene 1* markiert, gehen wieder auf *Liste mit mehreren Ebenen* und wählen nun *Neue Liste mit mehreren Ebenen definieren*.

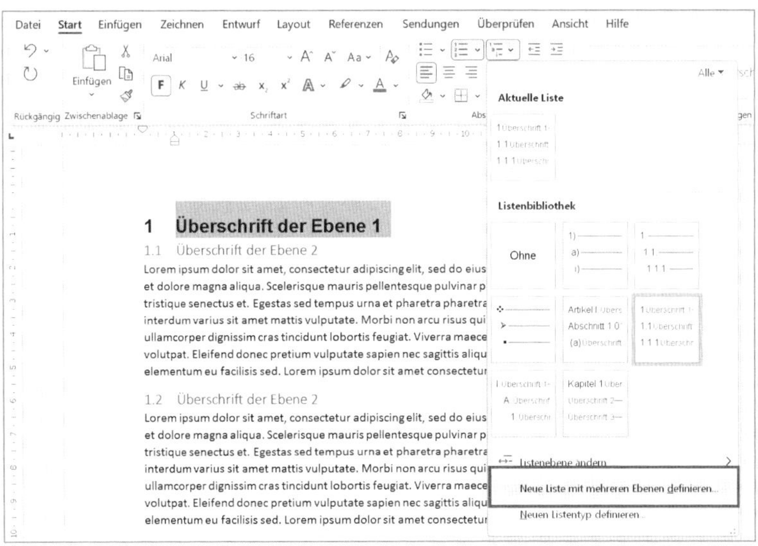

7 Hier setzen Sie bei *Formatierung für Zahl eingeben* einen Punkt und bestätigen alles.

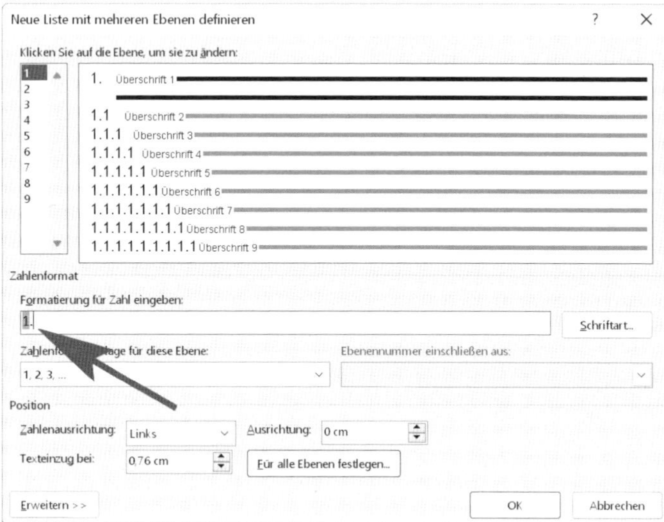

8 Nun markieren Sie *die erste Überschrift der Ebene 2* und weisen dieser die Formatvorlage *Überschrift 2* zu. Wahrscheinlich müssen Sie auch hier die Farbe, Schriftart und -größe ändern. Das wird in Schritt 3 und Schritt 4 beschrieben und muss hier nicht wiederholt werden.

9 Zum Schluss weisen Sie noch der *zweiten Überschrift der Ebene 2* die Formatvorlage *Überschrift 2* zu. Da Sie die *Überschrift 2* schon angepasst haben, sollte nun alles so aussehen, wie wir es anfangs als Ziel vorgegeben haben.

Nun haben Sie ein mächtiges Werkzeug an der Hand, um lange und komplexe Texte professionell zu gliedern.

Verweise richtig benutzen

Nach diesen Vorbereitungen können Sie beginnen, Ihren Text einzugeben. Dabei sollten Sie auch gleich die entsprechenden Formatierungen vornehmen.

Nun kann es bei längeren Texten sinnvoll sein, mithilfe von Textmarken und Querverweisen auf bestimmte Seiten hinzuweisen, an denen eine Idee oder ein mathematischer Beweis zu finden ist, dessen Ergebnis man an dieser Stelle des Textes benutzt.

Ein Beispiel soll das verdeutlichen. Sie befinden sich auf einer Seite irgendwo ganz hinten in Ihrer Arbeit.

Wie bereits auf Seite 46 hergeleitet, benutzen wir hier das Ergebnis in der Form:

$$f(x) = a_0 + \sum_{n=1}^{\infty} \left(a_n \cos\frac{n\pi x}{L} + b_n \sin\frac{n\pi x}{L}\right)$$

Hier sollte der Verweis auf die Seite 46 natürlich dynamisch sein, denn im Laufe der weiteren Texteingabe und -gestaltung könnte sich die Herleitung der Formel auf einer anderen Seite befinden.

Um solche dynamischen Verweise zu setzen, brauchen Sie Textmarken und Querverweise.

1 Gehen Sie auf die Seite, zu der Sie einen Querverweis setzen wollen. In unserem Beispiel ist das die Seite 46. Setzen Sie die Eingabemarke in großer Nähe zu der entsprechenden Formel oder dem entsprechenden Text.

2 Wählen Sie dann auf der Registerkarte *Einfügen* in der Gruppe *Links* die Option *Textmarke*.

3 Geben Sie in dem geöffneten Fenster einen sinnvollen und eindeutigen Namen für die Textmarke ein, und klicken Sie dann auf *Hinzufügen*.

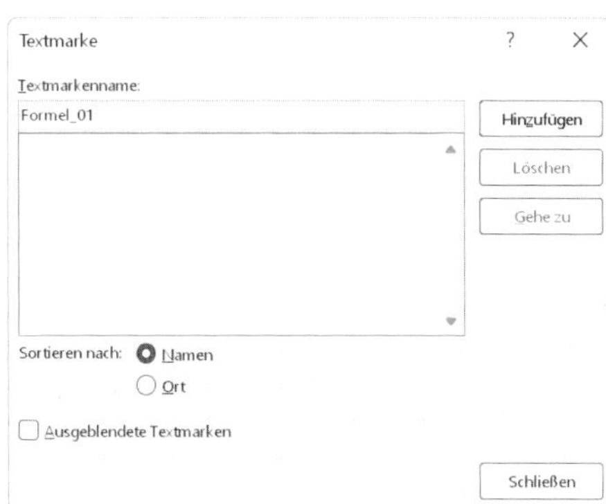

4 Nun gehen Sie zu Ihrem Text auf die Seite zurück, auf die verwiesen werden soll, und klicken an die Stelle, an der die dynamische Seitenzahl eingefügt werden soll. Wählen Sie auf der Registerkarte *Einfügen* in der Gruppe *Links* die Option *Querverweis*.

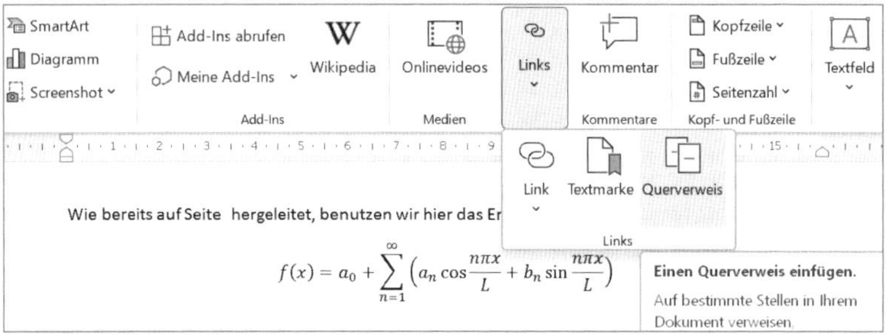

5 Nun wählen Sie die in der Abbildung gezeigten Optionen. Bestätigen Sie mit der Schaltfläche *Einfügen*.

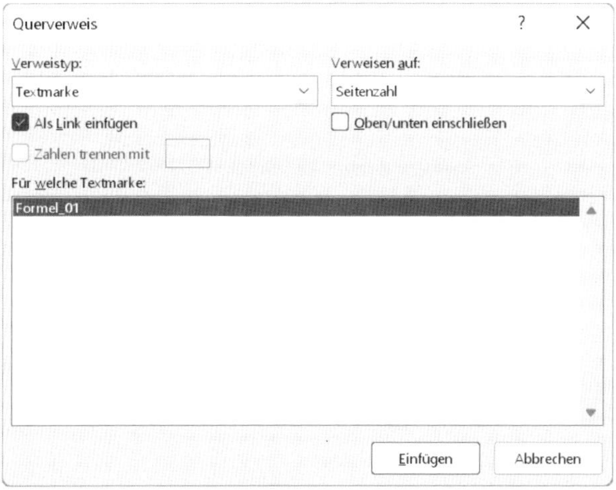

6 Damit verweist Word nun auf die Textmarke *Formel_01*, egal, auf welcher Seite sie sich zukünftig befinden wird.

Auch können Sie bei der Bearbeitung des Dokuments sehr schnell zu diesen Textmarken springen. Drücken Sie einfach die Taste F5 und wählen Sie aus, zu welchem Element Word springen soll. Bei *Textmarkennamen eingeben* wählen Sie aus der Liste die richtige Textmarke aus.

Auf der Suche nach Textstellen

Bei längeren Dokumenten müssen Sie vielleicht nach bestimmten Begriffen oder Textstellen in Ihrem Dokument suchen. Auch Word 2021 kennt noch die alte Suche mit der F5-Taste. Hier gehen Sie auf die Registerkarte *Suchen* und geben Ihren Suchbegriff ein.

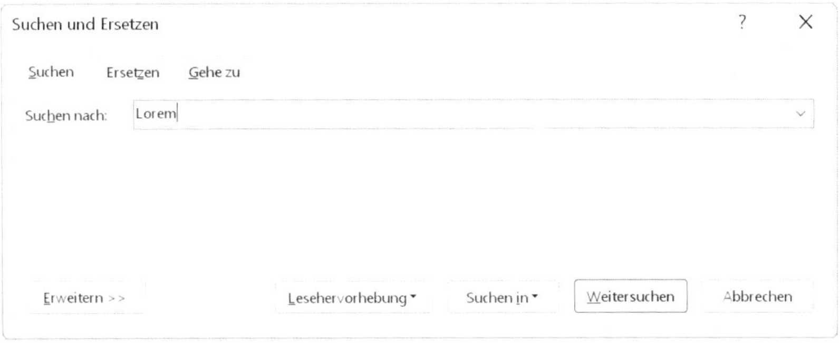

Aber Word 2021 stellt auch eine Suchfunktion in einem eigenen Navigationsfenster zur Verfügung. Diese können Sie über die Registerkarte *Start* aufrufen. Dort klicken Sie in der Gruppe *Bearbeiten* auf *Suchen*. Oder Sie drücken die Tastenkombination Strg+F.

In das Eingabefeld im Navigationsfenster geben Sie den Suchbegriff ein. Unterhalb des Eingabeefelds zeigt Ihnen Word dann alle Fundstellen im Zusammenhang mit dem Satz, in dem sich die Fundstelle befindet. Gleichzeitig werden im Dokument die gefundenen Stellen gelb markiert.

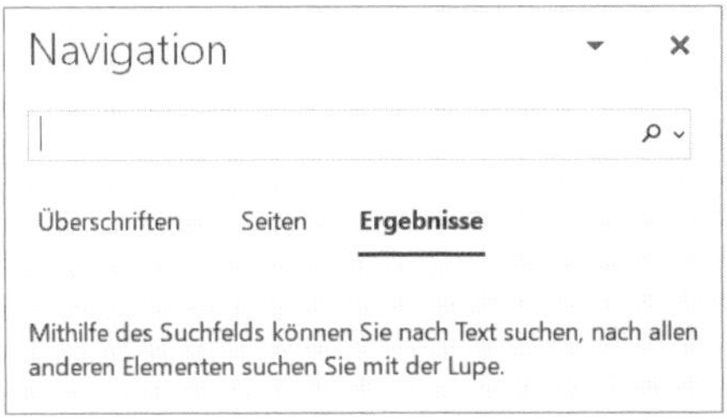

Ich habe in einem Text einmal wissen wollen, an welchen Stellen Wort »dolor« vorkommt. Der Suchbegriff lautet also »dolor«, und Word listet nun auf, an welchen Stellen dieser Begriff auftaucht. Klicken Sie im Navigationsfenster eine der Fundstellen an, springt Word zu dieser Stelle.

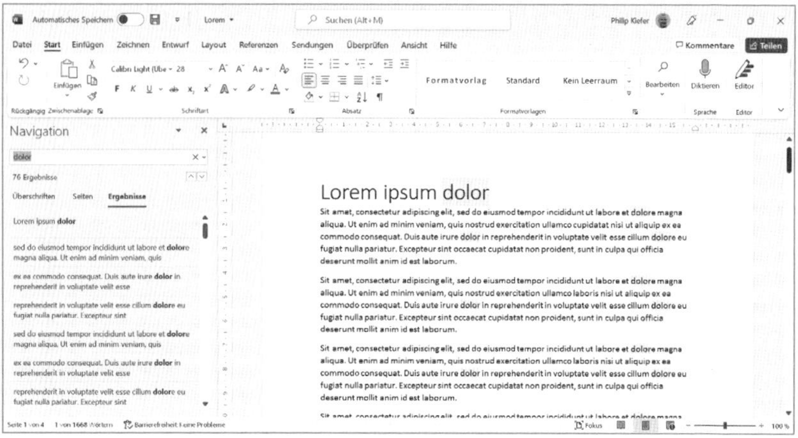

Klicken Sie im Navigationsfenster auf *Seiten*, erhalten Sie Miniaturen des geöffneten Dokuments. Klicken Sie eine solche Miniatur an, springt Word im Dokument zu der entsprechenden Seite.

Wenn Sie im Navigationsfenster *Überschriften* anklicken, zeigt Word im Navigationsfenster nur die Kapitelüberschriften im Dokument an.

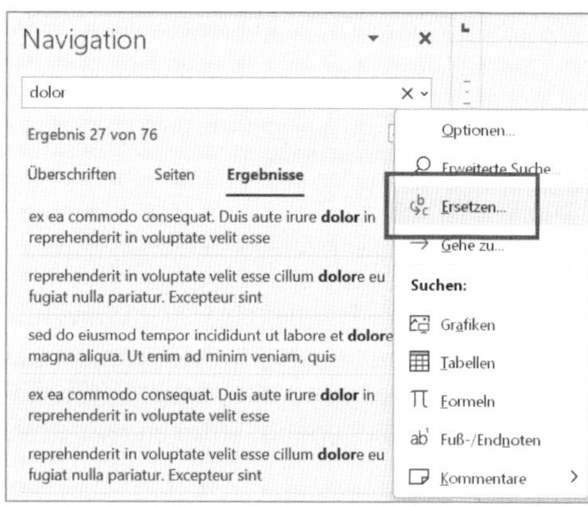

Möchten Sie nun bestimmte Textstellen durch eine andere Zeichenfolge ersetzen, klicken Sie im Navigationsfenster rechts neben dem Suchfeld auf das kleine Dreieck und wählen *Ersetzen*.

Nun öffnet sich das schon aus früheren Word-Versionen bekannte Fenster.

Geben Sie zunächst den Begriff ein, der ersetzt werden soll, anschließend geben Sie den Begriff ein, der den alten Begriff ersetzen soll.

Nun können Sie durch Klick auf *Weitersuchen* zur nächsten Textstelle springen und müssen dort entscheiden, ob Sie den Begriff wirklich ersetzen wollen oder nicht. So können Sie durch das gesamte Dokument wandern und sich jedes Mal neu entscheiden, ob Sie ersetzen wollen oder nicht.

Sind Sie sicher, dass Sie alle gefundenen Stellen ersetzen wollen, können Sie auch gleich *Alle ersetzen* wählen. Dadurch ersetzt Word wirklich alles, ohne Sie weiter zu fragen. Das kann aber auch ganz schön schiefgehen. Sie sollten also sehr sorgfältig abwägen, ob Sie den langen Weg durch jede Textstelle gehen wollen oder Word quasi einen Freibrief geben.

Aber Achtung: Word nimmt es sehr genau mit der Zeichenkette. Wenn Sie zum Beispiel das Wort »Buch« im ganzen Text durch »Roman« ersetzen wollen, ist das eigentlich kein Problem. Aber wenn in Ihrem Text auch das Wort »Bücher« vorkommt, haben Sie ein Problem, denn Bücher wird Word dann nicht automatisch ersetzen.

Erweiterte Suchfunktion

Mit der F5-Taste können Sie, wie bereits gezeigt, ein Suchfenster öffnen. Hier stehen nun weitere Optionen für komplexere Suchen zur Verfügung. Klicken Sie im Fenster *Suchen* auf *Erweitern*.

Im Bereich *Suchoptionen* legen Sie durch das Listenfeld bei *Suchen* fest, ob das gesamte Dokument durchsucht werden soll oder in welche Richtung Sie zuerst suchen wollen.

Aktivieren Sie *Groß-/Kleinschreibung beachten*, veranlassen Sie Word, die Groß- und Kleinschreibung minutiös zu beachten.

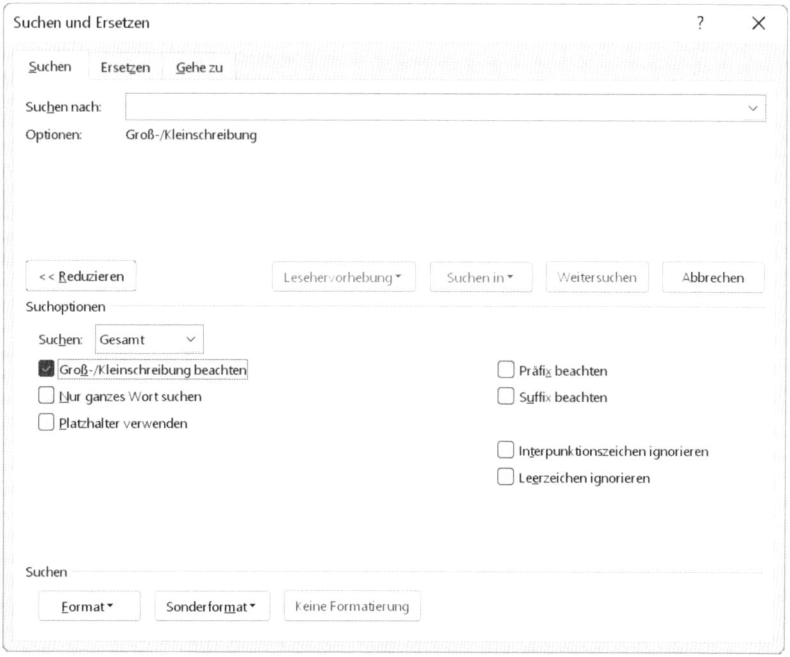

Wenn Sie das Kontrollkästchen bei *Nur ganzes Wort suchen* aktivieren, sucht Word nur das ganze Wort. Suchen Sie zum Beispiel das Wort »Prüfung«, findet Word genau dieses Wort Prüfung, nicht aber Prüfungsarbeit, Prüfungsvorbereitung, Prüfungsangst etc.

Interessant ist das Kontrollkästchen *Platzhalter verwenden*. Sie haben in Ihrem Text öfter den Namen »Meyer« benutzt. Nun möchten Sie den Namen durch »Schmidt« ersetzen. Sie ahnen aber, dass Sie im Text aus Versehen mehrmals den Namen »Meyer« mit »Maier«, »Mayer« oder »Mayer« falsch eingegeben haben. Wie aber suchen Sie jetzt diese falschen Schreibweisen?

Dazu aktivieren Sie die Option *Platzhalter verwenden*. Nun können Sie im Feld *Suchen nach* mit einem * oder einem ? geeignete Platzhalter verwenden. Wenn Sie in das Feld *M** eingeben, sucht Word alles, was mit einem M beginnt, der

Rest ist egal. Das ist aber wahrscheinlich nicht die beste Methode, nach dem Namen »Meyer« zu suchen.

Mit dem Platzhalter ? ist das besser möglich. Der * ist der Platzhalter für viele Buchstaben, das ? gilt immer nur für einen Buchstaben. Konkret: Alle Meyers beginnen mit einem *M*, dann folgen zwei Zeichen, die variieren können, und mit den Buchstaben *er* hören die »Meyer« auf. Als Suchbegriff könnte man also eingeben: *M??er*.

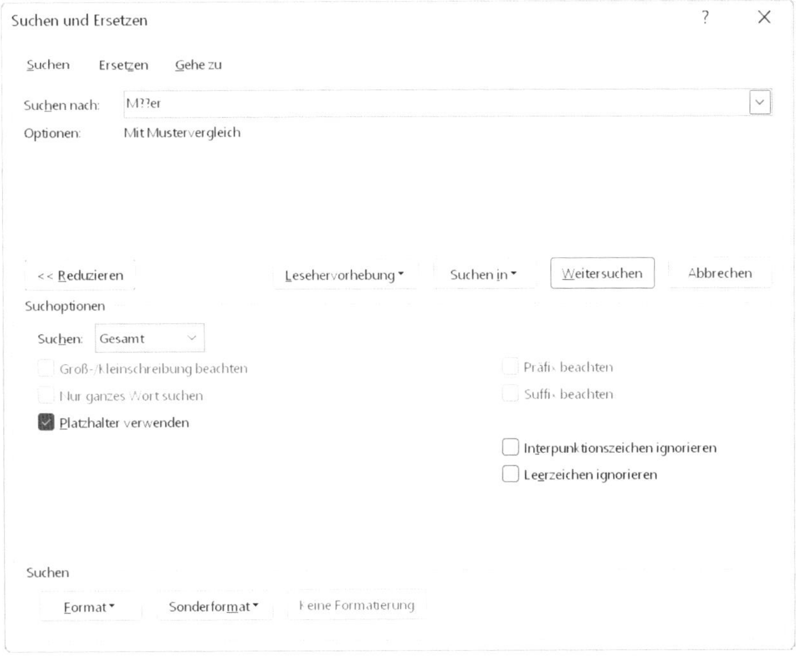

Damit findet Word zwar alle möglichen Schreibweisen für »Meyer«, nicht aber »Meyer-Holzhausen« oder »Meyermann«. Deshalb können Sie die beiden Platzhalter miteinander kombinieren. Folgender Suchbegriff zeigt alle Meyer und alle mit weiteren Zeichen dahinter: *M??er**.

Beachten Sie, dass bei Aktivierung des Kästchens *Platzhalter verwenden* nicht mehr nach dem Fragezeichen ? gesucht werden kann, da das Fragezeichen als Platzhalter fungiert.

Richtiges Zitieren nicht vergessen – Fuß- und Endnoten

> »Jeder fremde Gedanke, jede fremde Ansicht und jedes fremde Argument, das im Text der Arbeit verwendet wird, muss durch seitengenauen Hinweis auf die betreffende Fundstelle nachgewiesen werden.«[1]

Es gibt in Deutschland keine einheitliche Zitierweise, es gibt nur einige Regeln, die zu befolgen sind. Hat man sich mithilfe der Regeln aber für eine Art entschieden, sollte man sie im gesamten Text einhalten.

Es gibt zwei unterschiedliche Zitiersysteme, die amerikanische und die deutsche Zitierweise. In der amerikanischen Zitierweise wird hinter dem Zitattext in Klammern der Autor mit allen nötigen Informationen aufgeführt. Beispiel: (Brown, 2022a, S. 7). Wenn der Autor im gleichen Jahr mehrere Werke veröffentlicht hat, verdeutlicht man dies, indem man hinter das Jahr Buchstaben setzt. Die genauen bibliografischen Angaben sind dann im Literaturverzeichnis aufgeführt.

Im deutschen Sprachraum ist es üblich, den Autor eines Zitats in einer Fuß- oder Endnote zu nennen.

Eine Fußnote ist ein Text am Ende einer Seite, die durch eine Linie vom Text getrennt wird. Eine Endnote ist ein Text am Ende des Dokuments oder Abschnitts. Das Fuß- oder Endnotenzeichen ist eine meist hochgestellte Nummer im Text, die auf eine entsprechende Fuß- oder Endnote verweist.

Fußnoten werden also ans Ende der Dokumentseite gesetzt. Da es keine Vorschriften für die Länge einer Fußnote gibt, kann diese je nach Autor sehr lang ausfallen und manchmal sogar einen Großteil der Seite umfassen. Das stört nicht nur den Lesefluss, es ist auch ziemlich lästig. Wer also lange Fußnoten braucht, sollte sich überlegen, diese lieber als Endnoten einzugeben.

Kurze Bemerkungen, besonders Quellennachweise, gehören jedoch in die Fußnote, denn es ist absolut unmöglich, bei einem Fußnotenzeichen im Text erst ans Ende blättern zu müssen, um den entsprechenden Text zu lesen. Und dann müsste man auch wieder zurück auf die Seite, um im Text weiterzulesen.

Sie sehen, alles hat seine Vor- und Nachteile. Im wissenschaftlichen Bereich hat es sich eingebürgert, Fußnoten zu benutzen, bei Büchern sollte man eher Endnoten nehmen.

---

1 Prof. Dr. Reinhard Singer, Humboldt-Universität Berlin, Leitfaden zu den Formalien einer Promotion (2010), *http://singer.rewi.hu-berlin.de/doc/etc/Leitfaden.pdf.*

Das Verwalten solcher Fuß- oder Endnoten kann ohne Hilfe der Word-Funktion ziemlich zeitaufwendig werden. Doch Word kann Ihnen bei der Verwaltung von Fuß- und Endnoten sehr helfen. Wie funktioniert das? Schauen wir uns zunächst eine Fußnote an.

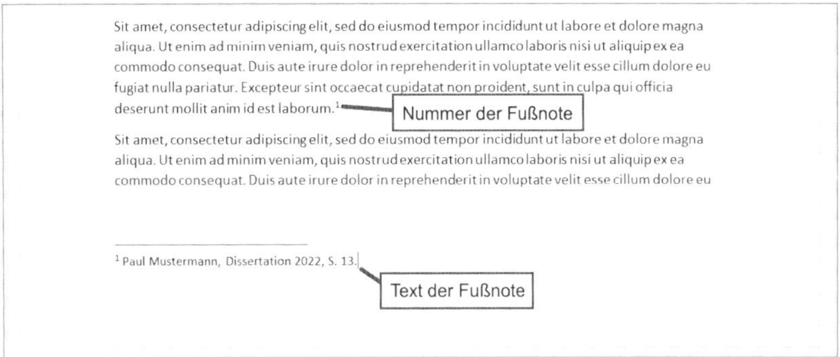

1 Klicken Sie an die Stelle, an der die Nummer der Fußnote stehen soll. Gehen Sie dann auf der Registerkarte *Referenzen* auf *Fußnote einfügen*.

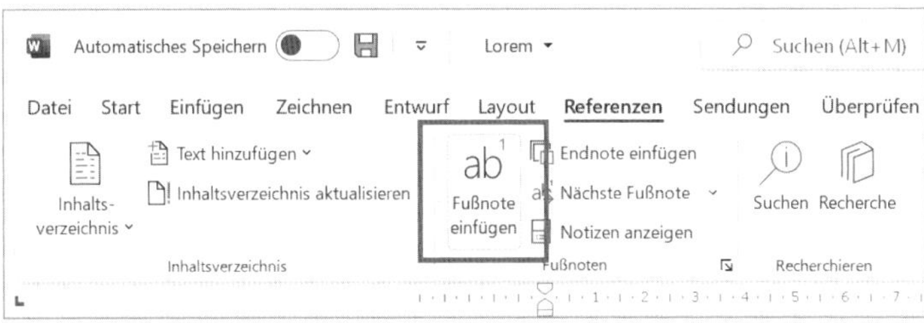

2 Word springt nun in den Fußnoten-Teilbereich Ihres Dokuments, schreibt eine kleine Zahl als Fußnotenzeichen und erwartet den Text dafür.

In gleicher Weise geben Sie nun die anderen Fußnoten ein. Word verwaltet die Nummerierung automatisch, d. h., wenn Sie zwischen zwei schon gesetzten Fußnoten eine neue platzieren wollen, legt Word für alle Fußnoten neue Nummern fest. Zum Löschen einer Fußnote brauchen Sie nur das entsprechende Fußnotenzeichen, also die Nummer der Fußnote, zu löschen. Der zugehörige Text wird automatisch mitgelöscht.

Fast analog verfahren Sie mit einer Endnote. Nur wird diese ans Dokumentende gesetzt. Endnoten tauchen also wirklich am Ende des Textes auf. Hier bietet es sich an, diese Endnoten auf einer neuen Seite beginnen zu lassen, quasi wie ein Verzeichnis. Dazu brauchen Sie nun einen Abschnittsumbruch.

1 Gehen Sie dazu an die Stelle, an der Sie einen Abschnittsumbruch haben möchten.

2 Gehen Sie nun auf *Layout*, und wählen Sie *Umbrüche*. Im aufgeklappten Listenfeld klicken Sie auf *Nächste Seite*.

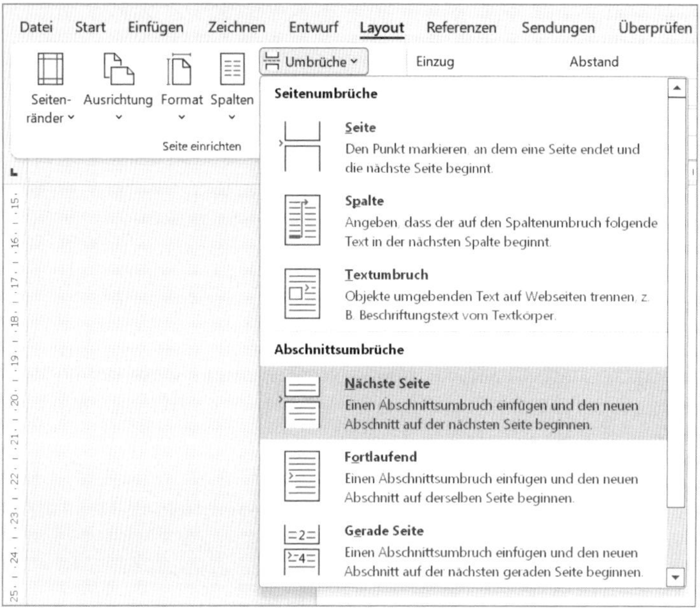

3 Nun haben Sie quasi einen neuen Bereich in Ihrem Dokument erzeugt, in den zukünftig alle Endnoten aufgenommen werden.

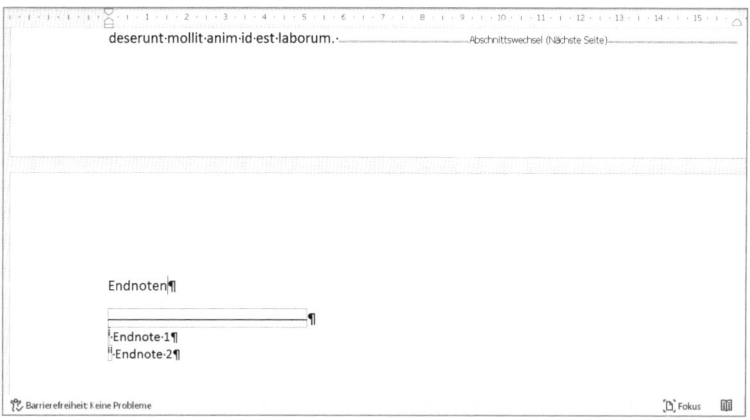

Auch die Fuß- bzw. Endnotenzeichen lassen sich individuell festlegen. So könnten Sie statt der arabischen Zahlen auch römische Zahlen verwenden – dies wäre allerdings nur ratsam, wenn Sie nicht viele Fuß- oder Endnoten nummerieren müssen, denn sonst wird es schnell unübersichtlich.

So gehen Sie zum Festlegen der Fuß- bzw. Endnotenzeichen vor:

1 Wählen Sie auf der Registerkarte *Referenzen* im Bereich *Fußnoten* den kleinen Pfeil unten rechts.

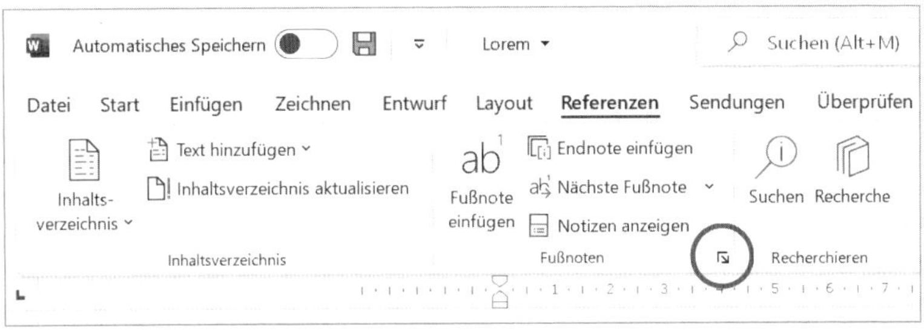

2 Hier wählen Sie bei *Zahlenformat* die gewünschten Fuß- bzw. Endnotenzeichen aus und *Gesamtes Dokument* bei *Änderungen übernehmen für.*

Klicken Sie nun auf *Übernehmen.*

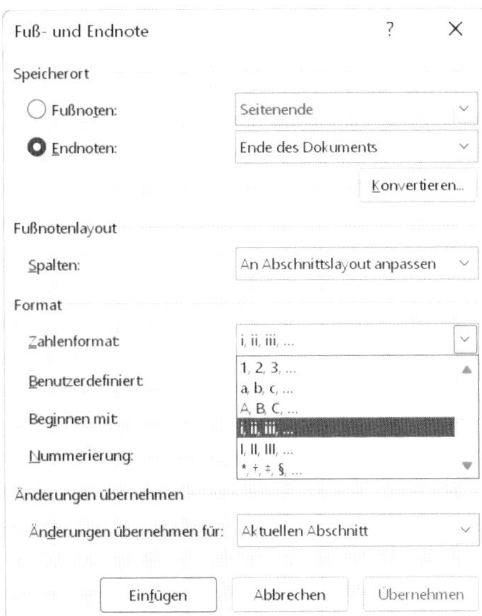

Nun stört Sie vielleicht bei der Endnote die Endnotenlinie. Diese ist, wenn Sie die Endnoten in einem neuen Abschnitt verwalten, überflüssig. So können Sie sich von ihr trennen:

1 Gehen Sie auf die Registerkarte *Ansicht*, und wählen Sie dort mit *Entwurf* die Entwurfsansicht.

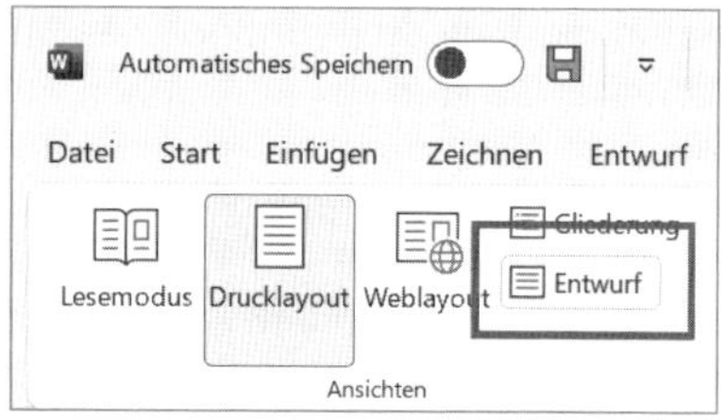

2 Anschließend wählen Sie im Register *Referenzen* in der Gruppe *Fußnoten* den Befehl *Notizen anzeigen*.

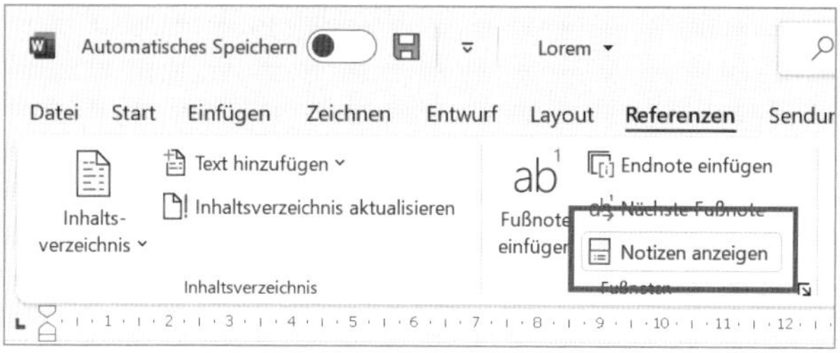

3 Sofern sowohl Fuß- als auch Endnoten im Dokument vorhanden sind, entscheiden Sie sich für das Anzeigen des Endnotenbereichs.

4 Klappen Sie das Listenfeld bei *Alle Endnoten* auf, und wählen Sie darin *Endnotentrennlinie*.

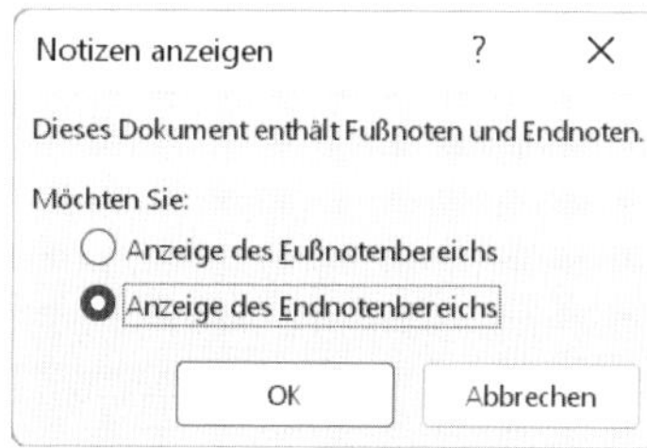

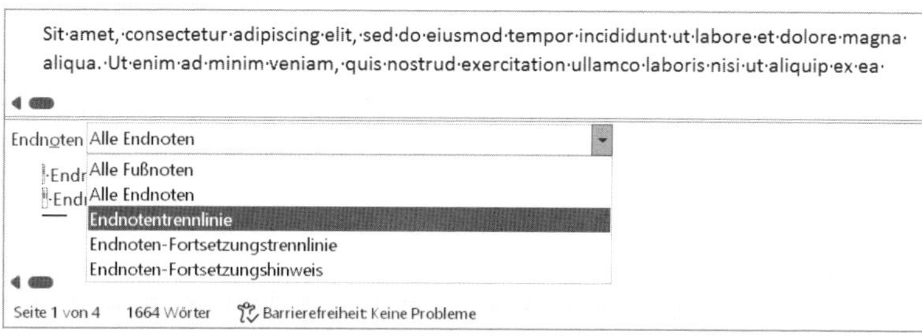

5 Nun können Sie diese Trennlinie markieren und löschen. Danach gehen Sie wieder über das Register *Ansicht* auf *Drucklayout*.

Kopieren und Einfügen – Das gibt es in Word 2021

Bisher haben Sie mit der Tastenkombination Strg+C Texte oder Grafiken in die Zwischenablage kopiert oder mit Strg+X ausgeschnitten. Dann haben Sie an die Stelle geklickt, an der Sie das Gewünschte einfügen möchten. So weit, so gut. Das Kopieren bzw. Ausschneiden funktioniert mit den gleichen Tastenkombinationen. Aber für das Einfügen gibt es noch eine andere Möglichkeit.

Natürlich klicken Sie ganz klassisch an die Stelle, an der der Inhalt eingefügt werden soll. Jetzt klicken Sie mit der rechten Maustaste und haben zum Einfügen von Text die folgenden Einfügemöglichkeiten:

Ursprüngliche Formatierung beibehalten: Der Text wird so eingefügt, wie er an der ursprünglichen Stelle formatiert war.

Formatierung zusammenführen: Merkmale wie Schriftart und -farbe werden von der Absatzformatierung übernommen, Formatierungen wie fett, kursiv etc. vom kopierten Text.

Grafik: Fügt den in der Zwischenablage befindlichen Text als Grafik ein.

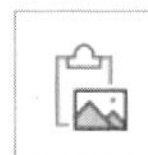

Nur den Text übernehmen: Der Text wird ganz ohne Formatierung eingefügt.

Inhalts- und Stichwortverzeichnis ganz einfach

Während ein Inhaltsverzeichnis ein unabdingbares Requisit einer wissenschaftlichen Arbeit ist, muss ein Stichwortverzeichnis nicht unbedingt Bestandteil sein. Aber spätestens, wenn Sie ein Buch schreiben, gehört ein Stichwortverzeichnis oder, wie man auch sagt, ein Index dazu – besonders wenn es sich um ein wissenschaftliches Buch handelt. Bei einem Roman können Sie natürlich darauf verzichten.

Das Stichwortverzeichnis oder einen Index erzeugt Word automatisch, wenn Sie das Kommando geben. Aber welche Wörter in einen solchen Index gehören, kann Word nicht selbst entscheiden. Diese Wörter müssen Sie selbst wählen. Sie können die entsprechenden Wörter während der Texteingabe auswählen, Sie können es aber auch noch nachträglich während des Korrekturlesens machen. Und Sie können beides kombinieren. Sie können während des Eingebens die Indexeinträge festlegen, und Sie können nachträglich noch weitere hinzufügen oder löschen.

Um einen Index erstellen zu können, müssen Sie die Einträge vorher kennzeichnen. Gekennzeichnet wird ein Eintrag mit einer XE-Feldfunktion. Das klingt zunächst einmal sehr kompliziert, ist es aber nicht.

1 Markieren Sie das Wort, das später im Index auftauchen soll. Dann klicken Sie auf der Registerkarte *Referenzen* auf *Eintrag markieren*. Schneller kommen Sie mit der Tastenkombination Alt+⇧+X dorthin.

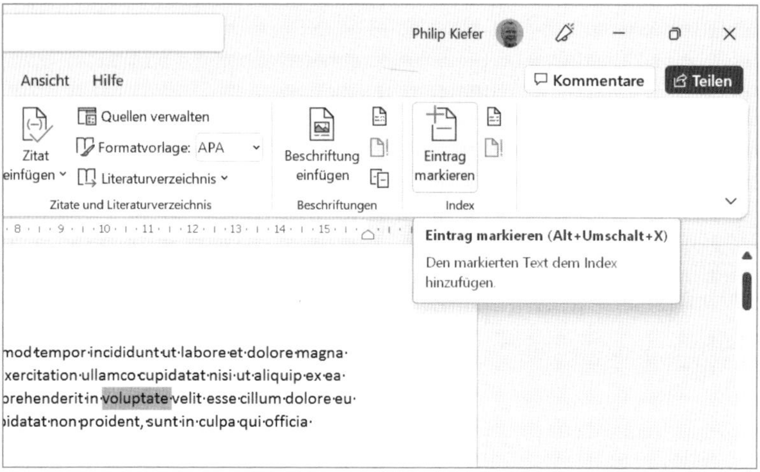

2 Im Eingabefeld *Haupteintrag* wird das von Ihnen markierte Wort angezeigt. Hier sollten Sie das Wort von grammatikalischen Erweiterungen befreien, also die Grundform des Wortes verwenden, z. B. statt »Wirkungsquantums« nur »Wirkungsquantum«.

3 Klicken Sie nun auf *Markieren*.

Sie sehen, dass Word automatisch alle Formatierungszeichen einschaltet, damit Sie den neuen Indexeintrag sehen können.

Nachdem Sie auf *Markieren* geklickt haben, bleibt das Fenster *Indexeintrag festlegen* geöffnet. Das ist auch gut so, denn nun können Sie weitere Indexeinträge festlegen, ohne jedes Mal wieder in das Fenster gehen zu müssen. Sie können das Dialogfenster natürlich jederzeit mithilfe der Titelleiste auf dem Bildschirm verschieben.

Ein wenig warnen möchte ich Sie vor dem Befehl *Alle markieren*.

Wenn Sie zum Beispiel ein Buch über Physik schreiben, wird darin sicher auch ein langes Kapitel über Quantenphysik vorkommen. Wenn Sie nun das Wort »Quantenphysik« als Indexeintrag festlegen und nun auf *Alle markieren* klicken würden, würde Word das ganze Dokument nach dem Wort absuchen und an jeder Fundstelle des Wortes »Quantenphysik« einen Indexeintrag setzen. Das kann in einem Physikbuch höchst unangenehm werden, wenn das Wort 273-mal in Ihrem Manuskript steht.

Sie sollten also jedes Textelement, das in den Index soll, markieren und selbst einzeln festlegen. Dabei muss ein Indexeintrag nicht immer nur ein einziges Wort sein. Auch »schwarzes Loch« oder »dunkle Energie« können sinnvolle Einträge sein.

Was aber, wenn Sie die folgenden Einträge festlegen wollen:

Indexeintrag festlegen
Indexeintrag löschen
Indexeintrag bearbeiten

Solche Indexeinträge wären grauslich. Um so etwas zu vermeiden, kennt Word im Fenster *Indexeintrag markieren* das Eingabefeld *Untereintrag*. Hier gilt das Wort »Indexeintrag« als Haupteintrag, die anderen Begriffe wie »festlegen«, »löschen« und »bearbeiten« sind die Untereinträge.

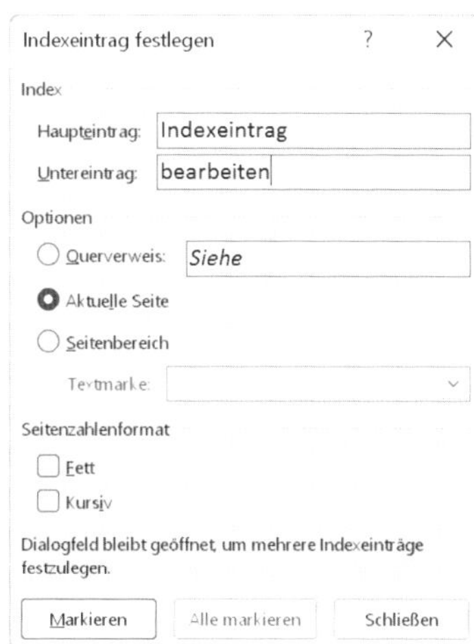

Zu den Haupteinträgen lassen sich problemlos Indexeinträge erstellen.

Haben Sie alle Indexeinträge festgelegt, können Sie das Fenster schließen. Auch auf die Gefahr hin, mich zu wiederholen – Sie können jederzeit weitere Indexeinträge hinzufügen oder löschen. Sie müssen dann lediglich das Stichwortverzeichnis selbst aktualisieren. Aber das ist nur ein Tastendruck.

Doch bevor wir zum Aktualisieren kommen, müssen wir erst einmal ein Stichwortverzeichnis erstellen. Stichwortverzeichnisse stehen immer am Ende des Dokuments.

1 Klicken Sie nun an die Stelle in Ihrem Dokument, an der das Stichwortverzeichnis entstehen soll. Sie sollten das aber immer auf eine neue Seite setzen. Eine neue Seite fügen Sie – auch wenn die alte noch nicht voll ist – mit der Tastenkombination Strg+↵ ein.

2 Mit diesem Symbol auf der Registerkarte *Start* schalten Sie die Formatierungssymbole aus, d. h., die Indexeinträge werden ausgeblendet, sodass Sie einen exakten Seitenumbruch erhalten.

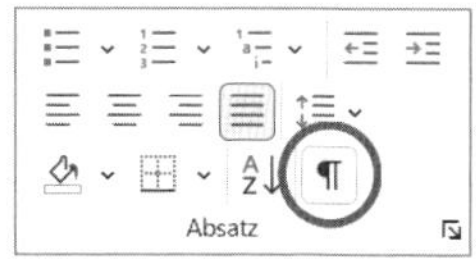

3 Klicken Sie auf der Registerkarte *Referenzen* auf das Symbol für *Index einfügen*.

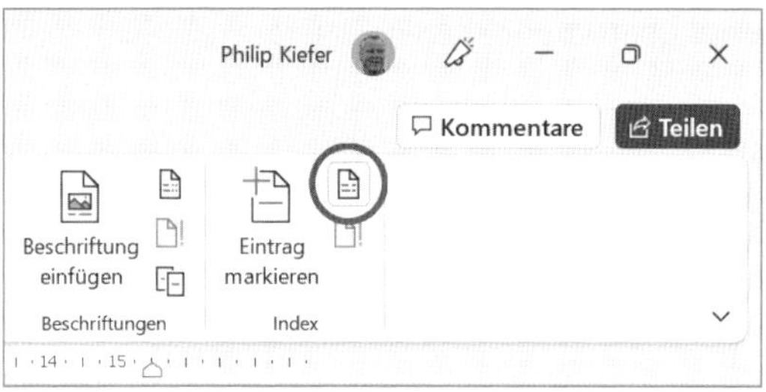

4 Sie erhalten ein Fenster mit vielen Möglichkeiten der Gestaltung.

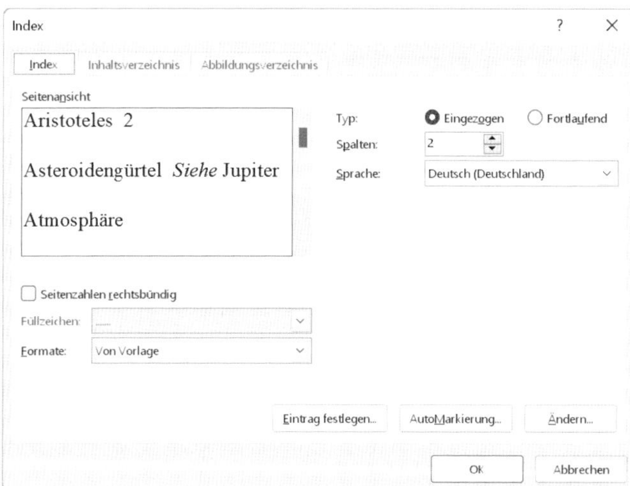

Im Listenfeld *Formate* können Sie aus mehreren Formaten auswählen. Im Feld *Spalten* legen Sie fest, aus wie vielen Spalten Ihr Index bestehen soll. Hier sollten Sie aufgrund der Lesbarkeit in der Regel nicht mehr als zwei Spalten wählen.

Abgrenzung 2
Außenwelt 2
Charakteristik 2
Gefühl 1
Herkunft 3
Ich 2
Objekt 2
Quelle 3
Ramakrishna 1
Sinnestätigkeit 3
Verehrung 1
Werte 1
Zustand 2

Wenn Sie *Seitenzahlen rechtsbündig* auswählen, können Sie bei *Füllzeichen* entscheiden, ob und welche Zeichen zwischen dem Indexeintrag und der Seitennummer gesetzt werden sollen. Die Auswirkung der meisten Einstellungen sehen Sie in dem kleinen Vorschaufenster *Seitenansicht*. So könnte ein Teil des Stichwortverzeichnisses dieses Buches aussehen:

Das Indexverzeichnis basiert auf einer Feldfunktion mit Namen *Index*. Das können Sie schnell einmal kontrollieren, indem Sie mit Alt+F9 die Feldfunktionen sichtbar machen. Mit der gleichen Tastenkombination machen Sie sie wieder unsichtbar.

Sie wissen inzwischen, dass Word Feldfunktionen nicht automatisch aktualisiert, d. h., wenn Sie neue Indexeinträge in Ihrem Dokument festlegen, erscheinen diese nicht automatisch im Stichwortverzeichnis. Sie müssen also Word selbst das Kommando für eine Aktualisierung geben. Aber das ist denkbar einfach.

Klicken Sie irgendwo in Ihr Stichwortverzeichnis, und drücken Sie dann die F9-Taste. Die F9-Taste ist für die Aktualisierung aller Feldfunktionen zuständig. Wenn Sie also vorher Ihren ganzen Text mit Strg+A markieren und dann die F9-Taste drücken, werden alle Feldfunktionen Ihres Textes aktualisiert.

Sie können theoretisch jeden der Indexeinträge noch manuell anders formatieren. Aber ich rate Ihnen davon ab, denn nach jedem Drücken der F9-Taste zum Aktualisieren der Felder werden die manuellen Formate wieder verschwinden. Ändern Sie lieber die entsprechenden Formatvorlagen.

TIPP

Tipp: Anpassung der Formatvorlage
Wenn Sie beim Erstellen des Stichwortverzeichnisses die Option *Von Vorlage* auswählen, können Sie die Formatvorlagen der Indexformatvorlagen ändern.

In Fachbüchern findet man manchmal Indexeinträge, die sich auf mehrere Seiten beziehen. Beispiel: »Drucker einrichten.....102-111«.

Solche Einträge sind natürlich auch in Word möglich. Markieren Sie dazu den gesamten Bereich, auf den im Stichwortverzeichnis verwiesen werden soll. Diesem markierten Bereich weisen Sie eine Textmarke zu. Das geht über die Registerkarte *Einfügen*. Dort klicken Sie in der Gruppe *Links* auf *Textmarke* und vergeben einen sinnvollen Namen für den Bereich. Beim Indexeintrag aktivieren Sie die Option *Seitenbereich* und wählen den Namen der Textmarke aus.

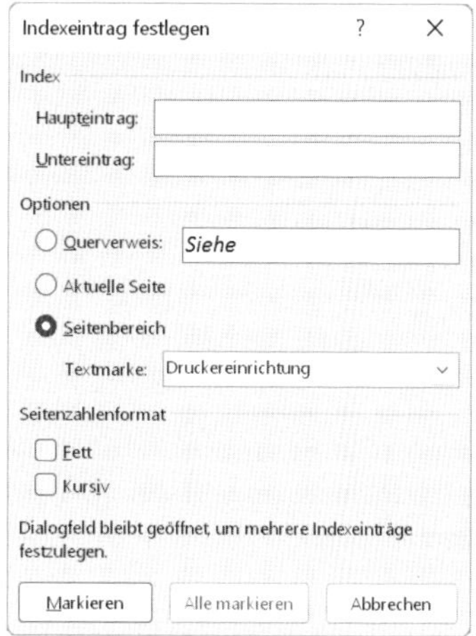

Das Inhaltsverzeichnis erstellen

Ähnlich einfach geht das Erstellen eines Inhaltsverzeichnisses. Hier muss man sich nur klarmachen, dass Word beim Erstellen des Inhaltsverzeichnisses auf die Formatvorlagen *Überschrift 1* bis *9* zurückgreift, d. h., Word benutzt diese Formatvorlagen zum Erstellen des Inhaltsverzeichnisses. Wenn Sie in Ihrem Text mit diesen Formatvorlagen nicht gearbeitet haben, können Sie kein automatisches Inhaltsverzeichnis erstellen. Dabei ist es natürlich gleichgültig, ob Sie die Formatvorlagen Ihren Bedürfnissen angepasst haben oder nicht. Ausschlaggebend ist nur, dass es Formatvorlagen mit diesen Namen gibt und sie Textbereichen zugeordnet wurden.

1. Sie sollten also zunächst prüfen, ob Sie den Überschriften im Text die entsprechenden Formatvorlagen *Überschrift 1* bis *Überschrift 9* zugewiesen haben, wobei man bei wissenschaftlichen Texten selten über die Überschriftenebene 4 hinausgeht. Sie müssen also nicht zwangsweise bis zur Überschriftenebene 9 gehen.

2. Setzen Sie die Einfügemarke an die Stelle, an der Sie das Inhaltsverzeichnis haben möchten. In der Regel, zumindest bei wissenschaftlichen Werken, ist das der Anfang des Dokuments. Da umfangreiche Inhaltsverzeichnisse eine andere Seitennummerierung erhalten, sollten Sie zwischen dem Inhaltsverzeichnis und dem restlichen Dokument einen Abschnittsumbruch einfügen.

3 Erzeugen Sie also einen Abschnittsumbruch. Klicken Sie auf die Registerkarte *Layout*, und wählen Sie darin *Umbrüche*. Im Bereich *Abschnittsumbrüche* klicken Sie auf *Nächste Seite*.

4 Klicken Sie nun auf die Registerkarte *Referenzen*, und wählen Sie darin *Inhaltsverzeichnis*.

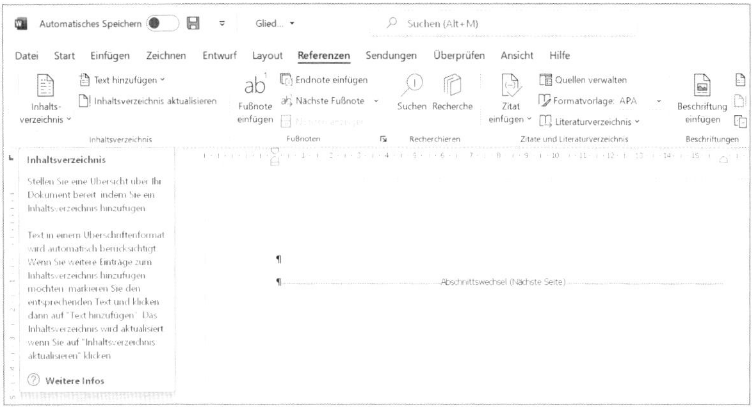

5 Am schnellsten und einfachsten ist es nun, wenn Sie im Fenster eine der Inhaltsverzeichnisvorlagen auswählen und anklicken.

6 Wenn Sie aber alles etwas individueller gestalten wollen, wählen Sie *Benutzerdefiniertes Inhaltsverzeichnis*.

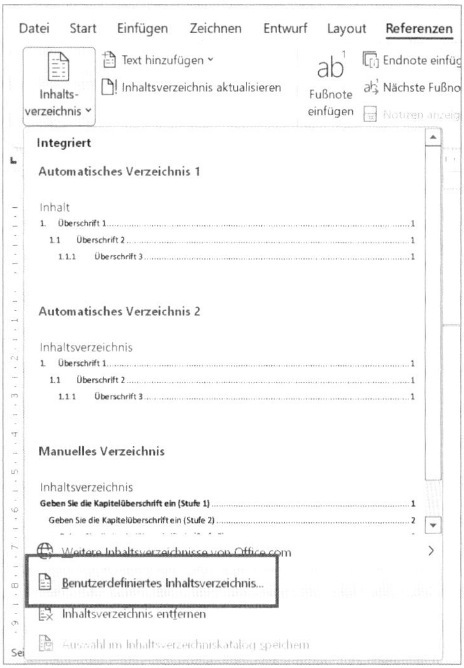

Formatvorlagen für die Gestaltung von Verzeichnissen

Wählen Sie auf der Registerkarte *Referenzen* das Symbol *Inhaltsverzeichnis*, und klicken Sie dann auf *Benutzerdefiniertes Inhaltsverzeichnis*. Das Fenster zur individuellen Gestaltung bietet ein paar recht nützliche Optionen.

Das Menü *Formate* enthält einige vordefinierte Formatvorlagen, die Sie nachträglich wie jede andere Formatvorlage ändern können. Wenn Sie auf eine Vorlage klicken, erhalten Sie im Vorschaufenster eine kleine Vorschau dieser Vorlage.

Das Häkchen bei *Seitenzahlen anzeigen* sollten Sie bei einem Inhaltsverzeichnis nicht herausnehmen, denn der Leser möchte ja gerade mithilfe des Inhaltsverzeichnisses erfahren, auf welcher Seite ein bestimmtes Kapitel des Buches zu finden ist.

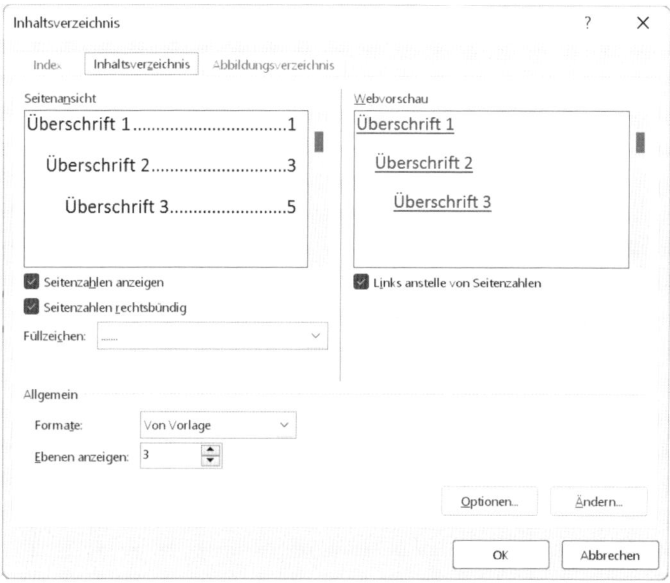

Auch das Häkchen bei *Seitenzahlen rechtsbündig* sollten Sie aktiviert lassen, denn nur so wird Ihr Inhaltsverzeichnis übersichtlich. Entfernen Sie das Häkchen dennoch, werden die Seitenzahlen zwar auch angezeigt, aber sofort hinter der entsprechenden Überschrift.

Füllzeichen betrifft wieder den Raum zwischen dem Text und der Seitenzahl. Wie Sie diesen Zwischenraum gestalten, bleibt Ihnen überlassen. Meist werden hier in wissenschaftlichen Werken Punkte gesetzt, was die Zuordnung des Textes zur Seitennummer erheblich erleichtert.

Bei *Ebenen anzeigen* können Sie noch entscheiden, bis zu welcher Gliederungsebene die Überschriften berücksichtigt werden sollen. Für lange und komplexe Dokumente sind zwei bis drei Ebenen zu empfehlen, damit das Inhaltsverzeichnis nicht zu viele Seiten umfasst und dadurch unübersichtlich wird. Selbst wenn Sie im Text bei den Überschriften bis zur fünften Ebene gehen, übernehmen Sie nicht mehr als drei Ebenen für das Inhaltsverzeichnis.

Inzwischen kennen Sie sicher die Vor- und Nachteile der Feldfunktionen. Ein Nachteil ist, dass sie sich nicht automatisch aktualisieren. Wenn Sie in Ihrem Dokument ein weiteres Kapitel eingefügt oder gelöscht haben, wird Word das Inhaltsverzeichnis nicht automatisch erneuern.

Aber wahrscheinlich kennen Sie die Taste, die die Aktualisierung veranlasst, bereits aus einem früheren Abschnitt: F9. Sie klicken also irgendwo in das Inhaltsverzeichnis und drücken die F9-Taste.

Doch nun müssen Sie wieder einmal eine Entscheidung treffen:

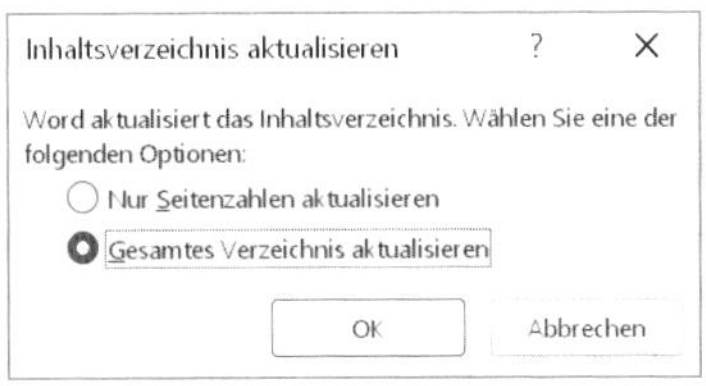

Ich empfehle an dieser Stelle, immer das gesamte Verzeichnis zu aktualisieren, denn das ist die sichere Variante. *Nur Seitenzahlen aktualisieren* ist zwar der schnellere Weg, aber da Word für ein Dokument mit annähernd 800 Seiten und einem durchaus umfangreichen Inhaltsverzeichnis keine drei Sekunden benötigt, um ein vollständiges Inhaltsverzeichnis zu erstellen, ist das eigentlich kein Argument.

TIPP

Achtung: Feldfunktionen können für Verwirrung sorgen

Vielleicht kontrollieren Sie gerade Ihr Inhaltsverzeichnis und stellen fest, dass Kapitel 3 auf Seite 320 beginnt. Mit der F5-Taste geben Sie Seite 320 ein, um auf diese Seite zu springen, und stellen fest: Sie sind woanders gelandet. Hat Word also beim Inhaltsverzeichnis einen Fehler gemacht?

Nein! Sie haben wahrscheinlich versäumt, die Feldfunktionen unsichtbar zu machen. Dadurch haben sich die Seitenumbrüche verschoben, sodass die Angaben nicht mehr mit dem Inhaltsverzeichnis übereinstimmen. Feldfunktionen ein- und ausschalten können Sie mit Alt+F9.

Formatvorlagen selbst erstellen

Bisher haben wir nur Formatvorlagen, die Word mitgebracht hat, verändert. Aber Sie können natürlich auch sehr einfach völlig neue Formatvorlagen erstellen. Am besten ist es, Sie erstellen zum Beispiel einen Absatz so, wie er als Formatvorlage verwendet werden soll. Schauen wir uns das konkret an.

Nehmen wir an, einige Absätze sollen künftig eingerückt, fett, im Blocksatz und mit einem Rahmen versehen werden.

1 Sie formatieren den Absatz auf die bereits kennengelernte Weise ganz so, wie Sie ihn haben möchten.

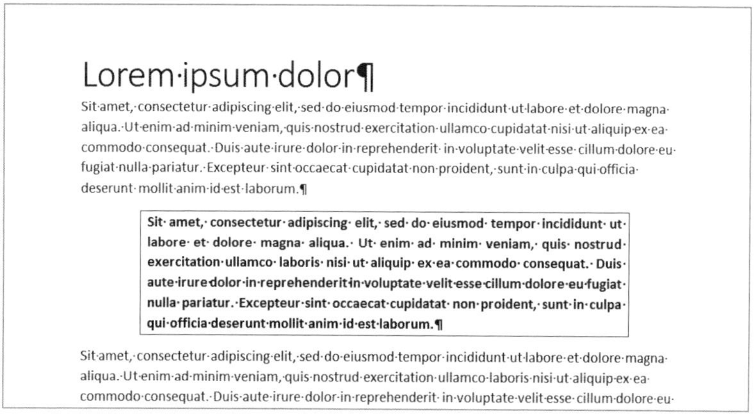

2 Dann markieren Sie den Absatz und wählen auf der Registerkarte *Start* in der Gruppe *Formatvorlagen* den kleinen Pfeil unten rechts.

3 Nun wählen Sie unten im eingeblendeten Fenster mit den Formatvorlagen das Symbol *Neue Formatvorlage*.

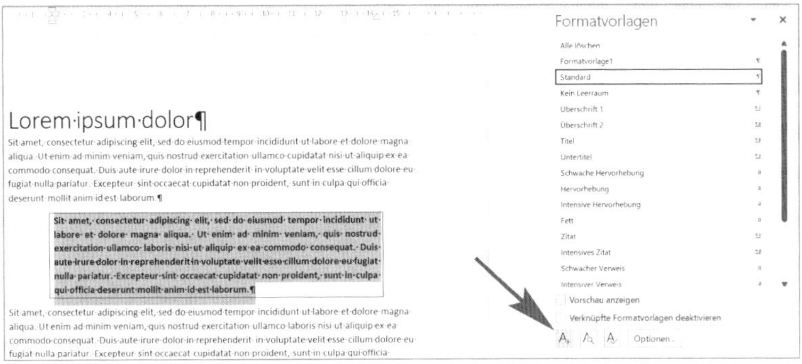

4 Im Fenster *Neue Formatvorlage erstellen* geben Sie Ihrer Formatvorlage einen sinnvollen Namen. Im Vorschaufenster sehen Sie den formatierten Text.

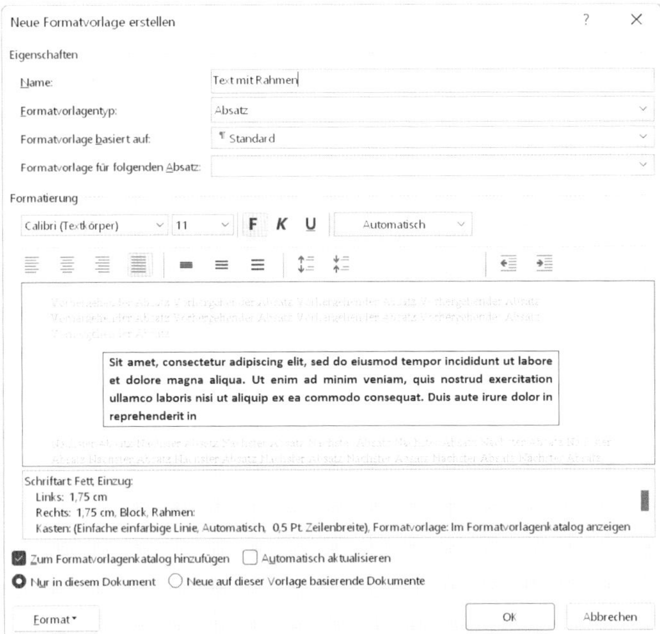

5 Wenn alles stimmt, klicken Sie auf *OK*, und Ihre neue Formatvorlage kann den anderen Absätzen wie gewohnt zugeordnet werden.

Ihre Formatvorlage steht nun sowohl im Formatvorlagenkatalog auf der rechten Seite als auch im Menüband in der Gruppe *Formatvorlagen* zur Verfügung.

Natürlich können Sie auch diese Formatvorlage genau so, wie wir es bisher getan haben, jederzeit verändern. So weit, so gut. Jetzt kommen Sie auf die durchaus sinnvolle Idee, diese Formatvorlage löschen zu wollen, weil Sie sie einfach nicht mehr brauchen. Also klicken Sie mit der rechten Maustaste im Menüband auf das Format und wählen *Aus dem Formatvorlagenkatalog entfernen*.

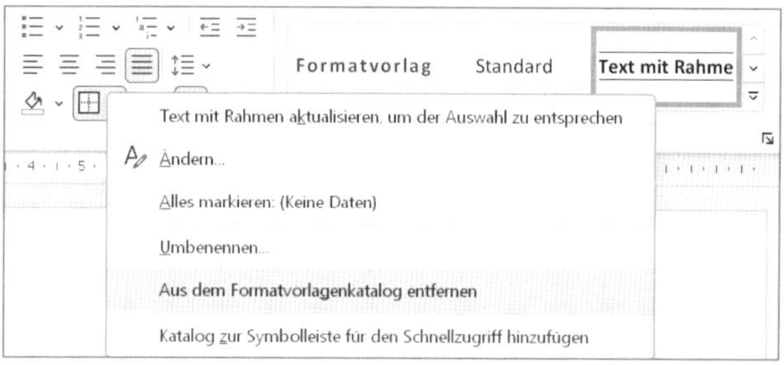

Doch dann stellen Sie zu Ihrer Verblüffung fest, dass sie zwar aus dem Menüband verschwunden ist, nicht aber aus dem Formatvorlagenkatalog auf der rechten Seite. Deshalb ist folgendes Vorgehen für das Löschen eigener Formatvorlagen die beste Möglichkeit:

1 Klicken Sie das Format im Formatvorlagenkatalog auf der rechten Seite an.

2 Wählen Sie ganz unten das Symbol *Formatvorlagen verwalten*.

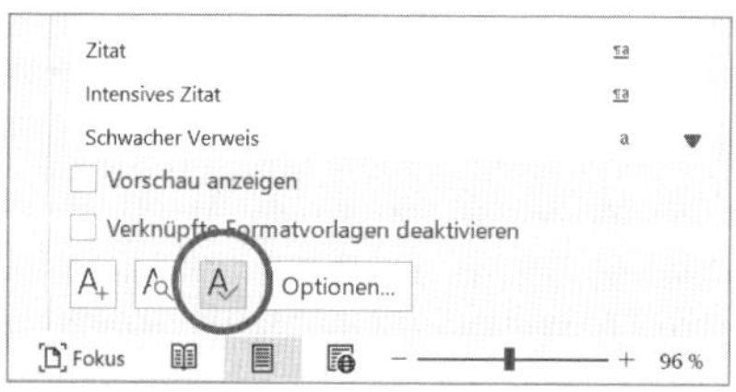

3 Ein weiteres Fenster öffnet sich. In diesem Fenster kontrollieren Sie, ob die zu löschende Formatvorlage ausgewählt ist. Dann klicken Sie auf *Löschen*.

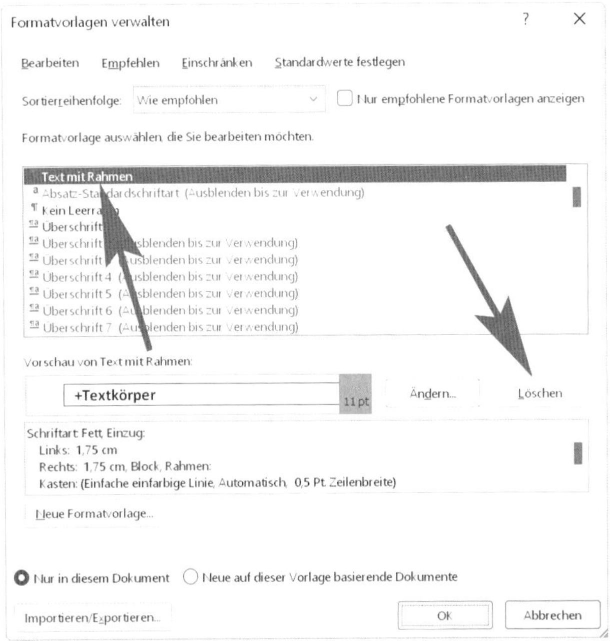

Wundern Sie sich aber nicht, wenn der ehemals mit dieser Formatvorlage formatierte Text nun wieder das Format *Standard* zugewiesen bekommen hat.

Ein Inhaltsverzeichnis auf der Grundlage anderer Elemente erstellen

Wir haben bisher das Inhaltsverzeichnis auf Basis der verschiedenen Überschriftenebenen *Überschrift 1* bis *Überschrift 9* erstellt. Natürlich können Sie auch die selbst erstellten Formatvorlagen in das Inhaltsverzeichnis aufnehmen lassen.

1 Klicken Sie auf der Registerkarte *Referenzen* auf *Inhaltsverzeichnis*. Nun wählen Sie *Benutzerdefiniertes Inhaltsverzeichnis*.

2 In dem bekannten Fenster *Inhaltsverzeichnis* klicken Sie dann auf *Optionen*.

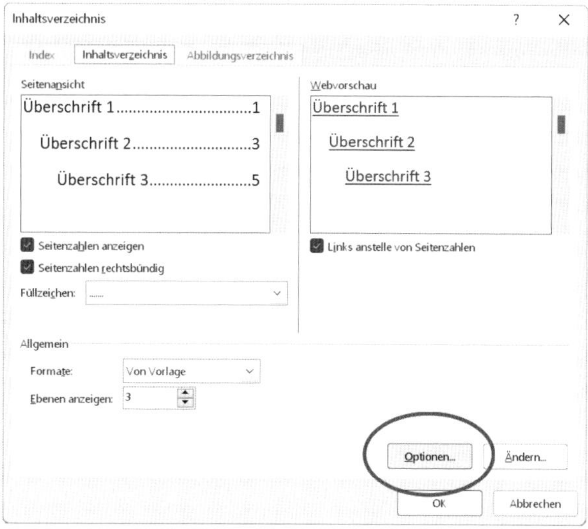

3 Geben Sie in das Feld neben der Formatvorlage, die auch in das Inhaltsverzeichnis integriert werden soll, die gewünschte Ebene im Inhaltsverzeichnis ein. In der Abbildung wird der eigenen Formatvorlage *Text mit Rahmen* die Überschriftenebene 4 zugeordnet.

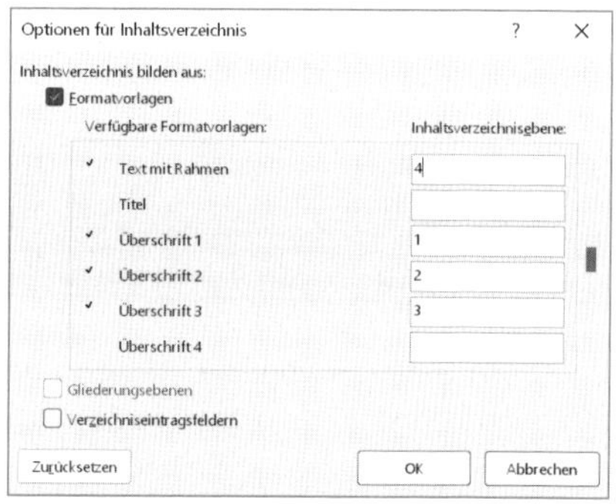

Wenn Sie eine dieser Zahlen aus der Inhaltsverzeichnisebene herausnehmen, schließen Sie dadurch diese Formatvorlage aus dem Inhaltsverzeichnis aus.

Abbildungs- und Literaturverzeichnisse

Bei wissenschaftlichen Texten benötigen Sie häufig noch weitere Verzeichnisse:

- ein Verzeichnis für Abbildungen, damit man sich schnell einen Überblick darüber verschaffen kann, ob und welche neuen Diagramme in Ihrer Arbeit zu finden sind.
- ein Verzeichnis für Literaturangaben, in dem Sie die bibliografischen Daten Ihrer Zitate erfassen.

- ein Verzeichnis für Tabellen, an dem man sich orientieren kann, wenn man Datenreihen im Original in Ihrer Arbeit finden möchte.

Für das Erstellen solcher Verzeichnisse benutzen Sie die bisher besprochenen Feldfunktionen für Inhaltsverzeichnisse. Aber Sie wissen inzwischen auch, dass sich Word bei solchen Verzeichnissen an Formatvorlagen hält.

Schauen wir uns deshalb als Beispiel einmal die Erstellung eines Literaturverzeichnisses konkret an. Zunächst einmal erstellt sich ein Literaturverzeichnis fast von selbst, wenn Sie die Quellenangaben für Zitate zum Beispiel als Endnoten verwalten. Wie das geht, haben wir uns in Abschnitt 3.5 über Fuß- und Endnoten ab Seite 141 angesehen.

Hierzulande werden die Literaturangaben von Zitaten häufig in die Fußnoten gesetzt. Doch leider sucht Word in solchen Fußnoten nicht nach entsprechenden Formatvorlagen, sodass es nicht leicht ist, aufgrund von Fußnoten Literaturverzeichnisse zu generieren. Es gibt aber einen Trick, den ich Ihnen natürlich verraten möchte. Und es gibt eine ganz nette weitere Möglichkeit für Literaturverzeichnisse, die ich Ihnen ebenfalls vorstelle.

Fangen wir mit dem Trick für die Fußnoten an. Sie haben also in Ihrem Text Zitate gesetzt, deren Quellenangaben in der Fußnote stehen.

1 Gehen Sie auf die Registerkarte *Ansicht*, und wählen Sie dort mit *Entwurf* die Entwurfsansicht.

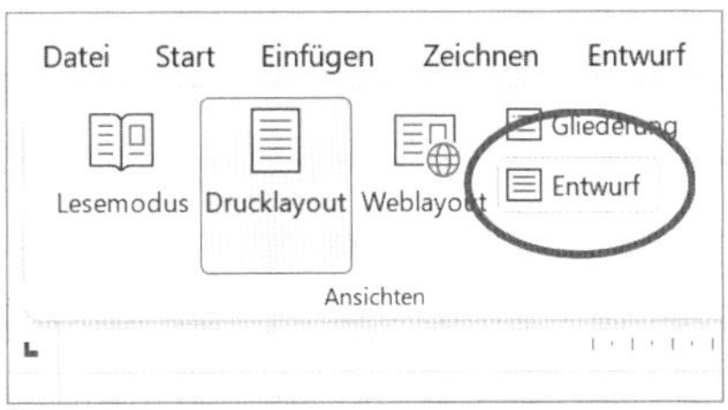

2 Nun wählen Sie auf der Registerkarte *Referenzen* den Befehl *Notizen anzeigen*.

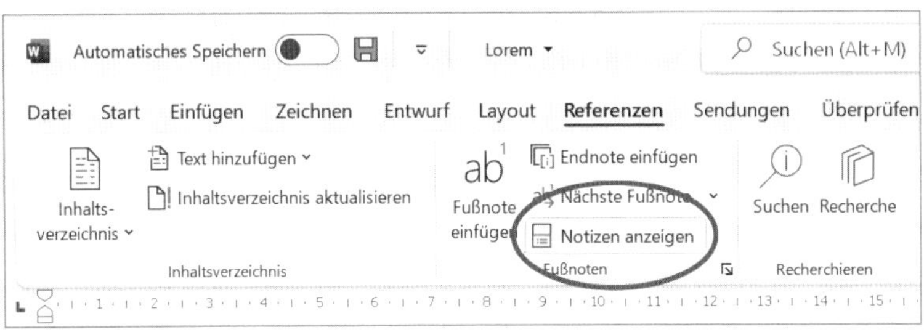

3 Im unteren Teil des Fensters finden Sie alle Fußnoten in Ihrem Dokument. Diese können Sie nun markieren und mit Strg+C in die Zwischenablage kopieren.

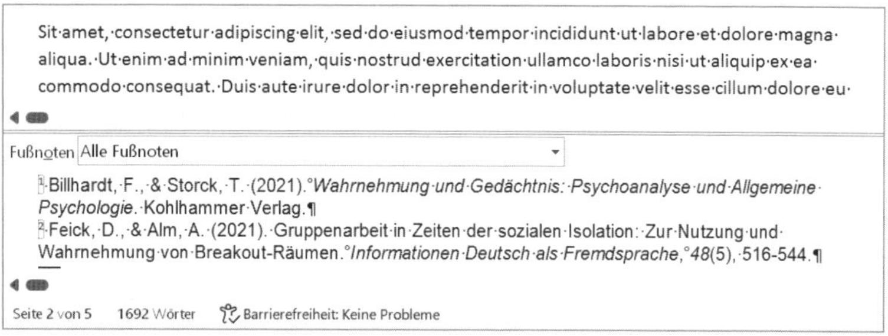

4 Dann wählen Sie *Ansicht/Drucklayout*, klicken an die Stelle, an der Sie die Literaturangaben haben möchten, und fügen das Ganze als unformatierten Text mit der rechten Maustaste und Klick auf das in der Abbildung gekennzeichnete Symbol ein.

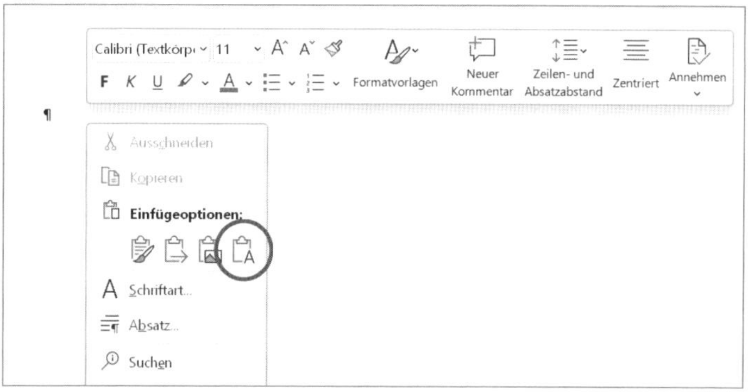

Und wenn Sie sich von vornherein daran gewöhnt haben, die Autoren mit dem Nachnamen zuerst aufzuführen, können Sie nun noch alles wunderbar alphabetisch sortieren. Dazu markieren Sie die Literaturangaben und gehen über die Registerkarte *Start* in der Gruppe *Absatz* auf das Symbol für *Sortieren*.

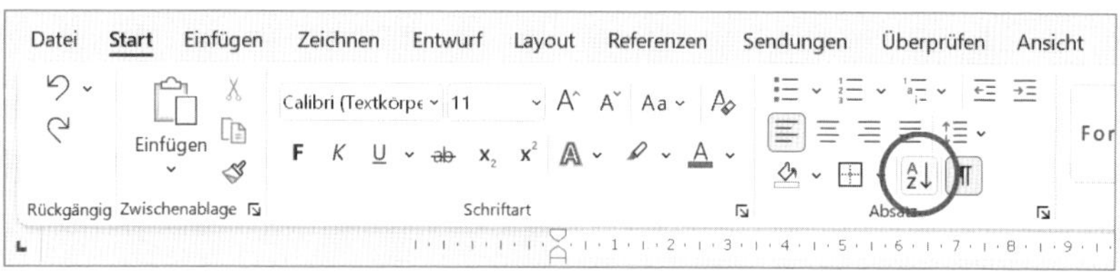

Im folgenden Fenster entscheiden Sie sich nur noch für die Reihenfolge der Sortierung.

In Word 2021 gibt es noch eine weitere Möglichkeit, Literaturverzeichnisse zu erstellen. Und sogar automatisch! Auch diese Möglichkeit möchte ich Ihnen nicht vorenthalten. Wählen Sie auf der Registerkarte *Referenzen* in der Gruppe *Zitate- und Literaturverzeichnis* bei *Formatvorlage* aus, welchen Stil das Verzeichnis haben soll.

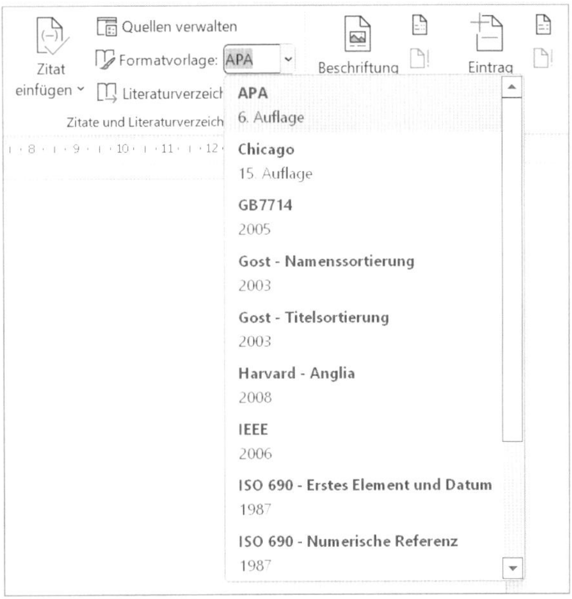

APA entspricht den Vorgaben der **A**merican **P**sychological **A**ssociation, wie Zitate auszusehen haben. *MLA* ist die amerikanische **M**odern **L**anguage **A**ssociation, und Sie finden noch weitere Zitier- und Literaturstile. Da dies ein Praxisbuch sein soll, möchte ich nun nicht seitenweise theoretische Grundlagen der verschiedenen Stile beschreiben. Sie sollen sehen, wie es geht. Ob Sie es an Ihrer Uni anwenden können, müssen Sie mit dem Prüfer und der Uni klären.

1 Wählen Sie also einen Stil aus. Ich zeige es anhand des *APA*-Formats.

2 Setzen Sie die Einfügemarke hinter das Zitat, das Sie durch Literaturangaben kennzeichnen wollen.

3 Klicken Sie auf das Register *Referenzen*, und wählen Sie dort *Zitat hinzufügen*. Wählen Sie nun *Neue Quelle hinzufügen*.

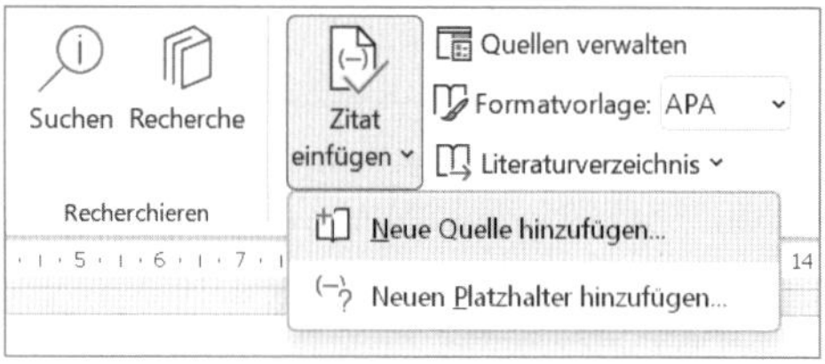

4 Es öffnet sich ein Fenster, in das Sie die Quellenangaben schreiben.

5 Auf diese Weise verfahren Sie ab Punkt 2 mit allen Zitaten Ihres Dokuments.

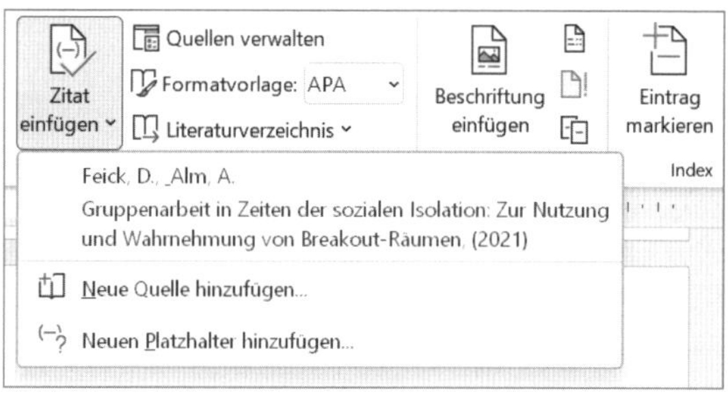

Bei Eingabe der neuen Zitatquellenangaben sehen Sie eine Liste aller bisherigen Zitate. Das hat den Vorteil, dass Sie bei der nächsten Bezugnahme auf die gleiche Quelle den Verweis nicht mehr erneut eingeben müssen.

Im Text erscheint nun der Autor nicht in der Fußnote, sondern hinter dem Zitat.

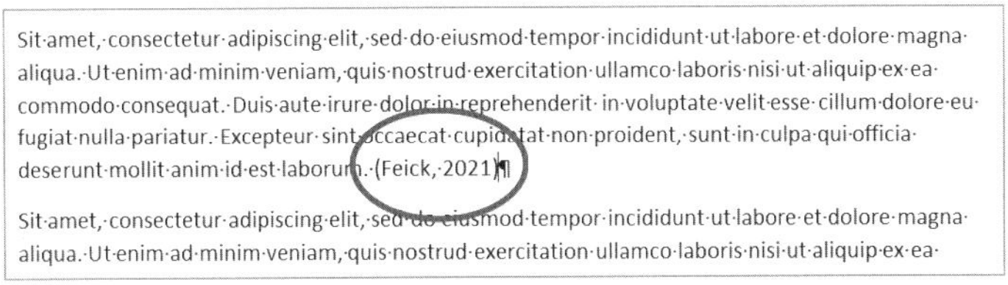

Nachdem Sie in Ihrem Dokument in dieser Weise alle Ihre Zitate mit Quellenangaben versehen haben, können Sie ein automatisches Literaturverzeichnis generieren.

1 Klicken Sie an die Stelle, an der das Literaturverzeichnis stehen soll.

2 Wählen Sie auf der Registerkarte *Referenzen* den Befehl *Literaturverzeichnis*, und entscheiden Sie sich für einen Stil.

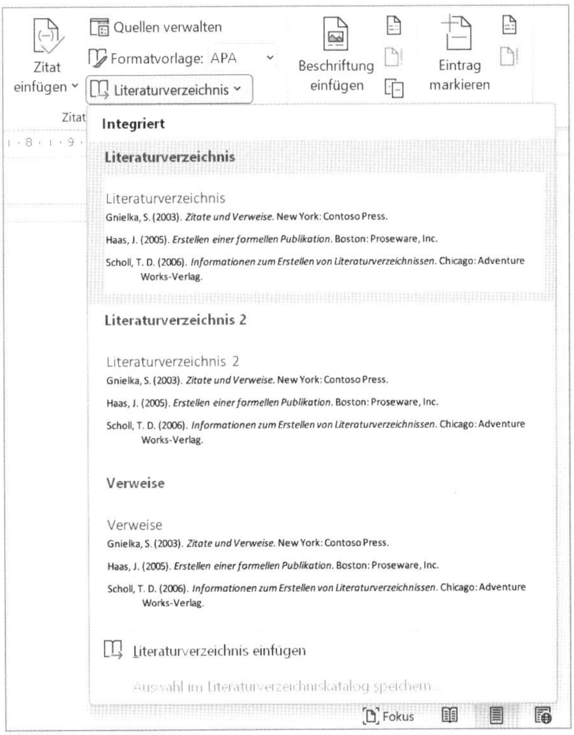

Die Literaturliste wird automatisch mit einer Überschrift versehen:

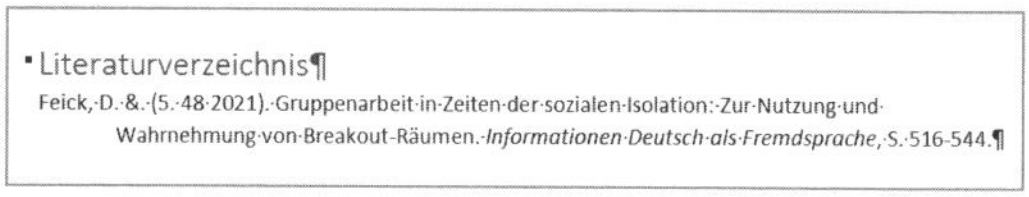

Wie alle Verzeichnisse in Word wird auch dieses nicht automatisch aktualisiert. Sie sollten also immer alle Verzeichnisse aktualisieren, bevor Sie den endgültigen Ausdruck machen.

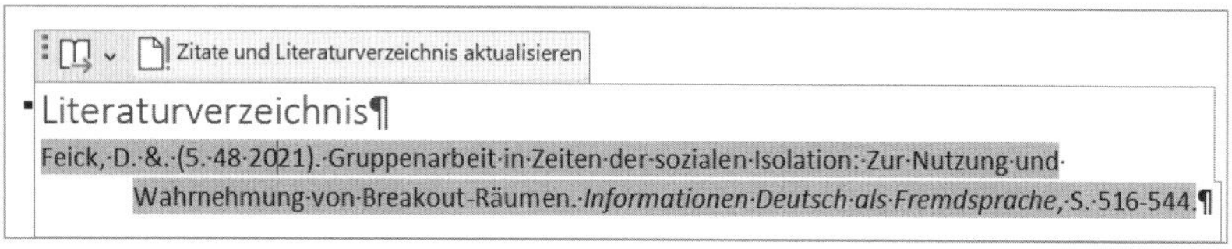

TIPP

Tipp

Bevor Sie Ihre Hausarbeit, Bachelor- oder Masterarbeit ausdrucken, markieren Sie Ihre gesamte Datei mit Strg+A, und drücken Sie dann die F9-Taste. Damit werden alle Feldfunktionen, alle Verzeichnisse und alle Querverweise aktualisiert.

Möchten Sie nachträglich eine Zitat- oder Literaturquelle bearbeiten, klicken Sie auf das von Word eingefügte Feld im Text und wählen *Quelle bearbeiten*.

Achtung, Mathematik – mathematische Formeln schreiben

Dieses Buch ist als Praxisbuch konzipiert. Es soll so viele praktische Lösungen wie möglich bieten. Und deshalb darf ein längeres Kapitel über mathematische Formeln nicht fehlen.

An den Universitäten gibt es seit Langem eine ideologisch gefärbte Diskussion, ob man denn für seine wissenschaftlichen Arbeiten Word oder lieber LaTeX nehmen sollte, denn LaTeX sei gerade im naturwissenschaftlich-technischen Bereich bei Formeln Word weit überlegen. Ich werde mich an dieser Stelle nicht in die Diskussion einmischen, sondern möchte Ihnen zeigen, dass Word auch im mathematischen Bereich einiges zu bieten hat.

Und es soll hier auch nicht um die Erklärung von Formeln gehen, sondern nur darum, wie Sie die Formeln in Word schreiben können. Ich setze also ein paar mathematische Begriffe wie Sinus, Kosinus und Integral voraus. Aber es werden nur Begriffe verwendet, die jeder Abiturient irgendwann einmal gehört haben sollte.

Beginnen wir mit einer Formel, die jeder in der Schule kennengelernt hat.

$$x^2 + px + q = 0$$

Diese quadratische Gleichung kann man zwar auch ohne den Formeleditor in Word eingeben, aber die Lösung der Gleichung nicht.

$$x_{1;2}=-\frac{p}{2}\pm\sqrt{\frac{p^2}{4}-q}$$

1 Beginnen wir mit der quadratischen Gleichung. Klicken Sie auf der Registerkarte *Einfügen* ganz rechts auf das Dreieck bei *Formel*.

2 Nun zeigt Word Ihnen schon einige Formeln, die Sie durch einen einfachen Klick in Ihr Dokument übernehmen können. Wir wollen aber eine neue Formel schreiben, deshalb klicken Sie auf *Neue Formel einfügen*.

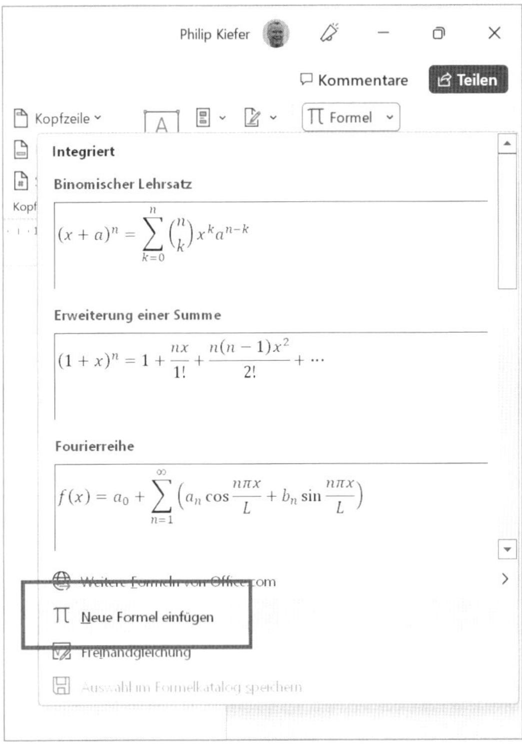

3 Im oberen Teil zeigt Word Ihnen viele mathematische Symbole, und in Ihrem Dokument steht ein Platzhalter für Ihre Formel. Sie geben die Formel wie üblich von links nach rechts ein. Sie brauchen also ein Symbol für eine Basis und den Exponenten. Sie finden es in der Gruppe *Hoch/Tief*.

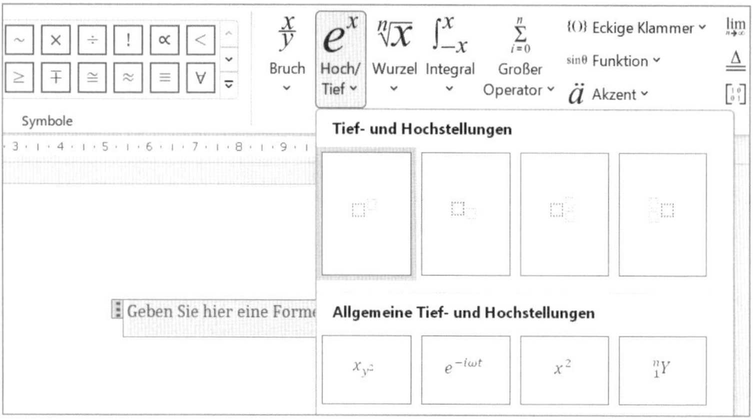

4 Klicken Sie es an, und Word fügt Ihnen die entsprechenden Platzhalter ein. Gehen Sie mit der Maus oder den Cursortasten in diese Platzhalter, und geben Sie die Basis und den Exponenten ein. Dann drücken Sie einmal die Cursortaste nach rechts für das Pluszeichen (+).

5 Den Rest geben Sie auf der Tastatur wie ganz normalen Text ein. Wenn Sie fertig sind, klicken Sie irgendwo in Ihr Dokument, um den Formeleditor zu verlassen.

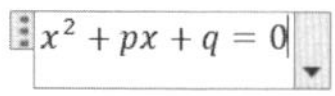

Damit haben Sie die quadratische Gleichung eingegeben, und wir können uns der zweiten Gleichung, der Lösung der quadratischen Gleichung, zuwenden.

1 Klicken Sie in Ihrem Dokument an die Stelle, an der Sie die Gleichung haben wollen, und wiederholen Sie die Schritte 1 und 2.

2 Zuerst brauchen wir das x mit zwei tiefgestellten Zahlen. Auch das finden Sie in der Gruppe *Hoch/Tief*.

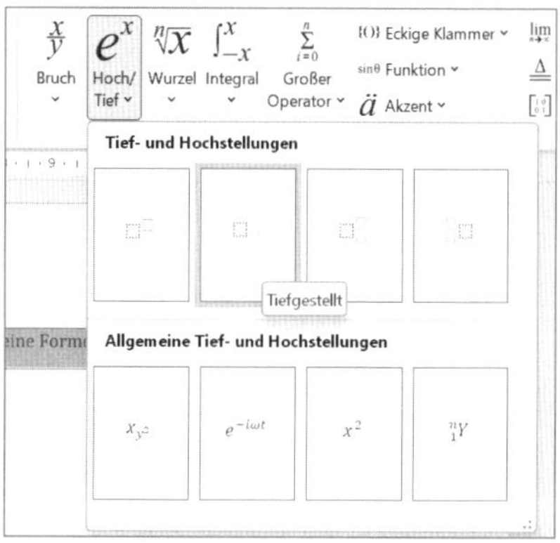

3 Nun wiederholt sich Punkt 3 aus dem Beispiel oben. Zwischen die Zahlen 1 und 2 setzen Sie ein Semikolon (;).

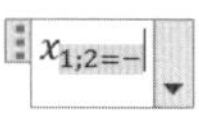

4 Nach dem Minuszeichen (–) brauchen wir nun einen Bruch. Den finden Sie sinnigerweise in der Gruppe *Bruch*.

Ich glaube, Sie sehen selbst, welchen Platzhalter Sie dafür nehmen müssen. Klicken Sie ihn an, und tragen Sie die entsprechenden Teile der Formel ein.

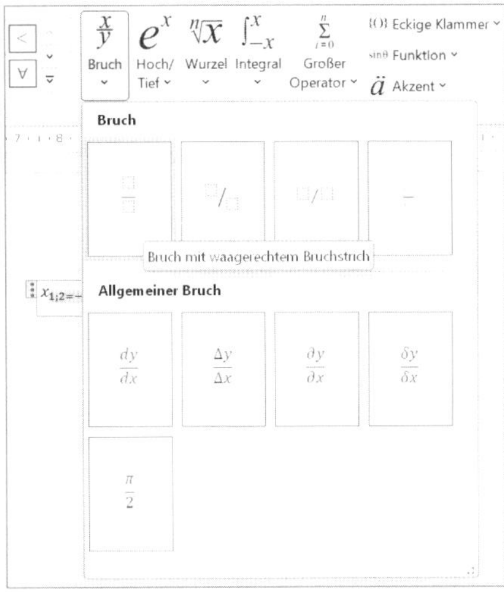

5 Das nun folgende Symbol ± finden Sie bei *Symbole*.

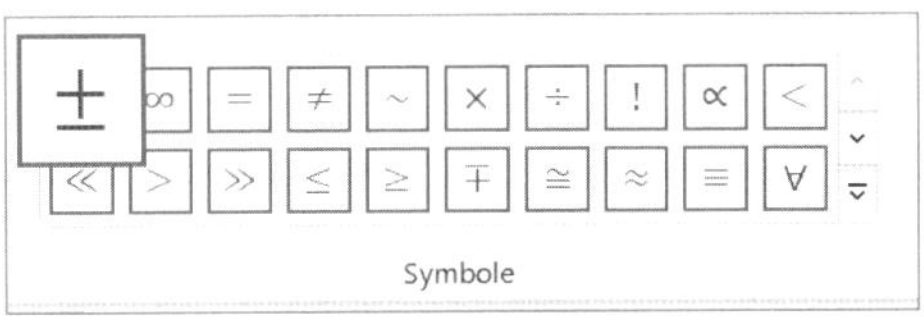

6 Als Nächstes brauchen wir eine Wurzel. Ich denke, Sie finden die richtige Wurzel in der Gruppe *Wurzel*. Ein kleiner, aber wichtiger Tipp: Bei allen diesen Platzhaltern sollten Sie das Dreieck darunter anklicken. Nur so zeigt Ihnen Word immer alle Möglichkeiten.

7 Jetzt wird es für den Anfänger ein wenig knifflig, denn wir brauchen unter der Wurzel einen Bruch als Platzhalter. Klicken Sie in den Platzhalter, und wählen Sie dann einen aus der Gruppe *Bruch*.

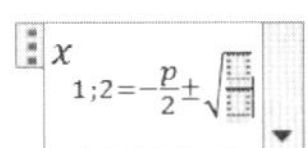

8 Nun folgt eine weitere schwierige Angelegenheit, denn wir brauchen für den Zähler des Bruchs einen Exponenten.

9 Ist aber auch nicht so schwer, wenn man weiß, wie es geht. Markieren Sie den Zähler im Bruch, und holen Sie sich jetzt über die Gruppe *Hoch/Tief* den entsprechenden Exponenten.

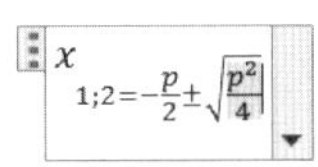

10 Der Rest ist dann ein Kinderspiel.

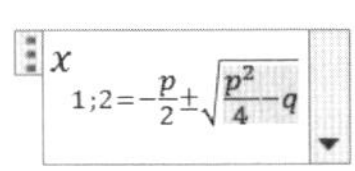

Sollten die Schritte am Anfang bei Ihnen nicht so schnell klappen, verzweifeln Sie nicht. Es ist reine Übungssache. Und wenn Sie einmal eine gewisse Fertigkeit erlangt haben, bekommen Sie jede Formel sehr schnell in Ihr Dokument.

Bei dieser Formeleingabe ist es durchaus hilfreich, wenn Sie mit den Cursortasten wandern oder markieren. Die Maus ist manchmal zu grob dazu.

TIPP **Zurück zur Formel**
Sollten Sie während der Formeleingabe einmal aus Versehen die Formel verlassen, klicken Sie einfach wieder auf die Formel und wandern mit dem Cursor an die Stelle, an der Sie weitermachen müssen.

Sprechen wir noch über ein paar Highlights der Formeleingabe. Formeln mit einem Grenzwert sind in Word kein Problem.

$$\lim_{n\to\infty}\left(1+\frac{1}{n}\right)^n$$

Für Grenzwerte gibt es einen eigenen Platzhalter, und Integrale sind in Word ebenso möglich wie Matrizen.

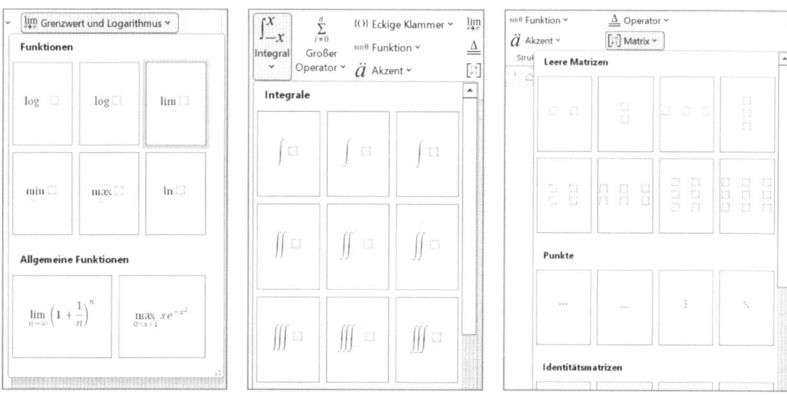

Alle Formeln aus dem Excel-Teil dieses Buches sind mit dem Formeleditor von Word erstellt worden. Schauen Sie einmal bei den Korrelationen oder bei der grafischen Darstellung mathematischer Funktionen rein.

Damit sollten Sie nun, mit ein wenig Übung, jede mögliche Formel in Word eingeben können. Dass Sie die Schrift der Formeln größer oder kleiner machen können, will ich nur am Rande erwähnen, denn es funktioniert wie jede andere Schriftgradänderung. Sie markieren, was geändert werden soll, und ändern es auf der Registerkarte *Start*.

Sie können auch einzelne Teile der Formel farbig gestalten, um sie im Vortrag hervorzuheben. Alles läuft über Markieren und Ändern – genau so, wie wir es bisher besprochen haben.

Das Einzige, was in Word nicht so einfach möglich ist, ist das in der Wissenschaft übliche Nummerieren der Formeln. Hier muss man einige Tricks anwenden. Und die verrate ich Ihnen im nächsten Abschnitt.

Nummerierung von Formeln – kein triviales Problem

Naturwissenschaftliche Werke kommen meist nicht ohne mathematische Formeln aus. Das Schreiben solcher Formeln, wie komplex sie auch immer sein mögen, ist in Word kein wirklich großes Problem. Die richtige, in der Wissenschaft akzeptierte Nummerierung ist zwar nicht ganz trivial, aber trotzdem möglich.

Es gibt zwei mögliche Varianten. Die eine schließt die jeweilige Kapitelnummer in die allgemeine Nummerierung ein.

1. Kapitel

Dies ist der Satz des Pythagoras:

$$a^2 + b^2 = c^2 \qquad (1.1)$$

Die andere Variante zählt einfach nur eine Zahl hoch. Die schwierigste Nummerierung ist die mit der Kapitelnummer, deshalb schauen wir uns diese Möglichkeit zuerst an.

Um es wirklich komfortabel zu machen, sollten Sie die Grundlagen über Tabellen in Word sowie Feldfunktionen und Schnellbausteine bereits kennen. Aber auch wenn Sie sich diese Kapitel noch nicht durchgelesen haben, können Sie einfach die folgenden Schritte nachvollziehen.

1 Damit beim Erstellen des Schnellbausteins nicht schon Fehlermeldungen kommen, geben Sie eine Überschrift ein und weisen ihr die Formatvorlage *Überschrift 1* zu. Klicken Sie mit der rechten Maustaste auf die Formatvorlage, und wählen Sie *Ändern*. Wählen Sie die gewünschte Schriftart und rechts die Schriftfarbe. Bestätigen Sie dann mit *OK*.

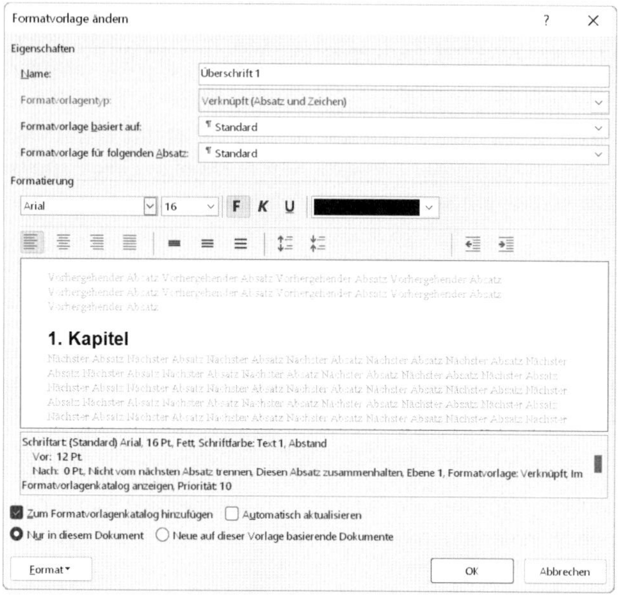

2 Lassen Sie die Überschrift (hier: *Kapitel*) markiert, und klicken Sie auf der Registerkarte *Start* in der Gruppe *Absatz* auf das Symbol für *Liste mit mehreren Ebenen*. Wählen Sie die in der Abbildung hervorgehobene Option.

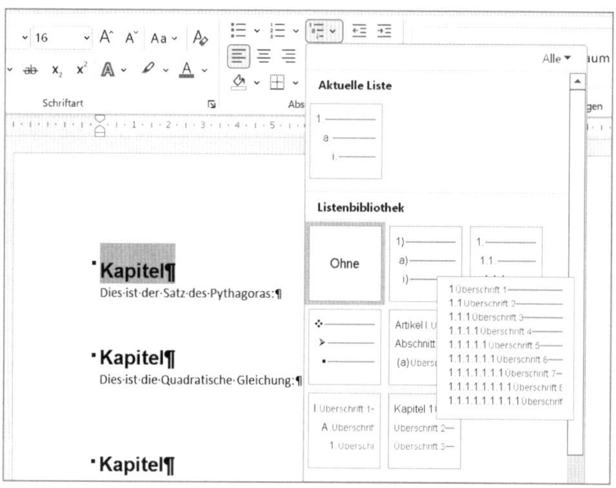

3 Nun haben Sie schon eine automatische Kapitelnummer. Möchten Sie hinter die Kapitelnummer noch einen Punkt setzen, klicken Sie noch einmal auf

Liste mit mehreren Ebenen und wählen *Neue Liste mit mehreren Ebenen definieren*.

4 Im folgenden Fenster geben Sie bei *Zahlenformat* einfach hinter der Zahl 1 einen Punkt ein.

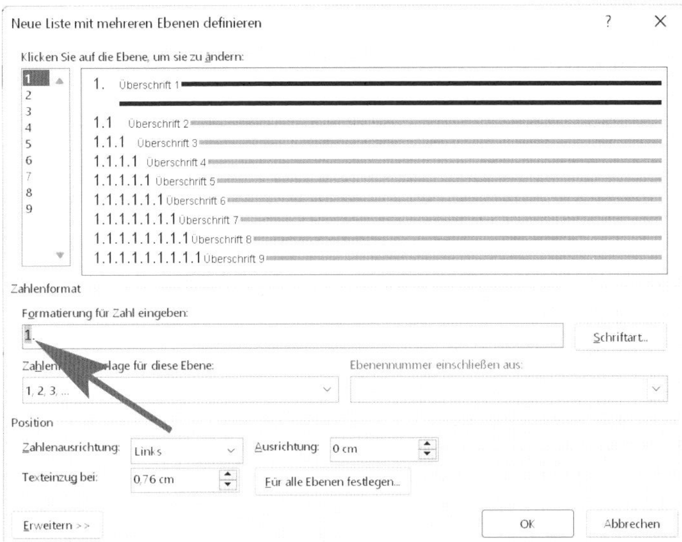

5 So, das war nur die Vorarbeit, damit die Kapitelüberschrift automatisch nummeriert wird. Für die eigentliche Formelnummer war das noch nicht so wichtig, aber jetzt können Sie besser kontrollieren, ob im Folgenden alles stimmt. Kommen wir nun zur eigentlichen Formelnummerierung.

6 Damit die Formel möglichst zentriert wird, fügen Sie eine Tabelle mit einer Zeile und zwei Spalten ein. Über die Registerkarte *Einfügen* wählen Sie dazu *Tabelle* und markieren dort eine zweispaltige Tabelle mit nur einer Zeile.

7 Setzen Sie den linken Seitenrand der zweiten Spalte auf 14. Zentrieren Sie die erste Spalte, denn dort wird zukünftig die Formel hineingeschrieben.

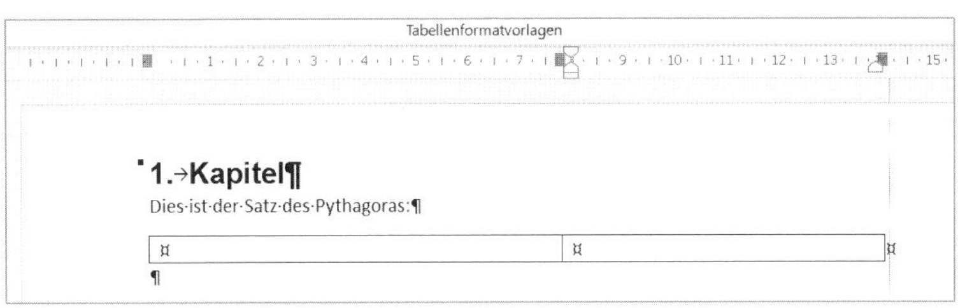

8 Klicken Sie nun in die zweite Spalte. Gehen Sie auf der Registerkarte *Referenzen* auf *Beschriftung einfügen*. Bei *Bezeichnung* wählen Sie *Formel*.

Wichtig ist das Häkchen bei *Bezeichnung nicht in der Beschriftung verwenden*. Klicken Sie dann auf *Nummerierung*.

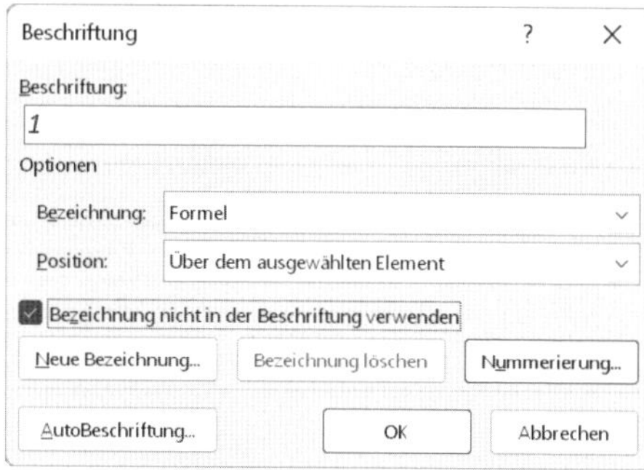

9 Hier klicken Sie auf *Kapitelnummer einbeziehen*. Bei *Trennzeichen verwenden* wählen Sie den Punkt aus. Stellen Sie sicher, dass bei *Kapitel beginnt mit Formatvorlage* auch wirklich *Überschrift 1* ausgewählt ist. Klicken Sie dann auf *OK*.

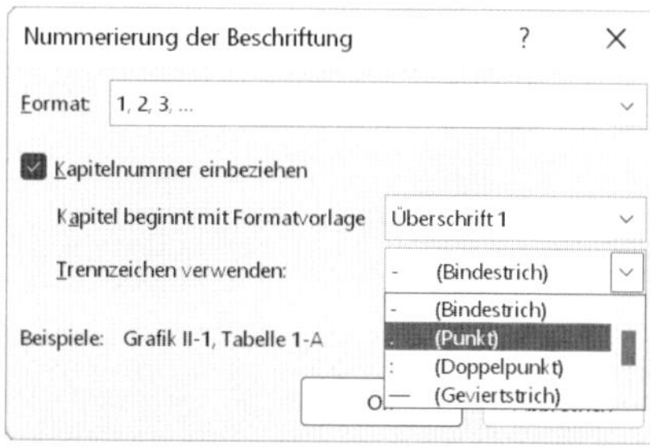

10 Wenn Sie nun alle Fenster mit *OK* bestätigen, sehen Sie, dass Word die schöne Formelnummerierung nicht in die zweite Spalte gesetzt, sondern über oder unter die Tabelle geschrieben hat. Aber wir überlisten Word.

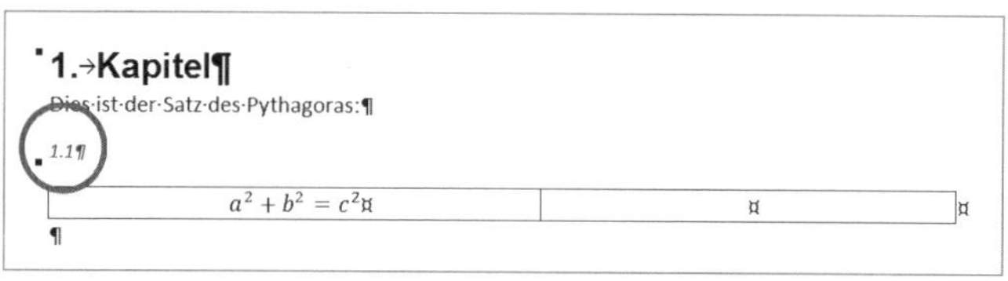

11 Sie schieben die Nummerierung einfach in die zweite Spalte. Das sollte kein Problem sein. Markieren Sie das Element einfach, und verschieben Sie es. Setzen Sie zwei Klammern *()* um das Element.

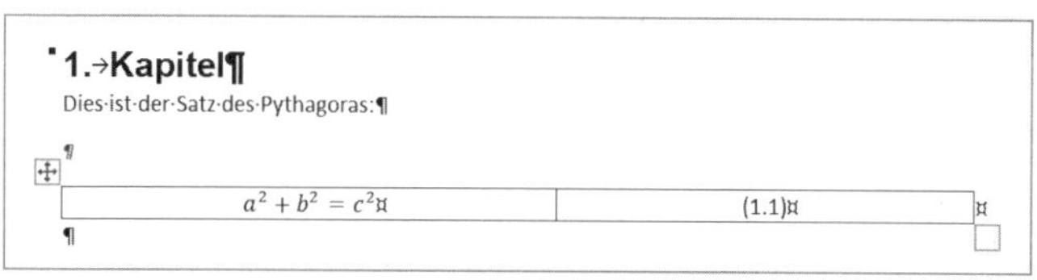

12 Vergeben Sie für beide Spalten die gleiche Schriftart und -größe. Und vergessen Sie auch nicht, die Farbe auf Schwarz zu setzen. Zentrieren Sie die erste Spalte, die zweite Spalte setzen Sie rechtsbündig.

13 Markieren Sie die Tabelle. Dann klicken Sie mit der rechten Maustaste auf eine der Spalten und wählen *Tabelleneigenschaften*. Auf der Registerkarte *Zelle* zentrieren Sie vertikal und bestätigen dann mit *OK*.

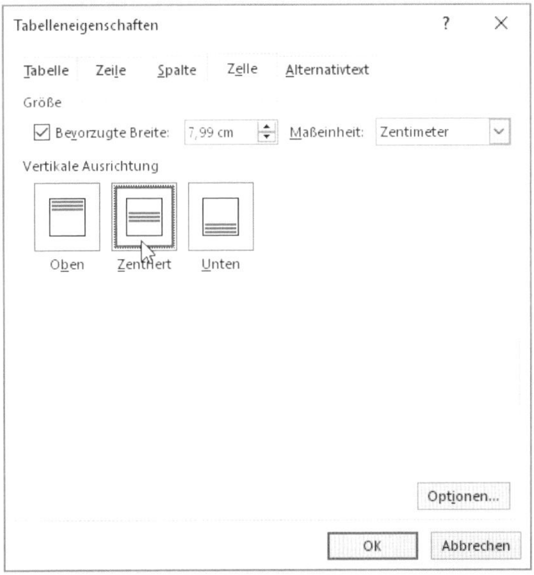

14 Jetzt müssen Sie noch den Rahmen um die Tabelle entfernen. Dies erfolgt per Rahmensymbol auf der Registerkarte *Start* in der Gruppe *Absatz*.

15 Nun kommt der letzte Streich. Ist die Tabelle noch markiert? Jetzt machen wir daraus einen Schnellbaustein. Auf der Registerkarte *Einfügen* wählen Sie ziemlich weit rechts *Schnellbausteine* und hier *Auswahl im Schnellbaustein-Katalog speichern*.

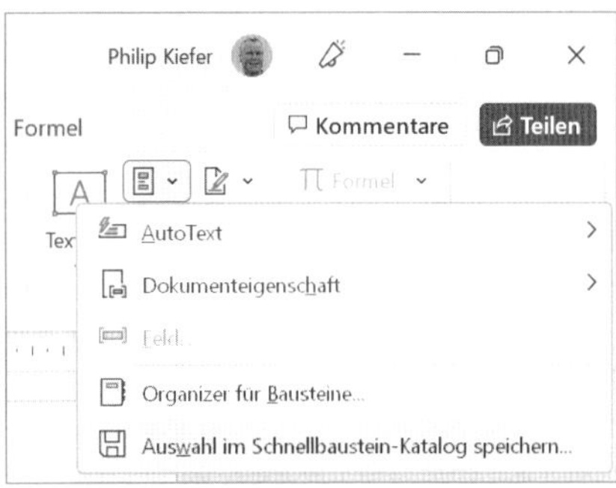

16 Vergeben Sie einen sinnvollen, nicht allzu langen Namen, zum Beispiel *Formel*.

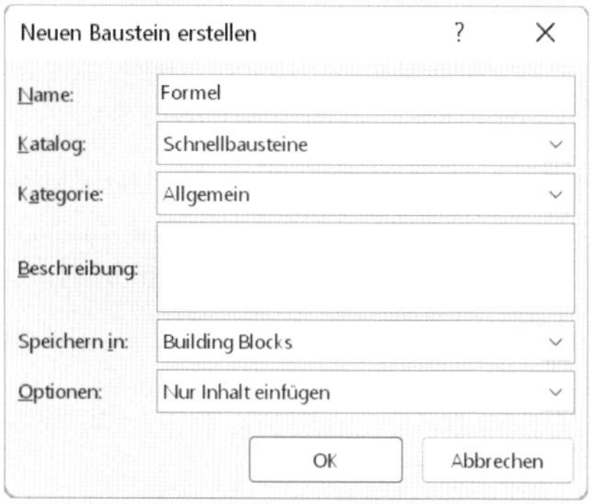

Damit sind Sie fertig. Um jetzt alles zu testen, gehen Sie an irgendeine Stelle in Ihrem Dokument, geben den Namen des Schnellbausteins ein und drücken dann die F3-Taste.

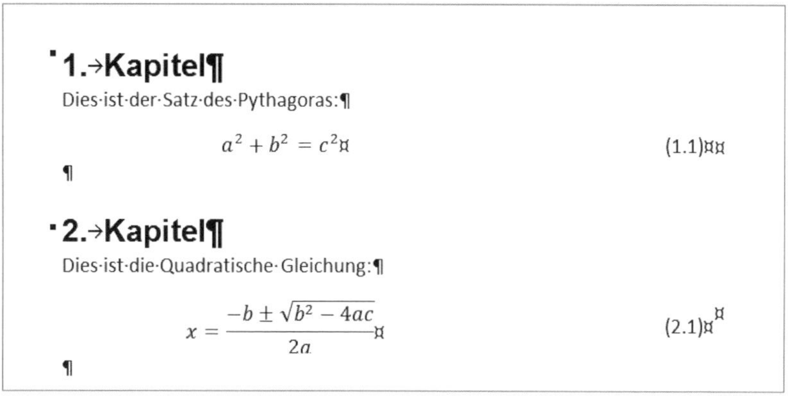

Damit verwaltet Word Ihre Formelnummerierung automatisch. Wir haben aber Feldfunktionen benutzt, d. h., wenn Sie zwischen zwei Formeln eine weitere einbauen, wird Word nicht automatisch neu nummerieren. Der einfachste Weg dazu ist: Sie markieren das gesamte Dokument mit Strg+A und drücken die F9-Taste. Damit werden alle Feldfunktionen in Ihrem Dokument erneuert.

Die andere Variante, bei der die Nummer einfach nur hochgezählt wird, schaffen Sie jetzt, glaube ich, allein. Professioneller wirkt aber unser komplexer Schnellbaustein. Sie sehen auch an diesem Beispiel, welches Potenzial Word besitzt, wenn man es kreativ einsetzen kann.

Hoch- und Querformat in einem Text – wie geht das?

Das ist eigentlich gar kein wirklich großes Problem. Doch wofür braucht man so etwas?

Man braucht Hoch- und Querformat, wenn man zum Beispiel eine recht große Tabelle hat – eine, die nicht mehr im Hochformat eingegeben werden kann. Natürlich kann man sie in eine andere Datei schreiben, aber diese Lösung ist mehr als schlecht, denn schließlich soll die Tabelle in Ihrer wissenschaftlichen Arbeit stehen. Mit Seitennummer und allem Drum und Dran. So soll es aussehen:

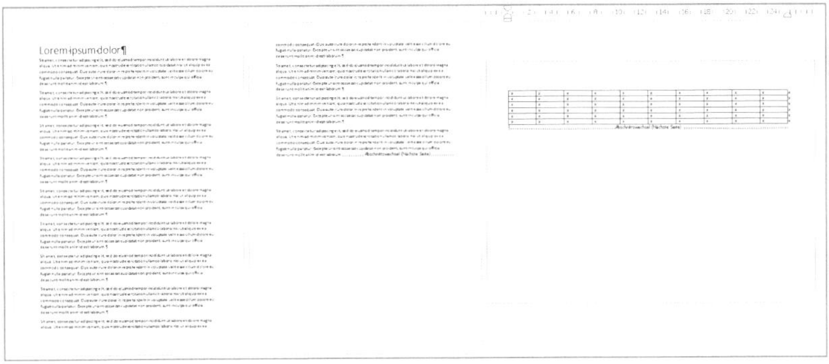

1 Schreiben Sie Ihren Text ganz normal.

2 Wenn nun die Stelle mit der großen Tabelle kommen soll, erzeugen Sie einen Abschnittsumbruch, damit die Tabelle in einen neuen Bereich eingefügt werden kann. Einen Abschnittsumbruch erzeugen Sie auf der Registerkarte *Layout*. Dort wählen Sie *Umbrüche/Nächste Seite*.

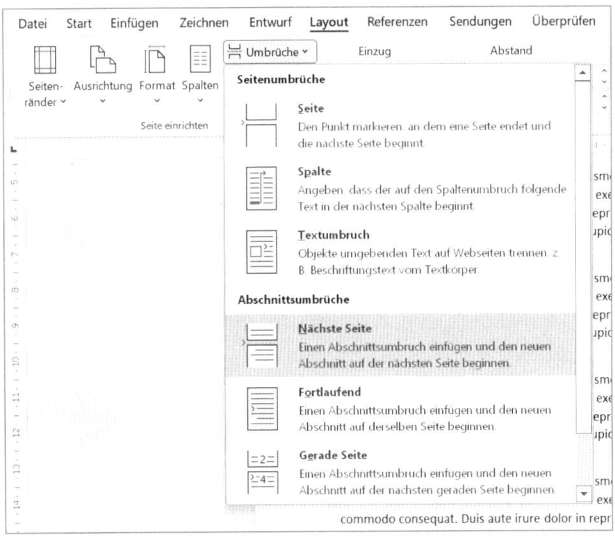

3 Setzen Sie als Nächstes die Einfügemarke auf diese Seite, und wählen Sie bei *Layout* in der Gruppe *Seite einrichten* das Symbol *Ausrichten* und hier natürlich *Querformat*.

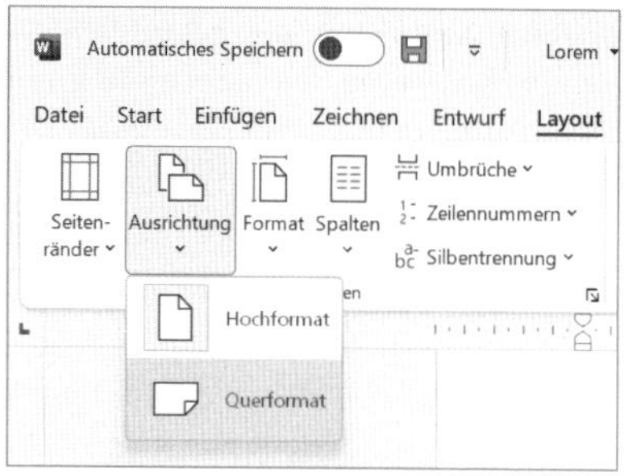

4 Jetzt können Sie Ihre Tabelle eingeben und formatieren – so, wie wir es schon besprochen haben.

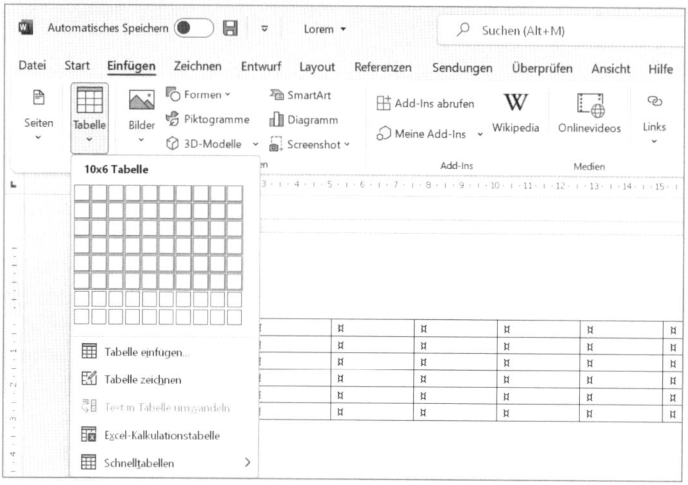

5 Möchten Sie dann wieder im Hochformat weiterschreiben, müssen Sie erneut einen Abschnittsumbruch einfügen. Und in diesem neuen Abschnitt setzen Sie die Seitenorientierung wieder auf *Hochformat*. Das war's!

Ein Abschnitt ist wie ein separater Textteil. Er kann völlig andere Kopf- und Fußzeilen haben, kann andere Seitenränder bekommen und noch vieles mehr. Es ist eben ein separater Teil des Dokuments.

In einer Word-Datei können Sie mehrere unterschiedliche Abschnittsumbrüche realisieren. Sie müssen nur daran denken, dass ein Abschnitt immer so weit gilt, bis erneut ein Abschnitt erzeugt wird. Abschnittsumbrüche können Sie jederzeit in Ihr Dokument einfügen, auch wenn Ihr Text schon weitgehend fertig ist.

Unterschiedliche Seitennummer für Inhaltsverzeichnis und Text

Bei langen wissenschaftlichen Texten – etwa Promotion, Diplom-, Bachelor- oder Masterarbeit – benötigen Sie den Text der Arbeit und ein Inhaltsverzeichnis. Das Inhaltsverzeichnis kann bei umfangreichen Arbeiten auch mehrere Seiten umfassen und sollte dann eine eigene Seitennummerierung bekommen.

Aber anders als beim normalen Text, bei dem die Seitennummerierung aus arabischen Ziffern besteht, bekommt das Inhaltsverzeichnis häufig römische Ziffern. Und da Inhaltsverzeichnis und Text natürlich in einer Datei liegen, muss die Datei unterschiedliche Seitennummern bekommen.

Ich denke, inzwischen ahnen Sie die Lösung, besonders wenn Sie schon den Abschnitt über das Hoch- und Querformat durchgearbeitet haben. Das Zauberwort heißt Abschnittsumbruch.

1 Sie erzeugen oben an Ihrem Text einen Abschnittsumbruch, sodass das Inhaltsverzeichnis in einen neuen Abschnitt kommt. Abschnittsumbrüche erhalten Sie über die Registerkarte *Layout*. Dort wählen Sie *Umbrüche* und dann in der Gruppe *Abschnittsumbrüche Nächste Seite*.

2 Setzen Sie Ihre Einfügemarke in diesen ersten Abschnitt, und erzeugen Sie dort ein Inhaltsverzeichnis, wie es auf Seite 182 ausführlich beschrieben wurde.

3 Durch den Abschnittsumbruch haben Sie quasi zwei unterschiedliche, aber doch irgendwie zusammengehörende Texte in einer Datei. Für beide Abschnitte können Sie nun unterschiedliche Seitennummern setzen. Bleiben Sie im Inhaltsverzeichnis. Auf der Registerkarte *Einfügen* klicken Sie auf *Kopfzeile*.

4 Auf der bei ausgewählter Kopfzeile eingeblendeten Registerkarte *Kopf- und Fußzeile* setzen Sie die *Seitenzahl*. Nach den gängigen Regeln sollte sie rechtsbündig am Seitenrand stehen. Ob Sie das mit Tabulatoren in einer leeren Kopfzeile realisieren oder mit dem dreispaltigen Layout von Word, ist Geschmacksache. Doch letztlich werden die drei Spalten des Word-Layouts ebenfalls mit Tabulatoren erzeugt.

5 Bei *Seitenzahl* wählen Sie als Nächstes *Seitenzahlen formatieren*.

6 Im so geöffneten Fenster *Seitenzahlenformat* können Sie nun für das Inhaltsverzeichnis bei *Zahlenformat* römische Zahlen auswählen.

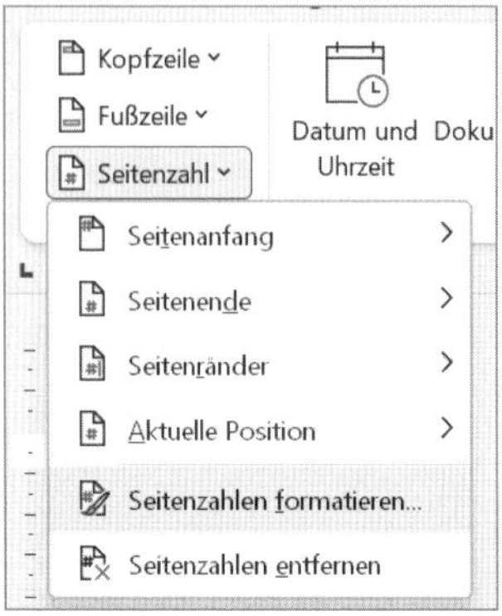

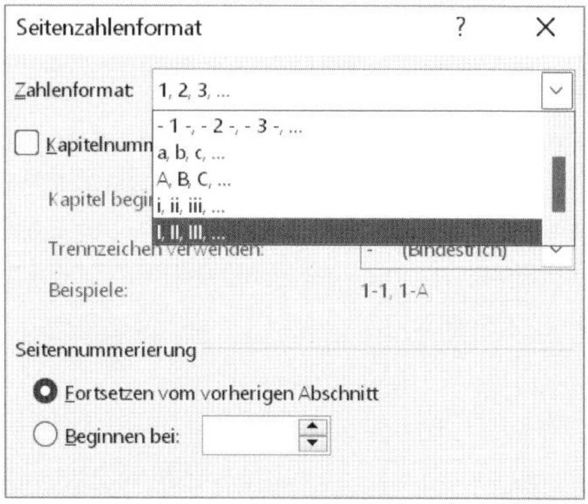

7 Wenn Sie in Ihrem mehrseitigen Inhaltsverzeichnis nach unten wandern, werden Sie feststellen, dass nun römische Zahlen benutzt werden.

8 Jetzt könnte es aber passiert sein, dass auch Ihr restlicher Text mit römischen Seitennummern weitermacht. Und vor allem: Es wird einfach weitergezählt. Die Seitennummerierung des Textes sollte aber wieder bei 1 beginnen.

9 Kein Problem! Gehen Sie in die Kopfzeile des restlichen Textes, und wählen Sie auf der bei ausgewählter Kopfzeile eingeblendeten Registerkarte *Kopf- und Fußzeile* der gleichlautenden Gruppe den Befehl *Seitenzahl* und *Seitenzahlen formatieren*.

10 Hier ändern Sie gegebenenfalls das Format der Seitenzahl auf die bei uns üblichen arabischen Ziffern und wählen bei *Seitennummerierung* bei *Beginnen bei* die Seitenzahl, mit der die Zählung des Textes begonnen werden soll.

Damit haben Sie nun für das Inhaltsverzeichnis und für den Text eine unterschiedliche Seitennummerierung.

Häufig beginnt das Dokument mit dem Deckblatt, einer Zusammenfassung der Arbeit sowie mit Dankesworten an alle möglichen Beteiligten und nicht Beteiligten. Diese Teile bekommen natürlich keine Kopf- oder Fußzeilen, müssen aber beim Zählbeginn für das Inhaltsverzeichnis berücksichtigt werden.

In der Regel setzt man deshalb noch einen weiteren Abschnittsumbruch vor das Inhaltsverzeichnis, sodass Ihr Dokument nun aus drei Abschnitten besteht. Der erste Abschnitt besteht aus Deckblatt & Co., der zweite Abschnitt ist das Inhaltsverzeichnis, und der dritte Abschnitt ist dann der eigentliche Text.

Und wenn Sie große Tabellen haben, die quer ausgedruckt werden müssen, kommen noch weitere Abschnitte hinzu. Aber wer hat behauptet, dass Abschlussarbeiten an der Uni leicht und einfach sind?

In diesem Zusammenhang ist vielleicht noch ein Befehl sehr wichtig. Auf der bei ausgewählter Kopfzeile eingeblendeten Registerkarte *Kopf- und Fußzeile* finden Sie den Befehl *Mit vorheriger verknüpfen*. Wenn diese Option aktiviert ist, wird Word unter anderem die Seiten des vorangegangenen Abschnitts mitzählen. Deaktivieren Sie die Option, weiß Word von einem vorangegangenen Abschnitt quasi nichts. Zum Aktivieren und Deaktivieren benutzen Sie immer das gleiche Element. Es funktioniert wie ein Lichtschalter.

3.6 Rechtschreibung und Silbentrennung

Bei Haus- und Abschlussarbeiten ist aber nicht nur das Layout wichtig, sondern auch eine fehlerfreie Rechtschreibung und eine korrekte Grammatik. Auch wenn Ihr Prüfer die Arbeit vor der endgültigen Abgabe noch einmal überfliegen möchte, macht es einen ganz schlechten Eindruck, wenn Sie Ihre Arbeit nicht von den gröbsten Fehlern befreit haben. Der Betreuer Ihrer Arbeit ist nicht Ihr Lektor, zumindest nicht für die Bereiche Grammatik und Rechtschreibung. Auch zeugt es von Respekt gegenüber Ihrem Betreuer, wenn Sie vorher die Rechtschreibprüfung von Word über Ihren Text laufen lassen.

Aber Achtung: Auch wenn Word vielleicht keine Fehler mehr findet, heißt das nicht, dass keine Rechtschreibfehler mehr im Text sind. Oder anders ausgedrückt: Wie wird zum Beispiel das Wort »Bund« richtig geschrieben? Im Sinne von farbig schreibt man es mit t, aber wenn Sie vom Bund für Umwelt und Naturschutz sprechen, schreibt es sich mit d. So etwas kann Word nicht wissen, so etwas müssen Sie wissen. Deshalb sollten Sie einen Text vor der endgültigen Abgabe von einem Unbeteiligten durchlesen lassen, denn Sie selbst finden Ihre eigenen Fehler nicht. Doch bevor Sie einen anderen mit dem Durchlesen beauftragen, tilgen Sie mithilfe von Word die schlimmsten Böcke aus Ihrem Text.

Und Word kann noch mehr! Um Wortwiederholungen zu vermeiden, kann Ihnen Word mit dem Thesaurus Vorschläge unterbreiten, die Sie als Synonym benutzen könnten. Das alles werden wir uns in diesem Abschnitt anschauen.

Bund oder bunt? – Wie funktioniert die Rechtschreibprüfung?

Die Rechtschreibprüfungen in Word werden von Version zu Version besser, aber man darf sich trotzdem nicht zu sicher fühlen. Auch wenn Word heute nicht nur falsch geschriebene Wörter findet, sondern auch Wörter, die nur in einem bestimmten Zusammenhang falsch geschrieben wurden, bei den Wortfolgen »Bund war der Vogel« und »Bunt für Umwelt und Naturschutz« findet Word das falsch geschriebene Wort noch immer nicht.

Haben Sie die automatische Rechtschreibprüfung eingeschaltet, werden nicht nur falsch geschriebene Wörter, sondern auch nicht im Wörterbuch vorhandene Wörter mit einer roten Wellenlinie unterstrichen. Dadurch können Sie die Wörter sofort korrigieren.

Das Einschalten der Rechtschreibprüfung während der Eingabe erfolgt über das *Datei*-Menü. Wählen Sie *Datei/Optionen*, und klicken Sie in den Kategorien auf *Dokumentprüfung*.

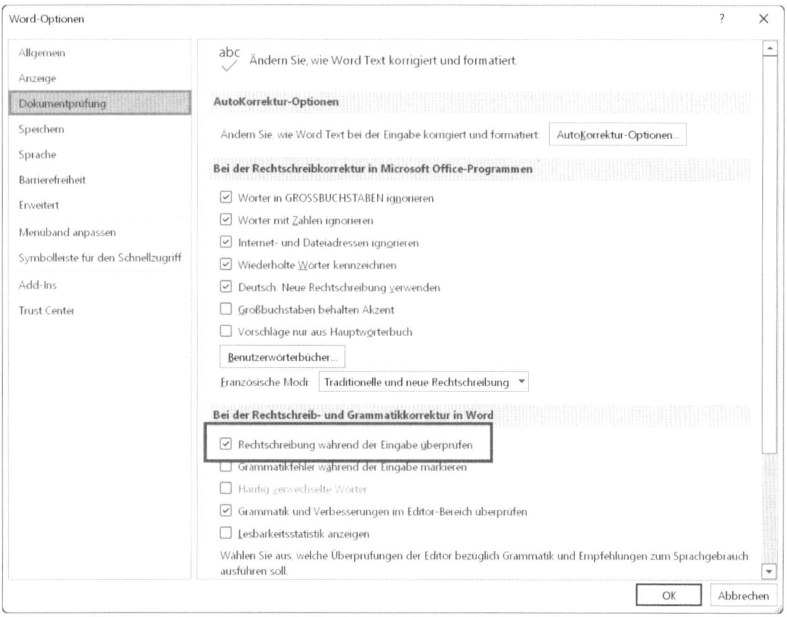

Ob Sie diese Überprüfung während der Texteingabe einschalten oder nicht, bleibt Ihnen überlassen.

Machen Sie sich aber bitte klar, dass Word dann auch Wörter markiert, die nicht in seinem Wörterbuch zu finden sind. Und das sind bei wissenschaftlichen Dokumenten fast alle Fachtermini. Es kann aber ziemlich lästig werden, wenn Word zum 23. Mal das Wort »Gluonen« als falsch mit einer Wellenlinie markiert. Gluonen sind übrigens Elementarteilchen, die für die starke Wechselwirkung verantwortlich sind und den Zusammenhalt zwischen den Quarks in Protonen und Neutronen gewährleisten.

Sie starten die Rechtschreibprüfung über die Registerkarte *Start* oder die Registerkarte *Überprüfen*. Dort wählen Sie jeweils die Schaltfläche *Editor*. Alternativ können Sie auch die F7-Taste drücken.

TIPP

Korrekturlesen nicht vergessen!
Die Rechtschreibprüfung ersetzt nicht das Korrekturlesen, sie findet nur die gröbsten Schnitzer im Text.

Im Fall von Fehlern im Dokument erhalten Sie in der Statusleiste am unteren Rand des Word-Fensters ein Buch mit einem X, das Ihnen zeigt, dass mindestens ein Fehler in Ihrem Dokument gefunden wurde.

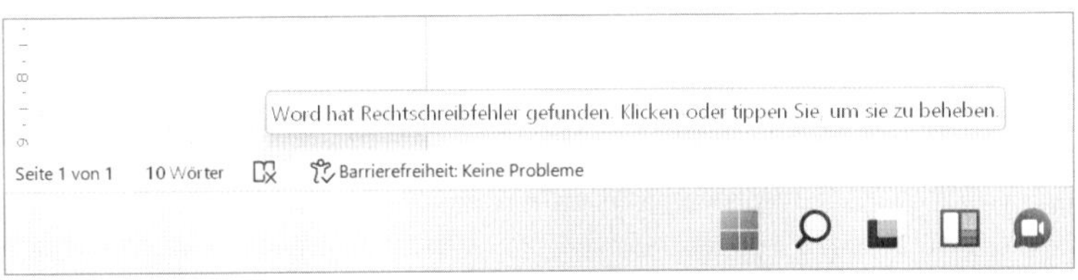

Klicken Sie auf dieses Symbol, blendet Word rechts neben dem Dokument ebenfalls den Editor für die Dokumentprüfung ein. Dort werden Ihnen Korrekturvorschläge für alle entdeckten Fehler angezeigt.

Entscheiden Sie sich im Editorfenster beispielsweise für die Kategorie *Rechtschreibung*. Wählen Sie bei Bedarf einen der Vorschläge, indem Sie diesen anklicken. Sollte kein Vorschlag richtig sein, tippen Sie das Wort einfach noch einmal, diesmal aber fehlerlos, in das Dokument. Sollte das Wort aber richtig geschrieben sein, klicken Sie auf *Einmal ignorieren*.

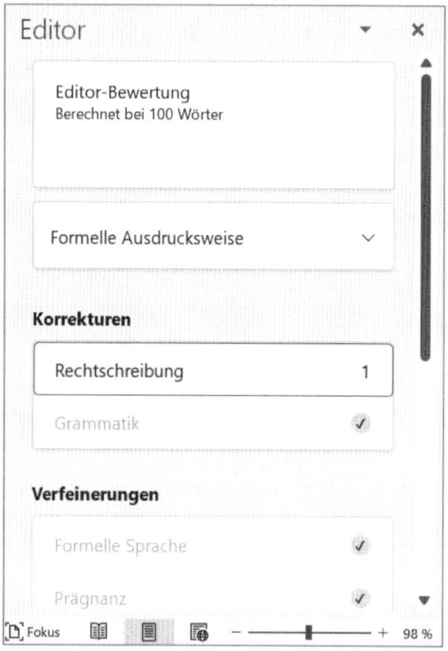

Wenn Sie eines der falschen Wörter mit der rechten Maustaste anklicken, erhalten Sie ebenfalls die Vorschläge, die Sie durch einen Klick auswählen können.

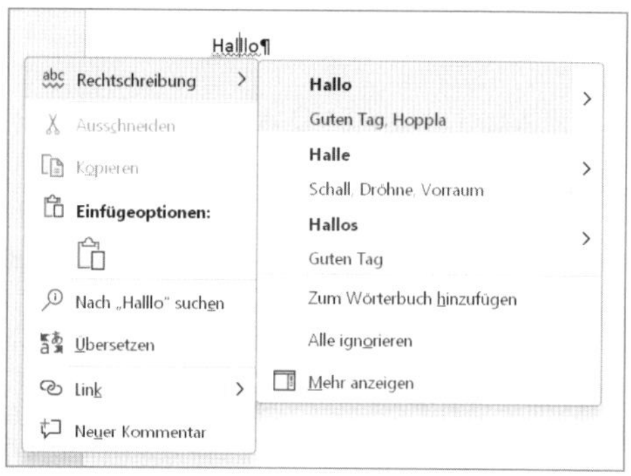

Interessant ist in den beiden Fenstern die Möglichkeit, Wörter in das bestehende Wörterbuch aufzunehmen.

Aber auch hier ist eine Warnung angebracht: Je mehr Wörter Sie im Laufe der Zeit ins Wörterbuch aufnehmen, desto langsamer wird irgendwann einmal die Prüfung ablaufen. Aus diesem Grund sollten Sie Eigennamen im Wörterbuch eher vermeiden. Zumindest haben Herr und Frau Meier darin nichts verloren.

Wir werden uns die verschiedenen Wörterbücher etwas später noch genauer anschauen.

Haben Sie auch Dreher in Ihren Fingern? Sie können sich noch so sehr konzentrieren, aber aus dem »Hallo« wird stets das »Halllo«? Dann klicken Sie auf den Pfeil rechts neben dem Korrekturvorschlag. Durch Klick auf *Alle ändern* wird Word ohne weitere Nachfragen den Fehler im gesamten Dokument korrigieren.

Solche individuellen Dreher können Sie auch durch einen AutoKorrektur-Eintrag gleich ändern lassen.

1 Klicken Sie auf den Reiter *Datei* und wählen Sie *Optionen*. In den Kategorien der Word-Optionen wählen Sie *Dokumentprüfung*. Hier wählen Sie *AutoKorrektur-Optionen*.

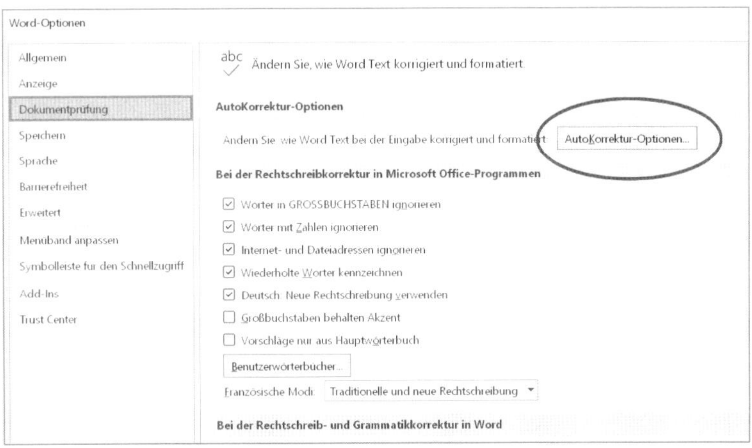

2 Im folgenden Fenster können Sie nun den falschen Begriff eintragen und automatisch durch die richtige Schreibweise ersetzen lassen.

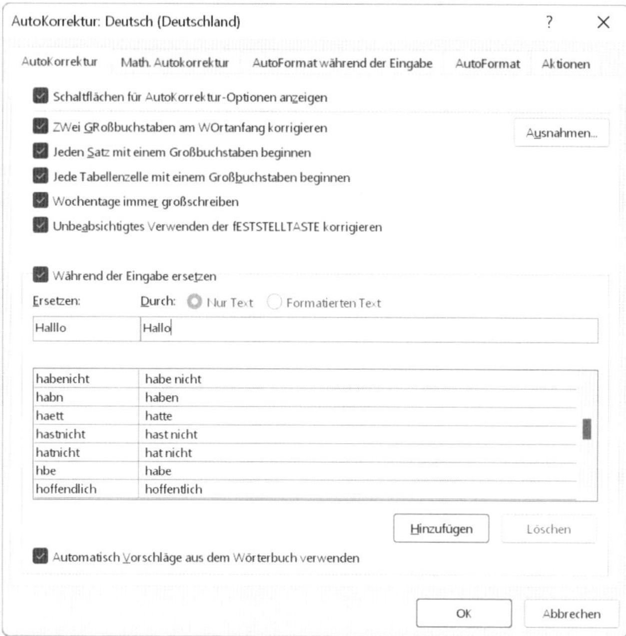

3 Bevor Sie das Fenster jedoch mit *OK* schließen, müssen Sie die Eingabe erst durch Klick auf *Hinzufügen* in das Wörterbuch integrieren.

Benutzerdefinierte Wörterbücher – was Sie darüber wissen sollten

Nehmen wir einmal an, Sie haben einen wissenschaftlichen Fachtext zu schreiben. Vielleicht die Master-Arbeit im Fachbereich Physik? Dann haben Sie es mit sehr vielen Fachbegriffen zu tun, die Word nicht kennen kann und daher bei einer Rechtschreibprüfung ständig anzeigt.

Oder Sie haben Fachartikel zu schreiben, und bei jedem Artikel, in dem das Wort Gluon vorkommt, meldet sich Word fröhlich. Gut, Sie könnten das Wort, und natürlich auch alle anderen Wörter, ins Wörterbuch übernehmen, dann ist mit dem Meckern Schluss.

Aber wohin speichert Word solche eigenen Begriffe eigentlich? Für so etwas verwendet Word ein benutzerdefiniertes Wörterbuch. Sie finden es unter *Datei* in den *Optionen*. Hier gehen Sie auf *Dokumentprüfung* und wählen die Schaltfläche *Benutzerwörterbücher*.

Sie finden mehrere Wörterbücher. Alle tragen die Dateiendung **.dic*. Rein technisch gesehen, sind Wörterbücher nur Textdateien, die eine bestimmte Dateiendung haben und von Word geöffnet und bearbeitet werden können.

In das Wörterbuch *RoamingCustom.dic* legt Word alle Wörter, bei denen Sie auf *Hinzufügen* geklickt haben. Hier werden also nicht nur die Fachwörter eingetragen, die Word nicht kennt, sondern auch alle anderen Wörter. Wozu soll aber Word die spezifischen Fachbegriffe durchlaufen, wenn Sie nur einen Brief an Tante Hedwig schreiben?

Um also Wörterbücher etwas kleiner zu halten, können Sie benutzerdefinierte eigene Wörterbücher anlegen.

1 Dazu klicken Sie in dem Fenster oben auf *Neu*.

2 Wählen Sie einen passenden Namen für Ihr Wörterbuch.

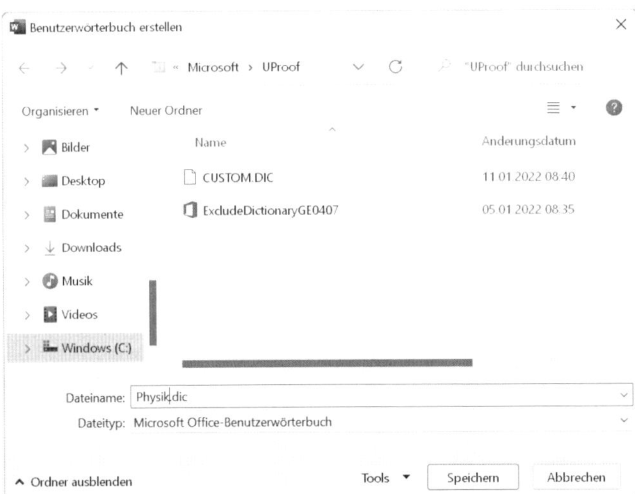

3 Belassen Sie den Pfad, wie von Word vorgegeben, und klicken Sie dann auf *Speichern*. Ihr neues Wörterbuch wird sofort mit einem Häkchen versehen, um anzudeuten, dass es ein aktives Wörterbuch ist und von Word bei der nächsten Rechtschreibprüfung benutzt wird.

4 Wenn Sie nun über *Hinzufügen* einen Begriff in das neue Wörterbuch eintragen möchten, werden Sie enttäuscht feststellen, dass das Wort wieder in das *RoamingCustom.dic*-Wörterbuch gelegt wird, denn dieses Wörterbuch steht in der Reihe an der ersten Stelle und ist damit Standard. Sollen aber Wörter in das gerade erstellte *Physik.dic* eingetragen werden, müssen Sie das als Standard festlegen.

5 Klicken Sie auf das Wörterbuch, das Sie als Standard festlegen möchten, und klicken Sie dann auf *Standard ändern*.

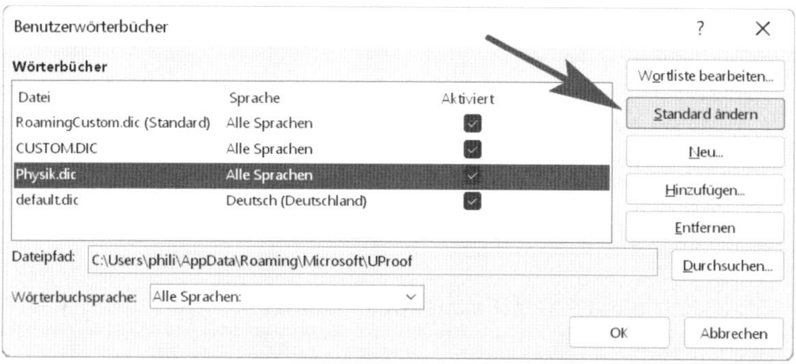

6 Nun steht das Physik-Wörterbuch an erster Stelle, und alle Einträge werden nun dorthin erfolgen.

Sie können die Standardreihenfolge der Wörterbücher jederzeit ändern. Word benutzt alle Wörterbücher bei der Rechtschreibprüfung.

Das Standardwörterbuch ist nur das Wörterbuch, das die von Ihnen eingetragenen Wörter verwaltet. Wenn Sie jetzt bei der Rechtschreibprüfung auf *Hinzufügen* klicken, befinden sich die »Gluonen« im Wörterbuch.

Wenn Sie bei dem Benutzerwörterbuch *Physik.dic* auf *Wortliste bearbeiten* klicken, sehen Sie das Ergebnis. Word kennt nun auch die Gluonen.

Übrigens, Sie können Begriffe auch wieder aus einem Benutzerwörterbuch löschen.

Ihnen fallen die Wörter nicht ein? – Vielleicht hilft der Thesaurus

Benutzen Sie bestimmte Begriffe zu häufig, oder fällt Ihnen einfach nicht das richtige Wort ein? Hier kann Ihnen der Thesaurus helfen.

> »Ein Thesaurus (altgriechisch θησαυρσς thesaurós, Schatz, Schatzhaus; lat. dann thesaurus, daher auch Tresor) bzw. Wortnetz ist in der Dokumentationswissenschaft ein kontrolliertes Vokabular, dessen Begriffe durch Relationen miteinander verbunden sind ...
>
> Es werden in erster Linie Synonyme, aber auch Ober- und Unterbegriffe verwaltet.
> Beispiel: Bildnis (Synonym: Abbild, Bild, Spiegelbild), Tischler (Oberbegriff: Handwerker)«[2]

Der Thesaurus kann immer nur nach einem Wort suchen und die entsprechenden Synonyme anzeigen.

1 Markieren Sie das Wort, für das Sie die Synonyme angezeigt bekommen möchten.

2 Gehen Sie über die Registerkarte *Überprüfen* auf die Schaltfläche Thesaurus, alternativ drücken Sie ⇧+F7.

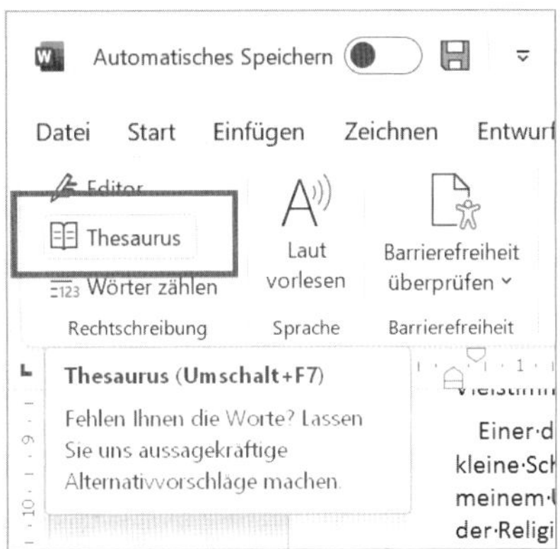

3 Sie erhalten auf der rechten Seite in einem neuen Fenster alle Synonyme für den markierten Begriff, in diesem Fall *Fenster*.

2 *www.wikipedia.de*

Mit der rechten Maustaste können Sie das Wort in Ihren Text übernehmen. Manchmal hat der Thesaurus auch einen großen Unterhaltungswert. Aber ernsthaft, er hilft ungemein, wenn einem das passende Wort nicht einfällt.

Die Silbentrennung

Gerade bei größeren Texten, die dazu noch im Blocksatz stehen, sodass der Text sowohl am rechten als auch am linken Seitenrand bündig abschließen muss, ist es wichtig, dass die Abstände zwischen den Wörtern nicht allzu groß werden. In der folgenden Abbildung ist dies jedoch in der ersten Zeile der Fall.

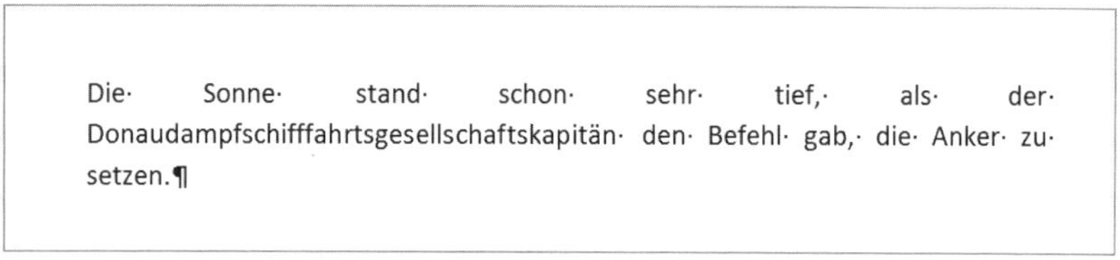

In diesem Beispiel durfte Word den Donaudampfschifffahrtsgesellschaftskapitän nicht trennen, musste die Wörter also sehr weit auseinanderziehen, um den geforderten Blocksatz zu schaffen.

Sie sehen, wie wichtig in Word die Trennung der Wörter ist. Sie sollten also prinzipiell die Silbentrennung auf *Automatisch* setzen, damit Sie sich zukünftig nicht mehr damit herumschlagen müssen.

Leider hat Microsoft die Silbentrennung in den neuen Word-Versionen ziemlich versteckt. Sie steht nicht, wie man es vielleicht erwartet, auf der Registerkarte *Überprüfen*, sondern auf der Registerkarte *Layout*. Wählen Sie dort also *Silbentrennung*, und klicken Sie auf *Automatisch*. Damit haben Sie die Silbentrennung eingeschaltet.

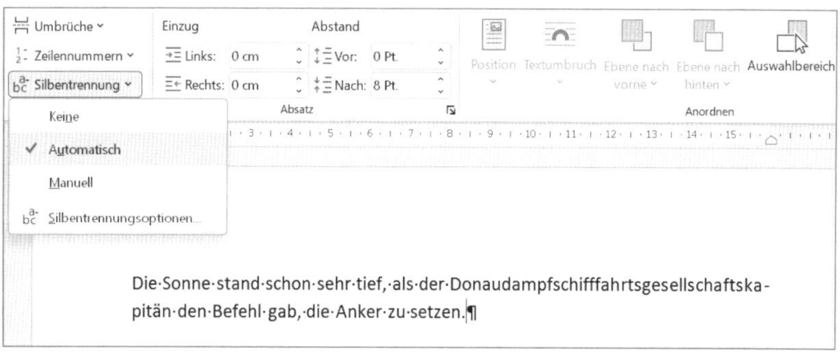

Nun trennt Word bei der Texteingabe, beim Ändern von Text – kurz, Sie brauchen sich um nichts mehr zu kümmern.

Barrierefreiheit im Blick behalten

Bei Ihren Office-Dateien ist es auch wichtig, die Barrierefreiheit im Blick zu behalten, d. h. Ihre Dateien so zu gestalten, dass diese auch von Personen mit Einschränkungen verwendet werden können. Dies gilt für Word, aber genauso auch für die anderen in diesem Buch besprochenen Programme Excel, PowerPoint und Outlook.

In Office 2021 finden Sie zur Überprüfung einer geöffneten Datei auf Barrierefreiheit eine nützliche Funktion, die Sie auf der Registerkarte *Überprüfen* aufrufen. Klicken Sie dort auf den oberen Teil der Schaltfläche *Barrierefreiheit überprüfen.* Alternativ wählen Sie den Eintrag *Barrierefreiheit* unten in der Statusleiste.

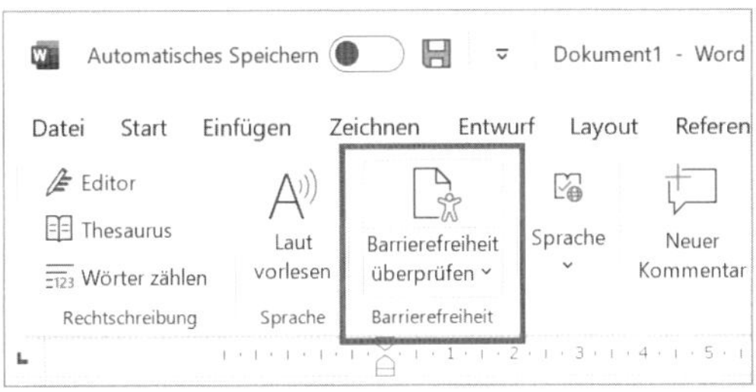

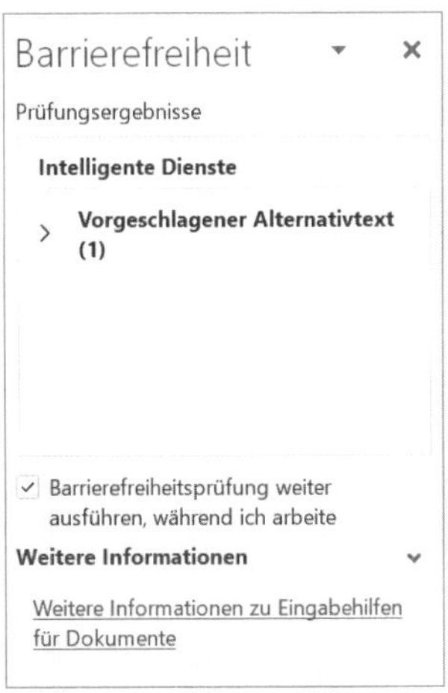

Rechts neben der Datei wird nun ein zusätzliches Fenster eingeblendet, in dem mögliche Probleme im Zusammenhang mit der Barrierefreiheit dargestellt werden, sodass Sie diese entsprechend beheben können.

TIPP

Dokumente vorlesen lassen
Wenn Sie mal Ihre Augen schonen möchten, klicken Sie auf der Registerkarte *Überprüfen* auf *Laut vorlesen*. Ihnen wird das Dokument nun vom Computer vorgelesen, und zwar ganz ohne Stottern. Voraussetzung ist natürlich, dass der Lautsprecher eingeschaltet ist.

3.7 Die Welt der PDF-Dateien – öffnen, bearbeiten, speichern

Bereits seit Langem kann man in Word Dateien im PDF-Format abspeichern. Aber die Möglichkeit, solche Dateien in Word auch zu bearbeiten, gibt es erst seit einigen Jahren. Auch in Office 2021 ist die Funktion, PDF-Dateien zu bearbeiten, integriert.

Um aber jetzt erst einmal jede mögliche Euphorie bei Ihnen zu dämpfen, muss gesagt werden, dass es zwar gelingt, die Dateien zu öffnen und zu bearbeiten, dass aber oftmals die Formatierung der PDF-Datei nicht exakt von Word übernommen werden kann. Aber Sie werden gleich sehen, dass das im Augenblick wirklich zu verschmerzen ist.

Ich möchte Ihnen das anhand eines Dokuments zeigen, an dem man die Grenzen dieses ansonsten wirklich guten Features jedoch ebenfalls sieht.

So sehen zwei Seiten einer PDF-Datei aus:

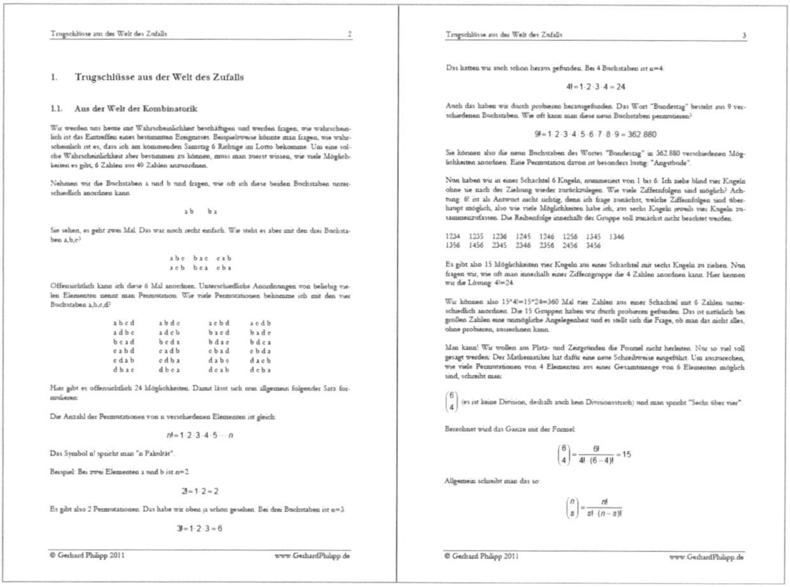

Trugschlüsse aus der Welt des Zufalls 2

1. Trugschlüsse aus der Welt des Zufalls

1.1. Aus der Welt der Kombinatorik

Wir werden uns heute mit Wahrscheinlichkeit beschäftigen und werden fragen, wie wahrscheinlich ist das Eintreffen eines bestimmten Ereignisses. Beispielsweise könnte man fragen, wie wahrscheinlich ist es, dass ich am kommenden Samstag 6 Richtige im Lotto bekomme. Um eine solche Wahrscheinlichkeit aber bestimmen zu können, muss man zuerst wissen, wie viele Möglichkeiten es gibt, 6 Zahlen aus 49 Zahlen anzuordnen.

Nehmen wir die Buchstaben a und b und fragen, wie oft ich diese beiden Buchstaben unterschiedlich anordnen kann.

a b   b a

Sie sehen, es geht zwei Mal. Das war noch recht einfach. Wie steht es aber mit den drei Buchstaben a,b,c?

a b c   b a c   c a b
a c b   b c a   c b a

Offensichtlich kann ich diese 6 Mal anordnen. Unterschiedliche Anordnungen von beliebig vielen Elementen nennt man Permutation. Wie viele Permutationen bekomme ich mit den vier Buchstaben a,b,c,d?

a b c d	a b d c	a c b d	a c d b
a d b c	a d c b	b a c d	b a d c
b c a d	b c d a	b d a c	b d c a
c a b d	c a d b	c b a d	c b d a
c d a b	c d b a	d a b c	d a c b
d b a c	d b c a	d c a b	d c b a

Hier gibt es offensichtlich 24 Möglichkeiten. Damit lässt sich nun allgemein folgender Satz formulieren:

Die Anzahl der Permutationen von n verschiedenen Elementen ist gleich:

$$n! = 1 \cdot 2 \cdot 3 \cdot 4 \cdot 5 \cdots n$$

Das Symbol n! spricht man "n Fakultät".

Beispiel: Bei zwei Elementen a und b ist $n=2$.

$$2! = 1 \cdot 2 = 2$$

Es gibt also 2 Permutationen. Das habe wir oben ja schon gesehen. Bei drei Buchstaben ist n=3.

$$3! = 1 \cdot 2 \cdot 3 = 6$$

© Gerhard Philipp 2011 www.GerhardPhilipp.de

Trugschlüsse aus der Welt des Zufalls 3

Das hatten wir auch schon heraus gefunden. Bei 4 Buchstaben ist n=4:

$$4! = 1 \cdot 2 \cdot 3 \cdot 4 = 24$$

Auch das haben wir durch probieren herausgefunden. Das Wort "Bundestag" besteht aus 9 verschiedenen Buchstaben. Wie oft kann man diese neun Buchstaben permutieren?

$$9! = 1 \cdot 2 \cdot 3 \cdot 4 \cdot 5 \cdot 6 \cdot 7 \cdot 8 \cdot 9 = 362\,880$$

Sie können also die neun Buchstaben des Wortes "Bundestag" in 362.880 verschiedenen Möglichkeiten anordnen. Eine Permutation davon ist besonders lustig: "Angstbude".

Nun haben wir in einer Schachtel 6 Kugeln, nummeriert von 1 bis 6. Ich ziehe blind vier Kugeln ohne sie nach der Ziehung wieder zurückzulegen. Wie viele Ziffernfolgen sind möglich? Achtung: 6! ist als Antwort nicht richtig, denn ich frage zunächst, welche Ziffernfolgen sind überhaupt möglich, also wie viele Möglichkeiten habe ich, aus sechs Kugeln jeweils vier Kugeln zusammenzufassen. Die Reihenfolge innerhalb der Gruppe soll zunächst nicht beachtet werden.

1234	1235	1236	1245	1246	1256	1345	1346
1356	1456	2345	2346	2356	2456	3456	

Es gibt also 15 Möglichkeiten vier Kugeln aus einer Schachtel mit sechs Kugeln zu ziehen. Nun fragen wir, wie oft man innerhalb einer Zifferngruppe die 4 Zahlen anordnen kann. Hier kennen wir die Lösung: 4!=24.

Wir können also 15*4!=15*24=360 Mal vier Zahlen aus einer Schachtel mit 6 Zahlen unterschiedlich anordnen. Die 15 Gruppen haben wir durch probieren gefunden. Das ist natürlich bei großen Zahlen eine unmögliche Angelegenheit und es stellt sich die Frage, ob man das nicht alles, ohne probieren, ausrechnen kann.

Man kann! Wir wollen aus Platz- und Zeitgründen die Formel nicht herleiten. Nur so viel soll gesagt werden: Der Mathematiker hat dafür eine neue Schreibweise eingeführt. Um auszurechnen, wie viele Permutationen von 4 Elementen aus einer Gesamtmenge von 6 Elementen möglich sind, schreibt man:

$\binom{6}{4}$ (es ist keine Division, deshalb auch kein Divisionsstrich) und man spricht "Sechs über vier".

Berechnet wird das Ganze mit der Formel:

$$\binom{6}{4} = \frac{6!}{4! \cdot (6-4)!} = 15$$

Allgemein schreibt man das so:

$$\binom{n}{s} = \frac{n!}{s! \cdot (n-s)!}$$

© Gerhard Philipp 2011 www.GerhardPhilipp.de

Welche Schritte müssen Sie gehen, um diese Datei in Word 2021 zum Bearbeiten zu öffnen?

1 Wählen Sie in Word den Reiter *Datei* und dann *Öffnen*.

2 Gehen Sie in den Ordner, in dem sich die PDF-Datei befindet. Word listet Ihnen alle Dateien auf – egal, welche Dateiendungen sie haben.

3 Klicken Sie die gewünschte Datei an, und wählen Sie *Öffnen*. Sie erhalten die erste Warnung, die Ihnen sagt, dass die konvertierte Datei nicht so aussehen könnte wie die ursprüngliche PDF-Datei. Aber, das war uns ja vorher schon klar. Also, klicken Sie auf *OK*.

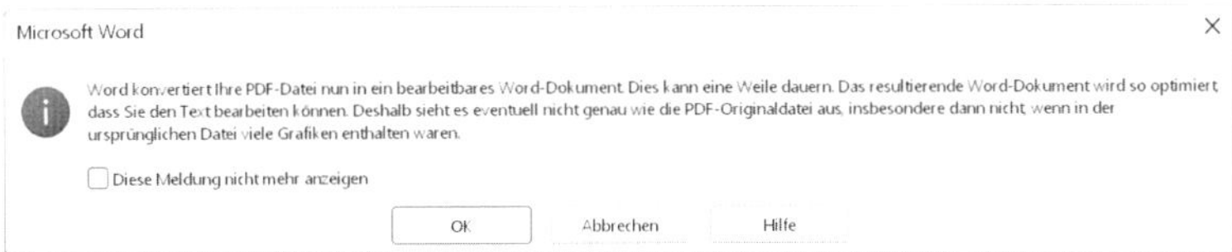

4 Erstaunlich schnell wird die Datei konvertiert. Dann könnten Sie eine weitere Meldung erhalten, welche die Aktualisierung von Feldern betrifft. Hier sollten Sie sich für ein *Ja* entscheiden, denn damit aktualisiert Word zum Beispiel das Inhaltsverzeichnis.

5 Word hat die Datei nun konvertiert, und Sie können wie gewohnt mit ihr arbeiten.

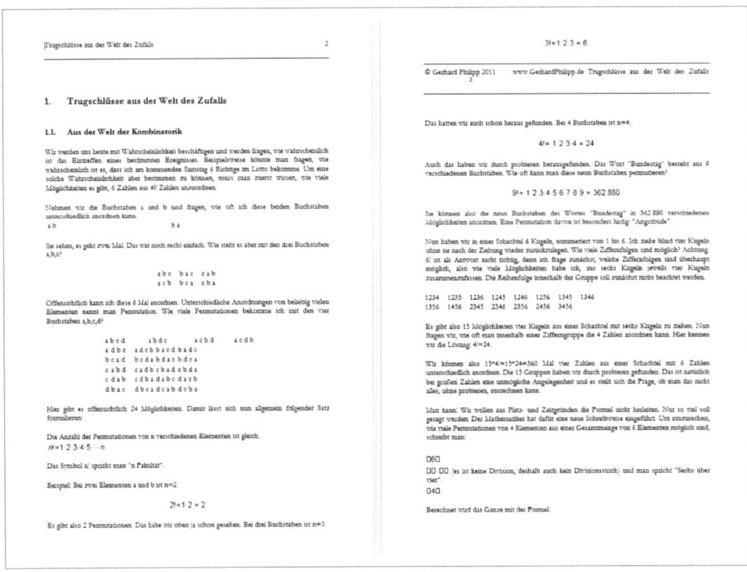

Trugschlüsse aus der Welt des Zufalls 2

1. Trugschlüsse aus der Welt des Zufalls

1.1. Aus der Welt der Kombinatorik

Wir werden uns heute mit Wahrscheinlichkeit beschäftigen und werden fragen, wie wahrscheinlich ist das Eintreffen eines bestimmten Ereignisses. Beispielsweise könnte man fragen, wie wahrscheinlich ist es, dass ich am kommenden Samstag 6 Richtige im Lotto bekomme. Um eine solche Wahrscheinlichkeit aber bestimmen zu können, muss man zuerst wissen, wie viele Möglichkeiten es gibt, 6 Zahlen aus 49 Zahlen anzuordnen.

Nehmen wir die Buchstaben a und b und fragen, wie oft ich diese beiden Buchstaben unterschiedlich anordnen kann.

a b b a

Sie sehen, es geht zwei Mal. Das war noch recht einfach. Wie steht es aber mit den drei Buchstaben a,b,c?

a b c b a c c a b
a c b b c a c b a

Offensichtlich kann ich diese 6 Mal anordnen. Unterschiedliche Anordnungen von beliebig vielen Elementen nennt man Permutation. Wie viele Permutationen bekomme ich mit den vier Buchstaben a,b,c,d?

a b c d a b d c a c b d a c d b
a d b c a d c b b a c d b a d c
b c a d b c d a b d a c b d c a
c a b d c a d b c b a d c b d a
c d a b c d b a d a b c d a c b
d b a c d b c a d c a b d c b a

Hier gibt es offensichtlich 24 Möglichkeiten. Damit lässt sich nun allgemein folgender Satz formulieren:

Die Anzahl der Permutationen von n verschiedenen Elementen ist gleich:
$n! = 1 \cdot 2 \cdot 3 \cdot 4 \cdot 5 \cdot \dots \cdot n$

Das Symbol n! spricht man "n Fakultät".

Beispiel: Bei zwei Elementen a und b ist n=2.

$$2! = 1 \cdot 2 = 2$$

Es gibt also 2 Permutationen. Das habe wir oben ja schon gesehen. Bei drei Buchstaben ist n=3.

$$3! = 1 \cdot 2 \cdot 3 = 6$$

© Gerhard Philipp 2011 www.GerhardPhilipp.de Trugschlüsse aus der Welt des Zufalls 3

Das hatten wir auch schon heraus gefunden. Bei 4 Buchstaben ist n=4:

$$4! = 1 \cdot 2 \cdot 3 \cdot 4 = 24$$

Auch das haben wir durch probieren herausgefunden. Das Wort "Bundestag" besteht aus 9 verschiedenen Buchstaben. Wie oft kann man diese neun Buchstaben permutieren?

$$9! = 1 \cdot 2 \cdot 3 \cdot 4 \cdot 5 \cdot 6 \cdot 7 \cdot 8 \cdot 9 = 362.880$$

Sie können also die neun Buchstaben des Wortes "Bundestag" in 362.880 verschiedenen Möglichkeiten anordnen. Eine Permutation davon ist besonders lustig: "Angstbude".

Nun haben wir in einer Schachtel 6 Kugeln, nummeriert von 1 bis 6. Ich ziehe blind vier Kugeln ohne sie nach der Ziehung wieder zurückzulegen. Wie viele Ziffernfolgen sind möglich? Achtung: 6! ist als Antwort nicht richtig, denn ich frage zunächst, welche Ziffernfolgen sind überhaupt möglich, also wie viele Möglichkeiten habe ich, aus sechs Kugeln jeweils vier Kugeln zusammenzufassen. Die Reihenfolge innerhalb der Gruppe soll zunächst nicht beachtet werden.

1234 1235 1236 1245 1246 1256 1345 1346
1356 1456 2345 2346 2356 2456 3456

Es gibt also 15 Möglichkeiten vier Kugeln aus einer Schachtel mit sechs Kugeln zu ziehen. Nun fragen wir, wie oft man innerhalb einer Ziffergruppe die 4 Zahlen anordnen kann. Hier kennen wir die Lösung: 4!=24.

Wir können also 15*4!=15*24=360 Mal vier Zahlen aus einer Schachtel mit 6 Zahlen unterschiedlich anordnen. Die 15 Gruppen haben wir durch probieren gefunden. Das ist natürlich bei großen Zahlen eine unmögliche Angelegenheit und es stellt sich die Frage, ob man das nicht alles, ohne probieren, ausrechnen kann.

Man kann! Wir wollen aus Platz- und Zeitgründen die Formel nicht herleiten. Nur so viel soll gesagt werden: Der Mathematiker hat dafür eine neue Schreibweise eingeführt. Um auszurechnen, wie viele Permutationen von 4 Elementen aus einer Gesamtmenge von 6 Elementen möglich sind, schreibt man:

□6□
□□ □□ (es ist keine Division, deshalb auch kein Divisionsstrich) und man spricht "Sechs über vier".
□4□

Berechnet wird das Ganze mit der Formel:

Wenn Sie nun beide Abbildungen miteinander vergleichen, also die Original-PDF-Datei und die von Word konvertierte, fällt auf, dass Texte ganz problemlos konvertiert werden, Formeln dagegen haben aber in der Regel keine Chance. Bilder werden meist in die Datei übernommen.

Für einen Naturwissenschaftler ist es natürlich bitter, wenn Formeln nicht exakt konvertiert werden, aber für alle anderen ist die PDF-Konvertierung von Word eine tolle Sache.

Natürlich können Sie Word-Dateien auch in das PDF-Format umwandeln. Das geschieht, wenn Sie die Datei speichern.

1 Wählen Sie in Word *Datei/Speichern unter.* Wandern Sie in den Ordner, in dem Sie die PDF-Datei speichern möchten.

2 Wählen Sie bei *Dateityp* die Option *PDF (*.pdf)* aus.

3 Klicken Sie dann auf *Speichern*. Das war's!

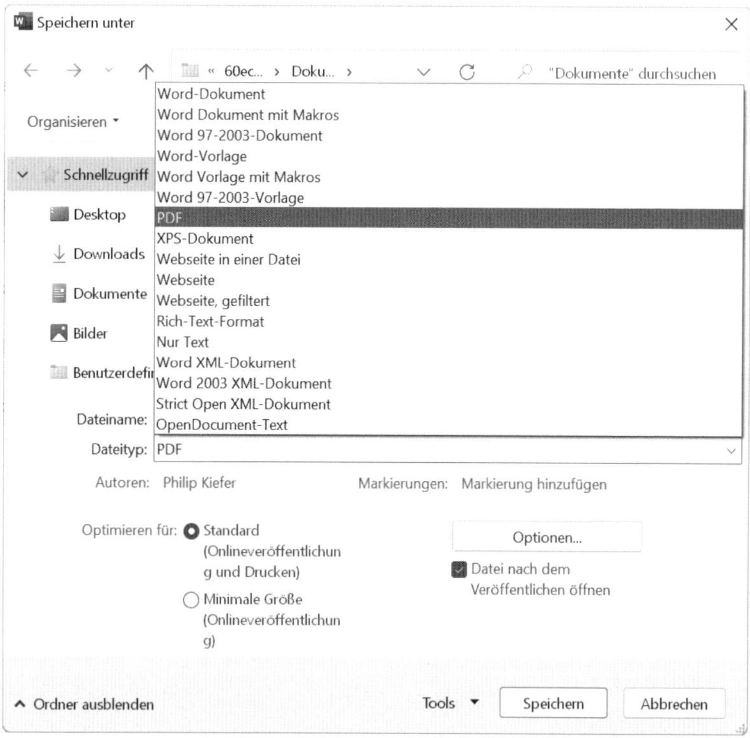

TIPP

Dokument mit wenigen Handgriffen als Webseite veröffentlichen
Um ein Dokument anderen Personen zugänglich zu machen, können Sie es aus Word heraus als Webseite im Internet veröffentlichen. Dabei kommt Microsofts Dienst Sway zum Einsatz.

Zum Veröffentlichen eines Dokuments öffnen Sie dieses in Word und wählen dann *Datei/Transformieren*. Rechts neben dem Dokument wird nun ein zusätzliches Fenster eingeblendet, in dem Sie das Webseitendesign auswählen und mit *Transformieren* bestätigen.

3.8 Dokumente drucken

Das Druck-Menü

Das Drucken eines Dokuments erfolgt über die Registerkarte *Datei*. Dort finden Sie den Befehl *Drucken*.

Auf der rechten Seite des Fensters sehen Sie eine Seitenvorschau und können noch einmal kontrollieren, ob das Layout so ist, wie Sie es sich vorgestellt haben.

Bei *Drucker* sind alle Drucker aufgelistet, die bei Ihnen angeschlossen oder anwählbar sind. Hier sollten Sie immer mal einen Blick darauf werfen, ob da der richtige Eintrag steht. Es wäre nicht das erste Mal, dass jemand auf einen Ausdruck wartet, der nie kommt, weil ein Drucker ausgewählt war, der schon lange auf dem Müll liegt, und man vergessen hat, den Druckertreiber zu deinstallieren.

Bei *Alle Seiten drucken* können Sie entscheiden, was Sie tatsächlich drucken möchten. Bei *Seiten* geben Sie die Seitennummern der Seiten ein, die gedruckt werden sollen.

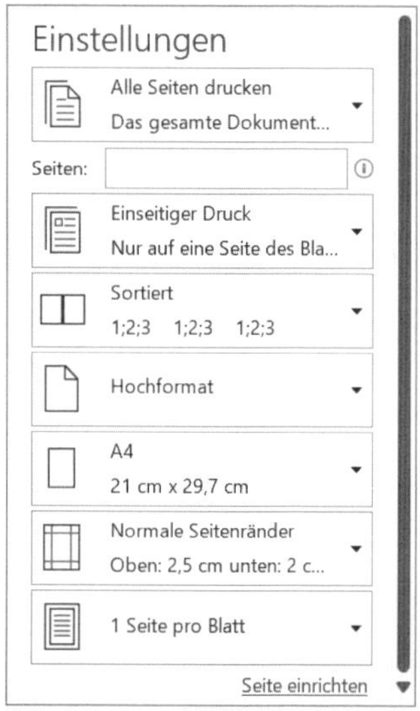

Beispiel: *1-10* druckt die Seiten 1 bis einschließlich 10. *1;5;7* druckt die Seiten 1 und 5 und 7. *-20* druckt alle Seiten von 1 bis 20.

Diese Seitennummern bedingen aber keine tatsächliche Nummerierung in Ihrem Dokument. Sie können diese Seitennummern auch benutzen, wenn Sie in Ihrem Dokument gar keine Seitennummerierung haben.

Aber in diesem Bereich steckt noch mehr drin. Hier können Sie zum Beispiel auch die Formatvorlagen dieser Datei oder Ihre Auto-Text-Einträge ausdrucken.

Einseitiger Druck druckt aber nicht nur eine Dokumentseite pro Seite. Wenn Ihr Drucker dazu in der Lage ist, können Sie auch einen beidseitigen Druck, also den Druck auf Vorder- und Rückseite, auswählen. Aber wie gesagt, das geht natürlich nur, wenn Ihr Drucker das kann.

Und es gibt noch ein Feature, über das man ein paar Worte verlieren sollte. Sie können nämlich z. B. auch bestimmen, dass Sie auf einer DIN-A4-Seite zum Beispiel vier Dokumentseiten haben wollen. Oder 16 Seiten pro Blatt. Dann müssen Sie allerdings zum Lesen ein Mikroskop mitliefern. Oder zumindest eine gute Lupe.

3.9 Nette Kleinigkeiten

Wenn Sie zum Beispiel für eine Zeitung arbeiten, erhalten Sie meist die Aufgabe, einen kleinen Artikel zu schreiben, und zwar mit nicht mehr als 17 Zeilen oder nicht mehr als 300 Wörtern. Das alles müssen Sie nicht abzählen, das kann Word. Auf der Registerkarte *Layout* befindet sich der Befehl *Zeilennummern*.

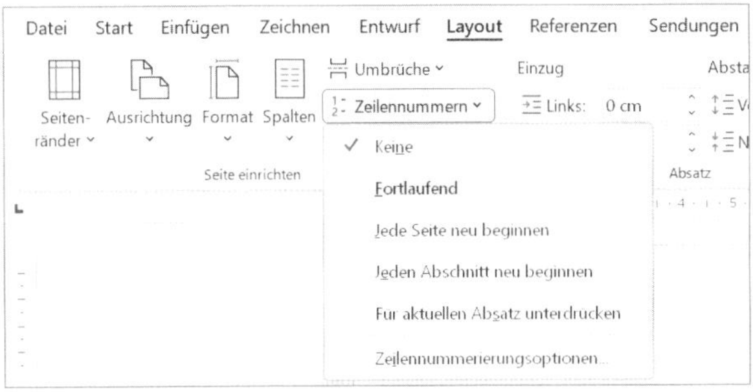

Damit fügt Word vor jeder Zeile des Textes eine Nummer ein. Diese Nummer wird auch mitgedruckt. Unter *Überprüfen* finden Sie mit der Schaltfläche *Wörter zählen* eine Möglichkeit, dass Word innerhalb eines markierten Bereichs Wörter Zeichen, Zeilen und Co. zählt. Diese Funktion lässt sich alternativ auch in der Statusleiste aufrufen.

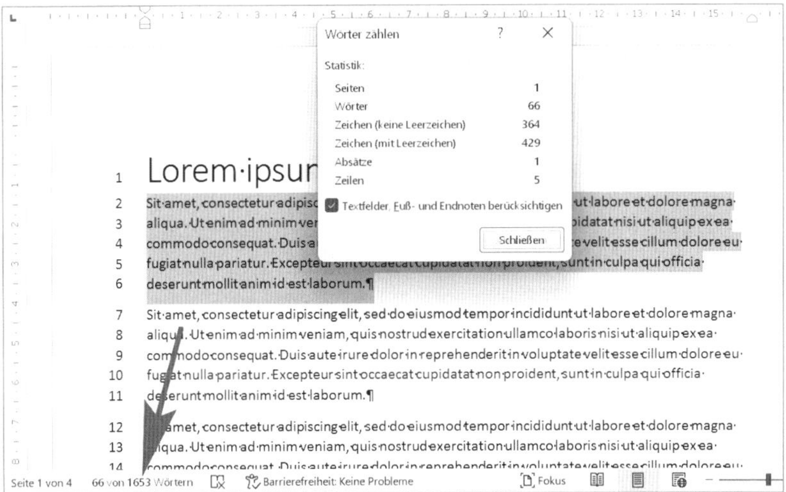

In der Statusleiste am unteren Fensterrand finden Sie außerdem mehrere der in Word auf der Registerkarte *Ansicht* verfügbaren Ansichtsoptionen, nämlich den Fokusmodus, Lesemodus, das Drucklayout, das Weblayout und den Zoom.

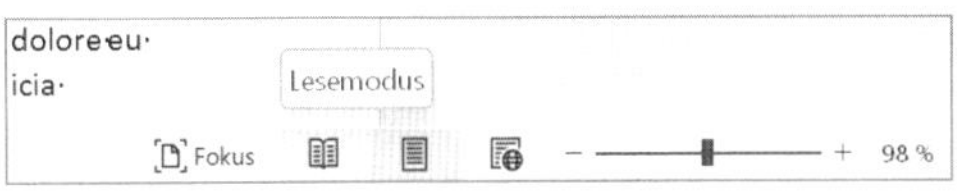

Auf der Registerkarte *Ansicht* finden Sie in Word 2021 aber noch weitere nützliche Ansichtsoptionen, z. B. die Darstellung *Seitenweise*, bei der Sie ein Dokument wie ein Buch durchblättern.

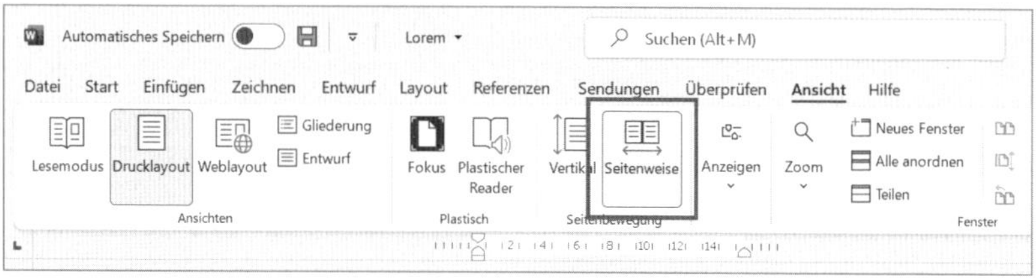

Nützlich zum Lesen von Dokumenten ist außerdem der plastische Reader, den Sie ebenfalls auf der Registerkarte *Ansicht* aufrufen.

Diese Funktionen beinhaltet der plastische Reader:

- Spaltenbreite: Damit bestimmen Sie, in welcher Spaltenbreite das Dokument auf dem Bildschirm dargestellt werden soll.
- Seitenfarbe: Statt des weißen Hintergrunds können Sie einen lesefreundlicheren Sepia-Hintergrund oder einen invertierten Hintergrund auswählen.
- Zeilenfokus: Mit dieser Option lassen sich eine oder mehrere Zeilen im Dokument fokussieren, was für konzentrierteres Lesen sorgen kann.
- Textabstand: Weniger Text »auf einem Haufen« gewünscht? Dann erhöhen Sie mit dieser Option den Zeilen- und Zeichenabstand.
- Silben: Diese Option zeigt den gesamten Text in einzelnen Silben an – eher gewöhnungsbedürftig.
- Laut vorlesen: Sie können sich ein Dokument auch vom Computer vorlesen lassen, wenn Sie auf diese Option klicken. Die Funktion finden Sie auch auf der Registerkarte *Überprüfen*.

Wenn Sie den plastischen Reader nicht mehr verwenden möchten, klicken Sie auf *Plastischen Reader schließen*.

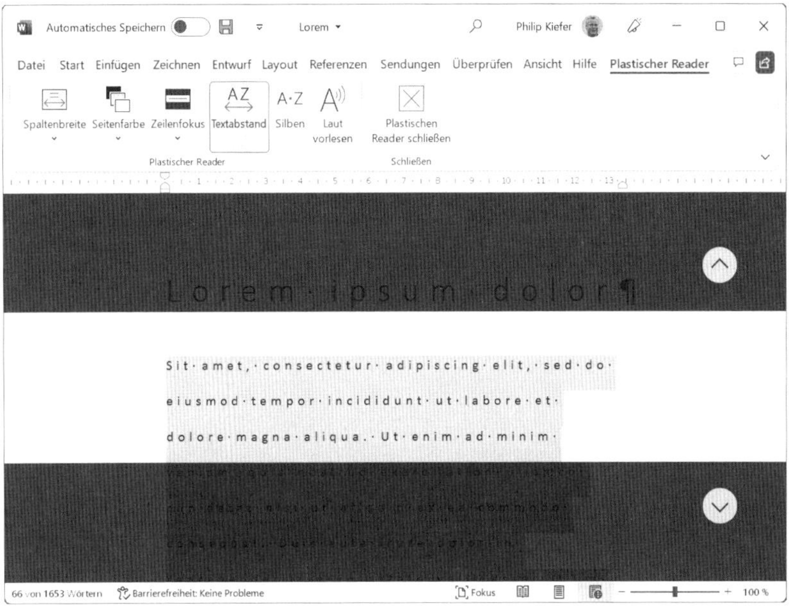

Hier kommen gleich mehrere Optionen des plastischen Readers zum Einsatz.

4 Excel – Daten übersichtlich aufbereiten und überzeugend präsentieren

Auch bei Excel gibt es in der Version 2021 auf der Oberfläche kaum Veränderungen gegenüber der Vorgängerversion. Nur haben sich wie bei jeder neuen Version einige Beschriftungen geändert oder sind in andere Registerkarten gewandert. Und natürlich gibt es einige neue Features unter der Haube, wie ja bereits in Kapitel 1 dargestellt.

Am Anfang dieses Kapitels werden wir uns zunächst kurz mit der Oberfläche von Excel beschäftigen und erste einfache Schritte bei der Arbeit mit Tabellen besprechen.

Sollten Sie sich für Tastenkombinationen begeistern, finden Sie im Anhang ab Seite 653 eine Fülle von praktischen Möglichkeiten.

4.1 Erste Schritte

Eine Übersichtstabelle zu den wichtigsten Aufgaben im Umgang mit Tabellen

Markieren mit der Maus

Ich möchte ... markieren	Das müssen Sie tun
eine Zelle	Klicken Sie einfach auf diese Zelle.
eine ganze Spalte	Klicken Sie auf den Spaltenbuchstaben.
eine ganze Zeile	Klicken Sie auf die Zeilennummer.
mehrere Spalten nebeneinander	Klicken Sie auf den Buchstaben der ersten Spalte, die Sie markieren wollen, halten Sie die linke Maustaste gedrückt, und ziehen Sie über die weiteren Spaltenbuchstaben.
mehrere Zeilen nebeneinander	Klicken Sie auf die Zeilennummer der ersten Zeile, die Sie markieren wollen, halten Sie die linke Maustaste gedrückt, und ziehen Sie über die weiteren Zeilennummern.

Ich möchte ... markieren	Das müssen Sie tun
mehrere Zellen nebeneinander (Bereiche)	Klicken Sie mit der Maus auf die erste Zelle, die Sie markieren wollen, halten Sie die Maustaste gedrückt, und ziehen Sie dann über die anderen Zellen. Solange Sie die Maustaste gedrückt halten, können Sie Ihre Markierung noch verändern.
mehrere Zellen (nicht nebeneinander)	Klicken Sie mit der Maus auf die erste Zelle, die Sie markieren wollen. Drücken Sie, und halten Sie die Strg-Taste gedrückt. Klicken Sie dann auf alle weiteren Zellen, die markiert werden sollen.
Bereiche bei großen Tabellen	Klicken Sie mit der Maus auf die erste Zelle, die Sie markieren wollen. Drücken Sie, und halten Sie die ⇧-Taste gedrückt. Klicken Sie dann auf die letzte Zelle des Bereichs, der markiert werden soll.
die gesamte Tabelle	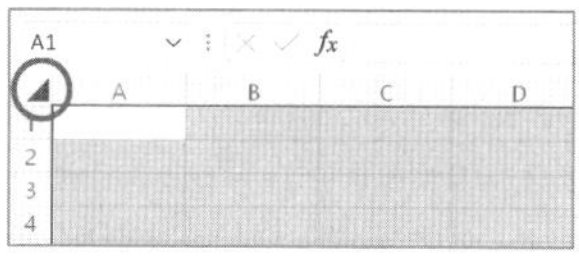 Klicken Sie auf das Dreieck links neben Spalte A.

TIPP **Wichtig für das Markieren!**
Alle Markierungen innerhalb einer Tabelle funktionieren nur, wenn Ihr Mauszeiger ein weißes Kreuz ist. Wenn Sie Markierungen wieder aufheben möchten, klicken Sie einfach in eine beliebige Zelle.

Hinzufügen und Löschen

Das will ich tun	So geht es
Zeile in Tabelle einfügen	Klicken Sie mit der rechten Maustaste auf die Nummer der Zeile, über der Sie eine neue Zeile einfügen wollen. Im Fenster wählen Sie mit der linken Maustaste *Zellen einfügen*.
Spalte in Tabelle einfügen	Klicken Sie mit der rechten Maustaste auf den Buchstaben der Spalte, neben der Sie links davon eine neue Spalte einfügen möchten, und wählen Sie erneut *Zellen einfügen*.
Löschen einer Zeile oder Spalte in einer Tabelle	Klicken Sie mit der rechten Maustaste auf die Zeilennummer oder den Spaltenbuchstaben. Zum Löschen der Zeile oder Spalte wählen Sie im geöffneten Menü *Zellen löschen*.

Das will ich tun	So geht es
Blatt (Tabelle) verschieben/kopieren	Auf der Registerkarte *Start* in der Gruppe *Zellen* wählen Sie *Format* und dann *Blatt verschieben/kopieren*.
ein Diagramm löschen	Klicken Sie auf das zu löschende Diagramm, und drücken Sie dann die [Entf]-Taste.

Fehlermeldungen und ihre Ursachen

Fehlerwert	Was ist passiert?
#NULL!	Sollen zum Beispiel zwei Bereiche summiert werden, verwenden Sie den Vereinigungsoperator, das Semikolon (;). Wenn eine Formel nun die Summe von zwei Bereichen ermitteln soll, müssen diese beiden Bereiche durch ein Semikolon getrennt werden (SUMME(A1:C1;A2:C2)). Wird das Semikolon nicht gesetzt – geben Sie also zum Beispiel dafür ein Leerzeichen ein –, versucht Excel, die Summe für die Zellen zu ermitteln, die beiden Bereichen angehören. Die Bereiche A1:C1 und A2:C2 weisen jedoch keine gemeinsamen Zellen auf, da sie sich nicht überschneiden. Beispiel: 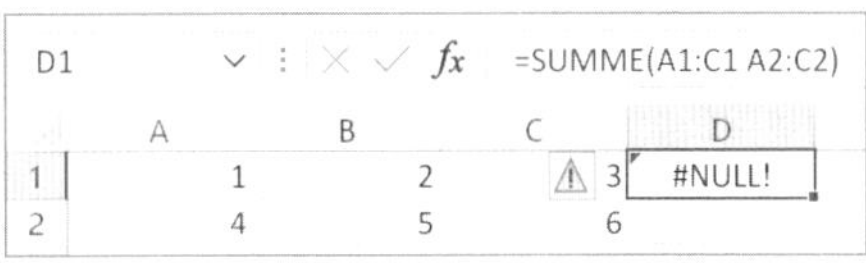
#DIV/0!	Sie dividieren eine Zahl durch 0 (NULL). Beispiel: 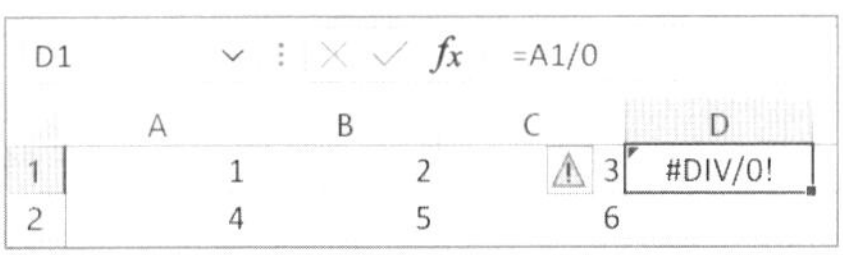
#WERT!	Sie haben Text an einer Stelle der Formel eingegeben, an der eine Zahl oder ein Wahrheitswert erforderlich ist, zum Beispiel WAHR oder FALSCH, oder Sie versuchen, zum Beispiel eine Zahl und einen Text zu addieren. Enthält zum Beispiel Zelle A1 eine Zahl und Zelle C1 den Text *Text*, gibt die Formel =A1+C1 den Fehlerwert #WERT! zurück. Beispiel: 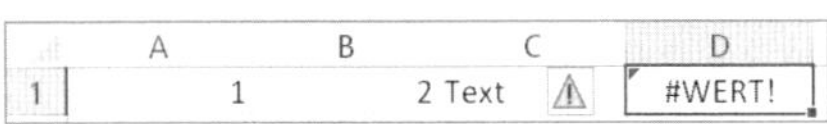

<table>
<tr><th>Fehlerwert</th><th>Was ist passiert?</th></tr>
<tr><td>#BEZUG!</td><td>In Zelle D1 stand die Formel =A1+B1. Diese Formel wurde nach A3 kopiert. Durch das Kopieren wird die Formel den neuen Gegebenheiten angepasst. Der B1-Teil der Formel wird zu A1. Aber was soll aus dem A1-Teil der Formel werden? Vor A1 gibt es nichts mehr!

Beispiel:
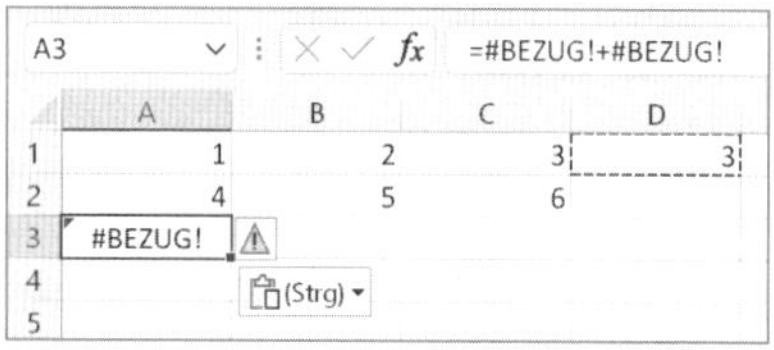
</td></tr>
<tr><td>#NAME?</td><td>Sie haben den Namen einer Funktion falsch eingegeben, z. B. SUMMME statt SUMME.

Beispiel:
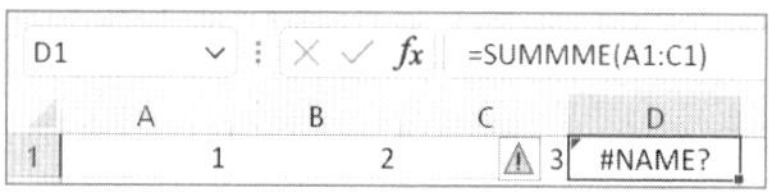
</td></tr>
<tr><td>#ZAHL!</td><td>Sie haben ein unzulässiges Argument in einer Funktion verwendet, die ein numerisches Argument erfordert. Oder Sie haben eine Formel eingegeben, deren Ergebnis zu groß oder zu klein ist, um in Excel dargestellt werden zu können.

$3^{10000000}$ etwa ergibt eine Zahl, die in Excel nicht mehr darstellbar ist.

Beispiel:
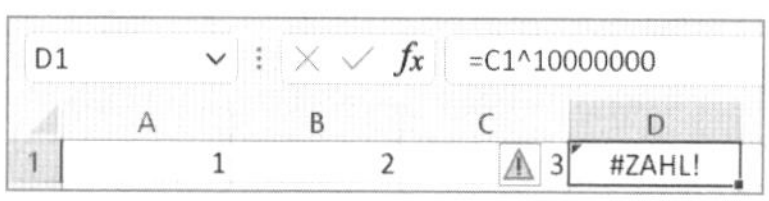

Mehr darüber erfahren Sie im Abschnitt über Potenzen.</td></tr>
<tr><td>#NV</td><td>Sie haben in den Tabellenfunktionen WVERWEIS, VERWEIS, VERGLEICH oder SVERWEIS einen ungeeigneten Wert als Argument für das Suchkriterium eingegeben, oder ein Suchbegriff wurde nicht gefunden.

Beispiel:
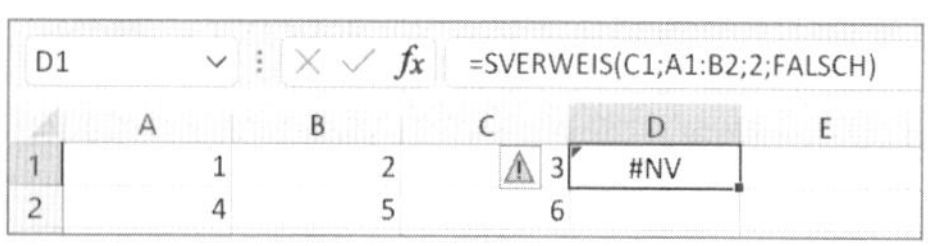

Genaueres dazu lesen Sie im Abschnitt über den SVERWEIS.</td></tr>
</table>

Fehlerwert	Was ist passiert?
####	Der Fehlerwert #### tritt auf, wenn die Zelle eine Zahl, ein Datum oder eine Uhrzeit enthält, die oder das breiter als die Zelle ist, oder wenn die Zelle eine Datums- und/oder Uhrzeitformel enthält, die ein negatives Ergebnis liefert. Lösung: Vergrößern Sie die Spalte. Beispiel: 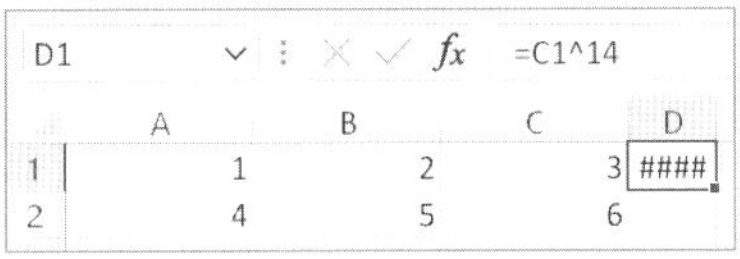
Zirkelbezugs-warnung	Sie geben in eine bestimmte Zelle eine Formel ein und verwenden die gleiche Zelle in der Formel zum Rechnen. Beispiel: Sie befinden sich in Zelle C1 und möchten die Zahl in A1 mit B1 multiplizieren und dann durch C1 dividieren. 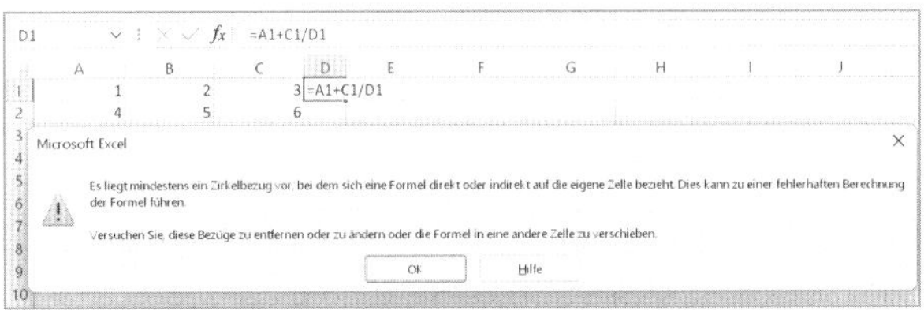

4.2 Die Basisfunktionen von Excel

Zellen – wichtige Teile einer Tabelle

Jede Tabelle besteht aus Zeilen und Spalten. Spalten werden beschriftet mit Buchstaben und Zeilen mit lateinischen Ziffern. Sie können über 16.300 Spalten und über 1 Million Zeilen benutzen. Excel wird die Beschriftung der Spalten nach Z mit AA, AB, AC etc. bis XFD fortsetzen.

Den Schnittpunkt einer Zeile mit einer Spalte nennt man Zelle. Damit später in solche Zellen Formeln richtig eingegeben werden können, besitzt jede Zelle eine eindeutige Koordinate, auch Adresse genannt. Diese Koordinate setzt sich zusammen aus dem Buchstaben der entsprechenden Spalte und der Nummer der entsprechenden Zeile, also zum Beispiel A9. Damit ist die Zelle gemeint, die am Schnittpunkt der Spalte A mit der Zeile 9 steht.

TIPP **Die Reihenfolge bei Koordinatenangaben ist wichtig!**
Koordinatenangaben beginnen immer zuerst mit dem Spaltenbuchstaben, gefolgt von der Zeilennummer, also A9, X25, BB3. Falsch hingegen sind die Koordinatenangaben 8B oder 25F anstelle von in diesem Fall richtigerweise B8 oder F25. Geben Sie also immer zuerst den Spaltenbuchstaben und dann erst die Zeilennummer ein.

Eingabe von Zahlen

Sie markieren die Zelle, in die Sie eine Zahl eintragen wollen, und tippen die Zahl ein. Wenn Sie eine Zahl in die Zelle eingeben, wird diese auch in der Bearbeitungszeile angezeigt.

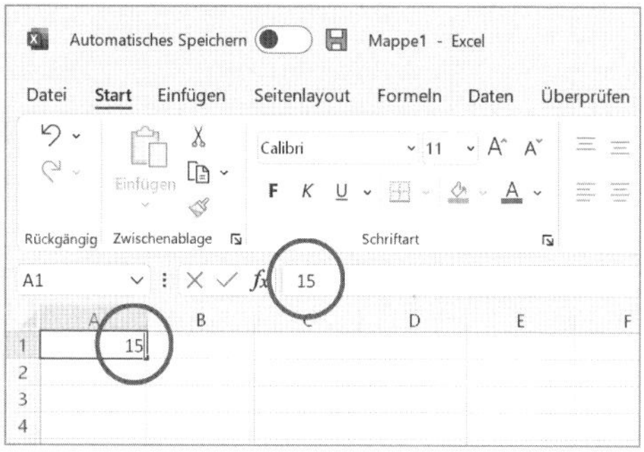

Jede fertige Eingabe muss bestätigt werden, um Excel mitzuteilen, dass die Eingabe nun beendet ist.

Möchten Sie Ihre Eingabe bestätigen, klicken Sie auf das Häkchen in der Bearbeitungszeile. Alternativ können Sie auch die [↵]-Taste drücken. Das Positive an der Benutzung der [↵]-Taste ist, dass Sie dadurch Excel veranlassen, sofort die Eingabe zu bestätigen und gleichzeitig in die Zelle darunter zu springen.

Eingabe von Text

Die Eingabe von Text erfolgt ähnlich der Eingabe von Zahlen. Bei der Eingabe von Text unterscheiden Sie lediglich, wie meistens bei Text, zwischen Groß- und Kleinschreibung. Sie geben den Text also genau so ein, wie Sie ihn haben wollen.

Die Darstellung des Textes in der Zelle ist jedoch unterschiedlich. Zahlen werden standardmäßig rechtsbündig und Texte linksbündig in die Zelle geschrieben. Daran können Sie auch sehen, ob Excel eine Eingabe als Text oder als Zahl erkannt hat.

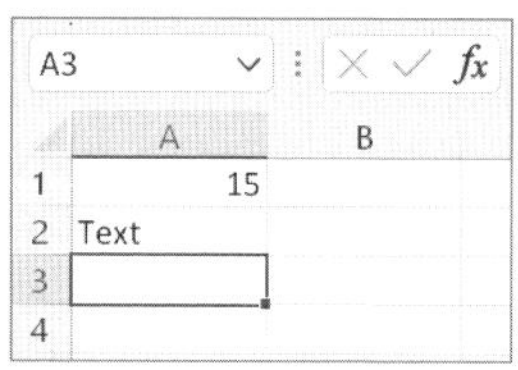

Diese Art der Darstellung – also die Zahlen rechts- und den Text linksbündig zu setzen – ist aber in den seltensten Fällen erwünscht, wir werden später daher ausführlich auf Formatierungen zurückkommen und darüber sprechen, wo Sie sie ändern können.

TIPP

Achtung: Text und Zahlen in einer einzigen Zelle
Text und Zahlen dürfen in der Regel nicht in einer gemeinsamen Zelle stehen, wenn mit dieser Zelle gerechnet werden soll. Es gibt jedoch Ausnahmen von dieser Regel. Dazu erhalten Sie in Abschnitt 4.4 über Formatierungen mehr Informationen. Dort werden Sie eigene Formate erstellen, mit denen Sie Zahlen und Text in eine Zelle schreiben und trotzdem mit dieser Zelle rechnen können. Im Augenblick sollten Sie aber, wenn Sie zum Beispiel *5 km* eintragen wollen, die *5* in eine Zelle und *km* in die Zelle daneben schreiben.

Eingabe eines Datums

Ein Datum besteht aus *Tag.Monat.Jahr (TT.MM.JJJJ),* getrennt durch einen Punkt. Und so wird es in der Regel auch eingegeben. Sie könnten aber beispielsweise auch in eine Zelle schreiben: 1. Mai 2022.

Sollte Excel bei Ihnen, nachdem Sie die Eingabe bestätigt haben, das Datum in einem anderen als dem eingegebenen Format in die Zelle schreiben, also zum Beispiel 01. Mai 22 statt 1. Mai 2022, sollten Sie das jetzt zunächst einmal hinnehmen.

In Abschnitt 4.4 über Formatierungen werden wir dann alle nötigen Anpassungen besprechen.

Natürlich können Sie auch nur den Tag und den Monat ohne eine Jahreszahl eingeben. Excel übernimmt dann allerdings standardmäßig das aktuelle Jahr und ergänzt Ihre Eingabe entsprechend mit dieser Jahreszahl. Geben Sie also *1.05* ein und bestätigen das, wird Excel die aktuelle Jahreszahl anfügen. Schreiben Sie hingegen *1.05.* (mit einem Punkt hinter der letzten Zahl), wird Excel Ihre Eingabe standardmäßig als Text interpretieren.

Ich empfehle Ihnen deshalb, bei der Eingabe eines Datums immer auch die entsprechende Jahreszahl mit einzugeben. Das erspart Ihnen unnötige Irritationen.

TIPP

Achtung bei der Eingabe von Zahlen mit Dezimaltrennung

Bei der Eingabe von Zahlen mit Dezimaltrennung kann es vorkommen, dass Sie anstelle des üblichen Kommas als Dezimaltrennzeichen fälschlicherweise einen Punkt benutzen.

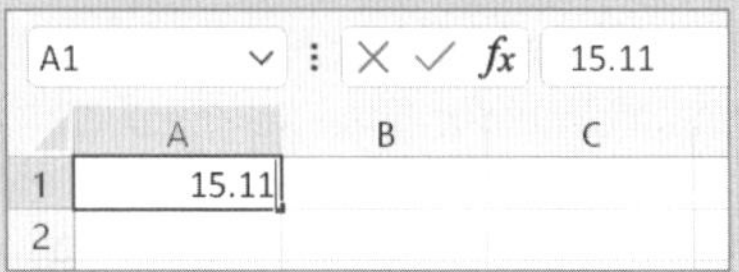

Excel interpretiert solche Eingaben dann als Datum. Sie erhalten also im obigen Beispiel den 15. November. Das Hinterhältige daran ist aber, dass Excel bei jedem weiteren Versuch, in dieselbe Zelle nun die richtige Zahl einzugeben, diese brutal immer als Datum interpretiert. Wie Sie dieses Problem beheben können, wird Ihnen sogleich gezeigt.

Löschen von Eingaben

Sie markieren die Zelle oder die Zellen, deren Inhalt Sie löschen möchten, und drücken die Entf-Taste. Denken Sie aber daran, dass dadurch nur der Inhalt, nicht aber die Formatierung gelöscht wird. Das hat ganz unangenehme Konsequenzen beim Löschen eines Datums (siehe oben zur Eingabe eines Datums).

Wenn Sie alles aus den markierten Zellen löschen möchten, also nicht nur den Inhalt, sondern auch die Formatierungen, wählen Sie die Registerkarte *Start*, klicken dann in der Gruppe *Bearbeiten* auf den kleinen Radiergummi und wählen den Befehl *Alle löschen.*

Die Grundrechenarten

Geben Sie in die Zellen A1 und B1 einer leeren Tabelle zwei Zahlen ein, zum Beispiel die Zahlen 5 und 6. In Zelle C1 soll anschließend die Addition der beiden Zahlen aus A1 und B1 durchgeführt werden.

Dazu brauchen Sie die erste Formel. Formeln geben Sie in Excel immer in die Zelle ein, in der auch das Ergebnis einer Rechnung stehen soll. In unserem Fall soll das Ergebnis in C1 stehen. Die Formel wird also in die Zelle C1 geschrieben.

TIPP

Wichtig: Formel und Ergebnis stehen in derselben Zelle
Es ist nicht möglich, in eine Zelle eine Formel einzugeben und zu sagen, dass das Ergebnis aber in eine andere Zelle geschrieben werden möge. Die Formel und das Ergebnis befinden sich immer in der derselben Zelle.

Jede Formel in Excel beginnt mit einem Gleichheitszeichen (=). Nur wenn dieses das erste Zeichen in einer Formel ist, wird Excel auch rechnen. Die Formel könnte also lauten: =5+6. Das ist jedoch nicht sehr sinnvoll, denn sobald Sie eine Zahl in A1 oder B1 verändern, müssten Sie in diesem Fall auch die Formel verändern. Dann könnten Sie aber auch gleich den Taschenrechner nehmen.

Um die Formel also richtig zu schreiben, brauchen Sie Zelladressen, denn nur sie werden Excel mitteilen, dass eine Zahl in Zelle A1 mit einer Zahl in Zelle B1 addiert werden soll. Und das soll für jede beliebige Zahl in diesen Zellen geschehen. Die Formel lautet also =A1+B1.

Die Groß-/Kleinschreibung spielt hier keine Rolle, wichtig ist nur, dass zwischen den einzelnen Teilen der Formel keine Leerzeichen stehen dürfen.

Haben Sie die Eingabe bestätigt, sollte in Zelle C1 das richtige Ergebnis 11 stehen. Ihre Zellmarkierung steht nun wahrscheinlich in einer anderen Zelle. Wenn Sie noch einmal Ihre Formel anschauen möchten, gehen Sie einfach zurück zu C1, indem Sie auf C1 klicken.

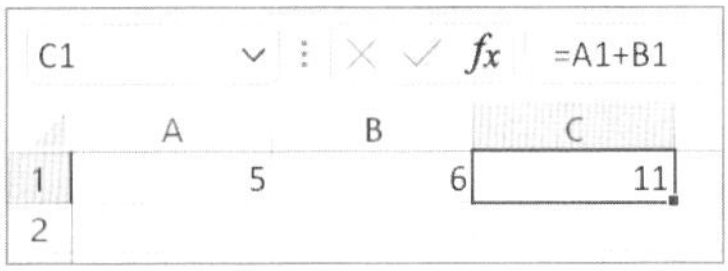

Eine Zelle besteht eigentlich aus zwei Teilen. Der erste Teil ist das, was man als Ergebnis erhält und was man in der Zelle sieht. Der zweite Teil ist die Formel, die zu diesem Ergebnis führt und die im Hintergrund der Zelle liegt. Sie sehen die Formel jederzeit in der Bearbeitungszeile, sofern Sie die entsprechende Zelle markiert haben. Es gibt auch noch einen dritten Bestandteil der Zelle: die Formatierung. Die schauen wir uns etwas später an.

Versuchen Sie als Übung, nun die richtigen Formeln für die anderen Grundrechenarten zu entwickeln. Es sollen immer die beiden Zahlen in A1 und B1 für die Rechnung verwendet werden.

Rechenart	Formelzeichen	Zelle, in der das Ergebnis stehen soll
Multiplikation	*	D1
Division	/	E1
Subtraktion	-	F1

TIPP

Achtung: Nehmen Sie das richtige Divisionszeichen!
Das richtige Divisionszeichen ist nicht der Doppelpunkt (:), sondern der Schrägstrich (/). Zwar können Sie auch auf dem numerischen Tastenfeld das Divisionszeichen ÷ benutzen, Excel wird aber trotzdem ein / in die Formel einsetzen.

Für die Division der beiden Zahlen in A1 und B1 sähe die Formel so aus, oder?

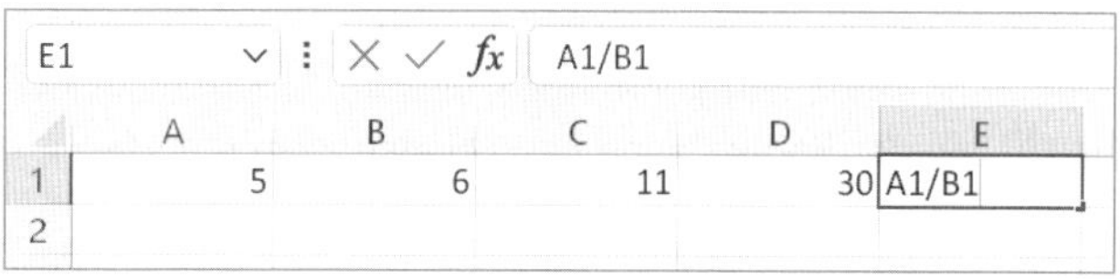

Nein, bei dieser Lösung ist aber in E1 offensichtlich ein Fehler passiert, denn Excel rechnet nicht. Was ist geschehen und warum?

Beim Eingeben wurde vergessen, das Gleichheitszeichen = als erstes Zeichen einzugeben. Die Folge ist, dass Excel die Eingabe nun als normalen Text interpretiert und ihn auch so behandelt. Er steht linksbündig, und es wird nicht gerechnet. Um das Problem zu lösen, klicken Sie in der Bearbeitungszeile vor die Zelladresse A1, geben das Gleichheitszeichen ein und bestätigen wieder. Und schon hat Excel auch diese Formel berechnet. Um die eventuell auftretenden Nachkommastellen kümmern wir uns in Abschnitt 4.4 über Formatierungen.

Spätestens jetzt sollte Ihnen eine weitere Eigenart von Excel auffallen. Excel wird automatisch in jeder Formel Zelladressen großschreiben, egal, wie sie eingegeben wurden.

Kopieren einer Formel in darunter- oder danebenliegende Zellen

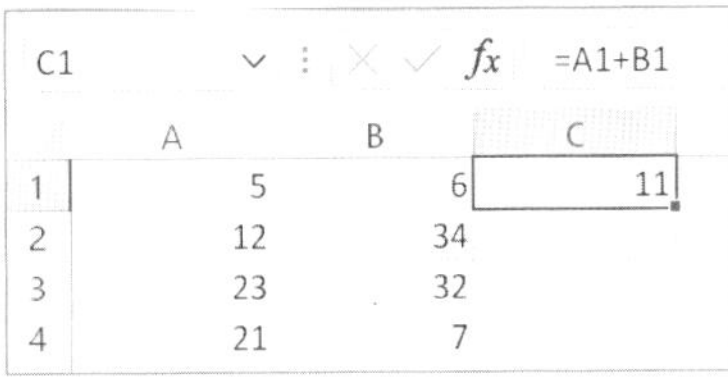

In Zelle C1 steht die Addition der Zellen A1 und B1. Nun sollen auch die Zellen A2 und B2 addiert werden, und das Ergebnis soll in C2 stehen. Als Formel müsste in C2 stehen: =A2+B2. Möchten Sie auch noch in C3 die Addition von A3 und B3, käme in C3 die Formel =A3+B3 zum Einsatz etc. Es wäre also Folgendes in die Zellen C1 bis C4 einzugeben:

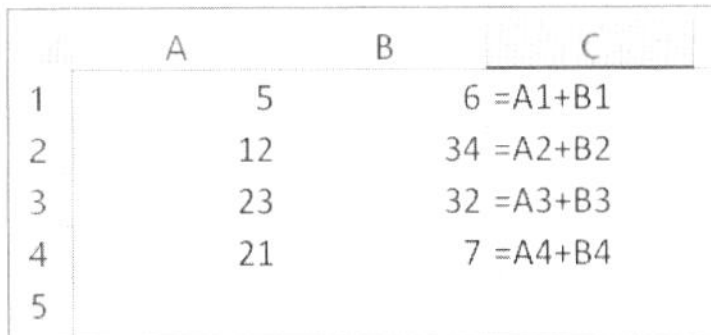

Das ist aber höchst umständlich. Glücklicherweise hilft Ihnen Excel dabei. Sie brauchen lediglich die Formel in Zelle C1 zu kopieren, und Excel wird während des Kopierens die kopierten Formeln automatisch den neuen Gegebenheiten anpassen.

Zum Kopieren gehen Sie so vor:

1 Klicken Sie auf die Zelle, deren Formel kopiert werden soll.

2 Unten rechts in der Zelle ist ein kleines grünes Rechteck zu sehen.

3 Gehen Sie mit der Maus auf dieses Rechteck (das große weiße Kreuz wird zu einem kleinen schwarzen Kreuz), halten Sie die linke Maustaste gedrückt, und ziehen Sie das Ganze so weit nach unten, wie Sie kopieren möchten.

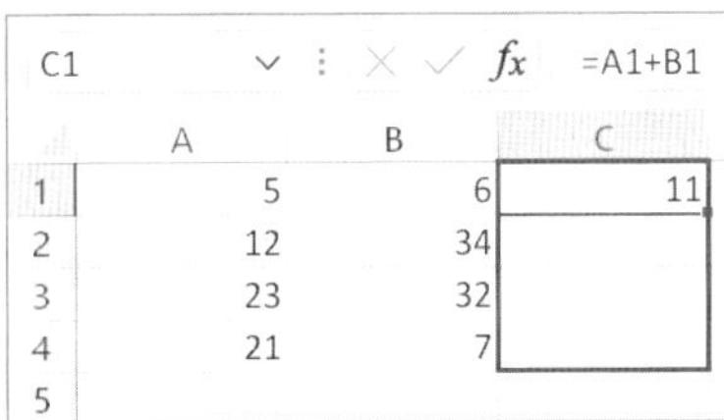

Excel kopiert nun die Formel in jede Zelle und wird sie auch entsprechend anpassen. Kontrollieren Sie es, indem Sie einfach die Zellen C1 bis C4 nacheinander kurz anklicken und sich die Formel in der Bearbeitungszeile anschauen.

TIPP **Wichtig für das Kopieren!**
Drücken Sie zum Kopieren erst dann die linke Maustaste, wenn das schwarze Kreuz zu sehen ist.

Benötigen Sie die Formeln in sehr vielen Zellen untereinander, kann es hilfreich sein, doppelt auf das grüne Rechteck zu klicken, anstatt das schwarze Kreuz zu ziehen. Excel kopiert dann die Formeln so weit, wie die Zellen der links angrenzenden Spalte Daten enthalten – in unserem Fall also bis C4, da die linke Spalte bis einschließlich B4 mit Zahlen gefüllt ist. Diese Art des Kopierens ist zwar manchmal recht nützlich, wird aber unbrauchbar, wenn in der linken Spalte noch keine Werte stehen.

Das Kopieren durch Ziehen funktioniert in jede beliebige Richtung außer in der Diagonalen.

TIPP **Achtung, es gibt Probleme beim Kopieren**
In folgendem Fall gibt es Probleme beim Kopieren nach links:

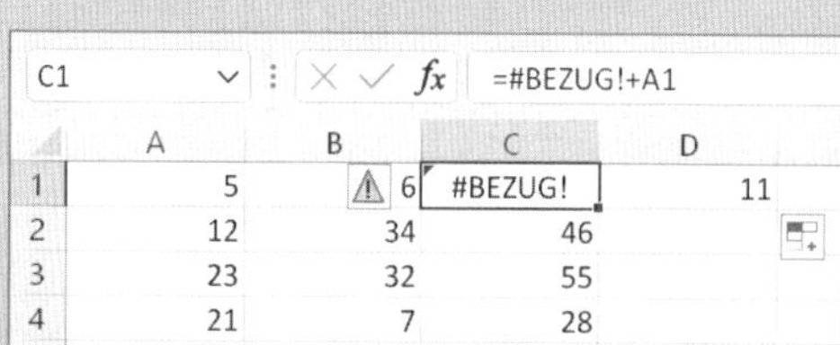

Wenn Sie hier die Formel in Zelle D1 nach C1 kopieren, wird Excel das mit der Fehlermeldung *#BEZUG!* quittieren. Was ist geschehen?

Excel versucht, wie immer beim Kopieren, die Zelladresse anzupassen. In Zelle D1 steht die Formel =A1+B1. Beim Kopieren nach links wird nun aus B1 ein A1. Und aus dem ursprünglichen A1 müsste ... ja, was eigentlich werden? Etwas, das vor der Spalte A steht, aber da gibt es nichts. Excel quittiert also ratlos den Dienst und sagt lapidar, dass kein Formelbezug zu finden ist.

Sie können natürlich nicht nur Formeln kopieren, auch Texte sind möglich. Ich möchte Ihnen hier eine Möglichkeit zeigen, die Sie recht schön einsetzen können, wenn Sie mit Excel ein Haushaltsbuch führen wollen. Nehmen wir an, Sie erfassen in Ihrem Haushaltsbuch die Posten der Abbildung rechts.

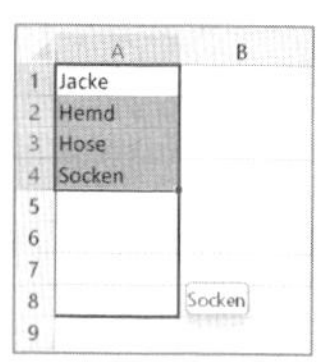

Markieren Sie nun diese Posten, und kopieren Sie sie, wie gerade besprochen, nach unten.

Excel wird Ihnen nun alle Begriffe kopieren, und zwar in der Reihenfolge, in der Sie sie vorher eingegeben hatten.

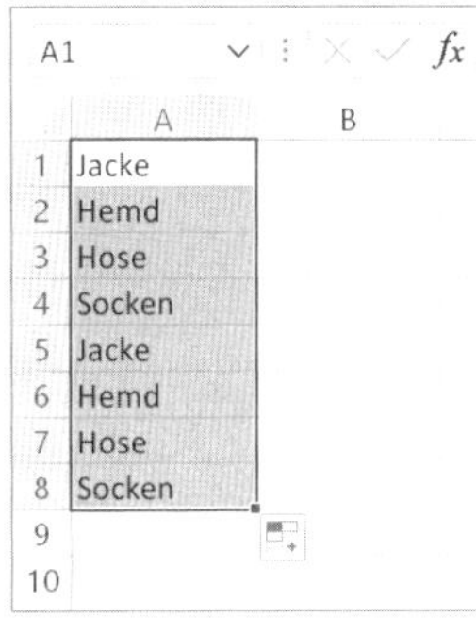

Verschieben eines Zellinhalts

Nun kann es passieren, dass Sie in eine Zelle etwas eingegeben haben und erst dann merken, dass es in eine andere Zelle gemusst hätte. In solch einem Fall ist das Verschieben hilfreich. Gehen Sie mit der Maus auf den Rahmen der Zelle (nicht auf das grüne Rechteck), die verschoben werden soll. Wenn Sie den Rahmen richtig getroffen haben, wird aus dem weißen Kreuz ein weißer Pfeil. Halten Sie nun die linke Maustaste fest, und schieben Sie den Inhalt in eine andere Zelle.

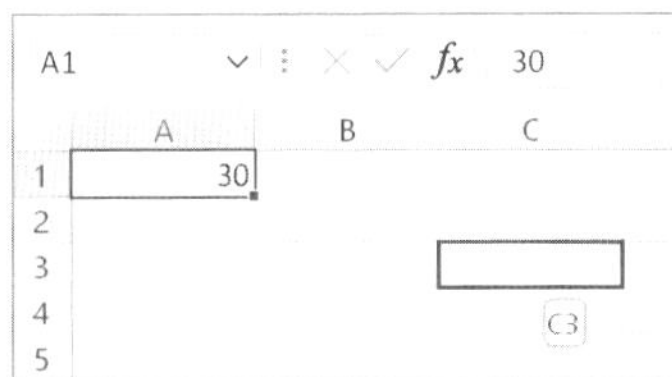

TIPP

Wann klicken?
Klicken Sie erst, wenn der weiße Pfeil zu sehen ist. Sehen Sie das schwarze Kreuz, stehen Sie auf dem kleinen Quadrat rechts unten und zeigen Excel damit an, dass Sie kopieren möchten.

Natürlich funktioniert das Kopieren und Verschieben nicht nur mit Zahlen oder Formeln. Auch Texte kann man damit vervielfältigen oder verschieben.

Spaltenbreite ändern

Die untere Abbildung zeigt eine Tabelle, in der die Spalte F offensichtlich zu klein ist, um die Spaltenüberschrift vollständig darzustellen. Das ist ein sehr häufig auftretendes Problem. In solch einem Fall müssen Sie die Breite der Spalte verändern.

Um also Spalte F zu verbreitern, gehen Sie mit der Maus auf die Linie zwischen den Buchstaben der Spalten F und G. Ihr Mauszeiger wird jetzt zu einem schwarzen Strich mit zwei Pfeilen nach links und rechts. Halten Sie nun die linke Maustaste gedrückt, und ziehen Sie die Spalte in die gewünschte Breite.

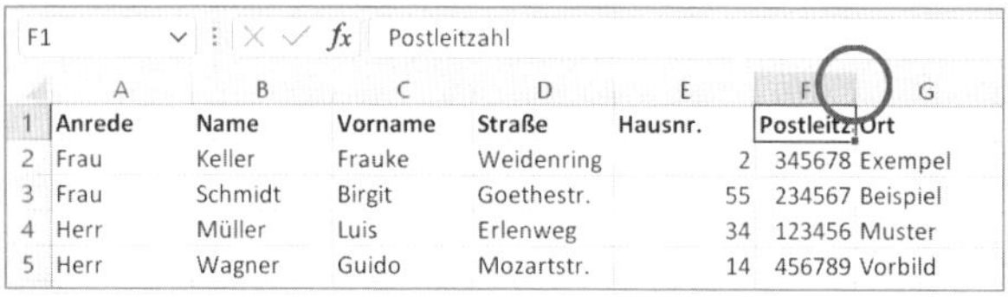

Alternativ können Sie auch einen Doppelklick machen. In diesem Fall wählt Excel automatisch die optimale Breite für die Spalte. Sie werden später bei den Formatierungen noch eine andere Möglichkeit kennenlernen, wie man lange Texte in einer Zelle darstellen kann.

Einfügen und Löschen einer Zeile oder Spalte

Es wird beim Erstellen einer Tabelle immer mal vorkommen, dass man Zeilen oder Spalten zwischen schon gefüllten Zeilen oder Spalten einfügen muss. Das ist aber nicht weiter tragisch.

Klicken Sie mit der rechten Maustaste auf die Zeilennummer, über der eine neue Zeile eingefügt werden soll. Schon öffnet sich bei Excel 2021 ein wahrer Fensterreigen. Das obere Formatierungsfenster werden wir später besprechen. Im Moment ist das untere Fenster wichtig.

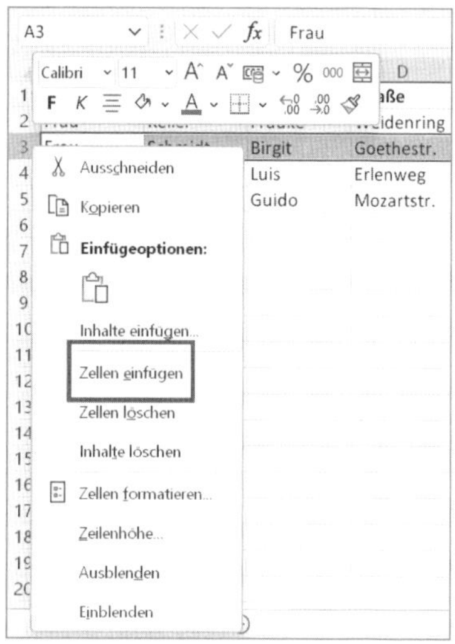

Wählen Sie in diesem Fenster mit der linken Maustaste *Zellen einfügen* – schon haben Sie eine neue Zeile. Excel wird dabei automatisch alle Formeln entsprechend verändern. Die neue Zeile wird in diesem Fall zwischen Zeile 2 und 3 eingefügt.

Das Einfügen einer Spalte verläuft analog. Klicken Sie mit der rechten Maustaste auf den Buchstaben der Spalte rechts von der zu erzeugenden neuen Spalte, und wählen Sie erneut *Zellen einfügen*.

Zum Löschen einer Zeile oder Spalte klicken Sie mit der rechten Maustaste auf die Zeilennummer oder den Spaltenbuchstaben. Wählen Sie im geöffneten Menü *Zellen löschen.*

Die Blitzvorschaufunktion – eine grandiose Sache

Nehmen wir einmal an, Sie haben eine kleine Tabelle wie diese hier, in der die Vor- und Nachnamen in einer Spalte stehen. Eine solche Tabelle ist kaum nach den Nachnamen zu sortieren und sollte deshalb vermieden werden. Besser ist es, die Vor- und Nachnamen in zwei getrennte Spalten zu schreiben.

In den ganz alten Excel-Versionen mussten Sie dafür eine recht umfangreiche Formel benutzen. Wir werden uns im Abschnitt über die Textfunktionen auf Seite 323 noch ausführlich mit diesen Formeln beschäftigen.

Excel 2021 bietet aber eine sehr mächtige Funktion an, und um die soll es nun gehen.

Mit der Blitzvorschaufunktion wollen wir den Vornamen vom Nachnamen trennen und ihn in die Spalte B schreiben.

1 Dazu markieren Sie zunächst Spalte B.

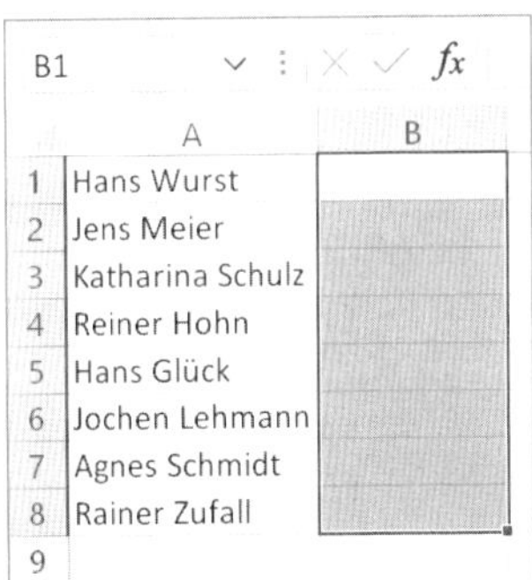

2 Die erste Zelle des markierten Bereichs bleibt weiß und ist bereit für einen Eintrag. Schreiben Sie in Zelle B1 (ohne in die Zelle zu klicken!) den Vornamen aus der ersten Spalte, in unserem Beispiel also *Hans*, und bestätigen Sie die Eingabe mit der ↵-Taste.

	A	B
1	Hans Wurst	Hans
2	Jens Meier	
3	Katharina Schulz	
4	Reiner Hohn	
5	Hans Glück	
6	Jochen Lehmann	
7	Agnes Schmidt	
8	Rainer Zufall	

3 Nun drücken Sie die Tastenkombination Strg+E. Excel füllt die Spalte nun mit den Vornamen aus.

	A	B
1	Hans Wurst	Hans
2	Jens Meier	Jens
3	Katharina Schulz	Katharina
4	Reiner Hohn	Reiner
5	Hans Glück	Hans
6	Jochen Lehmann	Jochen
7	Agnes Schmidt	Agnes
8	Rainer Zufall	Rainer

In gleicher Weise können Sie in Spalte C die Nachnamen separieren. Sie tragen, nachdem Sie Spalte C markiert haben, dort einfach den ersten Nachnamen ein, bestätigen die Eingabe und drücken Strg+E.

	A	B	C
1	Hans Wurst	Hans	Wurst
2	Jens Meier	Jens	Meier
3	Katharina Schulz	Katharina	Schulz
4	Reiner Hohn	Reiner	Hohn
5	Hans Glück	Hans	Glück
6	Jochen Lehmann	Jochen	Lehmann
7	Agnes Schmidt	Agnes	Schmidt
8	Rainer Zufall	Rainer	Zufall

Wenn Sie das schon als äußerst gelungen empfinden, bin ich gespannt, was Sie zu Folgendem sagen. Leeren Sie zunächst die Spalten B und C wieder.

1 Markieren Sie dann Spalte B. Tragen Sie dort Folgendes ein:

B1 | fx Wurst, Hans

	A	B	C
1	Hans Wurst	Wurst, Hans	
2	Jens Meier		
3	Katharina Schulz		
4	Reiner Hohn		
5	Hans Glück		
6	Jochen Lehmann		
7	Agnes Schmidt		
8	Rainer Zufall		

2 Nachdem Sie bestätigt haben, drücken Sie nun wieder Strg+E, und Excel schreibt Ihnen zuerst den Nachnamen, gefolgt von einem Komma mit Leerstelle, und dann den Vornamen.

Etwas anders müssen Sie vorgehen, wenn aus einer Zelle die Postleitzahlen separiert werden sollen.

Wenn Sie das nämlich in der gleichen Art und Weise wie bisher machen, wird Excel die führende Null bei der Dresdner Postleitzahl abschneiden, da führende Nullen bei einer Zahl eigentlich nicht gebraucht werden.

Sie müssen also zuerst eine Spalte so formatieren, dass Excel sie als Textspalte annimmt, auch wenn Zahlen darin stehen.

1 Markieren Sie Spalte B.

2 Wählen Sie als Nächstes auf der Registerkarte *Start* im Bereich *Zahl* das Auswahlfeld durch Klick auf das kleine Dreieck.

3 Wählen Sie nun den Befehl *Text*. Dadurch teilen Sie Excel mit, dass alles, was ab jetzt in Spalte B eingegeben wird, als Text anzusehen ist, egal, was darin steht.

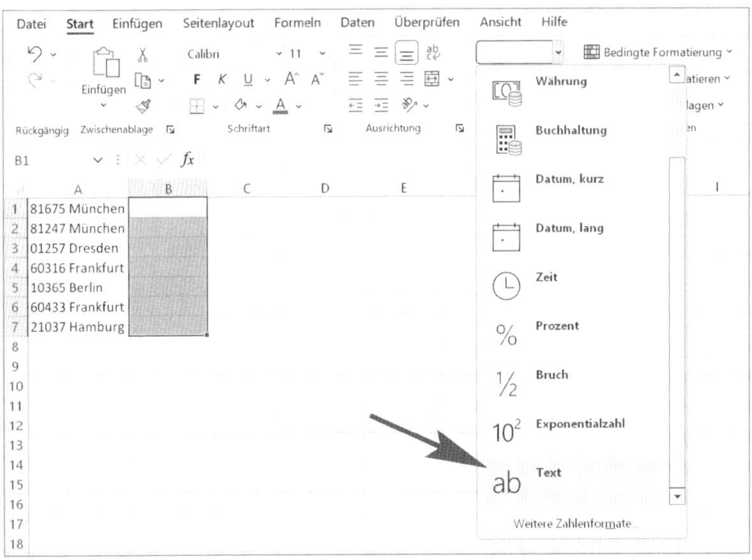

4 Die folgenden Schritte sind mit den bisher besprochenen identisch. Da Spalte B noch markiert ist, tragen Sie ohne weitere Klicks die erste Postleitzahl in Zelle B1 ein.

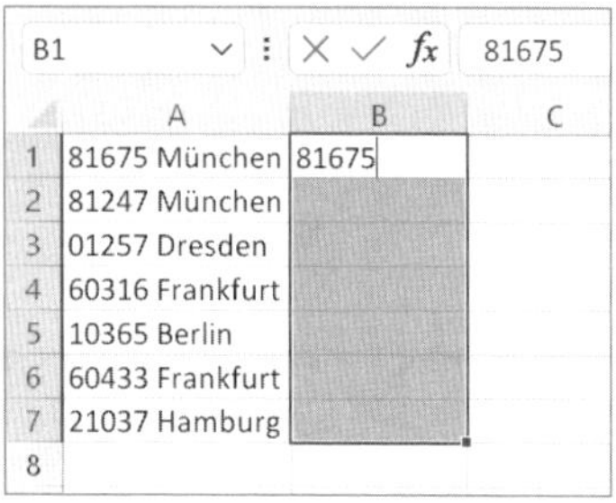

5 Nach Bestätigung der Eingabe und Strg+E wird Excel nun die Postleitzahlen von den Städten abtrennen.

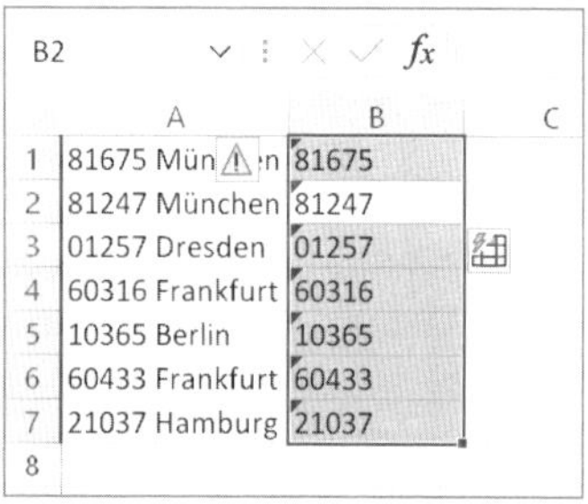

Analog dazu können Sie in einer weiteren Spalte die Städte separieren.

Sie stellen fest, dass in diesem Fall ein kleiner Warninweis erscheint. Dieser wird nicht mit ausgedruckt und enthält für Sie nur die Information, dass die Zahl in dieser Zelle als Text formatiert ist und dass deshalb mit dieser Zelle nicht gerechnet werden kann. Solche Informationen sind manchmal sehr hilfreich, sie können aber auch nerven.

Leider fehlt hier der Platz, um weitere interessante Möglichkeiten der Blitzvorschaufunktion zu besprechen. Probieren Sie einfach selbst einige aus. Sie werden begeistert sein.

So schön die Funktion auch ist, es gibt einen großen Nachteil. Es ist keine Funktion, die sich bei Änderung eines Werts automatisch erneuert. Wenn Sie in der Namensspalte in Zelle A1 *Hans Wurst* in *Margot Keller* ändern, wird Spalte B nicht automatisch erneuert, wie es in Excel eigentlich üblich ist.

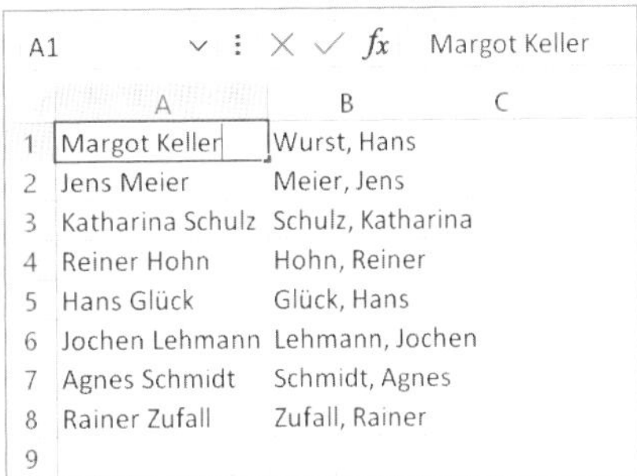

Eine entsprechende Textfunktion, wie wir sie ab Seite 323 besprechen, hätte automatisch darauf reagiert.

Wer übrigens nicht mit der Tastenkombination Strg+E arbeiten, sondern das Ganze lieber über ein Menü machen möchte, kann das gern ebenfalls tun.

Anstatt die Tastenkombination zu drücken, klicken Sie an der entsprechenden Stelle der Anleitung auf der Registerkarte *Start* in der Gruppe *Bearbeiten* auf den Befehl *Ausfüllen*. Dort wählen Sie *Blitzvorschau*.

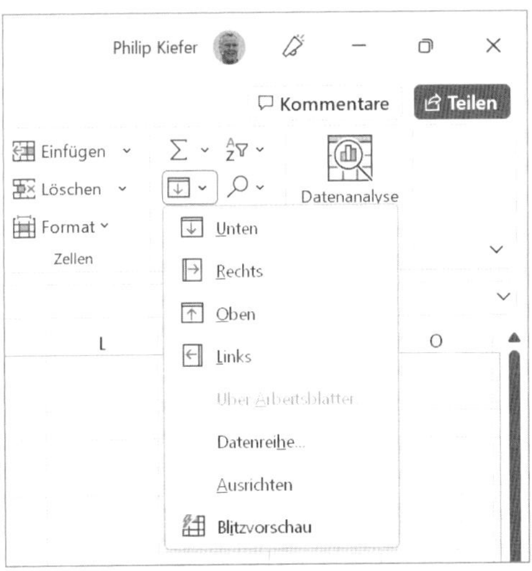

Die richtige Klammersetzung

Nehmen wir an, Sie bekommen als Praktikant einen Stundenlohn von 14,50 €, und Sie haben sieben Stunden gearbeitet. Sie möchten nun errechnen, welchen Verdienst Sie erzielt haben. Ich weiß, das sollte man im Kopf ausrechnen können, aber hier geht es um eine Sache, die bei komplexen Berechnungen extrem wichtig ist, und deshalb rechnen wir jetzt einmal nicht im Kopf, sondern lassen Excel rechnen. Die entsprechende Formel sollte eigentlich kein Problem sein.

D2 | fx =B2*C2

	A	B	C	D
1	Tag	Arbeitszeit	Stundenlohn	Verdienst
2	Freitag	7	14,5	101,5
3				
4				

Sie finden sie in der Bearbeitungszeile der obigen Abbildung.

Wir werden uns bei diesem Beispiel auch noch nicht um Formatierungen kümmern. Es geht nur um die reine Berechnung mit Zahlen.

Jetzt erhalten Sie zusätzlich 3 € pro Stunde für Arbeiten am Wochenende. Schauen Sie sich dazu folgende Tabelle an:

D4 | fx 3

	A	B	C	D	E
1	Tag	Arbeitszeit	Stundenlohn	Zuschlag	Verdienst
2	Freitag	7	14,5		101,5
3	Samstag	7	14,5	3	
4	Sonntag	7	14,5	3	

Wie sieht nun die Formel für Ihren Verdienst am Wochenende aus?

	A	B	C	D	E
1	Tag	Arbeitszeit	Stundenlohn	Zuschlag	Verdienst
2	Freitag	7	14,5		101,5
3	Samstag	7	14,5	3	122,5
4	Sonntag	7	14,5	3	104,5

Uups, bei gleichen Zahlen unterschiedliche Ergebnisse?

In der Formel der Zeile 3, also in Zelle E4, wurden keine Klammern gesetzt.

E4 | fx =B4*C4+D4

	A	B	C	D	E
1	Tag	Arbeitszeit	Stundenlohn	Zuschlag	Verdienst
2	Freitag	7	14,5		=B2*C2
3	Samstag	7	14,5	3	=B3*(C3+D3)
4	Sonntag	7	14,5	3	=B4*C4+D4
5					

Wenn Excel keine Klammern sieht, benutzt es die mathematisch übliche Reihenfolge beim Ausrechnen: Punkt- geht vor Strichrechnung – also Multiplikation und Division vor Addition und Subtraktion (siehe Zelle E4 in der Abbildung). Das ist natürlich in unserem Beispiel falsch. Hier muss zuerst die Addition des Stundenlohns mit dem Zuschlag erfolgen. Erst dann darf das Ganze mit der Arbeitszeit multipliziert werden. Die Formel in Zelle E3 ist also in unserem Fall die richtige.

Sie sehen, wie wichtig eine richtige Klammersetzung ist und wie streng sich Excel an die mathematische Vorgabe hält: Die Werte in den Klammern werden immer zuerst ausgerechnet.

Inhalt einer Zelle in eine andere Tabelle übernehmen: Verknüpfungen von Tabellen

Oft hat man in einer Zelle mit einer aufwendigen Formel ein Ergebnis erhalten, das man dann in einer anderen Tabelle für weitere Berechnungen benötigt. Die gleiche Rechnung aber noch einmal in einer anderen Tabelle durchzuführen ist zwar möglich, aber ziemlicher Unfug. Warum sollte Excel zwei- oder mehrmals den gleichen Wert ausrechnen, nur weil er noch in einer anderen Zelle abgelegt werden soll? Besser ist es, wenn Excel diesen Wert automatisch in die andere Tabelle oder die andere Zelle übernimmt.

Ich möchte Ihnen die Vorgehensweise zunächst an einem einfachen Beispiel erläutern. Nehmen wir an, Sie haben eine sehr umfangreiche Tabelle mit ganz tollen und komplexen Formeln geschaffen. Excel rechnet die Zellen Ihrer Tabelle auch richtig und einigermaßen schnell aus. Nehmen wir das Beispiel aus dem letzten Abschnitt, in dem wir den Verdienst ausgerechnet hatten. Die Tabelle sieht also so aus:

E4 | fx =B4*(C4+D4)

	A	B	C	D	E
1	Tag	Arbeitszeit	Stundenlohn	Zuschlag	Verdienst
2	Freitag	7	14,5		101,5
3	Samstag	7	14,5	3	122,5
4	Sonntag	7	14,5	3	122,5

Ihre wichtigen Ergebnisse stehen in der Abbildung oben in den Zellen E2–E4.

Nun möchten Sie diese Werte, aus welchen Gründen auch immer, auch in den Zellen A6–A8 stehen haben. Natürlich könnten Sie z. B. einfach die Zelle E2 nach A6 kopieren. In diesem Fall bekämen Sie aber die bekannte Fehlermeldung *#BEZUG!*. Wissen Sie noch, warum? Richtig, weil Excel beim Kopieren die Zelladressen wieder anzupassen versucht. Und für beide Teile der Formel, sowohl für A2 wie für B2 oder C2, gäbe es nach dem Kopieren keine Entsprechungen mehr.

Was müssen Sie also tun, um das Problem zu lösen?

Sie könnten in A6 die gleiche Formel noch einmal eingeben, denn was sollte Sie davon abhalten, auch in A6 die Formel =B2*(C2+D2) zu schreiben? Damit wäre im Grunde das Problem gelöst.

Das ist auch eine durchaus legitime Möglichkeit. Aber gehen wir einmal davon aus, Sie hätten tatsächlich eine sehr große Tabelle mit vielen wesentlich komplexeren Formeln vor sich und nicht nur eine kleine, lächerlich einfache Formel wie in der Abbildung.

Es wäre dann sehr unvernünftig, wenn Excel die exakt gleichen Formeln mehrmals berechnen müsste, nur weil sie an verschiedenen Stellen stehen. Besser ist es deshalb, Excel zu veranlassen, den Wert aus den Zellen E2–E4 nach A6–A8 zu übertragen. Und das geschieht mit einer kleinen und sehr einfachen Formel.

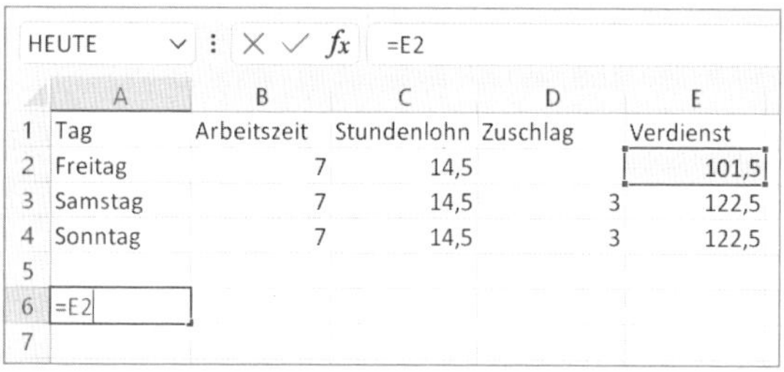
HEUTE | fx =E2

	A	B	C	D	E
1	Tag	Arbeitszeit	Stundenlohn	Zuschlag	Verdienst
2	Freitag	7	14,5		101,5
3	Samstag	7	14,5	3	122,5
4	Sonntag	7	14,5	3	122,5
5					
6	=E2				
7					

Sie tragen in A6 einfach die Formel =E2 ein. Für Excel heißt das, in Zelle E2 hineinzuschauen und den darin befindlichen Wert in die Zelle einzutragen, in der Sie jetzt stehen, also in die Zelle A6. Nachdem Sie diese Formel bestätigt haben, steht der Wert von E2 augenblicklich auch in A6 und wird immer wieder aktualisiert, wenn irgendwo in der Tabelle ein Wert verändert wird.

Das Gleiche könnten Sie anschließend auch mit den Zellen E3 und E4 machen, wenn Excel hier nicht helfen würde. Sie brauchen jetzt nur noch die Zelle A6 nach A7 und A8 zu kopieren. Und da Excel die Zelladressen anpasst, steht in A7 nun die Formel =E3 und in A8 die Formel =E4.

Zellinhalte mithilfe dieser Methode zu übertragen, ist ein sehr mächtiges und hilfreiches Werkzeug – gerade auch dann, wenn der Wert in einer anderen

Tabelle auftauchen soll. Sobald dann in der einen Tabelle der Wert verändert wird, verändert sich auch der Wert in der anderen Tabelle.

Schauen wir uns auch das einmal an einem Beispiel an. In der einen Tabelle verwalten Sie die Adressen der Mitglieder Ihres Vereins. In einer zweiten Tabelle möchten Sie die Mitgliedsbeiträge verwalten. Dazu brauchen Sie den Vor- und den Nachnamen eines jeden Mitglieds in beiden Tabellen.

	A	B	C	D	E	F	G	H
1	Mitgliedsnummer	Anrede	Name	Vorname	Straße	Hausnr.	PLZ	Ort
2	10001	Frau	Keller	Frauke	Weidenring	2	345678	Exempel
3	10002	Frau	Schmidt	Birgit	Goethestr.	55	234567	Beispiel
4	10003	Herr	Müller	Luis	Erlenweg	34	123456	Muster
5	10004	Herr	Wagner	Guido	Mozartstr.	14	456789	Vorbild

1 Öffnen Sie eine weitere Tabelle durch Klick auf das Plussymbol unten in der Registerleiste von Excel.

2 Geben Sie dann in die Zelle von *Tabelle2*, in der die Überschrift eingetragen werden soll, ein Gleichheitszeichen (=) ein.

3 Klicken Sie in Ihrer Adressentabelle auf die Spaltenüberschrift für die Mitgliedsnummer, die im obigen Beispiel die Zelle A1 ist:

A1 fx =Tabelle1!A1

	A	B	C	D	E	F	G	H
1	Mitgliedsnummer	Anrede	Name	Vorname	Straße	Hausnr.	PLZ	Ort
2	10001	Frau	Keller	Frauke	Weidenring	2	345678	Exempel
3	10002	Frau	Schmidt	Birgit	Goethestr.	55	234567	Beispiel
4	10003	Herr	Müller	Luis	Erlenweg	34	123456	Muster
5	10004	Herr	Wagner	Guido	Mozartstr.	14	456789	Vorbild

4 Denken Sie daran, dass Sie ja noch in Zelle A1 von *Tabelle2* stehen. Für Excel heißt das nun, in *Tabelle1* in das Feld A1 zu schauen und es in die Zelle A1 der *Tabelle2* zu übertragen, da Sie in dieser Zelle noch stehen und die Formel dort eingeben.

5 Nachdem Sie das Ganze in *Tabelle1* mit der [↵]-Taste bestätigt haben, überträgt Excel den Wert in *Tabelle2*, allerdings ohne Formatierungen.

Kopieren Sie nun die Formel in *Tabelle2* nach unten, haben Sie schnell die Mitgliedsnummern der Mitglieder des Vereins nach *Tabelle2* übertragen. Genauso können Sie verfahren, wenn Sie noch zusätzlich die Vor- und Nachnamen nach *Tabelle2* übertragen möchten.

Wenn sich nun ein Wert in Spalte A, C oder D in *Tabelle1* ändert, ändert sich auch automatisch der entsprechende Wert in *Tabelle2*. Probieren Sie es aus!

TIPP **Achtung, immer die Enter-Taste!**
Bestätigen Sie hier immer mit der ↵-Taste, und klicken Sie niemals zum Bestätigen in eine andere Zelle!

Neue Namen für Ihre Tabellen

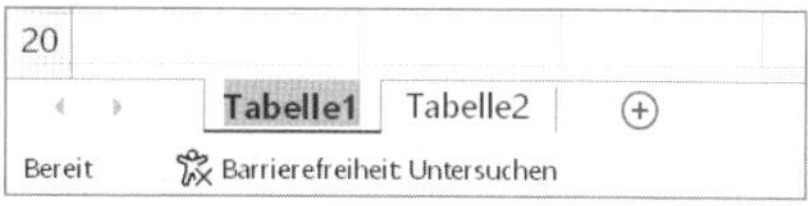

Meistens ist es nötig und sinnvoll, eigene Namen für die Tabellen zu vergeben, anstatt mit den Standardnamen *Tabelle1, Tabelle2* etc. zu arbeiten. Der einfachste Weg, den Namen einer Tabelle zu verändern, führt über einen Doppelklick auf den Namen der Tabelle, die Sie umtaufen möchten.

Der Name *Tabelle1* wird nun grau unterlegt, und Sie brauchen nur noch den neuen Namen einzutragen. Der Name kann sehr lang sein und darf auch Leerzeichen enthalten. Nachdem Sie den neuen Namen eingegeben haben, bestätigen Sie ihn mit der ↵-Taste. Alternativ können Sie mit der rechten Maustaste auf den Tabellennamen, der geändert werden soll, klicken und dann *Umbenennen* wählen.

TIPP **Verknüpfungen und Tabellennamen**
Sollten Sie, nachdem Sie Verknüpfungen zwischen den Tabellen hergestellt haben, auf die Idee kommen, die Namen der Tabellen zu ändern, brauchen Sie keine Angst zu haben, dass Sie nun alle diese Formeln ebenfalls ändern müssen. Excel macht das für Sie, Sie brauchen sich um nichts zu kümmern.

Immer wiederkehrende Listen – AutoAusfüllen

Müssen Sie häufig Monatsnamen oder Wochentage in eine Tabelle eintragen? Excel hilft Ihnen dabei mit der Funktion *AutoAusfüllen*. Nehmen wir an, Sie benötigen in den Zellen A1, B1, C1 etc. die Monatsnamen. Sie müssen die Monate aber nicht selbst in jede einzelne Zelle schreiben. Das erledigt Excel für Sie.

Tragen Sie nur den ersten Monatsnamen, mit dem Sie beginnen möchten, in A1 (oder jede andere beliebige Zelle) ein. Dann kopieren Sie die Zelle mit dem bekannten kleinen schwarzen Rechteck in alle Zellen rechts daneben. Excel wird Ihnen automatisch die anderen Monatsnamen in die Zellen schreiben.

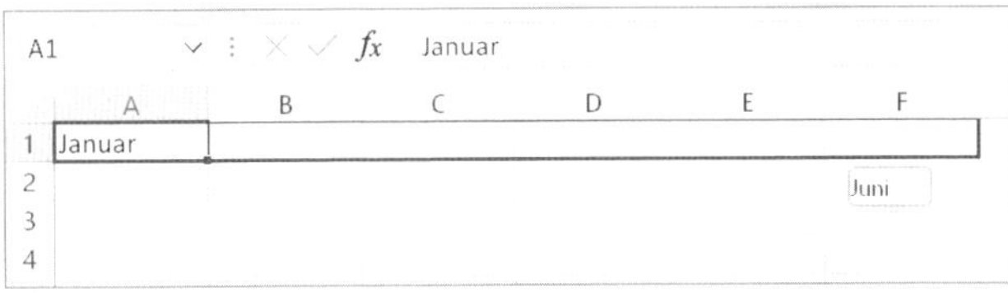

Dies funktioniert natürlich in jede beliebige Richtung außer der Diagonalen. Testen Sie einmal die folgenden Werte, indem Sie den Wert in die entsprechende Zelle eingeben und dann nach rechts kopieren.

Zelle	Wert
A2	Montag
A3	29. Februar 2024
A4	Jan
A5	Mo
A6	1. Quartal

Was fällt Ihnen beim Datum 29. Februar 2024 auf? Excel kennt auch Schaltjahre! 2024 ist ein Schaltjahr, entsprechend erhalten Sie auch den 29. Februar 2024.

Im Beispiel für das 1. Quartal ist es wichtig, dass zwischen dem Punkt und dem Wort Quartal ein Leerzeichen steht. Nur dann wird Excel automatisch ein 2., 3. und 4. Quartal erzeugen. Und sofern Sie das Wort Quartal richtig geschrieben haben, wird Excel auch kein 5. Quartal erzeugen, denn aufgrund des Wortes Quartal erkennt Excel, dass es davon nur vier geben kann.

Generell können Sie jede Zahl mit jedem beliebigen Wort versehen und hochzählen lassen. Geben Sie zum Beispiel die Abkürzung für die Einkommensteuer *ESt*, gefolgt von einer Jahreszahl ein, und kopieren Sie die Zelle. Vergessen Sie aber nicht das Leerzeichen zwischen *ESt* und der Jahreszahl.

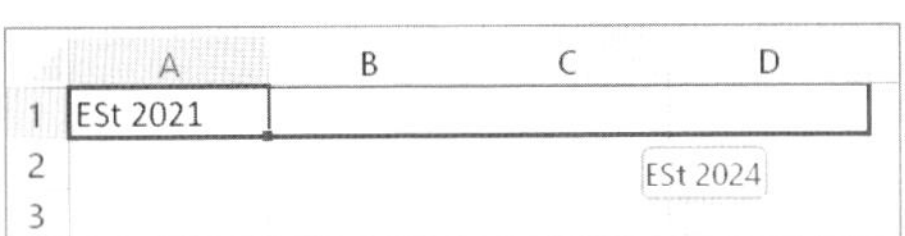

Wie kann man Zahlen hochzählen lassen?

Auch hier kann das *AutoAusfüllen* sehr hilfreich sein. Doch bei Zahlen reicht es nicht aus, nur den Startwert in eine Zelle zu schreiben. Vielmehr müssen Sie Excel auch mitteilen, mit welcher Schrittweite weitergezählt werden soll.

Soll Excel beginnend mit der Zahl 1 bis zur Zahl 10 hochzählen, geben Sie die *1* zum Beispiel in die Zelle A1 ein, die *2* in die Zelle B1.

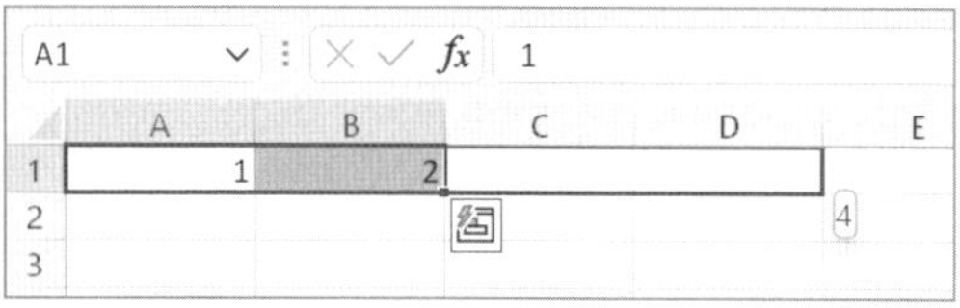

Nun markieren Sie beide Zellen gemeinsam und kopieren sie nach rechts mithilfe des bekannten Kopiersymbols. Dabei wird Excel nun automatisch die Schrittweite 1 benutzen.

Möchten Sie aber in 2er-Schritten weitergehen, geben Sie in Zelle B2 einfach die Zahl *3* ein. Der Rest verläuft wie gerade besprochen, Sie markieren die beiden Zellen und kopieren sie.

Allgemein heißt das nun, dass Sie bei Zahlen die beiden ersten Werte eintragen, beide Werte markieren und gemeinsam kopieren. Damit kennt Excel automatisch die Schrittweite.

Eigene Ausfülllisten

Der interessanteste Teil von *AutoAusfüllen* ist aber sicher die Möglichkeit, beliebige eigene Listen zu erstellen. Brauchen Sie auf Ihrem Biobauernhof sehr häufig die bei Ihnen angebauten Obstsorten in verschiedenen Tabellen, kann es sehr umständlich sein, diese Namen jedes Mal aus einer schon erstellten Tabelle zu kopieren. Hier würde es sich anbieten, einmalig eine eigene Liste zu erzeugen und die Funktion *AutoAusfüllen* zu benutzen.

Was müssen Sie tun?

1 Klicken Sie auf das *Datei*-Menü und darin in der linken Spalte auf *Optionen*. Klicken Sie dann auf den Bereich *Erweitert* in der linken Spalte. Hier wandern Sie in der Bildlaufleiste ganz nach unten.

2 Nun sehen Sie dort die Schaltfläche *Benutzerdefinierte Listen bearbeiten*. Klicken Sie darauf.

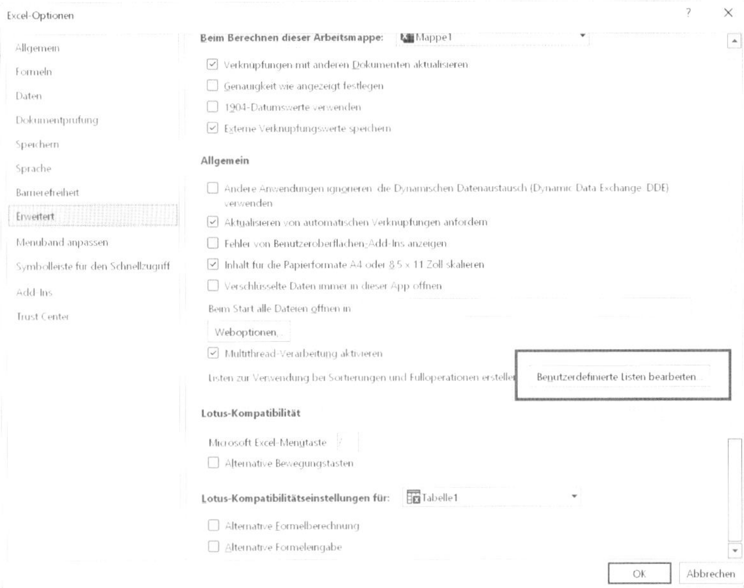

3 Hier finden Sie die Listen, mit denen Sie bisher auch schon gearbeitet haben. Sie sehen aber auch den Befehl *Neue Liste*, mit dem Sie nun eine eigene Ausfüllliste erstellen können. Wählen Sie also *Neue Liste*.

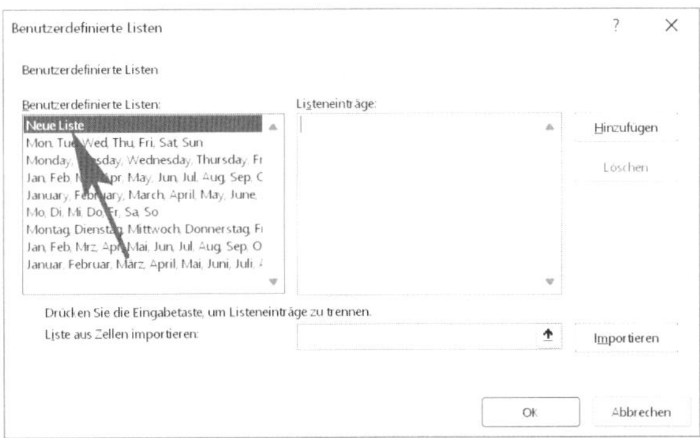

4 Anschließend klicken Sie in den Bereich *Listeneinträge*. Hier können Sie Ihre neuen Einträge eingeben. Sobald Sie einen Eintrag fertiggestellt haben, bestätigen Sie ihn mit der [↵]-Taste.

5 Haben Sie alle Obstsorten eingegeben, bestätigen Sie Ihre neue Liste durch Klick auf *Hinzufügen*.

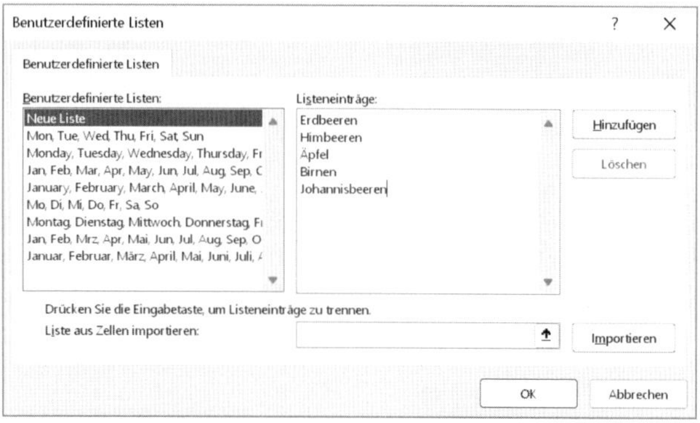

6 Wollen Sie eine weitere neue Liste eintragen, führen Sie die Schritte 3 und 4 erneut durch.

7 Wenn Sie fertig sind, beenden Sie das Fenster durch Klick auf *OK* und schließen die *Excel-Optionen* ebenfalls mit *OK*.

Nun können Sie diese Liste genau so benutzen wie die Monats- oder Tagesnamen. Sie tragen in eine Excel-Tabelle einfach einen der Namen Ihrer Liste ein (es muss nicht unbedingt der erste Name der Liste sein) und führen dann den Kopiervorgang nach unten oder wohin auch immer durch. Zum Kopieren benutzen Sie das kleine schwarze Rechteck rechts unten in der Zelle, in der Sie den Namen eingetragen haben.

Auch eine Namensliste können Sie so erstellen:

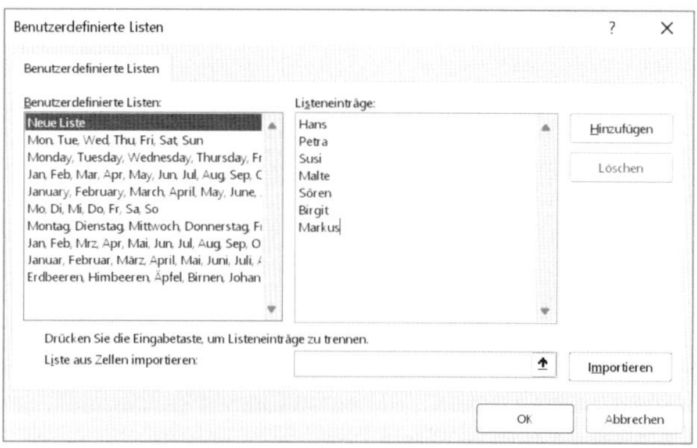

Was aber, wenn Sie diese Namensliste sortiert haben wollen?

Für Excel kein Problem!

1 Schreiben Sie die Namen, bevor Sie sie in eine benutzerdefinierte Liste eintragen, einmal untereinander in eine ganz normale Tabelle. Jeder Name kommt in eine Zelle.

2 Markieren Sie anschließend die Namen, und wählen Sie dann die Registerkarte *Start*. Hier finden Sie im Bereich *Bearbeiten* den Befehl *Sortieren und Filtern*.

3 Wählen Sie nun die Sortierrichtung. *Von A bis Z sortieren* sortiert absteigend, mit A beginnt es, und Z steht unten. Die andere Möglichkeit sortiert aufsteigend.

4 Lassen Sie dann Ihre sortierte Liste markiert und wählen Sie im Menüband *Datei*. Gehen Sie wieder zu den *Optionen*, und im Bereich *Erweitert* wählen Sie *Benutzerdefinierte Listen bearbeiten*.

5 Nun steht unten im Feld *Liste aus Zellen importieren* schon ein Zellbereich, nämlich der, den Sie markiert haben.

6 Klicken Sie auf *Importieren*, und schon haben Sie Ihre sortierte Liste.

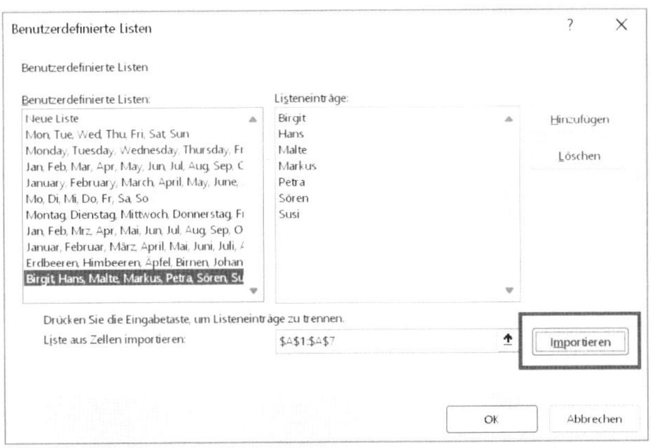

7 Bestätigen Sie sämtliche Fenster mit *OK*, und gehen Sie damit in Ihre Excel-Tabelle zurück.

Sortieren von Datenlisten

Die Verwaltung von Adress- und anderen Listen ist in Excel einfach und recht komfortabel, man muss sich nur immer wieder vor Augen führen, dass Excel eine Tabellenkalkulation und keine Datenbank ist. Einfache und umfangreiche Listen zu verwalten, ist eine problemlose Angelegenheit. Aber komplexe Verknüpfungen zwischen den Daten müssen einem großen Datenbankprogramm wie Access vorbehalten bleiben.

Wenn Sie also in Excel eine lange Liste erstellt haben, kann es sein, dass Sie diese Liste aus Gründen der Übersichtlichkeit sortieren möchten. Dafür bietet sich zunächst die gerade besprochene einfache Art der Sortierung an. Wenn Sie aber ein wenig komplexer sortieren möchten, geht das nur über die Registerkarte *Start*. Dort finden Sie in der Gruppe *Bearbeiten* unter dem Sortiersymbol den Eintrag *Benutzerdefiniertes Sortieren*.

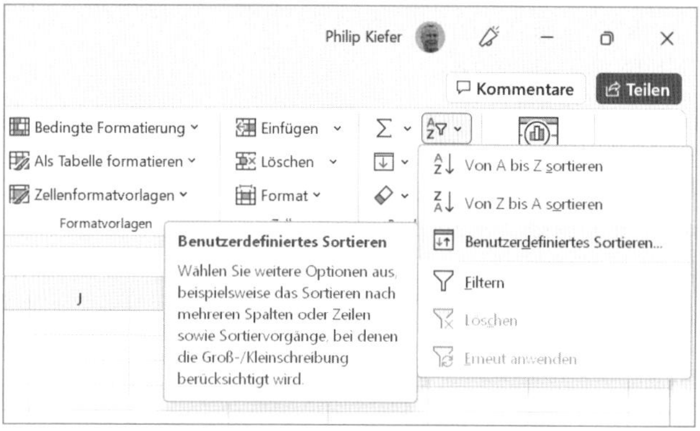

Alternativ finden Sie auf der Registerkarte *Daten* das *Sortieren*.

Bevor Sie jedoch einen der beiden Wege gehen, klicken Sie in irgendeine Zelle der Liste, die Sie sortieren möchten. Es muss nicht das Feld sein, nach dem Sie sortieren möchten. Wählen Sie dann *Benutzerdefiniertes Sortieren*. Sie erhalten ein neues Fenster:

Hier entscheiden Sie sich nun, nach welcher Spalte sortiert werden soll. Hier klicken Sie im Bereich *Spalte* auf das kleine Dreieck bei *Sortieren nach*. Wählen Sie z. B. die Sortierung nach der Spalte *Name*.

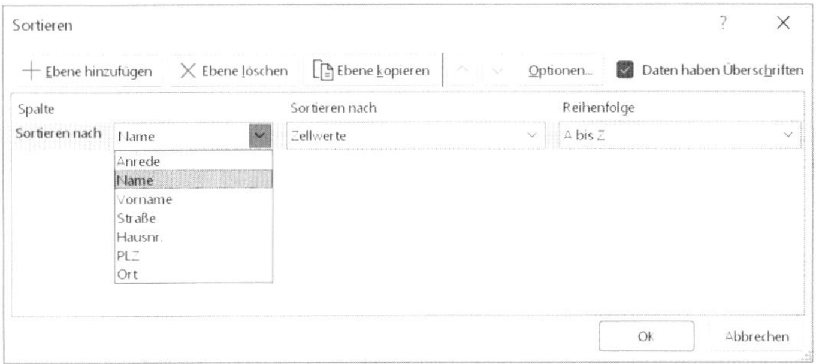

Ein wenig unglücklich ist die Wortwahl, wenn Sie sich als Nächstes entscheiden müssen, ob Sie nach irgendwelchen Zellenfarben oder Zellwerten sortieren wollen, denn auch diesen Bereich nennt Microsoft *Sortieren nach*. Standardmäßig steht hier *Zellwerte*.

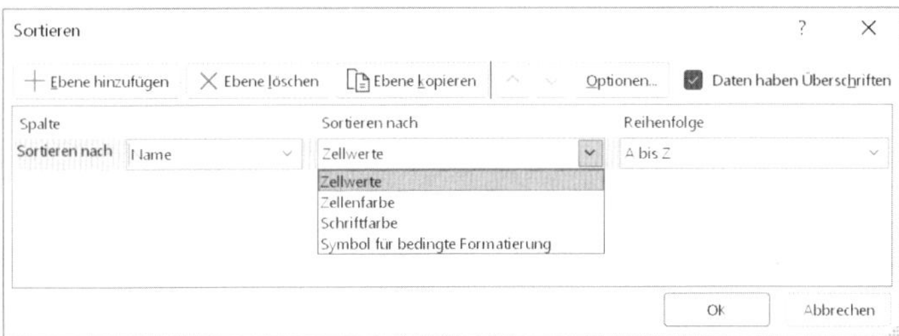

Der Sinn des Sortierens nach Zellwerten dürfte Ihnen sicher spontan klar sein, denn Werte können zum Beispiel Zahlenwerte sein. Auch Vor- und Nachnamen fallen in die Kategorie *Zellwerte*. Jedoch werden Sie sich wahrscheinlich fragen, welchen Sinn es haben soll, etwa nach der Zellenfarbe zu sortieren.

Sie werden im Abschnitt über die bedingte Formatierung sehen, wie Sie aufgrund von Bedingungen Zellen mit einer Farbe einfärben können, um sie so besser und schneller sehen zu können. Sie haben zum Beispiel 10.000 Messwerte und suchen einen bestimmten Zahlenwert, der Ihnen vielleicht einmal den Nobelpreis einbringen könnte. Also lassen Sie Excel den Wert suchen und farblich darstellen, zum Beispiel in Rot. Nun taucht bei einer Messreihe dieser Wert in Zelle 8295 auf. Sie müssen also mindestens 8294 Zellen anschauen, um die rote Zelle zu finden, in der dieser wichtige Wert steht. Da wäre es doch sicher viel besser, sich alle die Zellen zuerst zeigen zu lassen, die rot sind. Und das erreichen Sie durch Sortieren nach der Zellenfarbe. Wie Sie eine solche Zelle mit Excel einfärben, erfahren Sie im Abschnitt über die bedingte Formatierung.

Zum Schluss müssen Sie noch entscheiden, ob Sie auf- oder absteigend sortieren wollen. Bei einer Sortierung wird natürlich die ganze Zeile sortiert und nicht nur die Spalte, in der Sie gerade stehen. Für unsere Adressenliste sähe eine Sortierung nach dem Namen so aus:

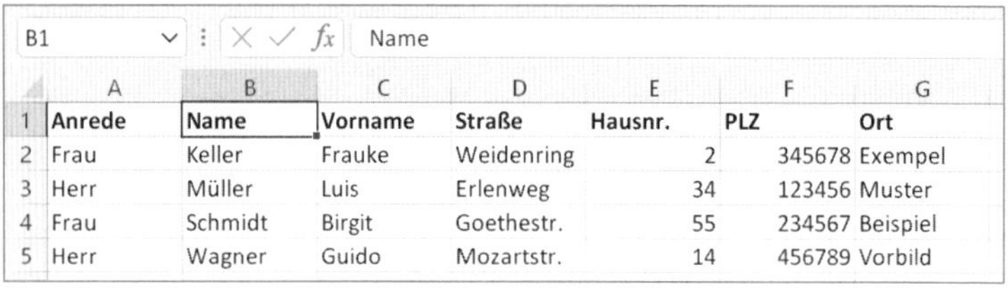

	A	B	C	D	E	F	G
1	**Anrede**	**Name**	**Vorname**	**Straße**	**Hausnr.**	**PLZ**	**Ort**
2	Frau	Keller	Frauke	Weidenring	2	345678	Exempel
3	Herr	Müller	Luis	Erlenweg	34	123456	Muster
4	Frau	Schmidt	Birgit	Goethestr.	55	234567	Beispiel
5	Herr	Wagner	Guido	Mozartstr.	14	456789	Vorbild

Sie können aber auch sehr viel komplexere Sortierungen durchführen. Gerade bei Adressenlisten ist es sinnvoll, zuerst einmal nach dem Ort zu sortieren. Innerhalb eines Ortes könnte man dann nach dem Nachnamen und, bei gleichen Nachnamen, nach dem Vornamen sortieren.

Um zu dem Sortierkriterium *Ort* ein weiteres Kriterium hinzuzufügen, klicken Sie im Fenster *Sortieren* auf *Ebene hinzufügen*. Diese zweite Ebene füllen Sie genauso aus wie die erste Ebene. Zum Schluss fügen Sie eine dritte Ebene hinzu, die nach dem Vornamen sortiert. Das Fenster sollte nun so aussehen:

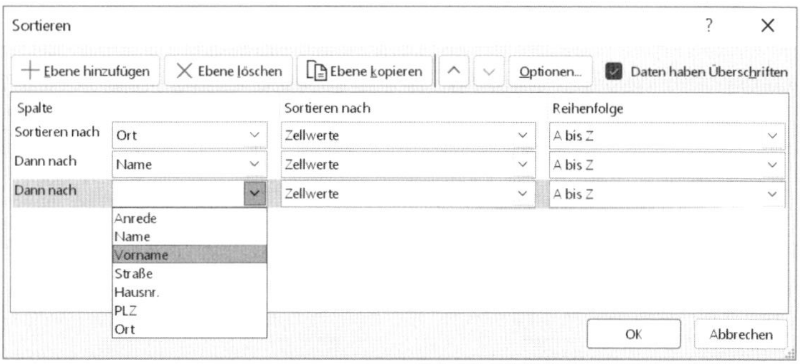

Während Sie in ganz alten Excel-Versionen nur drei Sortierebenen zur Verfügung hatten, können Sie in Excel 2021 nach mehr als 60 Ebenen sortieren lassen.

Relative und absolute Bezüge

Diese beiden sehr wichtigen Begriffe lassen sich am besten an einem Beispiel erläutern. Sie möchten für Ihren Teeladen eine Umsatztabelle für den verkauften Tee erstellen. Ihre grundlegende Tabelle könnte so aussehen:

	A	B	C	D	E
1	Verkaufspreis/kg	12,7			
2	Einkaufspreis/kg	9,8			
3					
4		Verkauf (kg)	Umsatz	Kosten	Gewinn
5					
6	1. Quartal	3,5			
7	2. Quartal	2,8			
8	3. Quartal	4,9			
9	4. Quartal	5,1			
10					

In Zelle B1 steht der Verkaufspreis pro kg Tee, in Zelle B2 steht der entsprechende Einkaufspreis des Tees pro kg. In den vier Quartalen des Jahres wurde die in den Zellen B6 bis B9 eingetragene Teemenge (in kg) verkauft. Bis hierhin dürfte die Tabelle keine Schwierigkeiten bereiten. Denken Sie daran, dass wir uns auch hier noch nicht um die Formatierung kümmern. Das kommt später.

Ihre Aufgabe ist es nun, Umsatz, Kosten und Gewinn Ihres Teeladens zu berechnen.

Geben Sie in C6 die richtige Formel zum Errechnen des Umsatzes im 1. Quartal ein. Das sollte eigentlich nicht schwer sein und ist mit den besprochenen Grundrechenarten problemlos zu machen. Denken Sie aber daran, dass Sie mit Zelladressen und nicht mit festen Zahlen arbeiten sollten. Die richtige Formel für die Zelle C6 sehen Sie in der Bearbeitungszeile.

C6 fx =B1*B6

	A	B	C	D	E
1	Verkaufspreis/kg	12,7			
2	Einkaufspreis/kg	9,8			
3					
4		Verkauf (kg)	Umsatz	Kosten	Gewinn
5					
6	1. Quartal	3,5	44,45		
7	2. Quartal	2,8			
8	3. Quartal	4,9			
9	4. Quartal	5,1			
10					

Wenn Sie diese Formel mit den bisher besprochenen Methoden nach unten kopieren, erhalten Sie seltsame Ergebnisse:

	A	B	C	D	E
1	Verkaufspreis/kg	12,7			
2	Einkaufspreis/kg	9,8			
3					
4		Verkauf (kg)	Umsatz	Kosten	Gewinn
5					
6	1. Quartal	3,5	44,45		
7	2. Quartal	2,8	27,44		
8	3. Quartal	4,9	0		
9	4. Quartal	5,1	#WERT!		
10					

Besonders störend ist die Fehlermeldung *#WERT!* in Zelle C9.

Was ist geschehen? Die Formel in C6 ist doch offensichtlich richtig. Also kann nur im Zuge des Kopierens etwas schiefgelaufen sein. Aber was? Versuchen Sie zunächst selbst, eine Antwort zu finden, bevor Sie weiterlesen.

Um einer Antwort näher zu kommen, klicken Sie in die Zelle C7. Dort finden Sie die Formel =B2*B7. Hier sollte bei Ihnen der erste Verdacht aufkommen. B7 in der Formel ist ja noch richtig, völlig unsinnig hingegen aber ist B2. Das müsste doch eigentlich auch B1 heißen, denn nur da steht der Verkaufspreis. Schauen Sie sich in dieser Weise die anderen Formeln in den Zellen C7 bis C9 an.

	A	B	C	
1	Verkaufspreis/kg	12,7		
2	Einkaufspreis/kg	9,8		
3				
4		Verkauf (kg)	Umsatz	Kosten
5				
6	1. Quartal	3,5	=B1*B6	
7	2. Quartal	2,8	=B2*B7	
8	3. Quartal	4,9	=B3*B8	
9	4. Quartal	5,1	=B4*B9	
10				

Ich hoffe, Sie haben inzwischen eine Erklärung für das seltsame Verhalten von Excel gefunden.

Was bisher bei Excel so segensreich war, nämlich dass Excel beim Kopieren die Zelladressen verändert hat, führt hier anscheinend zu falschen Ergebnissen. Dass Excel die Zelladressen der B-Spalte, also die verkauften Teemengen, verändert, ist ja noch völlig in Ordnung, aber die Zelle, in der der Verkaufspreis für den Tee steht, darf Excel nicht verändern. Dort müsste immer B1 stehen, denn der Verkaufspreis steht in dieser Tabelle nun mal in B1.

Hier haben wir also ein Beispiel vor uns, in dem verschiedene Zelladresstypen in einer Formel unterschieden werden müssen. Wir haben es einmal mit sogenannten relativen Adressen zu tun, also Adressen, die Excel beim Kopieren verändern darf. Hier sind es die Zellen B6 bis B9 der Formel. Aber wir haben es in diesem Beispiel auch mit absoluten Zellen zu tun, also Zellen, die Excel beim Kopieren nicht verändern darf. Das ist in unserem Fall die Zelle B1. Diese Zelle darf hier beim Kopieren nicht verändert werden, sie muss in jeder Formel B1 bleiben.

Bisher haben Sie Zelladressen in der Form A1, B5 oder C8 verwendet. Diese Zellen hat Excel beim Kopieren verändert. Das sind also relative Zelladressen. Um nun eine relative Adresse zu einer absoluten zu machen, müssen Sie lediglich beim Eingeben der Formel vor die einzelnen Bestandteile der Zelle ein Dollarzeichen ($) schreiben.

relative Adresse	B3
absolute Adresse	$B$3

Denken Sie aber daran, dass das $-Zeichen bei einer absoluten Zelle vor jedem Teil der Zelladresse stehen muss, also $B$3. Falsch wäre zum Beispiel $B1$.

Das $-Zeichen vor den einzelnen Bestandteilen der Zelladresse gibt an, dass dieser Teil beim Kopieren nicht verändert werden darf.

Praxistipp: Schnelles Ändern einer relativen Zelle zu einer absoluten TIPP
Sie können ganz schnell eine relative Zelle zu einer absoluten machen. Schreiben Sie in der Formel zunächst die entsprechende Zelle relativ, also zum Beispiel B3, und drücken Sie dann sofort auf die [F4]-Taste. Nun werden automatisch die Dollarzeichen an die richtigen Stellen geschrieben.

Geben Sie nun in die Zelle C6 die richtige Formel ein, und kopieren Sie sie erneut. Jetzt müsste alles richtig funktionieren.

C9 | fx =$B$1*B9

	A	B	C	D	E
1	Verkaufspreis/kg	12,7			
2	Einkaufspreis/kg	9,8			
3					
4		Verkauf (kg)	Umsatz	Kosten	Gewinn
5					
6	1. Quartal	3,5	44,45		
7	2. Quartal	2,8	35,56		
8	3. Quartal	4,9	62,23		
9	4. Quartal	5,1	64,77		
10					

Das fertige Beispiel mit allen Formeln sollte so aussehen:

B1 | fx 12,7

	A	B	C	D	
1	Verkaufspreis/kg	12,7			
2	Einkaufspreis/kg	9,8			
3					
4		Verkauf (kg)	Umsatz	Kosten	Gewinn
5					
6	1. Quartal	3,5	=$B$1*B6	=$B$2*B6	=C6-D6
7	2. Quartal	2,8	=$B$1*B7	=$B$2*B7	=C7-D7
8	3. Quartal	4,9	=$B$1*B8	=$B$2*B8	=C8-D8
9	4. Quartal	5,1	=$B$1*B9	=$B$2*B9	=C9-D9

Eventuell hat Excel nun ein paar Dezimalstellen zu wenig. Das werden wir in Abschnitt 4.4 über Formatierungen ändern.

Zinsen für ein Guthaben

In folgendem Beispiel geht es auch wieder um relative und absolute Zelladressen. Gleichzeitig möchte ich Ihnen aber noch eine wichtige Idee beim Erstellen von Tabellen zeigen. Sie geben Ihrer Bank am 1. Januar 2022 einen Betrag von 5.000 Euro. Die Bank verzinst diesen Betrag über zehn Jahre mit einem jährlichen Zinssatz von 1,5 %. Ja, ich weiß, das sind Traumzinsen in der heutigen Zeit, aber man darf doch noch träumen.

Ihre Aufgabe ist es, Zinsen und Guthaben für die kommenden zehn Jahre jährlich zu berechnen. Ihre Tabelle könnte zunächst so aussehen:

A6 | fx =B3

	A	B	C
1	Guthaben	5000	
2	Zinssatz	1,5	
3	Beginn	2022	
4			
5	Jahr	Zinsen	Guthaben
6	2022		

Zunächst soll Excel die Jahreszahlen automatisch hochzählen. Der bekannte Weg, die ersten beiden Jahreszahlen einzugeben und nach unten zu kopieren, ist in diesem Fall nicht die beste Option.

Warum? Nun, sobald Sie in Zelle B3 eine andere Jahreszahl eingeben, müssen Sie erneut kopieren. Besser ist es also, Sie lassen die Jahreszahlen mit Formeln berechnen.

Das geht recht einfach. In Zelle A6 geben Sie die Formel ein, mit der Excel einen Wert aus einer anderen Zelle holt (siehe vorherige Abbildung):

```
=B3
```

Nun müssen Sie nur noch in der nächsten Zelle A7 zur Zelle A6 eine 1 addieren:

```
=A6+1
```

Die Zelle A7 kopieren Sie sich dann nach unten. Dann müssen Sie die Formeln für die Zinsen und das Guthaben am Ende des Jahres 2022 entwickeln.

Rein mathematisch würde man so etwas mit dem normalen Dreisatz berechnen.

$$Zinsen = \frac{Zinssatz * Guthaben}{100}$$

In Zelle B6 gehört also die folgende Formel:

```
=B2*B1/100
```

Das Guthaben selbst ist nur eine Addition des Guthabens mit den gerade errechneten Zinsen. In C6 steht also diese Formel:

```
=B1+B6
```

Da es Zinseszinsen gibt, müssen die Formeln für das nächste Jahr, also 2023, noch einmal eingegeben werden, und erst dann können Sie kopieren. Für das Jahr 2023 brauchen Sie zunächst das Guthaben des Jahres 2022 und nicht mehr das Anfangsguthaben. Das führt in Zelle B7 zu folgender Formel:

```
=C6*B2/100
```

Doch Achtung, diese Formel soll nun nach unten kopiert werden, und da darf sich Zelle B2 nicht ändern, denn der Zinssatz steht immer in B2. C6 hingegen muss sich von Jahr zu Jahr ändern. Die richtige Formel in B7 lautet also:

```
=C6*$B$2/100
```

In C7 steht:

```
=C6+B7
```

Nun erst können Sie sich die Formel in A7, B7 und C7 nach unten kopieren. Dazu markieren Sie die entsprechenden Zellen und kopieren sie in der bekannten Art nach unten.

Das alles führt zu den Formeln in der Abbildung.

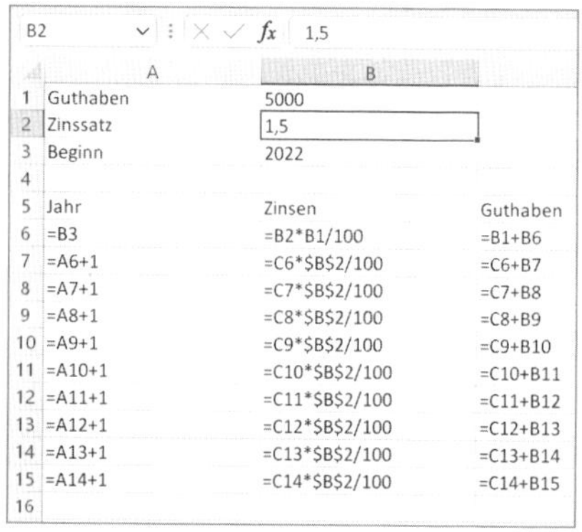

B2 | fx 1,5

	A	B	
1	Guthaben	5000	
2	Zinssatz	1,5	
3	Beginn	2022	
4			
5	Jahr	Zinsen	Guthaben
6	=B3	=B2*B1/100	=B1+B6
7	=A6+1	=C6*$B$2/100	=C6+B7
8	=A7+1	=C7*$B$2/100	=C7+B8
9	=A8+1	=C8*$B$2/100	=C8+B9
10	=A9+1	=C9*$B$2/100	=C9+B10
11	=A10+1	=C10*$B$2/100	=C10+B11
12	=A11+1	=C11*$B$2/100	=C11+B12
13	=A12+1	=C12*$B$2/100	=C12+B13
14	=A13+1	=C13*$B$2/100	=C13+B14
15	=A14+1	=C14*$B$2/100	=C14+B15
16			

Warum aber, so könnten Sie fragen, muss in Zelle B6 nicht zwischen relativen und absoluten Zellen unterschieden werden?

Die Antwort ist einfach: Weil diese Formel nicht kopiert werden muss. Relative und absolute Zellen werden nur dann wirklich wichtig, wenn eine Formel kopiert wird, denn nur dann wird Excel sie beim Kopieren auch verändern.

Es wäre aber keinesfalls falsch gewesen, wenn Sie auch in Zelle B6 den Teil B2 absolut gesetzt hätten.

4.3 Schnelle Ergebnisse: neue Tabellen im Schnellformat

Die vordringlichste Aufgabe einer Tabellenkalkulation ist es, richtige Ergebnisse zu liefern. Dabei kann Ihnen Excel aber nur bedingt helfen. Es stellt Ihnen die Instrumente zur Verfügung, die richtigen Formeln zum Problem müssen Sie selbst finden. Dabei will Ihnen dieses Buch helfen.

Nachdem Sie Ihre Kalkulation mit den entsprechenden Formeln versehen haben, folgt als nächster Schritt die Formatierung der Zellen. Aus den kühlen Rechnungen wird nun eine mehr oder weniger ästhetische Tabelle. Mehr oder weniger ästhetisch meint hier, dass Sie wegen des Umfangs an Möglichkeiten bei der Formatierung ganz leicht auch über das Ziel hinausschießen können.

Ihre Tabelle sollte übersichtlich und leicht zu lesen sein. Keinesfalls geht es darum, zu zeigen, was Excel – oder später auch PowerPoint – so alles draufhaben.

Die richtige Reihenfolge bei der Erstellung einer Tabelle ist, zunächst die richtigen Formeln in die Zellen einzusetzen und sich erst dann mit der Formatierung zu beschäftigen. Sie sollten also nicht einen Wert oder eine Formel in eine Zelle schreiben und dann gleich danach diese Zelle mit den Formaten versehen, denn oft erkennt man erst beim Erstellen einer Tabelle, dass der eine oder andere Wert in eine andere Zelle muss – und dann beginnt man mit dem Formatieren von vorn.

Sie sollten sich an dieser Stelle schon mal klarmachen, dass in einer Excel-Zelle drei verschiedene Angaben verwaltet werden: die Formeln, die einen Wert berechnen, der Wert selbst, der aus der Formel berechnet wird, und die Formatierung, die für diese Zelle gilt.

Wenn's mal schnell gehen soll – Layoutvorlagen

Layoutvorlagen können und sollten Sie benutzen, wenn es wirklich schnell gehen soll. Mit wenigen Klicks kommen Sie damit zu mehr oder weniger brauchbaren Ergebnissen. Nehmen wir als Beispiel folgende Tabelle:

	A	B	C	D	E	F	G
1		Januar	Februar	März	April	Mai	Juni
2	Hans Wurst	818,92	992,47	1978,81	1320,11	1400,20	465,41
3	Jens Meier	1602,61	1518,30	169,23	1932,43	1888,08	143,04
4	Katharina Schulz	1320,17	454,50	467,34	901,01	1167,20	824,49
5	Reiner Hohn	1064,97	1447,96	1708,47	1409,49	343,34	127,52
6	Hans Glück	535,53	1744,22	539,75	400,10	1367,93	451,51
7	Jochen Lehmann	83,33	355,78	1800,41	1047,42	1918,75	480,10
8	Agnes Schmidt	1717,14	1649,73	1125,53	1684,33	1622,12	395,83
9	Rainer Zufall	432,38	1293,39	57,98	1627,35	1045,55	1447,33

Markieren Sie die Zellen, die Sie schnell und ohne großen Aufwand formatieren möchten. Öffnen Sie dann auf der Registerkarte *Start* in der Gruppe *Formatvorlagen* die Auswahl *Zellenformatvorlagen*.

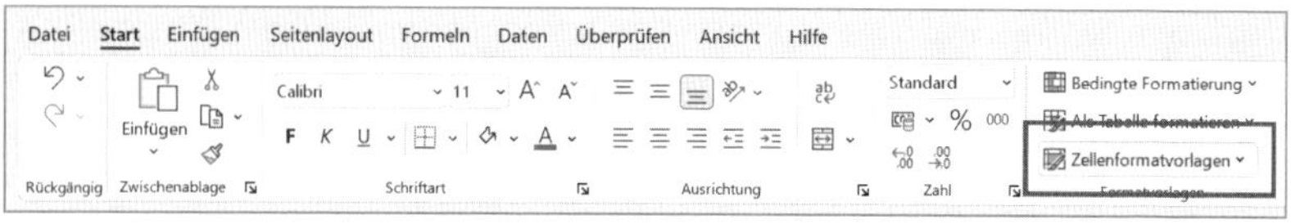

Nun genügt es, im Fenster über eine der vordefinierten Formatvorlagen zu fahren (Sie müssen nicht klicken), um zu schauen, wie das Format in der markierten Zelle wirkt. Die Zelle wird auf diese Weise nur temporär formatiert. Die Formatierung wird erst durch einen Klick als feste Formatierung übernommen.

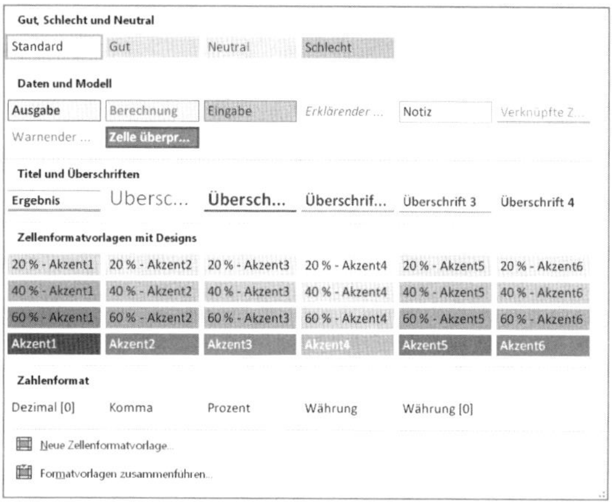

Sie müssen das natürlich jetzt nicht für jede Zelle einzeln machen. Markieren Sie zum Beispiel zuerst die Monatsnamen, und wählen Sie das Format für diese Überschriften.

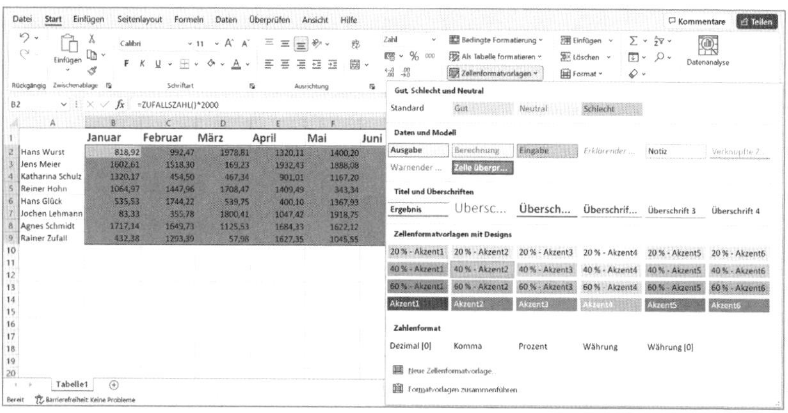

Dann markieren Sie alle Zellen, die Zahlen enthalten, und formatieren sie als Währung:

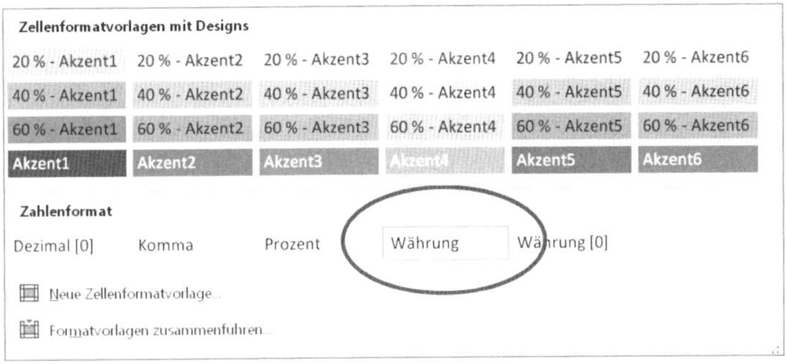

Excel beschränkt solche Zahlen automatisch auf zwei Stellen nach dem Komma und setzt das in Europa übliche €-Symbol dahinter. Genaueres über solche Zahlenformate erfahren Sie im nächsten Abschnitt.

4.4 Was Sie schon immer über Formate wissen wollten

Zahlenformate richtig zuordnen

Hier beginnt für den Anwender schon das erste Problem. Excel 2021 bietet so viele unterschiedliche Zahlenformate, dass wir im Rahmen dieses Praxisbuches gar nicht auf alle Möglichkeiten eingehen können. Viele Wege bleiben also Ihrer eigenen Forschung überlassen. Dieser Abschnitt soll Ihnen aber die ersten wichtigen Schritte liefern, damit das eigene Ausprobieren auf einer sinnvollen Grundlage erfolgen kann. Doch denken Sie immer daran: Nicht alles, was Excel kann, muss man auch zwangsweise in einer Tabelle anwenden.

Da viele Formatierungen über die Registerkarte *Start* zu erreichen sind, wenden wir uns zunächst dieser Registerkarte zu.

TIPP

Markieren kommt vor Formatieren
Damit Sie sich das Leben mit Formaten erleichtern und auch das Formatieren schnell erledigt werden kann, sollten Sie vorher die Zellen markieren, die das gleiche Format erhalten sollen. Welche Markierungsmöglichkeiten es gibt, lesen Sie weiter oben auf Seite 231.

Die Formatierungsleiste

Die Registerkarte *Start* in Excel 2021 unterteilt sich in mehrere Gruppen wie *Zwischenablage, Schriftart, Ausrichtung* etc. Schauen wir uns zunächst die einzelnen Punkte der Gruppe *Ausrichtung* in einer kurzen Übersicht an.

<table>
<tr><td></td><td>Standardmäßig setzt Excel Texte linksbündig und Zahlen rechtsbündig in die Zelle. Mit dem linken Symbol können Sie alles Markierte linksbündig in die Zelle setzen. Mit dem mittleren Symbol setzen Sie den Inhalt zentriert, mit dem rechten Symbol setzen Sie ihn rechtsbündig in die Zelle. Diese Formatierung benutzen Sie, um Überschriften und Zahlen die gleiche Ausrichtung zu geben.</td></tr>
<tr><td>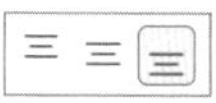</td><td>Mit diesen Symbolen können Sie die Zellinhalte nun auch schnell vertikal ausrichten</td></tr>
<tr><td>
</td><td>Wenn Sie das Orientierungssymbol anklicken, werden Befehle zur Orientierung von Zellinhalten aufgeklappt. Die Symbole sind selbsterklärend.

Über den Befehl Zellausrichtung formatieren werden wir uns später, wenn es um selbst erstellte Formate geht, noch ausführlich unterhalten.</td></tr>
</table>

Zentrierung über mehrere Zellen

Jede Spalte einer Tabelle sollte eine Überschrift erhalten. Nun kann es aber auch vorkommen, dass zwei Spalten die gleiche Überschrift erhalten sollen. Schauen Sie sich folgende Tabelle an:

	A	B	C	D	E	F	G
1							
2		Messgerät 1			Messgerät 2		
3		Ausgang 1	Ausgang St		Ausgang 1	Ausgang St	Ausgang A
4	01.01.2022	0,06519034	0,74771874		0,78635828	0,40711376	0,32372815
5	02.01.2022	0,63128508	0,34776701		0,62356925	0,7347929	0,39712387
6	03.01.2022	0,20424011	0,20306249		0,26188339	0,33682727	0,99281632

Hier müsste der Begriff *Messgerät 1* zentriert über die Spalten B und C, der Begriff *Messgerät 2* über die Spalten E bis G gesetzt werden.

Es reicht leider nicht, die Überschriften einfach in irgendeine der Spalten zu setzen und das *Zentrieren*-Symbol auszuwählen, denn diese Art der Zentrierung zentriert nur innerhalb der Zelle, nicht aber über mehrere Zellen.

Was müssen Sie tun? Markieren Sie zunächst die Zellen B2 und C2. Dann klicken Sie auf der Registerkarte *Start* in der Gruppe *Ausrichtung* auf das Dreieck beim Symbol *Verbinden und zentrieren*. Hier klicken Sie nun auf *Verbinden und zentrieren*.

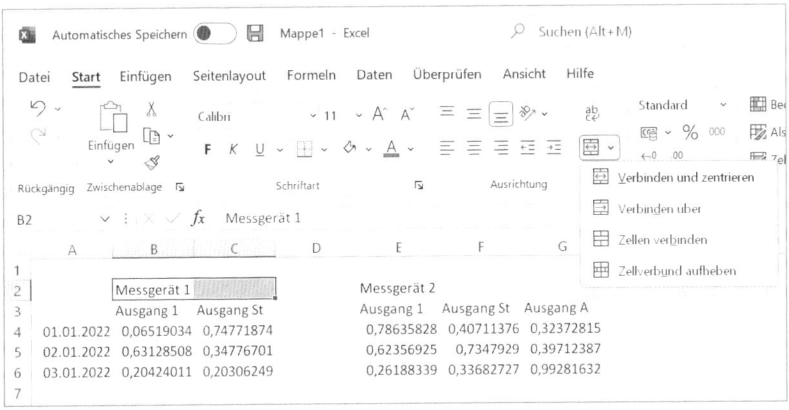

Augenblicklich sind die beiden Zellen B2 und C2 zu einer einzigen Zelle verschmolzen, und der Inhalt von Zelle B2 ist zentriert. Möchten Sie die beiden Zellen wieder trennen, wählen Sie *Zellverbund aufheben*.

In der Liste sehen Sie zwei weitere Möglichkeiten: *Verbinden über* und *Zellen verbinden*. Worin besteht hier der Unterschied?

Verbinden über verbindet zwei nebeneinanderliegende Zellen, zentriert den Inhalt aber nicht über die verbundene Zelle.

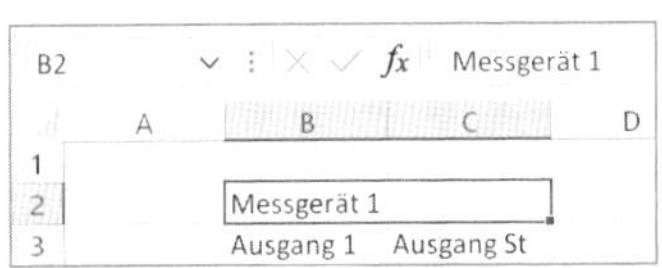

Zellen verbinden verbindet zwei untereinanderliegende Zellen.

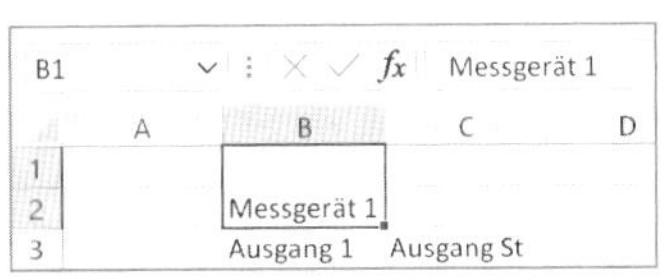

Sie brauchen mehr bzw. weniger Dezimalstellen

Die vorhin erstellte Tabelle mit den Zinsen krankt unter anderem an noch viel zu vielen Dezimalstellen und dem Fehlen des Währungssymbols.

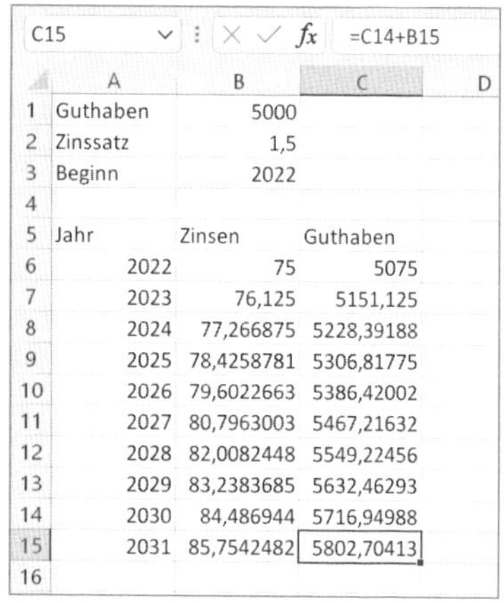

	A	B	C	D
1	Guthaben	5000		
2	Zinssatz	1,5		
3	Beginn	2022		
4				
5	Jahr	Zinsen	Guthaben	
6	2022	75	5075	
7	2023	76,125	5151,125	
8	2024	77,266875	5228,39188	
9	2025	78,4258781	5306,81775	
10	2026	79,6022663	5386,42002	
11	2027	80,7963003	5467,21632	
12	2028	82,0082448	5549,22456	
13	2029	83,2383685	5632,46293	
14	2030	84,486944	5716,94988	
15	2031	85,7542482	5802,70413	
16				

Die Zellen B6 bis C15 und die Zelle B1 könnten das €-Symbol bekommen, und es wäre sicher sinnvoll, diese Zellen auf zwei Dezimalstellen zu begrenzen.

Die Möglichkeiten der Begrenzung von Dezimalstellen finden Sie auf der Registerkarte *Start* in der Gruppe *Zahl*.

←,0 ,00	Jeder Klick auf diese Schaltfläche fügt eine weitere Dezimalstelle an eine Zahl an. Aus 5,67 wird durch einen Klick 5,670 etc.
,00 →,0	Jeder Klick auf diese Schaltfläche entfernt eine Dezimalstelle an einer Zahl. Aber es wird nicht nur einfach abgeschnitten, stattdessen rundet Excel die verbleibenden Zahlen kaufmännisch. Aus 5,678 wird durch einen Klick 5,68 etc.

TIPP

Achtung, die Zahl wird nur auf dem Bildschirm gerundet

Beim Formatieren wird die Zahl jedoch nicht tatsächlich gerundet, sie wird nur am Bildschirm gerundet dargestellt. Klicken Sie einmal auf eine mit dem Währungssymbol gerundete Zahl, und schauen Sie in die Bearbeitungszeile. Dort steht die ursprüngliche Zahl mit allen Nachkommastellen.

Unangenehm wird diese Eigenart von Excel dann, wenn Sie solche mit dem Währungssymbol gerundeten Zahlen addieren und ein Kollege, der nur den Ausdruck Ihrer Tabelle in Händen hat, diese Zahlen mit dem Taschenrechner überprüfen will. Der Kollege kann dann durchaus zu etwas anderen Ergebnissen kommen.

Muss Ihre Zahl tatsächlich gerundet werden, müssen Sie die Funktion RUNDEN benutzen, die wir in Abschnitt 4.5 über Funktionen besprechen werden. Um nun die Zinstabelle mit dem €-Symbol zu versehen und die Werte auf zwei Dezimalstellen zu beschränken, markieren Sie die entsprechenden Zellen. Sie wissen, mit der [Strg]-Taste können Sie auch Zellen markieren, die nicht zusammengehören.

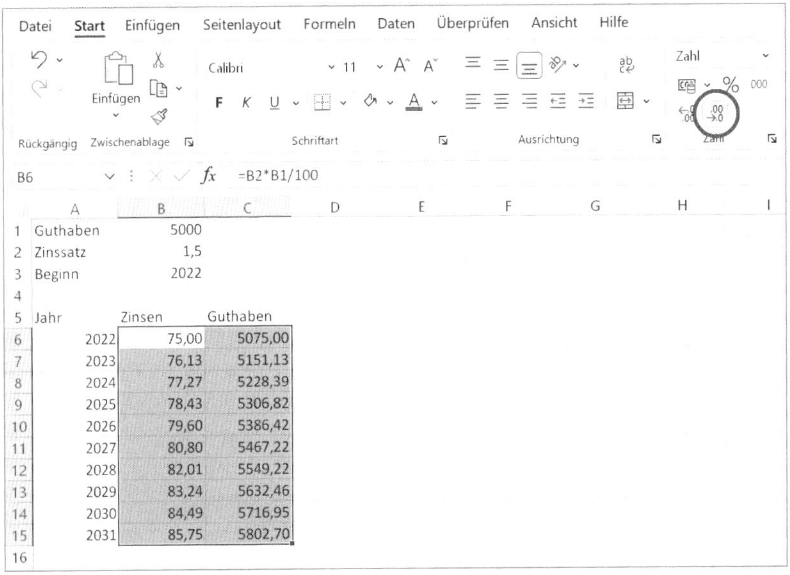

Währungen – €- oder $-Symbol oder etwas ganz anderes

Zum Erzeugen eines Währungssymbols finden Sie auf der Registerkarte *Start* in der Gruppe *Zahl* ein Symbol, das Geld darstellt. Klicken Sie auf den zum Symbol gehörenden Pfeil und wählen Sie die gewünschte Währung aus.

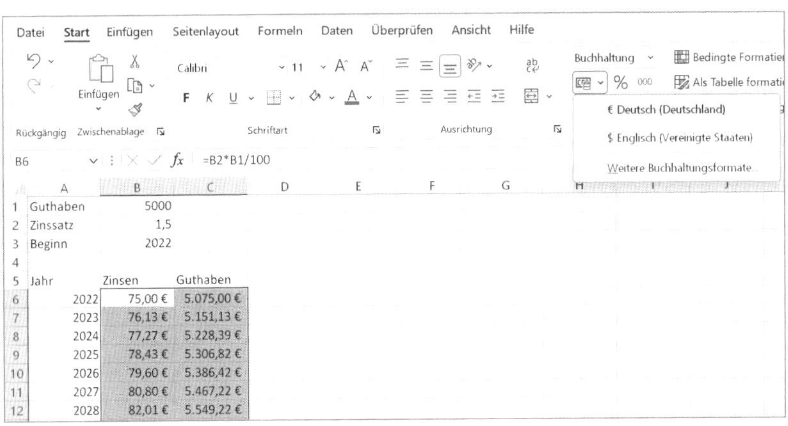

Das Währungssymbol setzt aber nicht nur das €-Zeichen hinter die Zahl, sondern die Zahl wird auch auf zwei Nachkommastellen begrenzt. Die Zahl wird, sofern sie mehr als zwei Stellen nach dem Komma hat, kaufmännisch gerundet, d. h., ab 5 wird auf-, ansonsten abgerundet. Zusätzlich werden, wenn nötig, Tausenderpunkte gesetzt. Aus 1234,5678 wird 1.234,57 €.

Dementsprechend gilt Folgendes:

Die Zahl ...	wird zu ...
5,67895	5,68 €
5,673438	5,67 €

Beim Einsatz des $-Zeichens bei Formatierungen wird mit den Zahlen ähnlich verfahren, es wird jedoch, wie in den USA üblich, vor die entsprechenden Zahlen gesetzt, und zwar linksbündig an den Zellenrand, während die Zahl selbst rechtsbündig gesetzt wird.

Um weitere Währungen zu erhalten, klicken Sie auf *Weitere Buchhaltungsformate*. Auch die Kryptowährung Bitcoin wurde in Excel 2021 in die Liste der Buchhaltungsformate aufgenommen.

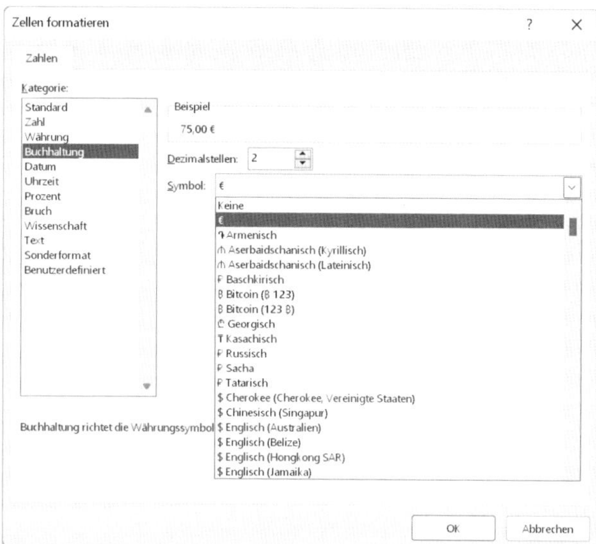

Star-Trek-Freunde werden hier das Währungssymbol der Klingonen und Ferengi sicher schmerzlich vermissen, aber sonst ist alles da.

Denken Sie immer daran: Auch wenn Sie eine andere Währung als den Euro auswählen, bleiben die Zahlen unverändert. Excel wird dadurch also keine Währungsumrechnung vornehmen. Das müssen Sie mit den aktuellen Kursen schon noch selbst tun.

Das Prozentzeichen als Formatierung in einer Zelle

Sie finden das Prozentsymbol auf der Registerkarte *Start* in der Gruppe *Zahl*.

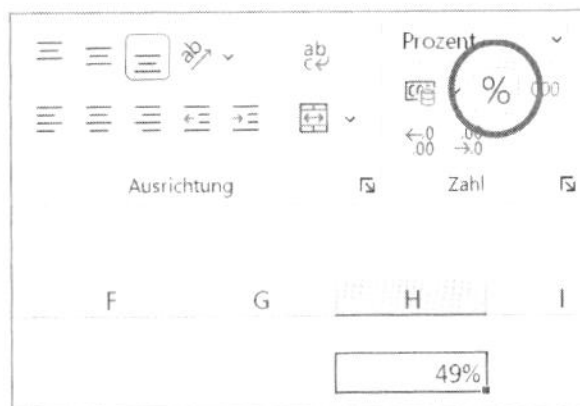

Bei der letzten Klausur an der Uni haben von 238 Studenten nur 116 die Klausur bestanden. Wie viel Prozent der Studenten sind also durchgefallen?

Mit Excel ist das ganz einfach auszurechnen. Sie dividieren 116 durch 238 und erhalten 0,48739496. Das sind natürlich noch keine Prozente. Sie müssen dieses Ergebnis noch mit 100 multiplizieren und sinnvollerweise auf wenige Nachkommastellen begrenzen.

Da hilft das Prozentzeichen. Es multipliziert automatisch mit 100 und begrenzt die Nachkommastellen. Aus 0,48739496 wird somit 49 %.

Sie tragen also in eine Excel-Zelle nur die Formel

=116/238

ein oder benutzen entsprechende Zelladressen, bestätigen sie und klicken dann auf das Prozentzeichen. Sollten Sie mehr Dezimalstellen benötigen, als Excel Ihnen hier zugesteht, können Sie mit den Schaltflächen der Abbildung rechts, die wir weiter oben einzeln besprochen haben, weitere Dezimalstellen hinzufügen oder entfernen.

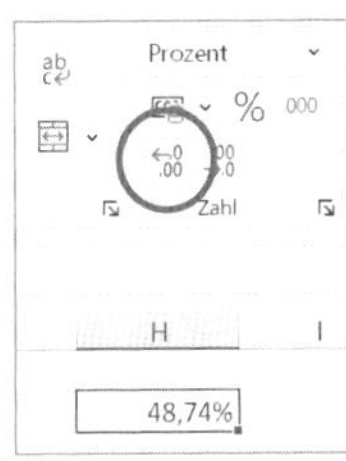

Das richtige Unterstreichen einer Zelle

Wenn Sie das Symbol zum Unterstreichen benutzen, wird nur der Inhalt der Zelle unterstrichen, niemals die ganze Zelle. Es ist also absolut ungeeignet dazu, eine ganze Zelle zu unterstreichen.

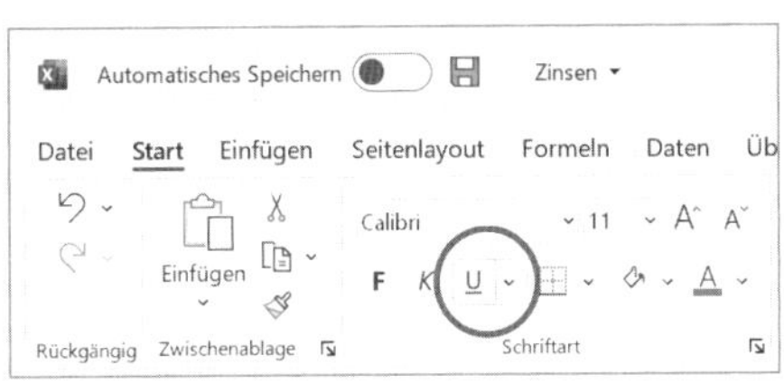

Solange in einer Zelle nichts steht, wird auch nichts unterstrichen, auch wenn das Symbol angeklickt wurde.

Soll aber eine Zelle, unabhängig von ihrem Inhalt, wirklich unterstrichen werden, benutzen Sie das Symbol *Rahmen*. Sie finden es auf der Registerkarte *Start* im Bereich *Schriftart*.

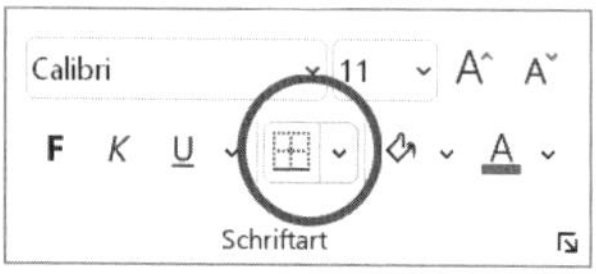

Durch einen Klick auf das kleine Dreieck neben dem Symbol erhalten Sie eine Auswahl an möglichen Linien und Rahmen für eine Zelle.

Hier müssen Sie aber daran denken, dass Sie über dieses Symbol keine zwei Linien in einem Arbeitsgang ziehen können. Wenn Sie also eine senkrechte Linie links und eine weitere Linie rechts in der Zelle haben möchten, müssen Sie zweimal in dieses Menü gehen.

Unter *Weitere Rahmenlinien* ganz unten im Menü kommen Sie zu einem weiteren Fenster mit Linien, in dem nun auch die Beschränkung aufgehoben ist, nur eine Linie pro Arbeitsgang einstellen zu können.

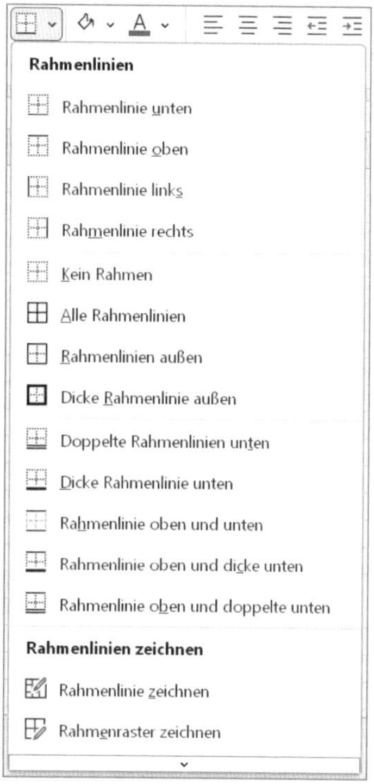

Klicken Sie also einmal auf *Weitere Rahmenlinien*, und Sie sollten folgendes Fenster erhalten:

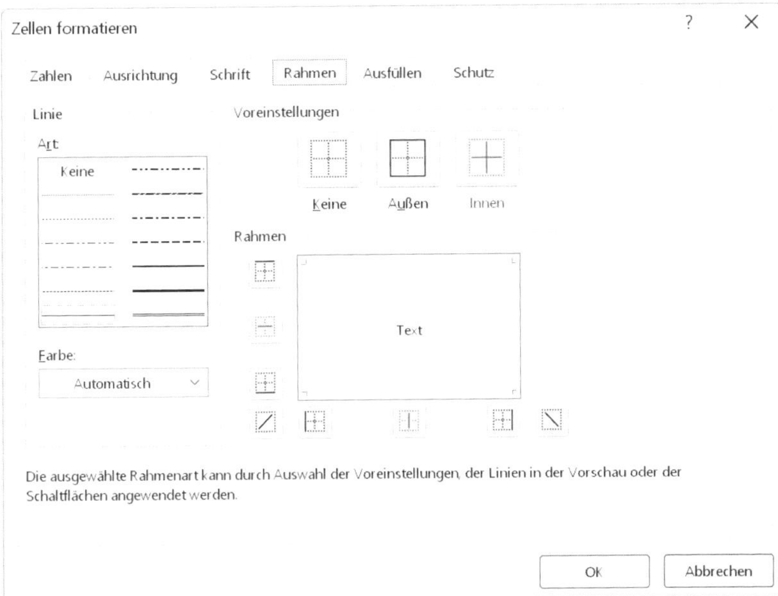

Bei *Art* wählen Sie zuerst die Linienart aus, die Ihre Zelle erhalten soll. Dann klicken Sie bei *Rahmen* auf die entsprechenden Rahmensymbole. Alternativ können Sie auch auf die Bereiche bei *Text* klicken.

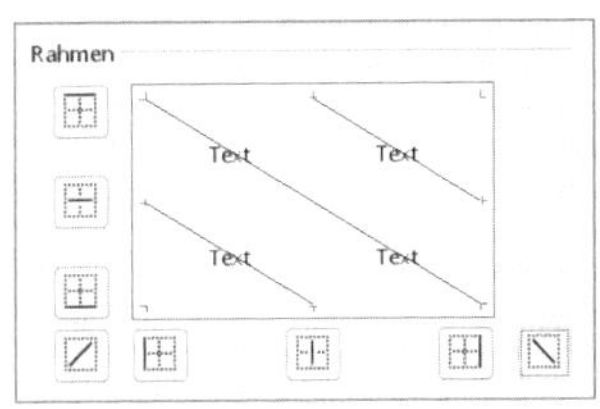

Warum aber erhalten Sie mehrere diagonale Linien, wenn Sie auf das Diagonal-Symbol rechts unterhalb der Rahmen-Vorschau klicken?

Dies geschieht, wenn anfangs mehrere Zellen markiert waren. Haben Sie nur eine Zelle markiert, sieht der Bereich im Fenster *Rahmen* etwas anders aus, und Sie erhalten auch nur eine Diagonallinie.

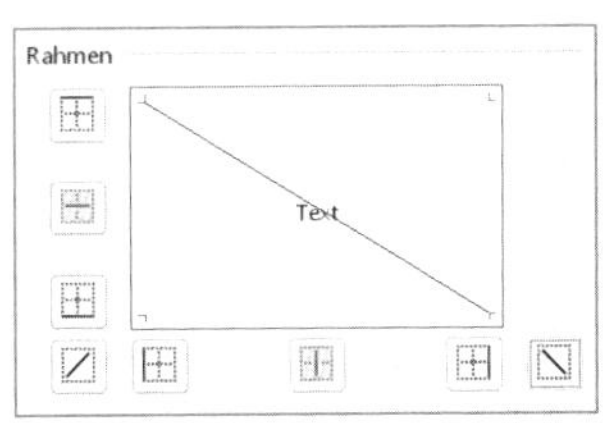

Wenn Sie auf eine schon gezeichnete Rahmenlinie klicken, machen Sie damit die Linie wieder rückgängig.

Für ein farbigeres Excel-Leben – Farbe für Schrift und Zellhintergrund

Auf der Registerkarte *Start* in der Gruppe *Schriftart* finden Sie zum einen den Farbeimer, mit dessen Hilfe Sie Ihre Zellen mit Farbe versehen können. Und es gibt auch noch das große, mit einem roten Balken unterstrichene A, mit dem Sie den Inhalt der Zelle, also Texte oder Zahlen, einfärben können.

Mithilfe des Farbeimers machen Sie den Hintergrund Ihrer Zellen farbig. Ein Klick auf das kleine Dreieck neben dem Farbtopf, und Sie können eine beliebige Farbe wählen. Mit dieser Farbe wird Ihr Zellhintergrund formatiert.

Sie müssen nur über die entsprechende Farbe wandern, um die Farbe in der Zelle bereits beurteilen zu können. Erst wenn Sie die Farbe wirklich anklicken, wird sie in die Zelle übertragen.

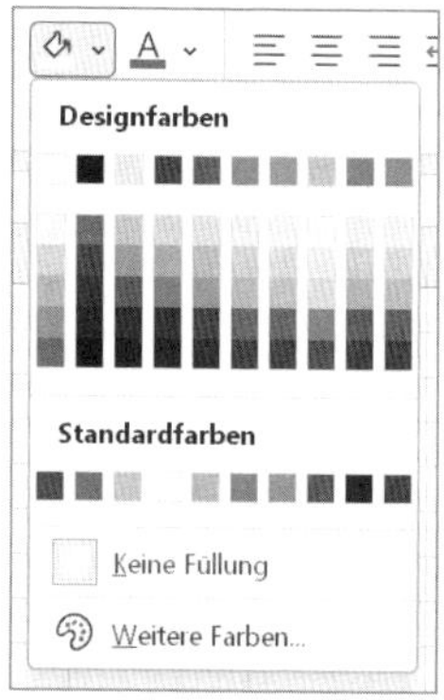

An dieser Stelle möchte ich Sie auf einen sehr beliebten Fehler beim Arbeiten mit Farben aufmerksam machen. Sollten Sie mit Ihren Zellen und Farben ein wenig experimentieren und am Ende zu der Entscheidung gelangen, die Farbe Weiß wäre doch am besten, wählen Sie niemals die Farbe Weiß, um Ihre Zelle in den Urzustand zurückzuversetzen. Die Farbe, die Sie hier auswählen, gilt nämlich sowohl für den Zellinhalt wie auch für die Gitternetzlinien.

In der Abbildung wurde Weiß als Farbe für die Zelle F2 gewählt. Sie sehen, auch die Gitternetzlinien werden dann weiß dargestellt.

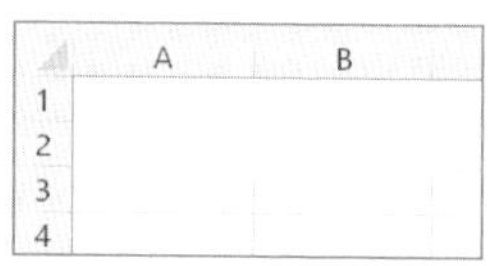

Möchten Sie also Ihre Zelle in den Zustand versetzen, den Excel als Standard verwendet, wählen Sie *Keine Füllung*.

Sollte Ihnen das farblich noch nicht reichen, bauen Sie sich einfach Ihre eigenen Farben zusammen. Über *Weitere Farben* kommen Sie zu einem Fenster mit zwei Registerkarten. Hier können Sie eigene Farbwünsche realisieren.

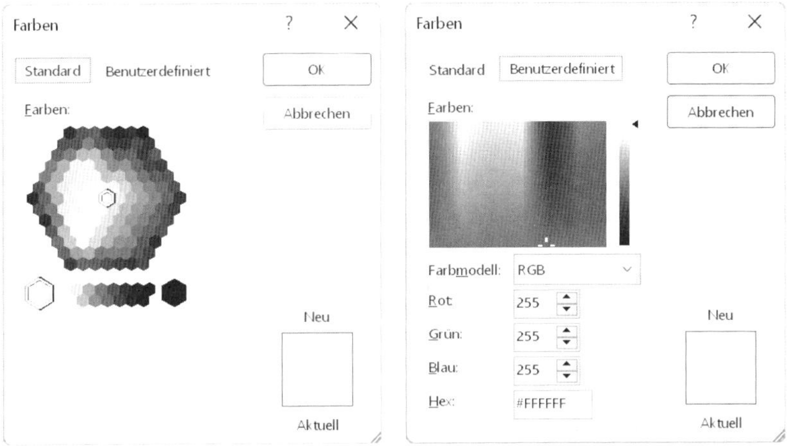

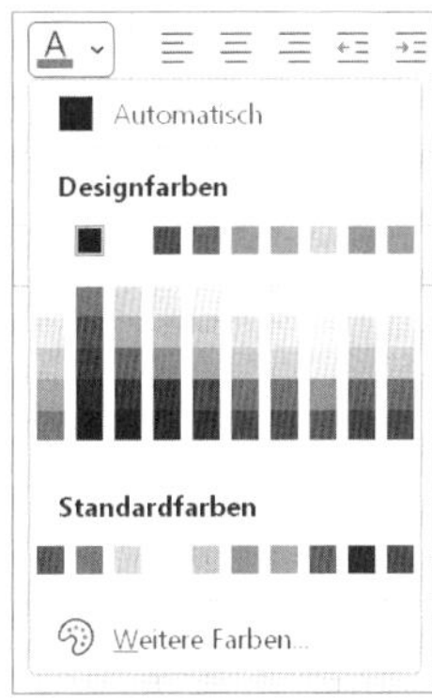

Das A-Symbol rechts neben dem Farbeimer erzeugt die Farbe für den Zellinhalt. Die Handhabung dieses Symbols entspricht der Handhabung für den Zellhintergrund. Klicken Sie das Symbol direkt an, wird die angezeigte Farbe verwendet, unter dem zum Symbol gehörenden Pfeil wählen Sie weitere Farben aus.

Weitere Formatierungen

Neben diesen einfachen und schnell durchzuführenden Formatierungen bietet Excel noch einiges mehr. Zu diesen weiteren Formatierungen gelangen Sie, wenn Sie den kleinen Pfeil rechts unten bei der Kategorie *Zahl* auf der Registerkarte *Start* anklicken.

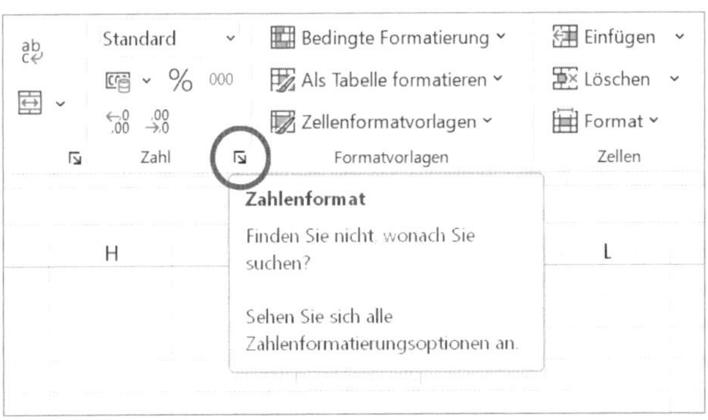

Es ist übrigens völlig gleichgültig, in welcher Kategorie Sie den kleinen Pfeil anklicken. Sie öffnen immer das gleiche Fenster mit den Formaten. Sie müssen eventuell nur noch eine andere Registerkarte auswählen.

Ein Klick auf den Pfeil in der Gruppe *Zahl* führt Sie zum Fenster *Zellen formatieren.* Auf welcher Registerkarte Sie sich befinden, hängt davon ab, was in der Zelle steht, die Sie markiert hatten.

Sie sehen in dem Fenster auf alle Fälle sechs Registerkarten. Viele Funktionen auf diesen Registerkarten haben wir schon besprochen. Sie sind auch über die Registerkarte *Start* ganz einfach zu erreichen. Aber trotzdem bieten die Registerkarten dieses Fensters noch einige weitere und teilweise ganz gehaltvolle Möglichkeiten.

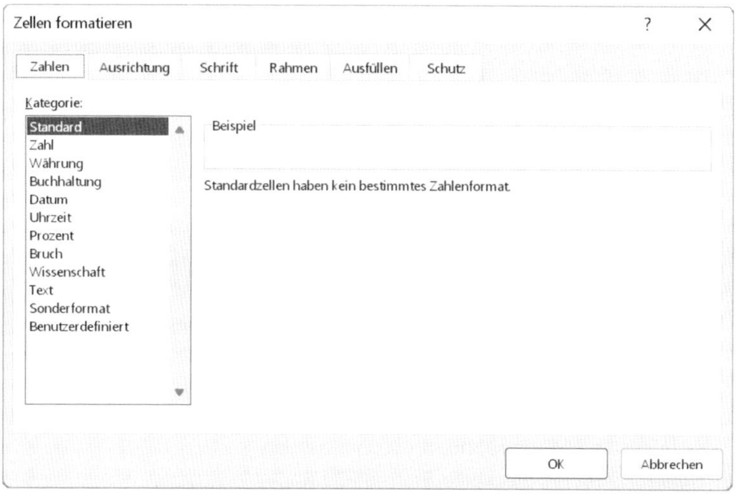

Fangen wir aber zunächst mit den einfachen Teilen an.

Wie können Sie Zellen vor unbeabsichtigten Eingaben schützen?

Auf der Registerkarte *Schutz* des Fensters *Zellen formatieren* haben Sie die Möglichkeit, die Zellen Ihrer Mappe vor Veränderungen zu schützen.

Dabei ist das Kontrollkästchen *Gesperrt* schon standardmäßig ausgewählt. Weshalb aber konnten Sie bisher die Zellen trotzdem verändern, wenn diese doch anscheinend gesperrt waren? Nun, Sie haben bisher noch kein Kennwort eingegeben.

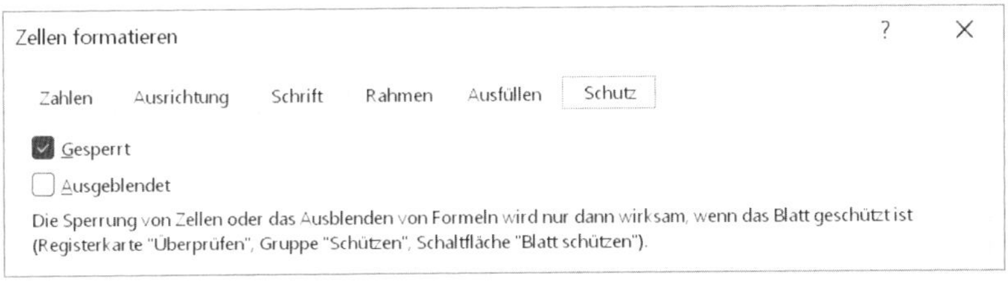

Wenn Sie also jetzt ein Passwort vergeben würden, wären alle Zellen gesperrt. Das ist aber in den wenigsten Fällen wirklich sinnvoll, denn dadurch könnten Sie keine der Zellen ändern, also auch keine neuen Zahlen eintragen. Besser ist es deshalb, Excel vorher mitzuteilen, welche Zellen nicht gesperrt werden sollen. Dazu gehen Sie folgendermaßen vor:

1 Sie markieren zunächst alle Zellen, die nicht gesperrt werden sollen. In unserem Beispiel der Tabelle unten wären das die Zellen B1 und B2, denn diese Werte sollen jederzeit geändert werden können. Auch die Zellen B6 bis B9, die Zellen mit der verkauften Menge des Produkts, sollten nicht gesperrt werden, denn sonst wären auch hier keine neuen Einträge möglich.

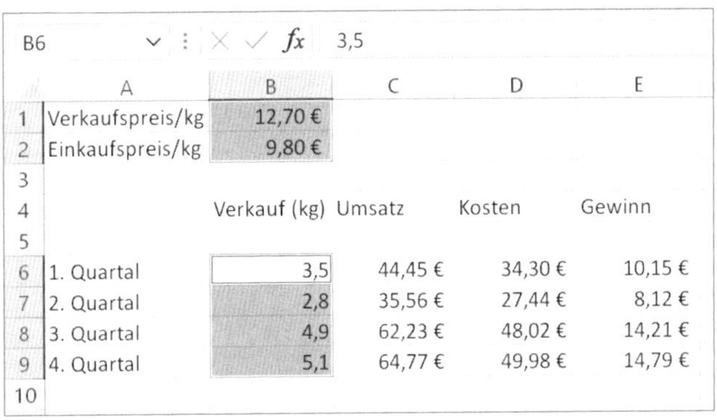
B6 fx 3,5

	A	B	C	D	E
1	Verkaufspreis/kg	12,70 €			
2	Einkaufspreis/kg	9,80 €			
3					
4		Verkauf (kg)	Umsatz	Kosten	Gewinn
5					
6	1. Quartal	3,5	44,45 €	34,30 €	10,15 €
7	2. Quartal	2,8	35,56 €	27,44 €	8,12 €
8	3. Quartal	4,9	62,23 €	48,02 €	14,21 €
9	4. Quartal	5,1	64,77 €	49,98 €	14,79 €
10					

2 Klicken Sie dann auf der Registerkarte *Start* in der Gruppe *Zahl* auf den kleinen Pfeil rechts unten. Im Fenster *Zellen formatieren* wählen Sie die Registerkarte *Schutz* an.

3 Hier entfernen Sie durch Klick das Häkchen bei *Gesperrt*.

4 Bestätigen und schließen Sie nun das Fenster durch Klick auf *OK*.

5 Jetzt muss nur noch das Passwort vergeben werden. Das geschieht auf der Registerkarte *Start* in der Gruppe *Zellen* durch Klick auf die Schaltfläche *Format*.

6 Ein Klick auf *Blatt schützen* führt Sie zum in Schritt 7 dargestellten Fenster.

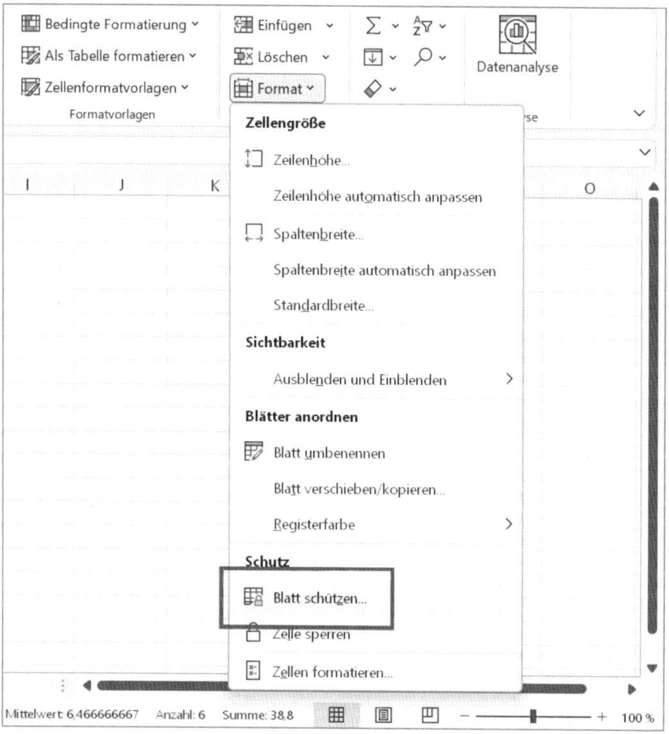

7 Hier haben Sie die Möglichkeit, bestimmte Elemente einer Tabelle zu schützen, oder, besser gesagt, hier können Sie angeben, was man mit der Tabelle trotz Schutz noch machen darf.

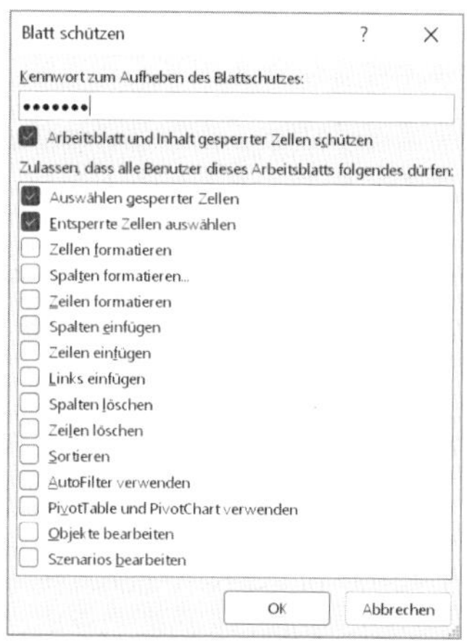

In der Regel brauchen Sie hier keine weitere Auswahl zu treffen, sondern können sofort Ihr persönliches Kennwort in den Bereich *Kennwort zum Aufheben des Blattschutzes* eingeben.

Haben Sie Ihr Kennwort mit *OK* bestätigt, wird Excel in einem weiteren Fenster zur Sicherheit das Kennwort noch einmal abfragen.

8 Sind beide Kennwörter identisch, werden sie von Excel akzeptiert. Von nun an können Sie nur in den nicht gesperrten Zellen die Inhalte ändern. Gerechnet wird aber wie bisher mit allen Zellen, auch mit den gesperrten!

Versuchen Sie, eine gesperrte Zelle zu verändern, erhalten Sie folgende Fehlermeldung:

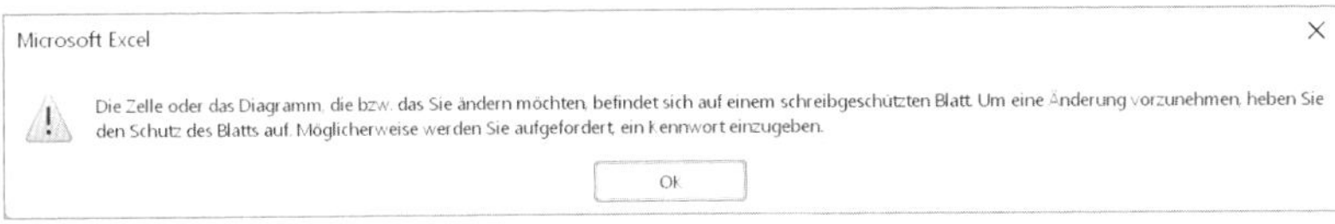

Soll der Schutz wieder aufgehoben werden, gehen Sie zurück zu Schritt 5. Dort sehen Sie nun *Blattschutz aufheben*. Ein Klick darauf, und Excel erwartet von Ihnen das Passwort. Stimmt Ihre Passworteingabe, wird der Blattschutz aufgehoben, und Sie können die Tabelle wieder normal benutzen.

Blattschutz aufheben wird Ihnen aber nur angezeigt, wenn Ihre Tabelle tatsächlich einen Schutz mit Kennwort hat.

Formeln sollen nicht sichtbar sein

Es gibt einige Gründe dafür, dass es manchmal ratsam ist, Formeln nicht in der Bearbeitungszeile sichtbar zu machen. Bei einem Gespräch mit einem Kunden etwa wäre es nicht gut, ihm zu zeigen, mit welcher Formel in Ihrer Firma die Gewinnmarge berechnet wird. Deshalb bietet Excel die Möglichkeit, Formeln unsichtbar zu machen.

Dabei müssen Sie aber einige Dinge beachten. Formeln unsichtbar zu machen ergibt keinen Sinn, wenn Sie sie nicht wieder sichtbar machen können. Natürlich sollen nur Sie die Formeln wieder sichtbar machen können, und deshalb müssen Sie für Ihre Tabelle ein Passwort vergeben.

Wenn Sie aber ein Passwort vergeben, gilt dieses Passwort nicht nur für das Ausblenden der Formeln, sondern es werden alle Zellen dadurch ebenfalls mit diesem Passwort geschützt. Sie vergeben also quasi einen Blattschutz, wie wir es vorhin besprochen hatten.

Haben Sie also vor der Passwortvergabe keine Zelle aus dem Schutz herausgenommen, können Sie in Ihrer Tabelle absolut nichts mehr eingeben – was natürlich wenig sinnvoll ist. Sofern Sie also Ihre Formeln ausblenden möchten, sollten Sie als Erstes bestimmte Zellen aus dem Zellschutz herausnehmen, nämlich jene Zellen, die auch nach der Passwortvergabe noch veränderbar sein sollen. Wie das geht, wurde im letzten Abschnitt beschrieben.

Nachdem Sie also einige Zellen aus dem Zellschutz herausgenommen haben, müssen Sie im nächsten Schritt die Zellen markieren, deren Formeln Sie unsichtbar machen möchten. Wenn alle Formeln der Tabelle unsichtbar gemacht werden sollen, markieren Sie die gesamte Tabelle durch Klick auf den Bereich links vor Spalte A. Wenn Sie nur einzelne Formeln verbergen möchten, markieren Sie die entsprechenden Zellen.

1 Gehen Sie dann über die Registerkarte *Start* und öffnen Sie in der Gruppe *Zahl* durch Klick auf den Pfeil unten rechts das Fenster *Zellen formatieren.*

2 Wählen Sie die Registerkarte *Schutz.*

3 Hier setzen Sie durch Klick auf *Ausgeblendet* das Häkchen davor und geben Excel damit zu verstehen, dass Sie die Formeln in den markierten Zellen verbergen wollen, sobald Sie das Passwort eingegeben haben.

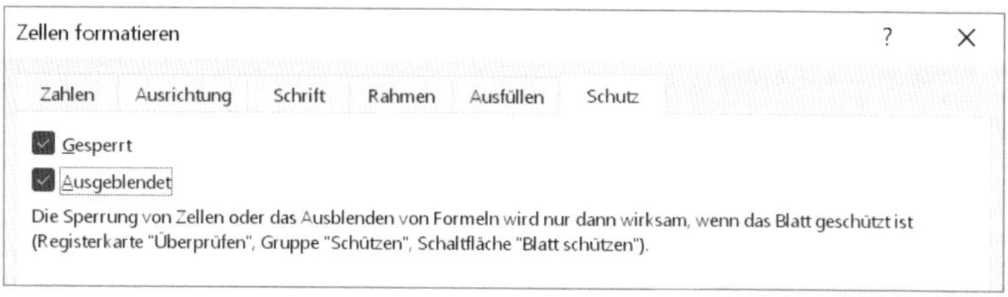

4 Nun müssen Sie als Nächstes noch das Passwort vergeben. Dieser Vorgang entspricht exakt der Vergabe eines Passwortes, wenn Sie Ihre Zellen schützen möchten, und ist mit den Schritten 5 bis 8 des vorangegangenen Abschnitts identisch.

Potenzen und Indizes in Zellen – oder wie kann man c^2 und k_i in Zellen schreiben?

Oft ist es wünschenswert, in Beschriftungen Potenzen oder Indizes zu benutzen. Vielleicht brauchen Sie in einer Zelle die Abkürzung für Quadratmeter. So schaffen Sie es!

Schreiben Sie zunächst ganz normal *m2* in die Zelle, aber bestätigen Sie noch nicht.

Markieren Sie anschließend die *2* mit der Maus oder der Tastatur und wählen Sie danach *Start*. In der Gruppe *Schriftart* klicken Sie auf den kleinen Pfeil rechts.

Ein kurzer Klick auf *Hochgestellt*, und m2 wird zu m². Erst jetzt bestätigen Sie die Zelle wie gewöhnlich.

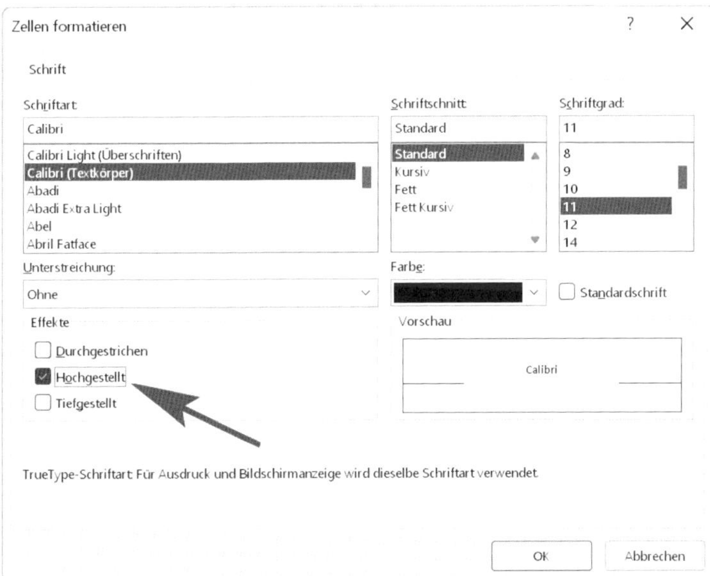

In gleicher Weise machen Sie aus ki durch *Tiefgestellt* k_i.

Texte mehrzeilig in einer Zelle

Obwohl Sie in Zellen Texte auch mehrzeilig eingeben können, ist Excel keine Textverarbeitung und sollte auch nicht als solche missbraucht werden. Ebenso, wie Sie Word nicht veranlassen können, hochkomplexe und große Tabellen zu berechnen, sollten Sie auch Excel nur für Dinge benutzen, für die es programmiert wurde. Aber es kann natürlich trotzdem sein, dass Sie in einer Tabelle Inhalte haben, bei denen Sie mehr als nur ein oder zwei Wörter in eine Zelle schreiben wollen.

Denken Sie an Klassenarbeiten oder Klausuren, bei denen Sie vielleicht die Überschriften der einzelnen Aufgaben auch in Ihrer Excel-Tabelle haben möchten. Oder vielleicht planen Sie eine Klassenfahrt und wollen für die besonders vergesslichen Schüler eine Packliste zusammenstellen, in der diese ankreuzen können, was sie schon alles eingepackt haben. Möglicherweise möchten Sie auch für die eigene Wanderung eine Packliste erstellen, denn im Eifer des Gefechts wird selbst der erfahrenste Wanderer ein paar Dinge vergessen. Solche Listen wären zwar in Word besser anzulegen, aber ich denke, Sie können sich nun vorstellen, weshalb man manchmal mehr als nur ein oder zwei Wörter in einer Zelle benötigt.

In dem folgenden Beispiel sind die Messinstrumente in Ihrem Labor an der Uni über mehrere Standorte verteilt.

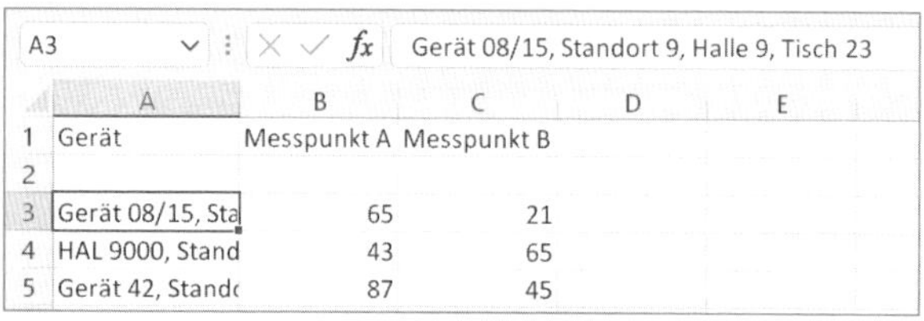

In Spalte A sind Messgeräte und ihre Standorte innerhalb des Instituts aufgelistet, in den Spalten B und C sind die Messwerte an den Punkten A bzw. B eingegeben. Da die Texte in den Zellen A3 bis A5 sehr lang sind, wird die Gerätespalte abgeschnitten. Sie können nun also die Spalte A vergrößern oder die Inhalte der Spaltenbreite anpassen. Die optimale Lösung ist hier, die Inhalte der Zellen A3 bis A5 in mehreren Zeilen unterzubringen. Das geht natürlich.

Versehen Sie die entsprechenden Zellen dazu mit einem Textumbruch. Markieren Sie die Zellen A3 bis A5. Danach klicken Sie auf der Registerkarte *Start* in der Gruppe *Ausrichtung* auf das in der Abbildung markierte Symbol.

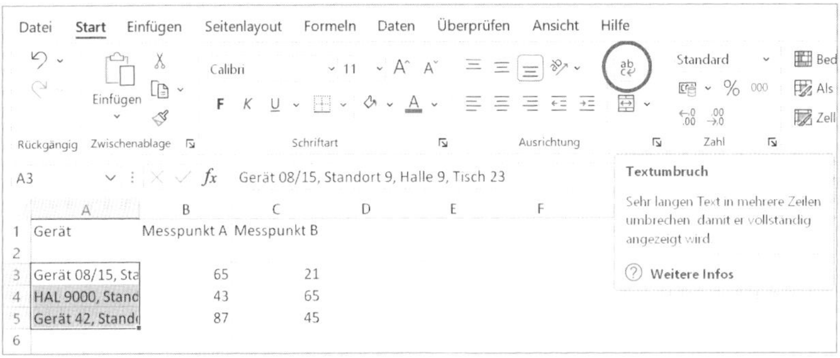

Auch mit Textumbruch können Sie durch Ziehen der Spaltenbegrenzung bestimmen, wie breit die Spalte tatsächlich werden soll.

Eigene Zahlenformate erstellen

Bis auf wenige Ausnahmen müssen in Excel Zahlen und Texte in verschiedene Zellen geschrieben werden. Zu den Ausnahmen gehört unter anderem das €-Zeichen, das gemeinsam mit einer Zahl in einer Zelle stehen darf. Zwar ist es durchaus möglich, Text und Zahlen gemeinsam in eine Zelle zu schreiben, aber dann kann man mit dieser Zahl nicht mehr rechnen. Folgendes Beispiel soll das verdeutlichen:

Sie verkaufen eine bestimmte Sorte Wein für *6,80 €* pro Liter, und dieser Listenpreis steht in Zelle B1.

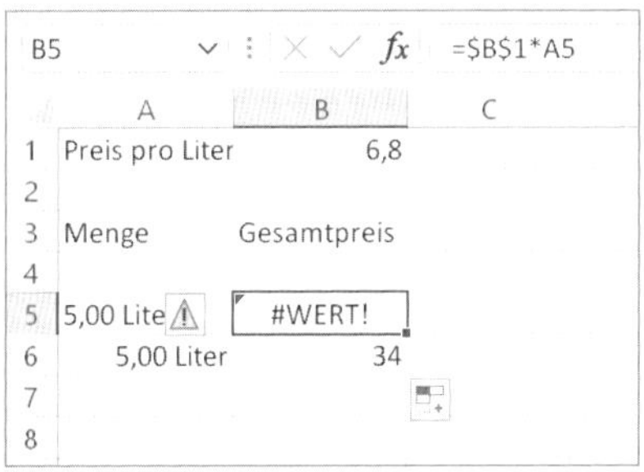

In die Zellen A5 und A6 wurde die verkaufte Menge eingetragen, und in B5 bis B6 wurde der Preis für die verkauften Mengen berechnet. In B5 taucht die Fehlermeldung *#WERT!* auf. Auf Seite 233 können Sie nachlesen, was diese Meldung bedeutet. Die benötigten Formeln dürften für Sie kein Problem mehr sein.

Sie werden nun sicher leicht erkennen, dass die beiden Literangaben in den Zellen A5 und A6 verschieden ausgerichtet sind. Der Inhalt in A5 steht linksbündig, der in A6 rechtsbündig. Ich nehme an, Sie erinnern sich, dass Texte standardmäßig linksbündig geschrieben werden, d. h., der Inhalt von A5 muss also ein Text sein. Und mit Texten kann Excel nun mal nicht rechnen, obwohl die Formel in B5 für Zahlen korrekt ist.

In A6 hat Excel den Inhalt anscheinend aber als Zahl erkannt, obwohl das Wort *Liter* in derselben Zelle wie die Zahl steht. Die Lösung des Rätsels ist einfach. In A5 wurden tatsächlich eine Zahl und ein Text gemeinsam in eine Zelle geschrieben, während in A6 nur eine Zahl steht. Das Wort *Liter* ist hier lediglich eine Formatierung.

Um eine Zahl mit einem beliebigen Text in eine Zelle schreiben zu können, müssen Sie eigene Zahlenformate erstellen. Zunächst müssen wir aber noch einige Grundlagen besprechen, bevor wir eigene Zahlenformate erstellen können.

In der Gruppe *Zahl* der Registerkarte *Start* finden Sie unten rechts einen kleinen Pfeil, mit dem Sie in ein weiteres Fenster gelangen.

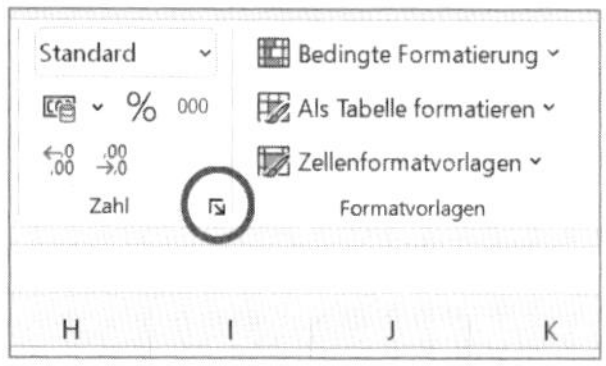

Klicken Sie auf der Registerkarte *Zahl* auf *Benutzerdefiniert*. Diese Kategorie wollen wir uns nun sehr detailliert anschauen.

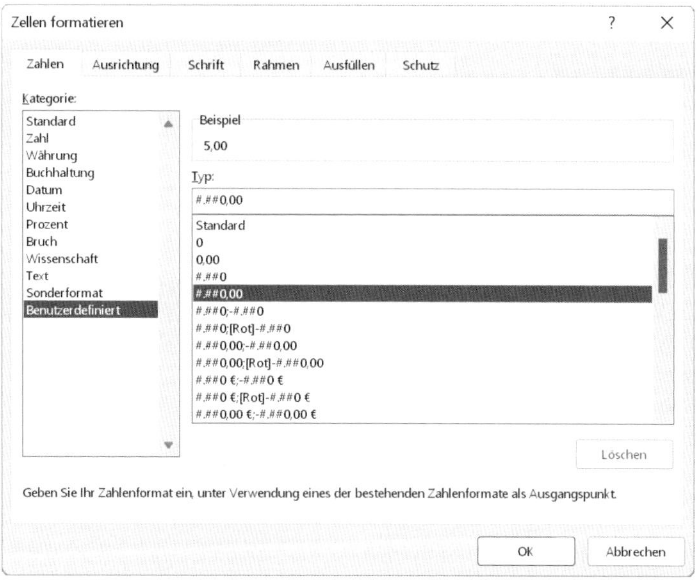

Ein erster Blick zeigt, dass viele Formate aus den Platzhaltern 0 und # zusammengesetzt sind. Da Sie mit diesen Symbolen eigene Formate erstellen werden, müssen wir zunächst die Bedeutung dieser beiden Zeichen klären. Das geht am einfachsten, ohne viele Worte zu verlieren, anhand einer kleinen Tabelle.

Schauen Sie sich einmal kurz die Formatdarstellungen in der Abbildung oder in Excel selbst an. Sie werden sicher dieses Format im Fenster sofort finden: *#.##0,00*. Nehmen Sie an, es gäbe auch noch dieses Format: *0.000,00*. Dieses Format gibt es zwar nicht, aber Sie könnten es gleich erstellen, wenn Sie möchten. Anhand dieser beiden Formate lässt sich die Wirkung der Zeichen 0 und # recht schön erklären.

Sie geben diese Zahl in eine Zelle ein	Bei dem Format #.##0,00 erhalten Sie	Bei dem Format 0.000,00 erhalten Sie
1234,56	1.234,56	1.234,56
1234,567	1.234,57	1.234,57
234,56	234,56	0.234,56
1,25	1,25	0.001,25

Sie sehen, wo das Ganze hinführt? Die Nullen in einem Format bedeuten: Gib so viele Stellen aus, wie Nullen im Format vorhanden sind. Hat die Zahl weniger Stellen, als Nullen vorhanden sind, so fülle den Rest mit 0 auf. Das heißt, mit der Null können Sie ein Format erzeugen, das immer exakt die gleiche Anzahl Stellen aufweist.

Anders ist es beim Nummernsymbol # (dieses wird oftmals auch als »Gartenzaun« bezeichnet). Hier wird der Rest nicht mit irgendetwas aufgefüllt, auch wenn weniger Stellen vorhanden sind. Doch der »Gartenzaun« hat noch eine recht unangenehme Eigenschaft:

Sie geben diese Zahl in eine Zelle ein	Bei dem Format #,00 erhalten Sie	Bei dem Format 0,00 erhalten Sie
0,56	,56	0,56

Wenn Sie ein Format haben, das vor dem Komma nur aus dem Platzhalter # besteht, wird Excel bei Werten kleiner als 1 die führende Null ganz weglassen. Excel wird zwar weiterhin richtig rechnen, aber diese Zahlendarstellung ist sehr unübersichtlich. Aus diesem Grund sollten Sie bei eigenen Formaten stets mindestens eine 0 vor dem Komma haben.

Was aber geschieht mit der Zahl 154,56, wenn das Zahlenformat 0,00 ausgewählt wurde? Mit diesem Format teilen Sie Excel mit, dass vor dem Dezimalkomma nur eine einstellige Zahl stehen soll. Damit haben Sie aber vor dem Komma zu wenige Stellen, um die Zahl 154,56 darzustellen.

Doch keine Angst, Excel wird in diesem Fall nichts abschneiden oder sonst ein seltsames Verhalten an den Tag legen. Excel gibt in einem solchen Fall die eingegebene Zahl vollständig aus, Sie erhalten also tatsächlich 154,56, auch wenn im Format zu wenige Stellen vorhanden sind. Das gilt aber natürlich nur für die Stellen vor dem Komma. Zu wenige Stellen nach dem Komma führen zur Rundung der Zahl.

Wenn man die Rolle der Platzhalter kennt, ist das Erstellen eigener Formate eine einfache Sache. Versuchen wir zur Übung die Erstellung eines Formats, das einen Tausenderpunkt ausgibt und die Dezimalstellen auf zwei Stellen beschränkt. Zusätzlich soll hinter die Zahl automatisch *Liter* gesetzt werden.

Geben Sie im Bereich *Typ* einfach die entsprechenden Platzhalter ein, oder wählen Sie ein vordefiniertes Format, das Ihren Wünschen am nächsten kommt. Wählen wir einmal das Format *#.##0,00*. Da wir die Dezimalstellen auf drei und nicht wie vorgegeben auf zwei Stellen beschränken wollen, tragen Sie zunächst eine weitere Null am Ende des Formats ein.

Damit nun auch das Wort *Liter* in die Zelle geschrieben wird und Sie dennoch mit dieser Zelle rechnen können, schreiben Sie ans Ende des Formats das Wort *"Liter"* (mit den Anführungszeichen!).

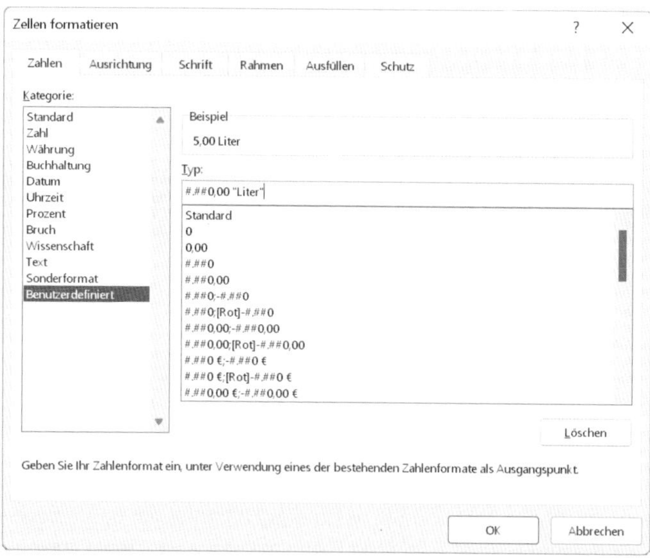

Sobald Sie das neue Format durch Klick auf *OK* bestätigt haben, können Sie nun in die Zelle, die Sie mit diesem Format formatiert haben, eine Zahl schreiben, und Excel wird automatisch das Wort *Liter* anfügen.

In der gleichen Art und Weise können Sie auch andere Formate erzeugen. Sie brauchen lediglich den Text, der bei der Zahl stehen soll, in Anführungszeichen hinter das Format zu setzen.

Selbst erstellte Formate wird Excel ans Ende seiner Liste setzen, sodass Sie sie in jeder weiteren Tabelle benutzen können. Sie sind aber nur in der Mappe vorhanden, in der sie erstellt wurden. Sie gelten also nicht für neue oder alte Mappen.

Der Wochentag zu einem gegebenen Datum

Bei Datumsangaben kann es manchmal sehr hilfreich und nützlich sein, wenn man den Wochentag zu dem Datum ebenfalls kennt. Mit Excel ist das gar kein Problem, sondern nur eine Frage der richtigen Formatierung.

1 Wählen Sie auf der Registerkarte *Start* die Gruppe *Zahl.*

2 Nun öffnen Sie durch Klick auf den kleinen Pfeil unten rechts neben dem Wort *Zahl* das Fenster *Zellen formatieren.*

3 Sie haben nun die Möglichkeit, in der Kategorie *Datum* ein anderes Datumsformat herauszusuchen. Sie können das Format aber nicht ändern. Das geht nur in der Kategorie *Benutzerdefiniert.*

4 Wählen Sie also *Benutzerdefiniert* aus.

Hier wird ein Datum durch die Platzhalter T, M und J ausgedrückt. Die Abkürzungen stehen für **T**ag, **M**onat und **J**ahr. Mit diesen Platzhaltern definieren Sie nun ein neues Datumsformat. Wie diese verschiedenen Platzhalter wirken, entnehmen Sie am einfachsten der folgenden kleinen Tabelle.

T	Der Tag wird als einfache Zahl ohne führende Nullen dargestellt (also 0-31).
TT	Der Tag wird als Zahl mit führenden Nullen dargestellt (also 01-31).
TTT	Der Tag wird als Wochentag in abgekürzter Weise dargestellt (Montag wird zu Mo, Dienstag zu Di etc.).
TTTT	Der Wochentag wird ausgeschrieben.
M	Der Monat wird als Zahl ohne führende Nullen dargestellt (also 1-12).

MM	Der Monat wird als Zahl mit führenden Nullen dargestellt (also 01-12).
MMM	Der Monatsname wird abgekürzt (Januar wird zu Jan, Februar zu Feb etc.).
MMMM	Der Monatsname wird ausgeschrieben.
JJ	Das Jahr wird immer mit zwei Ziffern dargestellt (2022 wird zu 22, 2023 wird zu 23 etc.).
JJJJ	Das Jahr wird mit vier Ziffern dargestellt.

Was war der 21.07.1969 für ein Wochentag? Tragen Sie in A1 einer Tabelle das Datum ein. Dann erstellen Sie ein benutzerdefiniertes Format mit folgenden Platzhaltern:

TTTT, TT. MMMM JJJJ

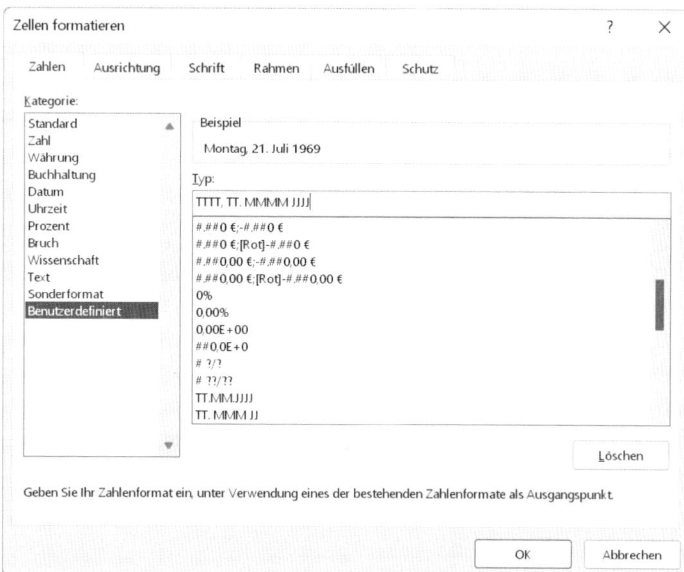

Nach einem Klick auf *OK* sollte Ihre Zelle folgenden Inhalt haben:

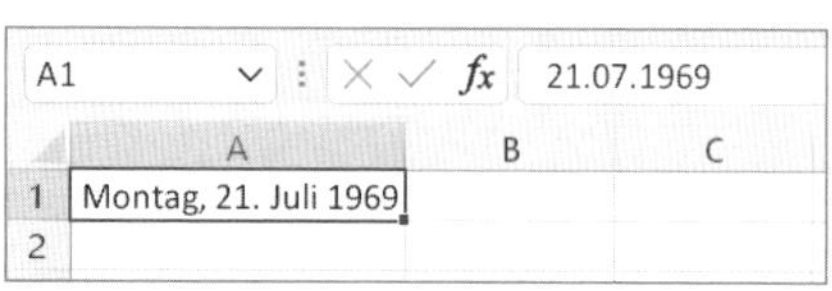

Es könnte aber auch sein, dass Sie die »Gartenzäune« sehen. Wissen Sie, warum?

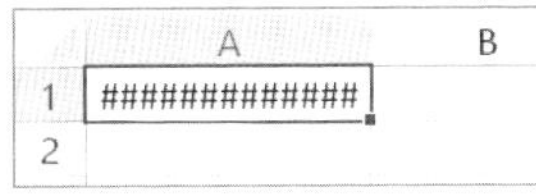

Weil Ihre Zelle zu klein ist, um Ihre Eingabe darzustellen. Vergrößern Sie einfach die Spalte.

Vielleicht möchten Sie aber auch allein den Wochentag in eine andere Zelle setzen. Kein Problem! Übergeben Sie das Datum mit der Formel =A1 der Zelle B1, und formatieren Sie die Zelle B1 mit dem Format *TTTT*.

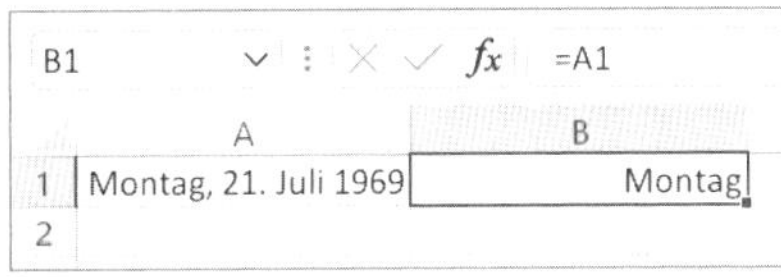

Farbe für die Zahlen – wie negative Zahlen automatisch rot werden

Das ist eigentlich ganz einfach und hängt auch wieder von dem richtigen Format ab.

1 Wählen Sie die Registerkarte *Start* und darin die Gruppe *Zahl.*

2 Öffnen Sie durch Klick auf den kleinen Pfeil unten rechts neben dem Wort *Zahl* das Fenster *Zellen formatieren.*

3 Hier wählen Sie unter *Kategorie Benutzerdefiniert* aus.

4 Gehen Sie im Fenster mit den Formaten nach unten, und wählen Sie das Format *#.##0,00 €;[Rot]-#.##0,00 €.*

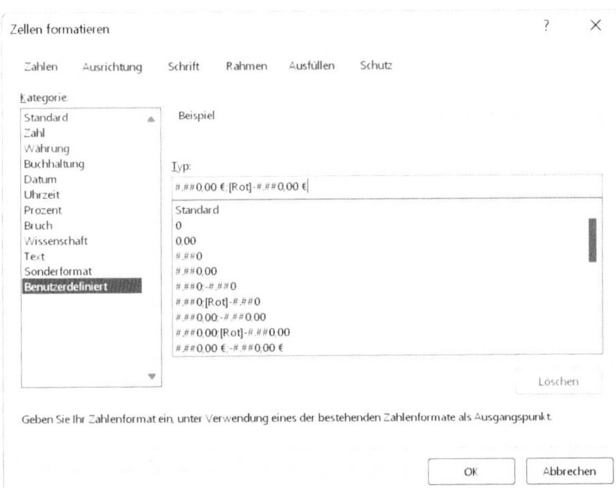

5 Bestätigen Sie die Auswahl durch Klick auf *OK.*

Woher weiß Excel, dass dabei positive Zahlen in Schwarz, negative aber in Rot angezeigt werden sollen?

Wenn Sie sich das obige Format genauer anschauen, sehen Sie, dass hier eigentlich zwei Formate vorhanden sind. Diese beiden Formate sind durch ein Semikolon voneinander getrennt. Für Excel bedeutet das: Wenn die Zahl positiv ist, wähle das Format vor dem Semikolon, ist sie negativ, wähle das Format nach dem Semikolon.

Sie können also für positive und negative Zahlen verschiedene Formate erzeugen. Sie müssen sie lediglich durch ein Semikolon voneinander trennen, damit Excel die Unterscheidung vornehmen kann. Das Format vor dem Semikolon gilt dabei immer für positive Zahlen, das Format nach dem Semikolon für negative.

Selbstverständlich können Sie diese Formate Ihren Wünschen entsprechend anpassen. Möchten Sie vielleicht positive Zahlen in Blau und negative Zahlen in Grün anzeigen lassen, ist auch das kein Problem. Sie brauchen nur eines der Standardformate zu ändern oder selbst ein völlig neues einzutragen.

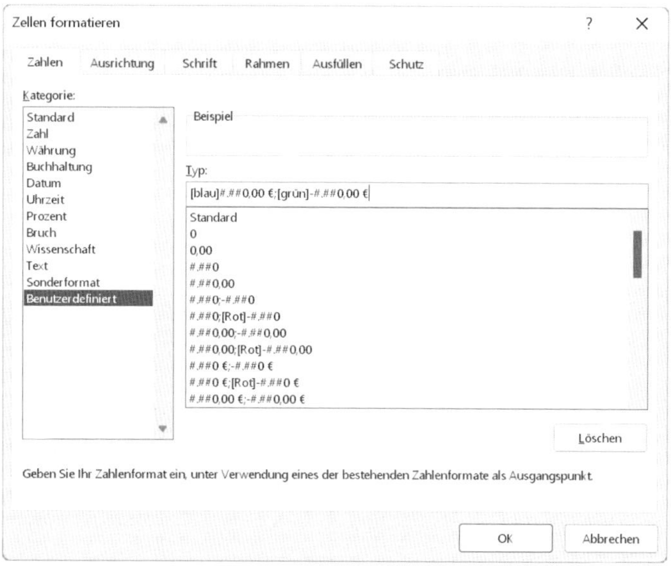

Wählen Sie zunächst irgendein beliebiges Zahlenformat aus. Wichtig ist nur, dass Sie die gewünschten Farben vor das jeweilige Zahlenformat schreiben und dass Sie den Namen für die Farbe in eckige Klammern setzen.

TIPP

Wie erzeugen Sie diese eckigen Klammern?
Auf den Zahlentasten 8 und 9 finden Sie zusätzlich jeweils eine öffnende und eine schließende eckige Klammer. Drücken Sie zuerst die AltGr-Taste, halten Sie sie fest, und tippen Sie dann auf die 8, um eine öffnende eckige Klammer zu erhalten. Analog verfahren Sie für eine schließende Klammer.

Damit sind die Möglichkeiten aber noch nicht erschöpft. Auch das folgende Format ist möglich:

[Blau]#.##0,00 €;[Rot]-#.##0,00 €;[Gelb]-#.##0,00 €

Sie haben hier drei verschiedene Formate, jeweils durch ein Semikolon getrennt. Das erste Format bestimmt das Aussehen der positiven, das zweite das der negativen Zahlen. Aber wofür könnte der dritte Teil, das Gelb, stehen? Der dritte Teil steht für die Null, die ja bekanntlich weder positiv noch negativ ist.

Wir sind immer noch nicht am Ende. Es gibt einen vierten Teil innerhalb des Zahlenformats. Dieser hat aber keine der Platzhalter, denn der vierte Teil bestimmt die Farbe eines Textes in der Zelle.

[Schwarz]#.##0,00 €;[Rot]-#.##0,00 €;[Gelb]-#.##0,00 €;[Blau]

Formatierung mit Bedingung

Bei der Auswertung von Klausuren kann es recht sinnvoll sein, Ergebnisse, die eine bestimmte Punktzahl nicht erreichen, sofort zu sehen.

Da Sie aber vorher nicht wissen können, welche Studenten wieder einmal nicht ausreichend gelernt haben, können Sie natürlich die Zellen vorher auch nicht mit roter Schrift versehen. Das muss Excel automatisch aufgrund der Punktzahl tun.

Sie erreichen das mit der bedingten Formatierung. Sie wird deshalb bedingte Formatierung genannt, weil sie Formate aufgrund von Bedingungen vergibt. Damit können Sie Excel veranlassen, all jene Punktzahlen rot zu formatieren, die weniger als zum Beispiel 50 % der möglichen Punkte aufweisen.

Schauen Sie sich dazu einmal folgendes Beispiel an.

Die maximal erreichbare Punktzahl in der Klausur beträgt 70 Punkte. 35 Punkte müssen mindestens erreicht werden, um die Klausur bestanden zu haben. Schön wäre es nun, wenn wir diese Studenten sofort sehen würden, indem ihre Ergebnisse rot kenntlich gemacht werden.

	A	B	C
1	**Höchste Punktzahl**	**70**	
2			
3	**Vorname**	**Nachname**	**erreichte Punktzahl**
4	Armin	Maurer	33
5	Maria	Megge	55
6	Ludger	Meier	17
7	Herbert	Meyer	70
8	Paul	Milde	67
9	Angela	Moser	34
10	Miriam	Müller	68

1 Markieren Sie zunächst alle Zellen, die Sie mit der gleichen bedingten Formatierung versehen möchten, also zum Beispiel in der Abbildung die Zellen C4 bis C10.

2 Wählen Sie dann *Start/Formatvorlagen/Bedingte Formatierung.*

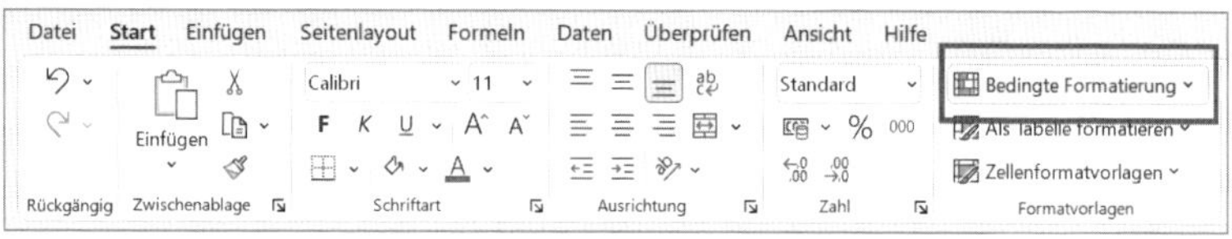

3 Jetzt müssen Sie zunächst weitere wichtige Entscheidungen treffen, denn die bedingte Formatierung in Excel 2021 ist sehr mächtig. Da wir alle Ergebnisse kleiner als 35 automatisch hervorheben wollen, wählen Sie im Menü *Regeln zum Hervorheben von Zellen* und dann *Kleiner als.*

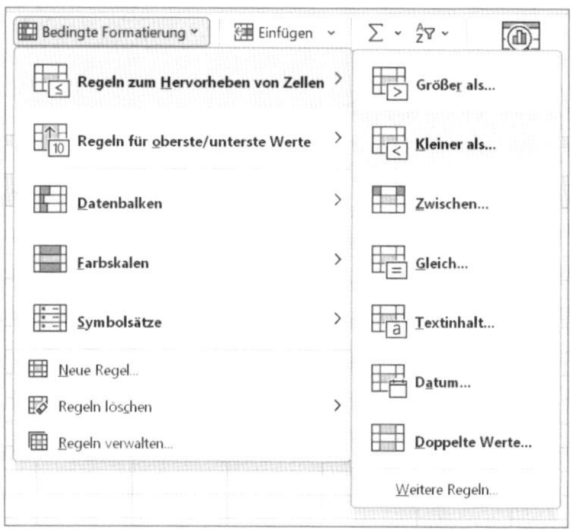

4 Sie erhalten ein neues Fenster. Tragen Sie dort den entsprechenden Wert *35* ein. Sobald Sie die Zahl *35* eingetragen haben, hat Excel schon eine Voransicht der zu erwartenden Formatierung erzeugt.

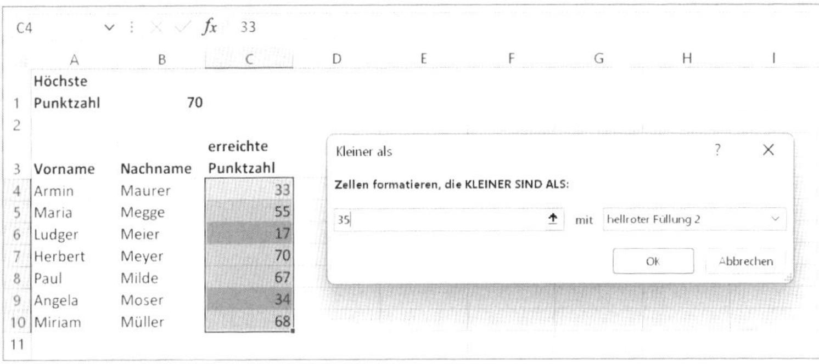

5 Wenn Ihnen die *hellrote Füllung 2* nicht zusagt, klicken Sie im Feld neben dem Wort *mit* auf das Dreieck, um das Listenfeld herunterzuklappen. Gefällt Ihnen hier auch keines der vorgegebenen Formate, wählen Sie ganz unten *benutzerdefiniertes Format*. Das folgende Fenster kennen Sie sicher schon. Hier wählen Sie im Bereich *Farbe* die gewünschte Farbe aus.

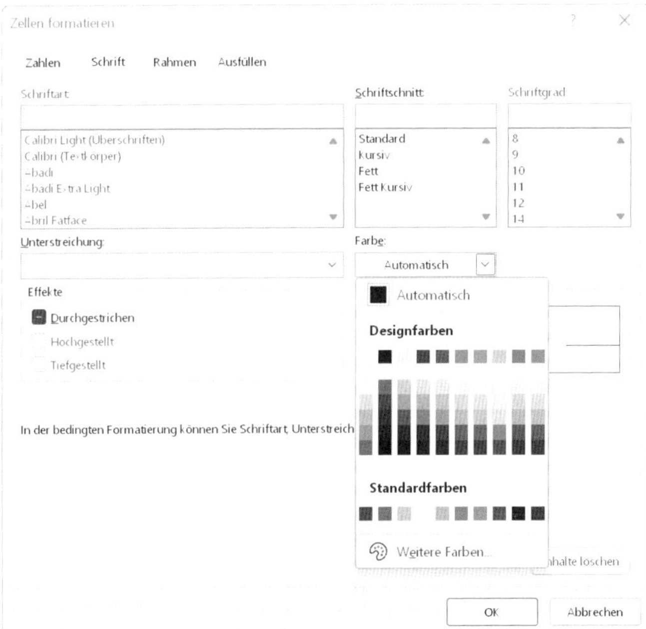

6 Excel wird nun bei allen Studenten, die weniger als 35 Punkte erreicht haben, diese Punkte in der gewählten Farbe kennzeichnen. Dieses Format wird auch dann beibehalten, wenn sich der Wert in der Zelle ändert.

Wir haben nun für Punktzahlen kleiner als 35 eine Füllfarbe, beispielsweise Hellrot, vergeben. Möchten Sie auch eine Farbe für die anderen Punkte vergeben, gehen Sie analog vor.

Sie sehen also, Ihren gestalterischen Fähigkeiten steht fast nichts im Wege. Wenn Sie solche Formate in der Tabelle vergeben, werden Sie sofort sehen, welche Studenten in den Leistungen irgendwelche Auffälligkeiten zeigen.

Sie können aber nicht nur nach Werten größer oder kleiner als ein bestimmter Wert suchen, sondern auch nach Werten, die zwischen bestimmten Grenzen liegen. Dazu müssen Sie lediglich unter *Bedingte Formatierung* bei *Regeln zum Hervorheben von Zellen* auf *Zwischen* klicken.

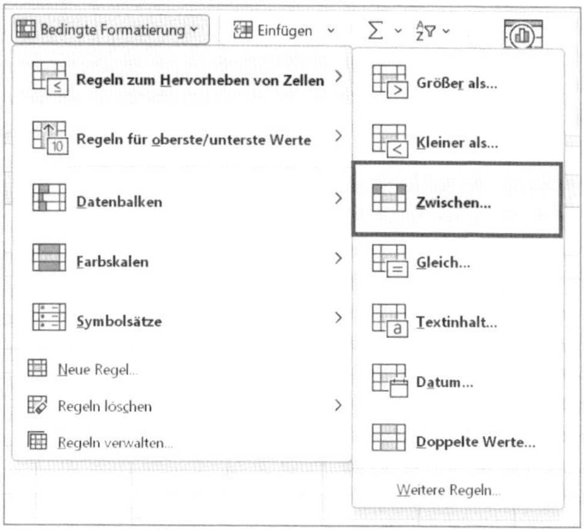

Im Fenster geben Sie nun die Werte ein, zwischen denen sich die gesuchten befinden. *Zwischen* bedeutet einschließlich der Grenzen.

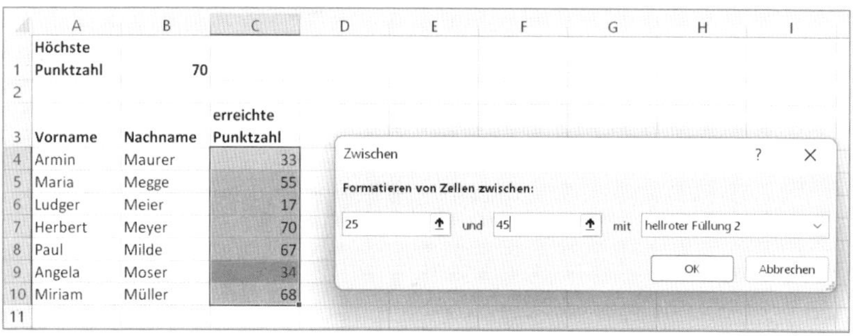

Aber nicht nur Zahlen lassen sich mit der bedingten Formatierung formatieren, sondern auch bestimmte Texte, die sich in den Zellen befinden.

Nehmen wir an, Sie haben eine Messwertreihe, in der der Buchstabe f vom Messgerät eingetragen wird, wenn ein bestimmter Messwert überschritten wird. Wenn diese Zellen mit f in Ihrer Messreihe ein bestimmtes Muster zeigen, sagen wir, ein Herzmuster, haben Sie eine tolle Entdeckung gemacht. Mit der bedingten Formatierung können Sie das sofort sehen. Das ist die markierte Messreihe:

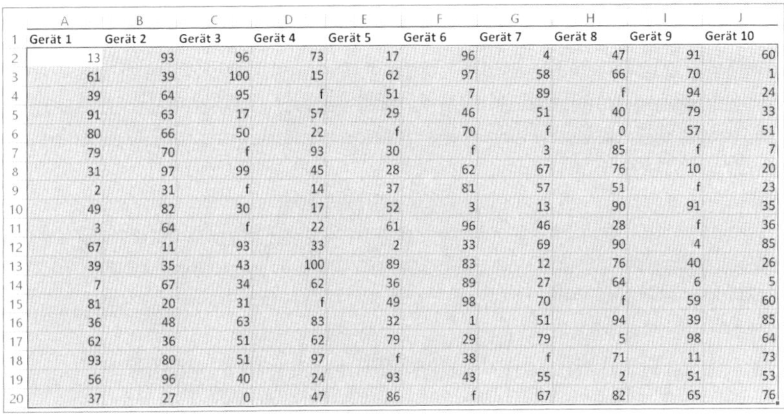

	A	B	C	D	E	F	G	H	I	J
1	Gerät 1	Gerät 2	Gerät 3	Gerät 4	Gerät 5	Gerät 6	Gerät 7	Gerät 8	Gerät 9	Gerät 10
2	13	93	96	73	17	96	4	47	91	60
3	61	39	100	15	62	97	58	66	70	1
4	39	64	95	f	51	7	89	f	94	24
5	91	63	17	57	29	46	51	40	79	33
6	80	66	50	22	f	70	f	0	57	51
7	79	70	f	93	30	f	3	85	f	7
8	31	97	99	45	28	62	67	76	10	20
9	2	31	f	14	37	81	57	51	f	23
10	49	82	30	17	52	3	13	90	91	35
11	3	64	f	22	61	96	46	28	f	36
12	67	11	93	33	2	33	69	90	4	85
13	39	35	43	100	89	83	12	76	40	26
14	7	67	34	62	36	89	27	64	6	5
15	81	20	31	f	49	98	70	f	59	60
16	36	48	63	83	32	1	51	94	39	85
17	62	36	51	62	79	29	79	5	98	64
18	93	80	51	97	f	38	f	71	11	73
19	56	96	40	24	93	43	55	2	51	53
20	37	27	0	47	86	f	67	82	65	76

Und über *Bedingte Formatierung/Regeln zum Hervorheben von Zellen/Textinhalt* können Sie mit etwas Fantasie ein Herz erkennen:

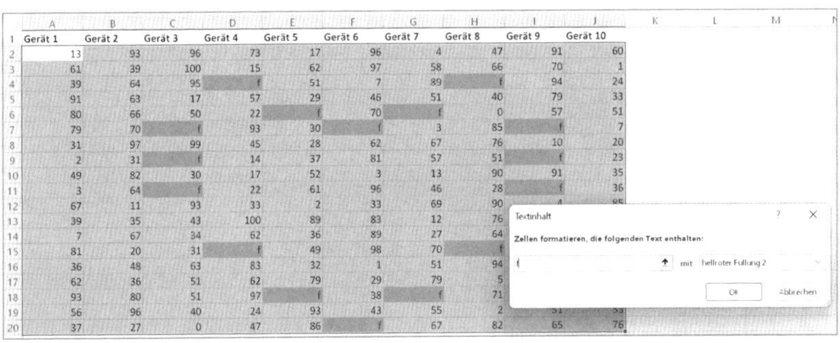

Denken Sie aber immer daran, dass Sie die Zellen zuerst markieren, die die bedingte Formatierung erhalten sollen, und erst dann vergeben Sie die Bedingung für die Formatierung.

Ich denke, es ist klar, dass die Bedingung für die Formatierung nun Bestandteil der Zelle ist, d. h., sobald in eine Zelle ein neuer Wert eingetragen wird, überprüft Excel, ob die Bedingung auch für diesen neuen Inhalt zutrifft.

4.5 Wichtige Excel-Funktionen an Beispielen erklärt

Excel bietet eine große Anzahl sehr mächtiger Funktionen, die in der Lage sind, komplexe Berechnungen durchzuführen. Im Rahmen dieses Abschnitts ist es aber nicht möglich, alle diese Funktionen mit der gebührenden Tiefe und Komplexität zu besprechen. Viele dieser Funktionen können zudem ineinander verschachtelt werden, was den Wirkungskreis noch um ein Vielfaches steigert. Ich werde mich deshalb nur auf die gebräuchlichsten und für die meisten Leser brauchbaren Funktionen beschränken und diese anhand von Beispielen erläutern. Komplexe Verschachtelungen, also eine oder zwei verschiedene Funktionen innerhalb einer anderen, muss ich aus Platzgründen Ihrer eigenen Forschungsarbeit überlassen. Dieser Abschnitt soll Ihnen aber zeigen, welche vielfältigen Möglichkeiten schon die Grundfunktionen bieten.

Einfache Funktionen – SUMME und MITTELWERT

Sie haben die Spenden Ihres gemeinnützigen Vereins säuberlich in eine Excel-Tabelle eingetragen und möchten am Jahresende nun wissen, wie viel Geld Sie pro Monat an Spenden eingenommen haben. Dazu müssen Sie die Werte Ihrer Tabelle summieren. Um diese Werte zu summieren, könnten Sie z. B. in Zelle A21 folgende Formel eingeben:

```
=A2+A3+A4+A5+A6+A7+A8+ etc.
```

Das ist nicht nur mühsam, sondern auch höchst überflüssig. Für so etwas hält Excel geeignete Funktionen bereit, etwa die Funktion *SUMME*.

A1 fx Januar

	A	B	C	D	E	F	G	H	I	J	K	L
1	Januar	Februar	März	April	Mai	Juni	Juli	August	September	Oktober	November	Dezember
2	313	170	128	191	27	427	412	366	385	381	209	55
3	111	257	381	300	249	316	293	91	32	18	365	355
4	231	144	134	405	495	354	233	116	110	368	74	379
5	253	241	463	313	196	348	373	63	140	299	324	259
6	359	315	439	476	66	33	309	318	133	263	113	339
7	425	140	213	166	92	482	416	128	184	17	179	306
8	405	83	17	352	456	116	152	337	422	168	63	109
9	466	306	76	3	102	174	154	478	80	72	417	264
10	283	353	33	161	478	25	249	467	345	372	180	309
11	154	135	141	229	330	381	287	340	54	213	129	16
12	397	36	363	149	10	292	147	475	343	34	402	354
13	119	284	153	378	207	354	444	168	452	355	480	29
14	198	496	48	332	500	481	369	109	313	257	332	455
15	5	172	364	300	343	9	449	143	55	279	26	328
16	291	54	80	105	7	232	285	370	434	76	26	45
17	368	103	205	426	475	311	134	92	198	249	212	104
18	298	176	98	347	470	121	217	215	440	487	308	499
19	13	329	39	196	244	189	485	86	417	428	454	387
20	214	149	466	263	241	195	278	102	342	97	19	94

Gehen Sie zunächst in die Zelle, in der das Ergebnis der Summation stehen soll. In unserem Beispiel ist das Zelle A21. Dann wählen Sie die Registerkarte *Start*. In der Gruppe *Bearbeiten* klicken Sie auf das Σ-Symbol (*Summe*).

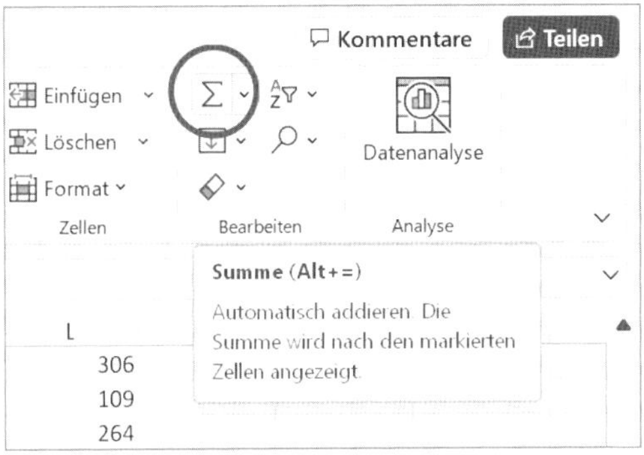

Excel schreibt jetzt

=SUMME(A2:A20)

in die Zelle A21, wobei die beiden Zelladressen A2 und A20 markiert sind. Was heißt das nun aber?

Aufgrund des Funktionsnamens *SUMME* weiß Excel, dass es etwas zu summieren gibt, und durch die Adressangabe A2:A20 weiß Excel, welche Zellen summiert werden sollen. Der Doppelpunkt in der Formel steht einfach für das Wort »bis«. Das Programm wird damit aufgefordert, alle Werte zu summieren, die sich in den Zellen A2 bis A20 befinden, einschließlich A2 und A20.

Excel macht Ihnen also sinnvolle Vorschläge, was summiert werden könnte. Sollten das genau die Werte sein, die summiert werden sollen, können Sie nun bestätigen. Sind es nicht die richtigen Zelladressen, können Sie die richtigen ganz normal markieren und erst dann bestätigen.

Damit hat Excel die Werte der ersten Spalte addiert. Und da Sie in der Formel keine absoluten Zelladressen benutzt haben, können Sie diese Formel nun nach rechts kopieren, um auch die Summe aller anderen Monate zu erhalten.

TIPP

Wenn Sie nur zwei oder drei Zahlen zu summieren haben
Wollen Sie nur zwei oder drei Zahlen summieren, sollten Sie diese einfach mit einem Pluszeichen addieren. Die *SUMME*-Funktion ist eine ziemlich umfangreiche Funktion, und bei sehr großen Tabellen kann das ein gehöriger Zeitfaktor werden.

Wenn Sie statt direkt auf das Σ-Symbol auf das Dreieck rechts neben dem Σ-Symbol klicken, erhalten Sie eine Auswahl weiterer einfacher Funktionen.

Möchten Sie zum Beispiel wissen, was Sie im Durchschnitt pro Monat an Spenden eingenommen haben, können Sie die Funktion *MITTELWERT* benutzen.

Die Handhabung ist ähnlich der *SUMME*-Funktion. Sie klicken in die Zelle, in der das Ergebnis stehen soll, zum Beispiel in Zelle A22.

Klicken Sie dann auf das Dreieck neben dem Σ-Symbol, und wählen Sie die Funktion *MITTELWERT*. Auch hier schlägt Ihnen Excel mögliche Koordinaten vor. Sind das die richtigen, brauchen Sie nur noch mit [↵] zu bestätigen. Sind sie es nicht, markieren Sie die richtigen Zellen.

In der gleichen Art und Weise verfahren Sie, wenn Sie den maximalen oder minimalen Wert der monatlichen Spenden wissen möchten. Dazu dienen die Funktionen *MAX* und *MIN*. Das weitere Vorgehen mit diesen beiden Funktionen ist identisch mit dem bisher besprochenen Verfahren.

Die Umsatztabelle

	A	B	C	D	E
1	Verkaufspreis	16,80 €			
2	Stückkosten	9,50 €			
3					
4		**Stückzahl**	**Umsatz**	**Kosten**	**Gewinn**
5					
6	1. Quartal	35	588,00 €	332,50 €	255,50 €
7	2. Quartal	46	772,80 €	437,00 €	335,80 €
8	3. Quartal	87	1.461,60 €	826,50 €	635,10 €
9	4. Quartal	32	537,60 €	304,00 €	233,60 €
10					
11	Summe	200	3.360,00 €	1.900,00 €	1.460,00 €
12	Mittelwert	50	840,00 €	475,00 €	365,00 €
13	Maximum	87	1.461,60 €	826,50 €	635,10 €
14	Minimum	32	537,60 €	304,00 €	233,60 €
15					

könnte mit folgenden Formeln versehen sein:

	A	B	C	D	E
1	Verkaufspreis	16,8			
2	Stückkosten	9,5			
3					
4		**Stückzahl**	Umsatz	Kosten	Gewinn
5					
6	1. Quartal	35	=$B$1*B6	=$B$2*B6	=C6-D6
7	2. Quartal	46	=$B$1*B7	=$B$2*B7	=C7-D7
8	3. Quartal	87	=$B$1*B8	=$B$2*B8	=C8-D8
9	4. Quartal	32	=$B$1*B9	=$B$2*B9	=C9-D9
10					
11	Summe	=SUMME(B6:B9)	=SUMME(C6:C9)	=SUMME(D6:D9)	=SUMME(E6:E9)
12	Mittelwert	=MITTELWERT(B6:B9)	=MITTELWERT(C6:C9)	=MITTELWERT(D6:D9)	=MITTELWERT(E6:E9)
13	Maximum	=MAX(B6:B9)	=MAX(C6:C9)	=MAX(D6:D9)	=MAX(E6:E9)
14	Minimum	=MIN(B6:B9)	=MIN(C6:C9)	=MIN(D6:D9)	=MIN(E6:E9)
15					

Funktionen der Kategorie Datum & Zeit

Das Berechnen der Kalenderwoche eines gegebenen Datums

Excel bietet vielfältige Möglichkeiten, in einer Tabelle mit einem Datum umzugehen. Man muss aber ein paar Regeln einhalten, um richtige Ergebnisse zu bekommen, denn eigentlich kennt Excel ein Datum gar nicht.

Excel rechnet im Grunde nur mit Tagen, d. h., es hat keine Ahnung von einem 15. April 2022, sondern weiß nur, wie viele Tage seit einem von den Programmierern als Startpunkt vorgegebenen Datum vergangen sind. Für den Startpunkt haben die Programmierer den 1.1.1900 vorgesehen.

Sie müssten also die Anzahl der Tage nur in Jahre und Wochen umrechnen, um zu einem Datumswert zu kommen. Das hört sich kompliziert an und wäre es auch, wenn diese Umrechnung nicht von Excel selbsttätig durchgeführt würde.

Eine der Funktionen dazu ist die Funktion *KALENDERWOCHE*. Nehmen wir einmal an, Sie möchten wissen, in welche Kalenderwoche der 15. April 2022 fällt. Schreiben Sie das Datum in die Zelle A1 einer Tabelle, und gehen Sie dann in die Zelle, in der das Ergebnis stehen soll. Wählen Sie nun auf der Registerkarte *Start* in der Gruppe *Bearbeiten* das kleine Dreieck beim Σ-Symbol. Hier wählen Sie *Weitere Funktionen.*

Sie erhalten ein Fenster mit allen Funktionen, die Excel Ihnen bietet. Wählen Sie bei *Kategorie auswählen* hier *Datum & Zeit.*

Nun wählen Sie *KALENDERWOCHE* und bestätigen die Auswahl mit *OK.*

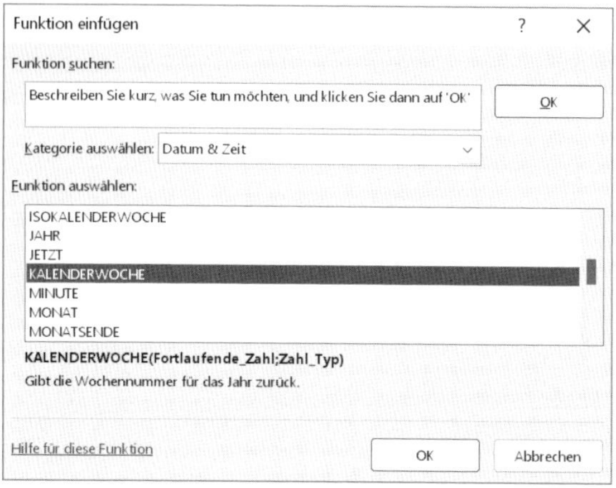

Im folgenden Fenster erwartet Excel von Ihnen die fortlaufende Zahl seit dem 1.1.1900. Keine Angst, Sie müssen jetzt nicht die Tage vom 1.1.1900 bis zum 15. April 2022 zählen. Das macht Excel automatisch. Sie brauchen nur durch Klick die Zelle auszuwählen, in der Ihr Datum steht, oder Sie können die Zelladresse auch per Tastatur hineinschreiben. Bestätigen Sie zunächst einmal das Ganze mit *OK*. Sie sollten nun die Zahl 16 erhalten haben, denn der 15. April 2022 liegt in der 16. Kalenderwoche des Jahres 2022. Achtung! Gezählt werden die amerikanischen Kalenderwochen, die Woche mit dem 1. Januar wird dort stets mitgerechnet, sodass es in diesem Fall eine Abweichung zur deutschen Kalenderwoche gibt (in Deutschland fällt der 15. April 2022 in die 15. Kalenderwoche).

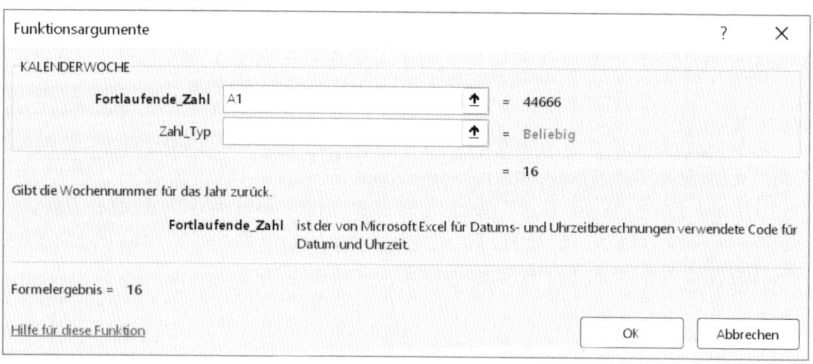

Im Fenster der *KALENDERWOCHE*-Funktion gab es noch eine weitere Möglichkeit zur Eingabe, nämlich *Zahl_Typ*. Und *Zahl_Typ* kann nur die Werte *1* und *2* annehmen.

Was hat es damit auf sich? Ganz einfach: Damit legen Sie fest, ob eine Kalenderwoche an einem Sonntag oder an einem Montag beginnen soll. Geben Sie einmal in Zelle A2 das Datum 21. April 2022 ein. Excel sollte Ihnen nun sofort die Zahl 17 anzeigen, denn das Datum liegt in der 17. Kalenderwoche im Jahr 2022.

Nun doppelklicken Sie als Nächstes auf die Zelle B2, um die *KALENDERWOCHE*-Funktion zum nachträglichen Bearbeiten zu öffnen.

Klicken Sie nun zwischen Zelladresse A2 und die schließende Klammer), und geben Sie dort *;2* ein. Damit legen Sie fest, dass die Kalenderwoche an einem Montag beginnt. Im Menü, das sich öffnet, finden Sie aber auch noch weitere Optionen für den Start der Kalenderwoche. Das Semikolon ist wichtig, denn damit trennen Sie mehrere Angaben innerhalb einer Funktion.

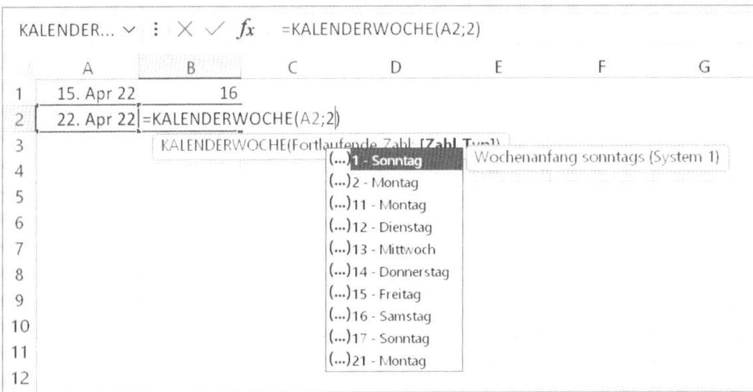

In der Kategorie *Datum* kennt Excel noch einige weitere brauchbare Funktionen. Da diese recht einfach in der Handhabung sind, möchte ich sie Ihnen nur in einer Tabelle vorstellen.

Wenn in Zelle A1 das Datum 12.05.2022 steht, führt die Funktion ...	**... zu folgendem Ergebnis**
=TAG(A1)	12
=MONAT(A1)	5
=JAHR(A1)	2022
=WOCHENTAG(A1)	1
=HEUTE()	aktuelles Datum

Die Funktion *WOCHENTAG* gibt Ihnen aber nicht den Wochentag als Wort aus, sondern als Zahl, d. h., ein Sonntag ergibt die Zahl 1, Montag = 2, Dienstag = 3 etc.

Die Wochenenden sollen rot werden

Sie haben in Excel einen Terminkalender angelegt und möchten, dass die Wochenenden durch eine andere Färbung hervorgehoben werden. Dazu können Sie natürlich die bedingte Formatierung nehmen, wenn Sie noch über ein paar zusätzliche Informationen verfügen.

In der Spalte A einer Tabelle wurde der Anfangswert 1. Mai 2022 eingetragen und nach unten kopiert. Da Sie natürlich nicht nur das Datum wissen möchten, sondern auch den Wochentag, wurde Spalte A mit diesem selbst erstellten Format versehen:

```
TTTT, TT. MMMM JJJJ
```

Sollten Sie nicht mehr genau wissen, wie solche Formate erstellt werden, lesen Sie das im Abschnitt über Formatierungen weiter oben noch einmal nach.

Ziel ist es, dass für alle Samstage und Sonntage die Zellen von Spalte A rot eingefärbt werden. Dazu brauchen Sie die Möglichkeiten der bedingten Formatierung. Markieren Sie die Zellen A1 bis A31 (wie in der Abbildung zu sehen), und gehen Sie über die Registerkarte *Start* in die Gruppe *Formatvorlage.* Dort wählen Sie dann *Bedingte Formatierung/Regeln zum Hervorheben von Zellen/Weitere Regeln.*

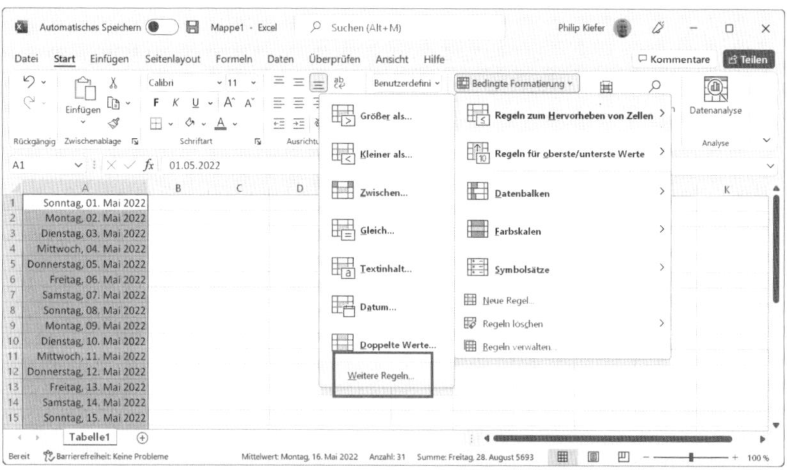

Im nun folgenden Fenster wählen Sie als Regeltyp *Formel zur Ermittlung der zu formatierenden Zellen verwenden*. Nun tragen Sie in das entsprechende Feld folgende Formel ein:

=WOCHENTAG($A1)=7

und legen über *Formatieren* eine Füllfarbe fest.

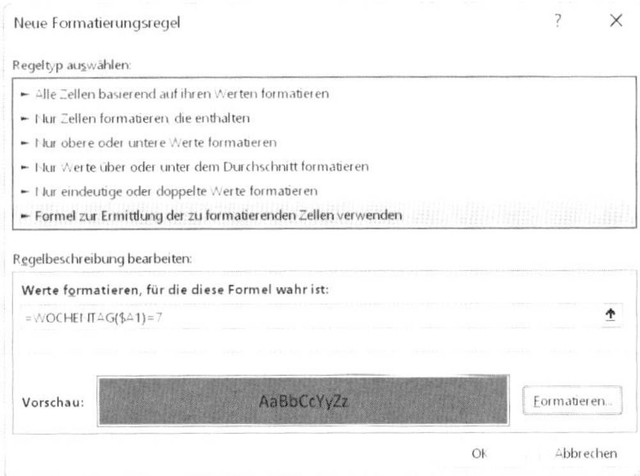

Nachdem Sie dann alle Fenster mit *OK* bestätigt haben, können Sie sich das Ergebnis anschauen. Es wurden aber nur alle Samstage rot hervorgehoben, keine Sonntage. Das Problem werden wir gleich lösen.

Zunächst möchte ich die Frage beantworten, was die Formel *=WOCHENTAG($A1)=7* eigentlich macht. Sie wissen, dass die Funktion *WOCHENTAG* aus einem Datum den Wochentag ermittelt, diesen aber nicht als Wort, sondern als Zahl ausgibt. Die Zahl 7 steht für den Samstag. Sie sagen Excel dadurch also, dass Sie einen Samstag suchen und die entsprechenden Zellen rot färben wollen. In der folgenden Tabelle sehen Sie die Werte für alle sieben Wochentage.

Wochentag	Zahl
Sonntag	1
Montag	2
Dienstag	3
Mittwoch	4
Donnerstag	5
Freitag	6
Samstag	7

Möchten Sie also auch die Sonntage rot einfärben, verwenden Sie in einem zweiten Durchlauf die Formel

=WOCHENTAG($A1)=1

denn bei Excel beginnt die Woche mit dem Sonntag (= 1).

Das Ganze lässt sich aber auch in nur einem Schritt ausführen. Dabei müssen Sie Excel allerdings sagen, dass nun zwei Bedingungen zutreffen müssen, nämlich *WOCHENTAG($A1)=7* und *WOCHENTAG($A1)=1*. Und Sie müssen Excel mitteilen, ob diese beiden Bedingungen mit einem ODER oder mit einem UND verbunden werden sollen, also ob beide Bedingungen gleichzeitig zutreffen müssen (UND) oder ob eine Bedingung genügt (ODER), um die Zellen rot zu färben.

In unserem Beispiel können nicht beide Bedingungen gleichzeitig zutreffen, denn in besagter Zelle A1 steht entweder Samstag oder Sonntag. Ein bestimmtes Datum kann nicht Samstag und Sonntag zugleich sein.

Die Formel, die Sie benutzen müssen, sehen Sie in folgender Abbildung:

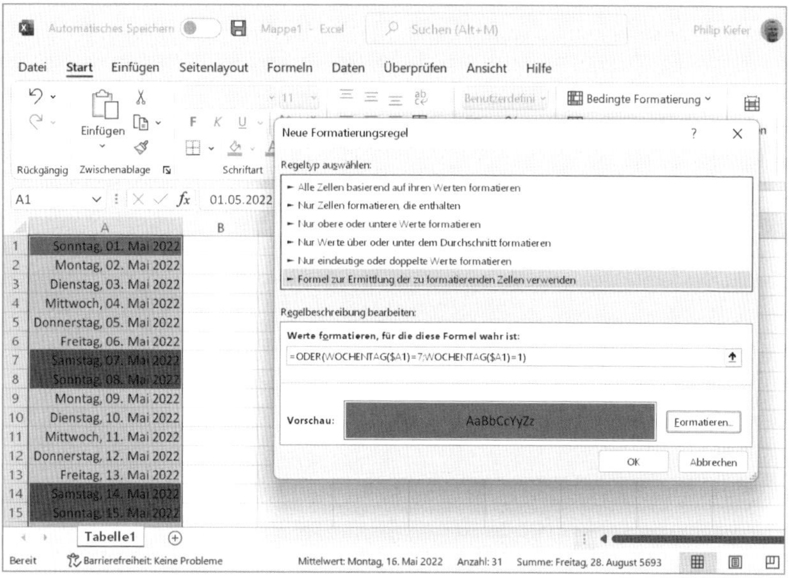

Der logische Verknüpfungsoperator ODER hat allgemein folgendes Aussehen:

```
=ODER(Bedingung_1;Bedingung_2;...;Bedingung_n)
```

Wir werden uns den logischen Operatoren UND und ODER noch sehr ausführlich im Abschnitt über logische Funktionen ab Seite 360 zuwenden.

Die Wochenenden sollen gar nicht erst auftauchen

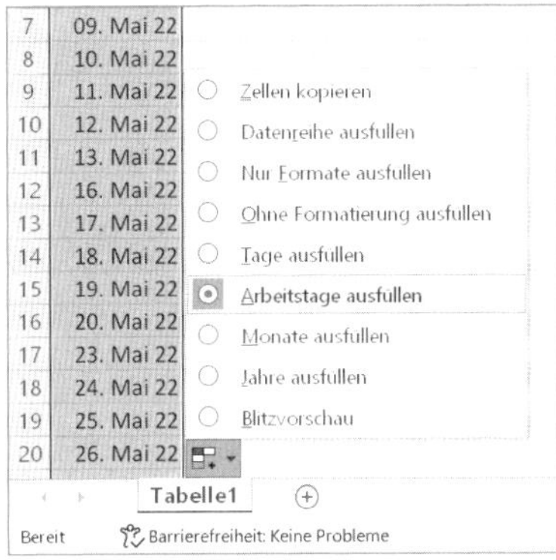

Wenn Sie die Wochenenden erst gar nicht sehen wollen, bietet Excel die Möglichkeit, diese gleich ganz aus der Datenliste zu entfernen.

Geben Sie in eine Zelle das Anfangsdatum ein, und kopieren Sie alles ganz klassisch nach unten. Klicken Sie dann in der nach unten kopierten Tabelle unten rechts auf das Symbol, wählen Sie dort *Arbeitstage ausfüllen*. Damit entfernt Excel alle Wochenenden aus Ihrer Liste.

Wie lassen sich die Monate hochzählen?

Vielleicht machen Sie Ihre Abrechnungen immer am gleichen Tag im Monat, also zum Beispiel am 15.3.2022, 15.4.2022, 15.5.2022 etc. Damit haben Sie in Excel ein kleines Problem. Excel zählt zwar ganz einfach die Tage hoch, aber die Monate hochzählen zu lassen funktioniert nur mit einer speziellen Funktion. Das liegt daran, dass Excel intern nur mit Tagen arbeitet. Jedes Mal also, wenn ein Datum benötigt wird, wird eine Zahl wie 44635 in ein uns geläufiges Datumsformat umgerechnet.

Aber glücklicherweise gibt es in Excel einige Möglichkeiten, die Ihnen hier helfen können. Eine davon ist, mithilfe der Funktionen *TAG*, *MONAT*, *JAHR* die einzelnen Teile des Datums zu separieren, dann den Monat um 1 zu erhöhen, um anschließend alles wieder zu einem Datum zusammenzusetzen. Das alles kann man mit einer einzigen Formel schaffen. Aber Excel kennt etwas viel Besseres, eine spezielle Funktion nämlich. Diese Funktion heißt *EDATUM*.

EDATUM hat im Allgemeinen folgende Syntax:

```
=EDATUM(Ausgangsdatum;Monate)
```

Wenn also in Zelle A1 das Datum 15.3.2022 steht, gehört in Zelle A2 folgende Formel:

```
=EDATUM(A1;1)
```

wenn immer nur ein Monat weitergezählt werden soll.

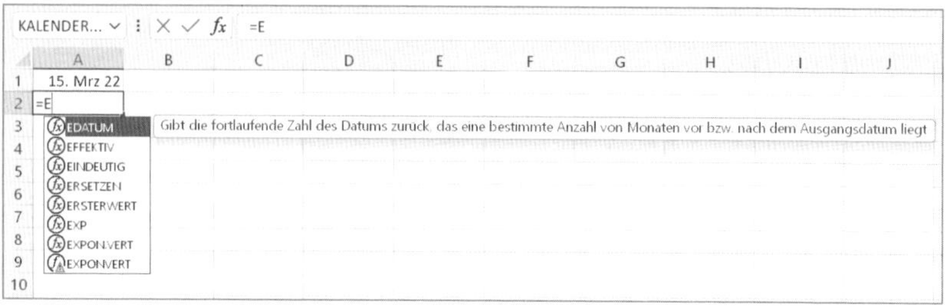

Sobald Sie den Anfangsbuchstaben der Funktion eintippen, erscheint ein Auswahlfeld, in dem Sie den Rest des Funktionsnamens durch einen Klick markieren können. Nachdem Sie den Funktionsnamen markiert haben, drücken Sie die ⭾-Taste, und der gesamte Funktionsname erscheint in der Zelle.

Gleichzeitig erhalten Sie Informationen darüber, welche Angabe Excel zum Berechnen braucht.

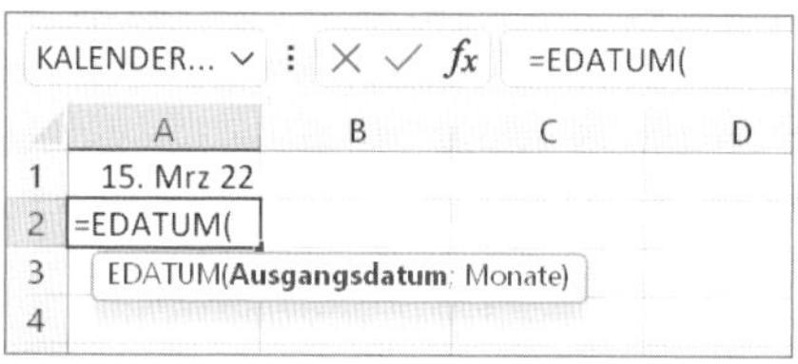

Sobald Sie Ihre Eingaben bestätigt haben, wird in der Zelle A2 das korrekte Datum eingetragen:

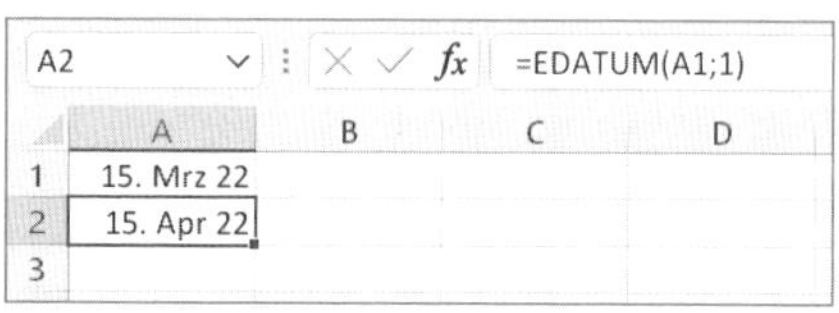

Oder erscheint lediglich eine fünfstellige Zahl? Nun, Sie wissen inzwischen, dass Excel nur mit Tagen arbeiten kann – also auch bei dieser Funktion. Sie müssen daher gegebenenfalls noch das gewünschte Datumsformat auf der Registerkarte *Start* wählen. Dort klicken Sie auf den kleinen Pfeil in der Gruppe *Zahl*. Wählen Sie anschließend das gewünschte Datumsformat aus.

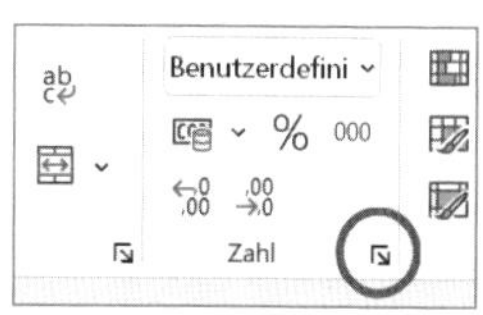

Danach müssen Sie nur noch die Formel nach unten kopieren, und schon werden die Monate hochgezählt.

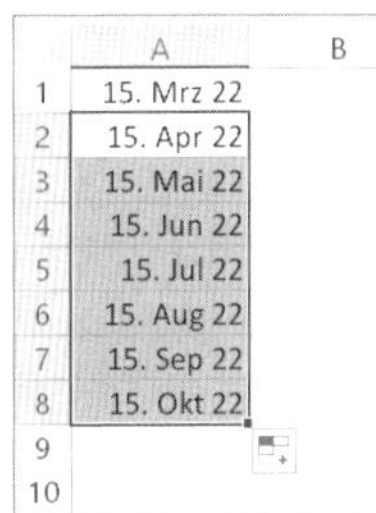

Natürlich können Sie das Ganze auch in Zweimonatsschritten machen. Bei Eingabe der Formel

=EDATUM(A1;2)

erhalten Sie den 15.3.2022, den 15.5.2022, den 15.7.2022 etc.

Bei Excel 2021 gibt es für das monatsweise Hochzählen noch einen weiteren Weg. Schreiben Sie in eine Zelle ein Anfangsdatum, und kopieren Sie es nach unten.

Nun klicken Sie auf das kleine Tabellensymbol rechts unten am kopierten Bereich und wählen die Option *Monate ausfüllen*.

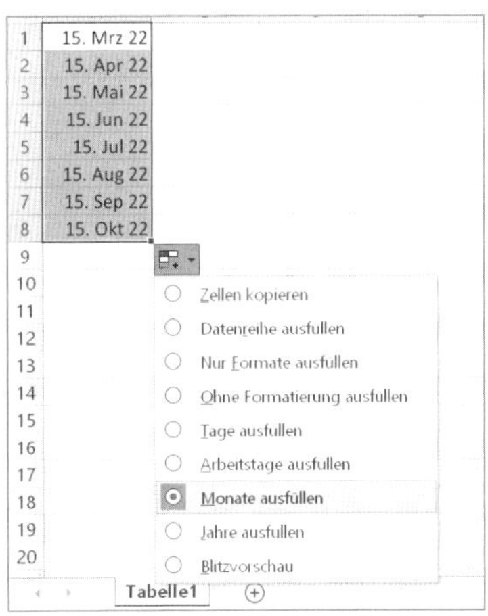

Rechnen mit Uhrzeiten

Kommen wir nun zu einigen interessanten Zeitproblemen. In Excel können Sie auch recht einfach mit Uhrzeiten rechnen, nur müssen Sie dabei wie immer an ein paar Eigenarten von Excel denken.

Schauen wir uns das Rechnen mit Uhrzeiten an einem Beispiel an. Sie arbeiten stundenweise in einer Firma und möchten von Excel ausrechnen lassen, wie viele Stunden Sie pro Arbeitstag gearbeitet haben.

Sie haben sich die folgenden Arbeitszeiten in einer Excel-Tabelle notiert:

	A	B	C	D
1	Datum	Beginn	Ende	Arbeitszeit
2	21.03.2022	08:00	17:00	
3	22.03.2022	08:00	14:00	
4	23.03.2022	07:00	16:00	
5	24.03.2022	08:00	17:00	
6	25.03.2022	07:00	16:00	
7	26.03.2022	09:00	13:00	

Um es zunächst einfach zu halten, sind erst einmal nur volle Stunden angegeben. Später werden Sie dann auch andere Uhrzeiten berücksichtigen.

In der Excel-Tabelle haben Sie in Spalte A das Datum eingetragen, in Spalte B den Beginn der Arbeit und in Spalte C das Arbeitsende. In Spalte D sollen nun Ihre geleisteten Arbeitsstunden ausgerechnet werden. Dazu brauchen Sie lediglich in Zelle D2 die beiden Zeiten voneinander abzuziehen:

=C2-B2

Sie müssen nur immer den kleineren Wert vom größeren abziehen, damit Sie keine negativen Stunden erhalten. Der Rest ist ein Kopieren nach unten, denn Excel erkennt aufgrund der Werte in den Spalten B und C, dass Sie Uhrzeiten berechnen, und wählt entsprechend schon das richtige Format.

Am Ende der Woche interessiert es Sie natürlich auch, wie viele Arbeitsstunden Sie insgesamt abgeleistet haben. Das sollte doch eigentlich mit einer *SUMME*-Funktion einfach zu berechnen sein.

D9 fx =SUMME(D2:D7)

	A	B	C	D
1	Datum	Beginn	Ende	Arbeitszeit
2	21.03.2022	08:00	17:00	09:00
3	22.03.2022	08:00	14:00	06:00
4	23.03.2022	07:00	16:00	09:00
5	24.03.2022	08:00	17:00	09:00
6	25.03.2022	07:00	16:00	09:00
7	26.03.2022	09:00	13:00	04:00
8				
9				22:00
10				

Sie sehen sicher mit einem Blick, dass Excel hier etwas falsch macht. Sie haben doch sicher insgesamt mehr als nur 22 Stunden gearbeitet. Warum rechnet Excel aber anscheinend falsch? Der Grund für dieses seltsame Verhalten liegt darin, dass Excel tatsächlich mit Uhrzeiten rechnet, Sie aber mit Stunden rechnen müssen. Und das ist etwas ganz anderes! Stunden können größer als 24 werden, Uhrzeiten nicht. Wenn aber bei den Uhrzeiten ein Wert größer als 24 errechnet wird, beginnt Excel mit dem Rechnen wieder von vorne.

Was können Sie tun, damit Excel die Arbeitsstunden richtig addiert, diese also als Stunden und nicht als Uhrzeiten erkennt? Sie müssen nur für die Ergebniszelle, also Zelle D9, das Format ändern.

1. Markieren Sie durch Klick die Zelle, deren Formatierung Sie ändern möchten. Im Beispiel ist das die Zelle D9.
2. Gehen Sie auf der Registerkarte *Start* in die Gruppe *Zahl*, und klicken Sie auf den kleinen Pfeil unten rechts in der Gruppe.
3. Im Fenster *Zellen formatieren* wählen Sie die Kategorie *Uhrzeit*.
4. Hier entscheiden Sie sich für das Format 37:30:55. Wundern Sie sich nicht über die seltsamen Zahlen, die Microsoft für das Format benutzt. Die Zahlen sollen lediglich ausdrücken, dass dieses Format Excel veranlasst, bei Uhrzeiten über 24 Uhr hinaus zu zählen, diese Zahlen also als Stundenangabe anzusehen.

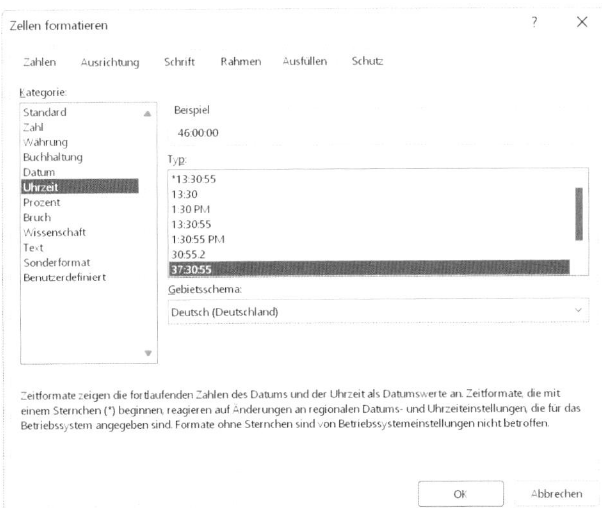

Sie sollten nun zu dem Ergebnis kommen, dass Sie 46 Stunden gearbeitet haben.

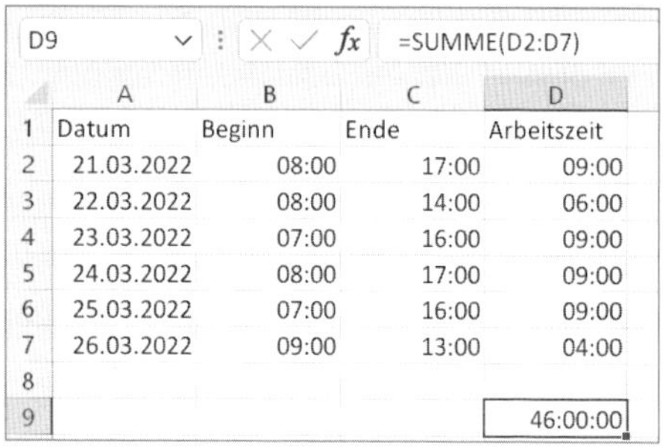

D9 =SUMME(D2:D7)

	A	B	C	D
1	Datum	Beginn	Ende	Arbeitszeit
2	21.03.2022	08:00	17:00	09:00
3	22.03.2022	08:00	14:00	06:00
4	23.03.2022	07:00	16:00	09:00
5	24.03.2022	08:00	17:00	09:00
6	25.03.2022	07:00	16:00	09:00
7	26.03.2022	09:00	13:00	04:00
8				
9				46:00:00

Aber eigentlich besagt das Ergebnis, dass Sie insgesamt 46 Stunden, 0 Minuten und 0 Sekunden gearbeitet haben.

Die Minutenangaben sind dabei noch ganz brauchbar, aber ich denke, Sie werden mit Ihrem Arbeitgeber nicht um Sekunden feilschen. Es wäre deshalb gut, wenn die Sekundenbruchteile in Zelle D9 gar nicht erst angezeigt würden.

1. Klicken Sie auf die Zelle, deren Formatierung Sie ändern möchten. Im Beispiel ist das die Zelle D9.
2. Gehen Sie auf der Registerkarte *Start* in den Bereich *Zahl*, und klicken Sie auf den kleinen Pfeil unten rechts.
3. Gehen Sie nun in den Bereich *Benutzerdefiniert*. Ändern Sie bei *Typ* das Zahlenformat wie in der Abbildung, und bestätigen Sie dann alles.

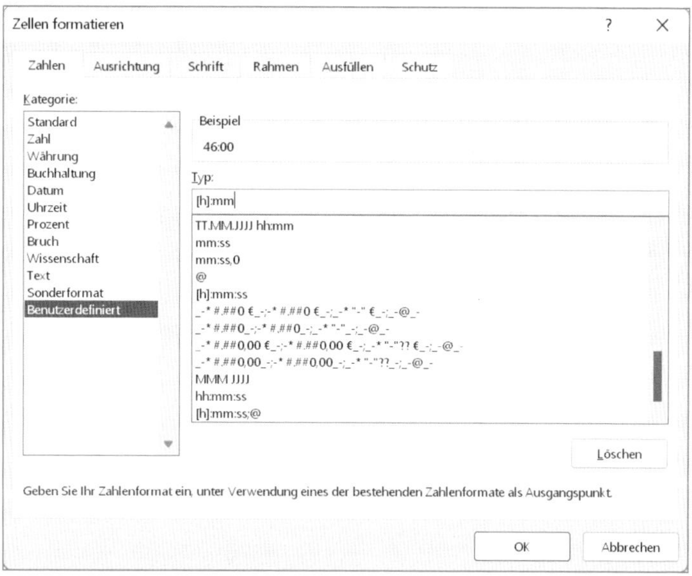

Manchmal kann es wichtig sein, die Stunden- und die Minutenangabe in separaten Zellen zu haben, weil Excel leider nicht in der Lage ist, mit einem Format weiterzurechnen, das aus Stunden- und Minutenangaben besteht.

Es gibt zwei ganz einfache Funktionen, mit denen Sie aus einer gegebenen Uhrzeit die Stunden und die Minuten separieren können. Mithilfe der Funktion *STUNDE* separieren Sie die Stunden. Aber hier gibt es ein weiteres Problem: Excel rechnet nicht in Stunden, sondern hat noch immer Uhrzeiten »im Kopf«, denn die Funktionen *STUNDE* und *MINUTE* bei einer Uhrzeit größer als 24 Uhr werden nicht funktionieren.

Schauen wir uns das wieder an einem Beispiel an:

Nehmen wir an, Sie haben Ihre Arbeit um 8:30 Uhr begonnen. Nun können Sie die Funktion *STUNDE* auf der Registerkarte *Formeln* in der Gruppe *Funktionsbibliothek* bei *Datum und Uhrzeit* auswählen.

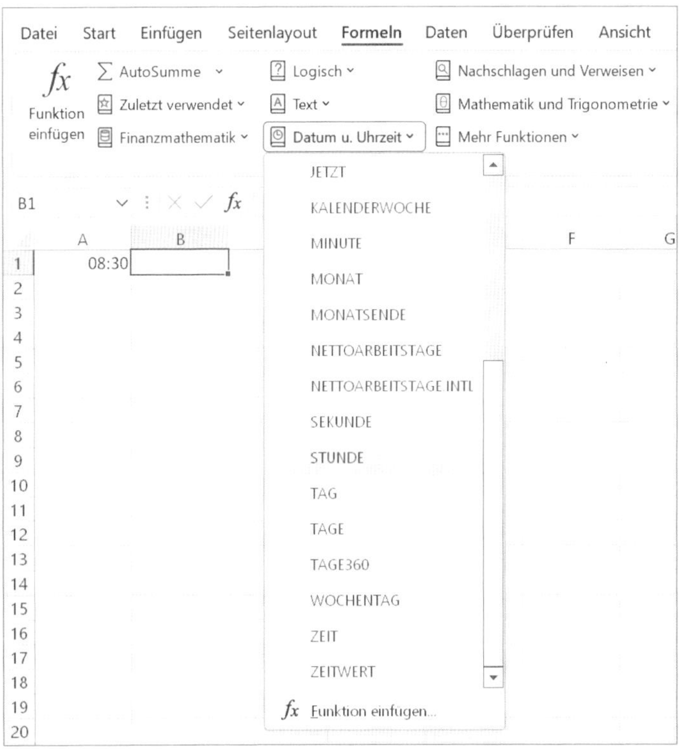

Wenn Sie den Funktionsnamen bereits kennen, genügt es, in der Zelle, in der das Ergebnis stehen soll, ein Gleichheitszeichen zu setzen und ein *s* einzugeben. Dann können Sie aus dem aufgeklappten Fenster die Funktion *STUNDE* auswählen.

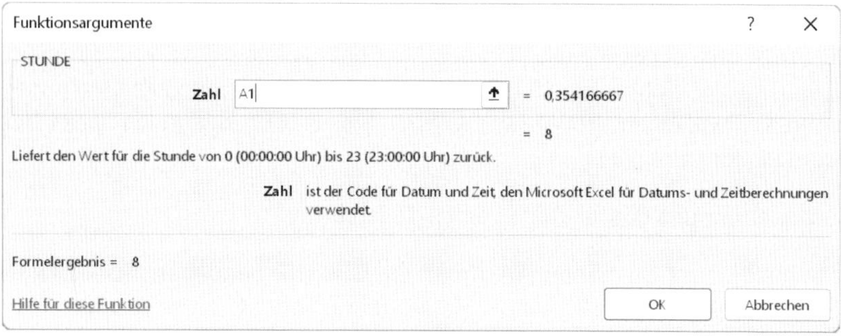

Sie können aber auch das gesamte Wort *STUNDE* mit der nötigen Zelladresse eingeben. Wie auch immer, in Zelle B1 sollte folgende Formel zu sehen sein:

```
=STUNDE(A1)
```

Nach der Bestätigung mit [Enter] müsste in Zelle B1 nun die Zahl 8 stehen. In der gleichen Art und Weise können Sie mit der Funktion *MINUTE* die Minuten abtrennen.

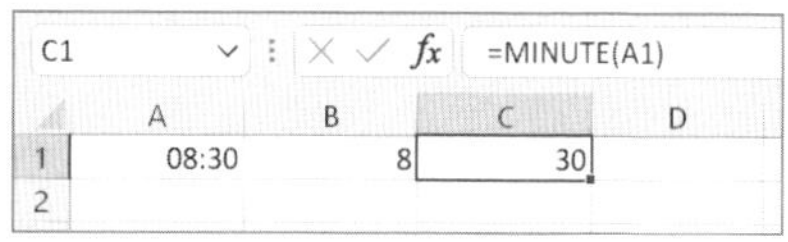

Wenn Sie nun diese Funktion auf unser ursprüngliches Beispiel anwenden, das Beispiel, bei dem Sie Ihre Arbeitszeit aufsummiert haben, erhalten Sie den schon bekannten Wert 22. Hier arbeiten die beiden Funktionen *STUNDE* und *MINUTE* also nicht.

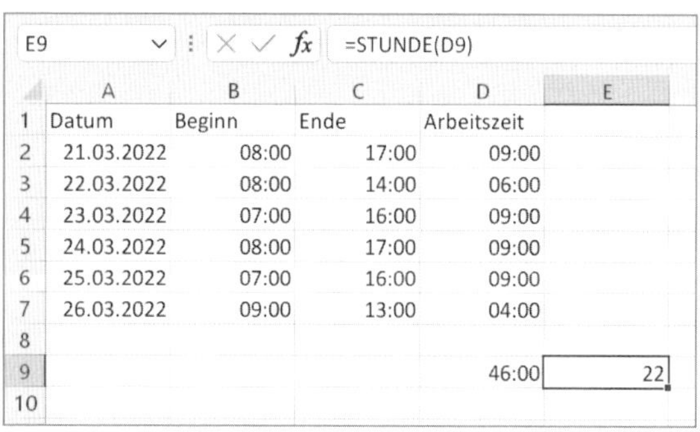

Berechnungen mit Zeitangaben

Im letzten Abschnitt haben Sie gesehen, dass Excel mit Zeitangaben gut zurechtkommt, wenn man einige Dinge beachtet. In diesem Abschnitt wollen wir uns anschauen, wie Sie mithilfe von Zeitangaben und Ihrem Stundenlohn den Verdienst ausrechnen können.

Eines vorweg: Sie müssen vermeiden, dass Zeitangaben 24 Stunden überschreiten. Sie sollten also pro Tag Ihren Verdienst berechnen und dann den Verdienst summieren und nicht die Arbeitsstunden summieren und daraus den Lohn berechnen. Das geht zwar auch, ist aber wesentlich komplizierter.

TIPP

Wichtig für dieses Beispiel
In diesem Beispiel werden die Funktionen *STUNDE* und *MINUTE* verwendet. Dazu sollten Sie den Abschnitt über relative und absolute Zellen bereits durchgelesen haben.

Im folgenden Beispiel nehmen wir nicht nur ganze Stunden, sondern wir rechnen nun auch minütlich.

	A	B	C	D
1	Datum	Beginn	Ende	Arbeitszeit
2	21.03.2022	08:00	16:45	08:45
3	22.03.2022	08:00	14:10	06:10
4	23.03.2022	07:00	16:00	09:00
5	24.03.2022	08:00	16:30	08:30
6	25.03.2022	07:30	16:30	09:00
7	26.03.2022	09:10	13:00	03:50

Sie erhalten einen Stundenlohn von 9,50 Euro. Wir wollen nun ausrechnen, was Sie pro Tag verdient haben. Dabei sollen aber Steuern und andere Abgaben nicht berücksichtigt werden.

Zuerst rechnen Sie in Spalte D durch einfache Subtraktion die Arbeitszeit aus. Das haben wir bereits ausführlich besprochen und braucht hier nicht wiederholt zu werden.

Damit haben Sie nun Ihre Arbeitszeit pro Tag errechnet. Mithilfe der Funktionen *STUNDE* und *MINUTE* werden dann in den Spalten E bzw. F die Stunden von den Minuten separiert. In Spalte G wird schließlich der Lohn errechnet.

Erweitern Sie zunächst Ihr Modell, um den Stundenlohn in eine separate Zelle eingeben zu können.

Die vollständigen Formeln in Spalte G sehen Sie in der folgenden Abbildung:

	A	B	C	D	E	F	G
1	Stundenlohn	9,5					
2							
3	Datum	Beginn	Ende	Arbeitszeit	Stunden	Minuten	Lohn
4	44641	0,333333333333333	0,697916666666667	=C4-B4	=STUNDE(D4)	=MINUTE(D4)	=E4*$B$1+F4*$B$1/60
5	44642	0,333333333333333	0,590277777777778	=C5-B5	=STUNDE(D5)	=MINUTE(D5)	=E5*$B$1+F5*$B$1/60
6	44643	0,291666666666667	0,666666666666667	=C6-B6	=STUNDE(D6)	=MINUTE(D6)	=E6*$B$1+F6*$B$1/60
7	44644	0,333333333333333	0,6875	=C7-B7	=STUNDE(D7)	=MINUTE(D7)	=E7*$B$1+F7*$B$1/60
8	44645	0,3125	0,6875	=C8-B8	=STUNDE(D8)	=MINUTE(D8)	=E8*$B$1+F8*$B$1/60
9	44646	0,381944444444444	0,541666666666667	=C9-B9	=STUNDE(D9)	=MINUTE(D9)	=E9*$B$1+F9*$B$1/60
10							

In Spalte G wird also der entsprechende Lohn für jeden Tag ausgerechnet.

	A	B	C	D	E	F	G
1	Stundenlohn	9,50 €					
2							
3	Datum	Beginn	Ende	Arbeitszeit	Stunden	Minuten	Lohn
4	21.03.2022	08:00	16:45	08:45	8	45	83,13 €
5	22.03.2022	08:00	14:10	06:10	6	10	58,58 €
6	23.03.2022	07:00	16:00	09:00	9	0	85,50 €
7	24.03.2022	08:00	16:30	08:30	8	30	80,75 €
8	25.03.2022	07:30	16:30	09:00	9	0	85,50 €
9	26.03.2022	09:10	13:00	03:50	3	50	36,42 €
10							

Hier mussten Sie die Stunden und Minuten bei der Arbeitszeit trennen, um rechnen zu können.

Dabei ist der Teil

E4*$B$1

in Zelle G4 nur die Multiplikation des Stundenlohns 9,50 Euro (in Zelle B1) mit den Arbeitsstunden (in Zelle E4). Warum Zelle B1 mit $-Zeichen versehen wurde, sollte klar sein. Wenn nicht, lesen Sie den Abschnitt über relative und absolute Zelladressen noch einmal.

Im zweiten Teil der Formel in G4 wurde dann mittels Dreisatz der Lohn für die geleisteten Minuten ausgerechnet. Der Rest ist Kopieren. Jetzt brauchen Sie nur noch die Spalte G zu summieren.

Natürlich können Sie sich die Spalten E und F im Grunde auch sparen und alles in eine einzige Formel packen.

Das würde dann so aussehen:

	A	B	C	D	E
1	Stundenlohn	9,5			
2					
3	Datum	Beginn	Ende	Arbeitszeit	Lohn
4	44641	0,333333333333333	0,697916666666667	=C4-B4	=STUNDE(D4)*$B$1+MINUTE(D4)*$B$1/60
5	44642	0,333333333333333	0,590277777777778	=C5-B5	=STUNDE(D5)*$B$1+MINUTE(D5)*$B$1/60
6	44643	0,291666666666667	0,666666666666667	=C6-B6	=STUNDE(D6)*$B$1+MINUTE(D6)*$B$1/60
7	44644	0,333333333333333	0,6875	=C7-B7	=STUNDE(D7)*$B$1+MINUTE(D7)*$B$1/60
8	44645	0,3125	0,6875	=C8-B8	=STUNDE(D8)*$B$1+MINUTE(D8)*$B$1/60
9	44646	0,381944444444444	0,541666666666667	=C9-B9	=STUNDE(D9)*$B$1+MINUTE(D9)*$B$1/60
10					

Für all das gibt es in Excel 2021 aber noch eine andere, die eleganteste Lösung. Die Arbeitszeiten in Spalte D sind ja Stunden- und Minutenangaben. Sie können diese Angaben durch Multiplikation mit 24 sofort in Dezimalzahlen umwandeln und dann das Ergebnis gleich mit dem Stundenlohn multiplizieren:

E4 fx =D4*24*$B$1

	A	B	C	D	E
1	Stundenlohn	9,50 €			
2					
3	Datum	Beginn	Ende	Arbeitszeit	Lohn
4	21.03.2022	08:00	16:45	08:45	83,13 €
5	22.03.2022	08:00	14:10	06:10	58,58 €
6	23.03.2022	07:00	16:00	09:00	85,50 €
7	24.03.2022	08:00	16:30	08:30	80,75 €
8	25.03.2022	07:30	16:30	09:00	85,50 €
9	26.03.2022	09:10	13:00	03:50	36,42 €
10					

So schön das alles ist, Sie bekommen wieder Probleme, wenn Sie über Mitternacht hinausarbeiten. Sehen Sie sich dazu folgende Abbildung an:

D5 fx =C5-B5

	A	B	C	D	E
1	Stundenlohn	9,50 €			
2					
3	Datum	Beginn	Ende	Arbeitszeit	Lohn
4	21.03.2022	08:00	16:45	08:45	83,13 €
5	22.03.2022	08:00	02:00	#########	-57,00 €
6	23.03.2022	07:00	16:00	09:00	85,50 €
7	24.03.2022	08:00	16:30	08:30	80,75 €
8	25.03.2022	07:30	16:30	09:00	85,50 €
9	26.03.2022	09:10	13:00	03:50	36,42 €

Obwohl in Zelle D5 die richtige Formel steht, erhalten Sie nur die »Gartenzäune«. Das liegt daran, dass Sie um 8 Uhr mit der Arbeit begonnen und erst um 2 Uhr früh am nächsten Tag aufgehört haben. Und bevor sich nun die Gewerkschaft meldet: Nein, das ist kein reales Beispiel, sondern ein Extrembeispiel, das lediglich der Veranschaulichung dient. 2 ist aber kleiner als 8, und so käme Excel bei einer normalen Zahl auf einen negativen Wert. Aber was passiert bei Uhrzeiten? Haben Sie schon einmal negative Uhrzeiten erlebt?

Hat es bei Ihnen schon einmal -6 Uhr geschlagen? Da es offensichtlich keine negativen Uhrzeiten geben kann, »rastet Excel völlig aus«.

Es gibt mehrere Möglichkeiten, dieses Problem zu lösen. So könnten Sie Excel mit der Funktion ABS veranlassen, alles nur positiv zu sehen, Ihnen also nur positive Werte auszugeben. Diese Funktion macht aus allen Werten nur positive Werte.

D5 =ABS(C5-B5)

	A	B	C	D	E
1	Stundenlohn	9,50 €			
2					
3	Datum	Beginn	Ende	Arbeitszeit	Lohn
4	21.03.2022	08:00	16:45	08:45	83,13 €
5	22.03.2022	08:00	[illegible]00	06:00	57,00 €
6	23.03.2022	07:00	16:00	09:00	85,50 €
7	24.03.2022	08:00	16:30	08:30	80,75 €
8	25.03.2022	07:30	16:30	09:00	85,50 €
9	26.03.2022	09:10	13:00	03:50	36,42 €
10					

Zwar rechnet Excel jetzt endlich, denn die Differenz zwischen der Zahl 8 und der Zahl 2 ist 6. Aber irgendetwas stimmt da trotzdem nicht. Und es hat wieder etwas mit der Uhrzeit und den Stundenangaben zu tun. Für Excel sind es wieder Uhrzeiten und keine Stundenangaben.

Die mit Abstand beste Möglichkeit, das Problem zu lösen, besteht darin, in die Zellen für den Beginn und das Ende der Arbeitszeit zusätzlich auch noch das Datum einzugeben. Dann rechnet Excel sauber und problemlos:

D5 =C5-B5

	A	B	C	D	E
1	Stundenlohn	9,50 €			
2					
3	Datum	Beginn	Ende	Arbeitszeit	Lohn
4	21.03.2022	08:00	16:45	08:45	83,13 €
5	22.03.2022	22.03.2022 08:00	23.03.2022 02:00	18:00	171,00 €
6	23.03.2022	07:00	16:00	09:00	85,50 €
7	24.03.2022	08:00	16:30	08:30	80,75 €
8	25.03.2022	07:30	16:30	09:00	85,50 €
9	26.03.2022	09:10	13:00	03:50	36,42 €
10					

Aber es gibt noch eine andere Lösung – eine, die nur selten in der Literatur zu finden ist. Sie können die Subtraktion mit logischen Operatoren durchführen.

Um auch Zeiten zu berücksichtigen, die über Mitternacht hinausgehen, geben Sie die Formeln der Subtraktion nach folgendem Prinzip ein:

=C5-B5+(C5<B5)

Schauen Sie sich dazu folgende Abbildung an:

D5 fx =C5-B5+(C5<B5)

	A	B	C	D	E
1	Stundenlohn	9,50 €			
2					
3	Datum	Beginn	Ende	Arbeitszeit	Lohn
4	21.03.2022	08:00	16:45	08:45	83,13 €
5	22.03.2022	08:00	02:00	18:00	171,00 €
6	23.03.2022	07:00	16:00	09:00	85,50 €
7	24.03.2022	08:00	16:30	08:30	80,75 €
8	25.03.2022	07:30	16:30	09:00	85,50 €
9	26.03.2022	09:10	13:00	03:50	36,42 €
10					

Was macht Excel hier? Hier ziehen Sie nicht nur die Anfangszeit von der Endzeit ab, sondern Sie prüfen auch, ob die Endzeit kleiner als die Anfangszeit ist. Sollte das der Fall sein, addiert Excel den logischen Wert WAHR, was dem mathematischen Wert 1 entspricht. Gleichzeitig »weiß« Excel dadurch aber auch, dass ein neuer Tag angebrochen ist, also von B2 bis Mitternacht (= 24 Uhr) gezählt werden soll und danach von 0 bis 2 Uhr.

Natürlich sollten Sie die gerade besprochene Formel mit den logischen Operatoren in alle Zellen eingeben, in denen Zeiten berechnet werden sollen.

Logische Operatoren werden wir uns im Abschnitt über logische Funktionen noch sehr ausführlich anschauen.

Textfunktionen

Auf Seite 245 haben wir uns schon die Blitzvorschaufunktion angeschaut. Diese Funktion leistet bei der Bearbeitung von Textelementen in Zellen hervorragende Dienste. Das einzige Problem bei der Blitzvorschaufunktion ist die Tatsache, dass Excel den Inhalt der entsprechenden Zellen nicht ändert, wenn der Zellinhalt irgendeiner Zelle geändert wird. Und das schränkt den Wert der Funktion doch erheblich ein.

Die normalen Textfunktionen haben diese Einschränkung nicht. Sie werden immer neu berechnet, wenn irgendeine Zelle in der Tabelle einen neuen Inhalt bekommt. Aus diesem Grund werden wir uns nun den Textfunktionen in Excel widmen.

In eine Excel-Zelle kann man sowohl Zahlen als auch Texte eingeben. Man kann aber auch beides zusammen in eine Zelle eintragen. Excel wird Sie nicht daran hindern, in einer Adressverwaltung die Postleitzahl und die Stadt in eine Zelle zu schreiben. Auch wird Sie Excel nicht davon abhalten, den Vor- und den Nachnamen in eine einzige Zelle zu schreiben, obwohl das eigentlich ziemlich unsinnig ist.

	A	B	C
1	**Name**	**Straße**	**Ort**
2	Anton Adams	Prinzregentenplatz 8	81675 München
3	Gisela Beck	Münchhausenstraße 13	81247 München
4	Dieter Bielefelder	Windmühlenstraße 78	01257 Dresden
5	Günther Braun	Luisenplatz 66	60316 Frankfurt
6	Franz Clemens	Weiße Taube 7	10365 Berlin
7	Klaus-Peter Ehrmann	Langheckenweg 66	60433 Frankfurt
8	Emilie Emmermann	Tatenberger Deich 112	21037 Hamburg
9	Renate Federweiß	Dohlenweg 6	80937 München
10	Reginald Fischbeck	Nördlinger Straße 56	80686 München
11	Walter Flamme	Dillgasse 26	60439 Frankfurt

So etwas sollte man natürlich vermeiden, denn wenn Sie diese Liste für einen Serienbrief in Word benutzen möchten und Sie nur einen Brief an alle Frankfurter Mitglieder Ihres Vereins schicken möchten, haben Sie ernste Probleme.

Nehmen wir also an, jemand hätte Ihnen eine solche Liste geschickt und Sie möchten nun den Vornamen vom Nachnamen trennen. Wie Sie das mit der Blitzvorschaufunktion machen, lesen Sie auf Seite 245 ff.

Jetzt wollen wir es mit den klassischen Excel-Funktionen *LINKS*, *RECHTS* und *TEIL* lösen.

Die Funktionen haben die Syntax:

```
=LINKS(Zelle;Anzahl_Zeichen)
```

```
=RECHTS(Zelle;Anzahl_Zeichen)
```

```
=TEIL(Zelle;Erstes_Zeichen;Anzahl_Zeichen)
```

LINKS schneidet in der *Zelle* die *Anzahl_Zeichen* von der linken Seite ab. *RECHTS* macht das Gleiche von der rechten Seite. *TEIL* schneidet beginnend bei *Erstes_Zeichen* die Menge an Zeichen ab, die *Anzahl_Zeichen* entspricht.

	A	B	C	D
1	**Name**	**LINKS**	**RECHTS**	**TEIL**
2	Anton Adams	=LINKS(A2;5)	=RECHTS(A2;5)	=TEIL(A2;4;5)
3	Gisela Beck	=LINKS(A3;5)	=RECHTS(A3;5)	=TEIL(A3;4;5)
4	Dieter Bielefelder	=LINKS(A4;5)	=RECHTS(A4;5)	=TEIL(A4;4;5)
5	Günther Braun	=LINKS(A5;5)	=RECHTS(A5;5)	=TEIL(A5;4;5)
6	Franz Clemens	=LINKS(A6;5)	=RECHTS(A6;5)	=TEIL(A6;4;5)
7	Klaus-Peter Ehrmann	=LINKS(A7;5)	=RECHTS(A7;5)	=TEIL(A7;4;5)
8	Emilie Emmermann	=LINKS(A8;5)	=RECHTS(A8;5)	=TEIL(A8;4;5)
9	Renate Federweiß	=LINKS(A9;5)	=RECHTS(A9;5)	=TEIL(A9;4;5)
10	Reginald Fischbeck	=LINKS(A10;5)	=RECHTS(A10;5)	=TEIL(A10;4;5)
11	Walter Flamme	=LINKS(A11;5)	=RECHTS(A11;5)	=TEIL(A11;4;5)
12				

	A	B	C	D
1	**Name**	**LINKS**	**RECHTS**	**TEIL**
2	Anton Adams	Anton	Adams	on Ad
3	Gisela Beck	Gisel	Beck	ela B
4	Dieter Bielefelder	Diete	elder	ter B
5	Günther Braun	Günth	Braun	ther
6	Franz Clemens	Franz	emens	nz Cl
7	Klaus-Peter Ehrmann	Klaus	rmann	us-Pe
8	Emilie Emmermann	Emili	rmann	lie E
9	Renate Federweiß	Renat	rweiß	ate F
10	Reginald Fischbeck	Regin	hbeck	inald
11	Walter Flamme	Walte	lamme	ter F

Das Ergebnis sähe wie nebenstehend aus. Befriedigend für unser Problem ist eigentlich keine der Funktionen, denn da der Vorname unterschiedlich lang sein kann, können Sie keinen Zahlenwert angeben, der festlegt, wo der Zellinhalt abgeschnitten werden soll.

Das Separieren der Postleitzahl vom Städtenamen ist dagegen einfacher, denn die Postleitzahl hat immer die gleiche Länge. Hier kann man mit der Funktion *LINKS* die Postleitzahl abschneiden.

D2 | fx | =LINKS(C2;5)

	A	B	C	D
1	**Name**	**Straße**	**Ort**	**PLZ**
2	Anton Adams	Prinzregentenplatz 8	81675 München	81675
3	Gisela Beck	Münchhausenstraße 13	81247 München	81247
4	Dieter Bielefelder	Windmühlenstraße 78	01257 Dresden	01257
5	Günther Braun	Luisenplatz 66	60316 Frankfurt	60316
6	Franz Clemens	Weiße Taube 7	10365 Berlin	10365
7	Klaus-Peter Ehrmann	Langheckenweg 66	60433 Frankfurt	60433
8	Emilie Emmermann	Tatenberger Deich 112	21037 Hamburg	21037
9	Renate Federweiß	Dohlenweg 6	80937 München	80937
10	Reginald Fischbeck	Nördlinger Straße 56	80686 München	80686
11	Walter Flamme	Dillgasse 26	60439 Frankfurt	60439

Den Städtenamen zu separieren, ist schon etwas schwieriger. Zuerst müssten Sie die Anzahl der Zeichen in Spalte C ermitteln. Von dieser Anzahl ließe sich dann die Länge der Postleitzahl abziehen, sodass die Länge des Städtenamens übrig bleiben würde.

Zur Ermittlung der Länge einer Zeichenkette gibt es die Funktion *LÄNGE(Zelle)*. Dabei ist *Zelle* die Zelladresse, von deren Inhalt Sie die Anzahl der Zeichen wissen möchten. Diese Funktion, mit der Funktion *RECHTS* sinnvoll kombiniert, führt zu folgender Abbildung:

E2 =RECHTS(C2;LÄNGE(C2)-6)

	A	B	C	D	E
1	**Name**	**Straße**	**Ort**	**PLZ**	**Stadt**
2	Anton Adams	Prinzregentenplatz 8	81675 München	81675	München
3	Gisela Beck	Münchhausenstraße 13	81247 München	81247	München
4	Dieter Bielefelder	Windmühlenstraße 78	01257 Dresden	01257	Dresden
5	Günther Braun	Luisenplatz 66	60316 Frankfurt	60316	Frankfurt
6	Franz Clemens	Weiße Taube 7	10365 Berlin	10365	Berlin
7	Klaus-Peter Ehrmann	Langheckenweg 66	60433 Frankfurt	60433	Frankfurt
8	Emilie Emmermann	Tatenberger Deich 112	21037 Hamburg	21037	Hamburg
9	Renate Federweiß	Dohlenweg 6	80937 München	80937	München
10	Reginald Fischbeck	Nördlinger Straße 56	80686 München	80686	München
11	Walter Flamme	Dillgasse 26	60439 Frankfurt	60439	Frankfurt

Damit haben Sie in den Spalten D und E erfolgreich die Inhalte der Spalte C separiert. Wenn nun in Spalte C ein anderer Ort mit Postleitzahl eingetragen wird, wird Excel automatisch die Separation vornehmen. Das funktioniert natürlich nur, wenn der Ort ebenfalls eine fünfstellige Postleitzahl hat.

Warum steht oben in der Funktion *RECHTS* als *Anzahl_Stellen* die Subtraktion LÄNGE(C2)-6?

Sie wissen, dass die Funktion *LÄNGE(C2)* die Anzahl der Zeichen in Zelle C2 bestimmt. Postleitzahlen haben in Deutschland fünf Stellen. Dazu kommt noch die Leerstelle zwischen der Postleitzahl und der Stadt. Dies macht zusammen sechs Stellen, die nicht abgeschnitten werden sollen.

Nun kann es aber auch einmal nötig sein, dass Sie zwei Textzellen zusammenführen möchten. Das wird besonders bei Serienbriefen vorkommen, wenn man unsinnige Leerzeichen zwischen dem Vor- und dem Nachnamen vermeiden möchte. Um Texte zusammenzufassen, gibt es den Verknüpfungsoperator &. Am einfachsten lässt sich die Wirkungsweise anhand der folgenden Abbildung erklären:

C2 fx =A2&" "&B2

	A	B	C
1	**Vorname**	**Nachname**	
2	Anton	Adams	Anton Adams
3	Gisela	Beck	Gisela Beck
4	Dieter	Bielefelder	Dieter Bielefelder
5	Günther	Braun	Günther Braun

In der Bearbeitungszeile der Zelle C2 steht der folgende Befehl:

=A2&" "&B2

Das heißt: Nimm den Inhalt der Zelle A2, und verknüpfe (&) diesen mit einem Leerzeichen (" "). Das Ganze verknüpfe (&) dann mit der Zelle B2.

Die unterschiedliche Wirkungsweise des Additionsoperators + und des Verknüpfungsoperators & sehen Sie in folgender Abbildung:

	A	B	C	D
1	5	3	8	=A1+B1
2			53	=A1&B1

In Spalte A und B wurden einfach Zahlen eingetragen. In Spalte D sehen Sie die Formeln, die zu den Ergebnissen in Spalte C führen. Während das +-Zeichen tatsächlich addiert, schreibt das &-Zeichen die beiden Zahlen einfach hintereinander.

Finanzmathematik

Rückzahlungsraten und Zinsen schnell errechnen

Das neue Auto kostet 19.000 Euro und muss von einer Bank finanziert werden. 3 % Zinsen will die Bank jährlich von Ihnen und macht dazu noch die Auflage, dass das Darlehen innerhalb von 24 Monaten zurückgezahlt werden muss. Mit welcher monatlichen Belastung haben Sie zu rechnen?

Das ist mit einer der Standardfunktionen von Excel recht schnell und problemlos zu errechnen. Sie benötigen die Funktion *RMZ* (**r**egel**m**äßige **Z**ahlung).

Die allgemeine Syntax der Funktion ist:

RMZ(**Zins**;**Zzr**;**Bw**;Zw;F)

Zins: Ist der Zinssatz pro Periode. In unserem Beispiel wären das 3 %. Und da die Laufzeit 24 Monate betragen soll, hier 3 % / 24, denn wir wollen die Belastung pro Monat ausrechnen.

Zzr: Ist die Anzahl der **Z**ahlungs**z**eit**r**äume. In unserem Beispiel soll alles nach 24 Monaten zurückgezahlt sein, Zzr ist also 24.

Bw: Ist der **B**ar**w**ert der Anschaffung, in unserem Beispiel also der Preis des neuen Autos in Höhe von 19.000 Euro.

Zw: Ist der **z**ukünftige **Wert** (= Endwert). Bei einem Darlehen, das am Ende der Laufzeit zurückgezahlt werden soll, ist das also der Wert null, der dann auch in der Formel weggelassen werden kann. Wir werden etwas später noch mal darauf zurückkommen.

F: Ist die **F**älligkeit. Dieser Wert kann nur 0 oder 1 annehmen und drückt aus, wann eine Zahlung erfolgen soll – am Ende einer Periode (=0) oder am Anfang einer Periode (=1). Lassen Sie diesen Wert weg, nimmt Excel automatisch 0.

Die in der allgemeinen Syntax fett gedruckten Elemente sind Pflichtteile, müssen also angegeben werden, die anderen sind optional. Unser Beispiel würde also folgendermaßen aussehen:

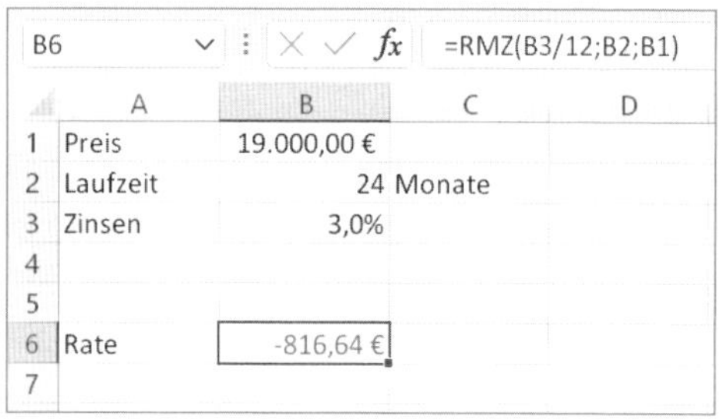

Sie müssten für Ihr schönes neues Auto also pro Monat 816,64 Euro für die Dauer von 24 Monaten zahlen.

Mit der *RMZ*-Funktion ist aber nicht nur die Errechnung regelmäßiger Rückzahlungen möglich, die Funktion ist weit mächtiger.

In fünf Jahren möchten Sie eine große Reise antreten. Für diese Reise haben Sie Kosten in Höhe von 30.000 Euro veranschlagt, und dieser Betrag soll angespart werden. Die Bank gibt Ihnen für die festgelegten fünf Jahre einen Zinssatz von 1,5 %, und Sie fragen sich, wie viel Sie monatlich sparen müssen, um nach fünf Jahren die benötigten 30.000 Euro für die Reise ausgezahlt zu bekommen. Auch dabei kann Ihnen die *RMZ*-Funktion helfen.

B6 =RMZ(B3/12;B2;0;B1)

	A	B	C	D
1	Preis	30.000,00 €		
2	Laufzeit	60 Monate		
3	Zinsen	1,5%		
4				
5				
6	Rate	-481,80 €		
7				

Sie müssten also 481,80 Euro jeden Monat einzahlen, um nach fünf Jahren ca. 30.000 Euro zu erhalten. Dabei sind natürlich Inflationsverluste, etwaige Bankgebühren und vor allem irgendwelche neuen, kreativen Ideen der Regierung, Steuern zu kassieren, nicht berücksichtigt. Auch gehen wir davon aus, dass sich der Zinssatz während der Laufzeit nicht verändert. Und ich gebe auch zu, dass der Zinssatz für Ihre Einlage mit 1,5 % traumhaft ist. Aber wir dürfen doch sicher noch träumen, auch wenn Banken uns täglich etwas anderes lehren.

Wenn Sie sich die Formel in der Abbildung anschauen, erkennen Sie sicher sofort, dass in diesem Beispiel vier Angaben gemacht wurden. Der Barwert (=Bw) ist jetzt natürlich 0, denn Sie fangen Ihr Sparbuch ja bei 0 an. Der zukünftige Wert, also das, was Sie nach Ablauf der Laufzeit haben wollen, ist jetzt 30.000 (=Zw).

TIPP

Achten Sie bei den Funktionen RMZ und ZZR auf passende Zeiteinheiten
Wenn es heißt, Sie zahlen die Zinsen pro Jahr, möchten aber das Ergebnis als Wert pro Monat haben, müssen Sie die Zinsen natürlich auch pro Monat berechnen. Achten Sie also streng auf gleiche Zeitangaben!

Nach welcher Zeit ist ein Kredit abbezahlt?

Eine große Anschaffung kostet 20.000 Euro, die Bank verlangt 3 % Zinsen. Ihr Gehalt gestattet Ihnen eine monatliche Rückzahlung von 1.000 Euro. Wie lange müssen Sie bei der Bank zahlen, bis der Betrag zurückgezahlt ist?

Dazu kann man die Funktion *ZZR* nutzen. Sie hat folgende allgemeine Syntax:

ZZR(**Zins;Rmz;Bw;**Zw;F)

Die einzelnen Angaben entsprechen den Elementen der *RMZ*-Funktion.

Rmz ist in dieser Funktion der Betrag, den Sie in einer Periode zurückzahlen können, in unserem Beispiel also 1.000 Euro.

B6 =ZZR(B3/12;B2;B1)

	A	B	C	D
1	Preis	20.000,00 €		
2	Rate	- 1.000,00 €		
3	Zinsen	3,0%		
4				
5				
6	Laufzeit	20,54		
7				

Der Betrag von 20.000 Euro ist nach rund zwanzigeinhalb Monaten zurückgezahlt, wenn Sie pro Monat 1.000 Euro zurückzahlen. Da die Rate zurückgezahlt wird, muss der Wert in B2 negativ sein.

Andere Fragestellungen können Sie mit der *ZZR*-Funktion ebenfalls bearbeiten. Nehmen wir einmal folgendes Szenario an: Sie möchten Ihren Teeladen erweitern. 40.000 Euro ist Ihnen das Ganze wert. Diesen Betrag müssen Sie als Kredit mit 4 % Zinsen von der Bank leihen. Da Ihr bisheriger Umsatz im Geschäft eine Rückzahlung von höchstens 700 Euro pro Monat gestattet, fragen Sie sich, ob Sie nach vier Jahren den Kredit abbezahlt haben. Auch dafür ist die *ZZR*-Funktion gut einsetzbar.

B6 =ZZR(B3/12;B2;B1)/12

	A	B	C	D
1	Preis	40.000,00 €		
2	Rate	- 700,00 €		
3	Zinsen	4,0%		
4				
5				
6	Laufzeit	5,29		
7				

Da Ihnen die Funktion, so wie wir sie benutzen, die Anzahl der Monate ausgibt, müssen Sie B6 noch durch 12 teilen, um auf die Jahre zu kommen. Und wie Sie sehen, brauchen Sie mehr als fünf Jahre, bis der Kredit vollständig zurückgezahlt ist.

Lineare Abschreibung

Die lineare Abschreibung ist die einfachste und gebräuchlichste Abschreibungsmethode. Sie braucht eigentlich keine speziellen Excel-Funktionen, sondern kann recht simpel in einer Tabelle umgesetzt werden. Ich möchte sie hier nur deshalb kurz behandeln, damit die im Folgenden beschriebene geometrisch-degressive Abschreibung und die ihr zugrunde liegenden Formeln leichter nachvollziehbar sind.

In diesem Abschnitt sollen auch nur die mathematischen und keine finanzrechtlichen Hintergründe behandelt werden. Was finanzrechtlich möglich und erlaubt ist, klären Sie also besser mit Ihrem Steuerberater.

Für eine lineare Abschreibung nimmt man den Bemessungswert eines Guts und teilt diesen durch die Nutzungsdauer. Dadurch erhält man einen Abschreibungsbetrag, den man jährlich bei der Steuererklärung geltend macht.

Nehmen wir an, Sie haben ein neues Gerät für 2.400 Euro angeschafft, und das Finanzamt legt in der AfA-Tabelle (**A**bsetzung **f**ür **A**bnutzung) eine Nutzungsdauer von drei Jahren fest. Daraus ergibt sich also eine jährliche Abschreibung von 800 Euro über die gesamte Nutzungsdauer. Dafür brauchen Sie wahrlich keine Excel-Tabelle.

Degressive Doppelraten-Abschreibung

In der degressiven Doppelraten-Abschreibung wird nur im ersten Jahr der Abschreibungsbetrag auf Basis der Anschaffungskosten berechnet. In den folgenden Jahren wird der Abschreibungsbetrag aus dem Restwert des Anlageguts errechnet. Bei dieser Methode wird der Abschreibungsbetrag zwar immer kleiner, aber die Anschaffung ist am Ende der geplanten Nutzungsdauer nicht vollständig abgeschrieben. Mit einem Beispiel wird das deutlicher.

Ihr kleines Teegeschäft floriert, und nun möchten Sie groß einsteigen und zusätzlich zu Tee noch getrocknetes Obst verkaufen. Dazu brauchen Sie eine Maschine zum Trocknen von Obst. Sie investieren also! Diese Investition kann steuerlich geltend gemacht werden. Im Jahr 2021 haben Sie sich eine Trocknungsmaschine zum Preis von 10.000 Euro angeschafft.

Der Abschreibungsprozentsatz variiert zwischen dem zwei- oder dreifachen Wert der linearen Abschreibung. Genaueres darüber erfahren Sie von Ihrem Steuerberater oder Wirtschaftsprüfer.

Wenn wir also die Formel für die lineare Abschreibung ansetzen, ergibt das einen Abschreibungssatz von 10 %. Bei der degressiven Abschreibung wird dieser Satz verdoppelt oder verdreifacht. Wir rechnen im folgenden Beispiel mit dem dreifachen Satz, d. h., es können zehn Jahre lang pro Jahr 30 % des bilanzierten Werts als Abschreibung abgezogen werden.

Die Excel-Tabelle könnte somit wie hier gezeigt aussehen.

Der Abschreibungssatz steht in Zelle B3. In Zelle B18 wurden die gesamten Abschreibungswerte addiert, und Sie sehen, dass Ihre Trocknungsmaschine nach zehn Jahren tatsächlich nicht vollständig abgeschrieben ist. Hier wird deshalb im letzten Jahr eine Sonderabschreibung in Höhe des Restwerts notwendig.

	A	B	C
1	Neupreis	10.000,00 €	
2	Nutzungsdauer	10 Jahre	
3	Abschreibungssatz	0,3 (=30%)	
4			
5			
6	Jahre	AB-Betrag	Restwert
7	1	3.000,00 €	7.000,00 €
8	2	2.100,00 €	4.900,00 €
9	3	1.470,00 €	3.430,00 €
10	4	1.029,00 €	2.401,00 €
11	5	720,30 €	1.680,70 €
12	6	504,21 €	1.176,49 €
13	7	352,95 €	823,54 €
14	8	247,06 €	576,48 €
15	9	172,94 €	403,54 €
16	10	121,06 €	282,48 €
17			
18	Abschreibung gesamt	9.717,52 €	
19			

B18 =SUMME(B7:B16)

	A	B	C
1	Neupreis	10000	
2	Nutzungsdauer	10	Jahre
3	Abschreibungssatz	0,3	(=30%)
4			
5			
6	Jahre	AB-Betrag	Restwert
7	1	=B1*$B$3	=B1-B7
8	2	=C7*$B$3	=C7-B8
9	3	=C8*$B$3	=C8-B9
10	4	=C9*$B$3	=C9-B10
11	5	=C10*$B$3	=C10-B11
12	6	=C11*$B$3	=C11-B12
13	7	=C12*$B$3	=C12-B13
14	8	=C13*$B$3	=C13-B14
15	9	=C14*$B$3	=C14-B15
16	10	=C15*$B$3	=C15-B16
17			
18	Abschreibung gesamt	=SUMME(B7:B16)	
19			

Die Formeln, die in diesem Modell benutzt wurden, sehen Sie in der vorherigen Abbildung. Um den Abschreibungsbetrag für ein Jahr zu erhalten, wird nur der Abschreibungssatz in Zelle B3 mit dem Restwert des vorangegangenen Jahres multipliziert. Der neue Buchwert ergibt sich dann aus der Subtraktion des alten Restwerts und des neuen Abschreibungsbetrags.

Der Unterschied zu einer linearen Abschreibung ist nun, dass bei einer degressiven Abschreibung in den ersten Jahren nach der Anschaffung höhere Abschreibungen möglich sind. Bei einer linearen Abschreibung würde jedes Jahr der gleiche Betrag abgeschrieben.

Für die degressive Abschreibung gibt es ebenfalls, wie sollte es anders sein, eine fertige Excel-Funktion. Mit ihr lässt sich der bisherige Rechengang erheblich erleichtern. Die Funktion hat folgendes Aussehen:

```
=GDA(Basiswert;Restwert;Nutzungsdauer;Periode,Faktor)
```

Die Funktion liefert den Abschreibungsbetrag einer Investition in Höhe von *Basiswert* für die *Nutzungsdauer* pro *Periode*. Mit *Restwert* ist der Wert nach dem Ende der Abschreibungsdauer gemeint. Der *Restwert* kann auch 0 betragen. Der *Faktor* ist jener Faktor, mit dem der Abschreibungssatz der linearen Abschreibung multipliziert wird. Er kann, wie gesagt, 2 oder 3 sein. Im Beispiel legen wir den Faktor 3 zugrunde. Der *Faktor*-Teil ist optional, kann also auch weggelassen werden. Fehlt er in der Formel, geht Excel von einem Faktor 2 aus.

Für das in diesem Abschnitt durchgerechnete Beispiel mit der Maschine zum Trocknen von Obst ergäben sich mit der GDA-Funktion folgende Werte:

Die benutzte Formel sehen Sie in der Bearbeitungszeile der Abbildung. Diese Formel muss dann nur noch nach unten kopiert werden. Sie sehen, die Werte sind identisch mit denen unserer etwas längeren Rechnung.

B7 =GDA($B$1;0;$B$2;A7;3)

	A	B	C	D
1	Neupreis	10.000,00 €		
2	Nutzungsdauer	10		
3	Abschreibungssatz	0,3 (=30%)		
4				
5				
6	Jahre	AB-Betrag		
7	1	3.000,00 €		
8	2	2.100,00 €		
9	3	1.470,00 €		
10	4	1.029,00 €		
11	5	720,30 €		
12	6	504,21 €		
13	7	352,95 €		
14	8	247,06 €		
15	9	172,94 €		
16	10	121,06 €		
17				
18	Abschreibung gesamt	9.717,52 €		

Wichtig: Wie die aktuelle rechtliche Lage im Zusammenhang mit der degressiven Abschreibung beim Erscheinen dieses Buches ist, kann Ihnen nur Ihr Steuerberater oder das Finanzamt sagen.

Mathematische Funktionen

In diesem Abschnitt setze ich voraus, dass Sie wissen, was die Potenz bzw. die Wurzel einer Zahl bedeutet. Auch sollten Sie wissen, was man unter trigonometrischen Funktionen und Integralen versteht, denn ich werde diese Dinge nur insoweit erläutern, dass Sie die entsprechenden Funktionen in Excel sicher anwenden können. Für mathematische Grundlagen muss ich Sie auf die entsprechenden Fachbücher verweisen.

Potenzen und Wurzeln

Excel ist nicht nur für die vier Grundrechenarten geschaffen, sondern Sie können auch potenzieren und Wurzeln ziehen. Nehmen wir an, Sie möchten 2^6 ausrechnen lassen. Tragen Sie die 2 zum Beispiel in die Zelle A1 einer Tabelle ein. In Zelle B1 kann dann folgende Formel stehen:

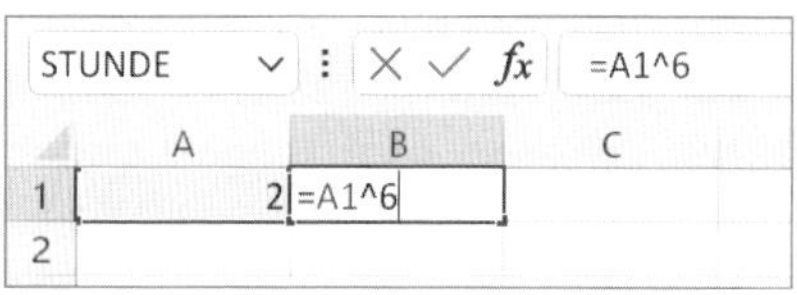

Das [^] finden Sie auf der Tastatur auf der linken Seite über der [Tab]-Taste bzw. links neben der [1]. Um die quadratische Wurzel der Zahl 2 zu berechnen, benutzen Sie die Funktion *WURZEL*. Schreiben Sie in C1 die Formel

```
=WURZEL(A1)
```

und bestätigen Sie sie.

Natürlich können Sie nicht nur die quadratische Wurzel einer Zahl bilden, sondern auch n-te Wurzel. Aber wenn Sie andere Wurzeln ziehen wollen als die Quadratwurzel, müssen Sie auf die allgemeine mathematische Umformung zurückgreifen:

$$\sqrt[n]{x} = x^{\frac{1}{n}}$$

Ein Beispiel:

$$\sqrt[5]{3125} = 3125^{\frac{1}{5}}$$

B1 · fx =A1^(1/5)

	A	B	C	D
1	3125	5		
2				

TIPP

Achten Sie auf die richtige Klammersetzung
Beim Eingeben solcher Formeln sollten Sie peinlich genau auf das richtige Setzen der Klammern achten, denn es gilt:

A1^1/B1 ist nicht gleich A1^(1/B1)

Die RUNDEN-Funktion

Im Abschnitt über Formatierung haben wir festgestellt, dass die Formatierung einer Zahl mit vielen Dezimalstellen diese zwar für den Bildschirm rundet, aber weitergerechnet wird mit der nicht gerundeten Zahl.

B1 · fx =A1*2

	A	B	C
1	5,68	11,35	
2	5,68	11,36	
3			

	A	B
1	5,67711543	=A1*2
2	=RUNDEN(A1;2)	=A2*2

Das kann zu seltsamen Situationen führen. In den Zellen A1 und A2 sind jeweils die gleichen Zahlen enthalten, und in B1 und B2 ist jeweils eine Formel, die den Wert der nebenstehenden Zelle mit 2 multipliziert. Seltsamerweise kommen zwei unterschiedliche Ergebnisse heraus. Warum? Sehen Sie sich dazu die Formeln an.

In Zelle A1 befindet sich eine Zahl mit vielen Dezimalziffern. Diese Zahl wurde auf zwei Dezimalstellen formatiert. In Zelle A2 wurde diese Zahl mit der *RUNDEN*-Funktion auf zwei Stellen nach dem Komma gerundet.

B2 rechnet nun mit der gerundeten Zahl 5,68, während B1 die ursprüngliche Zahl zum Berechnen nimmt.

Die Syntax der *RUNDEN*-Funktion ist recht simpel:

```
=RUNDEN(Zahl;Dezimalstellen)
```

Zahl gibt die Zelladresse an, in der die Zahl steht, die gerundet werden soll, und *Dezimalstellen* steht für die Anzahl der gewünschten Dezimalstellen.

Trigonometrische Funktionen

Excel beherrscht natürlich auch trigonometrische Funktionen wie *SIN*, *COS* etc. Bei der Eingabe dieser Funktionen ist nur zu beachten, dass diese Funktionen alle Winkelangaben im Bogenmaß benötigen.

Der Sinus eines Winkels lässt sich mit der Funktion

```
=SIN(A1)
```

berechnen, wenn der Winkel selbst in Zelle A1 steht. Sollten Sie aber die Winkelangaben im Gradmaß haben oder mit dem Gradmaß rechnen müssen, kennt Excel eine Funktion, das Gradmaß in Bogenmaß umzurechnen:

```
=BOGENMASS(A1)
```

Selbstverständlich lassen sich beide Funktionen zusammenfügen:

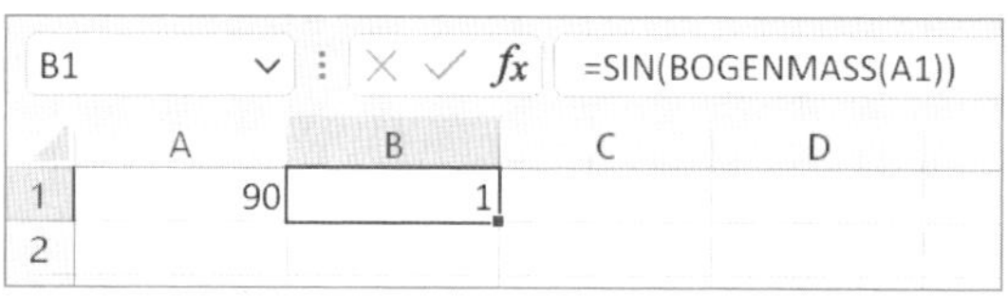

Sie können also auch die trigonometrischen Funktionen mit Gradmaßangaben versehen. Sie müssen diese Angaben jedoch vorher von Excel ins Bogenmaß umrechnen lassen. Und natürlich ist klar, dass die beiden Formeln

```
= SIN(BOGENMASS(A1))

= BOGENMASS(SIN(A1))
```

nicht gleich sind.

Natürlich gibt es viele Anwendungen, bei denen es einfach besser ist, Winkelangaben wirklich im Bogenmaß einzugeben, also in Bruchteilen oder Vielfachen von π. Dabei wäre es natürlich sehr ineffektiv, jedes Mal, wenn Sie π

brauchen, die Zahl 3,141592654 einzutippen. Auch dafür kennt Excel eine Funktion. Sie heißt verständlicherweise *PI* und hat die Syntax

=PI()

Dabei darf in den beiden Klammern kein Wert stehen. Um also den Zahlenwert der Zahl π zu erhalten, tragen Sie einfach *=PI()* in eine Zelle ein und bestätigen.

Wir werden im Abschnitt über die grafische Darstellung von Tabellen noch einmal auf die trigonometrischen Funktionen zurückkommen und sie dort auch grafisch darstellen.

TIPP

Excel rechnet im Bogenmaß
Vergessen Sie bei allen Winkelfunktionen nicht, dass Excel standardmäßig die Winkeleingabe im Bogenmaß erwartet. Auch die Ergebnisausgabe erfolgt im Bogenmaß. Sie müssen also gegebenenfalls umrechnen.

Sollten Sie der Meinung sein, dass bei einer Rechnung das Ergebnis falsch ist, prüfen Sie zuerst, ob die Winkel tatsächlich im Bogenmaß eingegeben oder zumindest richtig umgerechnet wurden.

Umwandeln einer arabischen Zahl in eine römische Zahl

Für diesen Fall gibt es in Excel schon eine vorgefertigte Funktion. Sie hat allgemein folgende Syntax:

=RÖMISCH(Zahl;Typ)

Dabei ist *Zahl* die Zahl, die umgewandelt werden soll. Der *Typ* gibt die verschiedenen Schreibweisen römischer Zahlen an. Lässt man den *Typ* weg, wird die bekannte klassische Schreibweise benutzt. Die folgende Abbildung soll diesen *Typ* etwas verdeutlichen. Dabei wird jeweils die Zahl in Spalte A umgewandelt.

	A	B	C
1	499	CDXCIX	klassisch
2	499	LDVLIV	Typ = 1
3	499	XDIX	Typ = 2
4	499	VDIV	Typ = 3
5	499	ID	Typ = 4
6			

Die Formeln dazu sehen folgendermaßen aus:

B1 =RÖMISCH(A1)

	A	B	C
1	499	=RÖMISCH(A1)	klassisch
2	499	=RÖMISCH(A2;1)	Typ = 1
3	499	=RÖMISCH(A3;2)	Typ = 2
4	499	=RÖMISCH(A4;3)	Typ = 3
5	499	=RÖMISCH(A5;4)	Typ = 4
6			

Leider sind mit dieser Funktion nicht beliebig große Zahlen möglich. Sie erhalten bei Zahlen größer als 3.999 wie auch bei negativen Zahlen den Fehlerwert *#WERT!* als Ergebnis in der Zelle.

Umwandlung einer Dezimalzahl in binäre und hexadezimale Ziffern – und umgekehrt

Sehr hilfreich sind einige Funktionen, die Zahlen von einem Zahlensystem in ein anderes übertragen können. Die folgende Tabelle zeigt Ihnen nur einige Möglichkeiten:

Umwandlung von -> nach	Funktion
dezimal -> binär (Dualzahl)	=DEZINBIN(Zahl;Stellen)
Dezimal -> hexadezimal	=DEZINHEX(Zahl;Stellen)
dezimal -> oktal	=DEZINOKT(Zahl;Stellen)
binär (Dualzahl) -> dezimal	=BININDEZ(Zahl)
hexadezimal -> dezimal	=HEXINDEZ(Zahl)
oktal -> dezimal	=OKTINDEZ(Zahl)

Der Bereich *Stellen* in den Funktionen gibt an, wie viele Stellen ausgegeben werden sollen. Lässt man *Stellen* weg, gibt Excel nicht mehr als die zur richtigen Darstellung der Zahl benötigten Ziffern aus. *Stellen* ist besonders dann wichtig, wenn man den Rückgabewert mit führenden Nullen haben möchte.

Am besten lässt sich das an kleinen Beispielen zeigen:

	A	B	C	D
1	**Zahl**	**beliebige Stellen**	**8 Stellen**	**Umrechnung**
2	123	1111011	01111011	dez -> bin
3	123	7B	0000007B	dez -> hex
4	123	173	00000173	dez -> okt
5				
6				
7	01111011	123		bin -> dez
8	0000007B	123		hex -> dez
9	00000173	123		okt -> dez

Die Formeln dafür:

	A	B	C	D
1	**Zahl**	**beliebige Stellen**	**8 Stellen**	**Umrechnung**
2	123	=DEZINBIN(A2)	=DEZINBIN(A2;8)	dez -> bin
3	123	=DEZINHEX(A3)	=DEZINHEX(A3;8)	dez -> hex
4	123	=DEZINOKT(A4)	=DEZINOKT(A4;8)	dez -> okt
5				
6				
7	=C2	=BININDEZ(A7)		bin -> dez
8	=C3	=HEXINDEZ(A8)		hex -> dez
9	=C4	=OKTINDEZ(A9)		okt -> dez

Denken Sie bei der Umrechnung von dezimal in binär daran, dass Sie umso mehr binäre Stellen benötigen, je größer die umzurechnende Zahl ist. Die Zahl 255 ist in binärer Schreibweise 11111111, braucht also acht binäre Ziffern. Die Umrechnung der Zahl 256 ist deshalb nur mit neun binären Stellen möglich.

Bei der Umwandlung eines Zahlensystems in das dezimale Zahlensystem (Zeilen 7 bis 9 in der Abbildung) ist die Angabe einer festen Stellenzahl nicht möglich. Benötigen Sie trotzdem eine feste Stellenanzahl, können Sie das nur mit den bekannten Formatierungen umsetzen. Sehen Sie sich dazu den Abschnitt über Formatierung ab Seite 271 an.

Alles nur zufällig? – Zufallszahlen

Zufallszahlen sind Zahlen, die zufällig erzeugt werden und nicht durch irgendein mathematisches Gesetz oder einen Algorithmus vorhergesagt werden können. Sie sind in der Statistik sehr wichtig. Doch muss man sich immer wieder klarmachen, dass die Zufallszahlen in Excel streng genommen nicht wirklich zufällig sind – zumindest nicht so zufällig wie Zahlen, die tatsächlich mit einem exakten Würfel erzeugt werden. Aber sie genügen für die meisten statistischen Verfahren, in denen Zufallszahlen gebraucht werden.

Zufallszahlen haben eine gleichmäßige Häufigkeitsverteilung und eine geringe Korrelation. Die beste Möglichkeit, wirklich genaue Zufallszahlen zu erzeugen, ist, zu würfeln. Das aber kann bei 1.000 Zufallszahlen recht lange dauern. Excel kennt deshalb eine Funktion, mit der Zufallszahlen erzeugt werden können.

=ZUFALLSZAHL()

Mit dieser Funktion erhalten Sie immer Zufallszahlen zwischen 0 und 1. In den beiden Klammern dürfen keine Parameter stehen, die Klammern müssen aber trotzdem angegeben werden.

Sie können diese Funktion natürlich noch mit konstanten Werten multiplizieren, um auch Zufallszahlen in anderen Zahlbereichen zu erhalten.

Wann immer Sie nun an Ihrer Tabelle etwas ändern, werden jedes Mal neue Zufallszahlen erzeugt.

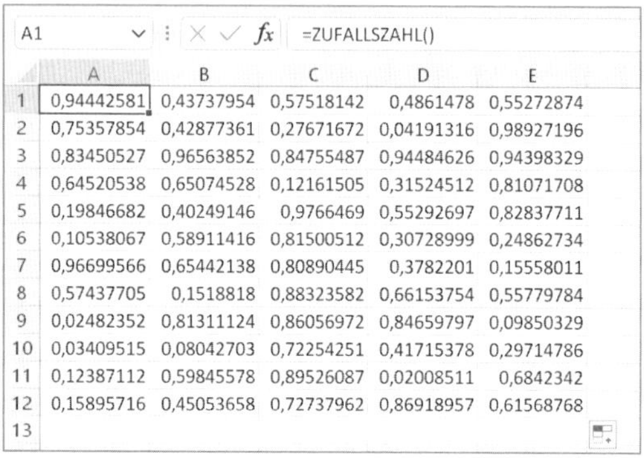
A1 =ZUFALLSZAHL()

	A	B	C	D	E
1	0,94442581	0,43737954	0,57518142	0,4861478	0,55272874
2	0,75357854	0,42877361	0,27671672	0,04191316	0,98927196
3	0,83450527	0,96563852	0,84755487	0,94484626	0,94398329
4	0,64520538	0,65074528	0,12161505	0,31524512	0,81071708
5	0,19846682	0,40249146	0,9766469	0,55292697	0,82837711
6	0,10538067	0,58911416	0,81500512	0,30728999	0,24862734
7	0,96699566	0,65442138	0,80890445	0,3782201	0,15558011
8	0,57437705	0,1518818	0,88323582	0,66153754	0,55779784
9	0,02482352	0,81311124	0,86056972	0,84659797	0,09850329
10	0,03409515	0,08042703	0,72254251	0,41715378	0,29714786
11	0,12387112	0,59845578	0,89526087	0,02008511	0,6842342
12	0,15895716	0,45053658	0,72737962	0,86918957	0,61568768
13					

Wenn Sie das Beispiel nachvollziehen, bekommen Sie natürlich andere Werte.

Wollen Sie aber mit Ihren Zahlenwerten weiterarbeiten, ohne dass sie sich verändern, müssen Sie die Werte einfach in eine andere Tabelle kopieren. Markieren Sie die Zellen A1 bis E12, drücken Sie Strg+C (zum Kopieren), und gehen Sie nun in eine andere Tabelle. Klicken Sie dort in eine Zelle mit der rechten Maustaste. Es wird ein Kontextmenü geöffnet, in dem Sie mit dem Cursor zu dem Befehl *Inhalte einfügen* wandern.

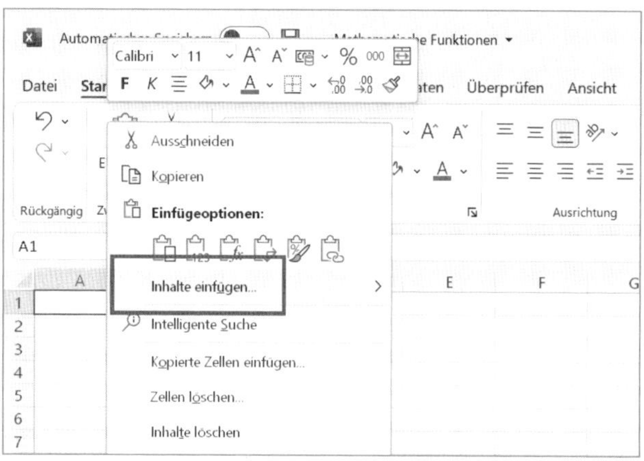

Wählen Sie nun *Inhalte einfügen*, und Sie erhalten folgendes Fenster:

Dort wählen Sie *Werte* und bestätigen das Ganze mit *OK*. Nun haben Sie Ihre Zufallszahlen unabhängig von der Funktion kopiert. Die kopierten Zahlen werden sich also nicht mehr ändern.

In Excel 2021 gibt es noch eine weitere Möglichkeit, nur die Werte, nicht aber die Formeln zu kopieren.

Sie klicken auf der Registerkarte *Start* auf den unteren Teil der Schaltfläche *Einfügen* und wählen das in der Abbildung markierte Symbol.

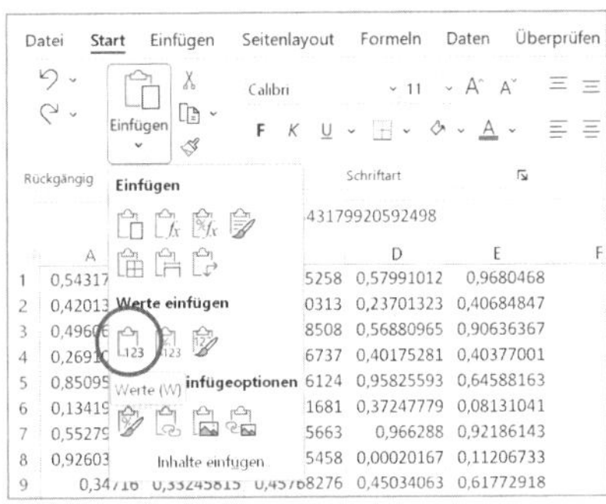

TIPP

Achtung, nicht noch mal bestätigen!
Wenn Sie das Fenster mit *OK* bestätigt haben, bestätigen Sie unter keinen Umständen mehr mit der [↵]-Taste, denn dadurch würden Sie die Formeln der Zufallszahlen doch mitkopieren. Verlassen Sie den Kopiermodus mit [Esc].

Der Nachteil der Funktion *ZUFALLSZAHL* ist, dass man ohne weitere mathematische Eingriffe nur Zahlen zwischen 0 und 1 bekommt.

Man kann zum Beispiel das Ergebnis von *ZUFALLSZAHL()* mit 10 multiplizieren und sich von diesem Ergebnis nur den ganzzahligen Teil ausgeben lassen:

A1 =GANZZAHL(ZUFALLSZAHL()*10)

	A	B	C	D	E
1	5	1	1	0	2
2	4	6	2	6	0
3	5	4	2	7	6
4	9	6	1	3	3

Die Funktion *GANZZAHL* hat die Syntax

`=GANZZAHL(Zahl)`

und gibt nur den ganzzahligen Anteil von *Zahl* aus. *Zahl* kann dabei natürlich auch eine Zelladresse sein, in der sich die umzuwandelnde Zahl befindet.

In der obigen Abbildung erhält man Zufallszahlen zwischen 0 und 9. Warum aber von 0 bis 9 und nicht bis 10? Weil die Funktion *GANZZAHL* immer nur den Wert vor dem Komma nimmt und die überflüssigen Ziffern abschneidet. Die Zahl 9,999 wird also durch *GANZZAHL* zu 9.

Je mehr mathematische Operationen Sie an einer Zufallszahl anwenden, desto weniger zufällig wird das Ergebnis. Wenn Sie also wirkliche Zufallszahlen zwischen 100 und 1000 brauchen, müssen Sie schon einen größeren rechentechnischen Aufwand betreiben.

Dieser Aufwand wird Ihnen aber durch eine weitere Zufallsfunktion, die Funktion *ZUFALLSBEREICH*, abgenommen. Die Funktion hat folgende allgemeine Syntax:

`=ZUFALLSBEREICH(Untere_Zahl;Obere_Zahl)`

Bei der *ZUFALLSZAHL* musste man keine weiteren Parameter angeben, hier bekam man immer Zahlen zwischen 0 und 1. Bei der Funktion *ZUFALLSBEREICH* können Sie zwei beliebige Zahlen angeben, zwischen denen Zufallszahlen erzeugt werden sollen.

A1 =ZUFALLSBEREICH(100;1000)

	A	B	C	D	E
1	352	476	435	788	859
2	390	813	432	423	100
3	240	165	315	353	926
4	119	316	503	548	931
5	147	769	320	803	366

In der Abbildung werden Zufallszahlen zwischen 100 und 1000 ausgegeben.

Beim Zufallsbereich sind Sie nicht nur auf positive Zahlengrenzen festgelegt, wie das folgende Beispiel zeigt.

A1 fx =ZUFALLSBEREICH(-10;100)

	A	B	C	D	E
1	-8	95	82	-1	80
2	3	22	3	51	24
3	35	100	50	75	51
4	-8	24	47	56	68
5	88	92	96	85	17

Vektoren

Vektoren sind mathematische Größen, die nicht nur einen bestimmten Zahlenwert, sondern immer auch eine bestimmte Richtung haben. Deshalb gibt man Vektoren immer als Koordinaten in den drei Raumrichtungen an.

$$\vec{a} = (a_x; a_y; a_z) = \begin{pmatrix} a_x \\ a_y \\ a_z \end{pmatrix}$$

Die Länge oder der Betrag des Vektors ist definiert als:

$$|\vec{a}| = \sqrt{a_x^2 + a_y^2 + a_z^2}$$

Mit Excel lässt sich das so realisieren:

D3 fx =WURZEL(A2^2+A3^2+A4^2)

	A	B	C	D	E
1	Vektor				
2	2				
3	6		Betrag (Länge)	11	
4	9				

Das Skalarprodukt zweier Vektoren ist geeignet, um zu entscheiden, ob zwei Vektoren senkrecht aufeinanderstehen. Das Skalarprodukt zweier Vektoren a und b ist definiert als:

$$\vec{a} \cdot \vec{b} = a_x \cdot b_x + a_y \cdot b_y + a_z \cdot b_z = |\vec{a}| \cdot |\vec{b}| \cdot \cos(\varphi)$$

φ ist dabei der von den beiden Vektoren eingeschlossene Winkel. Folgendes Beispiel soll das etwas verdeutlichen:

	A	B	C	D	E
1	Vektor a	Vektor b			
2	3	8			
3	4	1		Skalarprodukt	30
4	1	2		Winkel	44,90
5					
6	Länge Vektor a	Länge Vektor b			
7	5,099	8,307			

In A2 bis A4 stehen die Komponenten des Vektors a. In den entsprechenden Zellen der Spalte B stehen die Komponenten des Vektors b. In A7 und B7 wurde der Betrag für den jeweiligen Vektor berechnet. Das Skalarprodukt steht dann in E3 und wurde mit der oben angegebenen Formel ausgerechnet. Der Winkel φ zwischen den beiden Vektoren lässt sich durch Umstellen der obigen Formel errechnen:

$$\cos(\varphi) = \frac{\vec{a} \cdot \vec{b}}{|\vec{a}| \cdot |\vec{b}|}$$

In Formeln sieht das Ganze so aus:

	A	B	C	D	E
1	Vektor a	Vektor b			
2	3	8			
3	4	1		Skalarprodukt	=A2*B2+A3*B3+A4*B4
4	1	2		Winkel	=GRAD(ARCCOS((E3/(A7*B7))))
5					
6	Länge Vektor a	Länge Vektor b			
7	=WURZEL(A2^2+A3^2+A4^2)	=WURZEL(B2^2+B3^2+B4^2)			

Die Formel in E4 bedarf vielleicht noch einer Erklärung. *ARCCOS* ist die Umkehrfunktion von *COS*. Da Excel Winkelangaben im Bogenmaß berechnet, man selbst aber lieber den Winkel im Gradmaß haben möchte, muss das Ergebnis mit der Funktion *GRAD* in das Gradmaß umgerechnet werden.

Stehen die beiden Vektoren a und b senkrecht aufeinander?

$$\vec{a} = \begin{pmatrix} 2 \\ 2 \\ 3 \end{pmatrix} \quad \vec{b} = \begin{pmatrix} -2 \\ 2 \\ 0 \end{pmatrix}$$

Dann müsste der Winkel φ zwischen den beiden Vektoren 90 Grad betragen. Rechnen wir nach. Eingegeben in unser Tabellenblatt, ergibt sich Folgendes:

	A	B	C	D	E
1	Vektor a	Vektor b			
2	2	-2			
3	2	2		Skalarprodukt	0
4	3	0		Winkel	90,00
5					
6	Länge Vektor a	Länge Vektor b			
7	4,123	2,828			

In E4 haben wir den Winkel von 90 Grad, und das heißt, die beiden Vektoren stehen senkrecht aufeinander.

Matrizen

Matrizen sind wichtige Elemente der linearen Algebra. In der Schule werden sie gern zum Lösen linearer Gleichungssysteme genutzt. In diesem Abschnitt geht es darum, wie Excel bei solchen Lösungen helfen kann.

Matrizen sind nichts anderes als ein rechteckiges Schema von Zahlen. Diese Zahlen können die Komponenten eines Gleichungssystems sein.

$$3x + 5y - 36 = 0$$
$$4x - 3y + 10 = 0$$

$$\begin{pmatrix} 3 & 5 & -36 \\ 4 & -3 & 10 \end{pmatrix}$$

Das Gleichungssystem befindet sich links, und die zugehörige Matrix sehen Sie auf der rechten Seite.

Hat eine Matrix genauso viele Zeilen wie Spalten, spricht man von einer quadratischen Matrix. Von einer solchen Matrix lässt sich eine Determinante nach folgendem Verfahren berechnen:

$$\begin{vmatrix} a_{11} & a_{12} \\ a_{21} & a_{22} \end{vmatrix} = a_{11}.a_{22} - a_{21} \cdot a_{12}$$

Ein solches Schema auszurechnen, wird bei mehr als drei Zeilen und drei Spalten immer komplizierter, deshalb gibt es dafür eine schöne Excel-Funktion:

```
MDET(Matrix)
```

Matrix steht einfach für die Zellen der Matrix. Schauen wir uns das an einem einfachen Beispiel an:

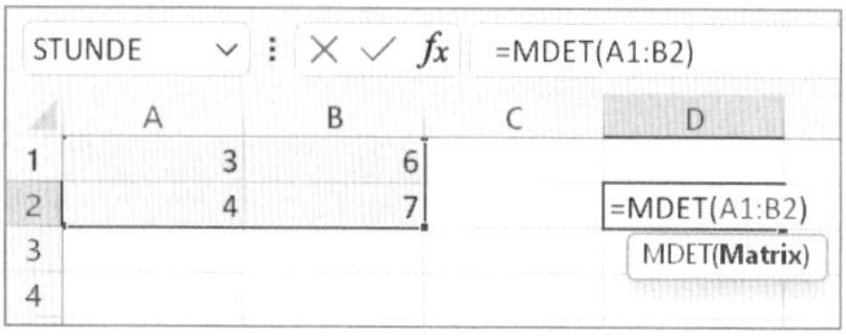

In den Zellen A1 bis B2 sind die Komponenten einer Matrix eingetragen, in D2 die Funktion *MDET* mit dem Bereich, dessen Determinante ausgerechnet werden soll. Nun sollte in D2 als Ergebnis -3 stehen, was man im Kopf leicht nachrechnen kann. Genauso funktioniert die Funktion für Matrizen größer als 2.

Nun wollen wir versuchen, mit dieser Funktion ein Gleichungssystem mit zwei Unbekannten zu lösen. Allgemein schreibt man ein solches Gleichungssystem so:

$$a_1x + b_1y + c_1 = 0$$
$$a_2x + b_2y + c_2 = 0$$

Daraus kann man nun verschiedene Determinanten bilden.

die Koeffizientendeterminante D	$\begin{vmatrix} a_1 & b_1 \\ a_2 & b_2 \end{vmatrix} = a_1 \cdot b_2 - a_2 \cdot b_1$
die Determinante für die Unbekannte x: D_x	$\begin{vmatrix} b_1 & c_1 \\ b_2 & c_2 \end{vmatrix} = b_1 \cdot c_2 - b_2 \cdot c_1$
die Determinante für die Unbekannte y: D_y	$\begin{vmatrix} c_1 & a_1 \\ c_2 & a_2 \end{vmatrix} = c_1 \cdot a_2 - c_2 \cdot a_1$

Die beiden Unbekannten x und y lassen sich mit folgenden Formeln errechnen:

$$x = \frac{D_x}{D} \qquad y = \frac{D_y}{D}$$

Nun wird es ernst, denn wir bauen das alles jetzt in einer Excel-Tabelle zusammen.

	A	B	C	D	E	F	G	H	I
1	3 x		+	5 y		+	-36	=	0
2	4 x		+	-3 y		+	10	=	0
3									

In den ersten beiden Zeilen sehen Sie die beiden Gleichungen vom Anfang dieses Abschnitts. Wichtig sind hier eigentlich nur die Komponenten, also die reinen Zahlen. Alles andere ist nettes Beiwerk, das man auch weglassen kann.

Als Nächstes erstellen wir die drei Determinanten und lassen sie mit der *MDET*-Funktion ausrechnen:

E5 =MDET(B5:C6)

	A	B	C	D	E	F	G	H	I
1	3 x		+	5 y		+	-36	=	0
2	4 x		+	-3 y		+	10	=	0
3									
4									
5	D	3	5	=	-29				
6		4	-3						
7									
8	D_x	5	-36	=	-58				
9		-3	10						
10									
11	D_y	-36	3	=	-174				
12		10	4						

Zum Schluss werden noch die Formeln zum Berechnen der beiden Unbekannten x und y hinzugefügt:

B14 =E8/$E$5

	A	B	C	D	E
1	3 x		+	5 y	
2	4 x		+	-3 y	
3					
4					
5	D	3	5	=	-29
6		4	-3		
7					
8	D_x	5	-36	=	-58
9		-3	10		
10					
11	D_y	-36	3	=	-174
12		10	4		
13					
14	x	2,00			
15	y	6,00			
16					

Und so sieht das alles mit Formeln aus:

	A	B	C	D	E	F	G	H	I
1	3	x	+	5	y	+	-36	=	0
2	4	x	+	-3	y	+	10	=	0
3									
4									
5	D	=A1	=D1	=					
6		=A2	=D2		=MDET(B5:C6)				
7									
8	D_x	=D1	=G1	=					
9		=D2	=G2		=MDET(B8:C9)				
10									
11	D_y	=G1	=A1	=					
12		=G2	=A2		=MDET(B11:C12)				
13									
14	x	=E8/$E$5							
15	y	=E11/$E$5							

Damit können Sie nun jedes Gleichungssystem mit zwei Unbekannten von Excel lösen lassen. Sie brauchen dazu nur die Komponenten in den Zeilen 1 und 2 zu ändern.

Wichtig ist noch, zu erwähnen, dass das Gleichungssystem nicht mehr eindeutig lösbar ist, wenn die Koeffizientendeterminante D null ist.

Statistik

Das Zählen von Werten

Hier gibt es drei ganz nette Funktionen. Nehmen wir an, Sie haben eine Tabelle mit Zahlen, Text sowie leeren Zellen dazwischen und möchten wissen, in wie vielen Zellen Zahlen enthalten sind. Dazu können Sie die Funktion *ANZAHL* mit folgender Syntax benutzen:

	A
1	5
2	8
3	text
4	6
5	3
6	text
7	9
8	34
9	
10	6
11	5

```
=ANZAHL(Bereich)
```

Bereich ist dabei der Bereich, der durchsucht und gezählt werden soll, in unserem Beispiel also A1 bis A11.

Vielleicht interessiert es Sie, wie viele Zellen nicht leer sind. Dann benötigen Sie die Funktion *ANZAHL2* mit der gleichen Syntax wie *ANZAHL*.

Nun kann es aber sein, dass Sie nicht nur leere Zellen oder Zellen mit einem beliebigen Inhalt zählen wollen, sondern Sie brauchen die Anzahl von Werten in Abhängigkeit von einer Bedingung.

	A	B	C	D	E	F	G
1	5						
2	8						
3	text						
4	6						
5	3		Anzahl	8		=ANZAHL(A1:A11)	
6	text		Anzahl2	10		=ANZAHL2(A1:A11)	
7	9						
8	34						
9							
10	6						
11	5						

Betrachten wir dazu auch ein einfaches Beispiel:

	A	B	C	D	E	F	G	H	I	J	K
1		Noten									
2	2	3	1								
3	4	5	3		Note	1	2	3	4	5	6
4	6	6	2		Anzahl						
5	2	6	4								
6	3	2	2								
7	1	4	3								

In den Zellen A2 bis C7 sind einzelne Noten eingetragen. Für einen Notenspiegel soll Excel nun in den Zellen F4 bis K4 die Anzahl pro Note ermitteln. Es soll also zum Beispiel ermittelt werden, wie oft die Note 1 vergeben wurde. Dazu dient die Funktion *ZÄHLENWENN* mit der folgenden Syntax:

```
=ZÄHLENWENN(Bereich;Suchkriterium)
```

Bereich wäre im Beispiel der Bereich, in dem die Noten stehen, also A2 bis C7. *Suchkriterium* ist die Zelle mit der zu suchenden Note. Schreiben Sie also in die Zelle F4 folgende Formel:

```
=ZÄHLENWENN(A2:C7;F3)
```

und bestätigen Sie das Ganze. Excel sollte Ihnen augenblicklich die Zahl 2 in die Zelle schreiben, denn es gibt die Note 1 zweimal.

Die Formel müsste nun auch in die Zellen G4 bis K4. Der Bereich, der durchsucht werden soll, ist aber immer der gleiche, nur das Kriterium ändert sich. Insofern müssen Sie also zunächst den Bereich als absolute Zelladressen festlegen. Die richtige Formel in Zelle F4 lautet deshalb:

```
=ZÄHLENWENN($A$2:$C$7;F3)
```

F4 =ZÄHLENWENN($A$2:$C$7;F3)

	A	B	C	D	E	F	G	H	I	J	K
1		Noten									
2	2	3	1								
3	4	5	3		Note	1	2	3	4	5	6
4	6	6	2		Anzahl	2	5	4	3	1	3
5	2	6	4								
6	3	2	2								
7	1	4	3								

Damit haben Sie nun recht schnell einen Notenspiegel. Wenn in A2 bis C7 die Noten verändert werden, werden auch die Zellen F4 bis K4 neu berechnet.

Häufigkeitsverteilungen

Sie haben auf dem Wochenmarkt eine neue Sorte von getrocknetem Obst verkauft und damit folgende Einnahmen erzielt:

	A	B	C	D	E	F
1	41,00 €	40,00 €	11,00 €	29,00 €	11,00 €	15,00 €
2	15,00 €	22,00 €	20,00 €	45,00 €	47,00 €	50,00 €
3	47,00 €	6,00 €	37,00 €	34,00 €	7,00 €	11,00 €
4	50,00 €	25,00 €	40,00 €	5,00 €	44,00 €	16,00 €
5	27,00 €	50,00 €	45,00 €	13,00 €	13,00 €	46,00 €
6	37,00 €	46,00 €	7,00 €	42,00 €	13,00 €	6,00 €
7	26,00 €	2,00 €	32,00 €	45,00 €	49,00 €	49,00 €
8	45,00 €	35,00 €	11,00 €	3,00 €	36,00 €	31,00 €
9	2,00 €	33,00 €	24,00 €	24,00 €	22,00 €	49,00 €
10	21,00 €	49,00 €	21,00 €	41,00 €	26,00 €	16,00 €
11	21,00 €	9,00 €	23,00 €	32,00 €	47,00 €	49,00 €
12	19,00 €	30,00 €	19,00 €	19,00 €	5,00 €	34,00 €

Nun möchten Sie wissen, wie viele Kunden an diesem Sonntag zum Beispiel von diesem neuen Produkt zwischen 20 und 25 Euro bzw. 26 und 30 Euro etc. eingekauft haben. Das Problem lässt sich auf vielfältige Weise lösen. Die mit Abstand einfachste Lösung ist eine spezielle Funktion: *HÄUFIGKEIT*. Die Funktion *HÄUFIGKEIT* hat folgende Syntax:

```
=HÄUFIGKEIT(Daten;Klassen)
```

Dabei sind *Daten* die Zelladressen, in denen die Werte zu finden sind. *Klassen* sind die Zelladressen, in denen sich die Werte der Klassengrenzen befinden. Aber was sind Klassen? Eine Klasse ist in der Statistik der Bereich, in dem Werte gezählt werden sollen, in unserem Beispiel wäre 20 bis 25 Euro eine Klasse, 26 bis 30 Euro eine weitere Klasse etc.

Bevor wir uns jedoch dem großen Beispiel widmen, schauen wir uns die *HÄUFIGKEIT*-Funktion an einem kleinen, überschaubaren Beispiel an. Sie haben in Spalte A einfach irgendwelche Zahlen und möchten wissen, wie viele Zahlen im Bereich zwischen 1 und 2, zwischen 3 und 4 sowie zwischen 5 und 6 liegen.

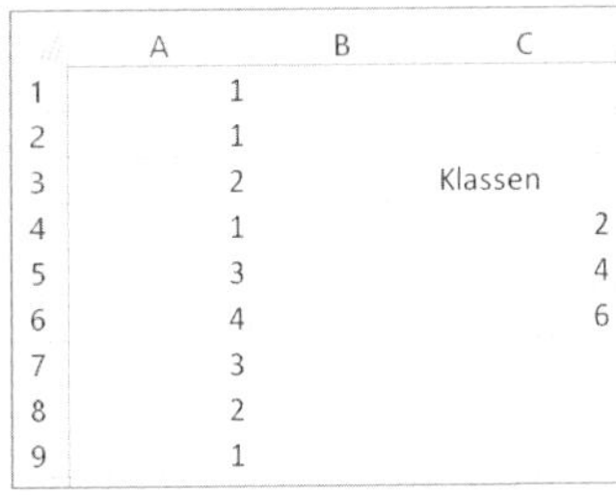

Für die Klassengrenze brauchen Sie nur die Klassenobergrenze einzugeben. Die Zelle C4 in der Abbildung bedeutet also: Zähle alle Werte kleiner oder gleich 2. In C5 steht: Zähle alle Werte, die kleiner oder gleich 4, aber größer als 2 sind.

Nun benutzen wir die *HÄUFIGKEIT*-Funktion, um die entsprechenden Häufigkeiten berechnen zu lassen:

1 Markieren Sie die Zellen, in denen die Ergebnisse stehen sollen. In unserem Beispiel könnten das die Zellen D4 bis D6 sein.

2 Schreiben Sie *=H* in die Zelle. Sogleich öffnet sich das Fenster aller Excel-Funktionen, die mit H beginnen. Wählen Sie *HÄUFIGKEIT* aus, indem Sie die [Tab]-Taste drücken, nachdem Sie die Funktion markiert haben. Excel hat nun *=HÄUFIGKEIT(* in die Zelle geschrieben.

3 Markieren Sie jetzt ganz klassisch den Datenbereich A1 bis A9, und geben Sie ein Semikolon (;) ein.

4 Nun markieren Sie ebenso den Klassenbereich C4 bis C6.

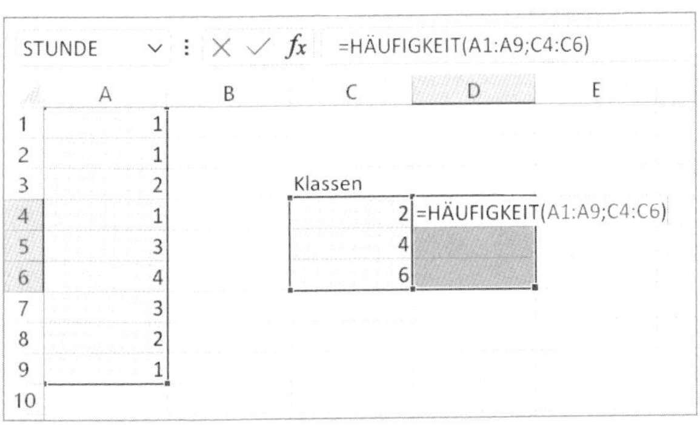

5 Da es sich bei der Funktion um eine sogenannte Matrixfunktion handelt, schließen Sie die Eingabe mit der Tastenkombination ⇧+Strg+↵ ab.

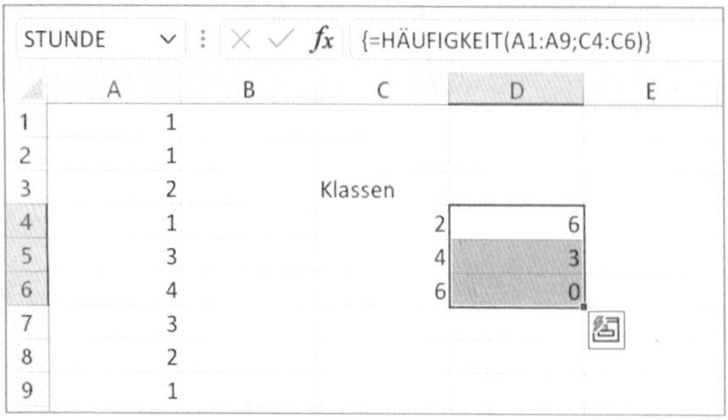

STUNDE | {=HÄUFIGKEIT(A1:A9;C4:C6)}

	A	B	C	D	E
1	1				
2	1				
3	2		Klassen		
4	1		2	6	
5	3		4	3	
6	4		6	0	
7	3				
8	2				
9	1				

Wie Sie nun leicht nachzählen können, hat Excel richtig gerechnet, und wir können uns dem großen Beispiel zuwenden.

Im großen Beispiel der neuen Trockenobstsorte ist der Bereich A1 bis F12 der Datenbereich. Sie müssen jetzt nur noch den Klassenbereich in eine geeignete Spalte eintragen und die *HÄUFIGKEIT*-Funktion richtig einsetzen. Die gewünschten Klassen tragen Sie nun in die leere Spalte H ein.

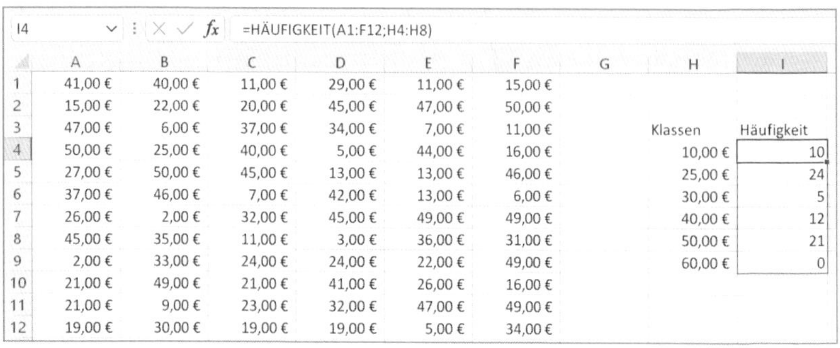

I4 | =HÄUFIGKEIT(A1:F12;H4:H8)

	A	B	C	D	E	F	G	H	I
1	41,00 €	40,00 €	11,00 €	29,00 €	11,00 €	15,00 €			
2	15,00 €	22,00 €	20,00 €	45,00 €	47,00 €	50,00 €			
3	47,00 €	6,00 €	37,00 €	34,00 €	7,00 €	11,00 €		Klassen	Häufigkeit
4	50,00 €	25,00 €	40,00 €	5,00 €	44,00 €	16,00 €		10,00 €	10
5	27,00 €	50,00 €	45,00 €	13,00 €	13,00 €	46,00 €		25,00 €	24
6	37,00 €	46,00 €	7,00 €	42,00 €	13,00 €	6,00 €		30,00 €	5
7	26,00 €	2,00 €	32,00 €	45,00 €	49,00 €	49,00 €		40,00 €	12
8	45,00 €	35,00 €	11,00 €	3,00 €	36,00 €	31,00 €		50,00 €	21
9	2,00 €	33,00 €	24,00 €	24,00 €	22,00 €	49,00 €		60,00 €	0
10	21,00 €	49,00 €	21,00 €	41,00 €	26,00 €	16,00 €			
11	21,00 €	9,00 €	23,00 €	32,00 €	47,00 €	49,00 €			
12	19,00 €	30,00 €	19,00 €	19,00 €	5,00 €	34,00 €			

In die Zellen I4 bis I9 geben Sie nun die *HÄUFIGKEIT*-Funktion ein und bestätigen sie als Matrixfunktion.

> **TIPP**
> **Wichtig: Sie müssen nur die oberen Grenzwerte der Klassen benutzen**
> Wenn Sie die Funktion *HÄUFIGKEIT* benutzen, müssen Sie immer die oberen Klassengrenzen nehmen.

Die Funktion *HÄUFIGKEIT* ist eine sogenannte Matrixfunktion. Aber was ist eine Matrixfunktion?

Matrixfunktionen stehen physisch nur in einer Zelle, können aber, im Gegensatz zu normalen Formeln, mehrere Berechnungen durchführen und dann entweder ein einzelnes Ergebnis oder auch mehrere Ergebnisse liefern. Diese Formelart ist nicht ganz einfach zu verstehen, weil Sie damit eine ganze Gruppe von Zellen gleichzeitig bearbeiten können.

Was unterscheidet eine Matrixformel von einer anderen? Eine Matrixformel benötigt intern weniger Speicherplatz, da sie, anders als andere Formeln, nur in einer Zelle zu finden ist, die Ergebnisse aber auch in andere Zellen geschrieben werden können. Für wirklich große Tabellen können Sie auf diese Weise ganz gehörig Rechenzeit und Arbeitsspeicher sparen.

Sie können auch »normale« Formeln als Matrixformeln eingeben. Betrachten wir dazu folgendes Beispiel:

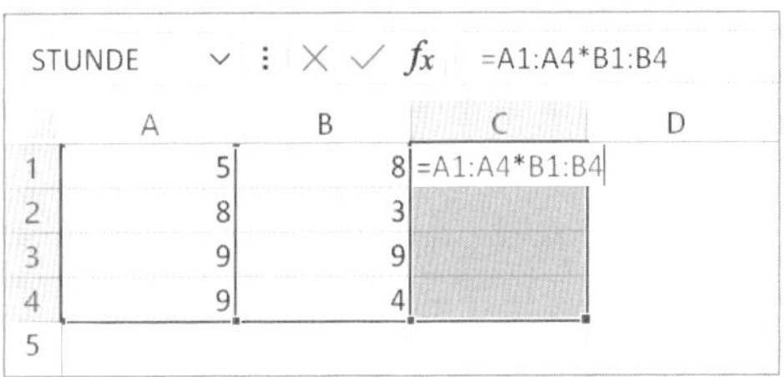

In die Spalten A und B wurden Zahlen eingegeben. In Spalte C sollen diese Zahlen miteinander multipliziert werden, und zwar derart, dass in C1 die Rechnung A1*B1 durchgeführt wird. In C2 soll A2*B2 berechnet werden etc. Wenn Sie nun zunächst die vier Zellen, in denen das Ergebnis stehen soll, markieren und dann mit einem Gleichheitszeichen (=) eine Zelle zur Eingabe öffnen, können Sie nun die beiden Bereiche A1:A4 und B1:B4 markieren. Da Sie diese Bereiche multiplizieren wollen, setzen Sie zwischen die beiden Bereiche das Multiplikationszeichen. Um die Formel nun abzuschließen, bestätigen Sie nicht mit ↵, sondern mit ⇧+Strg+↵. Dadurch macht Excel aus der Formel eine Matrixformel.

Sie werden wahrscheinlich seltener mit Matrixformeln arbeiten, da sie nicht so flexibel wie »normale« Formeln sind. Sie können zum Beispiel einen Teil einer Matrixformel nicht einzeln bearbeiten, sondern nur die gesamte Matrixformel. Sie müssen also immer die gesamte Matrix markieren, bevor Sie sie bearbeiten können.

Streuung von Zahlen um einen Mittelwert – die Standardabweichung

Schauen Sie sich einmal folgende Zahlenreihen an:

1	2	4	5
2,7	3,0	3,1	3,2

Wenn Sie für diese beiden Zahlenreihen jeweils mit der Funktion *MITTELWERT* den Mittelwert bilden, erhalten Sie 3.

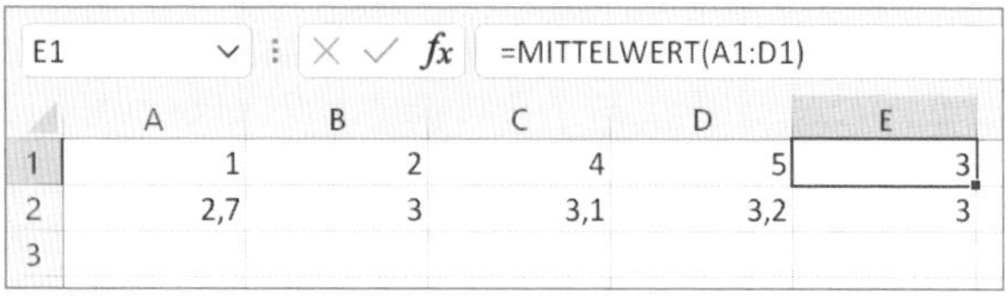

Das ist eigenartig, denn die Zahlen der ersten Reihe liegen viel weiter auseinander als die Zahlen der zweiten Reihe. Trotzdem kommen Sie zum gleichen Mittelwert. Wenn aber die Aussage über einen Mittelwert sinnvoll sein soll, müssen diese Unterschiede erfasst und dargestellt werden können. Sie brauchen also eine Zahl, die die Abweichung der Zahlenwerte vom Mittelwert misst.

Diese Maßzahl nennt man Varianz. Sie wird mit s^2 bezeichnet und lässt sich mit folgender Formel berechnen:

$$s^2 = \frac{1}{n-1}\sum_{i=1}^{n}(x_i - \bar{x})^2$$

X_i	Werte der Stichprobe
$\bar{x}$	Mittelwert
n	Anzahl der Werte in der Stichprobe

Ich will diese Gleichung nicht herleiten. Wer es genau wissen will, den muss ich auf die Standardwerke der Statistik verweisen.

Die positive Wurzel aus dieser Varianz nennt man Standardabweichung s. Sie ist ein um 1860 von Francis Galton eingeführter Begriff und ein Maß für die Streuung der Werte einer Stichprobe um ihren Mittelwert.

Diese wilde Formel brauchen Sie aber nicht in Excel einzutippen, um den Wert für die Standardabweichung zu erhalten. Dafür gibt es wie fast immer eine fertige Funktion: *STABW.S*. Die Funktion hat folgende einfache Syntax:

```
=STABW.S(Bereich)
```

wobei *Bereich* die Zelladressen sind, für die die Standardabweichung berechnet werden soll.

F2 fx =STABW.S(A2:D2)

	A	B	C	D	E	F
1					Mittelwert	Standardabweichung
2	1	2	4	5	3	1,825741858
3	2,7	3	3,1	3,2	3	0,21602469

Die Standardabweichung der zweiten Stichprobe ist sehr viel kleiner als die der ersten Probe, und daraus können Sie schließen, dass die Werte der zweiten Probe viel enger beieinanderliegen.

Auch die ältere Funktion *STABW* zur Berechnung von Standardabweichungen ist in Excel 2021 noch vorhanden, sodass die Kompatibilität mit alten Excel-Versionen gewährleistet ist. Warum aber heißt die neuere Funktion *STABW.S*?

Das S steht für **S**tichprobe, das heißt, dass hier aufgrund einer Stichprobe die Standardabweichung berechnet wird.

Ein Beispiel mag das verdeutlichen: Sie holen aus 100 Schraubenschlüsseln zehn heraus, um bei diesen zehn die Bruchfestigkeit zu messen und so auf die Bruchfestigkeit der restlichen 90 schließen zu können. Sie wählen aus der Grundgesamtheit der Schraubenschlüssel (100) also nur eine Stichprobe von zehn Schraubenschlüsseln aus und benutzen die *STABW.S*-Funktion zur Berechnung der Standardabweichung dieser Stichprobe.

Es gibt in Excel 2021 eine weitere Funktion zur Errechnung einer Standardabweichung. Die Funktion *STABW.N* benutzt aber die Grundgesamtheit aller Messwerte und nicht nur eine Stichprobe davon. Die dahinterstehende Formel sieht auch etwas anders aus, aber die Syntax der Funktion ist identisch mit der Standardabweichung einer Stichprobe. Bei sehr großen Stichproben liefern beide Funktionen sehr ähnliche Ergebnisse.

Korrelationen

Eine Korrelation ist eine Wechselbeziehung zwischen zwei oder mehreren Ereignissen. »Je länger ich am Strand in der Sonne liege, desto brauner werde ich.« Hier ist die Wechselbeziehung, die Korrelation also, offensichtlich. Der eine Wert bedingt in diesem Fall den anderen. Aber es muss nicht unbedingt eine kausale Beziehung zwischen den Ereignissen vorhanden sein. Man kann also auch Korrelationen finden, ohne dass die beiden Ereignisse etwas miteinander zu tun haben.

Es ist noch nicht einmal gesagt, ob beide Größen nicht vielleicht von einer dritten Größe abhängen oder ob überhaupt irgendein kausaler Zusammenhang zwischen den Ereignissen besteht. Das ist nämlich die große Falle, in die man tappen kann, wenn man zwischen zwei Größen einen fantastischen Korrelationskoeffizienten ausrechnet und daraus auf einen Zusammenhang dieser beiden Größen schließt.

So kann man zwar aus der Tatsache, dass bei Autounfällen auch sehr häufig Polizeifahrzeuge zu sehen sind, durchaus auf einen Zusammenhang schließen (sie werden eben nach einem Unfall häufig gerufen), aber zu schließen, dass sie ursächlich mit dem Unfall in Zusammenhang stehen, ist Unsinn.

Trotz alledem ist das Berechnen eines Korrelationskoeffizienten durchaus sinnvoll. Man muss jedoch daraus die richtigen Schlüsse ziehen, und das ist nicht immer einfach.

Es gibt positive und negative Korrelationen. »Je mehr ich lerne, desto mehr Wissen habe ich« ist ein Beispiel für eine positive Korrelation. »Je länger es regnet, desto weniger Sonnencreme wird verkauft« ist ein Beispiel für eine negative Korrelation.

Sie wissen aus dem letzten Abschnitt, dass sich die Standardabweichung einer Stichprobe als Wurzel der Varianz mit der Formel

$$s = \sqrt{\frac{1}{n-1}\sum_{i=1}^{n}(x_i - \bar{x})^2}$$

errechnen lässt. Und Sie haben schon eine Funktion kennengelernt, mit der Sie diesen Wert schnell von Excel ausrechnen lassen können: *STABW.S*.

Nun haben Sie bei einer Korrelation zwei Stichproben, deren Elemente wir mit x und y bezeichnen wollen, und somit auch zwei Standardabweichungen.

$$s_x = \sqrt{\frac{1}{n-1}\sum_{i=1}^{n}(x_i - \bar{x})^2} \qquad s_y = \sqrt{\frac{1}{n-1}\sum_{i=1}^{n}(y_i - \bar{y})^2}$$

Die Formel

$$s_{xy} = \sqrt{\frac{1}{n-1}\sum_{i=1}^{n}(x_i - \bar{x})^2 \cdot (y_i - \bar{y})^2}$$

die die beiden Stichproben in einen Zusammenhang bringt, nennt man Kovarianz der Stichproben x und y.

Aus diesen drei Formeln lässt sich der Korrelationskoeffizient r berechnen:

$$r = \frac{s_{xy}}{s_x \cdot s_y}$$

Der Korrelationskoeffizient r ist eine Maßzahl, die zeigt, ob die beiden Stichproben x und y wirklich miteinander korreliert sind. Sind zwei Stichproben vollständig miteinander korreliert, gilt r = 1. Bei einer perfekten positiven Korrelation gilt r = +1, wenn die Merkmale perfekt negativ miteinander korreliert sind, gilt r = -1.

Je kleiner r ist, desto kleiner ist der lineare Zusammenhang. Für r = 0 kann man sagen, dass die beiden Stichproben keinerlei Korrelation haben. Wenn die Stichproben also statistisch völlig unabhängig sind, nimmt der Korrelationskoeffizient den Wert 0 an.

Schauen wir uns dazu ein fiktives Beispiel an.

	A	B
1	Lohn	Körpergröße
2	1500	1,75
3	2000	1,55
4	2500	1,85
5	4000	1,80
6	5000	1,65
7		

In der Abbildung sehen Sie in Spalte A den Durchschnittslohn von Personen. In Spalte B ist die entsprechende Körpergröße dieser Personen eingetragen. Die Tabelle zeigt also den Durchschnittslohn in Bezug zur Körpergröße von Personen. Ihre hochwissenschaftliche Frage lautet: Wie hängt die Körpergröße vom Lohn ab? Bekommen große Menschen mehr Geld?

Nun müssen Sie natürlich nicht die oben gezeigten Formeln eintippen (obwohl das sicherlich eine schöne Übung wäre). Excel kennt für solch einen Fall eine fertige Funktion: *KORREL*. Die Funktion hat folgende allgemeine Syntax:

```
=KORREL(Matrix1,Matrix2)
```

Sie sehen, Sie müssen nur die beiden Bereiche A2:A6 für *Matrix1* und B2:B6 für *Matrix2* in die Funktion eintragen, und Excel rechnet den Korrelationskoeffizienten aus.

Schreiben Sie also in die Zelle, in der der Korrelationskoeffizient ausgerechnet werden soll, folgende Formel hinein:

```
=KORREL(A2:A6;B2:B6)
```

Nach dem Öffnen der Klammer können Sie die Bereiche markieren und durch ein Semikolon voneinander trennen. Sie müssen die Bereiche *Matrix1* und *Matrix2* also nicht eintippen.

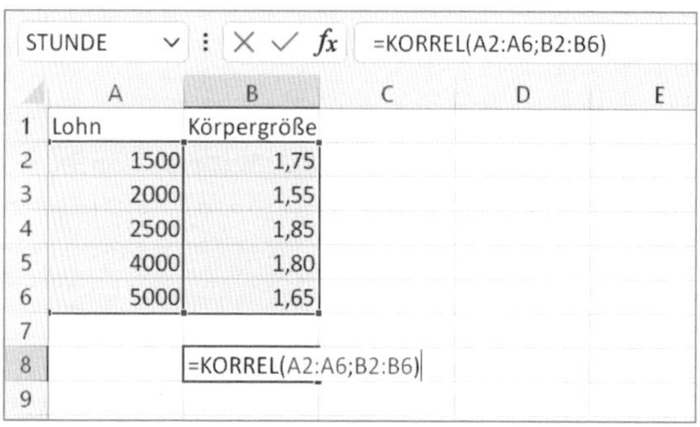

Nachdem Sie bestätigt haben, sollte der Wert $-2{,}8E^{-16}$ ausgerechnet worden sein. Dieser Wert ist praktisch 0, und wir können daher sagen, dass zwischen den beiden Stichproben absolut keine Korrelation besteht. Der monatliche Verdienst hängt also nicht von der Körpergröße ab – zumindest nicht in unserem fiktiven Beispiel.

Wenn das Gehalt nicht von der Körpergröße abhängt, hängt es dann aber vielleicht mit der Anzahl der Ausbildungsjahre zusammen?

C8 =KORREL(A2:A6;C2:C6)

	A	B	C	D
1	Lohn	Körpergröße	Ausbildungsjahre	
2	1500	1,75	9	
3	2000	1,55	9	
4	2500	1,85	10	
5	4000	1,80	16	
6	5000	1,65	16	
7				
8		-2,83351E-16	0,956858057	

Hier haben wir einen gerundeten Korrelationskoeffizienten r = 0,96, und das besagt, dass zwischen Ausbildungsjahren und Gehalt ein Zusammenhang besteht.

Der Korrelationsbegriff ist z. B. von großer Bedeutung bei Kapitalanlagen. So kann man durchaus sagen, dass das Risiko eines Aktienportfolios umso geringer ist, je geringer die einzelnen Aktien miteinander korrelieren.

Besteht zum Beispiel ein Portfolio nur aus Transportunternehmen, wird das Portfolio schnell nach unten gehen, wenn die Energiepreise steigen. Besteht das Portfolio aber aus Aktien- und Rentenpapieren, ist der Verlust geringer, da nur eine geringfügige Korrelation zwischen Aktien und Renten besteht.

Zum Schluss sollten Sie immer daran denken, dass die Korrelation nur lineare Zusammenhänge erfassen kann. Ein letztes (fiktives) Beispiel: Sie haben in einem Vortrag 50 Zuhörer, und eine Kamera misst, wie auch immer, die Anzahl der aufmerksamen Teilnehmer.

B13 =KORREL(A2:A11;B2:B11)

	A	B	C	D
1	Dauer des Vortrags	Aufmerksamkeit		
2	0	2		
3	10	8		
4	20	15		
5	30	20		
6	40	50		
7	50	30		
8	60	20		
9	70	15		
10	80	10		
11	90	1		
12				
13		-0,018968856		

Wenn Sie nun für die beiden Spalten den Korrelationskoeffizienten ausrechnen, erhalten Sie einen Wert von r = -0,018968856, also annähernd 0. Es besteht also offensichtlich keine Korrelation zwischen der Länge Ihres Vortrags und der Aufmerksamkeit. Natürlich weiß jeder, dass da ein Zusammenhang besteht, aber eben kein linearer Zusammenhang. Wenn wir später Diagramme besprechen, werden wir aus den Werten ein Liniendiagramm bilden. Dann sehen Sie schnell, dass zwischen Vortragsdauer und Aufmerksamkeit ein Zusammenhang besteht.

Logische Funktionen – WENN ... DANN ... SONST

In diesem Abschnitt widmen wir uns den logischen Funktionen. Das sind Funktionen, die in der Lage sind, Entscheidungen zu treffen, und die dann, je nachdem, welche Entscheidung getroffen wurde, Berechnungen durchführen können. Diese logischen Funktionen sind eine sehr mächtige und komplexe Funktionengruppe, und deshalb werden wir uns sehr ausführlich mit ihnen beschäftigen.

Das Abfangen von Falscheingaben

Täglich müssen wir Entscheidungen treffen, die von irgendwelchen Bedingungen abhängen. Gehen wir bei schönem Wetter lieber ins Schwimmbad, oder lassen wir uns auf der Terrasse von der Sonne braten? Ist der Aktienwert hoch genug, um Aktien zu verkaufen? Viele solcher Entscheidungen, auch an der Börse, werden heute von Computern selbstständig getroffen. Im Hochfrequenzhandel entscheidet der Computer im Bruchteil von Millisekunden, wie viele von welchen Aktien verkauft bzw. gekauft werden.

Damit der Computer solche Entscheidungen treffen kann, benötigt er spezielle Funktionen. Eine davon ist die *WENN ... DANN ... SONST*-Funktion, die an einem einfachen Beispiel erklärt werden soll.

Nehmen wir an, Sie haben einen Teeversandhandel mit den folgenden Teesorten:

	A	B	C
1	Kategorie	Name	Preis
2	1	Entspannung pur	10,50 €
3	1	Relaxing	12,50 €
4	1	Meditation	11,80 €
5	2	High Energy	5,60 €
6	2	Pure Energy	6,70 €
7	2	Energie und Entspannung	8,00 €
8	3	Täglische Frische	2,50 €
9			

Sie haben die Teesorten in Kategorien eingeteilt. Kategorie 1 sind die hochpreisigen Sorten, Kategorie 2 sind die mittelpreisigen Sorten und Kategorie 3 die mit den kleinen Preisen.

Was geschähe, wenn Sie in C2 nach einer Lieferung vom Großhändler als Verkaufspreis anstelle von 10,50 € den Wert 0,50 € eintragen würden? Der Kunde würde sich freuen, Sie wahrscheinlich weniger. Excel wird solche Eingaben nicht automatisch mit einer Fehlermeldung quittieren, da Excel ja nicht wissen kann, ob die Eingabe falsch ist. Deshalb müssen Sie dafür sorgen, dass Excel bei Falscheingaben entsprechend reagiert.

Es gibt in Excel vielfältige Möglichkeiten, solche Falscheingaben überprüfen zu lassen. Hier werden wir es mit der *WENN*-Funktion tun.

Excel soll also überprüfen, ob der eingetragene Wert in Zelle C2 unter zehn Euro liegt, und gegebenenfalls in Zelle D2 eine Fehlermeldung ausgeben.

Da die Fehlermeldung in D2 ausgegeben werden soll, muss die entsprechende *WENN*-Funktion auch in dieser Zelle stehen. Die *WENN*-Funktion hat allgemein folgendes Aussehen:

```
=WENN(Bedingung;Dann_Zweig;Sonst_Zweig)
```

Mit Worten ließe sich die Tätigkeit der Funktion so beschreiben: Wenn irgendeine *Bedingung* zutrifft (die Sonne scheint), dann nimm den *Dann_Zweig* (dann gehe ins Schwimmbad), ansonsten nimm den *Sonst_Zweig* (sonst bleib zu Hause).

Excel erwartet also drei Angaben von Ihnen, die durch Semikolons voneinander getrennt werden. Bei diesen drei Angaben sind die *Bedingung* und der *Dann_Zweig* zwingend. Der *Sonst_Zweig* kann in manchen Fällen auch weggelassen werden. Dazu jedoch später mehr.

Im Bereich *Bedingung* geben Sie eine Bedingung in mathematischer Form ein. Damit die Meldung in D2 ausgegeben wird, geben Sie die Formel also in die Zelle D2 ein. Mathematisch könnte die Bedingung des Beispiels lauten: C2<10, was in Prosa bedeuten würde: Wenn in Zelle C2 ein Wert steht, der kleiner als 10 ist, dann tue das, was nach dem ersten Semikolon, also im *Dann_Zweig*, steht.

Eine Bedingung kennt nur zwei »Zustände«, entweder ist die Bedingung wahr oder sie ist falsch. Entweder trifft sie zu oder eben nicht. Entweder regnet es oder es regnet nicht. Es gibt kein »vielleicht« und auch kein »sowohl ... als auch ...«. Es gibt nur Ja oder Nein. Trifft eine Bedingung zu, wird das durchgeführt, was im *Dann_Zweig* steht, andernfalls wird Excel den *Sonst_Zweig* ausführen. Der *Sonst_Zweig* wird ausgeführt, sobald die Bedingung als nicht zutreffend erkannt wird. Eine extra Abfrage für diesen Zweig ist nicht nötig.

In unserem Beispiel heißt die Bedingung: »Wenn in Zelle C2 ein Wert steht, der kleiner als 10 ist …«.

Der *Dann_Zweig* erhält die Information, was zu tun ist, wenn die Bedingung zutrifft. In unserem Beispiel heißt das, die Meldung *falsche Eingabe* soll ausgegeben werden.

Der *Sonst_Zweig* enthält die Information, was Excel tun soll, wenn die Bedingung nicht zutrifft. In unserem Fall heißt das *richtige Eingabe.*

Konkret gehört also in Zelle D2 die folgende Formel:

```
=WENN(C2<10;"falsche Eingabe";"richtige Eingabe")
```

D2 | fx | =WENN(C2<10;"falsche Eingabe";"richtige Eingabe")

	A	B	C	D	E	F
1	**Kategorie**	**Name**	**Preis**			
2	1	Entspannung pur	10,50 €	richtige Eingabe		
3	1	Relaxing	12,50 €			
4	1	Meditation	11,80 €			
5	2	High Energy	5,60 €			
6	2	Pure Energy	6,70 €			
7	2	Energie und Entspannung	8,00 €			
8	3	Täglische Frische	2,50 €			
9						

Tragen Sie nun in Zelle C2 einen Wert kleiner als 10 ein, wird Excel automatisch *falsche Eingabe* in die Zelle D2 schreiben.

Die Inhalte von *Dann_Zweig* und *Sonst_Zweig* sind, da es sich um Texte handelt, in Anführungszeichen geschrieben. Wann immer Sie also Texte in einem der Zweige ausgeben lassen wollen, müssen diese in Anführungszeichen stehen.

Aber so ganz optimal ist die Lösung noch nicht, denn es ist sicher übersichtlicher, nur bei einer falschen Eingabe eine Fehlermeldung zu bekommen, bei einer korrekten Eingabe sollte die Zelle D2 jedoch besser leer bleiben.

Sie können erreichen, dass Zelle D2 leer bleibt, indem Sie den *Sonst_Zweig* dahingehend ändern, dass Excel, sofern die Bedingung nicht zutrifft, auch nichts ausgibt. Das würde so aussehen:

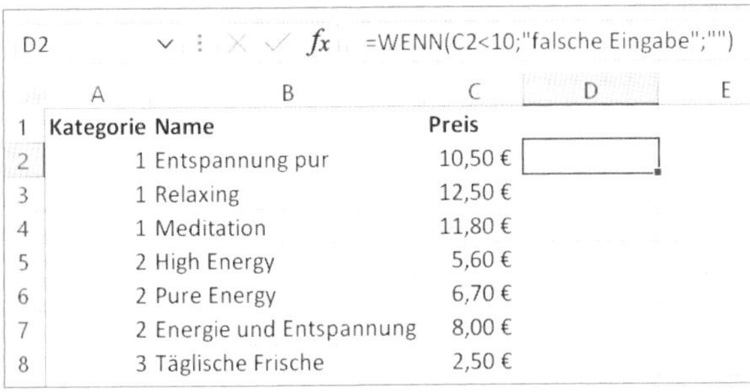

D2 =WENN(C2<10;"falsche Eingabe";"")

	A	B	C	D	E
1	Kategorie	Name	Preis		
2	1	Entspannung pur	10,50 €		
3	1	Relaxing	12,50 €		
4	1	Meditation	11,80 €		
5	2	High Energy	5,60 €		
6	2	Pure Energy	6,70 €		
7	2	Energie und Entspannung	8,00 €		
8	3	Tägliche Frische	2,50 €		

Im *Sonst_Zweig* stehen nur zwei Anführungszeichen. Das heißt für Excel so viel wie »tu nichts«. Wir haben bisher nach einem »kleiner als« gefragt. Für den Bereich *Bedingung* gibt es aber noch viele weitere Abfrageoperatoren. Diese werden in der folgenden Tabelle aufgelistet:

Symbol	Funktion	Beispiel
>	Größer	C2>10 Excel wird den *Dann_Zweig* nur dann benutzen, wenn C2 größer als 10 ist. In allen anderen Fällen, auch wenn C2 gleich 10 ist, wird der *Sonst_Zweig* benutzt.
<	Kleiner	C2<10 Excel wird den *Dann_Zweig* nur dann benutzen, wenn C2 kleiner als 10 ist. In allen anderen Fällen, auch wenn C2 gleich 10 ist, wird der *Sonst_Zweig* benutzt.
=	Ist gleich	C2=10 Excel wird den *Dann_Zweig* nur dann benutzen, wenn C2 exakt gleich 10 ist. In allen anderen Fällen wird der *Sonst_Zweig* benutzt.
>=	Größer oder mindestens gleich	C2>=10 Excel wird den *Dann_Zweig* nur dann benutzen, wenn C2 gleich 10 oder größer ist. Bis 9,9999 und kleiner wird der *Sonst_Zweig* benutzt.
<=	Kleiner oder mindestens gleich	C2<=10 Excel wird den *Dann_Zweig* nur dann benutzen, wenn C2 gleich 50 oder kleiner ist. Ab 10,0001 und größer wird der *Sonst_Zweig* benutzt.
<>	Nicht gleich	C2<>10 Excel wird den *Dann_Zweig* nur dann benutzen, wenn C2 nicht gleich 10 ist.

Im gerade besprochenen Beispiel haben wir in beiden Zweigen jeweils einen Text ausgeben lassen. Die *WENN*-Funktion ist aber um einiges komplexer, und so wollen wir uns ein weiteres Beispiel anschauen, bei dem in den beiden Zweigen jeweils Formeln zu finden sind.

TIPP **Achtung: »größer als« ist nicht gleich »größer gleich«**
Was geschieht, wenn Sie in eine Zelle exakt einen Betrag von 20 Euro eingeben und nach der Bedingung größer als 20 (>20) fragen? Da die Zahl 20 nicht größer als 20 ist, sondern gleich 20, wird der Wert von exakt 20 noch akzeptiert.

Beispiel: Sie benutzen folgende Formel:

```
=WENN(A1>20;"falsche Eingabe";"richtige Eingabe")
```

In Zelle A1 steht der exakte Betrag 20 Euro. In diesem Fall wird Excel die Meldung *richtige Eingabe* ausgeben.

Berechnungen mit Abhängigkeiten

Jedes Jahr werden in Ihrem Verein um Weihnachten herum langjährige Mitglieder geehrt. Dieses Jahr gibt es einen Buchgutschein, dessen Höhe sich nach der Dauer der Vereinszugehörigkeit richtet. Pro Jahr gibt es 2 Euro, aber nur für Mitglieder, die mindestens 30 Jahre dabei sind. Alle anderen bekommen nichts.

	A	B	C	D	E
1	Stichtag	01.01.2022			
2					
3	**Vereins_Nr.**	**Anrede**	**Vorname**	**Nachname**	**Eintritt**
4	1	Frau	Emilie	Walter	01.01.1970
5	2	Herr	Lutz	Maier	01.01.1980
6	3	Herr	Stefan	Oberschnaller	01.01.1990
7	4	Frau	Linda	Weißbrot	01.01.1975
8	5	Herr	Carsten	Schmidt	01.01.1982
9	6	Herr	Anton	Adams	01.01.1978
10	7	Frau	Paula	Milde	01.01.1991
11	8	Frau	Luisa	August	01.01.2005
12	9	Herr	Klaus	Frommer	01.01.2021
13	10	Frau	Frauke	Berthold	01.01.1984
14	11	Frau	Sophie	Waldmann	01.01.1998
15	12	Herr	Peter	Keller	01.01.2005
16	13	Herr	Fritz	Kaiser	01.01.2012
17	14	Herr	Norbert	Rühmann	01.01.1972
18	15	Frau	Karin	Schulze	01.01.2018
19	16	Herr	Joachim	Kirchner	01.01.1987
20	17	Frau	Herta	Rosenstengel	01.01.2014

Ihre Aufgabe ist es nun, eine Excel-Tabelle zu erstellen, die die Höhe des Buchgutscheins für alle Mitglieder errechnet.

Da es in diesem Beispiel zunächst einmal nur um das Prinzip geht, gehen wir davon aus, dass alle Mitglieder am 1. Januar eines Jahres in den Verein eingetreten sind. Der Stichtag zur Berechnung der Zugehörigkeit wurde auf den 01.01.2022 festgelegt.

Als Erstes müssten Sie die Dauer der Vereinszugehörigkeit ausrechnen lassen. Das geschieht mit der Funktion JAHR und der Spalte F.

F4 =JAHR($B$1)-JAHR(E4)

	A	B	C	D	E	F
1	Stichtag	01.01.2022				
2						
3	**Vereins_Nr.**	**Anrede**	**Vorname**	**Nachname**	**Eintritt**	**Dauer**
4	1	Frau	Emilie	Walter	01.01.1970	52
5	2	Herr	Lutz	Maier	01.01.1980	42
6	3	Herr	Stefan	Oberschnaller	01.01.1990	32
7	4	Frau	Linda	Weißbrot	01.01.1975	47
8	5	Herr	Carsten	Schmidt	01.01.1982	40
9	6	Herr	Anton	Adams	01.01.1978	44
10	7	Frau	Paula	Milde	01.01.1991	31
11	8	Frau	Luisa	August	01.01.2005	17
12	9	Herr	Klaus	Frommer	01.01.2021	1
13	10	Frau	Frauke	Berthold	01.01.1984	38
14	11	Frau	Sophie	Waldmann	01.01.1998	24
15	12	Herr	Peter	Keller	01.01.2005	17
16	13	Herr	Fritz	Kaiser	01.01.2012	10
17	14	Herr	Norbert	Rühmann	01.01.1972	50
18	15	Frau	Karin	Schulze	01.01.2018	4
19	16	Herr	Joachim	Kirchner	01.01.1987	35
20	17	Frau	Herta	Rosenstengel	01.01.2014	8

Ich hoffe, Sie wissen, weshalb in der Formel die Zelle B1 absolut gesetzt wurde. Das liegt daran, dass Sie die Formel in F4 in weitere Zellen der Spalte kopieren wollen. Der Stichtag ist für alle Mitglieder der gleiche und steht immer in B1. Beim Kopieren darf sich B1 also nicht ändern. Sollten Sie hier noch unsicher sein, lesen Sie den Abschnitt über relative und absolute Bezüge.

Wenn Sie die richtige Formel in die Zelle eingegeben und kopiert haben, müssen Sie vielleicht noch das Format der Zellen ab F4 ändern. Am einfachsten ist es, wenn Sie das von Excel automatisch benutzte Format löschen. Nun hat Excel Ihnen die Dauer der Mitgliedschaft ausgerechnet und richtig formatiert.

Kommen wir jetzt zur Berechnung des Buchgutscheins. Da Excel für alle Mitglieder die Höhe des Buchgutscheins errechnen soll, brauchen wir nur eine Formel in G4, die wir dann kopieren. Die benötigte *WENN*-Funktion sehen Sie in der Abbildung.

G4 | fx =WENN(F4>=30;F4*2;"")

	A	B	C	D	E	F	G
1	Stichtag	01.01.2022					
2							
3	**Vereins_Nr.**	**Anrede**	**Vorname**	**Nachname**	**Eintritt**	**Dauer**	**Buchgutschein**
4	1	Frau	Emilie	Walter	01.01.1970	52	104,00 €
5	2	Herr	Lutz	Maier	01.01.1980	42	84,00 €
6	3	Herr	Stefan	Oberschnaller	01.01.1990	32	64,00 €
7	4	Frau	Linda	Weißbrot	01.01.1975	47	94,00 €
8	5	Herr	Carsten	Schmidt	01.01.1982	40	80,00 €
9	6	Herr	Anton	Adams	01.01.1978	44	88,00 €
10	7	Frau	Paula	Milde	01.01.1991	31	62,00 €
11	8	Frau	Luisa	August	01.01.2005	17	
12	9	Herr	Klaus	Frommer	01.01.2021	1	
13	10	Frau	Frauke	Berthold	01.01.1984	38	76,00 €
14	11	Frau	Sophie	Waldmann	01.01.1998	24	
15	12	Herr	Peter	Keller	01.01.2005	17	
16	13	Herr	Fritz	Kaiser	01.01.2012	10	
17	14	Herr	Norbert	Rühmann	01.01.1972	50	100,00 €
18	15	Frau	Karin	Schulze	01.01.2018	4	
19	16	Herr	Joachim	Kirchner	01.01.1987	35	70,00 €
20	17	Frau	Herta	Rosenstengel	01.01.2014	8	

Die Bedingung ist klar:

```
=WENN(F4>=30; ...)
```

Im *Dann_Zweig* steht nun das, was Excel rechnen soll, wenn die Bedingung zutrifft. Für jedes Jahr der Mitgliedschaft gibt es 2 € (F4*2) für den Buchgutschein.

Im *Sonst_Zweig* brauchen wir nur zwei Anführungszeichen, denn wenn dieser Zweig angesprungen wird, ist die Person noch keine 30 Jahre Mitglied und bekommt deshalb keinen Buchgutschein.

TIPP

Achtung: Wann gehören Anführungszeichen in die beiden Zweige?
Sie sehen, Formeln dürfen nicht in Anführungszeichen gesetzt werden, sonst wird Excel nicht rechnen. Texte dagegen müssen in Anführungszeichen gesetzt werden.

In den Zweigen einer *WENN*-Funktion können ungeheuer komplexe Bedingungen und Formeln stehen.

```
=WENN(SUMME(A1:A10)>MITTELWERT(B1:B10)/SUMME(C1:C10);Dann_
Zweig;Sonst_Zweig)
```

Diese Formel hat im Augenblick keinen praktischen Bezug, sie soll lediglich demonstrieren, welche Möglichkeiten die *WENN*-Funktion bietet.

Aber die *WENN*-Funktion beinhaltet auch Stoff für stundenlanges Suchen nach Fehlern. Dabei sind einige Fehler recht einfach zu vermeiden, wie zum Beispiel Fehler, die durch das Runden und Formatieren entstehen.

TIPP

Achtung: Runden und Formatieren

Schauen Sie sich zunächst einmal folgendes Beispiel an:

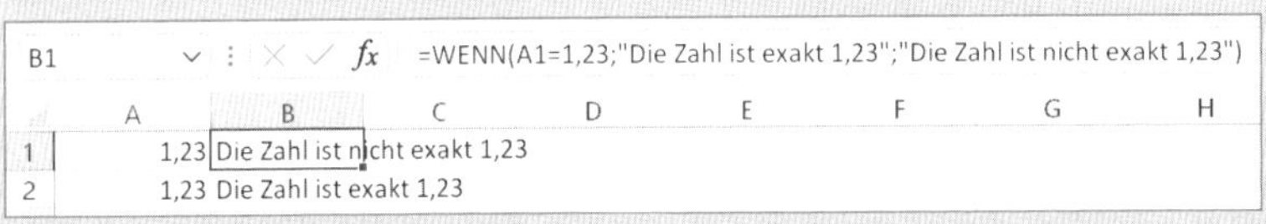

Was ist hier geschehen? In den Zellen A1 und A2 stehen anscheinend doch die gleichen Zahlen. Warum aber reagiert die WENN-Funktion, die in B1 und B2 gleich ist, so unterschiedlich?

Die Lösung ist folgende: In den Zellen A1 und A2 wurde jeweils die Zahl 1,23456789 mit acht Dezimalstellen angegeben. Zelle A1 ist aber auf zwei Stellen nach dem Komma formatiert. In Zelle A2 wurde die RUNDEN-Funktion benutzt, um die Zahl auf zwei Stellen nach dem Komma zu begrenzen. Das heißt also, in Zelle A1 steht noch die Originalzahl mit acht Dezimalstellen, und die ist nun einmal größer als 1,23.

Die *WENN*-Funktion ist eine Funktion, und entsprechend gibt es dafür auch einen Assistenten, mit dem Sie die Funktion eingeben können.

Wählen Sie dazu auf der Registerkarte *Start* die Gruppe *Bearbeiten*. Dort klicken Sie auf das Dreieck bei *AutoSumme*. Im Menü wählen Sie dann *Weitere Funktionen* und erhalten folgendes Fenster:

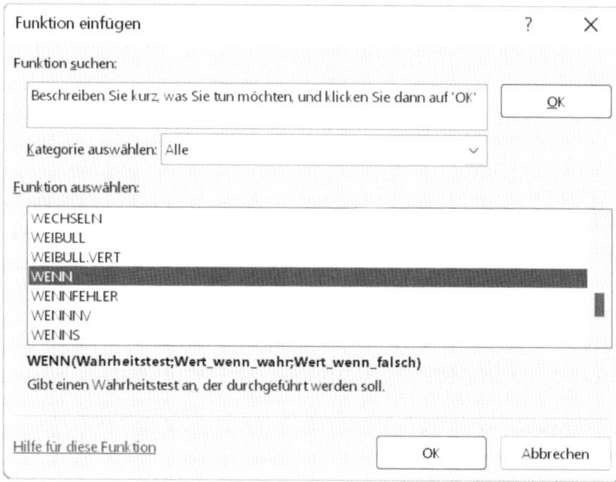

Wenn Sie dort die *WENN*-Funktion wählen, kommen Sie in ein weiteres Fenster:

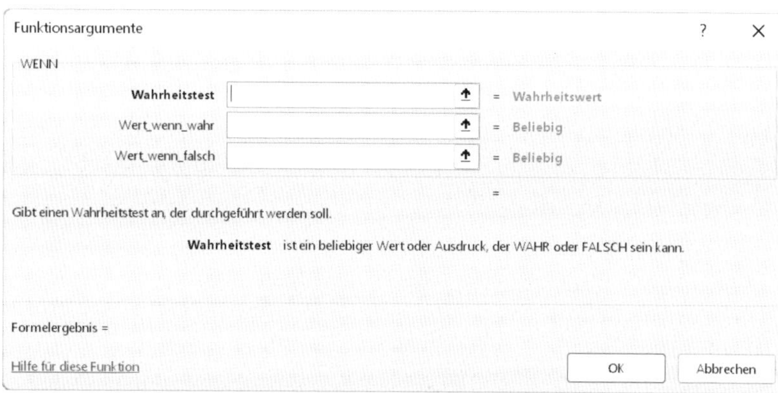

Geben Sie die Funktionsargumente in die einzelnen Felder des Assistenten ein und bestätigen Sie mit *OK*.

Ob Sie künftig diesen Assistenten für die Funktion benutzen oder die Funktion mit allen Parametern selbst in eine Zelle schreiben, so wie wir es bisher getan haben, bleibt ganz Ihnen überlassen. Aber spätestens wenn Sie verschachtelte *WENN*-Funktionen brauchen, die wir im nächsten Abschnitt besprechen, wird der Assistent eher hinderlich sein.

Verschachtelte WENN-Funktionen: Jetzt wird es komplexer

Kommen wir noch einmal auf unseren Verein auf Seite 364 zurück. Der Vorstand hat inzwischen beschlossen, dass nur Mitglieder, die mindestens 40 Jahre Mitglied sind, 2 Euro pro Jahr für den Buchgutschein bekommen sollen. Mitglieder mit einer Vereinszugehörigkeit zwischen 30 und 39 Jahren erhalten 1 Euro pro Mitgliedsjahr. Alle anderen bekommen weiterhin nichts.

Für dieses Problem genügt eine *WENN*-Funktion nicht mehr, denn wir müssen eigentlich drei Fälle berücksichtigen: Mitgliedschaft >= 40 Jahre, Mitgliedschaft >= 30 Jahre und die anderen. Wir brauchen also eine weitere *WENN*-Funktion innerhalb einer *WENN*-Funktion. Das klingt womöglich etwas verwirrend, deshalb nehmen wir gleich das Beispiel konkret zur Hand.

Die allgemeine Syntax der *WENN*-Funktionen lautet:

```
=WENN(Bedingung;Dann_Zweig;Sonst_Zweig)
```

In den bisherigen Beispielen haben wir in die beiden Zweige jeweils Formeln berechnen oder Texte ausgeben lassen. Nun ist aber eine *WENN*-Funktion eine normale Funktion, kann also auch in den jeweiligen Zweigen zum Rechnen eingesetzt werden. Das würde dann so aussehen:

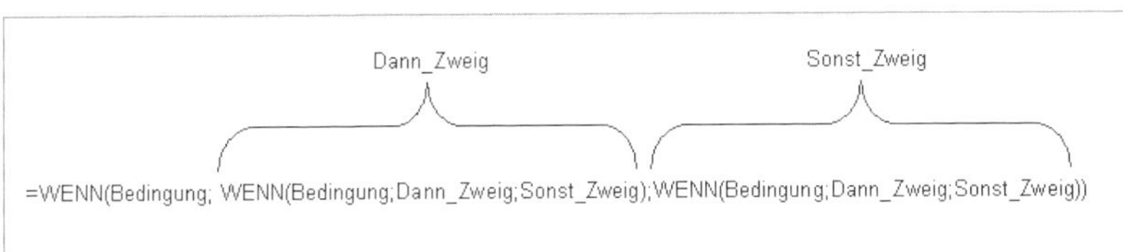

TIPP

Mehrere Gleichheitszeichen in einer Formel
Bei verschachtelten *WENN*-Funktionen darf nur am Anfang der Formel ein Gleichheitszeichen stehen, niemals vor weiteren WENNs innerhalb der Formel. Folgendes ist also falsch:

```
=WENN(C3>4,5;C3*10+20;=WENN(C3>4;C3*10+5;C3*10))
```

Achten Sie auch bei verschachtelten WENN-Funktionen auf die richtige Klammersetzung. Es müssen immer gleich viel öffnende wie schließende Klammern existieren. Das kann bei sehr komplexen Formeln erhebliches Kopfzerbrechen bereiten.

Schauen wir uns das also nun einmal an dem Vereinsbeispiel an. Der erste Teil, *=WENN(F4>=40;F4*2; ...)*, dürfte klar sein: Wenn in F4 ein Wert größer oder gleich 40 steht, dann rechne F4*2. Damit haben wir die über 40-jährige Mitgliedschaft abgehandelt und im *Dann_Zweig* ausgerechnet. Nun müssen wir im *Sonst_Zweig* mit einem weiteren *WENN* die Mitglieder zwischen 30 und 39 berechnen. Dazu dient das zweite *WENN* mit der Bedingung:

```
=WENN(F4>=40;F4*2;WENN(F4>=30;...)
```

Warum genügt aber die Bedingung F4>=30, um nur diejenigen zu erwischen, die zwischen 30 und 39 Jahre Mitglied sind? Schließlich gilt F4>=30 auch für die mindestens 40-jährige Mitgliedschaft.

Die Antwort ist einfach. Wir fragen zuerst nach den mindestens 40-Jährigen. Trifft das für ein Mitglied zu, wird gleich F4*2 gerechnet, und die *WENN*-Funktion wird abgeschlossen. Trifft hingegen F4>=40 nicht zu, wird auch nicht im *Dann_Zweig* gerechnet, sondern es wird im *Sonst_Zweig* die zweite *WENN*-Funktion ausgeführt. Wenn dieses zweite *WENN* ausgeführt wird, sind die mindestens 40-Jährigen durch das erste *WENN* schon abgearbeitet.

G4 =WENN(F4>=40;F4*2;WENN(F4>=30;F4;""))

	A	B	C	D	E	F	G
1	Stichtag	01.01.2022					
2							
3	**Vereins_Nr.**	**Anrede**	**Vorname**	**Nachname**	**Eintritt**	**Dauer**	**Buchgutschein**
4	1	Frau	Emilie	Walter	01.01.1970	52	104,00 €
5	2	Herr	Lutz	Maier	01.01.1980	42	84,00 €
6	3	Herr	Stefan	Oberschnaller	01.01.1990	32	32,00 €
7	4	Frau	Linda	Weißbrot	01.01.1975	47	94,00 €
8	5	Herr	Carsten	Schmidt	01.01.1982	40	80,00 €
9	6	Herr	Anton	Adams	01.01.1978	44	88,00 €
10	7	Frau	Paula	Milde	01.01.1991	31	31,00 €
11	8	Frau	Luisa	August	01.01.2005	17	
12	9	Herr	Klaus	Frommer	01.01.2021	1	
13	10	Frau	Frauke	Berthold	01.01.1984	38	38,00 €
14	11	Frau	Sophie	Waldmann	01.01.1998	24	
15	12	Herr	Peter	Keller	01.01.2005	17	
16	13	Herr	Fritz	Kaiser	01.01.2012	10	
17	14	Herr	Norbert	Rühmann	01.01.1972	50	100,00 €
18	15	Frau	Karin	Schulze	01.01.2018	4	
19	16	Herr	Joachim	Kirchner	01.01.1987	35	35,00 €
20	17	Frau	Herta	Rosenstengel	01.01.2014	8	

TIPP

Sie können mehr als zehn WENN-Funktionen verschachteln
Mehr als zehn *WENN*-Funktionen können Sie in Excel 2021 ineinander verschachteln. Aber je mehr *WENN*-Funktionen Sie verschachteln, desto unübersichtlicher wird die Formel, und Sie sollten überlegen, das Problem vielleicht mit anderen Funktionen zu lösen. So kann die weiter unten erläuterte *SVERWEIS*- oder *WVERWEIS*-Funktion möglicherweise gute Dienste leisten.

Verschachtelte WENN-Funktion und mehrere Bedingungen – UND/ODER

Ihr Schachverein plant ein großes Jugendturnier für Jugendliche bis 16 Jahre. Sie haben die gemeldeten Jugendlichen mit ihrem Geburtstag und ihrer ILZ (der **i**nternen **L**eistungs**z**ahl) in eine Excel-Tabelle eingetragen.

G4 fx =JAHR($B$1)-JAHR(E4)

	A	B	C	D	E	F	G
1	Stichtag	01.01.2022					
2							
3	**Vereins_Nr.**	**Vorname**	**Nachname**	**Geschlecht**	**Geburtstag**	**ILZ**	**Alter**
4	1	Anja	Müller	w	07.03.2010	150	12
5	2	Volker	Keller	m	29.08.2008	210	14
6	3	Max	Schmidt	m	18.05.2013	123	9
7	4	Lisa	Hausen	w	05.01.2007	222	15
8	5	Pia	Kaiser	w	17.09.2012	167	10
9	6	Axel	Kusel	m	23.04.2009	240	13
10	7	Achim	Reiter	m	11.01.2006	260	16
11	8	Frieda	Karl	w	21.12.2005	189	17
12	9	Josie	Becker	w	07.02.2010	290	12
13	10	Jana	Mainhold	w	18.11.2006	125	16
14	11	Tom	Ehrmann	m	09.03.2009	260	13
15	12	Jessica	Kleine	w	10.10.2007	190	15
16	13	Igor	Orlowski	m	22.01.2006	200	16
17	14	Jens	Geiger	m	06.05.2009	145	13
18	15	Marco	Meyer	m	23.11.2010	196	12

Für das Turnier müssen die Jugendlichen in zwei Gruppen aufgeteilt werden. Jugendliche unter 14 Jahren spielen in Gruppe 1, die anderen in Gruppe 2. Sie müssen nicht zwischen Jungen und Mädchen unterscheiden. Aber Jugendliche mit einer ILZ größer als 200 spielen in Gruppe 2, auch wenn sie jünger als 14 Jahre sind. Der Stichtag aller Angaben ist der 01.01.2022.

Natürlich soll Excel die gesamte Auswertung automatisch machen. Das Alter der Jugendlichen in Spalte G auszurechnen, sollte kein Problem bereiten.

In G4 könnte zum Beispiel die folgende Formel stehen:

```
=Jahr($B$1)-Jahr(E4)
```

Diese Formel in G4 kopieren Sie sich einfach nach unten. Die $-Zeichen in der B1-Adresse sollten auch kein Geheimnis mehr sein. Kommen wir also zu der *WENN*-Funktion. Diese *WENN*-Funktion soll die Jugendlichen in die richtigen beiden Gruppen aufteilen, deshalb schreiben wir die Funktion in Zelle H4 und kopieren sie, wenn alles fertig ist, nach unten.

Wir brauchen eine *WENN*-Funktion, in der wir zwei Bedingungen gleichzeitig abfragen können – gleichzeitig deshalb, weil das Alter und die ILZ bei der Entscheidung eine Rolle spielen. Theoretisch brauchen wir so etwas:

```
=WENN(G4<14 und F4>200; Dann Gruppe 2;Sonst_Zweig)
```

Diese *WENN*-Funktion fragt, ob Zelle G4 kleiner als 14 ist, und soll außerdem noch fragen, ob Zelle F4 größer 200 ist. Würde nämlich beides gleichzeitig zutreffen, wäre der Jugendliche in Gruppe 2.

Aber diese *WENN*-Syntax wird Excel nicht akzeptieren, denn Sie müssen Excel noch mitteilen, ob beide Bedingungen gleichzeitig zutreffen müssen, damit Excel in den *Dann-Zweig* geht, oder ob es genügt, wenn eine dieser beiden Bedingungen zutrifft, um den *Dann_Zweig* abzuarbeiten. In unserem Fall müssen beide Bedingungen gleichzeitig zutreffen: Der Jugendliche muss unter 14 Jahre alt sein, und seine ILZ muss über 200 liegen. Erst dann kommt er in Gruppe 2.

Wenn beide Bedingungen zutreffen müssen, gibt es dafür den Operator UND, den man aber vor diese beiden Bedingungen setzen muss. Die richtige Formel lautet also:

```
=WENN(UND(G4<14;F4>200);2;Sonst_Zweig)
```

Der Operator UND muss vor die beiden Bedingungen geschrieben und die beiden Bedingungen müssen von Klammern umschlossen werden. Treffen beide Bedingungen nicht gleichzeitig zu, müssen Sie im *Sonst-Zweig* mit einer weiteren *WENN*-Funktion abfragen, wie alt der Jugendliche ist.

```
=WENN(UND(G4<14;F4>200);2;WENN(G4<14;1;2))
```

Wenn also der Jugendliche nicht jünger als 14 ist und keine ILZ größer als 200 hat, muss die zweite *WENN*-Funktion nur noch das Alter abfragen, um die Gruppen einzuteilen.

Die gesamte Formel sehen Sie in der folgenden Abbildung.

Der Rest ist schlichtes Kopieren nach unten.

In Zeile 1 ist Anja Müller 12 Jahre alt und hat eine ILZ von weniger als 200, entsprechend spielt sie in Gruppe 1. Axel Kusel (Zeile 9) ist zwar erst 13 Jahre alt, müsste also eigentlich in Gruppe 1 spielen. Da er aber eine ILZ von mehr als 200 hat, kommt er in die stärkere Gruppe 2.

H4 fx =WENN(UND(G4<14;F4>200);2;WENN(G4<14;1;2))

	A	B	C	D	E	F	G	H
1	Stichtag	01.01.2022						
2								
3	Vereins_Nr.	Vorname	Nachname	Geschlecht	Geburtstag	ILZ	Alter	Gruppe
4	1	Anja	Müller	w	07.03.2010	150	12	1
5	2	Volker	Keller	m	29.08.2008	210	14	2
6	3	Max	Schmidt	m	18.05.2013	123	9	1
7	4	Lisa	Hausen	w	05.01.2007	222	15	2
8	5	Pia	Kaiser	w	17.09.2012	167	10	1
9	6	Axel	Kusel	m	23.04.2009	240	13	2
10	7	Achim	Reiter	m	11.01.2006	260	16	2
11	8	Frieda	Karl	w	21.12.2005	189	17	2
12	9	Josie	Becker	w	07.02.2010	290	12	2
13	10	Jana	Mainhold	w	18.11.2006	125	16	2
14	11	Tom	Ehrmann	m	09.03.2009	260	13	2
15	12	Jessica	Kleine	w	10.10.2007	190	15	2
16	13	Igor	Orlowski	m	22.01.2006	200	16	2
17	14	Jens	Geiger	m	06.05.2009	145	13	1
18	15	Marco	Meyer	m	23.11.2010	196	12	1
19	16	Birgit	Reuter	w	09.02.2008	296	14	2
20	17	Ulrike	Zeidler	w	24.01.2009	200	13	1

Möchte man das Ganze für das Turnier nun noch schön nach Gruppen sortieren, ist das nun ganz einfach.

1 Klicken Sie zunächst auf eine Zelle in der Spalte, nach der sortiert werden soll.

2 Wählen Sie dann auf der Registerkarte *Start* in der Gruppe *Bearbeiten* die Schaltfläche *Sortieren und Filtern*.

3 Nun müssen Sie nur noch entscheiden, in welcher Reihenfolge Sie alles sortiert haben möchten. Natürlich sortiert Excel die gesamten Zeilen und nicht nur diese eine Spalte.

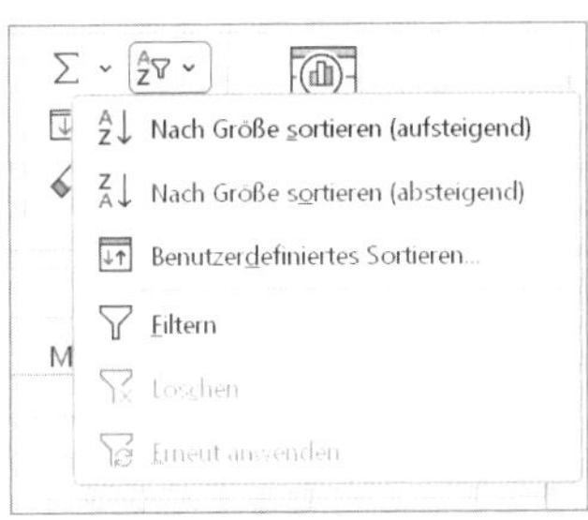

Es gibt in Excel nicht nur den UND-, sondern auch einen ODER-Operator. Die Syntax des ODER-Operators ist aber identisch mit der des UND-Operators. Der Unterschied ist nur, dass bei ODER lediglich eine der Bedingungen zutreffen muss, um den *Dann_Zweig* abzuarbeiten.

Und natürlich sind Sie bei den UND- und ODER-Operatoren nicht nur auf zwei Bedingungen beschränkt:

```
UND(Bedingung_1;Bedingung_2 ... ;Bedingung_n)
```

Die einzelnen Bedingungen müssen Sie durch Semikolons trennen und mit einer Klammer umschließen, der Operator wird dann davorgesetzt.

Bei UND müssen alle Bedingungen zutreffen, um in den *Dann_Zweig* zu gehen, beim ODER-Operator muss nur eine der vielen möglichen Bedingungen zutreffen.

Häufigkeitsverteilungen mit einer Bedingung

Nehmen wir einmal an, Sie haben drei Messgeräte. In einer bestimmten Zeit wurden auf allen drei Geräten Messungen durchgeführt und in einer Excel-Tabelle gespeichert. Für eine bestimmte Auswertung brauchen Sie die Häufigkeitsverteilung aber nur für Messwerte größer als 50, egal, auf welchem Gerät gemessen wurde.

	A	B
1	Messgerät	Messwert
2	3	65
3	1	52
4	3	35
5	2	84
6	2	1
7	1	52
8	1	28
9	3	2
10	1	62
11	2	30
12	3	23
13	2	71
14	1	100
15	2	25
16	3	78
17		

Wie Sie schnell feststellen werden, funktioniert eine Formel wie

```
=WENN(HÄUFIGKEIT)
```

nicht. Aber andersherum geht es:

```
=HÄUFIGKEIT(WENN)
```

Schauen wir es uns einmal konkret an.

Erweitern Sie Ihre Tabelle mit den von Ihnen gewünschten Klassen. In der Abbildung stehen diese Klassen in Spalte D.

Die Formel für die Häufigkeitsverteilung mit einer Bedingung sehen Sie in der Bearbeitungszeile der Abbildung. Vergessen Sie nicht, die Formel mit

⇧+Strg+↵ zu beenden, denn Sie wissen inzwischen, dass die Funktion *HÄUFIGKEIT* eine Matrixformel ist.

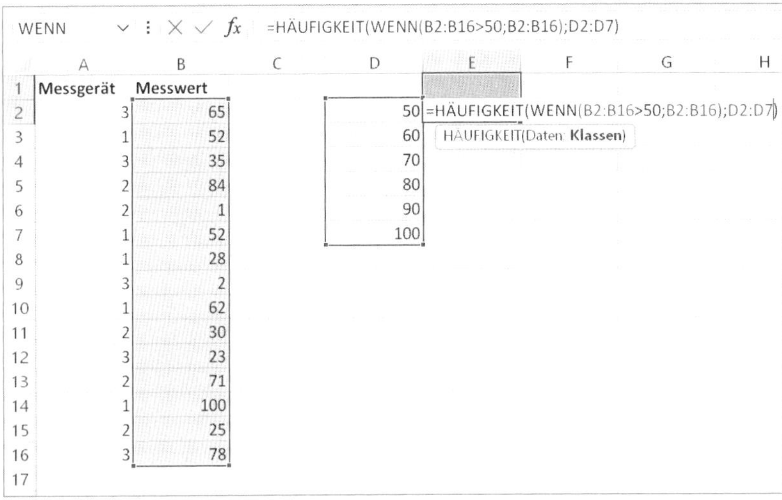

	A	B	C	D
1	Messgerät	Messwert		
2	3	65		50
3	1	52		60
4	3	35		70
5	2	84		80
6	2	1		90
7	1	52		100
8	1	28		
9	3	2		
10	1	62		
11	2	30		
12	3	23		
13	2	71		
14	1	100		
15	2	25		
16	3	78		
17				

Mehr über das Thema Häufigkeit erfahren Sie im Abschnitt über statistische Funktionen.

Wie kann man aus sehr vielen Messwerten nur bestimmte Werte heraussuchen lassen?

Sie haben ein Messgerät, das Ihnen in einer bestimmten Zeit 10.000 Messwerte in eine Excel-Tabelle einträgt.

Für die Auswertung dieser Messergebnisse brauchen Sie aber nur jedes 200ste Ergebnis, die anderen sollen gar nicht berücksichtigt werden.

Für dieses Problem gibt es eine weitere Funktion: *INDIREKT*. Sie hat allgemein folgende Syntax:

```
=INDIREKT(Zell_Verweis;Bezug)
```

Die *INDIREKT*-Funktion ist in der Lage, in einer langen Liste von Werten einen bestimmten zu finden und diesen in die Zelle zu schreiben, in der die Funktion steht. *Zell_Verweis* gibt darin an, aus welcher Zelle Excel den Wert holen soll, und *Bezug* gibt an, in welcher Form der *Zell_Verweis* vorliegt.

Am besten ist es, wir schauen uns das Ganze einmal an einem einfacheren Beispiel an.

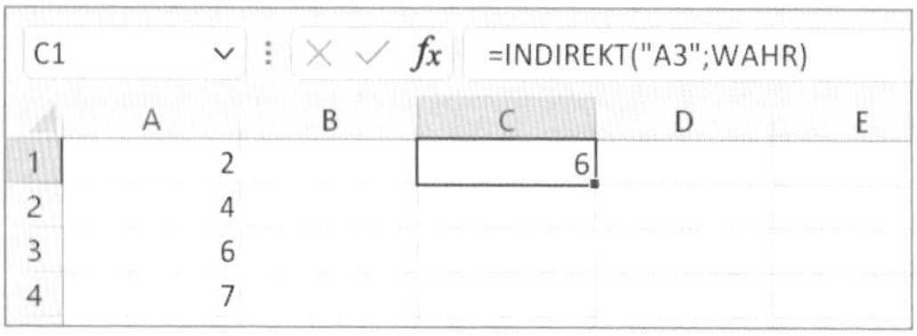

In Spalte A der Abbildung stehen Messwerte, und Sie möchten den Messwert von Zelle A3 in Zelle C1 haben. Natürlich wäre das am einfachsten zu lösen, wenn Sie in Zelle C1 die Formel =A3 eintippten und bestätigten. Aber da die *INDIREKT*-Funktion noch einiges mehr zu bieten hat, nehmen wir diese Funktion, um das Problem zu lösen. Sie sollen schließlich die Wirkung der Funktion kennenlernen, um sie für große Projekte einsetzen zu können.

In der Abbildung sehen Sie die Formel. Wichtig ist an dieser Stelle, dass bei der *INDIREKT*-Funktion die Zelladresse in Anführungszeichen stehen muss.

Kommen wir nun zum ominösen *Bezug*-Teil der Formel. In der Abbildung steht das Wort WAHR.

Bezug kann nur die beiden Werte WAHR oder FALSCH annehmen. Steht WAHR in der Formel, erwartet Excel die Zelladresse in der Form A1. In Excel gibt es aber auch die Möglichkeit, Zelladressen in einer anderen Schreibweise einzugeben, nämlich als Zeilen- und Spaltennummer. Zelle A1 würde in dieser anderen Schreibweise dann Z1S1 lauten, was so viel bedeutet wie **Z**eile 1, **S**palte 1. B3 wäre in dieser Schreibweise Z3S2. Es wird also immer zuerst die Nummer der Zeile genannt, dann die Nummer der Spalte.

In Zelle C2 der Abbildung wurde einmal diese Schreibweise benutzt, um auf die Zelle A3 Bezug zu nehmen:

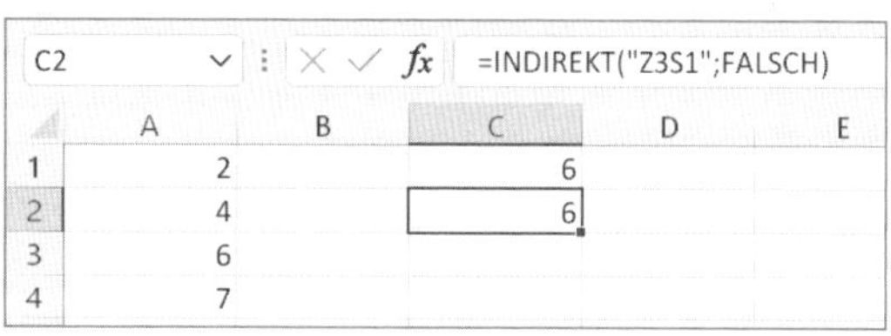

WAHR im Bereich *Bezug* heißt also, dass die Zelladresse in der Funktion in der Form A1 angegeben ist, FALSCH bedeutet, die Zelladresse ist in der

Schreibweise Z1S1 angegeben. Lassen Sie *Bezug* weg, nimmt Excel automatisch an, es würde dort WAHR stehen.

Wenden wir uns jetzt wieder den 10.000 Messwerten zu. Ich zeige Ihnen davon aber nur die ersten zehn in der Abbildung. Von diesen Messwerten möchten Sie nur jedes zweite Messergebnis in Ihrer Auswertung haben. Wie aber kann Ihnen Excel nun lediglich jedes zweite Messergebnis in andere Zellen kopieren? Die *INDIREKT*-Funktion macht's möglich, zusammen mit der Z1S1-Schreibweise.

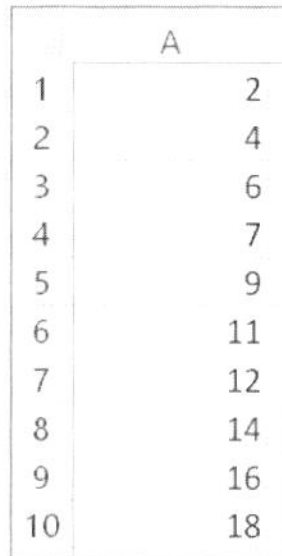

Schauen Sie sich zunächst die folgende Abbildung an. In Spalte A stehen wieder die Messwerte, in Spalte C die benötigte *INDIREKT*-Funktion.

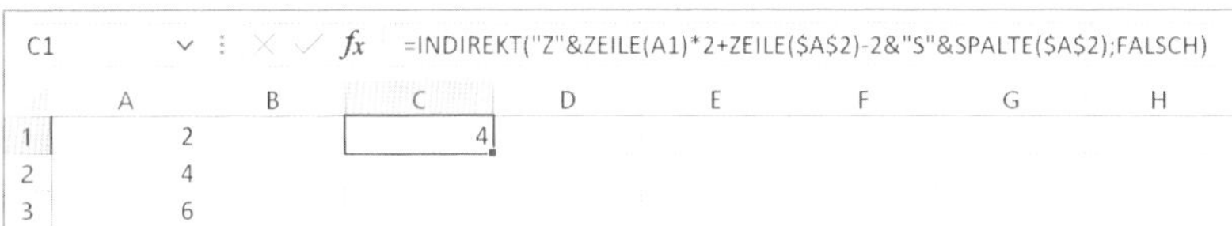

Die Funktion sieht fürchterlich aus.

=INDIREKT("Z"&ZEILE(A1)*2+ZEILE($A$2)-2&"S"&SPALTE($A$2);FALSCH)

Aber im Grunde ist es gar nicht mal so schlimm. *"Z"&ZEILE(A1)* heißt nichts anderes als Z1, denn *ZEILE(A1)* gibt die Zeilennummer der Zelle A1 aus.

"S"&SPALTE($A$2) ergibt die Nummer der Spalte.

Da Sie nur jeden zweiten Messwert haben wollen, kopieren Sie sich die Formel fünfmal nach unten:

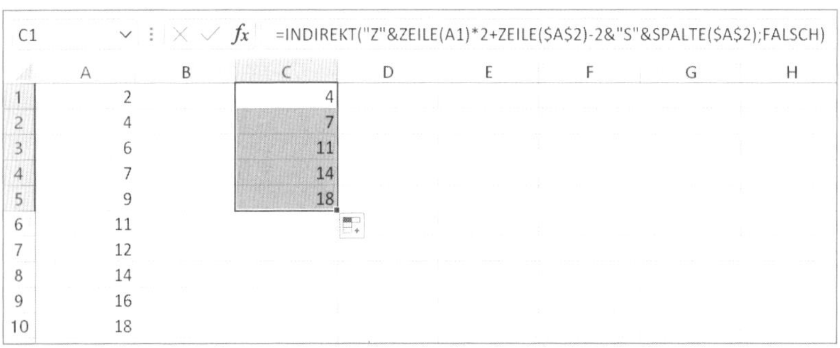

Und schon holt Excel aus den Messwerten der Spalte A nur jeden zweiten Wert. Wie ist das aber nun, wenn aus den 10.000 Messwerten nur jeder 100ste gebraucht wird? Die Formel ist annähernd die gleiche:

```
=INDIREKT("Z"&ZEILE(A1)*n+ZEILE($A$2)-2&"S"&SPALTE($A$2);FALSCH)
```

n gibt in der Formel an, der jeweils wievielte Messwert ausgegeben werden soll. Brauchen Sie also jeden 100sten, ist **n** = 100.

Falsche Eingaben und was Sie dagegen tun können

Excel ist eine Tabellenkalkulation, bei der nicht nur Werte berechnet, sondern auch eingegeben werden. Dabei sollte man Zellen, in die Werte eingetragen werden, nicht beliebig über eine Tabelle verteilen. Selbst wenn es didaktisch sinnvoll ist, bestimmte Eingaben an ganz bestimmten Zelladressen vorzunehmen, reduziert es die Fehler, wenn man alle benötigten Eingaben in einem festen Bereich einer Tabelle vornimmt und die Werte mit den bekannten Verfahren in die anderen Zellen übernimmt. So hat man stets einen Überblick über alle nötigen Eingaben und kann diese auch viel einfacher auf ihre Richtigkeit überprüfen.

Dieses Prüfen auf Richtigkeit ist ein ganz wichtiges Stichwort. Dem wollen wir uns nun zuwenden. Nehmen wir an, in den Bereich A1 bis B3 einer Tabelle sollen Anfangswerte für eine Berechnung eingegeben werden.

	A	B
1	A2=	1,5
2	x=	3
3	C1=	1,7
4		

A2 darf aber nur Werte zwischen 1 und 2 erhalten. Die x-Werte müssen kleiner als 10 sein, und die C1-Werte sind immer größer als 20.

Alle drei Wertebereiche sind mit der *WENN*-Funktion und vielleicht dem UND- oder ODER-Operator überprüfbar. Der Nachteil: Die Werte müssen immer erst übernommen werden, bevor sie geprüft werden können. Und sie können nur von einer anderen Zelle überprüft werden. Eine Überprüfung einer Eingabezelle mit der *WENN*-Funktion ist nicht möglich, da die Funktion ja in der Zelle steht und bei einer Eingabe in die gleiche Zelle überschrieben werden würde.

Deshalb kennt Excel andere Möglichkeiten, Eingaben zu überprüfen.

1 Klicken Sie in die Zelle, die Sie während der Eingabe überprüfen möchten. Sie können für jede Zelle extra festlegen, was eine Falscheingabe ist. Fangen wir mit der Zelle B1 an.

2 Klicken Sie dann auf der Registerkarte *Daten* in der Gruppe *Datentools* auf das Dreieck neben dem Symbol für die *Datenüberprüfung*.

3 Wählen Sie nun *Datenüberprüfung*.

4 Im folgenden Fenster müssen Sie sich zunächst entscheiden, für welche Werte die Eingabedaten überprüft werden sollen. Da in unserem Beispiel auch Dezimalzahlen zugelassen und überprüft werden sollen, wählen Sie hier *Dezimal*.

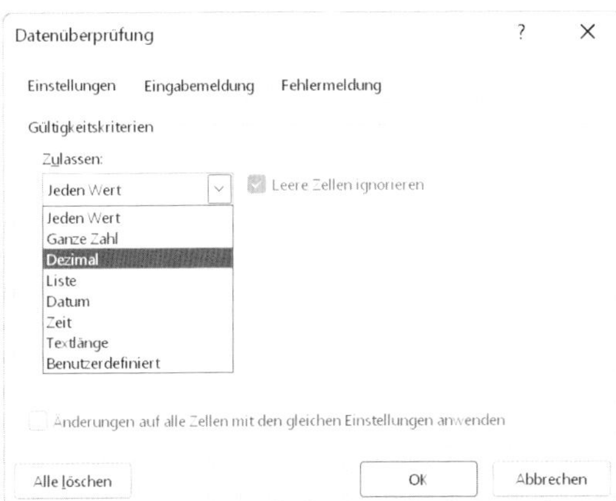

5 Nun erwartet Excel die Auskunft darüber, ob nach größer, kleiner etc. gefragt werden soll. In unserem Beispiel soll A2 nur Werte zwischen 1 und 2 bekommen, also wählen Sie *zwischen* und tragen die beiden Grenzen ein.

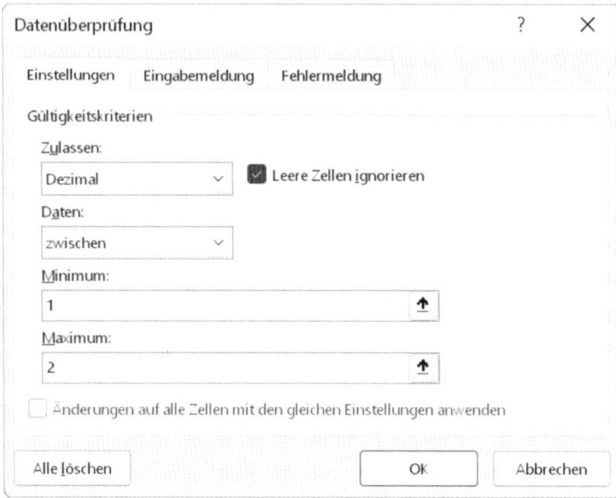

6 Gehen Sie nun auf die Registerkarte *Fehlermeldung*. Hier geben Sie die Meldung ein, die Excel Ihnen zeigen soll, wenn der Wert nicht zwischen 1 und 2 liegt.

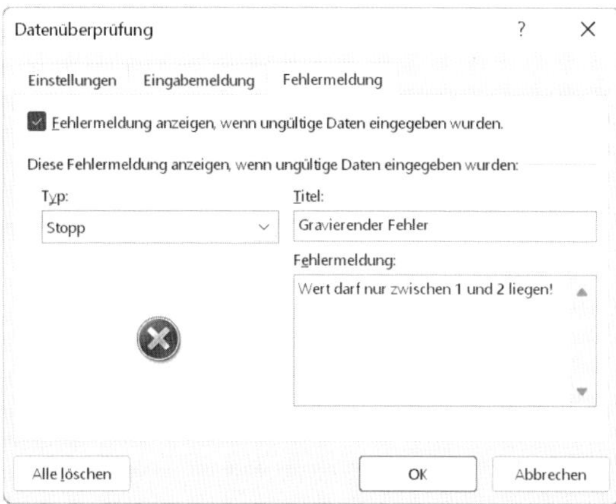

7 Wenn Sie das alles nun mit *OK* bestätigen, wird Excel jedes Mal, wenn Sie in Zelle B1 etwas eingeben, überprüfen, ob der Wert zwischen 1 und 2 liegt.

Wie Sie sehen, überprüft Excel den Wert und gibt eine Meldung dazu aus.

Sie merken aber, dass die Überprüfung erst beginnt, nachdem Sie die ↵-Taste gedrückt haben. Vorher kann Excel nicht überprüfen, denn es weiß ja erst nach dem Drücken der ↵-Taste, dass die Eingabe beendet ist.

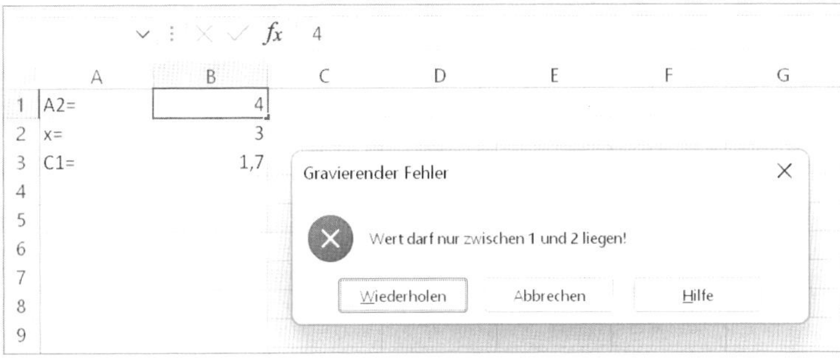

So können Sie nun auch für die anderen Zellen die Eingaben überprüfen lassen.

Im Bereich *Typ* können Sie auch nachträglich festlegen, mit welchem Warnschild Sie bei einer Fehlermeldung beglückt werden möchten.

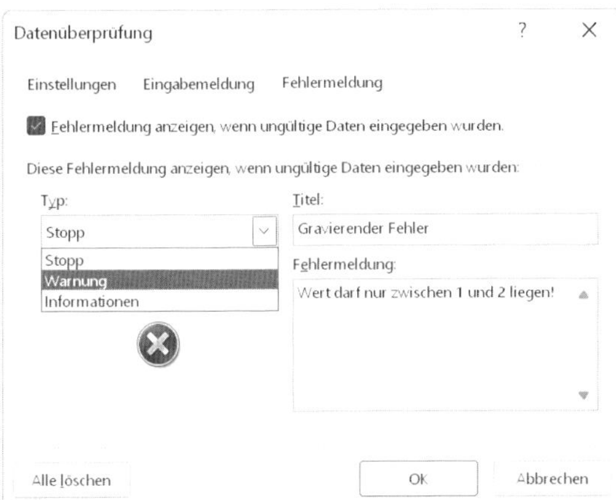

Zur Auswahl stehen neben *Stopp*:

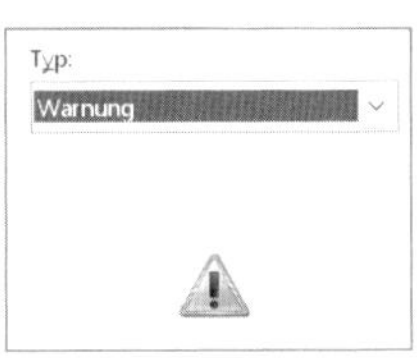

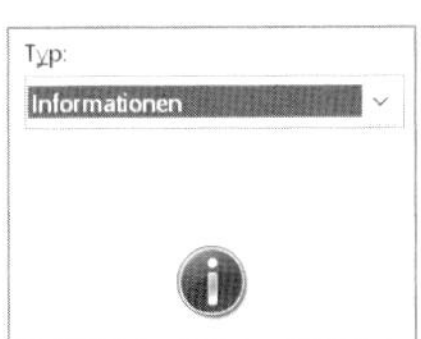

Diese beiden Symbole haben auf das Verhalten nach der Fehlerüberprüfung große Auswirkungen. Wir haben für die entsprechende Fehlerüberprüfung einen *Stopp* gewählt, d. h., Excel wird den eingegebenen Wert nicht akzeptieren und erst dann weitermachen, wenn ein richtiger Wert eingetragen wurde. Das ist aber in manchen Fällen vielleicht nicht ganz so glücklich.

In solchen Fällen sollten Sie keinen *Stopp*, sondern nur eine *Warnung* wählen.

Excel wird Ihnen in diesem Fall zwar auch eine Meldung ausgeben, diese können Sie aber durch einen Klick auf *Ja* übergehen, sodass der falsche Wert dennoch genommen wird.

Wenn Sie sich nachträglich dazu entschließen, dass mehrere Werte die gleichen Wertegrenzen und Fehlermeldungen erhalten sollen, können Sie nun alle diese Zellen (einschließlich der schon festgelegten Zelle) markieren und erneut in das Fenster für die Datenüberprüfung gehen.

Sie erhalten dann automatisch folgende Frage:

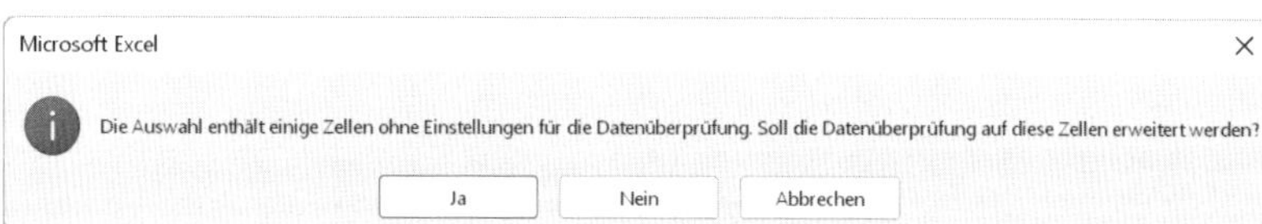

Wenn Excel die Datenüberprüfung auf diese markierten Zellen erweitern soll, klicken Sie nun auf *Ja*. Es erscheint erneut das Fenster aus Schritt 6, das Sie nun nur noch bestätigen müssen.

So können Sie also auch nachträglich eine Datenüberprüfung auf andere Zellen quasi »kopieren«.

Wir suchen in Tabellen – die VERWEIS-Funktionen

Mit diesen Funktionen bietet Excel Ihnen die Möglichkeit, bestimmte Werte in einer Tabelle zu suchen und korrespondierende Werte dazu auszugeben. So könnten Sie zum Beispiel eine bestimmte Produktnummer suchen, und Excel liefert Ihnen automatisch dazu den Produktnamen und den Preis. Mit diesen Funktionen ist zum Beispiel die Erstellung von Rechnungen sehr einfach.

Aber die nun zu besprechenden Funktionen sind auch sinnvoll anzuwenden, wenn verschachtelte WENN-Funktionen sehr unübersichtlich sind.

Die SVERWEIS-Funktion

Ihre kleine Firma mit verschiedenen Brötchen, Tees und getrocknetem Obst soll die Waren nun auch ausliefern. Sie haben folgende Produkte im Angebot:

	A	B	C
1	Nummer	Sorte	Preis
2			
3	1	Mohnbrötchen	0,50 €
4	2	Roggenbrötchen	0,40 €
5	3	Zwiebelbrötchen	0,70 €
6	4	Laugenbrötchen	0,80 €
7	5	Vollkornbrötchen	0,60 €
8	6	Pfefferminztee	1,60 €
9	7	Kamillentee	2,60 €
10	8	Entspannungstee	2,90 €
11	9	Bananen, getrock.	3,50 €
12	10	Äpfel, getrock.	2,70 €

Nun ist es nötig, schnell und unkompliziert Rechnungen zu schreiben. Sie möchten in eine Zelle Ihrer Excel-Tabelle nur die Nummer des Produkts eingeben, und Excel soll automatisch den Produktnamen und den Preis in eine andere Zelle schreiben.

Man könnte zur Lösung dieses Problems durchaus mit der *WENN*-Funktion arbeiten. Ein paar Verschachtelungen, und die Sache wäre erledigt. Aber selbst bei nur zehn Produkten wäre eine solche Verschachtelungstiefe, wie sie mit der WENN-Funktion nötig wäre, sehr unübersichtlich. Deshalb kennt Excel für solche Zwecke eine weitere sehr mächtige Funktion, den *SVERWEIS*.

Die allgemeine Syntax der Funktion ist:

```
=SVERWEIS(Suchbegriff;Suchbereich;Spaltenindex)
```

Der *Suchbegriff* ist das, was Excel suchen soll. In unserem Fall wäre das die Produktnummer in Spalte A.

Der *Suchbereich* gibt an, wo Excel diese Nummer suchen soll, denn die *SVERWEIS*-Funktion ist leider nicht in der Lage, sämtliche Tabellen einer Arbeitsmappe zu durchsuchen. Man muss Excel also schon einen ungefähren Hinweis dazu geben, wo gesucht werden soll. In unserem Beispiel bestünde der Suchbereich aus den Zellen A3 bis C12, also der gesamten Tabelle.

Der *Spaltenindex* gibt die Spalte an, die Excel ausgeben soll, wenn der *Suchbegriff* gefunden wurde.

Das Ganze hört sich wieder ziemlich kompliziert an, ist aber eigentlich recht einfach. Schauen wir es uns konkret an.

Damit nicht gleich eine Fehlermeldung erscheint, wenn Sie die Formel eintippen, schreiben Sie zunächst in die Zelle A16 eine beliebige Produktnummer zwischen 1 und 10. In Zelle B16 soll uns Excel nun mit der *SVERWEIS*-Funktion den Namen des Produkts ausgeben.

Da das Ergebnis in B16 stehen soll, müssen Sie die Funktion auch in diese Zelle schreiben.

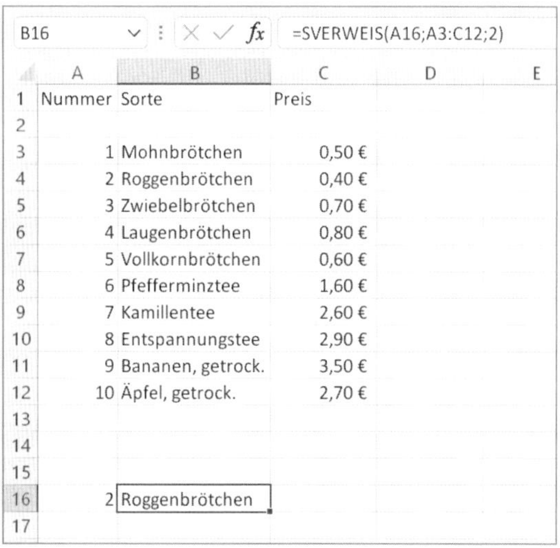

Als Erstes verlangt die Funktion die Adresse, unter der der *Suchbegriff* zu finden ist. In unserem Fall ist das die Zelle A16, denn dort haben Sie die Produktnummer des Produkts eingetragen. Im Beispiel ist das die Produktnummer 2.

Die nächste benötigte Angabe ist der Suchbereich, also der Bereich, den Excel nach der Nummer des Produkts durchsuchen soll. In unserem Beispiel ist das der Bereich A3 bis C12, also die gesamte Tabelle.

Die dritte Angabe ist der *Spaltenindex*. Wenn also Excel den Suchbegriff (im Beispiel die Zahl 2) gefunden hat, bleibt Excel in der entsprechenden Zeile stehen (hier Zeile 4, oder genauer, Zelle A4) und soll nun den Inhalt der Zelle rechts daneben, also den Namen des Produkts, ausgeben. Leider kann Excel aber mit einem B für den *Spaltenindex* nichts anfangen. Excel erwartet im dritten Bereich den Index der Spalte.

Das klingt dramatischer, als es ist. Spalte A ist die erste Spalte im Suchbereich, hat also den Index 1. Entsprechend hat Spalte B den Index 2, Spalte C den Index 3 etc.

Für den *Spaltenindex* nehmen Sie also kein B, sondern eine schlichte 2. Schreiben Sie daher in B16 die Formel aus der Abbildung hinein, und bestätigen Sie sie.

TIPP

Worauf bezieht sich der Spaltenindex?

Dieser Index bezieht sich, wie das Wort sagt, auf eine bestimmte Spalte – und zwar nur auf die Spalte des zu durchsuchenden Bereichs. Nehmen wir an, Sie hätten folgende Tabellenstruktur:

	A	B	C	D	E	F	G
1							
2							
3							
4							
5							
6				Nummer	Sorte	Preis	
7							
8				1	Mohnbrötch	0,50 €	
9				2	Roggenbrötc	0,40 €	
10				3	Zwiebelbrötc	0,70 €	
11				4	Laugenbrötcl	0,80 €	
12				5	Vollkornbröt	0,60 €	
13				6	Pfefferminzt	1,60 €	
14				7	Kamillentee	2,60 €	
15				8	Entspannung	2,90 €	
16				9	Bananen, get	3,50 €	
17				10	Äpfel, getroc	2,70 €	
18							

Welchen Spaltenindex im *SVERWEIS* hat Spalte F?

Nicht 6! Der Index ist 3, denn es zählt nur der zu durchsuchende Bereich, nicht das gesamte Tabellenblatt. Und der zu durchsuchende Bereich sind die Zellen D8 bis F17.

Um sich jetzt auch noch den Preis des jeweiligen Produkts ausgeben zu lassen, brauchen Sie einen weiteren *SVERWEIS*, diesmal in Zelle C16. Bei diesem *SVERWEIS* muss dann lediglich der Spaltenindex geändert werden.

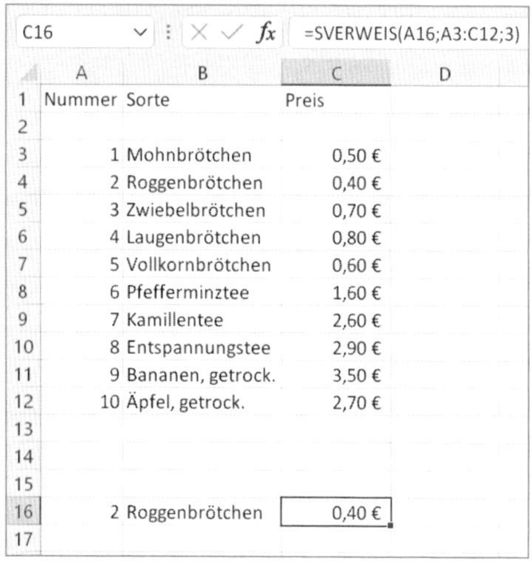

C16 =SVERWEIS(A16;A3:C12;3)

	A	B	C	D
1	Nummer	Sorte	Preis	
2				
3	1	Mohnbrötchen	0,50 €	
4	2	Roggenbrötchen	0,40 €	
5	3	Zwiebelbrötchen	0,70 €	
6	4	Laugenbrötchen	0,80 €	
7	5	Vollkornbrötchen	0,60 €	
8	6	Pfefferminztee	1,60 €	
9	7	Kamillentee	2,60 €	
10	8	Entspannungstee	2,90 €	
11	9	Bananen, getrock.	3,50 €	
12	10	Äpfel, getrock.	2,70 €	
13				
14				
15				
16	2	Roggenbrötchen	0,40 €	
17				

Geben Sie nun in die Zelle A17 doch einmal den Suchbegriff 1 ein. Wenn Sie jetzt, vielleicht für eine Rechnung, die Formel aus Zeile 16 nach unten kopieren, erhalten Sie eine Fehlermeldung:

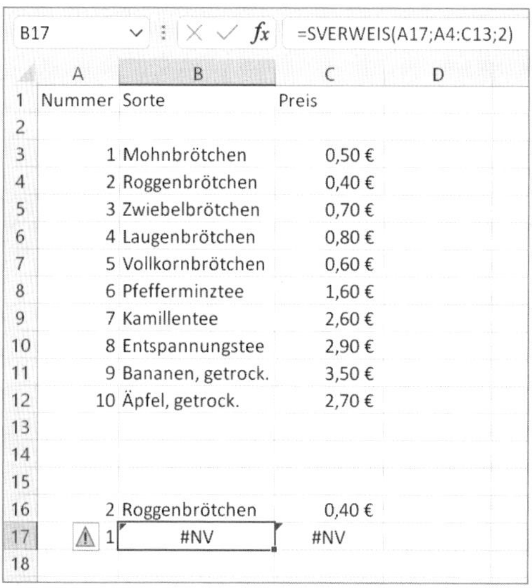

B17 =SVERWEIS(A17;A4:C13;2)

	A	B	C	D
1	Nummer	Sorte	Preis	
2				
3	1	Mohnbrötchen	0,50 €	
4	2	Roggenbrötchen	0,40 €	
5	3	Zwiebelbrötchen	0,70 €	
6	4	Laugenbrötchen	0,80 €	
7	5	Vollkornbrötchen	0,60 €	
8	6	Pfefferminztee	1,60 €	
9	7	Kamillentee	2,60 €	
10	8	Entspannungstee	2,90 €	
11	9	Bananen, getrock.	3,50 €	
12	10	Äpfel, getrock.	2,70 €	
13				
14				
15				
16	2	Roggenbrötchen	0,40 €	
17	1	#NV	#NV	
18				

Was ist passiert? Schauen Sie einmal in die Bearbeitungszeile. Dort ist der *Suchbereich* plötzlich A4:C13, was natürlich nicht stimmt. Der Bereich muss von A3 bis C12 reichen. Excel hat hier also wieder beim Kopieren eigenmächtig die Zelladressen geändert. Da aber der zu durchsuchende Bereich in unserem Beispiel immer A3 bis C12 ist, müssen in diesem Bereich absolute Zelladressen eingegeben werden.

Und wenn Sie dann in Zelle A18 zum Test die Produktnummer 7 (= Kamillentee) eingeben, müssten nun automatisch der entsprechende Produktname und -preis in B18 bzw. C18 von Excel eingetragen werden.

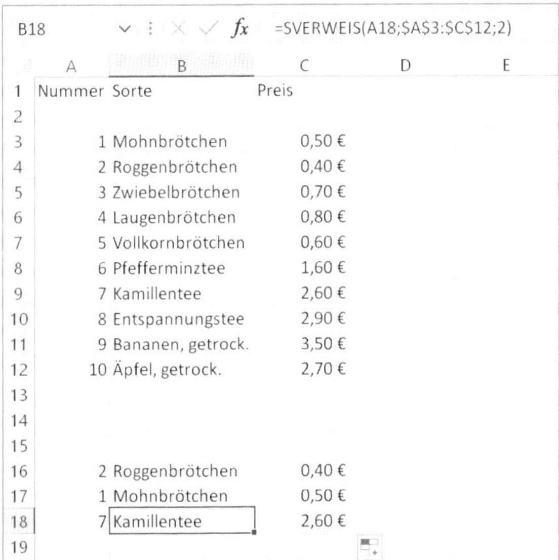
B18 =SVERWEIS(A18;$A$3:$C$12;2)

	A	B	C	D	E
1	Nummer	Sorte	Preis		
2					
3	1	Mohnbrötchen	0,50 €		
4	2	Roggenbrötchen	0,40 €		
5	3	Zwiebelbrötchen	0,70 €		
6	4	Laugenbrötchen	0,80 €		
7	5	Vollkornbrötchen	0,60 €		
8	6	Pfefferminztee	1,60 €		
9	7	Kamillentee	2,60 €		
10	8	Entspannungstee	2,90 €		
11	9	Bananen, getrock.	3,50 €		
12	10	Äpfel, getrock.	2,70 €		
13					
14					
15					
16	2	Roggenbrötchen	0,40 €		
17	1	Mohnbrötchen	0,50 €		
18	7	Kamillentee	2,60 €		
19					

Nun ist es an der Zeit, sich einmal zu fragen, was der *SVERWEIS* eigentlich wirklich macht. Er sucht in einem Bereich nach einem bestimmten Wert. Doch das stimmt nicht ganz. Obwohl Sie einen Bereich angegeben haben, sucht Excel nicht den ganzen Bereich ab, sondern nur die erste Spalte in diesem Bereich. Der *SVERWEIS* sucht also in der ersten Spalte des zu durchsuchenden Bereichs nach unten. Findet Excel den Suchbegriff hier nicht, wird nicht in den anderen Spalten weitergesucht.

Was aber passiert, wenn der Suchbegriff in der ersten Spalte nicht gefunden wird? Probieren Sie es aus! Geben Sie einfach in die Zellen A16 bis A18 eine andere Nummer außerhalb des Bereichs 1 bis 10 ein.

Gleichgültig, welche Zahl >10 Sie in A16 bis A18 eingeben, Sie erhalten immer die getrockneten Äpfel und den entsprechenden Preis dafür. Excel wird nämlich, wenn der exakte Suchbegriff nicht gefunden wird, den zu diesem Suchbegriff nächstniedrigeren Wert nehmen. Und da 13 im Suchbereich nicht vorkommt, wird Excel den im Suchbereich zu 13 nächsten Wert, nämlich 10, nehmen. Analoges gilt für die anderen Produktnummern größer als 10.

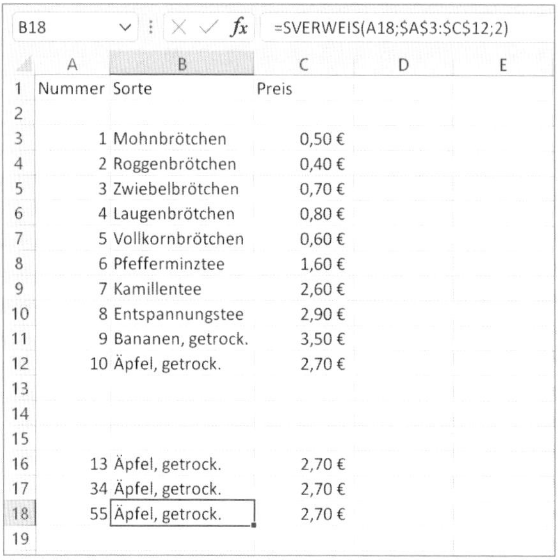

B18 =SVERWEIS(A18;$A$3:$C$12;2)

	A	B	C	D	E
1	Nummer	Sorte	Preis		
2					
3	1	Mohnbrötchen	0,50 €		
4	2	Roggenbrötchen	0,40 €		
5	3	Zwiebelbrötchen	0,70 €		
6	4	Laugenbrötchen	0,80 €		
7	5	Vollkornbrötchen	0,60 €		
8	6	Pfefferminztee	1,60 €		
9	7	Kamillentee	2,60 €		
10	8	Entspannungstee	2,90 €		
11	9	Bananen, getrock.	3,50 €		
12	10	Äpfel, getrock.	2,70 €		
13					
14					
15					
16	13	Äpfel, getrock.	2,70 €		
17	34	Äpfel, getrock.	2,70 €		
18	55	Äpfel, getrock.	2,70 €		
19					

Diese Verhaltensweise von Excel ist für unser Beispiel also nicht so optimal. Sie werden später ein Beispiel kennenlernen, in dem das aber durchaus erwünscht ist.

Gibt es eine Möglichkeit, zu verhindern, dass Excel den nächstniedrigeren Wert nimmt? Ja! Dazu taugt der vierte Bereich in der allgemeinen Syntax, jener Bereich, den wir bisher weggelassen haben:

```
=SVERWEIS(Suchbegriff;Suchbereich;Spaltenindex;Bereich_Verweis)
```

Der *Bereich_Verweis* ist auch ein recht unglücklich gewähltes Wort, denn dieser Bereich kann nur zwei Zustände annehmen: WAHR und FALSCH. Lassen Sie den *Bereich_Verweis* leer, was ja möglich ist, geht Excel davon aus, dass hier eigentlich WAHR steht. Und WAHR heißt für Excel: Wenn der Begriff nicht gefunden wird, nimm den nächstniedrigeren Wert.

Schreiben Sie aber FALSCH in diesen Bereich hinein, sucht Excel nach dem exakten Begriff. Wenn dieser nicht gefunden wird, meldet Excel *#NV*, was so viel bedeutet wie »der Begriff ist nicht vorhanden«:

An dieser Stelle wäre nun die Frage berechtigt, warum man in unserem Beispiel den ganzen Bereich von A3 bis C12 angeben muss, wenn Excel doch nur in der ersten Spalte sucht.

Sie müssen das tun, weil Sie in *Spaltenindex* nur eine Zahl eingeben können, also nur den Index der Spalte. Aber in einer großen Tabelle können mehrere kleine Bereiche enthalten sein, die mit dem *SVERWEIS* zu durchsuchen sind. Und dazu braucht Excel nun einmal einen eindeutigen Bezug zum richtigen Bereich.

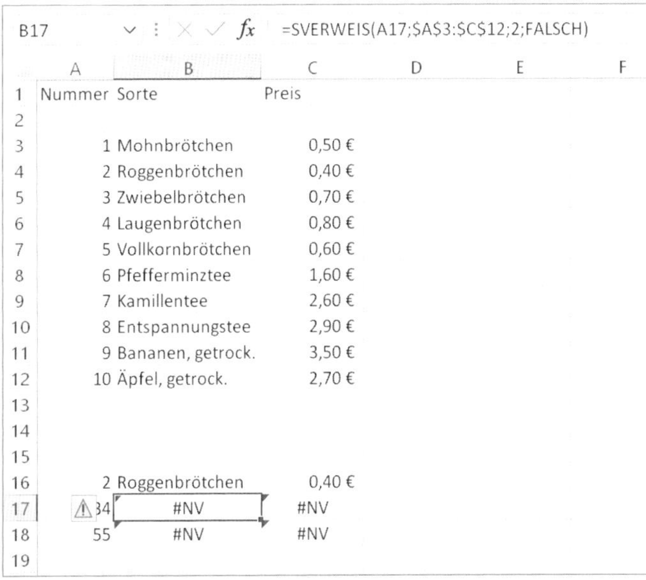

B17 =SVERWEIS(A17;$A$3:$C$12;2;FALSCH)

	A	B	C	D	E	F
1	Nummer	Sorte	Preis			
2						
3	1	Mohnbrötchen	0,50 €			
4	2	Roggenbrötchen	0,40 €			
5	3	Zwiebelbrötchen	0,70 €			
6	4	Laugenbrötchen	0,80 €			
7	5	Vollkornbrötchen	0,60 €			
8	6	Pfefferminztee	1,60 €			
9	7	Kamillentee	2,60 €			
10	8	Entspannungstee	2,90 €			
11	9	Bananen, getrock.	3,50 €			
12	10	Äpfel, getrock.	2,70 €			
13						
14						
15						
16	2	Roggenbrötchen	0,40 €			
17	34	#NV	#NV			
18	55	#NV	#NV			
19						

TIPP

Das sollten Sie beim Umgang mit dem SVERWEIS beachten
Die Spalte, die durchsucht werden soll, muss aufsteigend sortiert sein. Sollte die Spalte nicht sortiert sein, wird Excel keine Fehlermeldung ausgeben, sondern nur falsche Ergebnisse produzieren.

Und denken Sie daran, den Suchbereich als absolute Zelladresse einzugeben, wenn Sie die Formel kopieren möchten.

Sie können die *SVERWEIS*-Funktion einfach per Tastatur in die Zelle schreiben oder auch den Assistenten benutzen.

Wählen Sie dazu auf der Registerkarte *Start* die Gruppe *Bearbeiten*. Dort klicken Sie auf das kleine Dreieck beim Summensymbol und wählen *Weitere Funktionen*. Wählen Sie nun als Kategorie *Nachschlagen und Verweisen* aus. Dort finden Sie die *SVERWEIS*-Funktion:

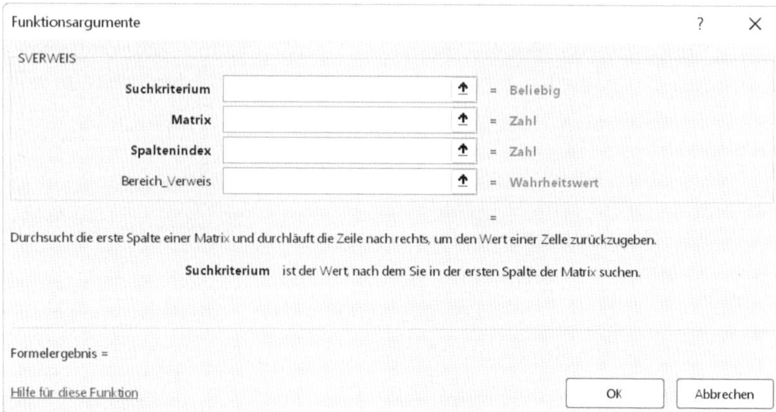

Das, was Microsoft in diesem Assistenten *Matrix* nennt, habe ich *Suchbereich* getauft. Ich finde, das ist ein etwas treffenderes Wort. Die fett gedruckten Elemente sind, wie immer beim Assistenten, Pflichtfelder, müssen also ausgefüllt werden, alles andere ist optional und kann leer bleiben.

SVERWEIS-Funktion – eine Alternative zu verschachtelten WENN-Funktionen

Die *SVERWEIS*-Funktion lässt sich meist dann sehr gut einsetzen, wenn die *WENN*-Funktion an ihre Grenzen stößt. Besonders bei komplexen, verschachtelten *WENN*-Funktionen sollte man sich überlegen, ob nicht vielleicht die *SVERWEIS*-Funktion bessere Dienste leistet.

Ein Beispiel aus dem Bereich Notenschreiben soll das verdeutlichen. In einer Klassen- oder Schularbeit haben die Schüler nebenstehende Punktzahlen erreicht (die höchstmögliche Punktzahl beträgt 100).

	A	B	C
1	**Vorname**	**Nachname**	**Punktzahl**
2	Nicole	Emmermann	28
3	Lutz	Adams	56
4	Lisa	Kirchner	73
5	Boris	Reuter	89
6	Emanuel	Keller	98
7	Karin	Schulze	45
8	Natascha	Maier	67
9	Martin	Rosenstengel	35
10	Thorsten	Flamme	45
11	Sophie	Händel	86
12	Katharina	Schmidt	12
13	Helge	Toren	67
14	Johanna	Geiger	66
15			

Versuchen wir zunächst, das Problem mit der *WENN*-Funktion in den Griff zu bekommen. Die Punktzahlen wurden ganz normal als Zahlen eingegeben, und außerdem haben Sie sie in eine Notentabelle eingetragen:

	A	B	C	D	E	F	G	H
1	**Vorname**	**Nachname**	**Punktzahl**	**Note**		**Min**	**Max**	**Note**
2	Nicole	Emmermann	28			0	24	6
3	Lutz	Adams	56			25	49	5
4	Lisa	Kirchner	73			50	69	4
5	Boris	Reuter	89			70	79	3
6	Emanuel	Keller	98			80	89	2
7	Karin	Schulze	45			90	100	1
8	Natascha	Maier	67					
9	Martin	Rosenstengel	35					
10	Thorsten	Flamme	45					
11	Sophie	Händel	86					
12	Katharina	Schmidt	12					
13	Helge	Toren	67					
14	Johanna	Geiger	66					

Als Nächstes sollen nun von Excel die Noten vergeben werden. Das erreicht man mit einer mehrfach verschachtelten *WENN*-Funktion.

D2 fx =WENN(C2<$F$3;6;WENN(C2<$F$4;5;WENN(C2<$F$5;4; WENN(C2<$F$6;3;WENN(C2<$F$7;2;1)))))

	A	B	C	D	E	F	G	H	I	J	K	L
1	**Vorname**	**Nachname**	**Punktzahl**	**Note**		**Min**	**Max**	**Note**				
2	Nicole	Emmermann	28	5		0	24	6				
3	Lutz	Adams	56	4		25	49	5				
4	Lisa	Kirchner	73	3		50	69	4				
5	Boris	Reuter	89	2		70	79	3				
6	Emanuel	Keller	98	1		80	89	2				
7	Karin	Schulze	45	5		90	100	1				
8	Natascha	Maier	67	4								
9	Martin	Rosenstengel	35	5								
10	Thorsten	Flamme	45	5								
11	Sophie	Händel	86	2								
12	Katharina	Schmidt	12	6								
13	Helge	Toren	67	4								
14	Johanna	Geiger	66	4								
15												

Was steht in dieser Formel?

```
=WENN(C2<$F$3;6;WENN(C2<$F$4;5;WENN(C2<$F$5;4; WENN(C2<$F$6;3;WENN(C2<$F$7;2;1)))))
```

Nähere Informationen zu solchen *WENN*-Verschachtelungen finden Sie im entsprechenden Abschnitt dieses Buches.

Sie können, wenn Ihnen das leichter fällt, natürlich auch mit Ober- und Untergrenzen bei den Punktzahlen arbeiten. Hier müssen Sie aber mit dem UND-Operator in der WENN-Funktion arbeiten, was die ganze Formel noch weiter aufbläht.

Viel leichter und übersichtlicher geht es mit der *SVERWEIS*-Funktion.

D2 =SVERWEIS(C2;$F$2:$H$7;3)

	A	B	C	D	E	F	G	H
1	Vorname	Nachname	Punktzahl	Note		Min	Max	Note
2	Nicole	Emmermann	28	5		0	24	6
3	Lutz	Adams	56	4		25	49	5
4	Lisa	Kirchner	73	3		50	69	4
5	Boris	Reuter	89	2		70	79	3
6	Emanuel	Keller	98	1		80	89	2
7	Karin	Schulze	45	5		90	100	1
8	Natascha	Maier	67	4				
9	Martin	Rosenstengel	35	5				
10	Thorsten	Flamme	45	5				
11	Sophie	Händel	86	2				
12	Katharina	Schmidt	12	6				
13	Helge	Toren	67	4				
14	Johanna	Geiger	66	4				
15								
16								

Das Suchkriterium steht in C2 und ist die Punktzahl des ersten Schülers. Gesucht werden soll diese Punktzahl im Bereich $F$2:$H$7. Wird der Begriff gefunden, soll die entsprechende Note ausgegeben werden.

Die *SVERWEIS*-Funktion bietet gegenüber verschachtelten *WENN*-Funktionen noch einen weiteren Vorteil. In Zeugnissen müssen die Noten nämlich in der Regel als Wörter und nicht als reine Zahl ausgegeben werden. Für die Note 1 gilt dann das »sehr gut«. Das ist mit der *SVERWEIS*-Funktion auch ganz einfach zu machen.

E2 =SVERWEIS(C2;$G$2:$J$7;4)

	A	B	C	D	E	F	G	H	I	J
1	Vorname	Nachname	Punktzahl	Note	Note ausgeschrieben		Min	Max	Note	Note ausgeschrieben
2	Nicole	Emmermann	28	5	mangelhaft		0	24	6	ungenügend
3	Lutz	Adams	56	4	ausreichend		25	49	5	mangelhaft
4	Lisa	Kirchner	73	3	befriedigend		50	69	4	ausreichend
5	Boris	Reuter	89	2	gut		70	79	3	befriedigend
6	Emanuel	Keller	98	1	sehr gut		80	89	2	gut
7	Karin	Schulze	45	5	mangelhaft		90	100	1	sehr gut
8	Natascha	Maier	67	4	ausreichend					
9	Martin	Rosenstengel	35	5	mangelhaft					
10	Thorsten	Flamme	45	5	mangelhaft					
11	Sophie	Händel	86	2	gut					
12	Katharina	Schmidt	12	6	ungenügend					
13	Helge	Toren	67	4	ausreichend					
14	Johanna	Geiger	66	4	ausreichend					
15										
16										

Wir suchen waagerecht – die WVERWEIS-Funktion

Eine ähnliche Funktion wie der *SVERWEIS* ist der *WVERWEIS*. Auch die Syntax ist sehr vergleichbar:

```
=WVERWEIS(Suchbegriff;Suchbereich;Zeilenindex;Bereich_Verweis)
```

Doch während der *SVERWEIS* (das S steht für **s**enkrecht) in der ersten Spalte des Suchbereichs sucht und den Wert der Spalte von *Spaltenindex* ausgibt, sucht der *WVERWEIS* (das W steht für **w**aagerecht) in der ersten Zeile des Suchbereichs und gibt die Zeile mit dem *Zeilenindex* aus. Ein kleines Beispiel dazu:

B8 fx =WVERWEIS(A8;$B$1:$F$4;2)

	A	B	C	D	E	F
1	Produktnummer	1	2	3	4	5
2	Sorte	Mohnbrötchen	Roggenbrötchen	Zwiebelbrötchen	Laugenbrötchen	Vollkornbrötchen
3	Preis	0,50 €	0,40 €	0,70 €	0,80 €	0,60 €
4	Lagermenge	10	20	25	10	30
5						
6						
7	Produktnummer	Sorte	Preis	Lagermenge		
8	3	Zwiebelbrötchen	0,70 €	25		
9						

Mit der *WVERWEIS*-Funktion suchen Sie jetzt waagerecht nach der Produktnummer und lassen sich den Preis und die Lagermenge ausgeben.

Senkrechte und waagerechte Suche gleichzeitig – die INDEX-Funktion

Die beiden Funktionen *SVERWEIS* und *WVERWEIS* sind an sich schon sehr mächtige Werkzeuge, sie haben aber beide einige Nachteile. Der größte Nachteil ist wahrscheinlich, dass sie nur nach rechts oder nach unten arbeiten. Man kann in einer Spalte etwas suchen und sich den entsprechenden Wert rechts oder unterhalb davon ausgeben lassen. Es ist nicht möglich, innerhalb einer Spalte zu suchen und sich den linken Wert ausgeben zu lassen oder sogar in zwei Richtungen gleichzeitig zu suchen.

SVERWEIS sucht nach unten, *WVERWEIS* sucht nach rechts. Und da beide nicht miteinander kombiniert werden können, scheint es nichts zu geben, das sowohl nach unten als auch nach rechts, also in beide Richtungen gleichzeitig, sucht.

Es scheint aber nur so, denn diese Funktionen gibt es: *INDEX* und *VERGLEICH*. Beginnen wir ganz einfach.

Nehmen wir an, Sie haben folgende Liste:

	A	B	C
1	Lager	Artikelnr.	Artikel
2	A	1	Hose
3	A	2	Hemd
4	A	3	Jacke
5	A	4	Socken
6	A	5	Strümpfe
7	B	6	Hut
8	B	7	Pullover
9	B	8	Gürtel
10	B	9	Schal
11	C	10	Shirt
12	C	11	Nachthemd
13	C	12	Pyjama
14	C	13	Schuhe

In Spalte C steht die Artikelbezeichnung, in Spalte B die Artikelnummer, und Spalte A zeigt an, in welchem Lager sich der Artikel befindet.

Sie können nun ganz klassisch die Artikelnummer eingeben, mit *SVERWEIS* diese Nummer in Spalte B suchen und sie sich in Spalte C ausgeben lassen. Sie haben aber keine Möglichkeit, die Artikelnummer zu suchen und sich dazu den Inhalt der Spalte A ausgeben zu lassen. Das können nur die beiden Funktionen, die Sie jetzt kennenlernen.

Die *INDEX*-Funktion hat allgemein folgende Syntax:

```
=INDEX(Matrix;Zeile;Spalte)
```

Die *Matrix* bezeichnet den Bereich, in dem sich der gesuchte Wert befindet. Bei einer Suche nach rechts wäre das C2 bis C14, bei einer Suche nach links A2 bis A14. In *Zeile* und *Spalte* erwartet Excel nun den Zeilen- und Spaltenindex des Werts, den Sie mit der *VERGLEICH*-Funktion finden.

Vereinfachen wir zunächst einmal die *INDEX*-Funktion, indem wir den Spaltenbereich weglassen:

```
=INDEX(Matrix;VERGLEICH(Suchbegriff,Suchbereich))
```

In Zelle B16 finden Sie den Suchbegriff. In Zelle B17 wurde die Suche mit dem *SVERWEIS* gelöst (die Formel dafür finden Sie daneben in Zelle D17).

	A	B	C	D	E	F	G
1	Lager	Artikelnr.	Artikel				
2	A	1	Hose				
3	A	2	Hemd				
4	A	3	Jacke				
5	A	4	Socken				
6	A	5	Strümpfe				
7	B	6	Hut				
8	B	7	Pullover				
9	B	8	Gürtel				
10	B	9	Schal				
11	C	10	Shirt				
12	C	11	Nachthemd				
13	C	12	Pyjama				
14	C	13	Schuhe				
15							
16	**Artikelnr.**	4					
17	**Artikel**	Socken		=SVERWEIS(B16;B2:C14)			
18		Socken		=INDEX(C2:C14;VERGLEICH(B16;B2:B14))			
19	**Lager**	A		=INDEX(A2:A14;VERGLEICH(B16;B2:B14))			
20							

In Zelle B18 wurde die *INDEX/VERGLEICH*-Funktion mit folgender Formel benutzt:

=INDEX(C2:C14;VERGLEICH(B16;B2:B14))

C2:C14 ist der Matrixbereich, also der Bereich, in dem der Wert steht, der ausgegeben werden soll. In B16 befindet sich der Suchbegriff, den die *VERGLEICH*-Funktion in B2:B14 finden soll. Wird der Wert dort gefunden, wird der entsprechende Eintrag in der Matrix C2:C14 ausgegeben.

Damit haben wir, wie beim *SVERWEIS*, den Wert rechts ausgeben lassen – insofern also nichts Neues. Aber Zelle B19 zeigt, dass man sich mit *INDEX/VERGLEICH* auch den linken Wert ausgeben lassen kann.

=INDEX(A2:A14;VERGLEICH(B16;B2:B14))

Hier wurde lediglich im *INDEX*-Bereich eine andere Ausgabematrix eingesetzt, und schon gibt Excel den Lagerort aus.

Die *VERGLEICH*-Funktion ist die eigentliche Suchfunktion. Nur dort geben Sie den Suchbegriff ein. Der *INDEX*-Bereich ist für die Ausgabe des gesuchten Werts verantwortlich.

Aber *INDEX* und *VERGLEICH* können noch viel mehr. Sie können nämlich in zwei Richtungen gleichzeitig suchen. Sehen wir uns auch das an einem Beispiel an:

	A	B	C	D	E	F	G	H
1	Produktnummer	101-02			101-01	101-02	101-03	101-04
2	Jahrgang	2018		Jahrgang	Hutzelreuther	Lehnfelder	Merowinger	Moosfelder
3				2015	8,50 €	4,50 €	12,50 €	22,00 €
4	Bezeichnung	Lehnfelder		2016	9,60 €	5,00 €	14,50 €	22,50 €
5	Preis	6,00 €		2017	12,00 €	6,00 €	14,50 €	23,00 €
6				2018	12,50 €	6,00 €	17,00 €	25,00 €
7				2019	14,00 €	7,00 €	19,00 €	25,00 €
8				2020	14,00 €	8,00 €	20,00 €	26,00 €
9				2021	15,00 €	9,00 €	20,50 €	28,00 €
10								

In den Spalten E bis H sind vier Weine aufgelistet. In E1 bis H1 finden Sie die Weinnummern und in D3 bis D9 den Jahrgang. In E3 bis H9 steht der entsprechende Preis für den Jahrgang und den Wein.

Ziel ist es, in Zelle B1 die Weinnummer und in Zelle B2 den Jahrgang einzutragen, und Excel zeigt uns in B4 den Weinnamen und in B5 den Preis. In den Feldern B4 und B5 stehen also Formeln, die wir uns nun erarbeiten wollen.

Es ist mit dem *WVERWEIS* auch möglich, den Weinnamen auszugeben. Aber hier wollen wir es zur Übung mit der *INDEX*-Funktion ausprobieren. Um diese kommen wir aber bei der Preisausgabe nicht mehr herum.

Welche Formel steht also in B4 zur Ausgabe des Weinnamens?

```
=INDEX($E$2:$H$2;VERGLEICH(B1;$E$1:$H$1))
```

$E$2:$H$2 ist der Bereich (die Matrix), der ausgegeben werden soll, in unserem Fall also der Weinname. Der *VERGLEICH(B1;$E$1:$H$1)* liest den Suchbegriff in B1 aus und sucht ihn im Bereich *$E$1:$H$1*. So weit also nichts wirklich Neues.

Die Suche nach dem Preis wird nun etwas heftiger, denn da muss Excel in zwei Richtungen gleichzeitig suchen. Wir brauchen in der *INDEX*-Funktion also zwei *VERGLEICH*-Funktionen.

```
=INDEX($E$3:$H$9;VERGLEICH(B2;$D$3:$D$9);VERGLEICH(B1;$E$1:$H$1))
```

Es soll der Preis ausgegeben werden, deshalb ist die Matrix *$E$3:$H$9*. Der erste *VERGLEICH* sucht nach der entsprechenden Zeile, also nach dem Jahrgang: *VERGLEICH(B2;$D$3:$D$9)*, während der zweite *VERGLEICH* nach der entsprechenden Weinnummer sucht: *VERGLEICH(B1;$E$1:$H$1)*.

Die Formeln sehen also so aus:

	A	B
1	Produktnummer	101-02
2	Jahrgang	2018
3		
4	Bezeichnung	=INDEX($E$2:$H$2;VERGLEICH(B1;$E$1:$H$1))
5	Preis	=INDEX($E$3:$H$9;VERGLEICH(B2;$D$3:$D$9);VERGLEICH(B1;$E$1:$H$1))
6		

Wofür die $-Zeichen in den Formeln stehen, sollte Ihnen inzwischen klar sein. Wenn nicht, schauen Sie noch mal in den Abschnitt über relative und absolute Zelladressen.

Zum Schluss soll noch erwähnt werden, dass es bei der *VERGLEICH*-Funktion einen dritten Eingabebereich gibt:

```
=VERGLEICH(Suchkriterium;Suchbereich;Vergleichstyp)
```

Vergleichstyp	**Wie wird verglichen?**
1 oder nicht angegeben	VERGLEICH sucht nach dem größten Wert, der kleiner oder gleich dem Suchkriterium ist. Die Suchmatrix muss in aufsteigender Reihenfolge sortiert sein.
0	VERGLEICH sucht nach dem ersten Wert, der mit dem Suchkriterium übereinstimmt. Die Suchmatrix muss nicht sortiert sein.
-1	VERGLEICH sucht nach dem kleinsten Wert, der größer oder gleich dem Suchkriterium ist. Die Suchmatrix muss in absteigender Reihenfolge sortiert sein.

TIPP Anmerkungen zur INDEX- und VERGLEICH-Funktion

1. Damit die beiden Funktion richtig arbeiten, müssen sowohl die Werte in der Suchspalte der *VERGLEICH*-Funktion (im Beispiel Spalte A) als auch die Werte in der Suchzeile (im Beispiel Zeile 1) jeweils aufsteigend sortiert sein.
2. Findet Excel einen Wert nicht, wird, wie bei *SVERWEIS*, der zum Suchbegriff nächstniedrige Wert genommen.
3. Sie können als Suchbegriff auch einen Text benutzen. Wenn Sie nach Texten suchen, achten Sie auf die richtige Schreibweise. Sollte Ihr Wein »M**e**rowinger« heißen, Sie haben aber nach »M**ee**rowinger« gesucht, wird Excel nichts finden und deshalb den Preis für den »Lehnfelder« ausgeben, da das der nächstniedrige Wert ist.
4. Sie müssen immer zuerst den VERGLEICH für die Zeile und dann erst für die Spalte machen.

Jetzt wird es heiß – Suchen und Verknüpfungen über mehrere Tabellen

Verknüpfungen in Excel bedeuten, man verbindet eine Zelle einer Tabelle mit einer oder mehreren anderen Zellen einer anderen Tabelle oder einer anderen Arbeitsmappe. Aber es ist immer eine Verknüpfung Zelle zu Zelle.

Für die folgende Tabelle nehmen wir an, Sie stünden in Zelle A1 von *Tabelle1* in der *Mappe1.xlsx* und wollten zu einer Zelle B3 eine Verknüpfung aufbauen.

Verknüpfung ...	Formel in der Zelle
... auf eine andere Zelle auf dem gleichen Tabellenblatt	=B3
... auf eine andere Zelle auf einem anderen Tabellenblatt, aber in der gleichen Mappe	=Tabelle2!$B$3
... auf eine andere Zelle auf einem anderen Tabellenblatt in einer anderen Mappe	='C:\Daten\[Mappe2.xlsx]Tabelle1'!$B$3

Sie können, um eine Verknüpfung herzustellen, die entsprechenden Formeln über die Tastatur eingeben, viel fehlerunempfindlicher ist es aber, Sie klicken sich durch den Pfad, so wie wir es im folgenden Beispiel tun.

Als Kassenwart eines Vereins hat man viel zu tun. Zum Beispiel müssen Sie vielleicht jedes Jahr Spendenquittungen ausstellen. Dabei wäre es schön, wenn man das mit Excel automatisieren könnte.

In diesem Abschnitt möchte ich Ihnen eine Möglichkeit dazu zeigen. Aus Platzgründen beschränke ich mich aber nur auf das Wichtigste – nötige Anpassungen sollten jedoch kein Problem sein.

Nehmen wir also an, Sie haben in einer Tabelle die Adressen aller Mitglieder eingegeben. In eine zweite Tabelle tragen Sie die Spendengelder eines Jahres ein. Eine weitere Tabelle könnte die Mitgliedsbeiträge verwalten. Ihre Aufgabe ist es nun, für die Mitglieder eine Spendenquittung auszustellen. Ihre Spendentabelle könnte so aussehen:

	A	B	C	D	E	F	G
1	**Mitglied**	**Januar**	**Februar**	**März**	**April**	**Mai**	**Juni**
2	20	50,00 €		60,00 €		20,00 €	
3	1	20,00 €					20,00 €
4	15	30,00 €		50,00 €		60,00 €	
5	10				30,00 €		
6	20		70,00 €				90,00 €
7	8			20,00 €			
8	15	10,00 €			10,00 €		20,00 €

Wie gesagt, ich möchte Ihnen nur das Konzept vorstellen, deshalb fehlen hier unter anderem auch das Spendendatum und vielleicht noch andere wichtige Angaben. Es sind lediglich die Spendenmonate aufgeführt. In Spalte A stehen die Mitglieder, die gespendet haben, mit ihrer Mitgliedsnummer.

Der erste Schritt ist nun, die gespendeten Beträge pro Mitgliedsnummer zu summieren. Dazu kann man die Funktion *SUMMEWENNS* benutzen. Sie hat folgende allgemeine Syntax:

```
=SUMMEWENNS(Summe_Bereich;Kriterien_Bereich;Suchkriterium)
```

Summe_Bereich ist der Bereich, der summiert werden soll, abhängig von einem Kriterium, das im *Kriterien_Bereich* zu finden ist. Das Kriterium selbst steht bei *Suchkriterium*.

Damit nicht gleich eine Fehlermeldung kommt, erweitern Sie Ihre Spendentabelle, indem Sie in eine Zelle eine entsprechende Mitgliedsnummer eintragen:

	A	B	C	D	E	F	G
1	Mitglied	Januar	Februar	März	April	Mai	Juni
2	20	50,00 €		60,00 €		20,00 €	
3	1	20,00 €					20,00 €
4	15	30,00 €		50,00 €		60,00 €	
5	10				30,00 €		
6	20		70,00 €				90,00 €
7	8			20,00 €			
8	15	10,00 €			10,00 €		20,00 €
9							
10							
11	Mitglied						
12	15						
13							
14							

Nun gehen Sie in Zelle B12 und geben dort folgende Formel ein:

B12 =SUMMEWENNS(B2:B8;$A$2:$A$8;$A$12)

	A	B	C
1	Mitglied	Januar	Februar
2	20	50	
3	1	20	
4	15	30	
5	10		
6	20		70
7	8		
8	15	10	
9			
10			
11	Mitglied		
12	15	=SUMMEWENNS(B2:B8;$A$2:$A$8;$A$12)	

Die $-Zeichen erzeugen wieder einen festen Adressbereich, da wir die Formel natürlich jetzt nach rechts kopieren wollen.

B12 =SUMMEWENNS(B2:B8;$A$2:$A$8;$A$12)

	A	B	C	D	E	F	G
1	Mitglied	Januar	Februar	März	April	Mai	Juni
2	20	50,00 €		60,00 €		20,00 €	
3	1	20,00 €					20,00 €
4	15	30,00 €		50,00 €		60,00 €	
5	10				30,00 €		
6	20		70,00 €				90,00 €
7	8			20,00 €			
8	15	10,00 €			10,00 €		20,00 €
9							
10							
11	Mitglied						
12	15	40	0	50	10	60	20
13							

Damit summieren Sie für die Mitgliedsnummer 15 monatlich die Spenden dieses Mitglieds.

Nun sollen in einer separaten Tabelle, durch Eingabe einer beliebigen Mitgliedsnummer der Name des Mitglieds und die geleistete Spende pro Monat zusammengefasst werden.

Erzeugen Sie eine neue leere Tabelle, und geben Sie die Werte in der Abbildung ein.

	A	B
1	Mitglied	15
2		
3		
4		
5		
6		Spende
7	Januar	
8	Februar	
9	März	
10	April	
11	Mai	
12	Juni	
13		

In Zelle A3 soll nun automatisch der Name des Mitglieds stehen. Das lässt sich mit einem *SVERWEIS* recht einfach und schnell erledigen. Da aber die Adressen in einer separaten Tabelle zu finden sind, müssen wir den *SVERWEIS* mit einer anderen Tabelle verknüpfen.

1 Klicken Sie in Zelle A3, und geben Sie dort ein:

```
= SVERWEIS(
```

2 Das Suchkriterium steht in B1 der gleichen Tabelle. Es ist die Mitgliedsnummer, für die die Spendenquittung ausgestellt werden soll.

3 Klicken Sie auf B1, und geben Sie das Semikolon ein.

```
=SVERWEIS(B1;
```

4 Nun klicken Sie auf Ihre Tabelle, in der die Adressen verwaltet werden. In diesem Fall heißt die Tabelle *Tabelle9*. Markieren Sie die gesamte Tabelle, und geben Sie als Spaltenindex eine *3* für den Vornamen ein.

```
=SVERWEIS(B1;Tabelle9!A1:G51;3)
```

Nehmen wir an, Ihre Adressentabelle sieht so aus:

A16 | fx 15

	A	B	C	D
1	**Vereins_Nr.**	**Anrede**	**Vorname**	**Nachname**
2	1	Frau	Emilie	Walter
3	2	Herr	Lutz	Maier
4	3	Herr	Stefan	Oberschnaller
5	4	Frau	Linda	Weißbrot
6	5	Herr	Carsten	Schmidt
7	6	Herr	Anton	Adams
8	7	Frau	Paula	Milde
9	8	Frau	Luisa	August
10	9	Herr	Klaus	Frommer
11	10	Frau	Frauke	Berthold
12	11	Frau	Sophie	Waldmann
13	12	Herr	Peter	Keller
14	13	Herr	Fritz	Kaiser
15	14	Herr	Norbert	Rühmann
16	15	Frau	Karin	Schulze
17	16	Herr	Joachim	Kirchner
18	17	Frau	Herta	Rosenstengel

5 Nachdem Sie die Eingabe bestätigt haben, wird in Ihrer Quittungstabelle der Vorname des Mitglieds stehen.

A3 | fx =SVERWEIS(B1;Tabelle9!A1:D18;3)

	A	B	C	D	E
1	Mitglied	15			
2					
3	Karin				
4					
5					
6		Spende			
7	Januar				
8	Februar				

6 In Spalte B3 können Sie jetzt das Gleiche für den Nachnamen durchführen. Wenn Sie es aber ganz professionell haben möchten, können Sie die Formeln für den Vor- und Nachnamen durch einen Verknüpfungsoperator (&) in eine Zelle bringen. Die Formel, die Sie dazu brauchen, lautet:

```
=SVERWEIS($B$1;Tabelle9!$A$2:$G$51;3)&"
"&SVERWEIS($B$1;Tabelle9!$A$2:$G$51;4)
```

A3 | fx =SVERWEIS($B$1;Tabelle9!$A$1:$D$18;3)&SVERWEIS($B$1;Tabelle9!$A$1:$D$18;4)

	A	B	C	D	E	F	G	H	I
1	Mitglied	15							
2									
3	KarinSchulze								
4									

7 Das Konstrukt &" "& in der Formel verbindet die beiden SVERWEIS-Funktionen miteinander (&) und trennt die beiden Werte (Vor- und Nachname) durch ein Leerzeichen (" ").

8 Als Nächstes müssen Sie noch die Zellen, in denen die Spendenwerte stehen, mit den Zellen der Tabelle *Spenden* verknüpfen. Das ist am einfachsten, wenn Sie in eine Zelle klicken, ein Gleichheitszeichen eingeben und dann eine entsprechende Zelle in der Spendentabelle anklicken. Das machen Sie am besten für alle Felder des Bereichs B7 bis B12.

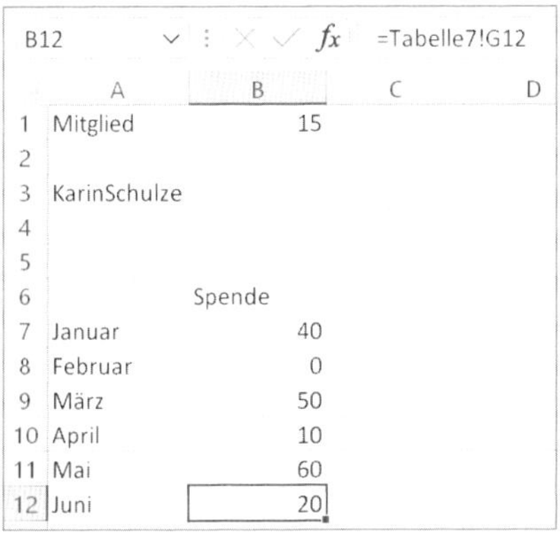
B12 fx =Tabelle7!G12

	A	B	C	D
1	Mitglied	15		
2				
3	KarinSchulze			
4				
5				
6		Spende		
7	Januar	40		
8	Februar	0		
9	März	50		
10	April	10		
11	Mai	60		
12	Juni	20		

9 Eines fehlt aber. In der Spendentabelle haben Sie die Mitgliedsnummer noch als Zahl eingegeben. Hier müssen Sie noch eine Verknüpfung zum Feld B1 in der Tabelle für die Quittungen setzen. Wie das geht, sollte Ihnen nun schon bekannt sein.

10 Jetzt müssen Sie nur noch in Ihrer Quittungstabelle eine andere Mitgliedsnummer in B1 eingeben, und Excel holt automatisch die gespendeten Beiträge. Ich überlasse es jetzt Ihrer Kreativität, das Modell beliebig zu erweitern und noch professioneller zu machen.

Der Solver – zum Lösen nicht nur von Gleichungen

Ein weiteres sehr starkes Modul innerhalb von Excel ist der Solver, mit dessen Hilfe Sie die Minimierung oder Maximierung komplexer voneinander abhängiger Gleichungen lösen können.

Das berühmte Problem des Handlungsreisenden, der für seine Handelsreisen immer den optimalsten Weg braucht, ist mit dem Solver ebenso zu lösen wie die Gleichungssysteme, mit denen Schüler konfrontiert werden.

Ich werde mich in diesem Abschnitt aus Platzgründen nur mit dem Lösen linearer Gleichungen beschäftigen. Aber das sollte genügen, damit Sie wissen, was der Solver zu leisten vermag, sodass Sie ihn dann auch auf andere Probleme anwenden können.

Beachten Sie, dass der Solver gegebenenfalls zunächst in den Excel-Optionen aktiviert werden muss. Dazu wählen Sie im Menüband *Datei/Optionen*. Klicken Sie in den Excel-Optionen links auf die Kategorie *Add-Ins*. Entscheiden Sie sich bei *Excel-Add-Ins* für die Schaltfläche *Los* und setzen Sie ein Häkchen beim Eintrag *Solver*.

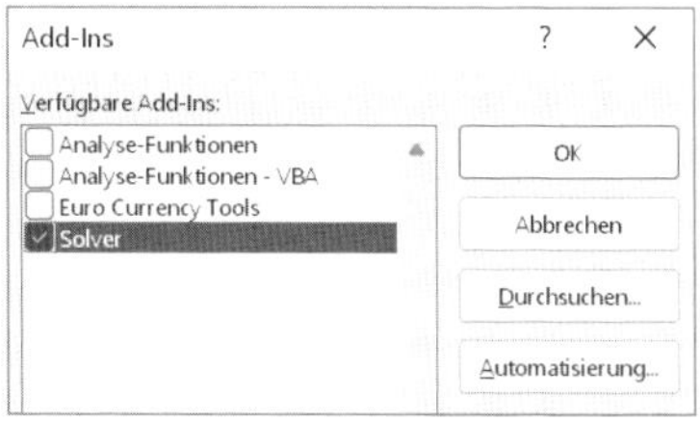

Im Folgenden setze ich grundlegende Kenntnisse der Mathematik voraus, besonders das Wissen über Gleichungen und wie man sie lösen kann. Nehmen wir an, Sie haben zwei Gleichungen mit zwei Unbekannten:

(1) $2x - 3y = 6$
(2) $3x + 4y = 43$

Die Aufgabe lautet, die Werte für x und y zu finden, damit die Gleichungen stimmen. Um zunächst einmal eine Wertetabelle anlegen zu können, müssen wir die beiden Gleichungen nach y auflösen.

$$(1)\ y = \frac{(6 - 2x)}{-3} \qquad (2)\ y = \frac{(43 - 3x)}{4}$$

Als Nächstes können wir dann in Excel eine Wertetabelle erzeugen:

	A	B	C
1	x	y1	y2
2	-5	-5,33	14,50
3	-4	-4,67	13,75
4	-3	-4,00	13,00
5	-2	-3,33	12,25
6	-1	-2,67	11,50
7	0	-2,00	10,75
8	1	-1,33	10,00
9	2	-0,67	9,25
10	3	0,00	8,50
11	4	0,67	7,75
12	5	1,33	7,00

y1 und y2 sind dabei die y-Werte, die sich aus Gleichung 1 bzw. 2 ergeben.

Die x-Werte der Spalte A geben Sie ein, wie Sie möchten. Man nimmt am Anfang meist Werte zwischen -5 und 5 und schaut sich damit die beiden Gleichungen erst einmal um den Nullpunkt herum an. Dann tragen Sie in die Zellen B2 und C2 jeweils die Formeln ein und kopieren sie nach unten. Das könnte dann bei Ihnen so aussehen:

	A	B	C
1	x	y1	y2
2	-5	=(6-2*A2)/-3	=(43-3*A2)/4
3	=A2+1	=(6-2*A3)/-3	=(43-3*A3)/4
4	=A3+1	=(6-2*A4)/-3	=(43-3*A4)/4
5	=A4+1	=(6-2*A5)/-3	=(43-3*A5)/4
6	=A5+1	=(6-2*A6)/-3	=(43-3*A6)/4
7	=A6+1	=(6-2*A7)/-3	=(43-3*A7)/4
8	=A7+1	=(6-2*A8)/-3	=(43-3*A8)/4
9	=A8+1	=(6-2*A9)/-3	=(43-3*A9)/4
10	=A9+1	=(6-2*A10)/-3	=(43-3*A10)/4
11	=A10+1	=(6-2*A11)/-3	=(43-3*A11)/4
12	=A11+1	=(6-2*A12)/-3	=(43-3*A12)/4

Diese Wertetabelle werden wir im nächsten Abschnitt verwenden, um die beiden Gleichungen grafisch darzustellen (siehe Seite 334). Hier wollen wir die beiden Unbekannten x und y ermitteln.

Dazu ist es gut, sich noch einen weiteren Wert in der Wertetabelle berechnen zu lassen – einen Wert, der später zur grafischen Darstellung nicht benötigt wird und den wir nur für die Rechnungen mit dem Solver brauchen.

Am Schnittpunkt der beiden Funktionen haben die Funktionen den gleichen x- und y-Wert, jene zwei Werte, die wir suchen. Was also liegt näher, als die beiden Werte y1 und y2 in einer Zelle voneinander zu subtrahieren und dann einen x-Wert zu suchen, bei dem diese Differenz annähernd null ist?

Ihr Modell sollte deshalb so erweitert werden:

D15 fx =B15-C15

	A	B	C	D
1	x	y1	y2	
2	-5	-5,33	14,50	
3	-4	-4,67	13,75	
4	-3	-4,00	13,00	
5	-2	-3,33	12,25	
6	-1	-2,67	11,50	
7	0	-2,00	10,75	
8	1	-1,33	10,00	
9	2	-0,67	9,25	
10	3	0,00	8,50	
11	4	0,67	7,75	
12	5	1,33	7,00	
13				
14				
15	8	3,33	4,75	-1,42

Nun muss nur noch der x-Wert in A15 so verändert werden, dass Zelle D15 null wird. Das kann der Solver ganz schnell. Welcher genaue Wert in A15 steht, spielt eigentlich keine Rolle. Wichtig sind die richtigen Formeln in B15 und C15.

1 Klicken Sie in die Zelle D15, und rufen Sie über die Registerkarte *Daten* in der Gruppe *Analyse* den in den Excel-Optionen aktivierten *Solver* durch Klick auf. Sollte bei Ihnen der Solver nicht vorhanden sein, installieren Sie ihn nachträglich über den Add-In-Manager, wie auf Seite 449 beschrieben.

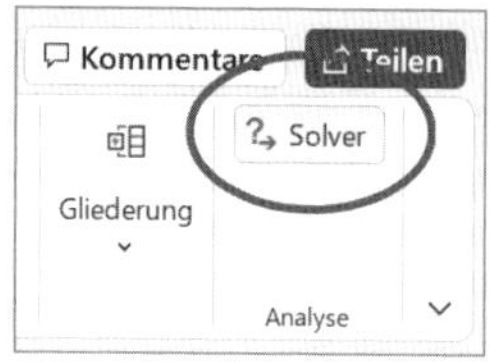

2 Sie erhalten dann folgendes Fenster:

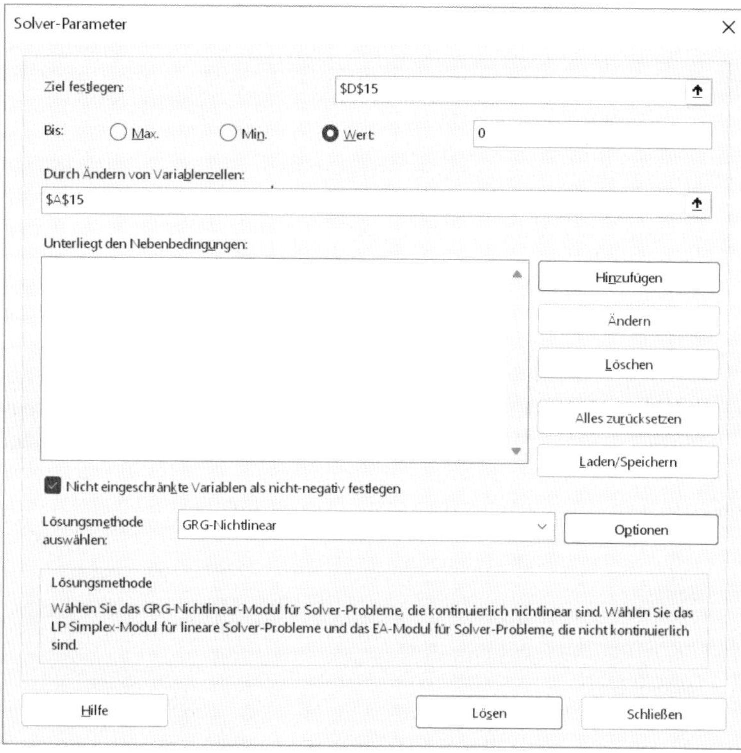

3 Die Zielzelle ist die Zelle, deren Wert einen bestimmten Betrag haben soll. In unserem Beispiel ist die Zielzelle die Zelle D15, denn sie hat den Zielwert null. Dieser Wert soll erreicht werden, indem Zelle A15, also der x-Wert, verändert wird, und zwar so lange, bis D15, also die Differenz der beiden Zellen B15 und C15, null wird.

4 Klicken Sie nun auf *Lösen*.

5 Nach wenigen Sekundenbruchteilen erhalten Sie eine Lösung. In Zelle A15 sehen Sie den x-Wert 9 und in B15 und C15 die y-Werte 4. Das ist genau die Lösung: x = 9 und y = 4. In D15 haben wir tatsächlich die Differenz null erreicht.

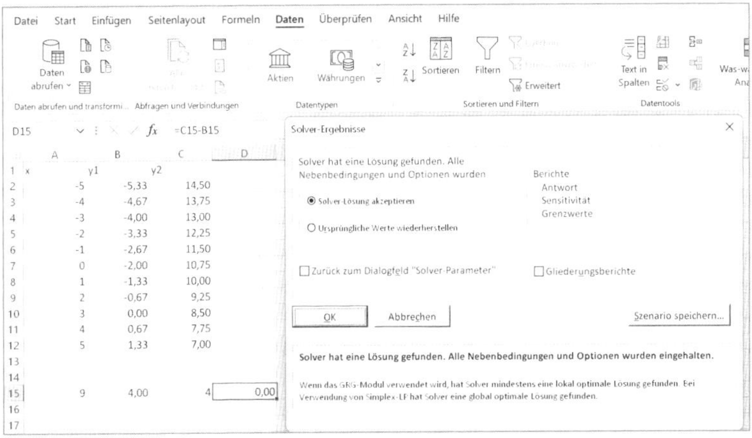

6 Als Letztes entscheiden Sie, ob Sie die Lösung in die Tabelle übernehmen möchten oder nicht.

Ich möchte Ihnen an dieser Stelle nicht verschweigen, dass wir die Wertetabelle diesmal eigentlich gar nicht gebraucht hätten. Wir hätten auch zur Lösung mit dem Solver kommen können, wenn wir lediglich die Zeile 15 eingegeben hätten. Dort ist der ursprüngliche Wert 8 nur ein Startwert gewesen. Es hätte jeder Wert zum gleichen Ergebnis geführt. In den Zellen B15 und C15 stehen die beiden Formeln. Wir hätten also nur Zeile 15 gebraucht.

Schauen wir uns noch ein Beispiel aus dem Bereich lineares Gleichungssystem an. Sie haben folgende drei Gleichungen:

$$x + y + 4z = 27$$
$$7x - 2y + 3z = 28$$
$$4x + 2y - 3z = 5$$

Gesucht sind die Unbekannten x, y und z. Theoretisch könnte man das Problem ähnlich lösen wie im Beispiel vorher. Ich möchte jetzt aber einen anderen Weg beschreiten, um Ihnen zu zeigen, was dieser Solver noch alles kann.

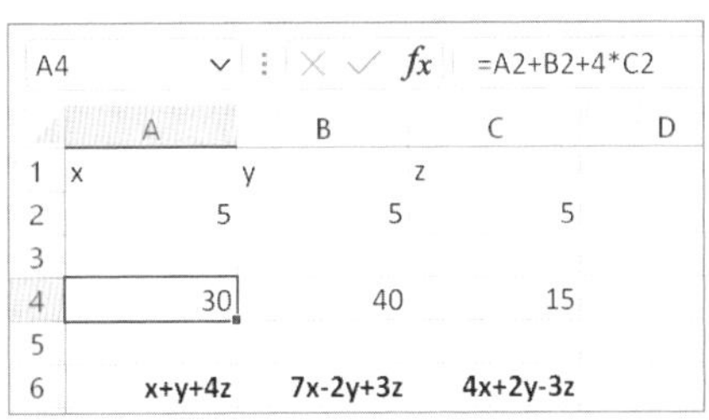

In den Zellen A1 bis C2 befinden sich nur die Startwerte und die entsprechenden Überschriften. Diese Startwerte sind beliebig, es hätten auch andere vernünftige Zahlen sein können. In die Zellen A6 bis C6 wurden die drei Gleichungen als Text eingegeben. Das kann man sich im Grunde sparen, es hilft aber, damit Sie die wirklichen Gleichungen in die Zellen A4 bis C4 schreiben können. In der Bearbeitungszeile der Zelle A4 sehen Sie die eingegebene Formel. Diese Formel steht als Text in A6. In die Zellen A4 bis A6 wurden die jeweils zu lösenden Gleichungen eingegeben.

Insgesamt sieht es also so aus:

	A	B	C
1	x	y	z
2	5	5	5
3			
4	=A2+B2+4*C2	=7*A2-2*B2+3*C2	=4*A2+2*B2-3*C2
5			
6	**x+y+4z**	**7x-2y+3z**	**4x+2y-3z**

Nun müssen Sie Excel nur noch dazu bringen, die Werte in den Zellen A2 bis C2 so zu verändern, dass die Gleichungen in A4 bis C4 erfüllt sind. Klicken Sie zunächst in die Zelle A4, und rufen Sie auf der Registerkarte *Daten* den Solver auf.

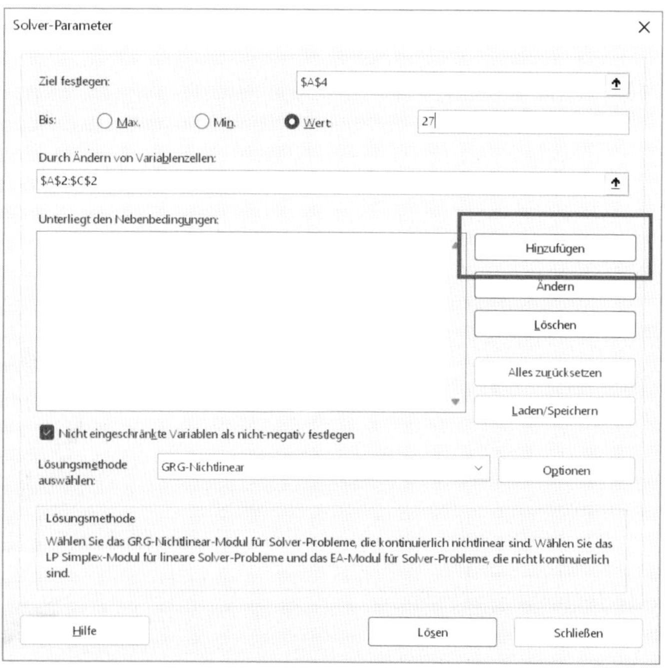

Die Zielzelle ist die Zelle A4, und diese soll den Wert 27 erhalten (siehe Abbildung). Das entspricht der ersten Gleichung unseres Gleichungssystems. Das soll erreicht werden, indem Excel die Zellen A2 bis C2 kontinuierlich verändert.

Nun müssen die beiden anderen Gleichungen als Nebenbedingungen berücksichtigt werden. In Zelle B2 steht der Zielwert für die zweite Gleichung. Der Wert für diese zweite Gleichung beträgt 28. Und diesen Wert geben Sie als Nebenbedingung ein. Klicken Sie auf *Hinzufügen*.

Geben Sie die Inhalte der Abbildung ein. *Zellbezug* ist hier Zelle B4 für die zweite Gleichung. Der Zielwert (Nebenbedingung) ist 28.

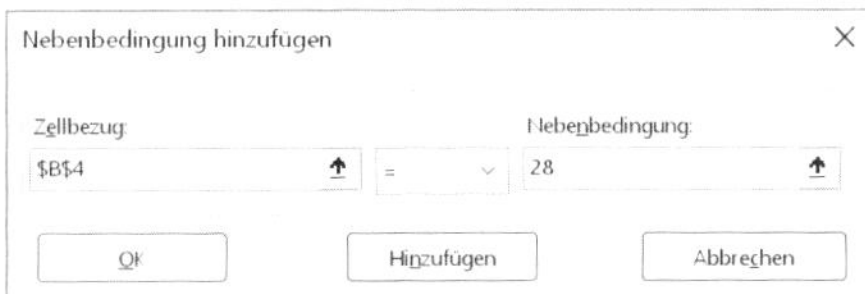

In der gleichen Weise geben Sie für die dritte Gleichung den Zielwert 5 als Nebenbedingung an.

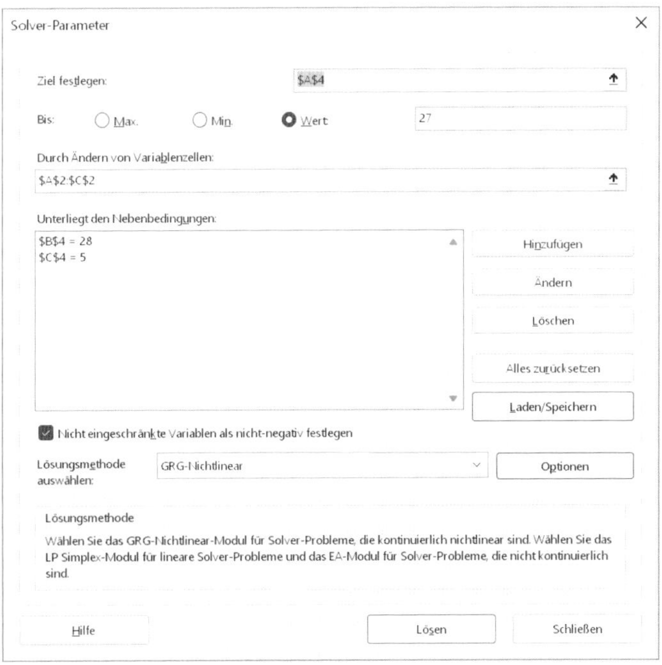

Nun sollte Ihr Solver-Fenster wie oben aussehen.

Klicken Sie nun auf *Lösen*.

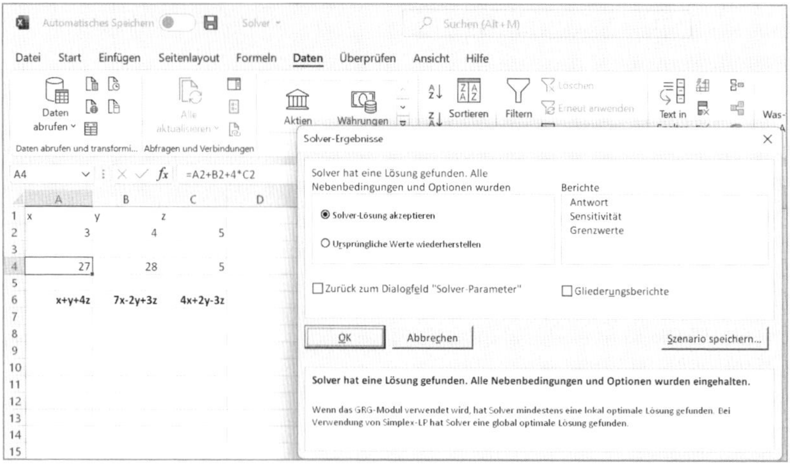

Nach wenigen Augenblicken erhalten Sie in den Zellen A2 bis C2 die Lösungen für die x-, y- und z-Werte. Und Sie sehen: x = 3, y = 4 und z = 5.

4.6 Beeindruckende Diagramme aus Tabellen erstellen

Ein ganz wichtiges Element innerhalb von Excel ist die Möglichkeit, Zahlen und komplexe Tabellen in sehr beeindruckenden Diagrammen darzustellen. Dabei beschränkt sich Excel nicht allein auf Balken- oder Kuchendiagramme, auch komplizierte mathematische Funktionen und Formeln lassen sich recht einfach und komfortabel zu Liniendiagrammen machen.

In diesem Abschnitt möchte ich mit Ihnen diesen faszinierenden Bereich von Excel 2021 besprechen. Wir können uns aber natürlich nicht alle Möglichkeiten anschauen, die Excel 2021 bietet. Jedoch ist vieles auch intuitiv erfassbar, und ich möchte mit Ihnen hauptsächlich Elemente besprechen, die nicht ganz so offensichtlich sind.

Wenn es mal schnell gehen muss

Um den Verlauf von Zahlen schnell einmal verfolgen zu können, gibt es in Excel 2021 ausgesprochen viele und gute Möglichkeiten.

Nehmen wir an, Sie haben folgende Tabelle markiert:

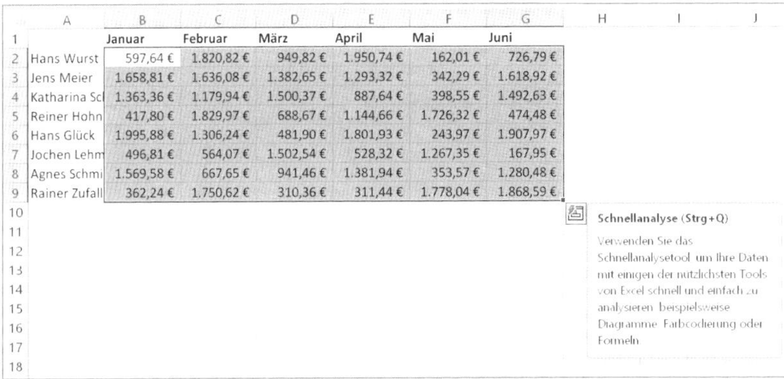

	Januar	Februar	März	April	Mai	Juni
Hans Wurst	597,64 €	1.820,82 €	949,82 €	1.950,74 €	162,01 €	726,79 €
Jens Meier	1.658,81 €	1.636,08 €	1.382,65 €	1.293,32 €	342,29 €	1.618,92 €
Katharina Sc	1.363,36 €	1.179,94 €	1.500,37 €	887,64 €	398,55 €	1.492,63 €
Reiner Hohn	417,80 €	1.829,97 €	688,67 €	1.144,66 €	1.726,32 €	474,48 €
Hans Glück	1.995,88 €	1.306,24 €	481,90 €	1.801,93 €	243,97 €	1.907,97 €
Jochen Lehm	496,81 €	564,07 €	1.502,54 €	528,32 €	1.267,35 €	167,95 €
Agnes Schmi	1.569,58 €	667,65 €	941,46 €	1.381,94 €	353,57 €	1.280,48 €
Rainer Zufall	362,24 €	1.750,62 €	310,36 €	311,44 €	1.778,04 €	1.868,59 €

Dann erscheint unten rechts das Schnellanalysesymbol. Ein Klick darauf eröffnet Erstaunliches.

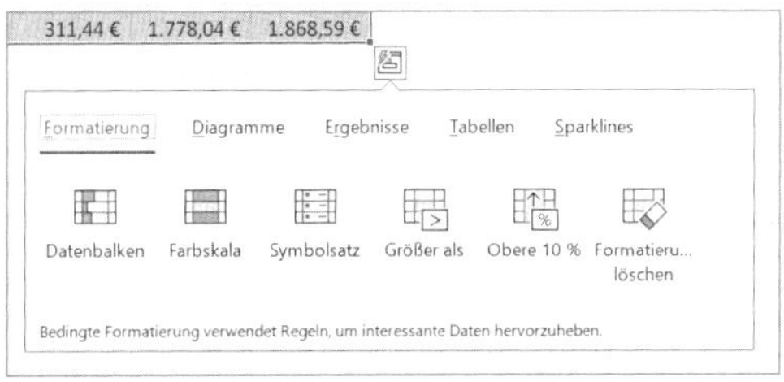

Klicken Sie im Bereich *Formatierung* ruhig einmal auf *Datenbalken*.

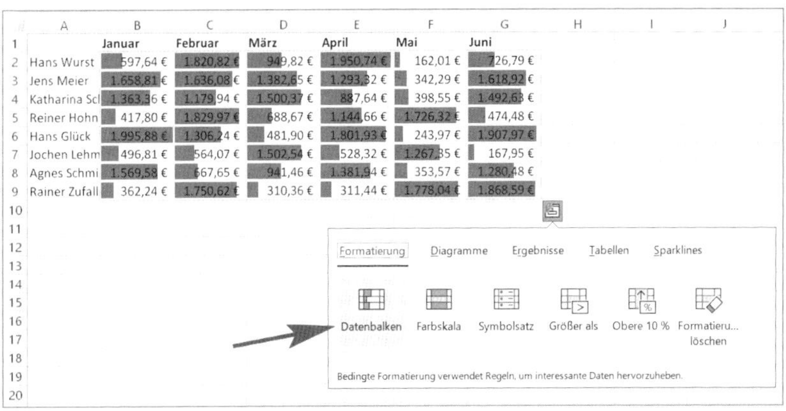

Excel erstellt in den Zellen Datenbalken, die Ihnen einen ersten, schnellen, visuellen Überblick über Ihre Daten verschaffen. Dabei sind die Balken horizontal wie auch vertikal miteinander zu vergleichen. Wandern Sie dann mal (ohne zu klicken!) zu *Symbolsatz*.

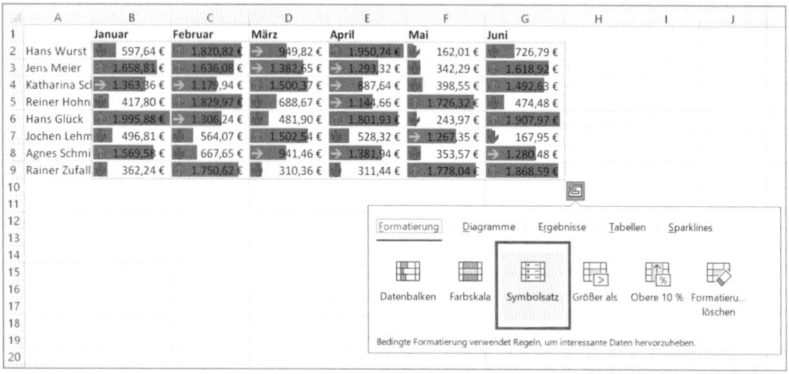

	Januar	Februar	März	April	Mai	Juni
Hans Wurst	597,64 €	1.820,82 €	949,82 €	1.950,74 €	162,01 €	726,79 €
Jens Meier	1.658,81 €	1.636,08 €	1.382,65 €	1.293,32 €	342,29 €	1.618,92 €
Katharina Scl	1.363,36 €	1.179,94 €	1.500,37 €	887,64 €	398,55 €	1.492,63 €
Reiner Hohn	417,80 €	1.829,97 €	688,67 €	1.144,66 €	1.726,32 €	474,48 €
Hans Glück	1.995,88 €	1.306,24 €	481,90 €	1.801,93 €	243,97 €	1.907,97 €
Jochen Lehm	496,81 €	564,07 €	1.502,54 €	528,32 €	1.267,35 €	167,95 €
Agnes Schmi	1.569,58 €	667,65 €	941,46 €	1.381,94 €	353,57 €	1.280,48 €
Rainer Zufall	362,24 €	1.750,62 €	310,36 €	311,44 €	1.778,04 €	1.868,59 €

Schon haben Ihre Zahlen kleine Pfeile. Welche Bedeutung diese Pfeile haben und was damit noch zu machen ist, schauen wir uns im nächsten Abschnitt an. Achtung: Gegebenenfalls muss noch die Spaltenbreite angepasst werden!

Springen Sie einfach einmal durch diese Schnellanalyse, und schauen Sie, was da alles möglich ist. Sie brauchen nicht zu klicken, ein Berühren des Symbols reicht völlig aus, um den Effekt in Ihrer Tabelle zu sehen. Zum Schluss klicken Sie auf *Sparklines* und deuten (zu klicken brauchen Sie nicht) auf *Linie*. Schon haben Sie kleine Linien, die den Verlauf Ihrer Zahlen visualisieren.

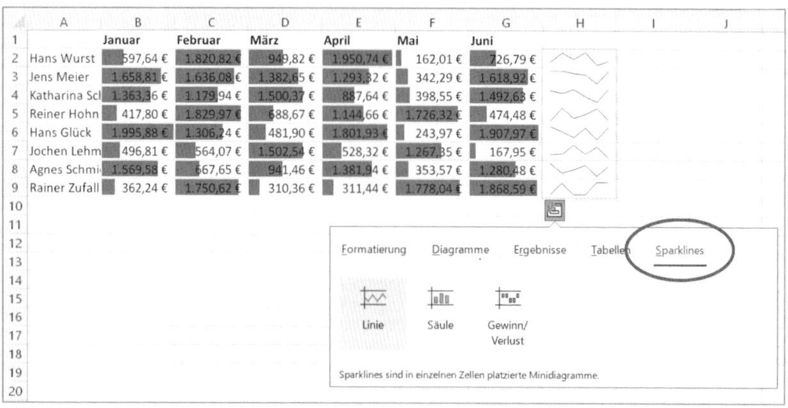

	Januar	Februar	März	April	Mai	Juni
Hans Wurst	597,64 €	1.820,82 €	949,82 €	1.950,74 €	162,01 €	726,79 €
Jens Meier	1.658,81 €	1.636,08 €	1.382,65 €	1.293,32 €	342,29 €	1.618,92 €
Katharina Scl	1.363,36 €	1.179,94 €	1.500,37 €	887,64 €	398,55 €	1.492,63 €
Reiner Hohn	417,80 €	1.829,97 €	688,67 €	1.144,66 €	1.726,32 €	474,48 €
Hans Glück	1.995,88 €	1.306,24 €	481,90 €	1.801,93 €	243,97 €	1.907,97 €
Jochen Lehm	496,81 €	564,07 €	1.502,54 €	528,32 €	1.267,35 €	167,95 €
Agnes Schmi	1.569,58 €	667,65 €	941,46 €	1.381,94 €	353,57 €	1.280,48 €
Rainer Zufall	362,24 €	1.750,62 €	310,36 €	311,44 €	1.778,04 €	1.868,59 €

Vielleicht möchten Sie für die markierte Tabelle auf ein paar Standarddiagramme zugreifen, weil es schnell gehen soll. Dazu können Sie sich auf der Registerkarte *Einfügen* durch Klick auf *Empfohlene Diagramme* von Excel ein paar fertig formatierte Diagramme empfehlen lassen.

Zum nun folgenden Fenster gibt es nichts mehr zu erläutern. Schauen Sie einfach, was Excel Ihnen vorschlägt. Übrigens, vergessen Sie nicht, die Zahlen vorher zu markieren, die Sie als Grafik anzeigen lassen wollen.

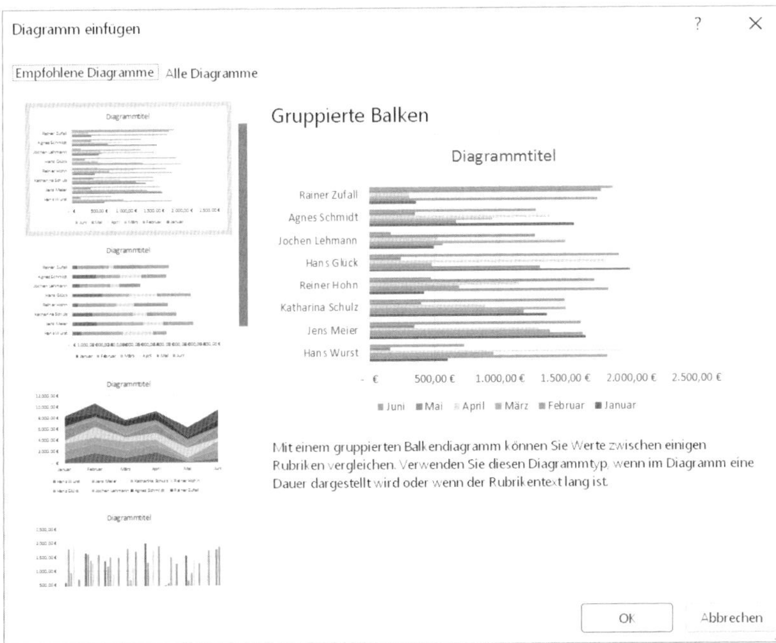

Kleine Pfeile an den Zahlen – Symbolsätze

Wie im vorangegangenen Abschnitt gezeigt, können Sie den Verlauf von Zahlen durch kleine Pfeile kenntlich machen. Was diese Pfeile bedeuten und wie Sie Einfluss darauf nehmen können, möchte ich in diesem Abschnitt erklären. Dazu habe ich das entsprechende Bild etwas vereinfacht.

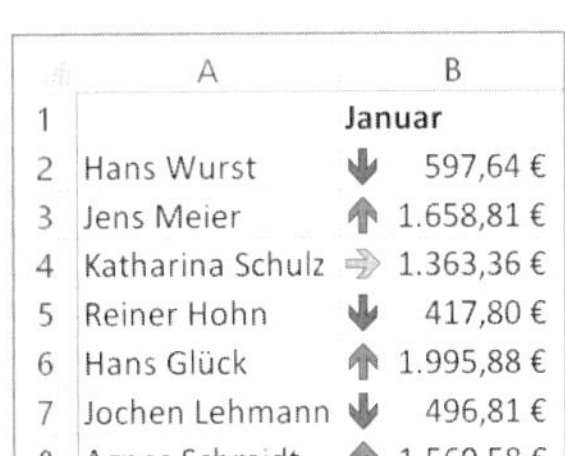

	A	B
1		Januar
2	Hans Wurst	597,64 €
3	Jens Meier	1.658,81 €
4	Katharina Schulz	1.363,36 €
5	Reiner Hohn	417,80 €
6	Hans Glück	1.995,88 €
7	Jochen Lehmann	496,81 €
8	Agnes Schmidt	1.569,58 €

Hinter dem Ganzen steckt, wie Sie vielleicht vermuten, eine bedingte Formatierung. Gehen Sie also über die Registerkarte *Start* auf *Bedingte Formatierung*, und wählen Sie dort *Symbolsätze*. Als Letztes gehen Sie ganz nach unten und klicken auf *Weitere Regeln*. Nun sollten Sie folgendes Fenster bekommen:

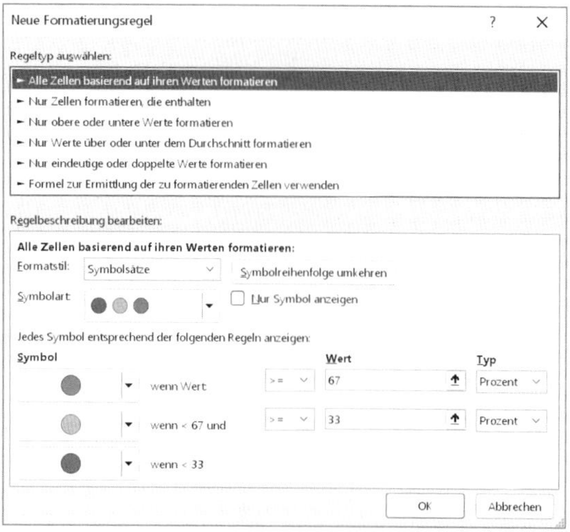

Bei *Symbol* können Sie zunächst die gewünschten Symbole auswählen.

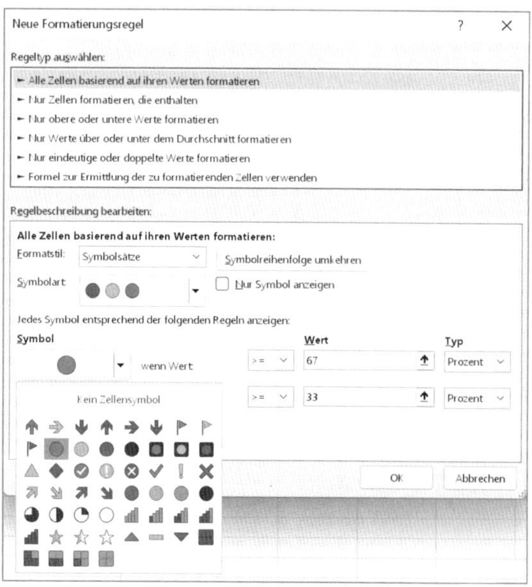

Was aber bedeuten die ominösen Zahlen im Bereich *Wert*?

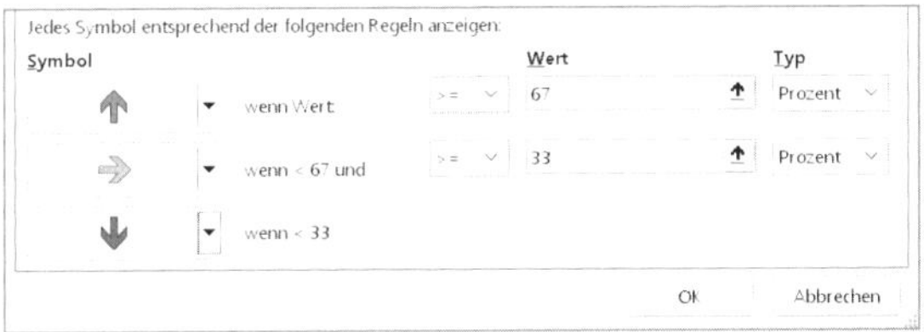

Um das zu verstehen, werfen Sie noch einmal einen Blick auf das Bild rechts.

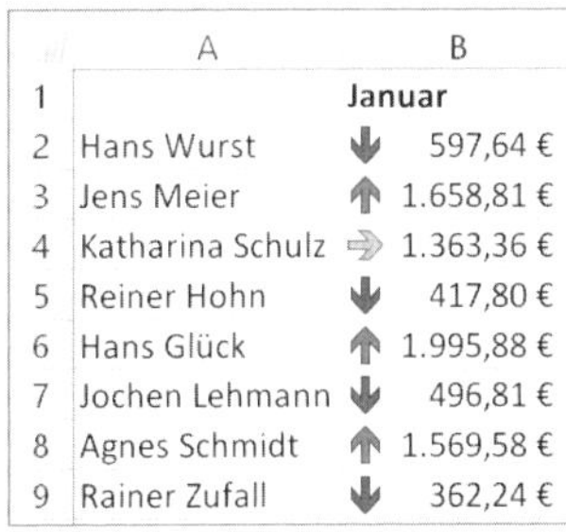

	A	B	
1		Januar	
2	Hans Wurst	↓	597,64 €
3	Jens Meier	↑	1.658,81 €
4	Katharina Schulz	→	1.363,36 €
5	Reiner Hohn	↓	417,80 €
6	Hans Glück	↑	1.995,88 €
7	Jochen Lehmann	↓	496,81 €
8	Agnes Schmidt	↑	1.569,58 €
9	Rainer Zufall	↓	362,24 €

In Spalte B sind acht Werte zu sehen. Excel teilt diese Anzahl 8 in drei Bereiche ein: einen Bereich mit 1/3, dann 2/3 und zuletzt 100 %.

Einen roten Pfeil nach unten erhalten die Werte im untersten Drittel des Wertebereichs. Einen grünen Pfeil nach oben erhalten die Zahlen im obersten Drittel des Wertebereichs. Und die gelben Pfeile nach rechts bekommt das Drittel dazwischen.

Vielleicht wird es klarer, wenn Sie anstelle der %-Werte feste Zahlen nehmen.

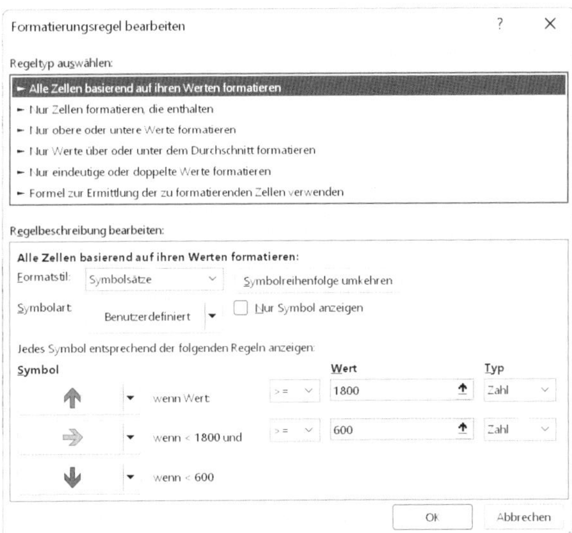

Nehmen wir einmal an, dass ein monatlicher Gewinn ab 1.800 Euro super ist (Pfeil nach oben), ein Gewinn zwischen 600 und 1.799 Euro ganz gut (Pfeil nach rechts) und einer unter 600 Euro miserabel (Pfeil nach unten).

Dann sehen Sie recht schnell, wie gut der Januar und auch Ihre Mitarbeiter waren.

Wenden Sie diese Werte dann auf die gesamte Tabelle an, erhalten Sie schnell einen vollständigen Überblick.

	A	B	C	D	E	F	G
1		Januar	Februar	März	April	Mai	Juni
2	Hans Wurst	↓ 597,64 €	↑ 1.820,82 €	→ 949,82 €	↑ 1.950,74 €	↓ 162,01 €	→ 726,79 €
3	Jens Meier	→ 1.658,81 €	→ 1.636,08 €	→ 1.382,65 €	→ 1.293,32 €	↓ 342,29 €	→ 1.618,92 €
4	Katharina Schulz	→ 1.363,36 €	→ 1.179,94 €	→ 1.500,37 €	→ 887,64 €	↓ 398,55 €	→ 1.492,63 €
5	Reiner Hohn	↓ 417,80 €	↑ 1.829,97 €	→ 688,67 €	→ 1.144,66 €	→ 1.726,32 €	↓ 474,48 €
6	Hans Glück	↑ 1.995,88 €	→ 1.306,24 €	↓ 481,90 €	↑ 1.801,93 €	↓ 243,97 €	↑ 1.907,97 €
7	Jochen Lehmann	↓ 496,81 €	↓ 564,07 €	→ 1.502,54 €	↓ 528,32 €	→ 1.267,35 €	↓ 167,95 €
8	Agnes Schmidt	→ 1.569,58 €	→ 667,65 €	→ 941,46 €	→ 1.381,94 €	↓ 353,57 €	→ 1.280,48 €
9	Rainer Zufall	↓ 362,24 €	→ 1.750,62 €	↓ 310,36 €	↓ 311,44 €	→ 1.778,04 €	↑ 1.868,59 €

Wenn es nicht ganz so schnell gehen muss – ein einfaches Balkendiagramm

Doch auch wer sich für den ganz klassischen Weg entscheidet, wird von Excel meist positiv überrascht sein. Schauen wir uns einmal ein ganz normales Balkendiagramm an.

Es geht um folgende kleine Tabelle:

Sie vertreiben irgendein Produkt, dessen Verkaufsmenge pro Quartal in den Zellen B6 bis B9 steht. Aus dieser Tabelle soll nun eine Balkengrafik gemacht werden. Aber die Stückzahlen sollen nicht in der Grafik erscheinen.

	A	B	C	D	E
1	Verkaufspreis	16,80 €			
2	Stückkosten	9,50 €			
3					
4		Stückzahl	Umsatz	Kosten	Gewinn
5					
6	1. Quartal	35	588,00 €	332,50 €	255,50 €
7	2. Quartal	46	772,80 €	437,00 €	335,80 €
8	3. Quartal	87	1.461,60 €	826,50 €	635,10 €
9	4. Quartal	32	537,60 €	304,00 €	233,60 €
10					

1 Markieren Sie die Tabelle, aber ohne den Bereich B5 bis B9. Denken Sie zum richtigen Markieren an die [Strg]-Taste.

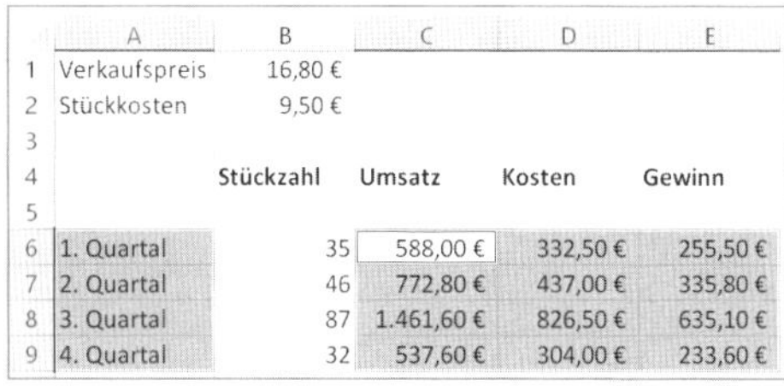

	A	B	C	D	E
1	Verkaufspreis	16,80 €			
2	Stückkosten	9,50 €			
3					
4		Stückzahl	Umsatz	Kosten	Gewinn
5					
6	1. Quartal	35	588,00 €	332,50 €	255,50 €
7	2. Quartal	46	772,80 €	437,00 €	335,80 €
8	3. Quartal	87	1.461,60 €	826,50 €	635,10 €
9	4. Quartal	32	537,60 €	304,00 €	233,60 €

2 Wählen Sie nun über *Einfügen* im Bereich *Diagramme* das Balkendiagramm.

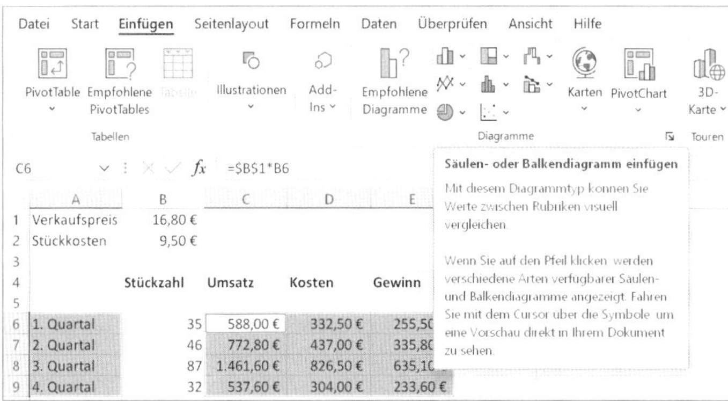

3 Jetzt können Sie auf die verschiedenen Balkendiagramme zeigen, um nähere Infos und eine Vorschau zum jeweiligen Diagramm zu erhalten.

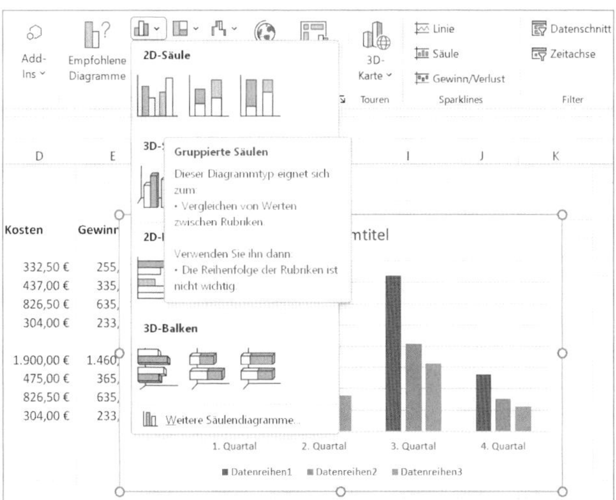

4 Wenn Ihnen ein Diagramm zusagt, klicken Sie darauf.

5 Sie erhalten dann das gewünschte Diagramm und an der Seite drei Symbole, mit denen Sie das Diagramm nachträglich verändern können. Klicken Sie auf das Pluszeichen rechts neben dem Diagramm.

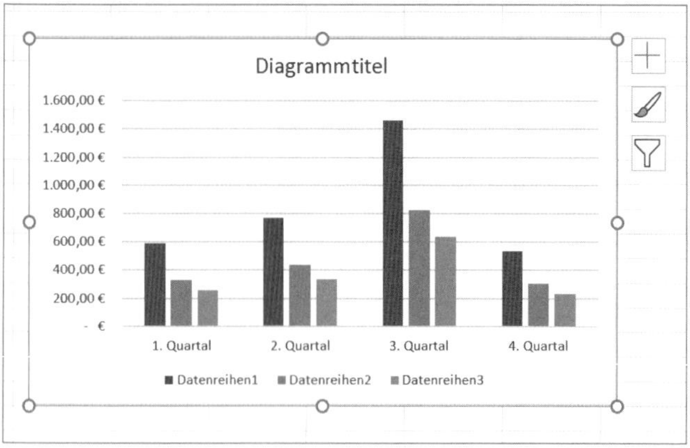

6 Im Fenster, das nun eingeblendet wird, lassen sich einzelne Diagrammelemente per Kontrollkästchen ein- oder ausblenden.

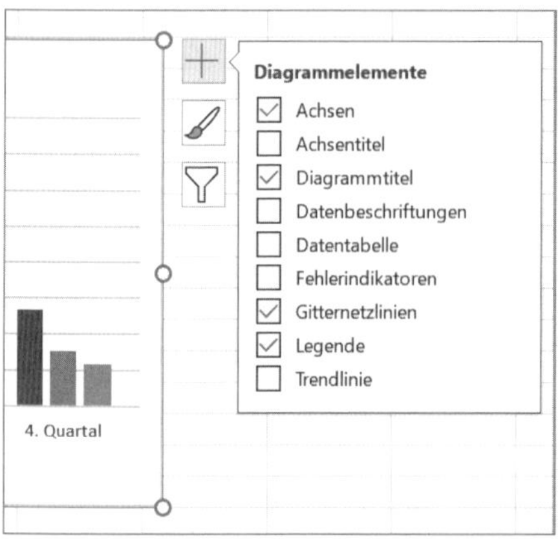

7 Auch in diesem Fall müssen Sie, um zu erfahren, was die einzelnen Elemente bedeuten, nicht klicken. Fahren Sie nur darüber. Bei *Datentabelle* sehen Sie zum Beispiel die Tabelle unter der Grafik.

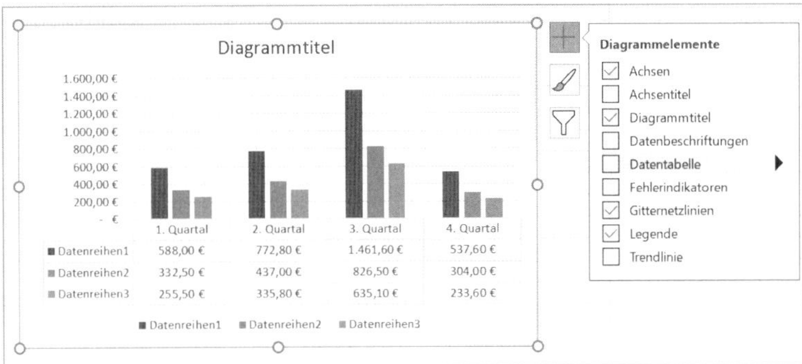

8 Sobald Sie zum Beispiel bei *Achsentitel* ein Häkchen setzen, erscheint ein kleines schwarzes Dreieck, über das Sie entscheiden können, ob die Achsenbeschriftung horizontal oder vertikal oder beides sein soll.

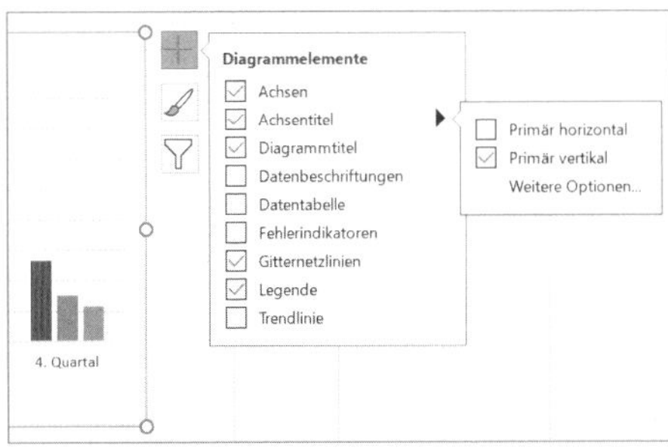

9 Klicken Sie dann auf das Pinselsymbol, und wählen Sie ein neues Aussehen für das Balkendiagramm.

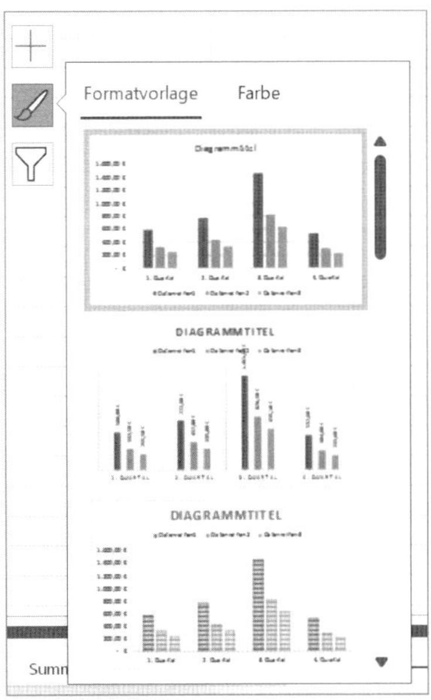

10 Und wenn Sie dann noch auf *Farbe* klicken, können Sie eine andere Farbpalette auswählen.

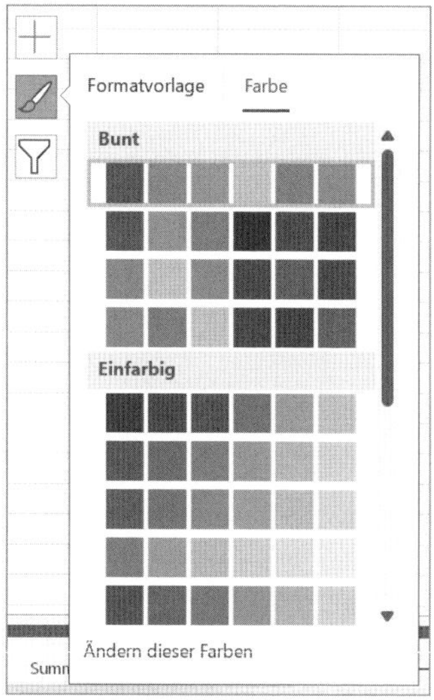

11 Schließlich haben wir noch das kleine Filtersymbol, mit dem Sie einzelne Balken filtern können.

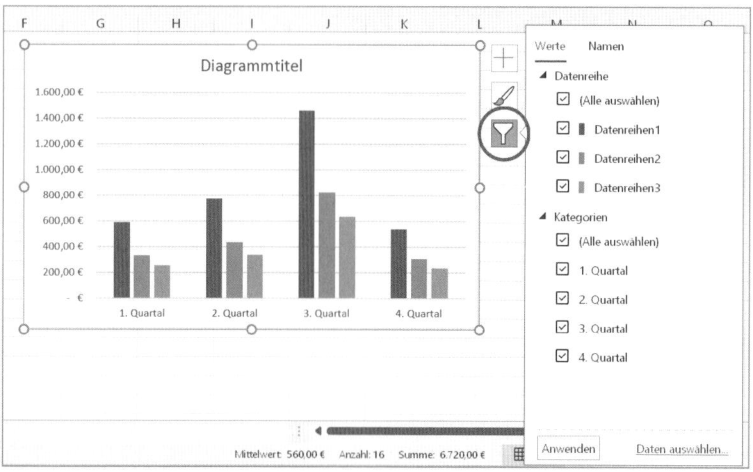

Wenn Sie nun, aus welchen Gründen auch immer, nur einen einzigen dieser Balken mit einer anderen Farbe belegen möchten, markieren Sie lediglich diesen einen Balken, indem Sie zweimal langsam auf den Balken klicken, also keinen Doppelklick, sondern zwei einfache Klicks ausführen. Mit einem Klick wird nämlich die gesamte Balkengruppe ausgewählt, mit einem weiteren Klick nur ein Balken.

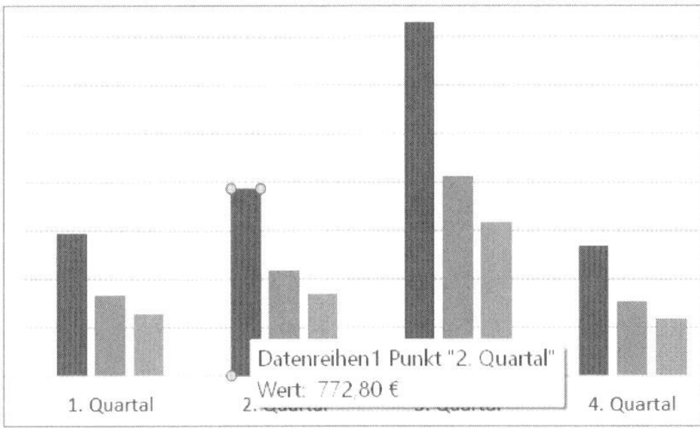

Dann klicken Sie mit der rechten Maustaste auf den markierten Balken und wählen *Füllung*.

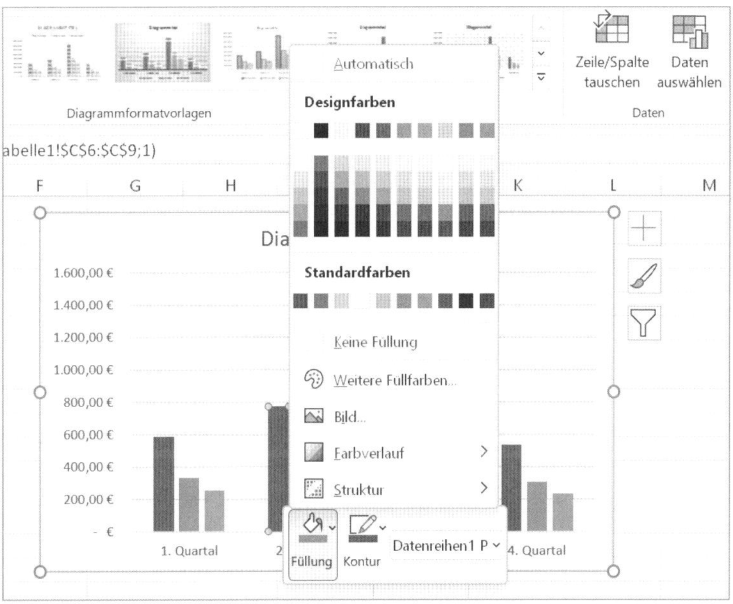

Diagrammtyp ändern

Kommen Sie nun zu der Erkenntnis, Balken seien zu langweilig, können Sie natürlich auch den Diagrammtyp nachträglich ändern. Dazu gibt es mehrere Möglichkeiten, aber hier soll eine genügen. Wenn Sie bereits eine andere kennen und schätzen, ist das auch in Ordnung. Viele Wege führen bekanntlich nach Rom, Hauptsache ist, man kommt richtig an.

Um den Diagrammtyp zu ändern, klicken Sie auf das Diagramm und wählen im Menüband den Reiter *Diagrammentwurf*.

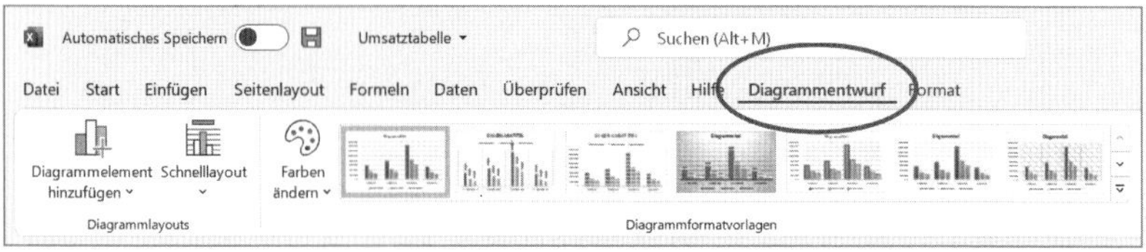

Hier wählen Sie nun in der Gruppe *Typ* die Schaltfläche *Diagrammtyp ändern*.

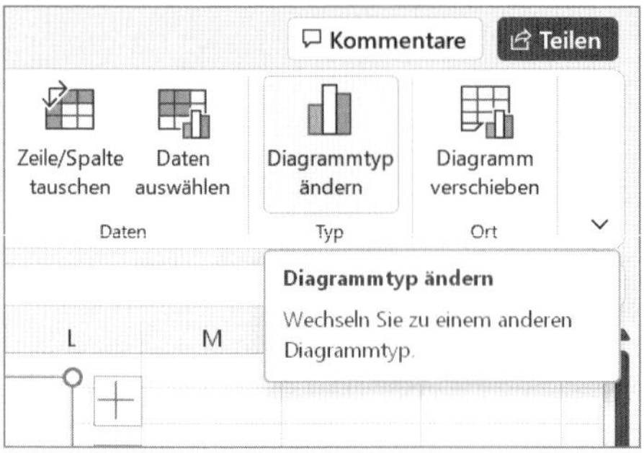

Wählen Sie im folgenden Fenster den gewünschten Diagrammtyp aus und bestätigen Sie mit *OK*. In späteren Abschnitten werden wir noch auf den einen oder anderen Diagrammtyp zu sprechen kommen.

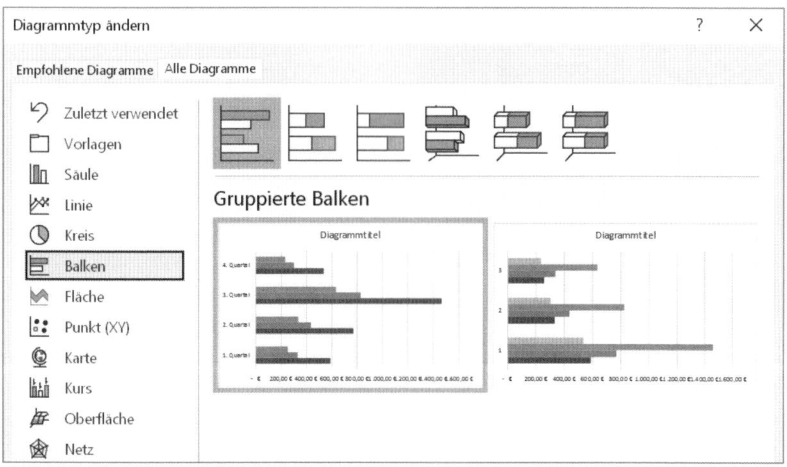

Die Qual mit der Wahl – Kreis- und Balkendiagramme

Nicht nur Balken- und Säulendiagramme sind in Excel möglich, sondern auch die bei Wahlen sehr beliebten Kreisdiagramme, um die Verteilung der Wählerstimmen auf die entsprechenden Parteien zu illustrieren.

Nehmen wir als Testobjekt die Ergebnisse der Zweitstimmen der Bundestagswahlen von 2017 und 2021. Sie müssen nun für einen Vortrag diese Zahlen in einem ansprechenden Diagramm darstellen.

Ergebnisse der Bundestagswahlen		
	2021	**2017**
SPD	25,7 %	20,5 %
Union	24,1 %	32,9 %
Grüne	14,8 %	8,9 %
FDP	11,5 %	10,7 %
AfD	10,3 %	12,6 %
Die Linke	4,9 %	9,2 %
Freie Wähler	2,4 %	1,0 %

Beginnen wir zunächst mit der Wahl von 2021. Stehen diese Werte bei Ihnen zum Beispiel in den Zellen A3 bis B9, markieren Sie sie nun.

	A	B	C
1		**Wählerstimmen (%)**	
2	**Partei**	**2021**	**2017**
3	SPD	25,7	20,5
4	Union	24,1	32,9
5	Grüne	14,8	8,9
6	FDP	11,5	10,7
7	AfD	10,3	12,6
8	Die Linke	4,9	9,2
9	Freie Wähler	2,4	1,0
10			

Am schnellsten geht das Erzeugen der Grafik wieder über das Schnellanalysesymbol rechts unten.

Wählen Sie *Diagramme/Kreis*.

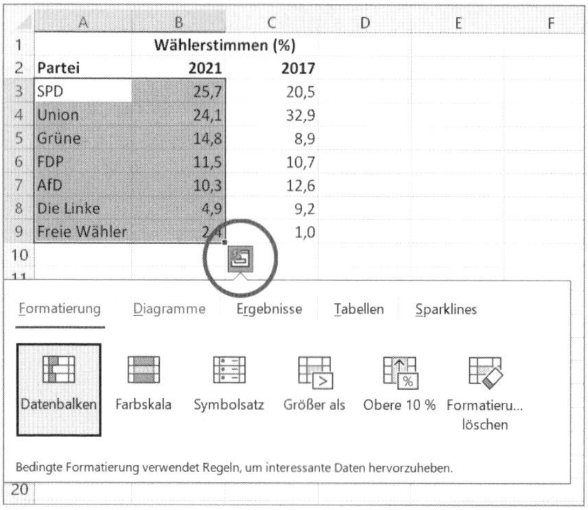

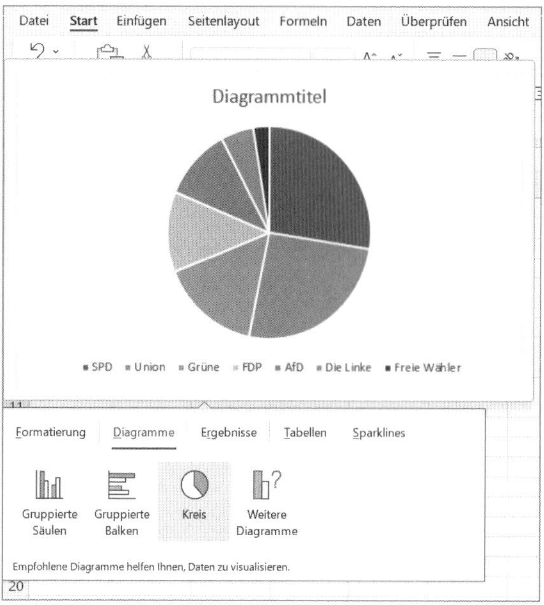

In einer Vorschau sehen Sie, wie es aussähe, würden Sie auf *Kreis* klicken. Fahren Sie ruhig auch einmal über die anderen Symbole: *Gruppierte Säulen* und *Gruppierte Balken*, bevor Sie schließlich den *Kreis* anklicken.

Was Sie mit den drei Symbolen (Pluszeichen, Pinsel, Filter) alles anstellen können, lesen Sie in den vorangegangenen Abschnitten ab Seite 416.

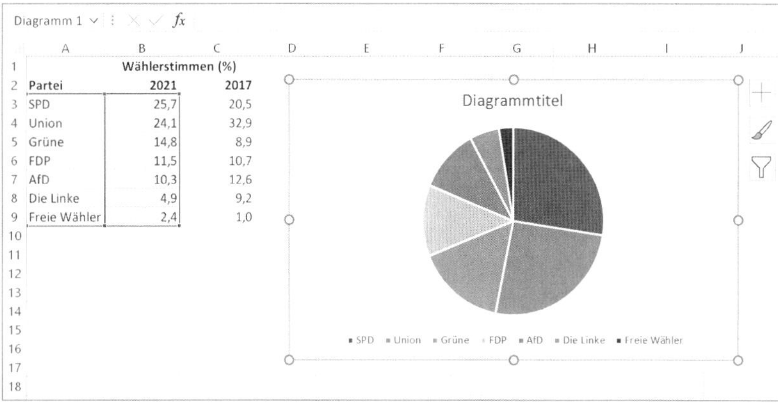

Der lange Weg zum Kreisdiagramm führt über die Registerkarte *Einfügen*. Wählen Sie dort in der Gruppe *Diagramme* das Kreisdiagramm aus.

Nun klicken Sie zunächst auf den linken Kreis in der ersten Zeile des Katalogs. Sie können aus dem zweidimensionalen aber auch einen dreidimensionalen Kreis machen, indem Sie sich im Katalog für den *3D-Kreis* entscheiden.

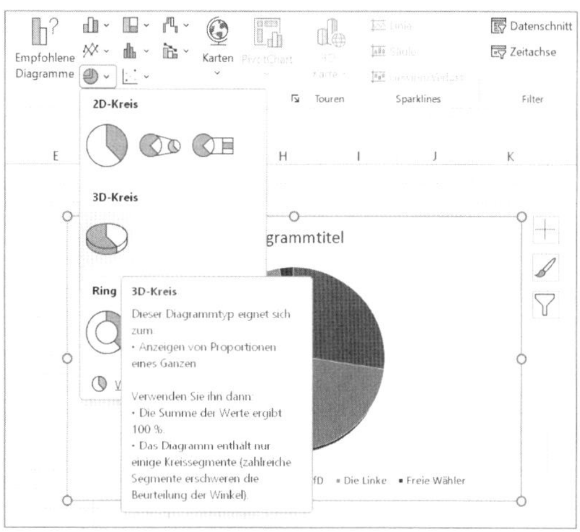

Wenn Sie eines dieser Kreissegmente durch zweimaliges langsames Anklicken markieren und über dem Kreissegment die linke Maustaste festhalten, können Sie das Segment herausziehen.

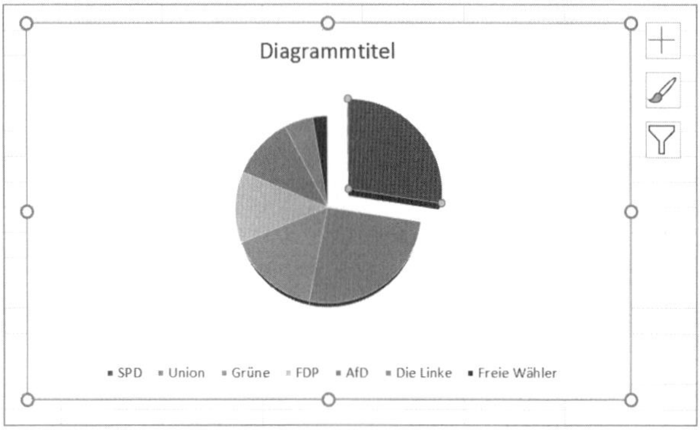

Jede Partei hat ihre eigene Farbe erhalten. Das hat natürlich den Nachteil, dass beim Ausdrucken auf einem Schwarz-Weiß-Drucker alles zu Grauschattierungen wird. Aber mit den Symbolen der Schnellanalyse können Sie das, wie das Wort schon sagt, schnell ändern. Spielen Sie einfach etwas mit diesen Schnellanalysesymbolen.

Sie können übrigens schnell von der 3D-Ansicht wieder auf einen 2D-Kreis wechseln.

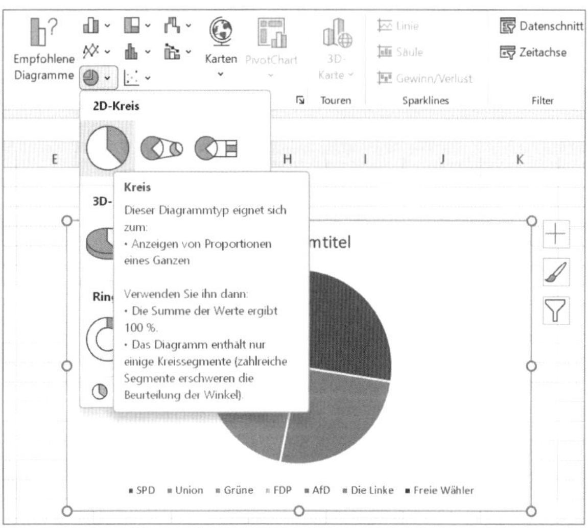

Dazu markieren Sie Ihre Kreisgrafik und wählen wieder im Menü *Einfügen* das Symbol für den Kreis. Dort klicken Sie einfach auf die gewünschte Ansicht.

Beim Benutzen des Kreisdiagramms fällt schnell auf, dass Excel die einzelnen Werte zwar in verschiedenen Farben darstellt, aber leider erhalten die Parteien nicht die Farbe, die wir ihnen normalerweise zuordnen: Rot für die SPD, Schwarz für die Union, Grün für die Grünen etc. Hier müssen Sie also wieder selbst Hand anlegen.

1 Klicken Sie dazu den Kreis einmal kurz an. Nun ist der gesamte Kreis markiert. Sie möchten aber einer bestimmten Partei, sagen wir, der SPD, eine andere Farbe zuordnen.

2 Klicken Sie deshalb nun auf das Segment mit dem Wert für die SPD.

3 Jetzt ist genau dieser eine Wert markiert. Nun klicken Sie mit der rechten Maustaste auf den Datenpunkt und wählen mit der linken Maustaste *Füllung*.

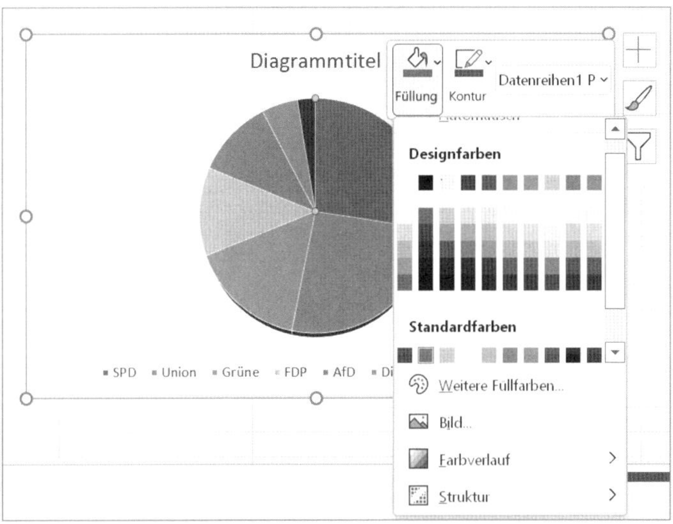

4 In der Kategorie *Füllung* können Sie Ihrer Kreativität jetzt freien Lauf lassen.

Möchten Sie den 3D-Kreis noch etwas drehen oder kippen? Kein Problem!

1 Klicken Sie mit der rechten Maustaste auf das Diagramm, und wählen Sie *3D-Drehung*.

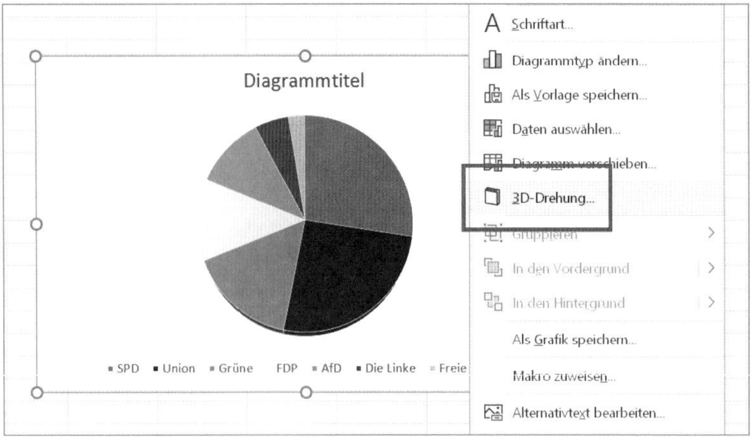

2 Ein Fenster tut sich rechts auf. In der Kategorie *3D-Drehung* können Sie das Diagramm z. B. mehr in die y-Richtung kippen, indem Sie bei *Y:* zum Beispiel den Wert *30* eintragen, oder in x-Richtung drehen, indem Sie einen festen Winkel eintragen oder die Winkel mithilfe der kleinen Dreiecke hochzählen.

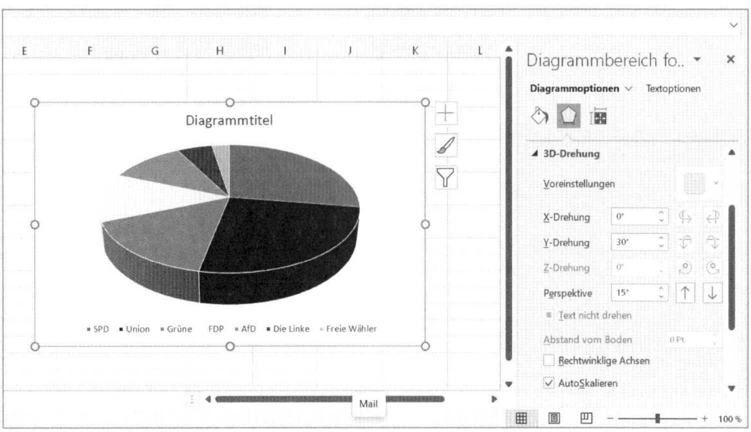

Zum Schluss erstellen wir, wie an Wahlabenden so üblich, eine Gewinn-/Verlust-Grafik der Parteien. Wir vergleichen also die Wahl 2021 mit der von 2017.

Dazu subtrahieren wir die Prozentzahlen der beiden Jahre in einer weiteren Spalte und markieren diese neue Spalte und die, in denen die Parteinamen stehen.

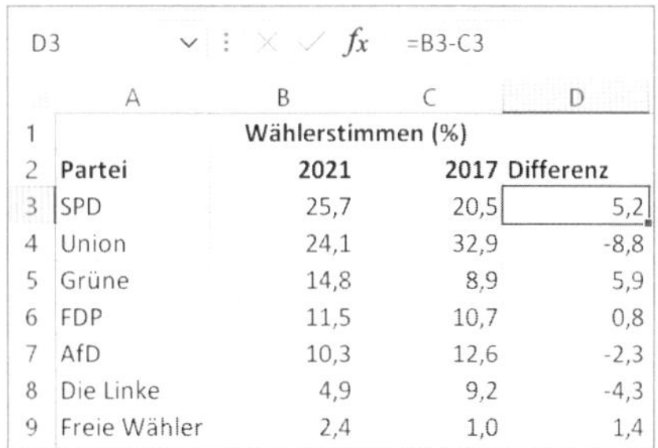

	A	B	C	D
1		Wählerstimmen (%)		
2	Partei	2021	2017	Differenz
3	SPD	25,7	20,5	5,2
4	Union	24,1	32,9	-8,8
5	Grüne	14,8	8,9	5,9
6	FDP	11,5	10,7	0,8
7	AfD	10,3	12,6	-2,3
8	Die Linke	4,9	9,2	-4,3
9	Freie Wähler	2,4	1,0	1,4

Wählen Sie nun über das Menü *Einfügen* das Symbol für die Balkengrafik.

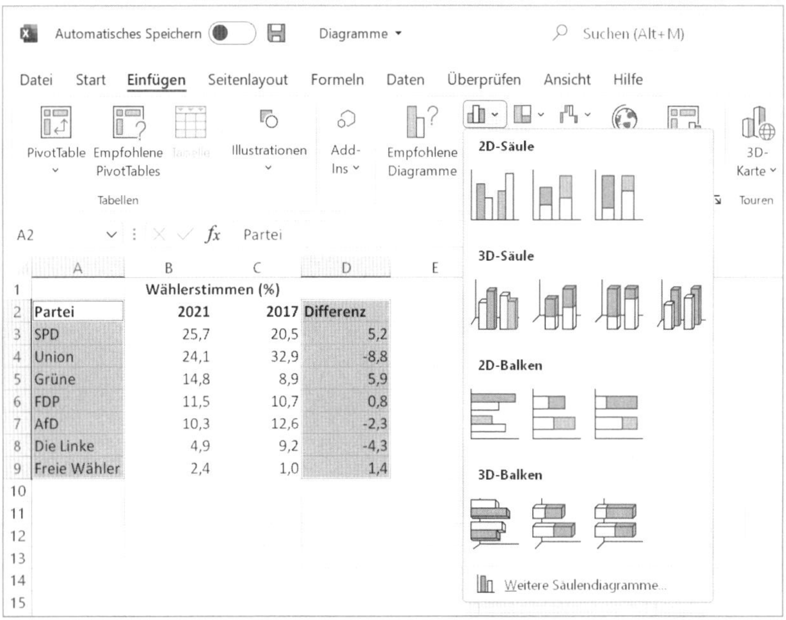

Zugegeben, das Ergebnis überzeugt noch nicht ganz:

Zum einen stört, dass die Balken über den Parteinamen liegen, was die Lesbarkeit sehr einschränkt. Zum anderen wäre es auch gut, wenn die Nullpunktlinie kräftiger hervorgehoben wäre.

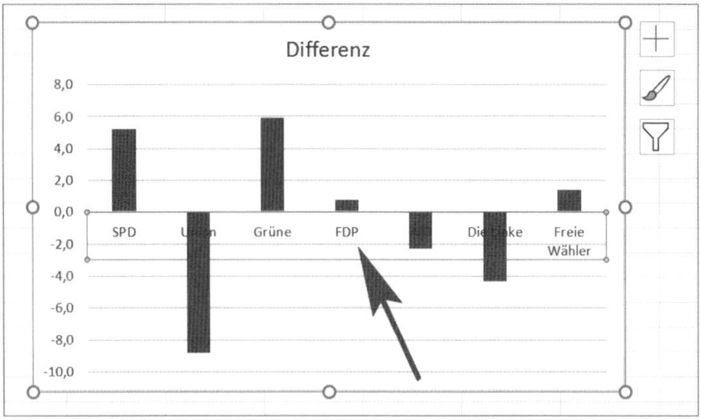

Aber Excel wäre nicht Excel, wenn man das nicht ändern könnte. Machen Sie zunächst einen Doppelklick in Ihr Diagramm. Auf der rechten Seite erscheint nun eine große Fläche mit entsprechenden Kommandos. Klicken Sie nun auf einen der Parteinamen. Damit markieren Sie alle Parteinamen oder, genauer, die x-Achse.

Nun können Sie auf der rechten Seite die umrandeten Einstellungen vornehmen, um die x-Achse kräftiger werden zu lassen. Als Nächstes wählen Sie das Symbol *Achsenoptionen*, um die Beschriftung der Achse, also die Parteinamen, nach unten zu platzieren.

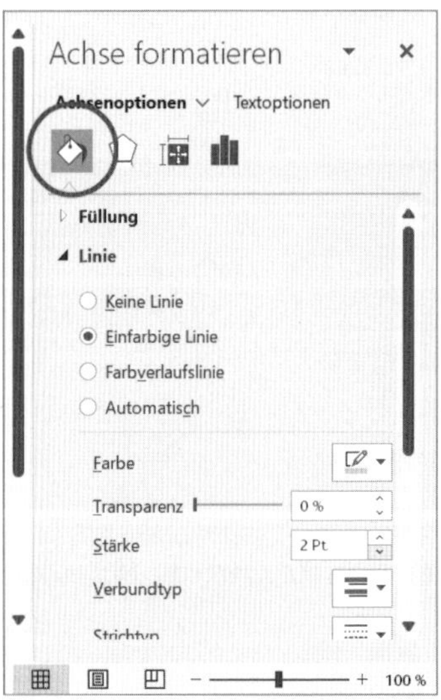

Nun sollte das Ganze sehr viel professioneller aussehen:

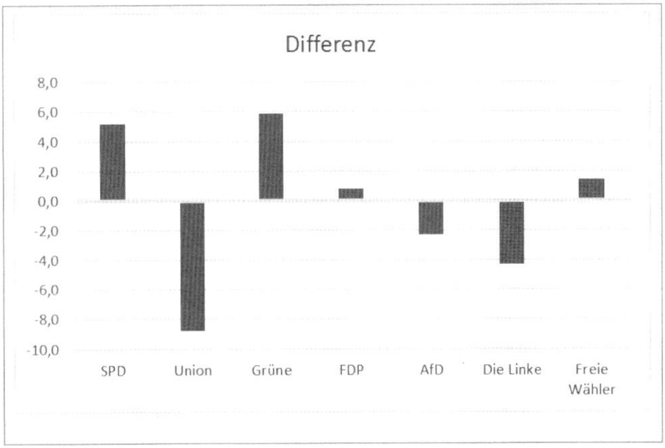

Schließlich möchten Sie sich vielleicht im Diagramm auch noch die einzelnen Werte anzeigen lassen. Am einfachsten geht das mithilfe von Schnelllayouts, die Sie auf der bei ausgewähltem Diagramm eingeblendeten Registerkarte *Diagrammentwurf* sehen. Bewegen Sie dort unter der Schaltfläche *Schnelllayout* den Mauszeiger auf ein Layout, um den Effekt direkt im Diagramm zu sehen.

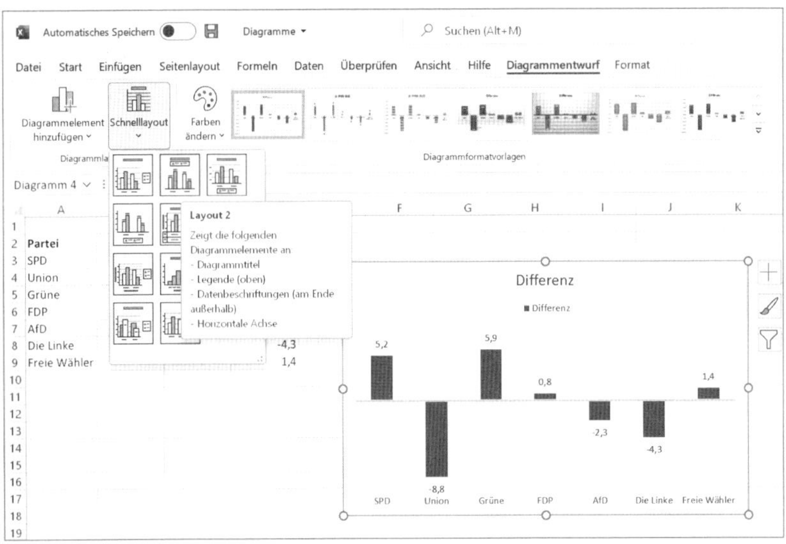

4.7 Grafische Darstellungen in der Wissenschaft

Grafische Darstellung von Häufigkeitsverteilungen

Eine klassische Häufigkeitsverteilung ist die Gauß-sche Normalverteilung, die sich mit der Gleichung rechts berechnen lässt.

$$\varphi(x) = \frac{1}{\sqrt{2\cdot\pi}} e^{-\frac{1}{2}x^2}$$

B2 =(1/WURZEL(2*PI())*EXP(-0,5*A2^2))

	A	B	C	D	E
1	x	phi			
2	-4	0,00013383			
3	-3,7	0,00042478			
4	-3,4	0,00123222			
5	-3,1	0,00326682			
6	-2,8	0,00791545			
7	-2,5	0,0175283			
8	-2,2	0,03547459			
9	-1,9	0,06561581			
10	-1,6	0,11092083			
11	-1,3	0,17136859			
12	-1	0,24197072			
13	-0,7	0,31225393			
14	-0,4	0,36827014			
15	-0,1	0,39695255			
16	0,2	0,39104269			
17	0,5	0,35206533			
18	0,8	0,28969155			
19	1,1	0,21785218			
20	1,4	0,14972747			

Tabelle1 Tabelle2

In Excel kann man eine Wertetabelle erstellen, die man von -4 bis +4 laufen lässt. Die entsprechende Formel sehen Sie in der Bearbeitungszeile der Tabelle.

Nachdem Sie die Tabellenwerte markiert haben, klicken Sie auf das Schnellanalysesymbol und wählen dort *Diagramme*.

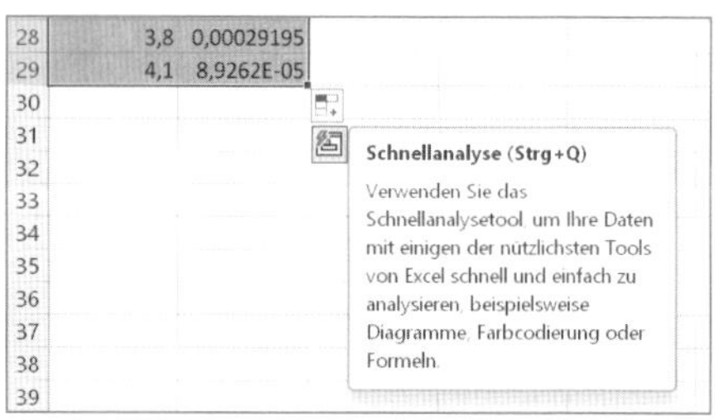

In diesem Fall ist eine Liniengrafik die beste Darstellung für diese Werte, also klicken Sie bei *Diagramme* auf *Linie*.

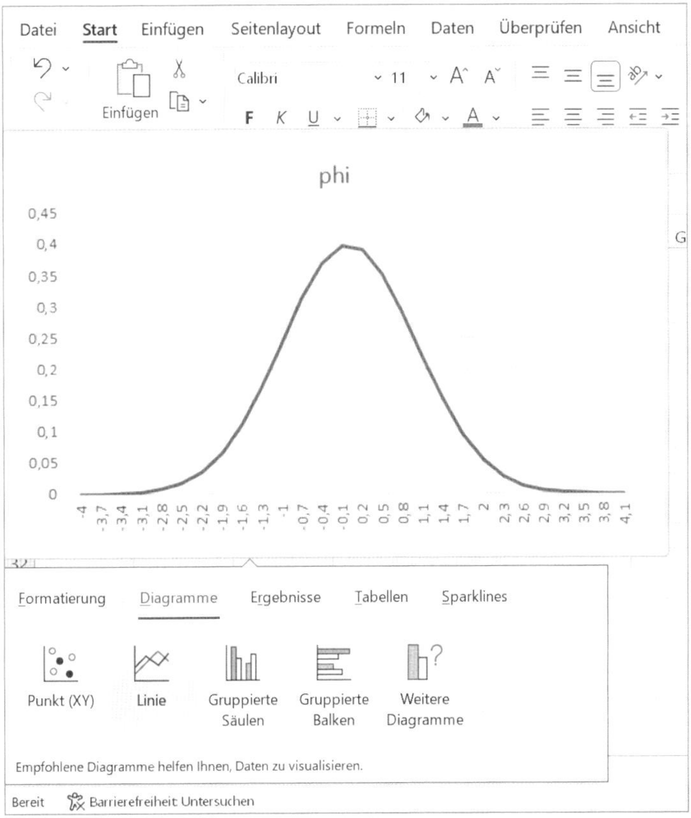

Sie sehen, mit Excel lassen sich nicht nur Geschäftsgrafiken in Form von Balken oder Säulen, sondern auch mathematische Funktionen darstellen.

Eine einfache Gleichung für einen gedämpften harmonischen Oszillator ist:

$$y(x) = e^{-\frac{1}{k1}\cdot x} \cdot \cos(k2 \cdot x)$$

k1 und k2 sind Konstanten. Mit k1 = 5 und k2 = 1,5 könnten Sie sich folgende Wertetabelle anlegen, wobei Sie x von -2 bis +14,20 laufen lassen:

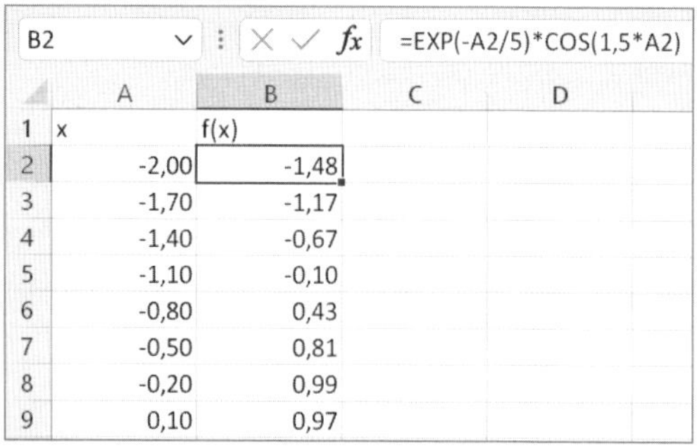

B2 =EXP(-A2/5)*COS(1,5*A2)

	A	B	C	D
1	x	f(x)		
2	-2,00	-1,48		
3	-1,70	-1,17		
4	-1,40	-0,67		
5	-1,10	-0,10		
6	-0,80	0,43		
7	-0,50	0,81		
8	-0,20	0,99		
9	0,10	0,97		

Dann markieren Sie die Wertetabelle und erstellen, wie gerade im Zusammenhang mit der Gaußschen Normalverteilung beschrieben, eine Liniengrafik:

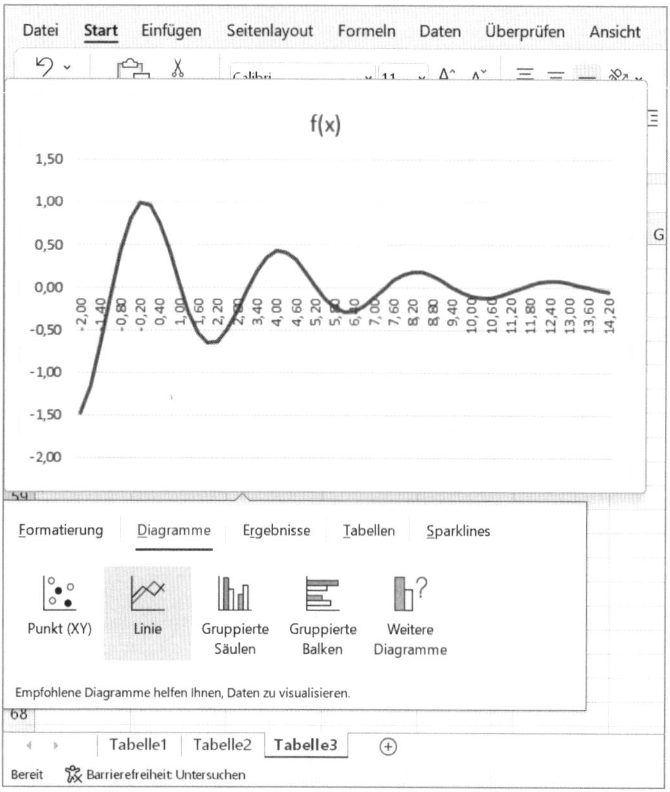

Sie sehen, dass Excel auch im grafischen Bereich in Schule und Universität seine Daseinsberechtigung hat. Aber es kommt noch besser.

Mathematische Funktionen

Geradengleichungen

Schauen wir uns die grafische Darstellung der beiden Funktionen aus dem Solver-Abschnitt von Seite 403 an. Die beiden Funktionen lauten:

$$y_1 = \frac{(6 - 2x)}{-3} \qquad y_2 = \frac{(43 - 3x)}{4}$$

Als Erstes erstellen Sie wie immer eine Wertetabelle, aber das hatten wir beim Solver ja schon gemacht. Lassen Sie diesmal aber die x-Werte von -5 bis +11 laufen, da wir ja schon beim Solver ausgerechnet haben, dass der Schnittpunkt der beiden Geraden bei x = 9 liegen muss.

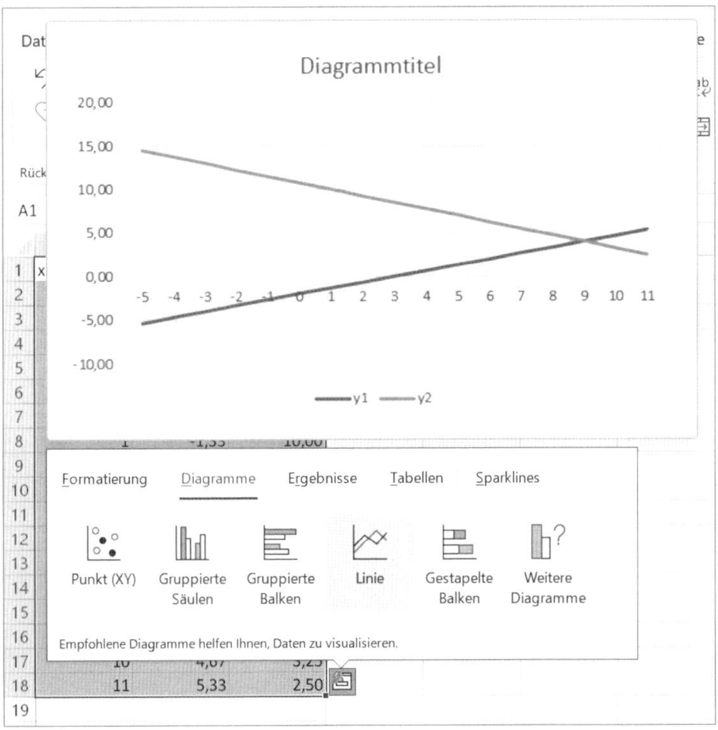

Wählen Sie in der Schnellanalyse eine Liniengrafik aus, und Sie sehen sofort, dass der Solver richtig gerechnet hat. Setzen wir noch eines drauf!

$$f1(x) = x^3 - 30x + 8$$

$$f2(x) = -\frac{3}{5}x^3 + 2x$$

Sie haben die folgenden beiden Funktionen:

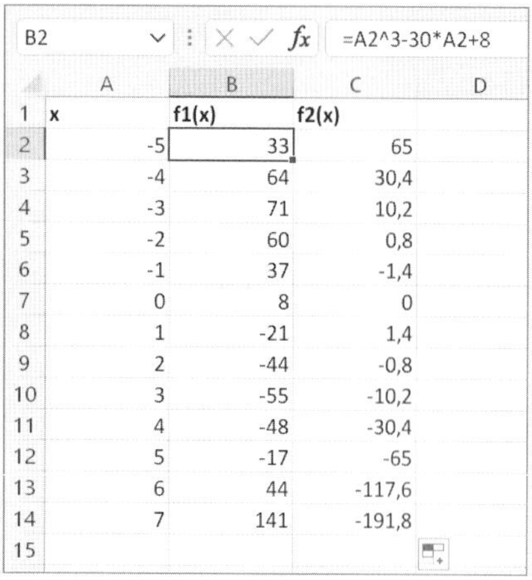

B2 =A2^3-30*A2+8

	A	B	C	D
1	x	f1(x)	f2(x)	
2	-5	33	65	
3	-4	64	30,4	
4	-3	71	10,2	
5	-2	60	0,8	
6	-1	37	-1,4	
7	0	8	0	
8	1	-21	1,4	
9	2	-44	-0,8	
10	3	-55	-10,2	
11	4	-48	-30,4	
12	5	-17	-65	
13	6	44	-117,6	
14	7	141	-191,8	
15				

Wie sehen diese beiden Funktionen grafisch aus? Erster Schritt: Wertetabelle.

Dann markieren Sie alles von A1 bis C14 und wählen im Schnellanalysesymbol erneut *Linie*:

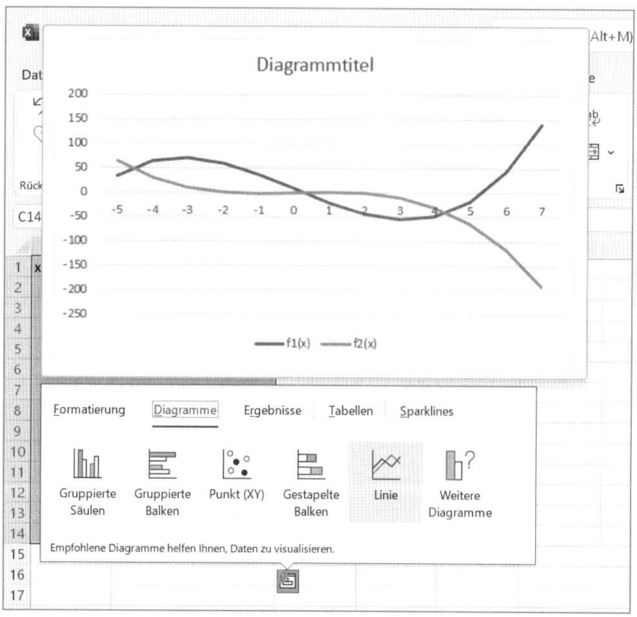

Gleichungen in Parameterdarstellung – Spiralen und andere komplexe Grafiken

In mathematischen Gleichungen der Form y = f(x) nennt man die x-Werte unabhängige Variablen, da sie jeden beliebigen Wert annehmen können, während die y-Werte die abhängigen Variablen sind, denn sie hängen von den x-Werten ab. Nun gibt es aber auch Gleichungen, in denen sowohl die x-Werte als auch die y-Werte von einem dritten Wert abhängen.

Solche Funktionen in Excel darzustellen, ist kein großes Problem. Spätestens bei der grafischen Aufbereitung zeigt sich die Stärke von Excel. Schauen wir uns das Ganze anhand einer Spirale an.

Eine Spirale hat folgende zwei Gleichungen:

$$x = \frac{a \cdot \cos(t)}{t} \quad \text{und} \quad y = \frac{a \cdot \sin(t)}{t}$$

Hier ist t die unabhängige Variable, und x und y sind die abhängigen Variablen. Erster Schritt ist hier auch wieder das Entwickeln einer Wertetabelle. Die Konstante a setzen wir auf a = 1, sodass sich folgende erste Glieder der Wertetabelle ergeben:

B2 fx =COS(A2)/A2

	A	B	C	D
1	t	x	y	
2	0,50	1,76	0,96	
3	1,00	0,54	0,84	
4	1,50	0,05	0,66	
5	2,00	-0,21	0,45	
6	2,50	-0,32	0,24	
7	3,00	-0,33	0,05	
8	3,50	-0,27	-0,10	

Wählen Sie für t (Spalte A) eine Schrittweite von 0,5, und lassen Sie t von t = 0,5 bis t = 23 gehen. Um jetzt eine Grafik zu erzeugen, müssen wir etwas anders vorgehen als bisher. Wir brauchen nur die x- und y-Werte, die gegeneinander aufgetragen werden müssen. Die t-Werte würden stören.

Sie markieren also nur die Werte in Spalte B und C. Wenn Sie jetzt über das Schnellanalysesymbol in die *Diagramme* gehen, sehen Sie zwei Möglichkeiten: Linien und Punkte. *Linie* auszuwählen scheint aber nicht richtig, denn wir erwarten doch eigentlich eine Spirale und keine zwei getrennten Kurven.

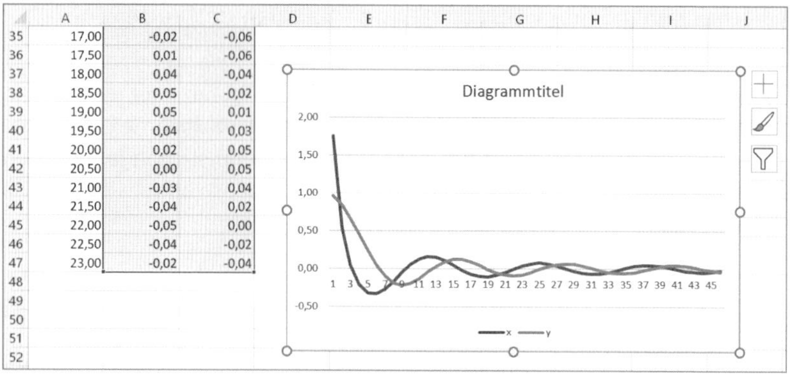

Die Erklärung ist einfach: Eine Linie trägt die y-Werte gegen Standardwerte auf der x-Achse so auf, als hätten wir die Spalte A der Wertetabelle mit markiert. In unserem Fall muss Excel aber den einen Wert (x-Wert) gegen den anderen Wert (y-Wert) auftragen, und das kann Excel nur, wenn Sie den Diagrammtyp *Punkt(X/Y)* auswählen.

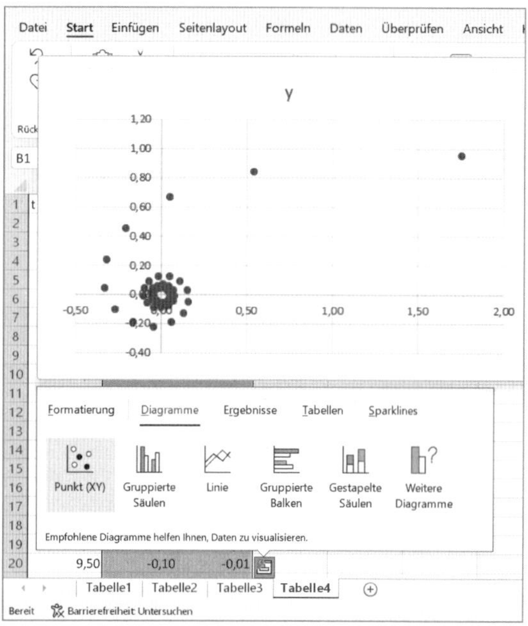

Das sieht jetzt schon eher nach einer Spirale aus, also nehmen wir diesen Diagrammtyp.

Damit aus den einzelnen Punkten eine geschlossene Kurve wird, wählen Sie danach unter *Diagrammentwurf* das Symbol *Diagrammtyp ändern.*

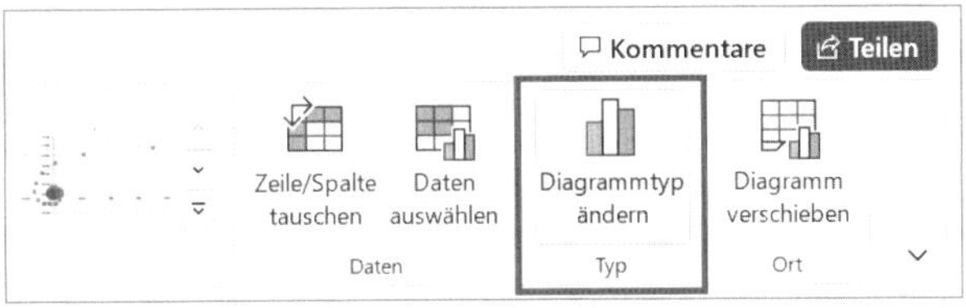

Im folgenden Fenster wählen Sie das Symbol *Punkte mit interpolierten Linien* (siehe Bild).

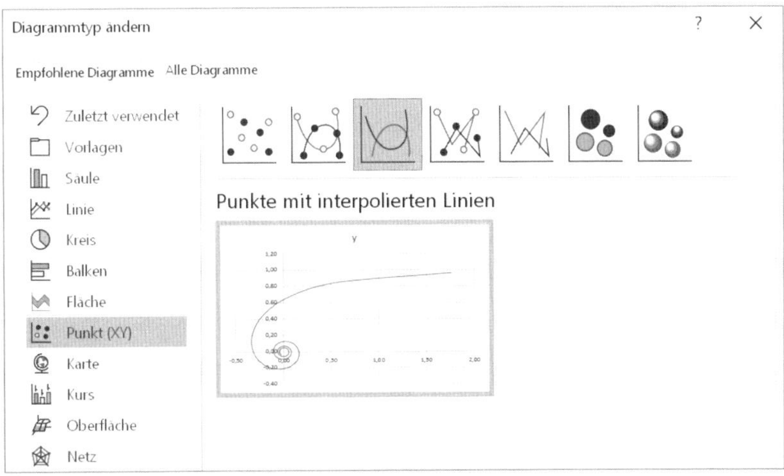

Und nun haben Sie die Spirale, wie Sie sie kennen.

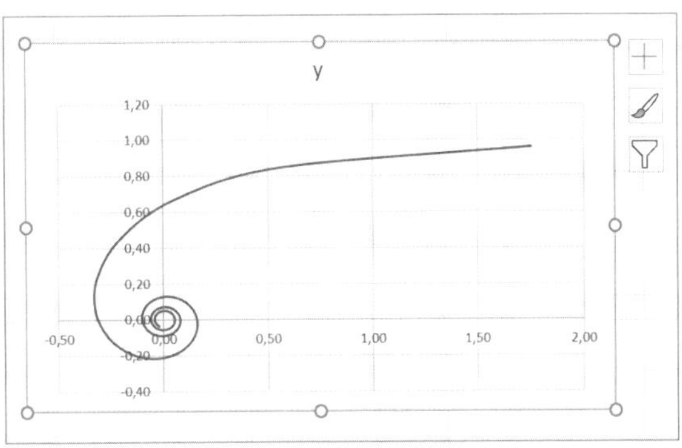

4.8 Komplexe Zusammenfassungen – Pivot-Tabellen

Wann immer Sie große Zahlenberge zusammenfassen müssen, werden Sie die Pivot-Tabellen zu schätzen wissen.

Große Datenmengen schnell zusammenfassen

Am besten schauen wir uns wieder alles anhand eines Beispiels an.

Ihr Teegeschäft hat inzwischen vier Läden. Und zwar in Fürth, Frankfurt, Dresden und München. Vier spezielle Tees bieten Sie dort den Kunden an und haben die verkauften Mengen des Jahres 2021 in einer Excel-Tabelle zusammengefasst.

	A	B	C	D
1	Filiale	Teesorte	Verkauf (kg)	Quartal
2	Fürth	Kamillentee	9,6	1
3	Frankfurt	Kamillentee	0,7	1
4	Dresden	Kamillentee	7,3	1
5	München	Kamillentee	2,6	1
6	Fürth	Kamillentee	6,4	2
7	Frankfurt	Kamillentee	3,2	2
8	Dresden	Kamillentee	4,6	2
9	München	Kamillentee	6,8	2
10	Fürth	Kamillentee	9,2	3
11	Frankfurt	Kamillentee	1,8	3
12	Dresden	Kamillentee	3,5	3
13	München	Kamillentee	3,9	3
14	Fürth	Kamillentee	2,8	4
15	Frankfurt	Kamillentee	3,1	4
16	Dresden	Kamillentee	5,5	4
17	München	Kamillentee	7,5	4
18				

Die Abbildung zeigt, dass Sie nur eine Teesorte (Kamillentee) anbieten, aber das genügt, um Pivot-Tabellen erst einmal prinzipiell kennenzulernen.

Sie haben nun viele Fragen an Ihre Tabelle: Welche Filiale hat am meisten Tee verkauft, oder in welchem Quartal wurde am meisten Tee verkauft?

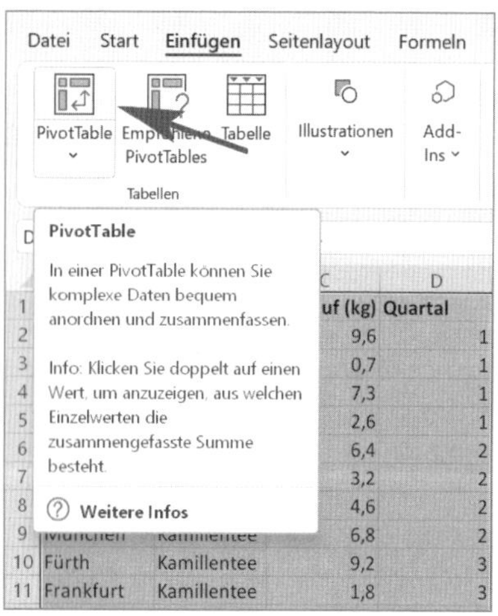

Als Erstes markieren Sie alle Werte der Tabelle, die Sie zu einer Pivot-Tabelle zusammenfassen möchten. In unserem Fall sind das die Zellen A1 bis D17.

In manchen Fällen ist das Markieren nicht nötig. Haben Sie zum Beispiel keine Leerzeilen in Ihrer Tabelle, genügt es, ein Feld der Tabelle anzuklicken, und Excel erkennt den Rest der Tabelle allein. Doch sobald eine Leerzeile in Ihrer Tabelle ist, wird Excel nur bis zu dieser Leerzeile die Werte zusammenfassen, deshalb empfehle ich, die Tabelle immer zu markieren. Das ist nie falsch.

Als Nächstes wählen Sie die Registerkarte *Einfügen* und darin in der Gruppe *Tabellen* den oberen Teil der Schaltfläche *PivotTable.*

Im nun geöffneten Fenster wird der markierte Bereich angezeigt. Andernfalls können Sie diesen nun angeben oder auch eine externe Datenquelle verwenden.

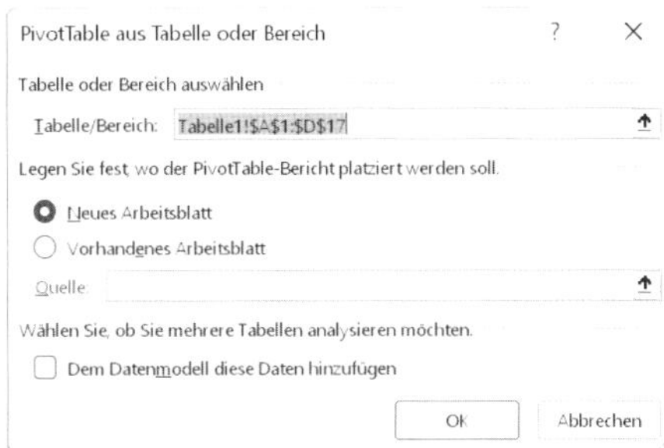

Da Sie den Bereich vorher schon markiert hatten, müssen Sie zunächst in diesem Fenster nichts mehr tun.

Auch soll die Pivot-Tabelle auf ein neues Arbeitsblatt und nicht in das Arbeitsblatt, in dem auch die Ausgangswerte stehen. Also bestätigen Sie das Ganze mit einem Klick auf *OK*.

Excel hat nun ein neues Tabellenblatt in Ihre Mappe eingefügt. Auf der rechten Seite des neuen Tabellenblatts sehen Sie die Liste der Felder Ihrer Ausgangstabelle.

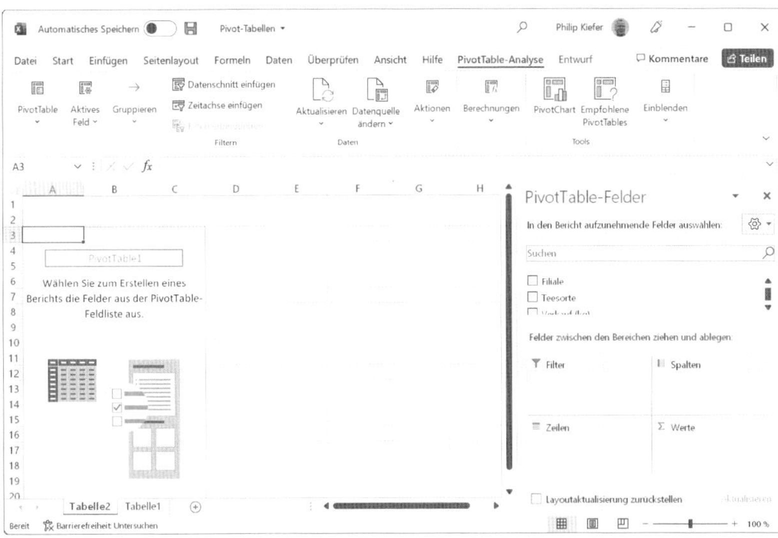

Excel benutzt immer die erste Zeile des markierten Bereichs für die Überschriften. Sie sollten sich also angewöhnen, stets jede Spalte mit einer passenden Überschrift zu versehen. Wenn Sie zunächst einmal den Bereich mit der Feldliste größer machen wollen, um ihn besser bearbeiten zu können, gehen Sie einfach auf den linken Rahmen des Teilfensters und ziehen diesen Rahmen nach links.

Im Bereich der Feldliste erwartet Excel nun von Ihnen eine Aufteilung dieser Felder in Zeilen und Spalten, damit Excel die gewünschte Zusammenfassung erstellen kann.

Sie möchten vielleicht wissen, welche Filiale im Jahr 2021 am meisten Tee verkauft hat. Dazu setzen Sie zunächst das Häkchen vor *Filiale*. Excel fügt nun dieses Feld in den Bereich *Zeilen* ein und zeigt Ihnen schon mal die Filialen als Zeilen im Tabellenblatt.

Die verkauften Kilogramm Tee (*Verkauf*) sollen nun pro Filiale zusammengefasst werden. Deshalb ziehen Sie dieses Feld mit der Maus einfach in den Bereich *Werte*.

Und schon zeigt Ihnen Excel, welche Filialen 2021 wie viel Tee verkauft haben.

	A	B	C
1			
2			
3	**Zeilenbeschriftungen**	**Summe von Verkauf (kg)**	
4	Dresden	20,9	
5	Frankfurt	8,8	
6	Fürth	28	
7	München	20,8	
8	**Gesamtergebnis**	**78,5**	
9			
10			

Nehmen wir nun eine etwas längere Tabelle mit mehreren verschiedenen Teesorten.

Ein kleiner Ausschnitt einer solchen umfangreichen Tabelle könnte so aussehen:

	A	B	C	D
1	**Filiale**	**Teesorte**	**Verkauf (kg)**	**Quartal**
2	Fürth	Jasmintee	9,6	1
3	Frankfurt	Jasmintee	0,7	1
4	Dresden	Pfefferminztee	7,3	1
5	München	Jasmintee	2,6	1
6	Fürth	Pfefferminztee	6,4	1
17	München	Entspannung pur	7,5	1
18	Fürth	Jasmintee	9,6	1
19	Frankfurt	Jasmintee	0,7	1
20	Dresden	Pfefferminztee	7,3	1
45	München	Pfefferminztee	3,9	1
46	Fürth	Kamillentee	2,8	1
47	Frankfurt	Entspannung pur	3,1	2
48	Dresden	Jasmintee	5,5	2
49	München	Entspannung pur	7,5	2
50	Fürth	Jasmintee	9,6	2

Das erhalten Sie ...

	A	B
1		
2		
3	**Zeilenbeschriftungen**	**Summe von Verkauf (kg)**
4	**Dresden**	**83,6**
5	Jasmintee	54,4
6	Pfefferminztee	29,2
7	**Frankfurt**	**35,2**
8	Entspannung pur	32,4
9	Jasmintee	2,8
10	**Fürth**	**112**
11	Jasmintee	38,4
12	Kamillentee	48
13	Pfefferminztee	25,6
14	**München**	**83,2**
15	Entspannung pur	30
16	Jasmintee	10,4
17	Pfefferminztee	42,8
18	**Gesamtergebnis**	**314**

... bei diesen Einstellungen

Hier wurden wieder die verkauften Teemengen in den Bereich *Werte* geschoben, sodass Excel diese Werte wieder summiert.

Sie erhalten die Menge der verschiedenen Teesorten jeder einzelnen Filiale zugeordnet.

Möchten Sie nun vielleicht die Werte so zusammengefasst haben, dass die Teesorten als Spaltenüberschriften fungieren? Kein Problem! Ziehen Sie die Teesorten im Bereich *PivotTable-Zeilen* einfach in den Bereich *Spalten*.

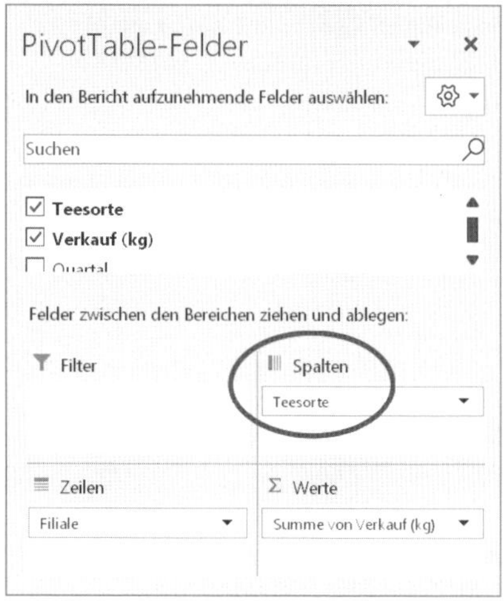

Das Ergebnis der Einstellungen würde so aussehen wie die Abbildung unten.

	A	B	C	D	E	F
1						
2						
3	**Summe von Verkauf (kg)**	**Spaltenbeschriftungen**				
4	**Zeilenbeschriftungen**	**Entspannung pur**	**Jasmintee**	**Kamillentee**	**Pfefferminztee**	**Gesamtergebnis**
5	Dresden		54,4		29,2	83,6
6	Frankfurt	32,4	2,8			35,2
7	Fürth		38,4	48	25,6	112
8	München	30	10,4		42,8	83,2
9	**Gesamtergebnis**	**62,4**	**106**	**48**	**97,6**	**314**
10						

TIPP

Feldplatzierungen in Pivot-Tabellen

Sie können die Felder über die entsprechenden Häkchen im Fenster in den richtigen Bereich setzen, Sie können das aber auch über das Ziehen der Felder machen. Ich persönlich finde das Ziehen nachvollziehbarer, denn dann weiß man sofort, was man erreicht hat.

Im Bereich *Werte* stehen die Elemente, die zusammengefasst werden sollen. Meist werden dort Summen gebildet. Nun kann es aber sein, dass Sie statt einer Summe einen anderen Wert bilden möchten, etwa die Anzahl der Verkäufe.

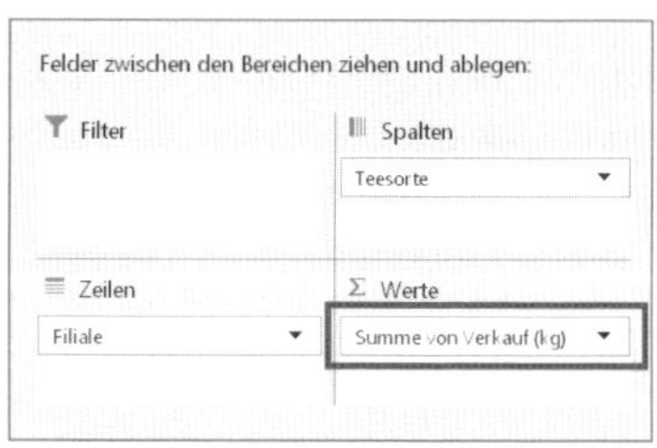

Klicken Sie in diesem Fall im Bereich *Werte* auf *Summe von Verkauf (kg)*.

Nun klappt ein Menü auf, in dem Sie *Wertfeldeinstellungen* anklicken.

Sie erhalten diese *Wertfeldeinstellungen* auch durch einen Klick mit der rechten Maustaste auf ein Feld der *Werte* in der Pivot-Tabelle.

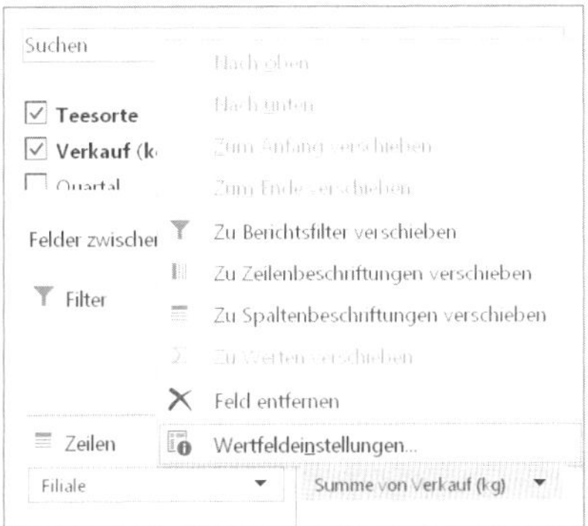

Nun brauchen Sie nur noch *Anzahl* auszuwählen und auf *OK* zu klicken.

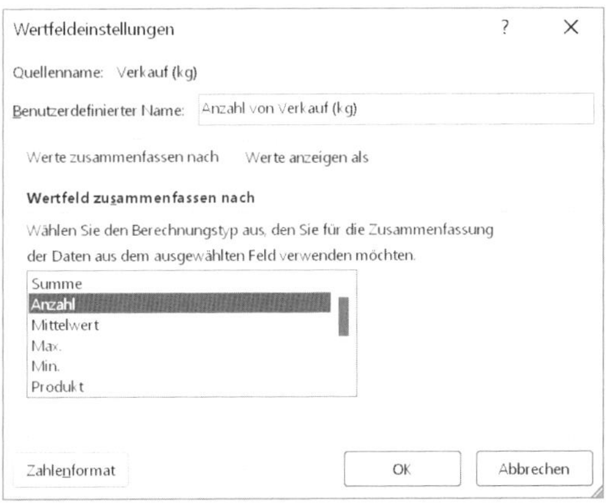

Sie können nachträglich die Inhalte der drei Bereiche beliebig miteinander vertauschen. Excel wird sofort eine neue Zusammenfassung erstellen.

Daran können Sie nun auch sehen, woher der Name Pivot-Tabelle kommt und was das eigentlich zu bedeuten hat. Das Wort »Pivot« entstammt dem englischen Wort »Pivot« und bedeutet »Dreh- und Angelpunkt«. Um einen Pivot-Punkt dreht sich also alles, genau wie um die Feldelemente in einer Pivot-Tabelle, um die herum sich die Werte beliebig anordnen lassen.

Das Interessante an Pivot-Tabellen ist auch, dass an Ihrer ursprünglichen Tabelle nichts geändert wurde. So können Sie dort jederzeit Werte verändern, und Excel wird diese Werte in der Pivot-Tabelle neu zusammenfassen.

Nehmen wir an, in der Filiale Frankfurt wurde vom Jasmintee nicht 0,7 kg verkauft, sondern 70 kg. Diesen Wert ändern Sie jetzt ...

	A	B	C	D
1	Filiale	Teesorte	Verkauf (kg)	Quartal
2	Fürth	Jasmintee	9,6	1
3	Frankfurt	Jasmintee	70	1
4	Dresden	Pfefferminztee	7,3	1
5	München	Jasmintee	2,6	1

... und sehen mit Erstaunen, dass sich die Pivot-Tabelle nicht geändert hat. Es findet also anscheinend keine automatische Neuberechnung statt, wie wir es bisher gewohnt waren.

Richtig! Das Erstellen einer Pivot-Tabelle mit wirklich sehr großen und unübersichtlichen Tabellen kann durchaus einige Zeit beanspruchen. Wenn nun aber nach jedem neuen Eintrag automatisch eine erneute Berechnung stattfinden würde, wären Pivot-Tabellen extrem langsam. Deshalb wird erst dann eine Aktualisierung stattfinden, wenn Sie auf ein entsprechendes Symbol klicken.

Ändern Sie also erst einmal alle Werte. Gehen Sie dann in Ihre Pivot-Tabelle, und klicken Sie in irgendein Feld dieser Pivot-Tabelle. Nun erhalten Sie den Reiter *PivotTable-Analyse*.

Klicken Sie auf dieser Registerkarte in der Gruppe *Daten* auf *Aktualisieren*. Schon haben Sie die Auswertung mit den aktualisierten Werten.

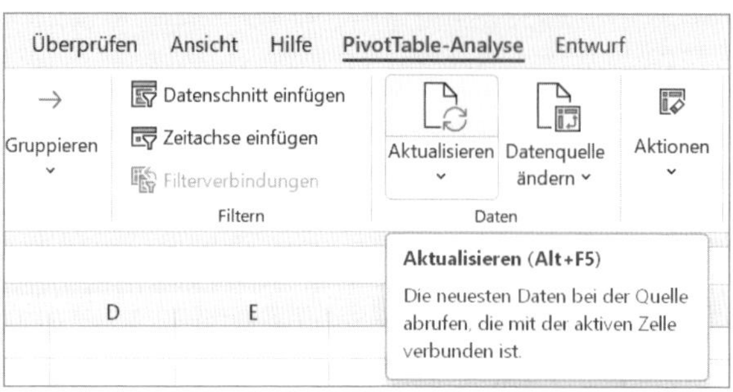

Ihre Pivot-Tabelle ist bisher gänzlich unformatiert. Sie können sie aber jederzeit mit den bisher bereits besprochenen Elementen formatieren.

Im bereits kennengelernten Fenster *Wertfeldeinstellungen* können Sie den Zahlen der Pivot-Tabelle Formate zuordnen.

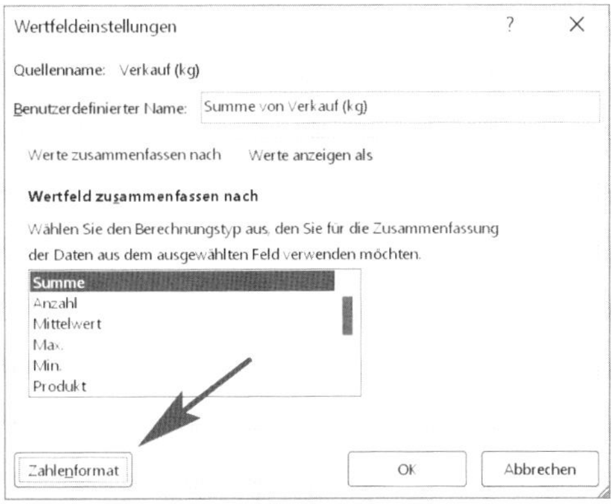

Durch Klick auf *Zahlenformat* kommen Sie in das schon sehr bekannte Fenster zum Formatieren von Zellen.

Eines darf an dieser Stelle aber nicht verschwiegen werden: Sie können mit Pivot-Tabellen irrsinnig komplexe Zusammenfassungen errechnen lassen. Doch je mehr Werte erfasst werden müssen, und je komplexer Ihre Fragestellung ist, desto länger kann das Errechnen der Pivot-Tabelle dauern.

Wenn Sie dann noch fröhlich die Felder hin- und herschieben, kann es ganz schön lästig sein, wenn Excel nach jedem Austausch der Felder alles neu ausrechnet. Aus diesem Grund gibt es in der Pivot-Tabellen-Feldliste ganz unten ein Symbol, mit dem Sie Excel veranlassen, erst einmal das Layout nicht neu zu erstellen.

Durch Klick auf *Layoutaktualisierung zurückstellen* wird Excel so lange mit der Neuberechnung warten, bis Sie mit dem Verschieben der Felder fertig sind und auf das Symbol *Aktualisieren* rechts davon geklickt haben.

Dieses Aktualisieren hat aber nur etwas mit dem Layout zu tun. Die Werte werden damit nicht aktualisiert.

Möchten Sie nun noch wissen, wie viel Prozent des Gesamtteeverkaufs auf die einzelnen Sorten entfallen sind? Mit Pivot kein Problem (die Filiale Frankfurt verkauft wieder nur 0,7 kg Jasmintee).

1 Klicken Sie auf ein Feld Ihrer Pivot-Tabelle, und ziehen Sie dann das Feld *Verkauf* ein zweites Mal in den *Werte*-Bereich (das können Sie so oft tun, wie Sie wollen).

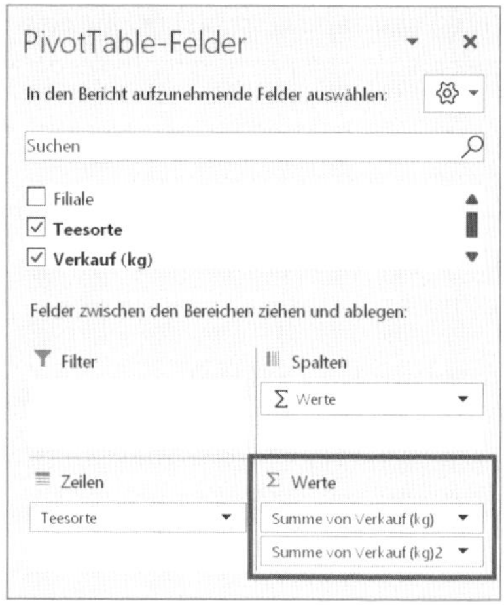

2 Als Nächstes klicken Sie mit der rechten Maustaste auf eines der Felder, in denen Sie die Prozentzahlen berechnet haben möchten. Wählen Sie *Wertfeldeinstellungen*.

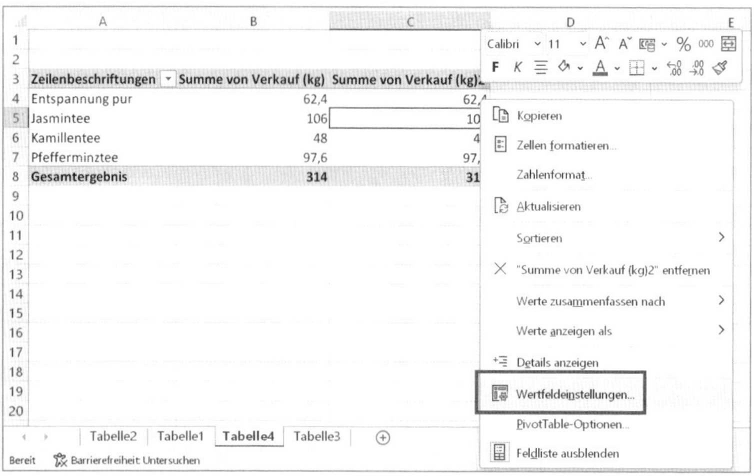

3 In dem neuen Fenster gehen Sie auf die Registerkarte *Werte anzeigen als* und öffnen das Listenfeld.

4 Dort haben Sie das, was Sie suchen: *% des Gesamtergebnisses.*

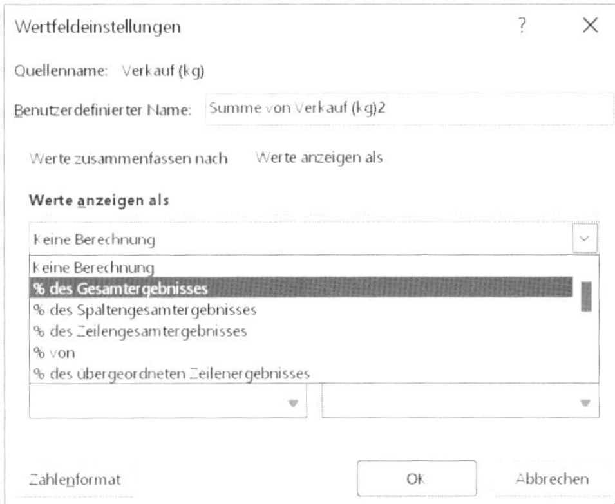

Und schon haben Sie die verkauften Mengen auch in den entsprechenden Prozentzahlen.

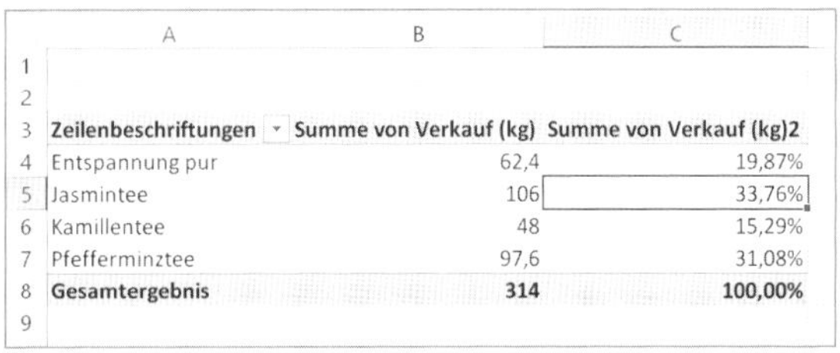

	A	B	C
1			
2			
3	**Zeilenbeschriftungen**	**Summe von Verkauf (kg)**	**Summe von Verkauf (kg)2**
4	Entspannung pur	62,4	19,87%
5	Jasmintee	106	33,76%
6	Kamillentee	48	15,29%
7	Pfefferminztee	97,6	31,08%
8	**Gesamtergebnis**	**314**	**100,00%**
9			

Nun müssen Sie nur noch die Überschrift anpassen und formatieren. Aber das hatten wir schon weiter oben besprochen.

4.9 Nachträgliche Installation von Funktionen & Programmen – Add-ins

Analysefunktionen und Solver

Einige Funktionen – vor allem Funktionen, von denen Microsoft annimmt, dass sie zwar sehr hilfreich sind, aber nicht täglich gebraucht werden – wurden bei Excel 2021 in sogenannte Add-ins integriert. Hat man nun sein Office-Paket standardmäßig installiert und nicht benutzerdefiniert, werden diese Add-ins vorerst nicht mit installiert. Aber man kann sie sehr leicht nachträglich in Excel einbinden.

Was also müssen Sie tun, um solche Add-ins nachträglich einbinden zu können?

1 Wählen Sie im Menüband von Excel den Reiter *Datei* und klicken Sie anschließend auf *Optionen*.

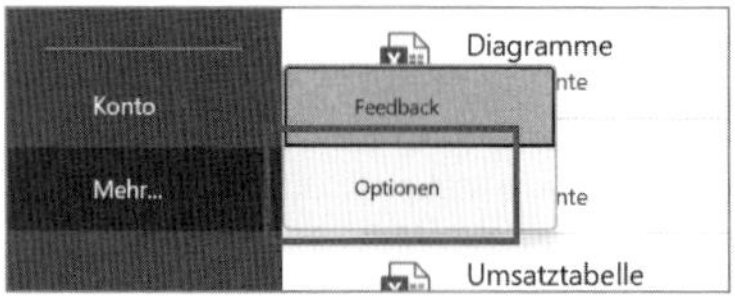

2 Im folgenden Fenster wählen Sie links die Kategorie *Add-Ins*. Im Bereich *Verwalten* versichern Sie sich, dass *Excel-Add-Ins* angewählt ist. Klicken Sie dann auf *Los*.

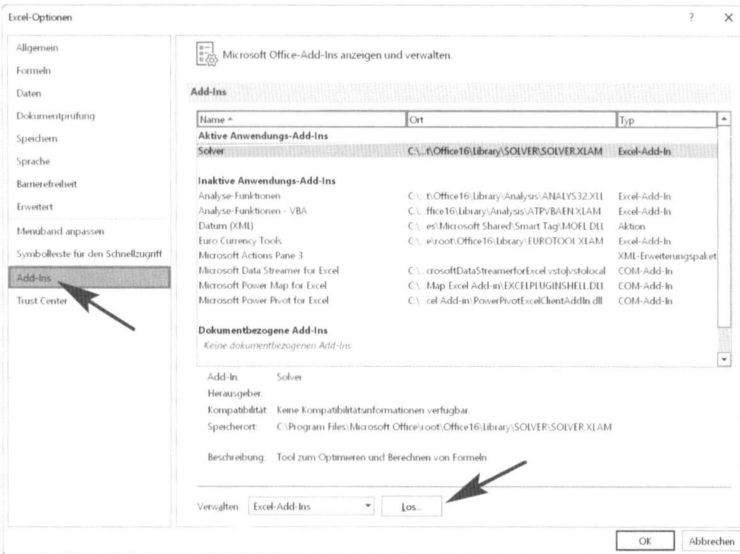

3 Nun erhalten Sie ein Fenster, in dem Sie Excel mitteilen, was Sie zusätzlich installiert haben möchten. Wählen Sie hier z. B. *Analyse-Funktionen* und, falls noch nicht aktiviert, den *Solver*, und bestätigen Sie das Ganze mit *OK*.

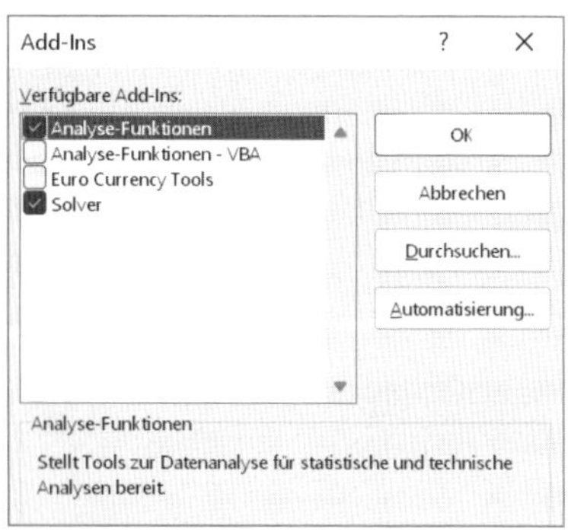

4 Nach wenigen Augenblicken haben Sie auf der Registerkarte *Daten* einen neuen Bereich *Analyse* mit den ausgewählten neuen Funktionen bekommen.

Weitere Add-ins aus dem integrierten Store beziehen TIPP

Eine ganze Reihe weiterer Add-ins finden Sie im integrierten Store. Um diesen zu öffnen, wählen Sie die Registerkarte *Einfügen* und entscheiden sich anschließend in der Gruppe *Add-Ins* für *Add-Ins abrufen*. Achtung: Das klappt nicht im Kompatibilitätsmodus!

4.10 Drucken von Tabellen

Tabelle zum Drucken vorbereiten

Ein Diagramm oder eine Tabelle muss vielleicht irgendwann einmal ausgedruckt werden. Ein vollkommen papierloses Büro wird es wahrscheinlich in nächster Zukunft noch nicht geben, aber mit Unterstützung von Excel können Sie auf Probeausdrucke weitestgehend verzichten und zunächst erst einmal am Bildschirm sehen, wie Ihre Tabelle oder Ihr Diagramm dann später auf dem Papier aussehen wird. Dazu brauchen Sie erst einmal die Seitenansicht.

Die Seitenlayoutansicht

Die Seitenlayoutansicht zeigt Ihnen Ihre Excel-Tabelle oder Ihr Diagramm, wie es dann wirklich auf Ihrem Papier aussehen wird. Um diese Ansicht aufzurufen, wählen Sie die Registerkarte *Ansicht* und dann die Schaltfläche *Seitenlayout*.

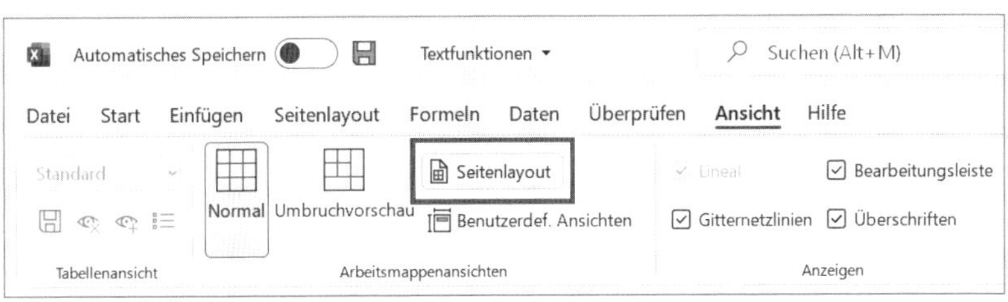

Und schon sehen Sie Ihre Tabelle, wie sie auf einer ausgedruckten Seite dargestellt werden würde, allerdings mit den beim Ausdruck standardmäßig unsichtbaren Gitternetzlinien.

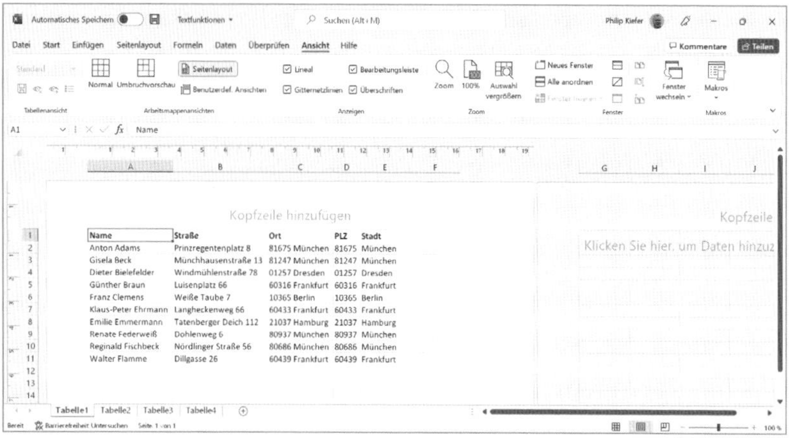

Um zur Druckansicht zu gelangen und schließlich den Ausdruck zu starten, wählen Sie *Datei* und dann *Drucken*. Die Menüpunkte auf der linken Seite der Druckansicht werden wir etwas später in diesem Abschnitt noch ausführlich besprechen.

Wenn Ihre Tabelle sehr umfangreich ist, also mehrere Seiten umfasst, gelangen Sie mit dem Rädchen an Ihrer Maus oder mit den beiden Tasten Bild ↑/Bild ↓ auf der Tastatur zur entsprechenden Seite und zurück.

Ganz rechts unten, man könnte es fast übersehen, finden Sie das Symbol *Seitenränder anzeigen*, über das Sie die Seitenränder einblenden können.

Wenn sich zum Beispiel nur noch eine einzige Spalte auf der zweiten Seite befindet, können Sie versuchen, die anderen Spalten oder Seitenränder so zu verändern, dass diese eine Spalte doch noch auf die Seite passt.

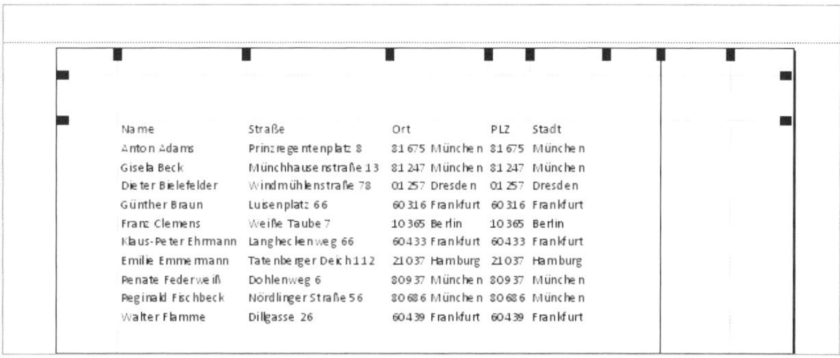

Name	Straße	Ort	PLZ	Stadt
Anton Adams	Prinzregentenplatz 8	81675 München	81675	München
Gisela Beck	Münchhausenstraße 13	81247 München	81247	München
Dieter Bielefelder	Windmühlenstraße 78	01257 Dresden	01257	Dresden
Günther Braun	Luisenplatz 66	60316 Frankfurt	60316	Frankfurt
Franz Clemens	Weiße Taube 7	10365 Berlin	10365	Berlin
Klaus-Peter Ehrmann	Langheckenweg 66	60433 Frankfurt	60433	Frankfurt
Emilie Emmermann	Tatenberger Deich 112	21037 Hamburg	21037	Hamburg
Renate Federweiß	Dohlenweg 6	80937 München	80937	München
Reginald Fischbeck	Nördlinger Straße 56	80686 München	80686	München
Walter Flamme	Dillgasse 26	60439 Frankfurt	60439	Frankfurt

Gehen Sie dazu entweder auf den Seitenrand oder im oberen Teil auf einen der dunklen Spaltenbegrenzer. Ihr Mauszeiger wird dann zu einem schwarzen Strich mit zwei Pfeilen. Ziehen Sie jetzt einfach die Spalten kleiner, und sobald eine Spalte der nächsten Seite auf diese Seite passt, wird Excel sie automatisch dorthinschieben.

So können Sie nachträglich in der Seitenansicht die Spalten Ihrer Tabelle noch verändern. Zurück in Ihre Tabelle gelangen Sie mit dem Pfeil oben links.

Große Tabellen drucken

Bei großen Tabellen werden beim Ausdruck in der Regel mehrere Seiten benötigt. Damit aber jederzeit ein eindeutiger Bezug zur entsprechenden Tabelle hergestellt werden kann, sollte man die einzelnen Seiten nicht nur mit einer Seitennummerierung, sondern auch mit einer Kopf- oder Fußzeile versehen.

Papierformat

In der Seitenansicht können Sie bei *Seite einrichten* unter anderem auch eine Kopf- und eine Fußzeile einrichten. Aber hier wird noch mehr geboten, deshalb schauen wir uns dieses Fenster etwas ausführlicher an.

Wenn Sie auf *Seite einrichten* klicken, öffnet sich folgendes Fenster:

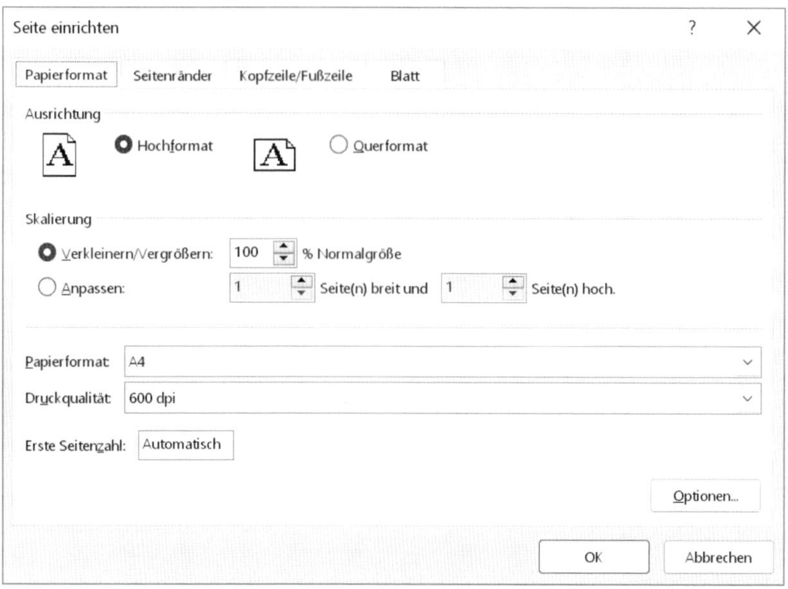

Zu Hoch- und Querformat muss sicher nichts mehr gesagt werden. Interessant ist aber im mittleren Bereich die Skalierung. Hier können Sie eine Tabelle in der 100-%-Normalgröße verkleinern oder vergrößern, indem Sie eine andere Prozentzahl in das Feld eingeben.

Damit verkleinern Sie die gesamte Tabelle, auch die Schriftart wird entsprechend verringert. Interessant ist dieser Punkt deshalb, weil es dadurch recht einfach gelingt, eine Zeile oder Spalte, die sonst eine zweite Seite erfordern würde, noch auf die erste Seite zu rücken.

Auch das Anpassen auf eine bestimmte Anzahl von Seiten ist bei umfangreichen Tabellen eine schöne Sache. Damit gelingt es Ihnen durchaus, eine riesige Tabelle auf nur eine Seite zu komprimieren, aber Excel wird alles entsprechend verkleinern, sodass Sie im Extremfall vielleicht eine Lupe mitliefern müssen.

Auch die Registerkarte *Seitenränder* ist annährend selbsterklärend. Hier können Sie die Seitenränder durch konkrete Zahlen verändern und müssen nicht ungenau schieben. Auch können Sie Ihre Tabelle auf der auszudruckenden Seite horizontal oder vertikal zentrieren.

Kopf- und Fußzeilen

Der Sinn von Kopf- und Fußzeilen dürfte Ihnen schon aus dem Word-Teil dieses Buches bekannt sein. Wir schauen uns deshalb auch nur die Kopfzeilen an, da die Fußzeilen analog funktionieren.

Klicken Sie also in der Seitenansicht auf die Registerkarte *Kopfzeile/Fußzeile*, und wählen Sie *Benutzerdefinierte Kopfzeile*.

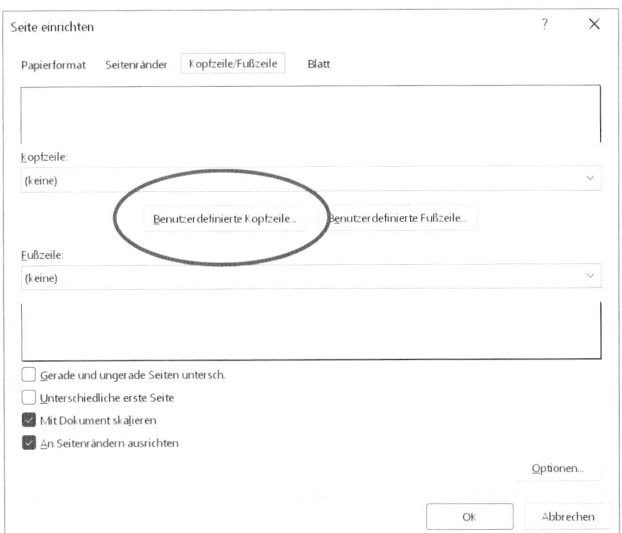

Es öffnet sich ein Fenster mit vielen Symbolen.

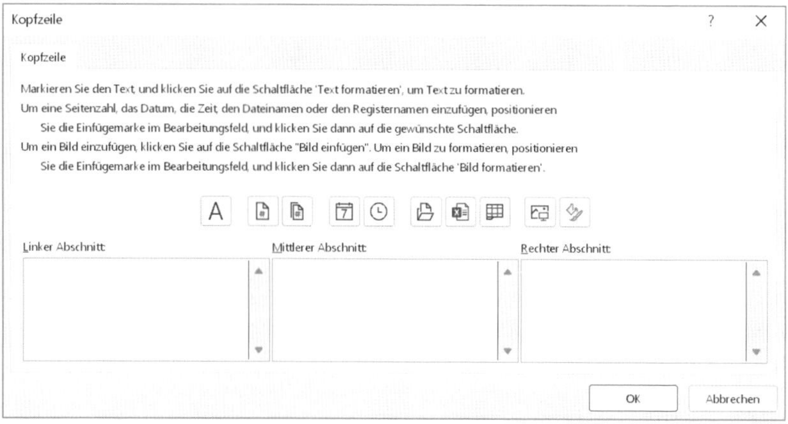

Linker Abschnitt, *Mittlerer Abschnitt* und *Rechter Abschnitt* werden bei Word mit *Linksbündig*, *Zentriert* und *Rechtsbündig* bezeichnet. Sie klicken also in den Bereich, in dem die Information der Kopfzeile stehen soll. Die einzelnen Symbole und ihre Wirkung sind in der folgenden Tabelle zusammengefasst.

Symbol	Funktion	Bemerkungen
A		Damit formatieren Sie die Inhalte der Kopf- und Fußzeilen.
	&[Seite]	Damit fügen Sie die Seitennummerierung für Ihre Tabelle ein. Excel wird nun bei Tabellen die einzelnen Seiten beim Ausdruck nummerieren.
	&[Seiten]	Gibt beim Ausdrucken die Gesamtzahl aller Seiten Ihrer Tabelle an.
 	&[Datum] &[Zeit]	Damit erhalten Sie beim Ausdrucken das aktuelle Datum bzw. die aktuelle Uhrzeit. Denken Sie daran, es ist das aktuelle Datum bzw. die aktuelle Uhrzeit und nicht das Datum oder die Uhrzeit, an dem bzw. zu der die Tabelle erstellt wurde.
	&[Pfad]&[Datei]	Mit dem Befehl *Dateipfad* fügen Sie in Ihre Kopf- oder Fußzeile den Pfad ein, der zeigt, wo auf der Festplatte sich diese Excel-Mappe befindet. Gleichzeitig wird auch der Dateiname mit eingefügt.

Symbol	Funktion	Bemerkungen
	&[Datei]	Mit *Dateiname* wird nur der Dateiname eingefügt, nicht aber der Pfad. Der Dateiname ist der Name der Excel-Mappe.
	&[Register]	Damit wird der Name der Tabelle eingefügt.
	&[Grafik]	Mit diesem Symbol können Sie von Ihrer Festplatte oder aus dem Internet Bilder in die Kopfzeile von Excel einfügen.
	Grafik formatieren	Damit können Sie die eingefügte Grafik bezüglich Größe oder Helligkeit noch formatieren.

Mit den beiden Symbolen *&[Seite]* und *&[Seiten]* können Sie zum Beispiel so etwas anzeigen lassen wie *Seite 3 von insgesamt 12 Seiten*, auf der nächsten Seite *Seite 4 von insgesamt 12 Seiten* etc. Was müssen Sie dazu tun?

Die folgende Abbildung zeigt es Ihnen:

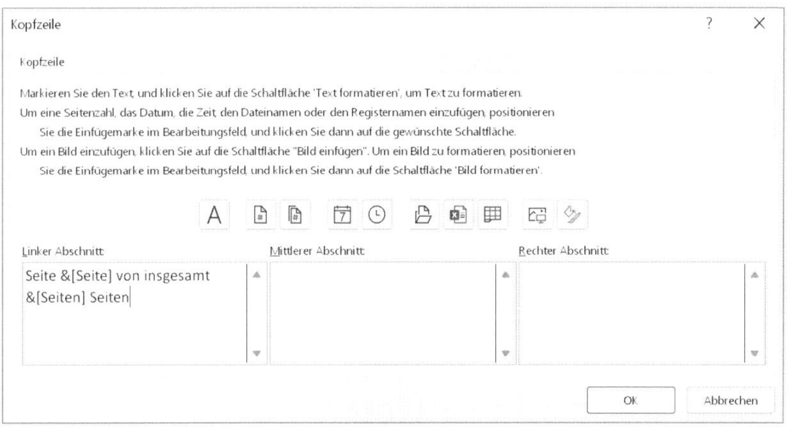

In einen Bereich Ihrer Kopfzeile geben Sie die in der Abbildung gezeigte Zeile ein. Dabei klicken Sie für *&[Seite]* auf die entsprechende Funktion, ebenso bei der Funktion *&[Seiten]*. Alles andere ist ganz normaler Text. Haben Sie alles eingegeben, klicken Sie auf *OK*, um die Wirkung zu sehen.

TIPP

Die Grafik ist nicht in der Normalansicht zu sehen
Wenn Sie zur Normalansicht wechseln, werden Sie eine eingebundene Grafik nicht mehr am Bildschirm sehen, da Kopf- und Fußzeilen nur in der Seitenlayoutansicht bzw. Druckansicht angezeigt werden. Beim Ausdrucken werden sie mit ausgedruckt, auch wenn sie in der Normalansicht nicht zu sehen sind.

Seite einrichten – Blatt

Ein Klick auf das Registersymbol *Blatt* im Fenster *Seite einrichten* bringt Sie zur folgenden Ansicht:

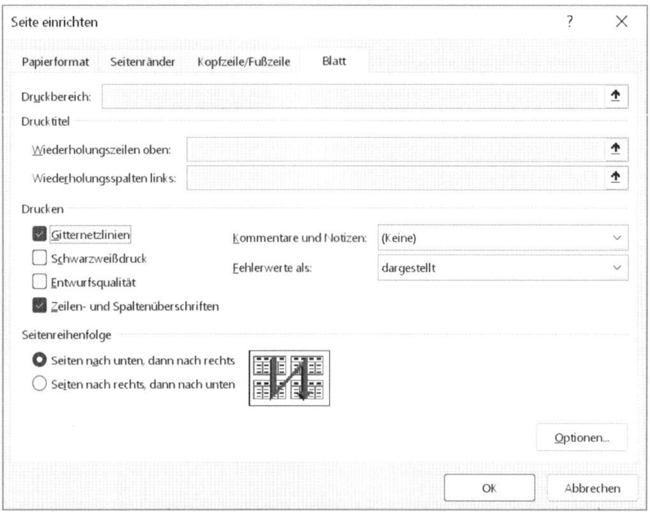

Dort gibt es zwei interessante Optionen, die Sie mit Häkchen aktivieren können: *Gitternetzlinien* und *Zeilen- und Spaltenüberschriften.*

Gitternetzlinien erklärt eigentlich selbst, was es tut. Normalerweise wird in Excel eine Tabelle ohne die Linien zwischen den Spalten und Zeilen ausgedruckt. Wer jedoch auf solche Linien nicht verzichten möchte, kann das Häkchen setzen und bekommt Linien mit ausgedruckt.

Normalerweise ist es schwierig, in einer ausgedruckten Tabelle zum Beispiel auf die Zelle E6 zu verweisen. Um sie zu finden, müssen Sie zählen. Sie können natürlich auch die Spalten- und Zeilenbeschriftungen mit ausdrucken lassen, indem Sie in diesem Bereich das Häkchen setzen.

Name	Straße	Ort	PLZ	Stadt
Anton Adams	Prinzregentenplatz 8	81675 München	81675	München
Gisela Beck	Münchhausenstraße 13	81247 München	81247	München
Dieter Bielefelder	Windmühlenstr. 78	01257 Dresden	01257	Dresden
Günther Braun	Luisenplatz 66	60316 Frankfurt	60316	Frankfurt
Franz Clemens	Weiße Taube 7	10365 Berlin	10365	Berlin
Klaus-Peter Ehrmann	Langheckenweg 66	60433 Frankfurt	60433	Frankfurt
Emilie Emmermann	Tatenberger Deich 112	21037 Hamburg	21037	Hamburg
Renate Federweiß	Dohlenweg 6	80937 München	80937	München
Reginald Fischbeck	Nördlinger Str. 56	80686 München	80686	München
Walter Flamme	Dillgasse 26	60439 Frankfurt	60439	Frankfurt

	A	B	C	D	E
1	Name	Straße	Ort	PLZ	Stadt
2	Anton Adams	Prinzregentenplatz 8	81675 München	81675	München
3	Gisela Beck	Münchhausenstraße 13	81247 München	81247	München
4	Dieter Bielefelder	Windmühlenstr. 78	01257 Dresden	01257	Dresden
5	Günther Braun	Luisenplatz 66	60316 Frankfurt	60316	Frankfurt
6	Franz Clemens	Weiße Taube 7	10365 Berlin	10365	Berlin
7	Klaus-Peter Ehrmann	Langheckenweg 66	60433 Frankfurt	60433	Frankfurt
8	Emilie Emmermann	Tatenberger Deich 112	21037 Hamburg	21037	Hamburg
9	Renate Federweiß	Dohlenweg 6	80937 München	80937	München
10	Reginald Fischbeck	Nördlinger Str. 56	80686 München	80686	München
11	Walter Flamme	Dillgasse 26	60439 Frankfurt	60439	Frankfurt

Links sehen Sie die Tabelle ohne *Gitternetzlinien* und ohne *Zeilen- und Spaltenüberschriften*, rechts mit.

Eine bestimmte Tabelle soll gedruckt werden – Druckbereich festlegen

Zum Aufrufen der Druckansicht und zum anschließenden Ausdrucken einer Tabelle wählen Sie, wie Sie bereits wissen, *Datei* und dann *Drucken*. Excel wird Ihnen nun eine endgültige Seitenvorschau liefern.

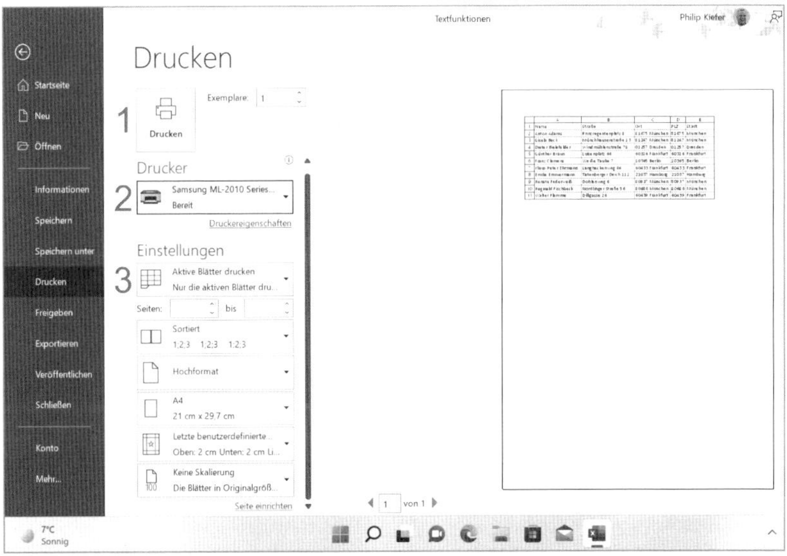

Wenn Sie damit zufrieden sind, klicken Sie im Fenster im Bereich 1 auf *Drucken*. Vorher sollten Sie aber einmal einen kurzen Blick auf Bereich 2 in der Abbildung werfen. Haben Sie den richtigen Drucker ausgewählt? Wenn nein, klicken Sie auf das Dreieck und wählen den richtigen Drucker aus.

In Bereich 3 der Abbildung entscheiden Sie unter anderem, was gedruckt werden soll.

Hier müssen Sie zwischen *Aktive Blätter drucken* und den Seiten unterscheiden. Bei *Seiten* geben Sie an, ob von einer großen Tabelle tatsächlich alle Seiten oder nur bestimmte Seiten ausgedruckt werden sollen.

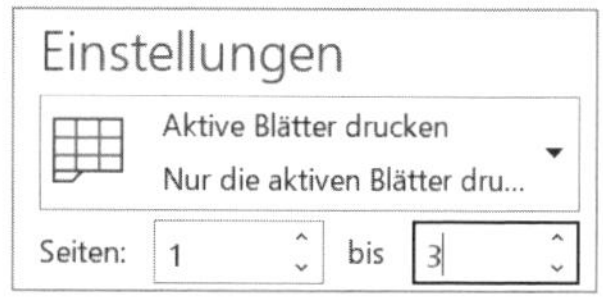

Bei *Aktive Blätter drucken* können Sie durch Klick auf die Schaltfläche ein Listenfeld öffnen.

Hier können Sie dann entscheiden, ob Sie nur die aktiven Tabellen oder die gesamte Mappe ausdrucken wollen. Wenn Sie hier nichts ändern, druckt Excel nur die Tabelle, die Sie gerade bearbeiten.

Es soll nur ein Teil der Tabelle gedruckt werden – Druckbereiche festlegen

Oft kommt es vor, dass man zur Berechnung von Formeln Hilfsspalten benutzen muss, die dann später beim Ausdruck natürlich nicht mit gedruckt werden sollen. Oder Sie haben vielleicht eine sehr große Tabelle, möchten davon aber nur einen kleinen Teil ausdrucken.

In all diesen Fällen müssen Sie vor dem Drucken einen Druckbereich festlegen, um Excel dadurch mitzuteilen, welche Zellen der Tabelle ausgedruckt werden sollen.

1 Markieren Sie die Zellen, die gedruckt werden sollen.

	A	B	C	D	E
1	Name	Straße	Ort	PLZ	Stadt
2	Anton Adams	Prinzregentenplatz 8	81675 München	81675	München
3	Gisela Beck	Münchhausenstraße 13	81247 München	81247	München
4	Dieter Bielefelder	Windmühlenstraße 78	01257 Dresden	01257	Dresden
5	Günther Braun	Luisenplatz 66	60316 Frankfurt	60316	Frankfurt
6	Franz Clemens	Weiße Taube 7	10365 Berlin	10365	Berlin
7	Klaus-Peter Ehrmann	Langheckenweg 66	60433 Frankfurt	60433	Frankfurt
8	Emilie Emmermann	Tatenberger Deich 112	21037 Hamburg	21037	Hamburg
9	Renate Federweiß	Dohlenweg 6	80937 München	80937	München
10	Reginald Fischbeck	Nördlinger Straße 56	80686 München	80686	München
11	Walter Flamme	Dillgasse 26	60439 Frankfurt	60439	Frankfurt
12					

2 Wählen Sie dann den Reiter *Datei* und klicken Sie auf *Drucken*. Sie erhalten nun zunächst die gesamte aktive Tabelle. Klicken Sie bei *Einstellungen* auf das Dreieck bei *Aktive Blätter drucken*.

3 Wählen Sie nun *Auswahl drucken*.

4 Damit haben Sie Excel mitgeteilt, dass Sie nur einen kleinen Teil Ihrer Tabelle ausgedruckt haben möchten. Sofort sehen Sie das Ergebnis im Layout.

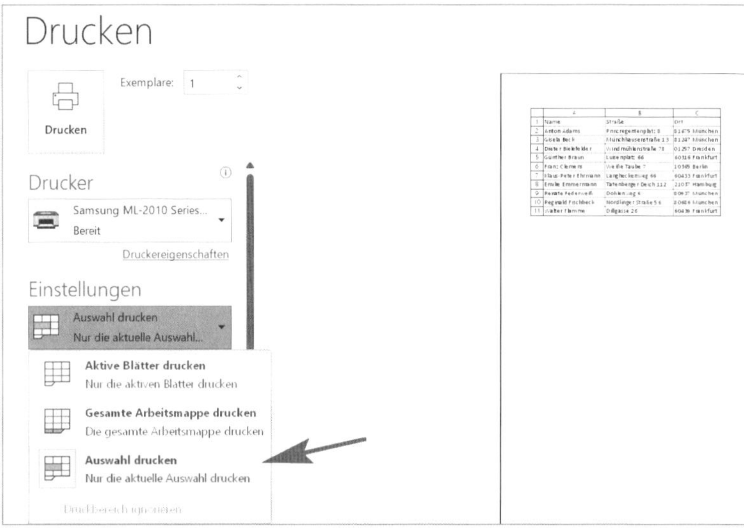

5 Wenn Sie nun den Druckbefehl erteilen, werden nur die in der Druckansicht sichtbaren Zellen gedruckt.

TIPP

Druckbereich per Registerkarte festlegen

Der Druckbereich lässt sich alternativ festlegen, indem Sie die Zellen, die ausgedruckt werden sollen, markieren. Anschließend wählen Sie die Registerkarte *Seitenlayout*, klicken in der Gruppe *Seite einrichten* auf *Druckbereich* und wählen *Druckbereich festlegen*. Zum Entfernen des Druckbereichs wählen Sie entsprechend *Druckbereich aufheben*.

5 Mit PowerPoint beeindruckende Präsentationen erstellen

PowerPoint ist der Programmteil des Office-Pakets, mit dem Sie sehr professionell aussehende Präsentationen erzeugen können. Nach dem Motto »Begeistern Sie schon oder präsentieren Sie noch?« werden bereits seit einiger Zeit Bücher und Zeitschriftenartikel auf den Markt geworfen, die suggerieren sollen, dass man für eine gute Präsentation eigentlich kein PowerPoint braucht.

Aber in den meisten Fällen stimmen solch plakative Slogans nur zu einem sehr kleinen Teil. Hier ist das Problem jedoch in erster Linie nicht bei PowerPoint zu suchen, sondern bei vielen Anwendern, die zwar das Werkzeug PowerPoint beherrschen und dies dem Betrachter auch zeigen wollen, die aber nicht verinnerlicht haben, wie eine Präsentation aufgebaut sein sollte.

Getreu dem Motto, dass jedes Feature, das PowerPoint beherrscht, auch in jeder Präsentation vorkommen muss, erstellen diese Anwender Präsentationen, die schnell langweilen und ermüden oder deren einzelne Folien so sehr mit Informationen überfrachtet sind, dass der normale Zuhörer das gar nicht mehr aufnehmen kann.

Und die Tatsache, dass PowerPoint von Version zu Version inhaltlich zulegt, trägt ihr Übriges zu dieser Misere bei.

Wir werden also nicht umhinkommen, uns ein paar grundsätzliche Gedanken zum Aufbau von Präsentationen zu machen. Aber anders als im Straßenverkehr, wo man die Regeln genau einhalten muss, um sich und andere nicht zu gefährden, sind diese Präsentationsregeln nicht so zu verstehen, dass es nicht manchmal Gründe geben kann, die eine oder die andere dieser Regeln auch einmal zu brechen.

Da dies jedoch ein Praxisbuch ist, verlege ich diese theoretischen, aber wichtigen Überlegungen erst mal nach hinten, um zunächst die einzelnen Elemente zu besprechen.

5.1 Die Basisfunktionen schnell erklärt

Nachdem Sie PowerPoint gestartet haben, müssen Sie eine erste Entscheidung treffen. Welches Layout wollen Sie nehmen?

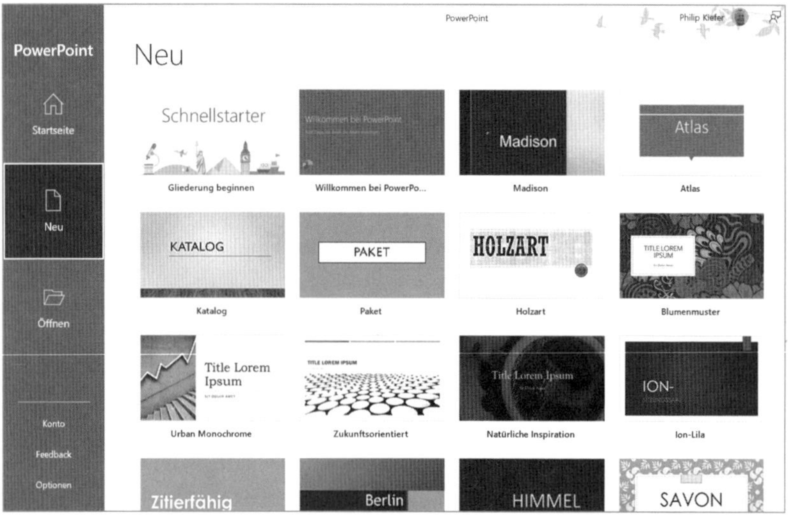

Die Arbeit mit diesen vordefinierten Layouts werden wir uns in Abschnitt 5.9 genauer ansehen. Hier wollen wir zunächst einmal eine leere Präsentation aufrufen, um die Basisfunktionen kennenzulernen. Klicken Sie also auf *Leere Präsentation*.

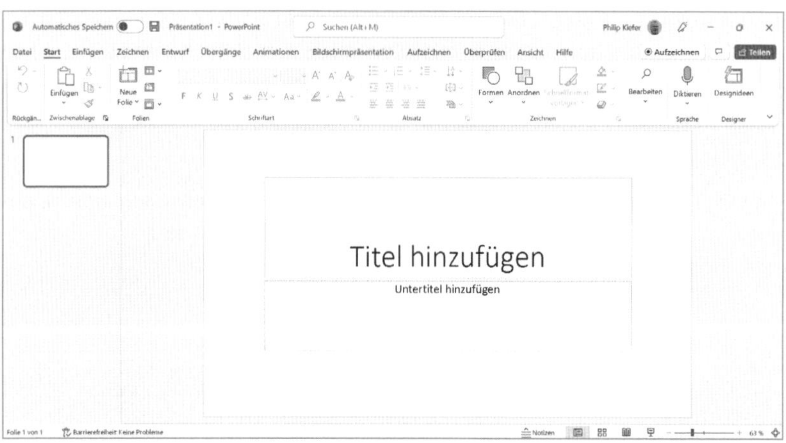

Den größten Teil des Bildschirms füllt die Folie aus, auf der Sie Text, Bilder, Videoclips und mehr platzieren können. Eine Folie ist dabei aber nichts anderes als ein normales Blatt Papier im Querformat.

Ändern des Seitenverhältnisses

Vielleicht fällt Ihnen sofort das sehr breite Bildformat auf. Das scheint kein normales DIN A4 zu sein. PowerPoint 2021 ist in der Lage, auch Breitbildfolien (16:9) zu verarbeiten, also jenes Bildformat, das Sie vielleicht von Ihrem Fernseher kennen.

Zwar können neue Beamer in der Regel mit diesem Breitformat umgehen, jedoch sind noch vielfach ältere Beamer in Verwendung, die das nicht können, sodass Sie eventuell lieber mit dem Standardformat (4:3) arbeiten möchten. So stellen Sie das Format um:

1 Klicken Sie auf der Registerkarte *Entwurf* auf *Foliengröße*. Wählen Sie dort *Standard (4:3)*.

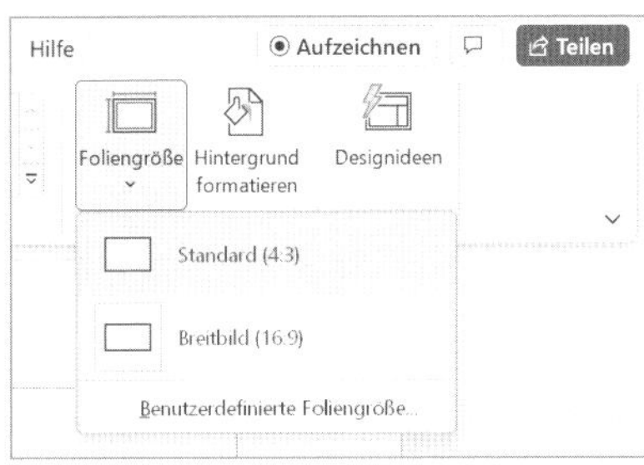

2 Wenn Excel den Folieninhalt nicht automatisch skalieren kann, bekommen Sie folgendes Fenster zu sehen:

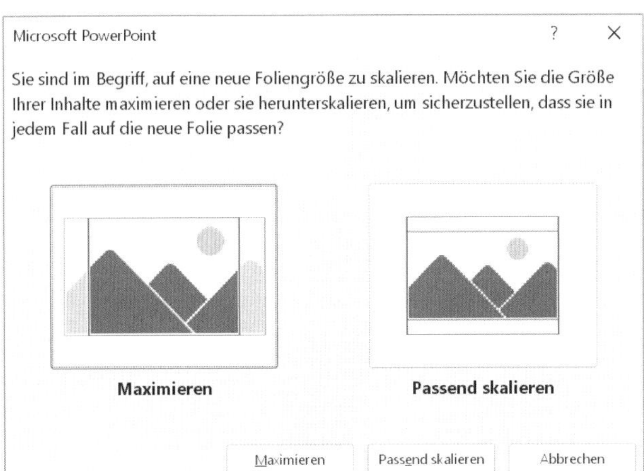

3 Hier müssen Sie entscheiden, ob die Inhalte die gleiche Größe behalten sollen. In diesem Fall können am Rand einige Objekte abgeschnitten werden. Mit *Passend skalieren* wird PowerPoint alles so verkleinern, dass es in das neue Format passt.

Sie sehen, es ist sinnvoll, sich vorher über die Foliengröße Klarheit zu verschaffen, besonders wenn Sie die Präsentation einmal mit einem Beamer vorführen müssen.

In der gleichen Art und Weise ändern Sie das 4:3-Verhältnis wieder zum 16:9-Format. Sie sollten aber von Anfang an die richtige Foliengröße wählen. Zwar können Sie jederzeit umschalten, aber damit ändern Sie die Größe der Folien, was auf die Objekte auf der Folie großen Einfluss hat.

Wenn Sie zum Beispiel von Breitbild auf Standard ändern, könnten eventuell einige Elemente Ihrer Folie nicht mehr sichtbar sein. Oder Sie müssen die Folie kleiner skalieren, sodass zwar alles auf der Folie zu sehen ist, aber in einem kleineren Maß.

Legen Sie deshalb die Bildgröße fest, bevor Sie eine wichtige Präsentation beginnen. Wenn Sie nicht genau wissen, welche Größe Sie nehmen sollen, ist die Standardgröße immer noch die beste Einstellung.

Auf der linken Seite des Fensters sehen Sie alle Folien Ihrer Präsentation. Hier können Sie recht schön kontrollieren, ob Ihre Präsentation einen roten Faden hat und logisch aufgebaut ist oder nicht.

Außerdem verfügt PowerPoint über ein vertikales und ein horizontales Lineal. Damit lassen sich Objekte auf der Folie ganz exakt platzieren.

Lineal einblenden

Sollten bei Ihnen die Lineale nicht zu sehen sein, rate ich Ihnen, sie einzuschalten. Ohne Lineal können Sie kaum wirklich exakt arbeiten.

Zum Einschalten des Lineals wählen Sie die Registerkarte *Ansicht*. Dort setzen Sie in der Gruppe *Anzeigen* das Häkchen vor das *Lineal*.

Ansichtssache – die verschiedenen Ansichten

Unten rechts im Fenster finden Sie verschiedene Symbole zum Verändern der Ansicht Ihrer Folien.

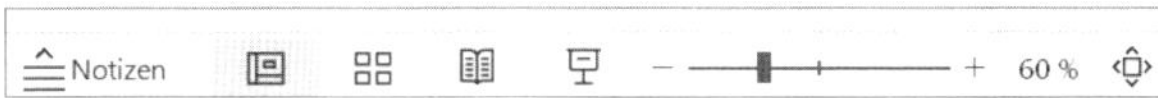

Die folgende Tabelle soll Ihnen zeigen, was diese Symbole im Einzelnen bedeuten:

Symbol	Wirkung
	Damit schalten Sie von jeder anderen Ansicht in die Normalansicht zurück.
	Dies ist die Foliensortierung. Damit erhalten Sie alle Folien Ihrer Präsentation und können sie durch Ziehen mit der Maus in der Reihenfolge ändern.
	Die Leseansicht können Sie verwenden, wenn Sie die Präsentation nicht einem großen Publikum vorführen, sondern nur mit einigen Kollegen oder Freunden am Bildschirm anschauen möchten.
	Damit starten Sie die Bildschirmpräsentation mit der ersten Folie.
	Damit können Sie die Folien am Bildschirm zoomen, also vergrößern oder verkleinern, um zum Beispiel exakt positionieren zu können.
	Dieses Symbol passt die Foliengröße dem aktuellen Fenster an.
	Damit können Sie sich Notizen zu Folien machen, sodass Sie auch noch nach Jahren wissen, was Sie zu dieser Folie sagen wollten. Diesen Notizen widmen wir uns in Abschnitt 5.8 ausführlich.

Zeichnen auf Folien

Wenn Sie PowerPoint starten, geht das Programm davon aus, dass Sie wirklich eine Präsentation und nicht nur eine einzige Folie erstellen wollen, obwohl Ihre Präsentation natürlich auch aus einer einzigen Folie bestehen darf.

Da es jetzt zunächst einmal nur um die Basisfunktionen gehen soll, stören diese Vorgaben. Sie brauchen zunächst lediglich eine leere Folie. Das erreichen Sie am schnellsten, indem Sie die Layoutvorgaben löschen. Markieren Sie, sofern noch nicht geschehen, mit Strg+A alle Standardelemente auf dieser PowerPoint-Folie, und löschen Sie sie mit der Entf-Taste.

Die Elemente zum Zeichnen hat Microsoft bei Office 2021 auf der Registerkarte *Einfügen* zusammengefasst. Auf dieser Registerkarte können Sie nun annähernd alles auswählen, was in eine Folie integriert werden kann.

Zunächst schauen wir uns kurz auf der Registerkarte *Einfügen* bei *Illustrationen* die Gruppe *Formen* an, mit der Sie Linien, Pfeile, Rechtecke und vieles mehr zeichnen können.

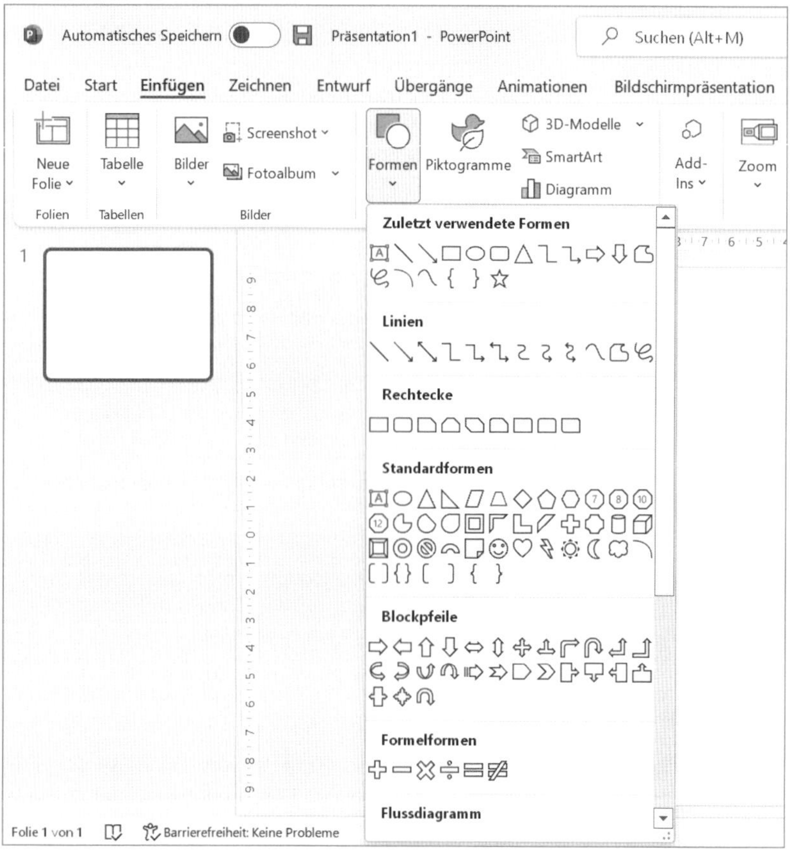

Einen Pfeil zeichnen

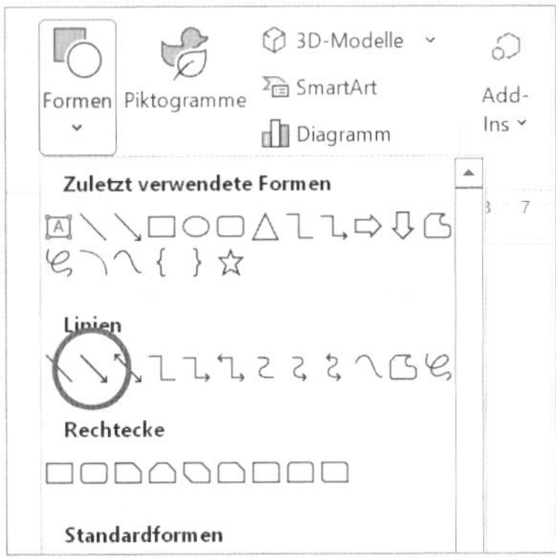

1 Klicken Sie z. B. auf den Pfeil im Bereich *Linien.*

2 Klicken Sie in der Folie auf die Stelle, an der Sie mit dem Zeichnen beginnen möchten, halten Sie die linke Maustaste gedrückt, und ziehen Sie den Pfeil auf die Folie.

Ihr Pfeil hat an beiden Enden kleine Kreise erhalten. Das bedeutet, dass Ihr Pfeil markiert ist. Und solange Ihr Objekt markiert ist, können Sie es ändern.

Symbol	Das können Sie tun
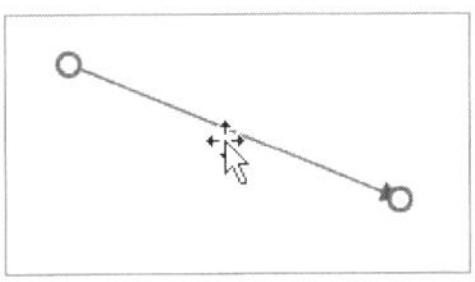	Halten Sie irgendwo auf dem Pfeil die Maustaste fest, erscheint ein Achsenkreuz. Damit können Sie das Objekt an eine andere Position schieben, indem Sie die linke Maustaste festhalten, während Sie das Objekt verschieben.
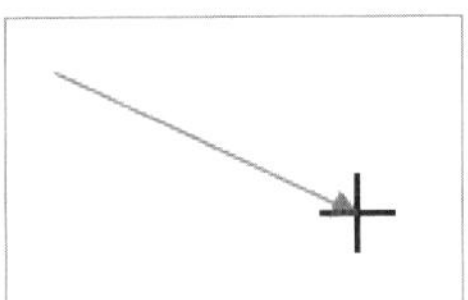	Halten Sie die linke Maustaste jedoch auf einem der Kreise fest, können Sie Ihr Objekt vergrößern, verkleinern oder auch die Richtung ändern.

Sobald Sie ein gezeichnetes Objekt markiert haben, erscheint eine zusätzliche Registerkarte namens *Formformat.*

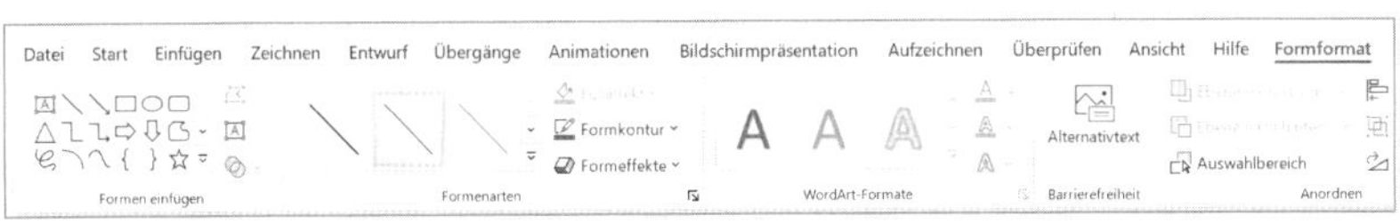

Durch Anklicken erhalten Sie eine Formatierungsleiste mit der Gruppe *Formenarten.* Wenn Sie den Mauszeiger auf eines der Elemente in dieser Gruppe bewegen, wird PowerPoint Ihnen die Wirkung dieses Elements am markierten Objekt zeigen. Aber erst, wenn Sie auf eine Formatierung wirklich klicken, wird diese übernommen.

Möchten Sie Elemente wieder von der Folie entfernen, markieren Sie sie und drücken die [Entf]-Taste.

Soll die Art oder die Stärke der Linie verändert werden, klicken Sie auf das Objekt und wählen auf der Registerkarte *Formformat* in der Gruppe *Formenarten* den Befehl *Formkontur*. Dort entscheiden Sie sich bei *Stärke* für eine Linienstärke.

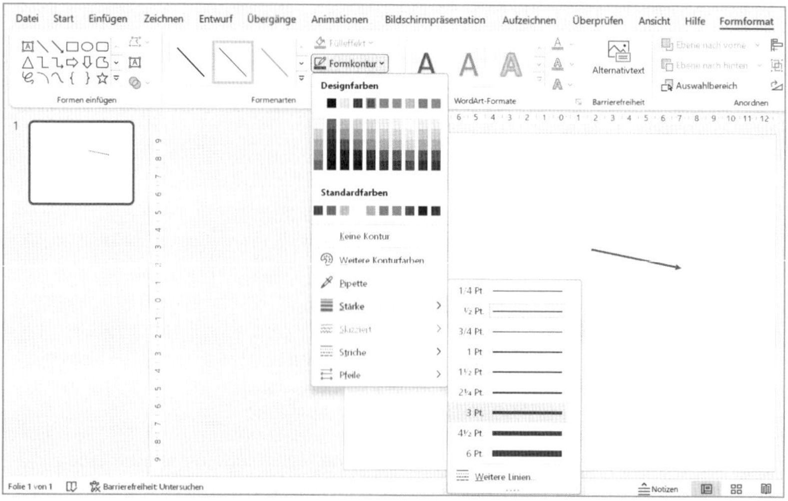

Soll auch das Aussehen der Linie verändert werden – wollen Sie also zum Beispiel keine durchgezogene Linie, sondern Punkte –, hilft Ihnen bei *Formkontur* das Untermenü *Striche* weiter.

Tipps zum Zeichnen zweidimensionaler Objekte

Um ein zweidimensionales Objekt wie einen Kreis oder eine Ellipse zu zeichnen, benutzen Sie das Ellipsensymbol auf der Registerkarte *Einfügen* der Gruppe *Formen*.

1. Klicken Sie zuerst auf das Symbol der Form, die gezeichnet werden soll, z. B. auf die Ellipse im Bereich *Standardformen*.
2. Klicken Sie dann auf der Folie auf den Punkt, an dem die Zeichnung beginnen soll, halten Sie die linke Maustaste gedrückt, und zeichnen Sie, indem Sie Ihre Maus diagonal ziehen.

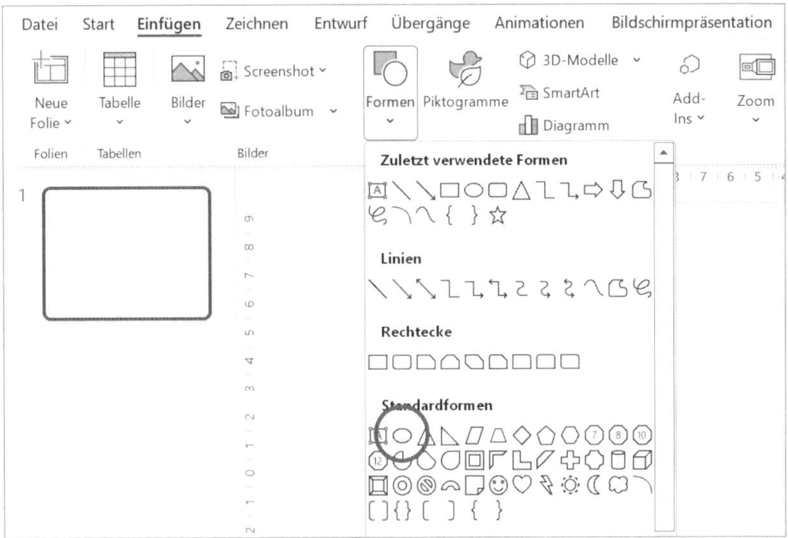

Die Formen finden Sie übrigens auch auf der Registerkarte *Start* in der Gruppe *Zeichnen*.

Egal, über welchen Menüpunkt Sie etwa eine Ellipse gezeichnet haben, Sie erhalten zunächst immer eine Ellipse, auch wenn Sie vielleicht lieber einen exakt runden Kreis gehabt hätten. Bemühen Sie sich nicht, aus dieser Ellipse einen Kreis zu machen, selbst mit dem schärfsten Auge und der ruhigsten Hand wird Ihnen das wahrscheinlich nicht gelingen. Wenn Sie aber einen wirklich exakten Kreis und keine Ellipse haben wollen, halten Sie beim Zeichnen die ⇧-Taste gedrückt.

TIPP

Mit der Umschalt-Taste zeichnen Sie ein exaktes Objekt

Halten Sie während des Zeichnens die ⇧-Taste fest, bekommen Sie einen exakten Kreis. Aber aufgepasst: Wenn Sie mit dem Kreis zufrieden sind, lassen Sie zuerst die Maustaste los und dann erst die ⇧-Taste.

Wenn Sie die ⇧-Taste zuerst loslassen, bekommen Sie schnell wieder eine schöne Ellipse. Mit der ⇧-Taste zeichnen Sie aber nicht nur Kreise, sondern auch exakte Quadrate und andere Objekte.

Das Zeichnen von Objekten beginnt immer in einer der Ecken und führt zur diagonalen Ecke. Damit ist es aber kaum möglich, auf einem Achsenkreuz einen Kreis zu zeichnen, dessen Mittelpunkt mit dem Mittelpunkt des Achsenkreuzes übereinstimmt.

Um dieses Problem zu lösen, halten Sie, bevor Sie zu zeichnen beginnen, gleichzeitig die Strg- und die ⇧-Taste gedrückt. Damit veranlassen Sie PowerPoint, Ihr Objekt von der Bildmitte aus zu zeichnen.

Für einen exakten Kreis müssen Sie also sowohl die ⇧-Taste (um einen exakten Kreis zu bekommen) als auch die Strg-Taste (um das Objekt von seinem Mittelpunkt aus zu zeichnen) festhalten.

Zum Zeichnen eines Rechtecks benutzen Sie das Rechtecksymbol. Der Rest verläuft analog zum gerade Besprochenen. Die Strg- und die ⇧-Taste haben hier die gleiche Bedeutung.

Haben Sie Ihr Objekt gezeichnet und markiert, erhalten Sie weitere Markierungselemente, mit denen Sie das Objekt nachträglich verändern können. Die folgende Tabelle fasst diese Elemente zusammen.

Symbol	Das können Sie damit tun
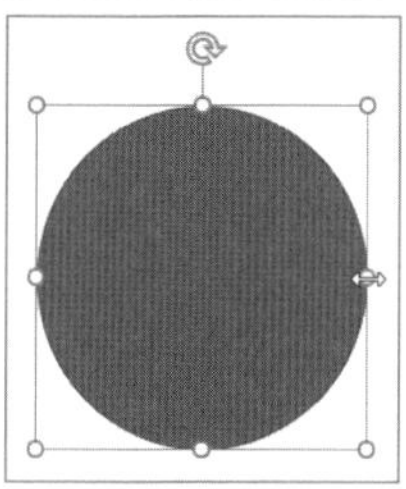	Durch Ziehen an den kleinen Kreisen in der Mitte der linken und rechten Objektseite machen Sie Ihr Objekt dünner oder dicker. Ziehen Sie an den Kreisen oben und unten, strecken oder stauchen Sie es. 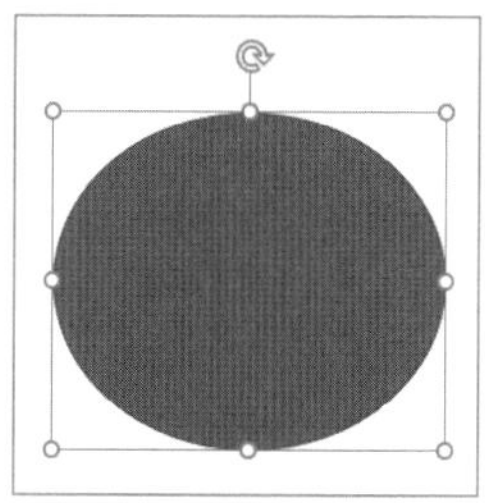
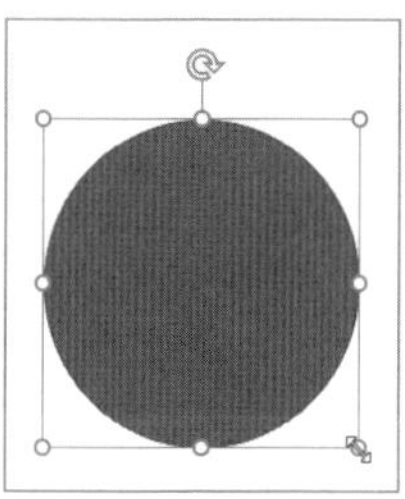	Durch Ziehen der Elemente in der Ecke können Sie Ihr Objekt in beide Richtungen gleichzeitig verkleinern oder vergrößern. Soll es aber proportional verändert werden, halten Sie die ⇧-Taste gedrückt, während Sie ziehen. 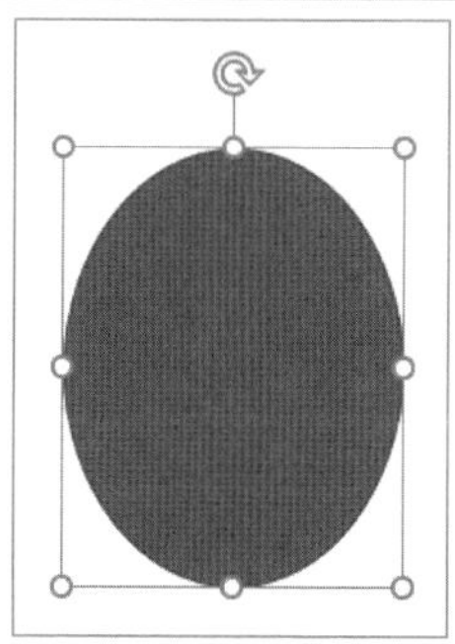

Symbol	Das können Sie damit tun
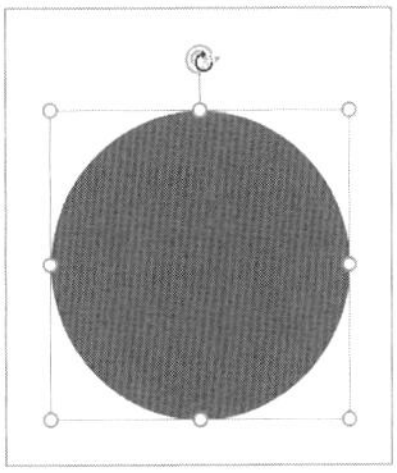	Mithilfe der Drehmarke oben am ausgewählten Objekt drehen Sie dieses Objekt. 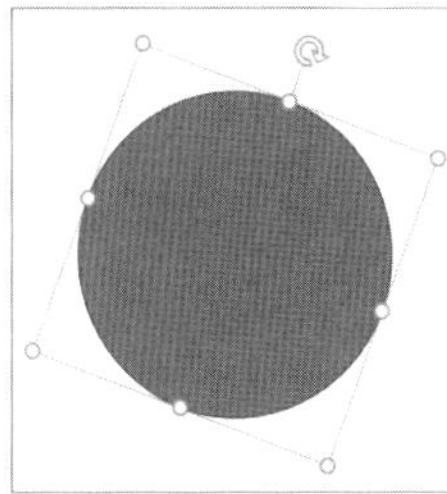
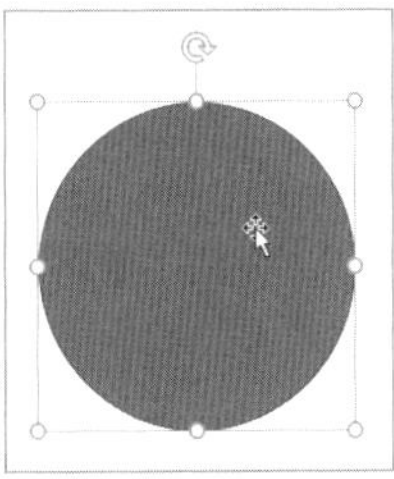	Durch Ziehen bei gedrückter Maustaste verschieben Sie das Objekt an eine andere Stelle auf der Folie. Wenn Sie beim Verschieben die Strg-Taste festhalten, kopieren Sie das Objekt. 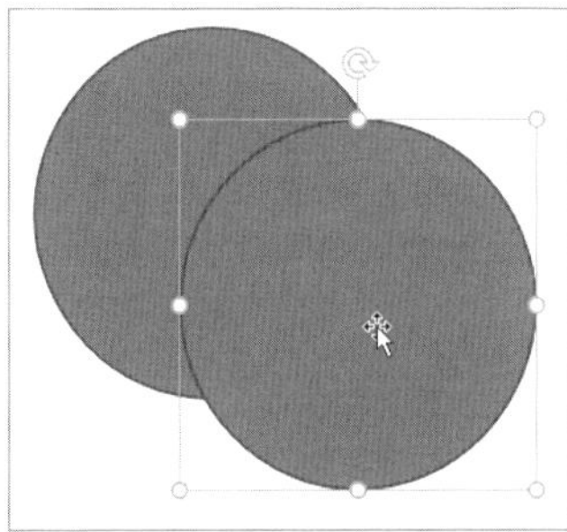
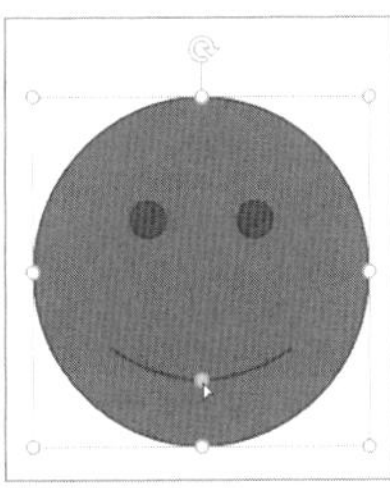	Mit dem gelben Kreis bei diesem Smiley können Sie die Richtung der Linie verändern. 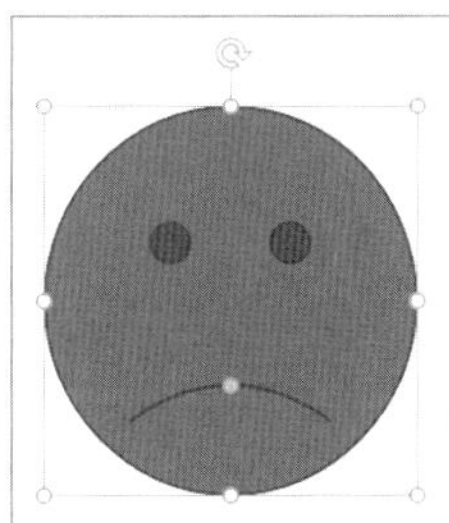

Punkte bearbeiten

PowerPoint 2021 wartet außerdem mit einer Zeichenfunktion auf, die man eigentlich bei großen Grafikprogrammen erwartet: das Ändern einzelner Punkte einer Linie. Ein Beispiel soll das verdeutlichen.

Auf der Registerkarte *Einfügen* in der Gruppe *Zeichnung* und dort unter der Schaltfläche *Formen* wählen Sie im Bereich *Linien* das *Kurven*-Symbol aus.

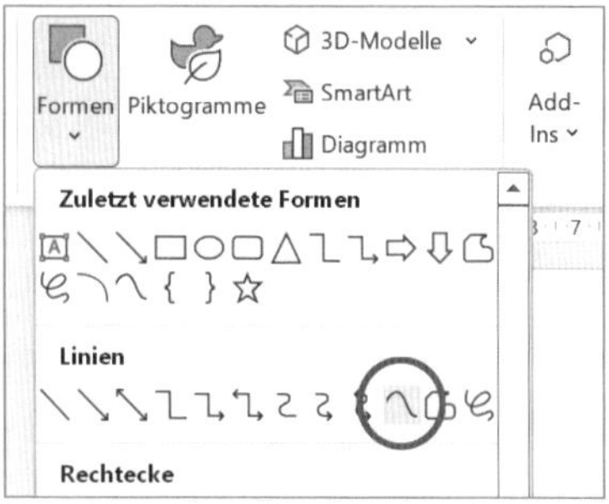

Mit diesem Symbol zeichnen Sie Kurven. Bei jedem Mausklick können Sie die Richtung der Kurve ändern. Ist das Objekt fertig gezeichnet, verlassen Sie die Funktion mit einem Doppelklick.

Tipp: Blenden Sie für genaues Zeichnen auf der Registerkarte *Ansicht* und dort in der Gruppe *Anzeigen* die *Gitternetzlinien* ein.

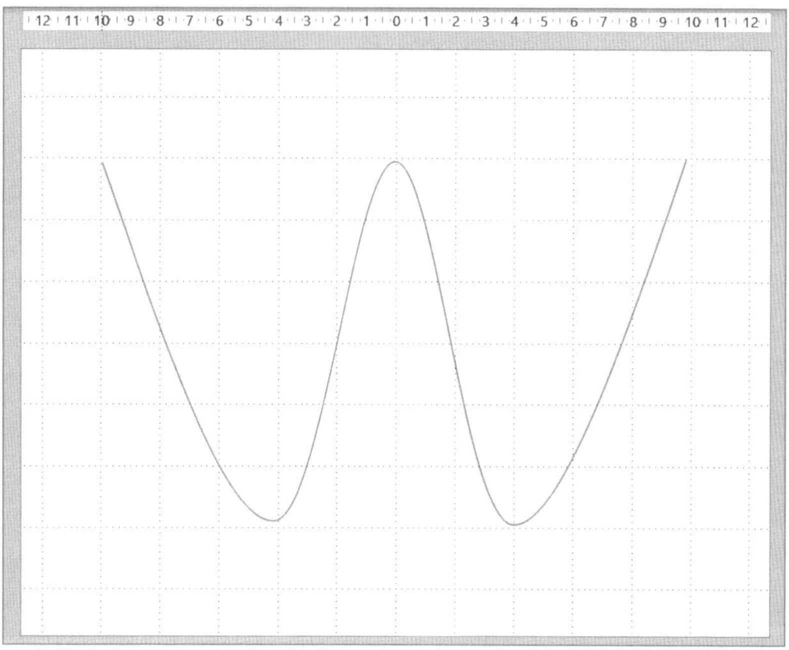

Wenn Sie nun das Objekt markieren und mit der rechten Maustaste anklicken, erscheint das Kontextmenü mit dem Menüpunkt *Punkte bearbeiten*.

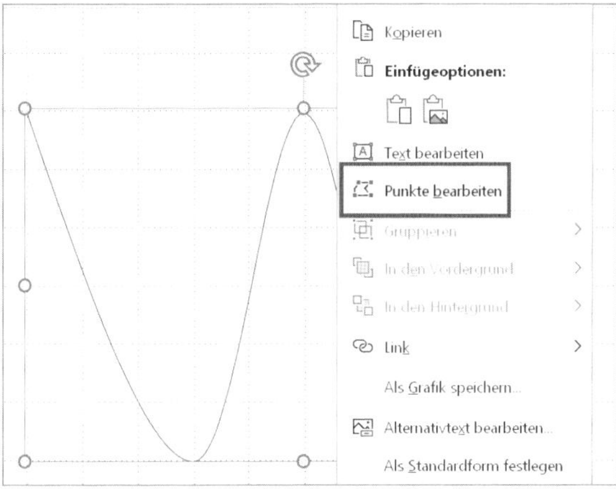

Klicken Sie darauf, und Sie erhalten die Punkte, bei denen Sie in der Kurve geklickt haben, um die Richtung zu ändern.

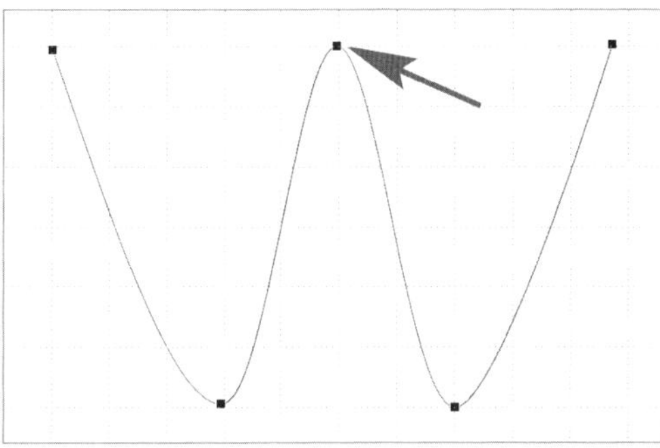

Durch Klick auf einen der Punkte wird eine Tangente an den Punkt angefügt.

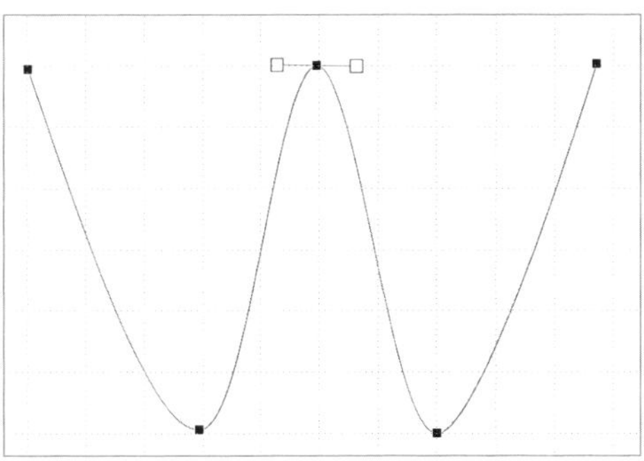

Sie können nun einen der beiden Punkte der Tangente nehmen, um die Steigung der Tangente und damit auch den Verlauf der Kurve an dieser Stelle zu verändern.

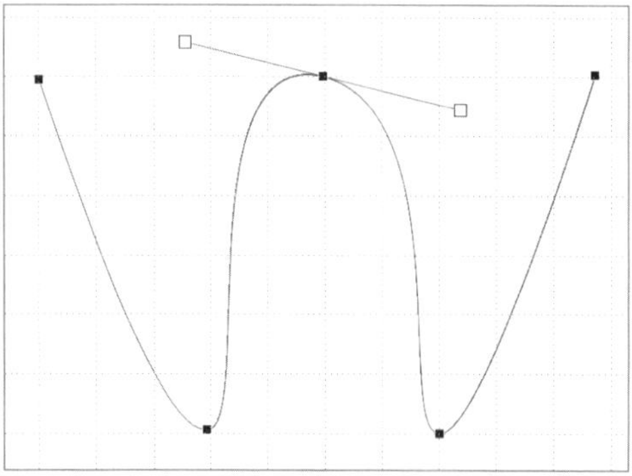

Aber das ist noch nicht alles. Sie können nicht nur die Richtung der Punkte ändern, die Sie eingegeben haben, sondern alle Punkte einer Linie.

Zeichnen Sie ein Rechteck, klicken Sie es an, und wählen Sie mit der rechten Maustaste *Punkte bearbeiten*.

Klicken Sie dann auf eine Stelle innerhalb der Linie und ziehen Sie diese nach unten (oder auch nach oben, ganz wie Sie möchten).

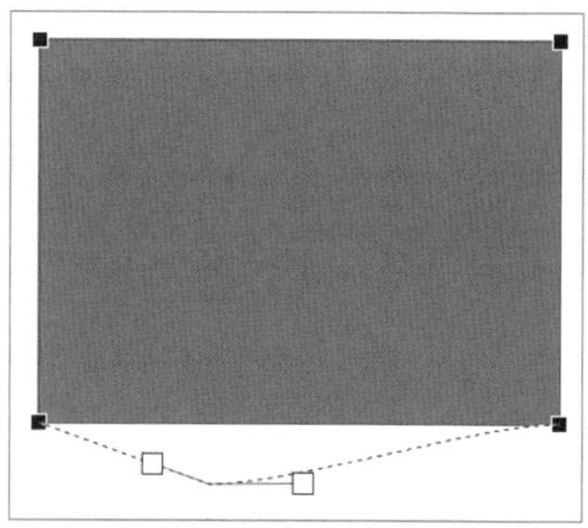

Sie können auch die beiden weißen und schwarzen Punkte einzeln ziehen. Experimentieren Sie ruhig ein wenig mit diesen Funktionen.

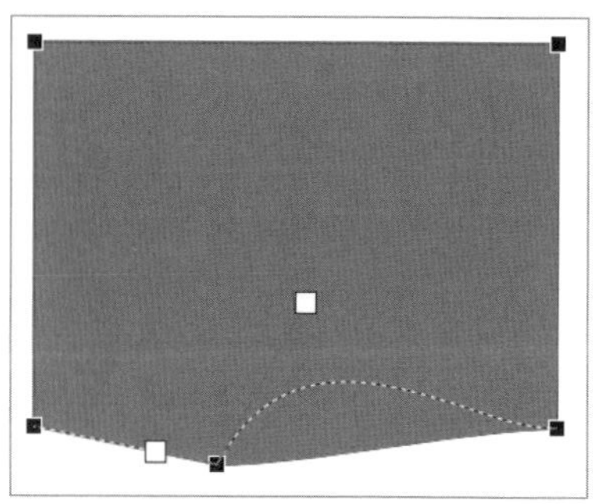

Objekte farblich ändern

Gezeichnete Objekte erhalten immer eine festgelegte Farbe. Diese Farbe können Sie natürlich jederzeit ändern. Machen Sie einen Doppelklick auf das Objekt oder markieren Sie Ihr Objekt, klicken Sie gegebenenfalls auf die Registerkarte *Formformat*, und klicken Sie auf *Fülleffekt, Formkontur* oder *Formeffekte*.

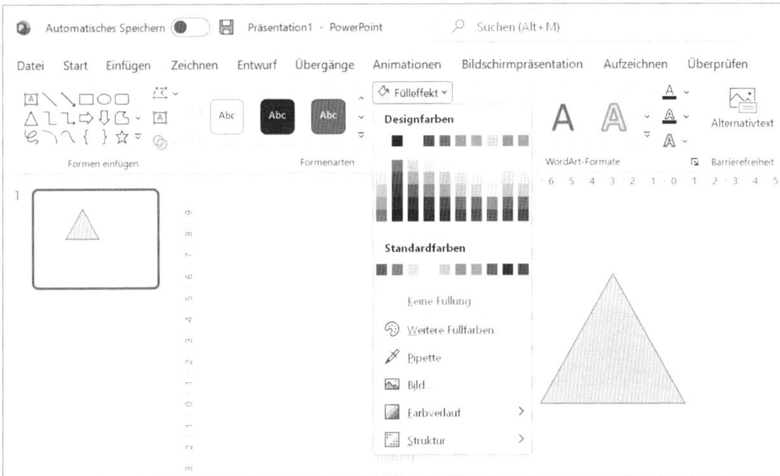

Nun werden Sie schier erschlagen von den vielen Möglichkeiten, die Ihnen bei der farblichen und anderen Gestaltung solcher Objekte geboten werden. Die einzelnen Punkte erklären sich von selbst, sodass wir hier nicht jeden einzelnen Punkt ansprechen müssen.

Wählen Sie eine beliebige Farbe aus, oder gehen Sie auf *Weitere Füllfarben*, um sich eine eigene Farbe zu kreieren.

Finden Sie für das Objekt nur eine einzige Farbe zu langweilig, wählen Sie *Farbverlauf* und wählen eine andere Farbe. Hier ist es am besten, die verschiedenen Möglichkeiten am Bildschirm selbst einmal auszuprobieren.

Und wenn Sie Ihr Objekt gar mit einem Muster füllen möchten, wählen Sie *Struktur*.

Hier zeigt sich ein großes Problem von PowerPoint. Durch die schiere Fülle an Möglichkeiten werden die meisten Benutzer von PowerPoint mehr mit diesen Möglichkeiten herumspielen, als sich der Präsentation zu widmen.

Oder ist es doch ein Problem der Benutzer, die das dunkle Blau doch noch einen Tick heller und die Linie noch eine Nuance dicker haben möchten? Oder vielleicht könnte man die Linie doch dünner, dafür aber die Farbe heller und die Umrandung ... oder sollte man die Umrandung in einer anderen Farbe, die Linie der Umrandung aber ...

Die Frage der richtigen Schriftart – Text auf Folien

PowerPoint ist ein Präsentationsprogramm, und man erwartet, dass nicht nur Objekte wie Zeichnungen und Bilder vorgeführt werden können, sondern auch Texte. Später, wenn wir uns über die theoretischen Konzepte der Textgestaltung unterhalten, werden Sie auch einige wichtige grundlegende Richtlinien zur Textaufbereitung kennenlernen. Hier soll es deshalb nur um die reine Texteingabe und die Fallstricke gehen, die damit verbunden sein können.

Texte fügen Sie über *Einfügen/Textfeld* ein:

Nun gibt es zwei Möglichkeiten, ein Textfeld in eine Folie zu setzen. Die erste Möglichkeit ist, einfach auf die Folie zu klicken und dann Ihren Text einzugeben. Der Nachteil dieses Verfahrens ist, dass PowerPoint nun keinen Textumbruch einfügt, sondern bis in die Unendlichkeit weiterschreibt. Einen Textumbruch bekommen Sie nur, wenn Sie die ↵-Taste drücken.

Die andere, bessere Möglichkeit ist, Sie klicken nicht nur auf die Folie, stattdessen ziehen Sie ein Rechteck von der Größe des gewünschten Textfelds auf. Auf diese Weise erzeugt PowerPoint dann automatisch einen Textumbruch.

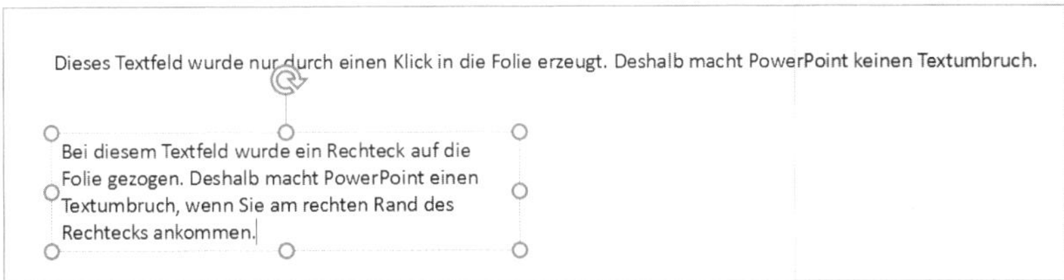

Ihre nächste Entscheidung betrifft nun die Frage nach der Schriftart und der Schriftgröße. Während Sie in Word und vielleicht auch in Excel mit Serifenschriften arbeiten können, sollten Sie bei einer Präsentation besser serifenlose Schriften verwenden. Sie sind in einem großen Vortragsraum, selbst auf den hinteren Plätzen, einfach besser lesbar.

Serifen nennt man die kleinen Abschlüsse an Buchstaben. In der Abbildung sehen Sie links die Serifenschrift Times New Roman und rechts die serifenlose Schrift Arial. Benutzen Sie für Ihre Präsentation also besser eine serifenlose Schrift.

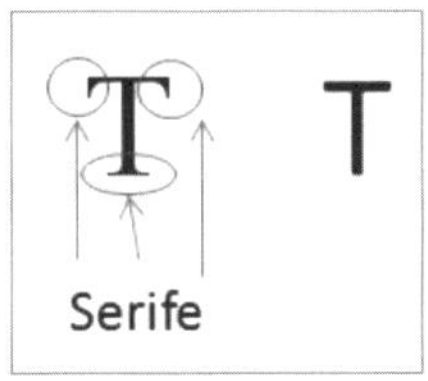

Hüten Sie sich auch vor den hübschen Zierschriften. Sie mögen noch so schön aussehen und noch so gut zum Geist Ihrer Präsentation passen, aber für einen Zuschauer sind sie selbst im Nahbereich kaum lesbar.

Auch sollten Sie in der gesamten Präsentation die gleiche Schriftart benutzen. Es wirkt sehr unruhig und wenig professionell, wenn Sie auf jeder Folie eine andere Schriftart nehmen. Geradezu fürchterlich wird es, wenn Sie auf einer Folie eine Überschrift der gleichen Ebene in der Größe 24 pt haben und auf der anderen Folie die Größe 32 pt wählen.

Welche Schriftgröße Sie wählen, hängt auch von dem Raum ab, in dem der Vortrag stattfindet. In der Allianz Arena in München dürfte eine Schriftgröße von 20 pt auf den hinteren Rängen kaum zu lesen sein, in einem Klassenraum wäre es aber eine durchaus sinnvolle Größe.

Es gibt mehrere Möglichkeiten, Schriftart und Schriftgröße zu ändern. Eine Möglichkeit finden Sie auf der Registerkarte *Start*. Dort können Sie in der Gruppe *Schriftart* sowohl die Schriftart als auch die Schriftgröße ändern.

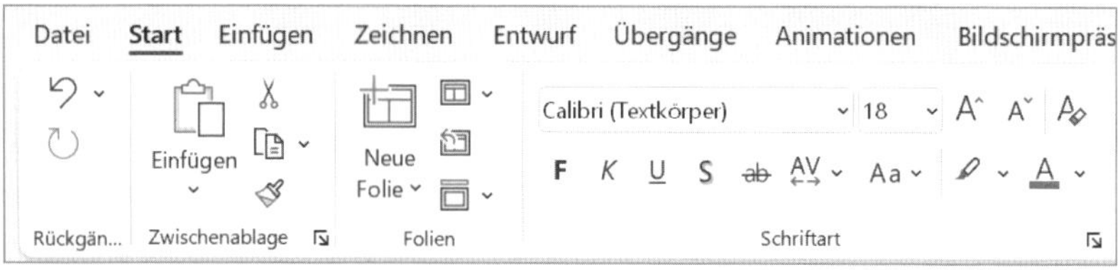

TIPP Die Schriftgröße ändern

Mit der Tastenkombination Strg+⇧+. (Punkt) können Sie die Schrift um jeweils einen Schritt vergrößern. Mit der Tastenkombination Strg+⇧+, (Komma) können Sie sie wieder um jeweils einen Schritt verkleinern. Der Text muss aber vorher markiert sein.

Wir werden uns später noch sehr viel intensiver mit Textfeldern auseinandersetzen.

Einzelne Objekte zu einem ganzen Objekt zusammenfassen

Oftmals brauchen Sie mehrere Formen, um ein bestimmtes Objekt zu erhalten. Zum Beispiel wurde dieser Schlüssel aus einem Oval und drei Rechtecken zusammengesetzt.

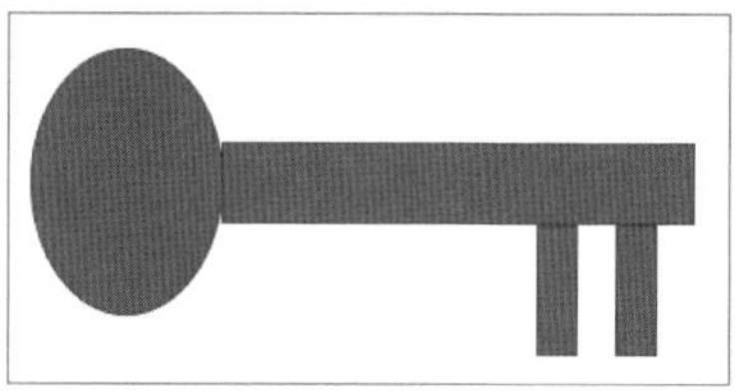

Wenn Sie dieses Objekt auf der Folie verschieben wollen, müssen Sie erst alle Einzelteile markieren und sie dann erst zusammen verschieben.

Zum Markieren vieler Objekte gibt es mehrere Möglichkeiten. Eine davon ist, mit der Tastenkombination Strg+A alles auf der Folie zu markieren. Dadurch wird aber tatsächlich alles markiert, was manchmal nicht erwünscht ist.

Die andere Möglichkeit ist, die ⇧-Taste zu drücken und auf alle Objekte, die markiert werden sollen, einzeln zu klicken. Das ist aber sehr lästig, wenn Sie sehr viele einzelne Objekte haben.

Das Markieren von Elementen kann bei sehr komplexen Objekten einen ziemlichen Aufwand bedeuten. Deshalb gibt es mehrere Möglichkeiten zum Markieren.

So markieren Sie	
Sie markieren alle gewünschten Objekte, indem Sie die ⇧-Taste festhalten, während Sie alle zu markierenden Objekte anklicken.	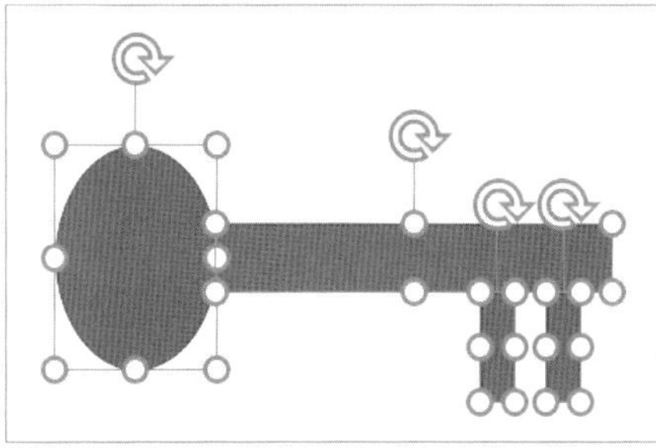
Sie werfen eine Art Lasso um alle Objekte. Dazu gehen Sie zur linken oberen Ecke Ihrer Objekte, halten die linke Maustaste gedrückt und ziehen diagonal nach rechts unten. Wenn Sie nun die Maustaste loslassen, werden alle Objekte markiert, die innerhalb dieser grauen Fläche liegen.	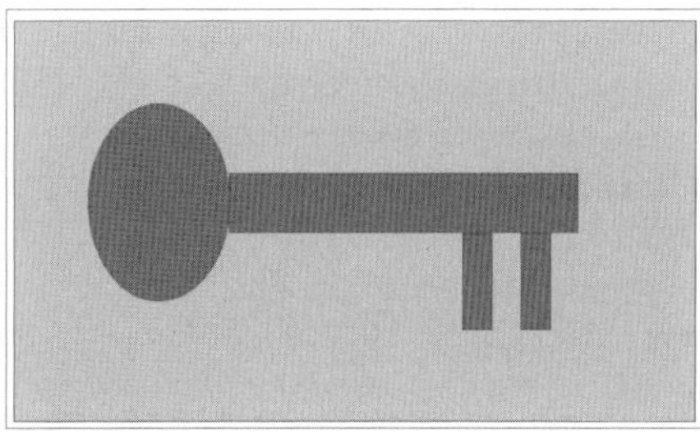
Strg+A	Damit markieren Sie alle Objekte auf Ihrer Folie.

Wie Sie zukünftig viele einzelne Objekte markieren, ist eine Entscheidung, die nur Sie allein treffen können. Es gibt keine Methode, die immer die beste ist. Aber ich vermute einmal, die Lasso-Methode werden Sie häufiger einsetzen.

Bevor Sie nun verschieben, ist es sinnvoll, die markierten Elemente zu einem ganzen Objekt zusammenzufassen, sodass Sie das Objekt zukünftig nur einmal anklicken müssen, um es zu markieren.

1 Markieren Sie alle Objekte, die Sie zusammenfassen möchten, in unserem Beispiel also alles, was zum Schlüssel dazugehört.

2 Klicken Sie dann mit der rechten Maustaste auf eines der markierten Objekte. Klicken Sie aber erst, wenn Sie das Achsenkreuz sehen.

3 Wählen Sie nun *Gruppieren* und dann noch einmal *Gruppieren.*

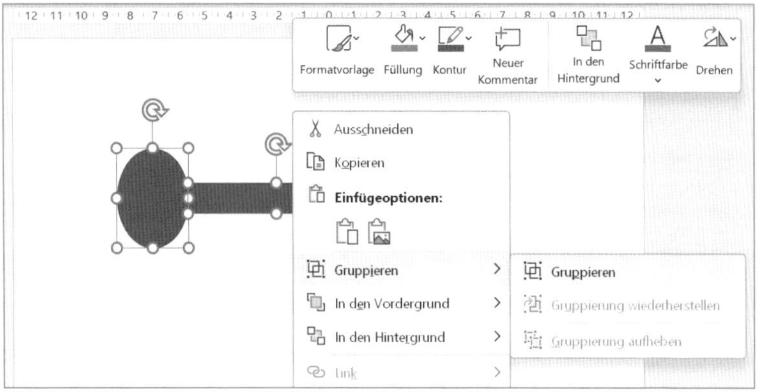

4 Nun wurden alle einzelnen Objekte Ihrer Zeichnung zu einem ganzen Objekt zusammengefasst. Sie sehen das, wenn Sie das Objekt nun kurz durch einen Klick markieren.

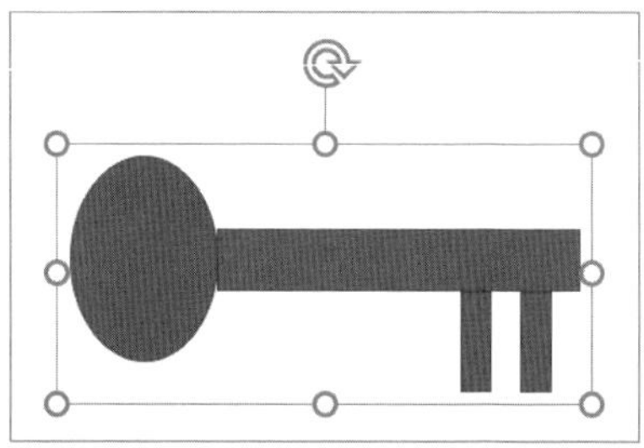

Alles, was Sie nun mit diesem Objekt tun, hat Auswirkungen auf das gesamte Objekt. Wenn Sie also zum Beispiel die Linienstärke ändern, ändern Sie sämtliche Linienstärken. Für PowerPoint sind die einzelnen Objekte zu einem ganzen Objekt geworden. Möchten Sie aber trotzdem einzelne Teile des Objekts nachträglich ändern, müssen Sie die Gruppierung aufheben. Klicken Sie dazu mit der rechten Maustaste auf das Objekt, und wählen Sie *Gruppieren/Gruppierung aufheben.*

Die Reihenfolge der Objekte auf der Folie

Alles, was Sie auf eine Folie legen, liegt auf einer bestimmten Ebene. Dadurch können sich Objekte überdecken und überlappen. Auch zwei gewöhnliche Linien liegen nicht auf einer Ebene. Man kann sagen: Je älter das Objekt ist, das auf der Folie liegt, desto tiefer in den Ebenen ist es zu finden.

Für den Betrachter spielen diese Ebenen keine große Rolle, denn die Folie erscheint »wie aus einem Guss«. Aber manchmal können diese verschiedenen Ebenen schon stören. Dazu ein einfaches Beispiel.

Nehmen wir an, Sie sprechen über den Atomaufbau und möchten zwei Elektronen im Bohrschen Atommodell auf ihren Bahnen anschaulich machen. Das eine Elektron liegt auf dem Kreis der Schale, das andere scheint aber hinter der Kreisbahn zu sein. So etwas sollten Sie auf jeden Fall vermeiden.

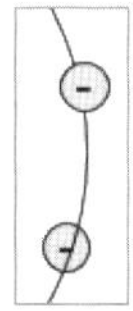

Die folgende Abbildung zeigt drei Rechtecke. Rechteck 1, zuerst gezeichnet, liegt auf der untersten Ebene 1. Rechteck 2 wurde später gezeichnet, aber vor Rechteck 3. Deshalb liegt die Nummer 2 in Ebene 2. Und Rechteck 3 liegt auf der letzten gezeichneten Ebene 3.

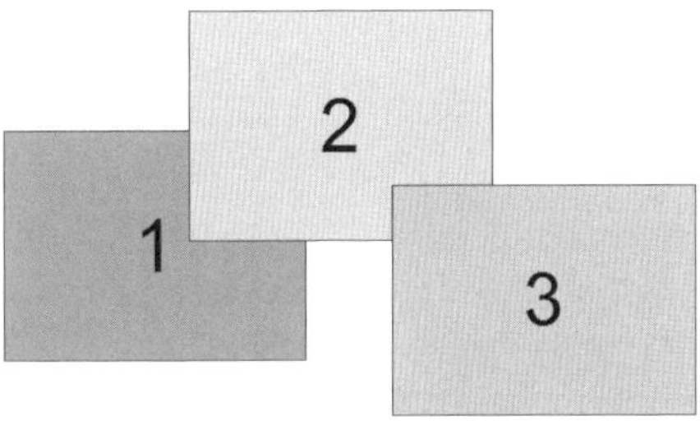

Nun wollen wir die Reihenfolge der Ebenen der Objekte ändern.

1 Markieren Sie dazu das Rechteck, das Sie auf eine andere Ebene verschieben möchten. Nehmen wir an, Rechteck 2 soll in die oberste Ebene und somit Rechteck 3 teilweise überdecken. Klicken Sie also mit der linken Maustaste auf Rechteck 2.

2 Als Nächstes klicken Sie mit der rechten Maustaste auf Rechteck 2.

3 Wählen Sie mit der linken Maustaste *In den Vordergrund* und dann noch mal *In den Vordergrund.*

4 Nun sollte Rechteck 2 im Vordergrund sein und 1 sowie 3 teilweise überdecken.

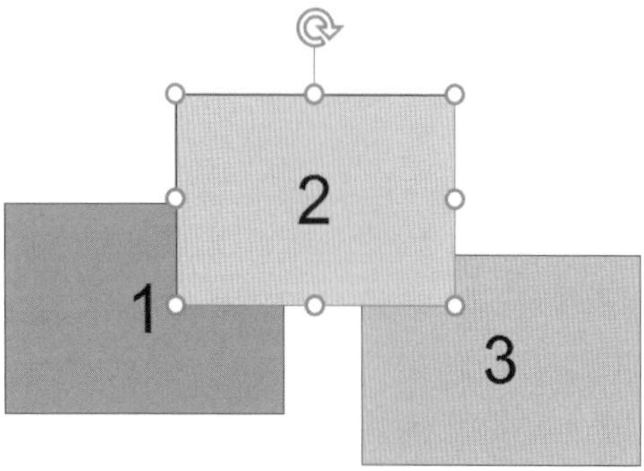

5 Nun soll Rechteck 1 noch vor Rechteck 3, aber hinter Rechteck 2. Das erreichen Sie, wenn Sie Rechteck 1 mit der rechten Maustaste anklicken und *In den Vordergrund* und dann *Ebene nach vorne* wählen.

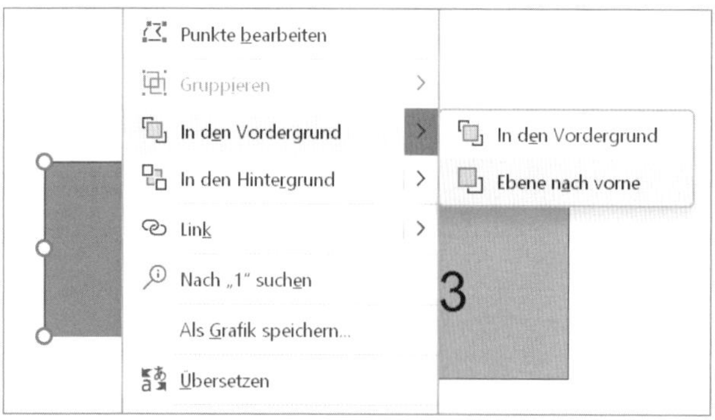

So können Sie Ihre Objekte beliebig auf die verschiedenen Ebenen legen, was manchmal zur korrekten Darstellung auf der Folie wichtig ist.

Objekte exakt positionieren – Raster, Zeilenlineal und Führungslinien

Bisher haben Sie die Objekte einfach nur irgendwo auf die Folie gelegt und verschoben. Meist wird es aber so sein, dass Sie Ihre Objekte exakt platzieren müssen. Und dazu gibt es in PowerPoint 2021 verschiedene Möglichkeiten.

Das Zeilenlineal

Das Zeilenlineal sollten Sie eigentlich, wie bereits an anderer Stelle kurz erwähnt, immer einblenden und auch eingeblendet lassen. Es hilft bereits bei der ersten schnellen Positionierung.

Sollte es bei Ihnen noch nicht eingeschaltet sein, setzen Sie auf der Registerkarte *Ansicht* in der Gruppe *Anzeigen* bei *Lineal* durch Klick ein Häkchen.

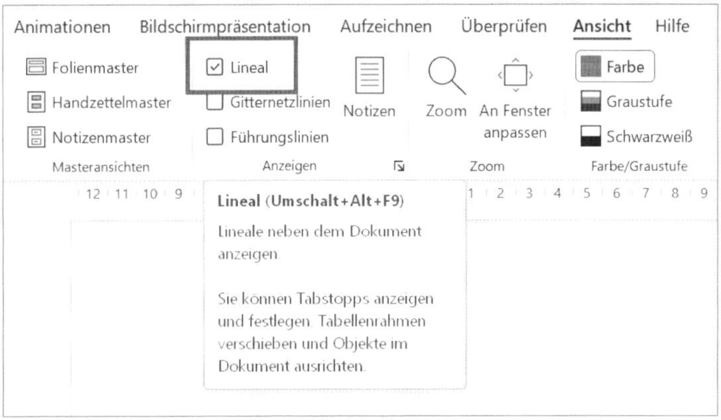

Nun haben Sie sowohl ein waagerechtes als auch ein senkrechtes Zeilenlineal bekommen. Wenn Sie jetzt ein Objekt verschieben, wandern in beiden Zeilenlinealen kleine Striche mit, die es Ihnen erlauben, das Objekt richtig zu positionieren.

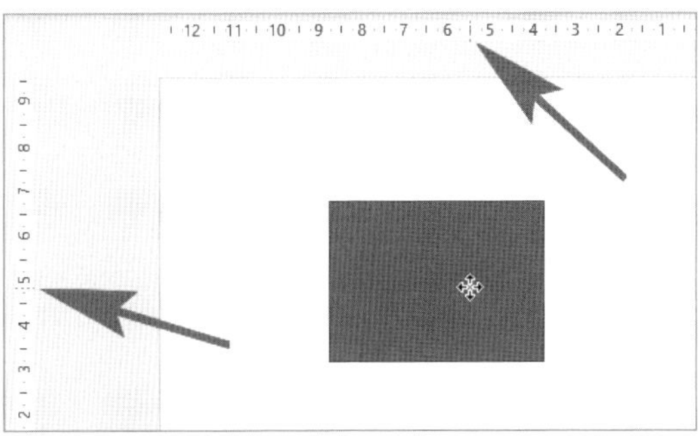

Diese kleinen Striche sind nicht besonders gut zu sehen, deshalb gibt es zwei weitere Möglichkeiten, um exakt zu positionieren.

Gitternetzlinien

Das Raster aus Gitternetzlinien bietet schon wesentlich bessere und genauere Möglichkeiten. Die Gitternetzlinien müssen Sie aber erst einmal einschalten. Über die Registerkarte *Ansicht* setzen Sie in der Gruppe *Anzeigen* bei *Gitternetzlinien* durch Klick ein Häkchen.

Fortan haben Sie auf Ihrer Folie ein Gitternetz, das Sie zum exakten Positionieren benutzen können.

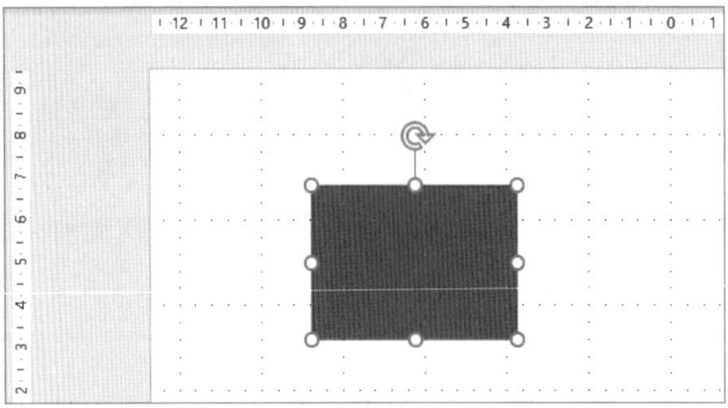

Wenn Sie die Abstände der Gitternetzlinien verändern wollen, klicken Sie auf der Registerkarte *Ansicht* bei *Anzeigen* auf den kleinen Pfeil unten rechts.

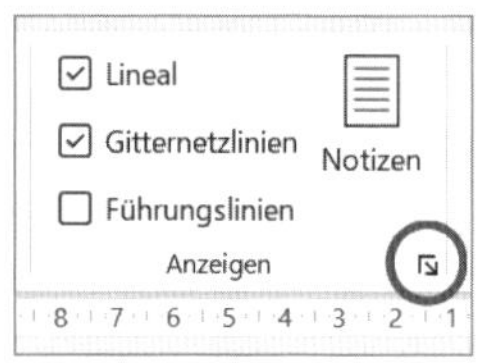

Sie erhalten ein weiteres Fenster, in dem Sie die Abstände der Gitternetzlinien auf einen anderen Wert festlegen können. Hier sollten Sie durch Aktivieren von *Objekte am Raster ausrichten* PowerPoint außerdem mitteilen, dass es sich am Raster orientieren möge.

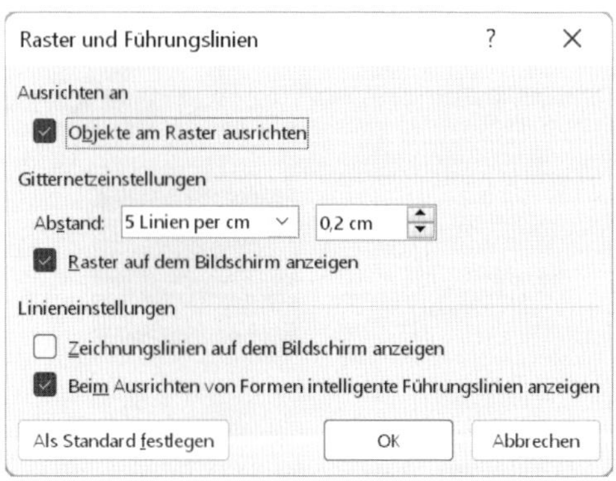

Die Führungslinien

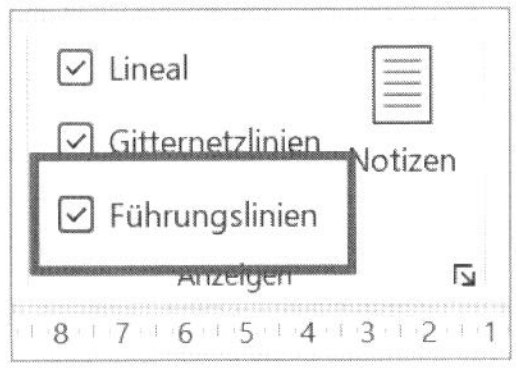

Die Führungslinien bieten eine weitere, in meinen Augen bessere Möglichkeit, Objekte exakt auf der Folie zu positionieren.

Zum Einblenden wählen Sie wieder *Ansicht*, und in der Gruppe *Anzeigen* versehen Sie *Führungslinien* mit einem Häkchen.

Sofort haben Sie auf Ihrer Folie zwei Führungslinien.

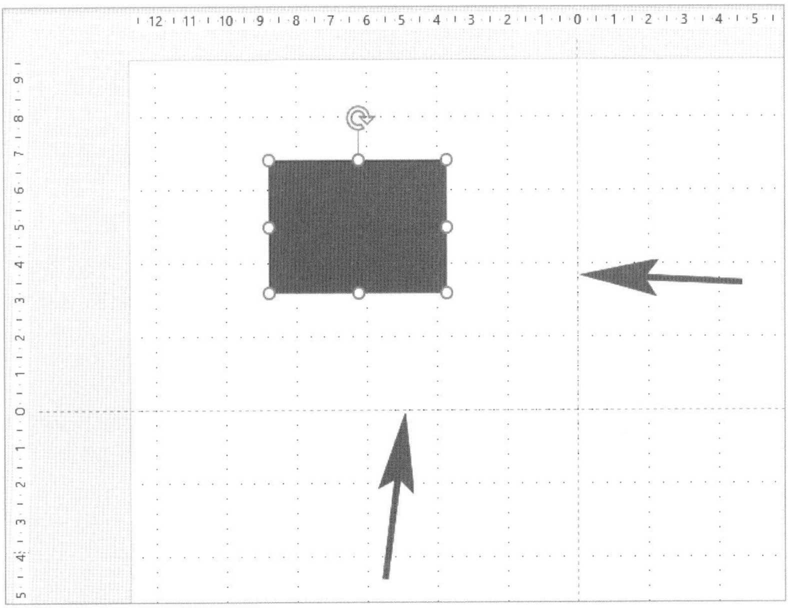

Wenn Sie nun Ihr Objekt an diese Führungslinien heranschieben, wird es wie durch Magnete von den Führungslinien angezogen. Auf diese Weise ist ein wirklich exaktes Positionieren möglich.

Natürlich können Sie die beiden Führungslinien auch an eine andere Position schieben. Halten Sie eine der Führungslinien mit der Maus fest, und verschieben Sie sie.

Ihre Führungslinien können Sie nun mithilfe der Zeilenlineale und des Werts, der während der Verschiebung angezeigt wird, exakt platzieren.

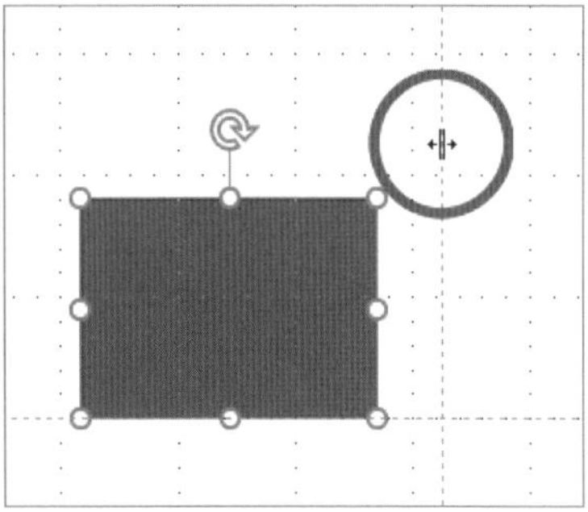

Sicher erkennen Sie auch sofort den entscheidenden Nachteil: PowerPoint zeigt nur zwei Führungslinien an. Das ist für umfangreiche Arbeiten aber viel zu wenig.

Mit nur zwei Führungslinien wäre PowerPoint wirklich etwas zurückhaltend ausgestattet, und deshalb haben Ihnen die Entwickler die Möglichkeit gegeben, diese beiden Standardführungslinien fast beliebig oft zu kopieren.

Halten Sie dazu die Strg-Taste gedrückt, während Sie eine der Führungslinien verschieben. Durch das Drücken der Strg-Taste wird die gewählte Führungslinie nun nicht verschoben, sondern kopiert.

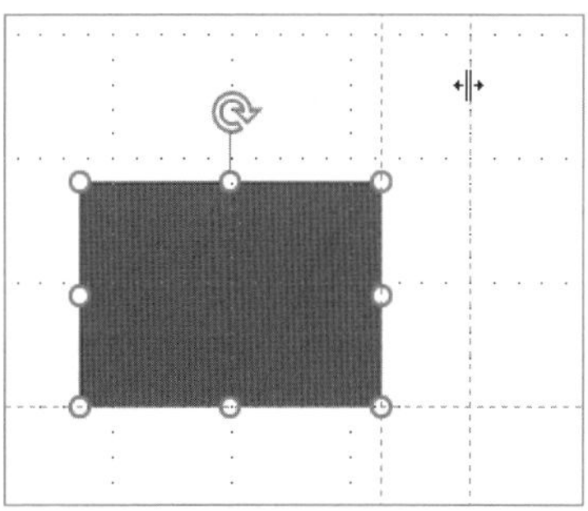

Diese kopierten Führungslinien werden abgespeichert und bleiben erhalten, wenn Sie das nächste Mal Ihre PowerPoint-Präsentation öffnen. Aber natürlich werden sie nicht mit ausgedruckt.

Um eine dieser kopierten Führungslinien wieder zu entfernen, ziehen Sie sie einfach aus der Folie heraus und lassen los. Die Standardführungslinien dagegen müssen Sie so ausblenden, wie Sie sie eingeblendet haben.

TIPP

Eine Kurzversion zum Einblenden der Positionierungshilfen
Ein kürzerer Weg zum Einblenden von Gitternetz, Lineal und Führungslinien ist, mit der **rechten** Maustaste auf einen leeren Bereich Ihrer Folie zu klicken und dann *Raster und Führungslinien* oder *Lineal* mit der linken Maustaste zu wählen.

In PowerPoint 2021 gibt es dazu noch etwas ganz Feines. Wenn zwei Objekte gleich ausgerichtet sind, werden automatisch sogenannte intelligente Führungslinien eingeblendet. Diese ermöglichen eine noch schnellere und exaktere Positionierung.

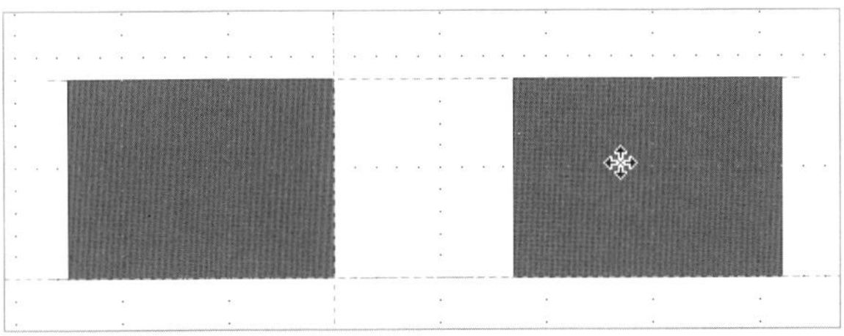

Jetzt wird es besonders toll – kombinierte Formen

Das ist ein Feature, das in PowerPoint 2021 leider etwas versteckt ist, bei dem es sich aber lohnt, es hervorzuheben. Nehmen wir ein Beispiel aus der Mathematik, genauer, aus der Mengenlehre. Hier stellt man gern zwei Mengen als Kreise dar, und die Schnittmenge sind zwei Kreise, die sich überlappen.

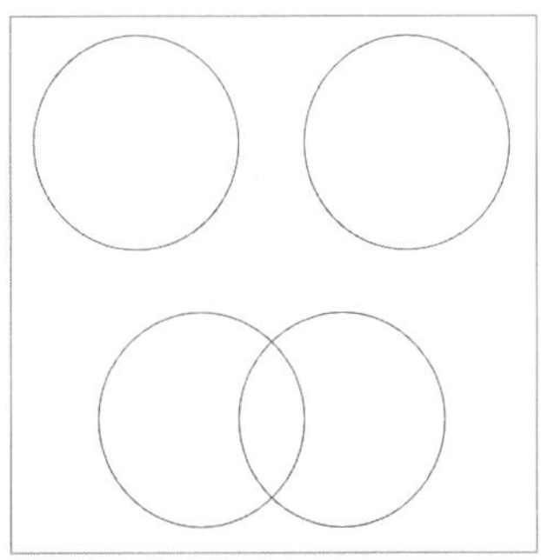

PowerPoint 2021 macht es einfach, die Schnittmenge, also den Bereich, in dem sich die beiden Kreise schneiden, hervorzuheben. Das Zauberwort heißt *Formen kombinieren* – und ist nicht zu verwechseln mit dem *Gruppieren* von Formen.

Lassen Sie uns ein Beispiel betrachten. Dazu zeichnen Sie einen schönen Kreis auf Ihre Folie. Sie erinnern sich: Einen exakten Kreis zeichnen Sie bei gedrückter ⇧-Taste. Wir brauchen nun noch einen zweiten Kreis, der genau die gleiche Größe haben soll wie der erste (das ist aber kein Muss, es dient nur dazu, Ihnen noch schnell zu zeigen, wie man Objekte kopieren kann).

Die schnellste Methode ist, Sie klicken das Objekt an und halten die Strg-Taste fest, während Sie das zu kopierende Objekt an eine andere Position schieben.

Die zweite Möglichkeit: Mit der bereits bekannten Tastenkombination Strg+C kopieren Sie das Objekt in die Zwischenablage, mit Strg+V holen Sie es wieder heraus. Mit dieser Methode kopieren Sie Objekte auch zwischen den Folien.

Die dritte Möglichkeit: Sie markieren das Objekt und drücken Strg+D. Damit duplizieren Sie Objekte auf der gleichen Folie.

TIPP **Was ist Strg+D ?**
Diese Tastenkombination dient zum Duplizieren von Objekten. Mit den Tastenkombinationen Strg+C (Kopieren) und Strg+V (Einfügen) haben Sie wahrscheinlich bisher kopiert. Und das war auch richtig. Sie hätten das in diesem Fall auch machen können. Aber es gibt einige Unterschiede zwischen Strg+D und den beiden anderen Tastenkombinationen. Strg+D dupliziert zum Beispiel nur innerhalb einer Folie. Sie können damit keine Objekte auf eine andere Folie kopieren. Das müssen Sie mit den beiden anderen Tastenkombinationen machen.

1 Wie auch immer – kopieren Sie den Kreis, und lassen Sie ihn farblich wie vorgegeben. Schieben Sie den einen Kreis über den anderen, denn wir wollen die Schnittmenge ausschneiden. Sie sehen die intelligenten Führungslinien zum exakten Positionieren?

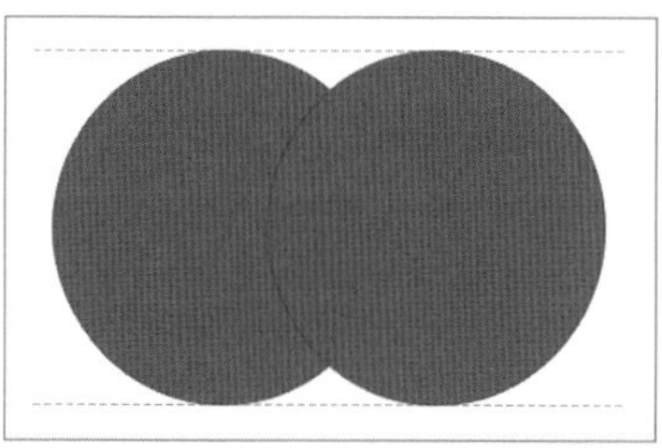

2 Nun markieren Sie beide Kreise und wählen auf der Registerkarte *Formformat* in der Gruppe *Formen einfügen* und dort unter dem Symbol *Formen zusammenführen* den Befehl *Kombinieren*.

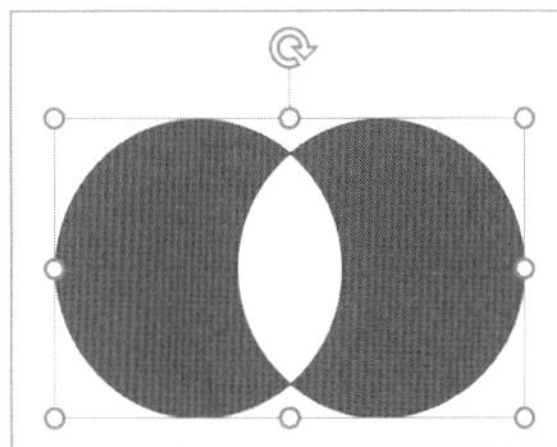

3 Und schon hat PowerPoint die Schnittmenge ausgeschnitten.

Wenn Sie nun meinen, das sei schon mal ganz ordentlich, setze ich noch einen drauf. Zeichnen Sie noch einmal zwei Kreise, die sich überlappen, und markieren Sie sie wieder.

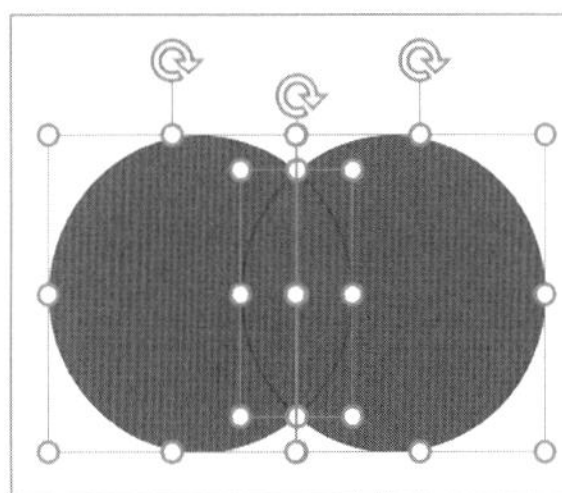

1 Nun wählen Sie auf der Registerkarte *Formformat* unter dem Symbol *Formen zusammenführen* den Befehl *In Einzelmengen zerlegen.*

2 Was ist nun der Unterschied? Zunächst sehen Sie, dass der Ausschnitt für die Schnittmenge nicht ausgeschnitten wurde – oder doch?

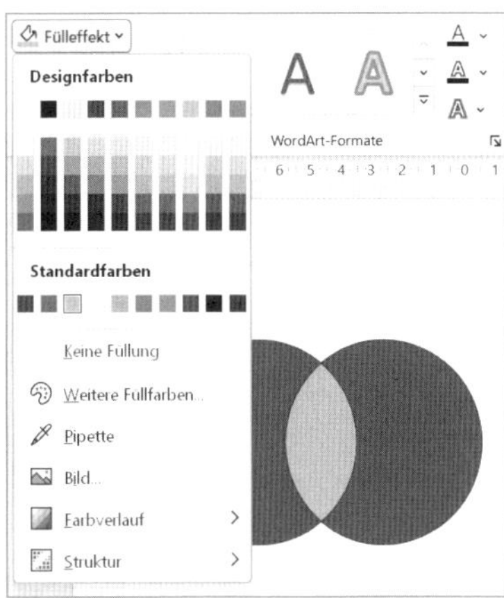

3 Klicken Sie auf die Schnittmenge.

4 Die Schnittmenge ist zu einem separaten Objekt geworden und kann nun auch separat mit Farbe gefüllt werden.

Da diese starken Möglichkeiten in kaum einem Buch Erwähnung finden, möchte ich Ihnen noch zwei weitere Befehle aus diesem Bereich vorstellen. Dazu kommen wir auf das Beispiel mit dem Schlüssel aus dem Abschnitt über das Gruppieren zurück.

Aus dem linken Schlüssel wollen wir den rechten Schlüssel machen.

1 Zeichnen Sie folgende Objekte, und schieben Sie sie zu einem Schlüssel zusammen.

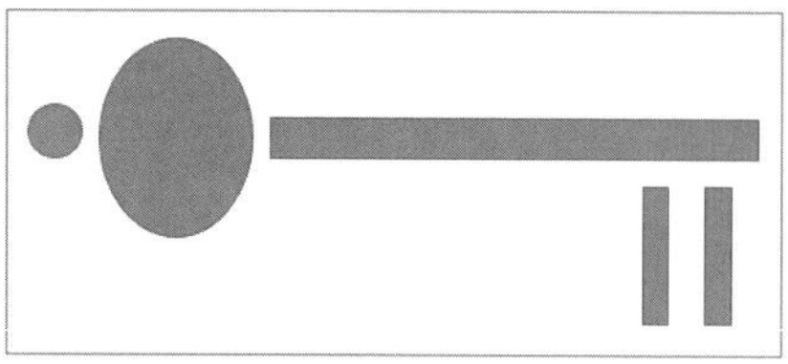

2 Markieren Sie alles, und vereinigen Sie die Teile, indem Sie auf der Registerkarte *Formformat* unter dem Symbol *Formen zusammenführen* den Befehl *Vereinigen* wählen.

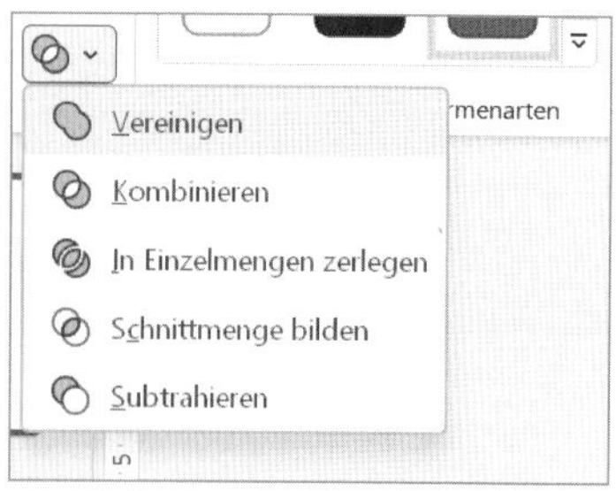

3 Nun zeichnen Sie in das vorhandene Oval ein weiteres kleines Oval und an den »Schlüsselbart« einige kleine Dreiecke.

4 Schieben Sie diese einzeln über die Bereiche des Schlüssels. Die kleinen Dreiecke dienen später zur Simulation der Zacken am Schlüsselbart. Sollte Sie beim exakten Platzieren das Raster stören, schalten Sie es durch Drücken der Alt-Taste während des Ziehens von Objekten aus. Denken Sie daran, durch Drücken der Alt-Taste wird das Raster nur so lange ausgeschaltet, wie die Taste gedrückt wird.

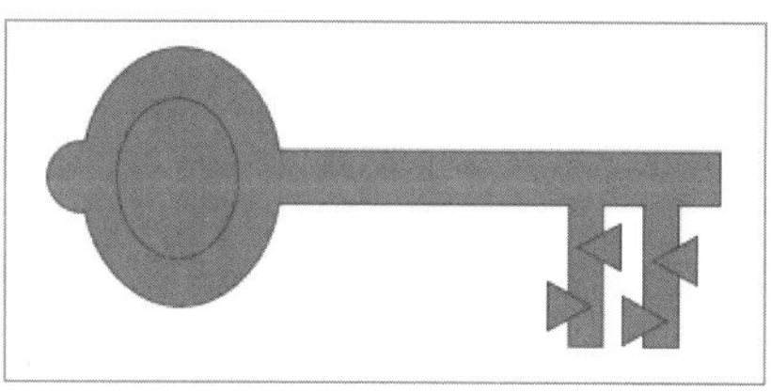

5 Nun wird es ein wenig knifflig, denn jetzt ist die Reihenfolge beim Markieren wichtig. Markieren Sie zuerst den Schlüssel als Ganzes. Wir haben die Einzelteile ja schon zu einem ganzen Körper vereinigt. Danach drücken Sie die ⇧-Taste und markieren das kleinere Oval und dann die Dreiecke.

6 Nun wählen Sie auf der Registerkarte *Zeichnung* unter *Formen zusammenführen* den Befehl *Subtrahieren*.

7 Damit subtrahiert PowerPoint die zuletzt markierten Teile vom zuerst markierten Teil. Wir haben unseren Schlüssel.

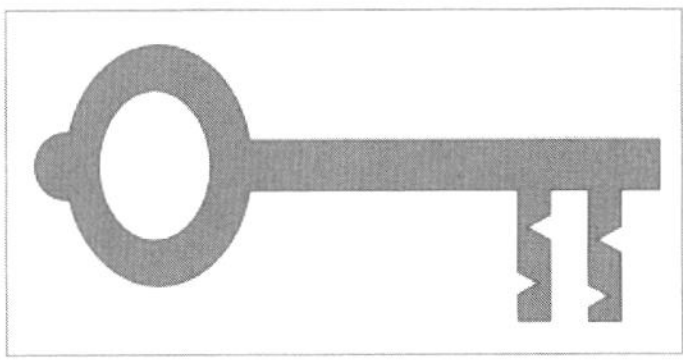

8 Als Nächstes folgen nun die 3D-Schritte. Wählen Sie auf der Registerkarte *Formformat* in der Gruppe *Formenarten* die *Formeffekte*.

Hier wählen Sie bei *3D-Drehung* das in der Abbildung gezeigte Symbol.

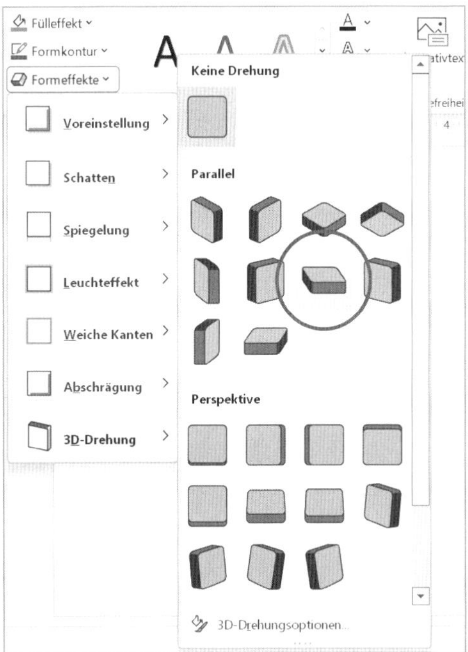

9 Bei den *Formeffekten* wählen Sie als Nächstes im Bereich *Abschrägung* das in der Abbildung gezeigte Symbol.

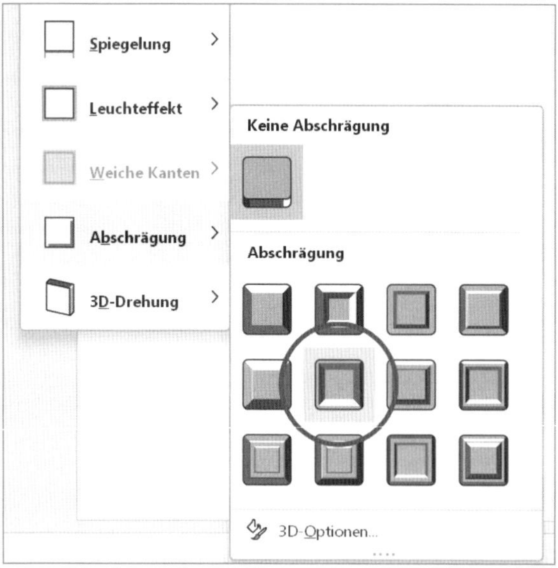

10 Zum Schluss drehen oder kippen Sie das Objekt. Dazu wählen Sie unter *Formeffekte* in der Gruppe *3D-Drehung* den Befehl *3D-Drehungsoptionen* und drehen das Objekt in die gewünschte Ausrichtung. Suchen Sie einfach nach dem besten Winkel.

5.2 Aus Texten einfach mehr machen

PowerPoint ist keine Textverarbeitung, sondern ein Präsentationsprogramm. Aus diesem Grund gehören keine umfangreichen Prosatexte auf eine Folie. Natürlich ist es für einen Vortragenden einfach, den ganzen Text seines Vortrags auf Folie zu bannen und zum Mitlesen zu präsentieren. Aber nach wenigen Minuten wird keiner der Zuhörer weiter mitlesen, und das erste unruhige Stühlerücken wird unüberhörbar sein. Andere werden vielleicht noch mitlesen, aber zuhören wird Ihnen niemand mehr.

Anders, als man es von Windows behauptet, sind wir Menschen nicht multitaskingfähig, um dieses neudeutsche Wort einmal zu strapazieren. Wir können einfach nicht gleichzeitig lesen und zuhören und darüber hinaus sogar noch mitdenken.

Deshalb gehören auf eine Folie keine Romane, sondern knappe und einprägsame Sätze. Sätze, die man notfalls schnell und einfach mitschreiben kann und die vielleicht die Quintessenz dessen sind, was Sie ausführlich vorgetragen haben. Genau hier liegt aber das Problem. Wie fasst man Gedanken zu einem einprägsamen Satz zusammen, die sich im Vortragsmanuskript auf mehrere Absätze verteilen?

Auch liest man in vielen Publikationen, dass jede Folie einer Präsentation eine Überschrift bekommen muss. Das ist jedoch kein ehernes Gesetz, das man auf Teufel komm raus befolgen muss. Versetzen Sie sich bei allem, was Sie tun, in die Situation des Zuhörers. Wie lange hat er Zeit, sich in die Folie einzudenken? Schließlich soll er Ihnen doch eigentlich zuhören.

Deshalb ist es so extrem wichtig, knappe und einprägsame Sätze zu entwerfen. Aber auch für dieses Gesetz gibt es Ausnahmen.

Es ist also durchaus sinnvoll, den Albert Einstein zugeschriebenen Satz »Zwei Dinge sind unendlich, das Universum und die menschliche Dummheit, aber bei dem Universum bin ich mir noch nicht ganz sicher« als Text mit einem Bild des Physikers auf die Folie zu setzen. Tolstois »Krieg und Frieden« hat dagegen als Text in einer Präsentation nichts verloren.

Sie sehen, viel Text – wenig Text, es kommt auf die Situation an. Das erkennen zu können unterscheidet einen Profi von einem Anfänger.

Die Überschrift soll zentriert werden

Wenn Sie nicht mit einem standardisierten Layout arbeiten, sondern die Vorteile einer leeren Folie ausnutzen möchten, werden Sie auf vielen Folien Überschriften mit einem Textfeld zu schreiben haben.

Das Textfeld finden Sie auf der Registerkarte *Einfügen* in der Gruppe *Textfeld*. Wie man prinzipiell einen Text eingibt und welche Schriftart man nehmen sollte, haben wir auf Seite 478 bereits besprochen. Es muss hier deshalb nicht mehr wiederholt werden.

Ein Text, den Sie als Überschrift verwenden möchten, sollte natürlich in der Regel im oberen Teil der Folie zentriert werden. Zum Zentrieren eines Textfelds können Sie das Lineal, Führungslinien oder auch das Raster benutzen. Alle drei Elemente haben wir weiter oben schon besprochen. Aber so ganz glücklich wird man bei diesem Problem damit nicht. Es bleibt noch eine gewisse Fummelei.

Wenn Sie aber nicht fummeln möchten, gibt es einen kleinen Trick, mit dem Sie das Zentrieren auch einfacher schaffen. Ziehen Sie dazu die Textbox einfach vom linken zum rechten Folienrand, schreiben Sie Ihren Text hinein, und zentrieren Sie ihn mit dem *Zentrieren*-Symbol. Das funktioniert natürlich auch, wenn Sie den Text schon in Ihrem Textfeld geschrieben haben.

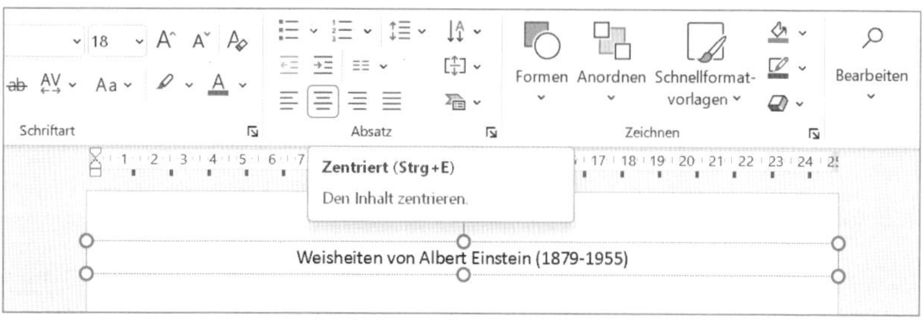

Die meisten Symbole aus der Gruppe *Schriftart* kennen Sie schon aus dem Word- bzw. Excel-Teil dieses Buches. Deshalb möchte ich hier nur auf die noch nicht besprochenen Elemente eingehen.

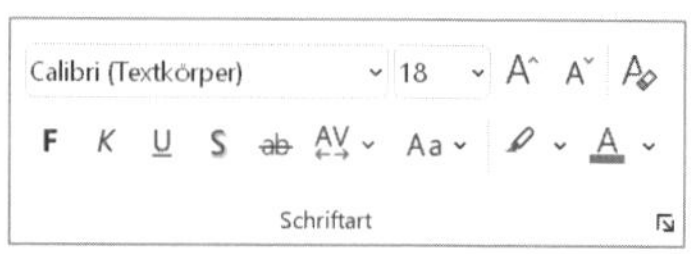

Symbol	Erklärung/Wirkung
S	Erzeugt einen Schatten an Ihrem Text.
~~ab~~	Streicht den Text durch.
AV ⌄	Vergrößert oder verkleinert den Zeichenabstand. 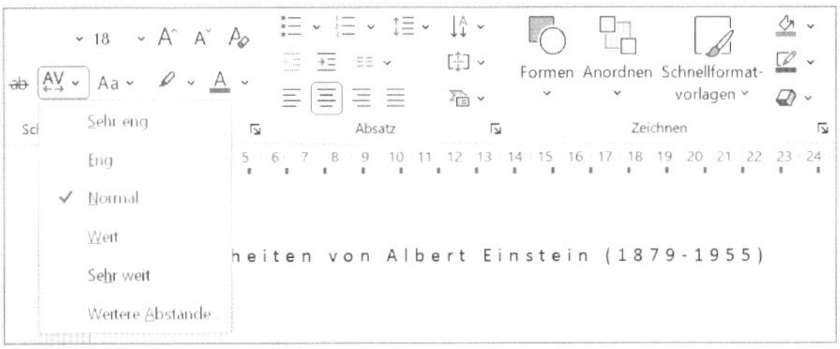
Aa ⌄	Texte werden in Groß- oder Kleinbuchstaben auf die Folie geschrieben. 

Texte mit Aufzählungszeichen

Neutrale Aufzählungszeichen

Eine Überschrift ist eine Sache, viel häufiger werden Sie aber sicher einfache und prägnante Sätze für Ihre Präsentation brauchen. Oder vielleicht möchten Sie auf einer Folie den Zuhörern zunächst einmal zeigen, was Sie im Vortrag alles erzählen werden.

Sie planen einen Vortragszyklus über Physik für interessierte Laien. Deshalb möchten Sie den Teilnehmern zunächst mitteilen, welche großen Themen in dem Zyklus behandelt werden. Das kann man sehr schön mit einem Textfeld und Aufzählungszeichen realisieren.

- **Mechanik**
- **Elektromagnetismus**
- **Optik**
- **Thermodynamik (Wärmelehre)**
- **Atom- und Kernphysik**

1 Dazu ziehen Sie ein Textfeld auf und notieren zunächst einmal die fünf Themenbereiche, die besprochen werden sollen. Jeder Themenbereich kommt in eine neue Zeile, d. h., nach jedem Thema erfolgt ein ↵.

2 Nun markieren Sie die fünf Themenbereiche, da diese mit Aufzählungszeichen versehen werden sollen.

3 Zum Schluss fügen Sie durch einen Klick auf das Symbol für die Aufzählungszeichen diese Ihren Themenbereichen hinzu. Sie finden die Aufzählungszeichen auf der Registerkarte *Start* in der Gruppe *Absatz*.

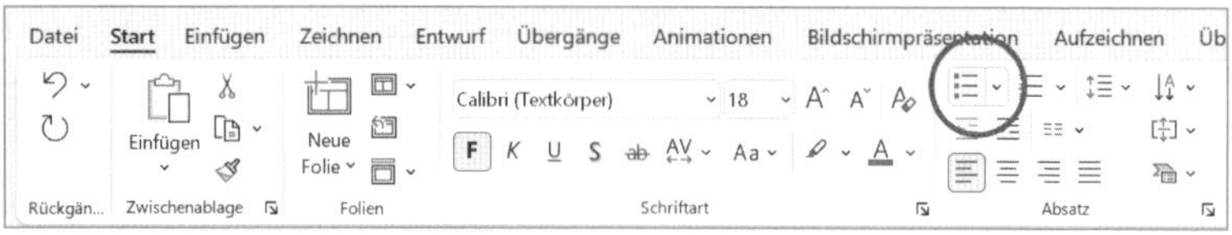

Nun hat PowerPoint Ihren Themenbereichen neutrale Aufzählungszeichen hinzugefügt. Vielleicht stehen aber die Aufzählungszeichen und die Texte für Ihren Geschmack etwas zu nahe beieinander oder sind zu weit voneinander entfernt.

Mithilfe der aus Word bekannten Symbole für das Einrücken von Texten können Sie das ändern. Sollten bei Ihnen die entsprechenden Symbole nicht zu sehen sein, schalten Sie Ihr Zeilenlineal ein oder markieren das Textelement.

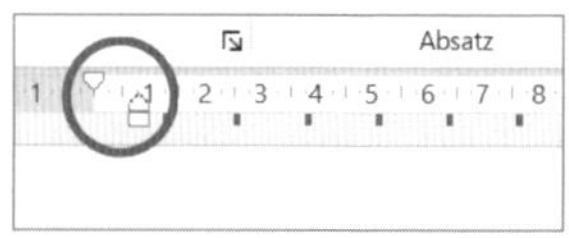

Markieren Sie die Vortragsthemen (erschrecken Sie nicht, wenn die Aufzählungszeichen selbst nicht mit markiert werden, das ist normal). Abhängig davon, ob die Texte weiter oder weniger weit von den Aufzählungszeichen entfernt sein sollen, schieben Sie nun das untere Dreieck nach rechts oder links.

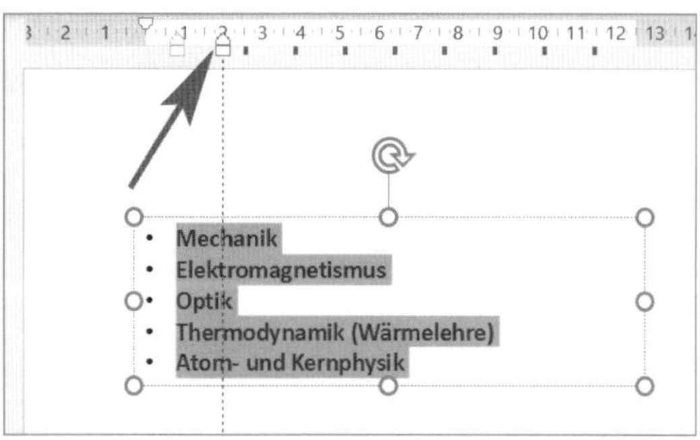

Möchten Sie noch ein weiteres Thema zu den bisherigen Themen hinzufügen, klicken Sie an das Ende des Themas, unter dem Sie ein weiteres einfügen möchten, und drücken dort die ↵-Taste. Sofort hat PowerPoint ein weiteres Aufzählungszeichen hinzugefügt. Tippen Sie das neue Thema ein.

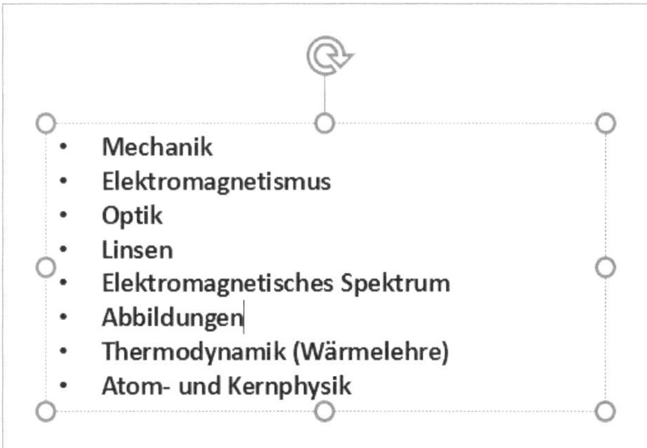

Nun sind aber die nachträglich hinzugefügten Punkte *Elektromagnetisches Spektrum*, *Linsen* und *Abbildungen* eigentlich Unterpunkte der Optik, sie müssten also etwas eingerückt und auch mit einem anderen Aufzählungszeichen versehen werden.

Kein Problem. Drücken Sie bei den drei Unterpunkten die ⇆-Taste, und schon rückt das Ganze ein.

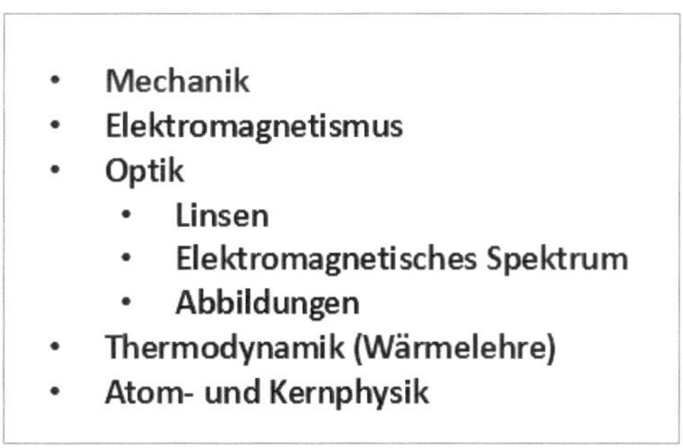

Nun sollten aber die drei eingerückten Begriffe andere Aufzählungszeichen bekommen. Auch das ist kein Problem.

Markieren Sie die Unterpunkte, und klicken Sie das kleine Dreieck neben den Aufzählungszeichen im Menüband an. Wählen Sie dort die gewünschten Aufzählungszeichen aus.

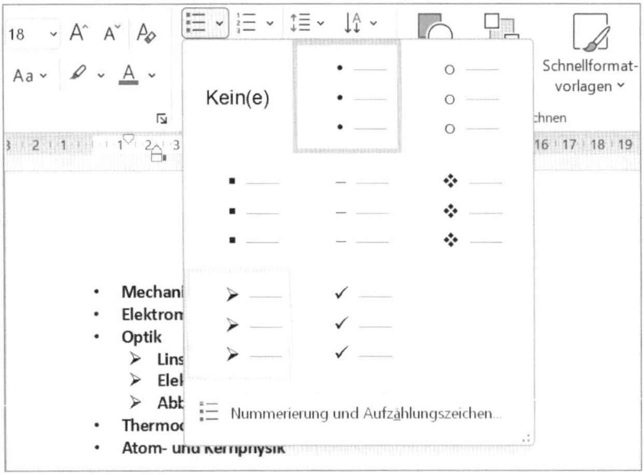

Sie merken aber sehr schnell, dass es ziemlich unübersichtlich wird, wenn Sie noch weitere Unterpunkte hinzufügen. Ganz unübersichtlich wird es, wenn Sie auch noch bei anderen Hauptpunkten Unterpunkte erstellen. Vielleicht, so denken Sie, sollten Sie aus den Unterpunkten besser Stichwörter ohne irgendwelche Aufzählungszeichen machen.

Aber wann immer Sie hinter einen der Hauptpunkte klicken und die [↵]-Taste drücken, bekommen Sie ein neues Aufzählungszeichen. Das wollen Sie jedoch nicht, denn Sie möchten ja nur Stichwörter zu den Hauptpunkten hinzufügen. Wenn Sie einen Punkt einfügen möchten, ohne dass PowerPoint ein Aufzählungszeichen erstellt, drücken Sie die Tastenkombination [⇧]+[↵].

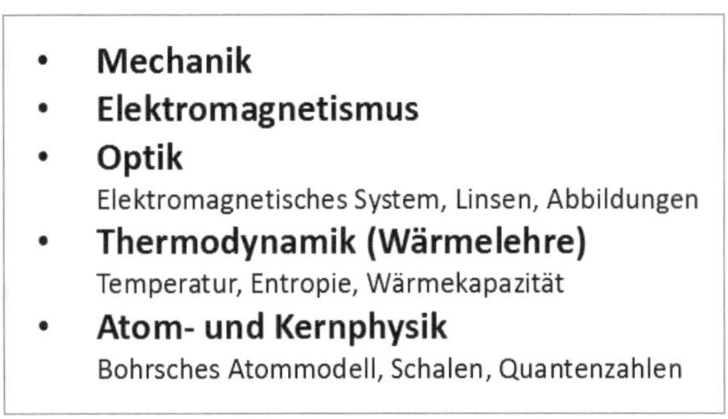

Hier wurde zum Beispiel hinter Optik nicht [↵] gedrückt, sondern [⇧]+[↵]. Das bedeutet für PowerPoint: Erzeuge eine neue Zeile, aber setze keine Aufzählungszeichen.

Wenn Sie für diese Stichwörter auch noch eine etwas kleinere Schrift wählen, sieht das schon ganz vortrefflich aus.

Nummerierungen als Aufzählung

Möchten Sie anstelle der neutralen Aufzählungszeichen Nummerierungen, ist das auch kein Problem. Markieren Sie die Texte, die Sie nummerieren möchten, und klicken Sie auf das Nummerierungssymbol.

Alternativ können Sie auch den zum Symbol gehörenden Pfeil anklicken. Das führt Sie zur Auswahl der Nummerierungssymbole.

Der Rest des Nummerierens verläuft analog zu dem, was bei den neutralen Aufzählungszeichen gesagt wurde.

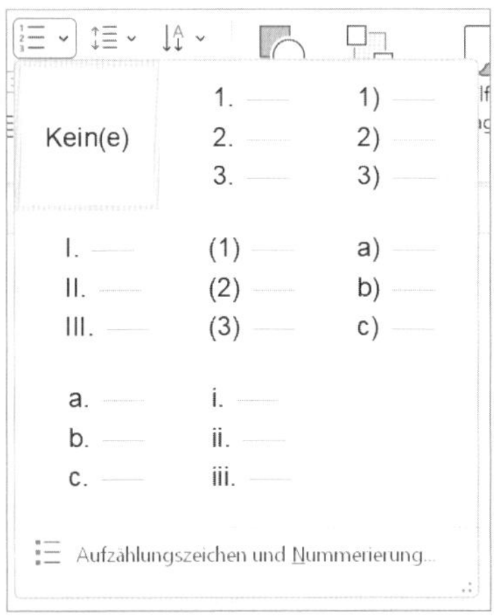

Visuelle Darstellung der Vortragsgliederung

Schön wirkt es auch, wenn Sie eine solche Gliederung noch mehr visuell aufpeppen. Dazu dienen die SmartArt-Grafiken, die wir in einem späteren Abschnitt ausführlich besprechen werden.

Hier möchte ich Ihnen nur schon zeigen, dass Sie solche Gliederungen sehr einfach in SmartArt-Grafiken verwandeln können. PowerPoint kennt da eine wirklich tolle Funktion.

Sie finden diese Funktion auf der Registerkarte *Start* in der Gruppe *Absatz*. Klicken Sie einmal auf *In SmartArt konvertieren*, nachdem Sie einen Text mit Aufzählungszeichen markiert haben. Wählen Sie im Katalog eine passende SmartArt-Grafik aus.

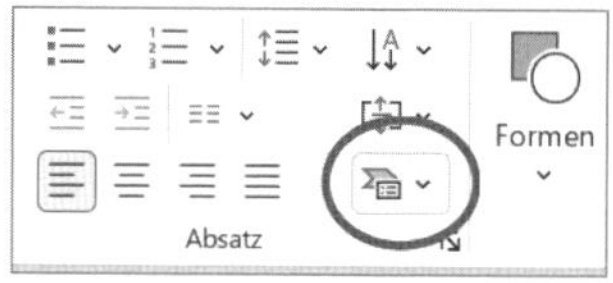

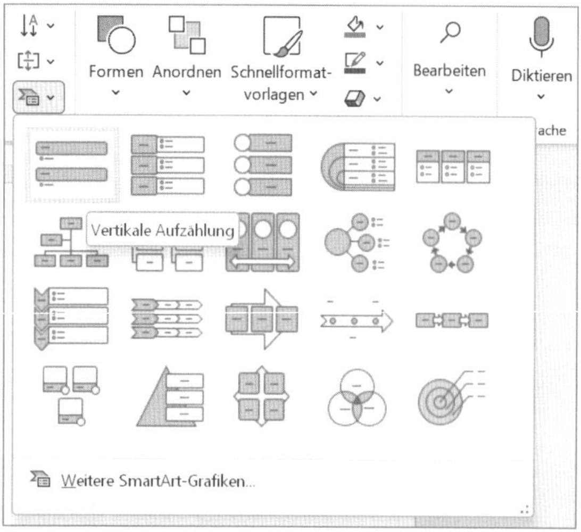

Überschriften und Titel mit WordArt

Bisher haben Sie kleine Texte auf Ihrer Folie verarbeitet und am Anfang eine Folie mit dem Titel Ihrer Präsentation erstellt. Der Titel einer Präsentation sollte immer größer als der Text auf den restlichen Folien sein.

Und diese Titelfolie sollte auch etwas fürs Auge bieten. Noch immer gilt die alte, bitterböse Weisheit: »Wenn man schon inhaltlich nichts zu sagen hat, sollte wenigstens die Aufmachung gut sein.«

Nehmen Sie also für die Schrift der Titelfolie ruhig einmal WordArt. Gut gemacht, bleibt das Auge daran hängen – oder wie es neudeutsch so schön heißt: Sie haben einen Eyecatcher erstellt.

Bleiben wir bei dem Beispiel Ihres Vortragszyklus »Physik für Ahnungslose«.

1 Gehen Sie also auf die Registerkarte *Einfügen*. In der Gruppe *Text* klicken Sie auf die Schaltfläche *WordArt*.

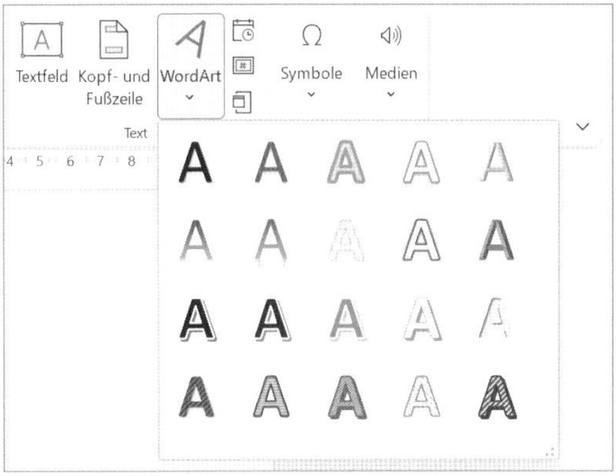

2 Klicken Sie auf ein gewünschtes Layout.

3 Füllen Sie nun den Platzhalter mit dem gewünschten Überschriftentext aus, und vergrößern Sie gegebenenfalls das Fenster durch Ziehen der Markierungselemente an den Seiten.

Sollte Ihnen nachträglich das gewählte Layout nicht gefallen, können Sie über die Registerkarte *Formformat* bei *WordArt-Formate* auf *Weitere* klicken.

Eine riesige Auswahl an verschiedenen Layouts wird angezeigt. Sie haben die Qual der Wahl. Fahren Sie auf ein neues Layout, und schon wird es wieder temporär angezeigt. Erst wenn Sie klicken, wird es übernommen.

Und wenn Ihnen das immer noch zu langweilig ist, können Sie auf der Registerkarte *Formformat* in der Gruppe *WordArt-Formate* einmal das Symbol *Texteffekte* anklicken.

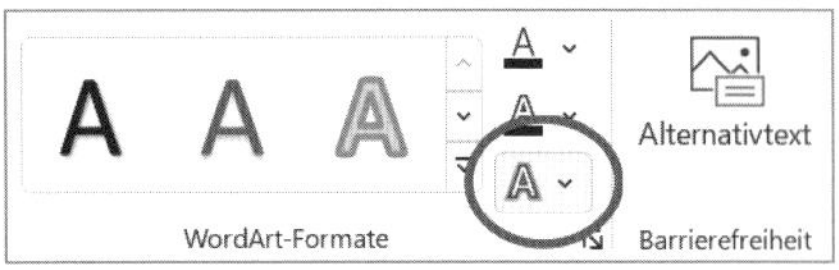

Bewegen Sie den Mauszeiger im Menü auf den Eintrag *Transformieren*. Denken Sie daran, Sie brauchen nur über eine Option zu fahren, um zu sehen, wie sie wirkt.

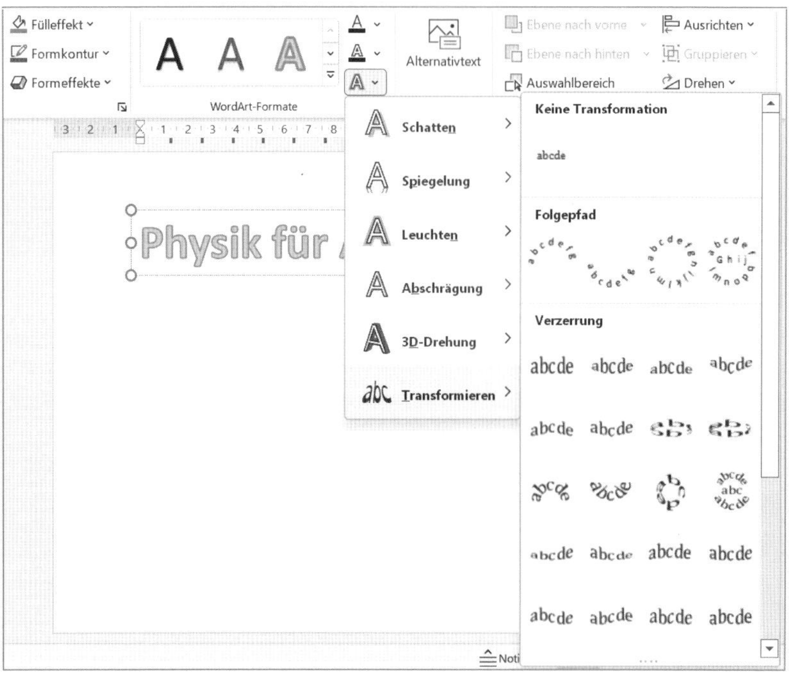

Hier heißt es nun: einfach einmal ein paar Dinge ausprobieren. Aber denken Sie daran, das meiste hier gehört eigentlich in die Schublade »Spielerei« und sollte deshalb nur sehr behutsam angewendet werden.

5.3 Präsentationen mit Bildern aufwerten

Eigene Bilder

Präsentationen, deren einzelne Folien nur aus Texten bestehen, werden schnell langweilig. Deshalb sollten Sie, wann immer es möglich ist, mit Bildern oder ClipArts arbeiten. Möchten Sie Bilder auf einer Folie haben, gehen Sie folgendermaßen vor:

1 Klicken Sie auf die Registerkarte *Einfügen*, klicken Sie dann in der Gruppe *Bilder* auf *Bilder* und wählen Sie zum Einfügen von Ihrem PC *Dieses Gerät*.

2 Gehen Sie in den Ordner, in dem sich Ihre Bilder befinden, wählen Sie eines aus, und klicken Sie auf *Einfügen*.

PowerPoint hat nun das entsprechende Bild eingefügt. An den Anfassern an den Ecken und Seiten können Sie das Bild vergrößern oder verkleinern. Beim Vergrößern bedenken Sie aber, dass aufgrund seiner Auflösung nicht jedes Bild beliebig vergrößert werden kann.

Wenn Sie das Bild in den richtigen Proportionen verändern möchten, ziehen Sie an einem der vier Eckpunkte. Nur diese Eckpunkte lassen die Proportionen unverändert.

Durch Ziehen der Drehmarkierung oben können Sie das Bild drehen. Drehen Sie jetzt aber nicht jedes Bild – frei nach dem Motto: »Wenn PowerPoint das schon kann, sollte man es auch kräftig nutzen.« In alle Richtungen verdrehte Bilder können den Zuschauer auf eine arge Geduldsprobe stellen. Deshalb setzen Sie dieses Stilmittel bitte sparsam ein.

Wenn Sie das Bild irgendwo in der Mitte mit der Maus anfassen, können Sie es auch noch beliebig auf der Folie verschieben.

Durch Ihren Klick auf *Einfügen* wurde das Bild Bestandteil Ihrer PowerPoint-Datei. Das heißt aber auch, dass Ihre Datei riesig werden kann, wenn Sie mit vielen Bildern arbeiten. Und wenn Sie gar Bilder mit besonders hoher Auflösung einfügen, wird Ihre Datei schnell gigantische Ausmaße annehmen.

Auch wenn die Computer heute sehr schnell sind, sollte es Ihr erklärtes Ziel sein, Dateien möglichst klein zu halten. Dass Dateien durch das neue Format PPTX sehr viel kleiner sind als mit dem Vorgängerformat PPT, wurde schon am Anfang des Buches erwähnt.

Das Bild, das Sie gerade eingefügt haben, steht jetzt tatsächlich in PowerPoint. Es ist also physisch Bestandteil Ihrer PowerPoint-Datei. Sie können aber die Bilder auch nur mit der Folie verknüpfen. Das bedeutet, das Bild ist nicht physisch auf der Folie, sondern nur der Pfad zum Bild.

Dazu müssen Sie beim *Einfügen* etwas anders vorgehen. Die ersten Schritte sind die gleichen, nur am Ende des Vorgangs wählen Sie im Fenster nicht den Befehl *Einfügen*, sondern klicken auf das kleine Dreieck daneben. Es wird eine kleine Liste aufgeklappt, in der Sie *Mit Datei verknüpfen* wählen. Dadurch wird das Bild zwar kein physischer Bestandteil der PowerPoint-Datei, aber PowerPoint hat sich den Pfad zum Objekt auf Ihrer Festplatte gemerkt und wird nun immer das Bild von Ihrer Festplatte holen.

Ihre PowerPoint-Datei bleibt dadurch erstaunlich klein, aber natürlich gibt es auch hier kein Licht ohne Schatten.

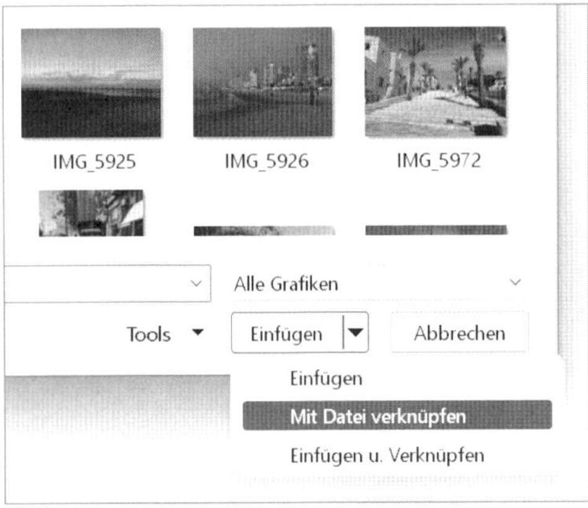

PowerPoint kennt nämlich nur den Pfad auf Ihrer Festplatte, in dem sich das Bild befindet. Haben Sie aber zwischenzeitlich Ihre Festplatte aufgeräumt oder Ihre Bilddatei umbenannt, wird PowerPoint das Objekt vergeblich suchen und Ihnen frustriert ein leeres Rechteck zeigen.

Das alles wird dann besonders unangenehm, wenn Sie mit Ihrem Notebook einen Vortrag halten müssen und vergessen haben, die Bilder ebenfalls auf Ihr Notebook zu kopieren. Dann hilft kein Wehen und Klagen, Sie müssen improvisieren.

Es bleibt Ihnen überlassen, ob Sie die Bilder mithilfe von *Mit Datei verknüpfen* oder durch Klick auf *Einfügen* physisch in die PowerPoint-Präsentation einbinden. Ich habe Ihnen einmal in einer kleinen Tabelle die Vor- und Nachteile zusammengefasst.

Einfügen	**Mit Datei verknüpfen**
Die Datei wird sehr groß.	Die Datei bleibt erstaunlich klein.
Langsameres Bearbeiten der Datei.	Schnelleres Bearbeiten der Datei.
Die Bilder in der Präsentation sind immer vorhanden.	Die Bilder der Präsentation liegen auf der Festplatte Ihres Rechners und müssen mit auf dem Notebook kopiert werden.
Das Bild wird nicht aktualisiert. Wenn es also eine Grafik aus Excel ist, wird nicht das Bild mit den neuesten Daten genommen.	Es wird immer das aktuelle Bild genommen. Das ist interessant bei Grafiken aus Excel.

Teile des Bildes mit einer transparenten Form versehen

Bilder auf einer Folie sind eine ganz wichtige Maßnahme, um den Geist Ihrer Zuhörer wach zu halten oder wieder wach zu machen. Schön ist es auch, wenn man Bilder in die gesamte Präsentation integrieren kann. Wenn Sie dann über ein solches Bild in einem Textfeld einen Text legen möchten, sieht das Ganze vielleicht nicht mehr ganz so schön aus.

Das liegt nicht nur an der vielleicht zu klein gewählten Schrift. Alles wirkt etwas unruhig, und das Auge springt ständig zwischen Text und Bild hin und her. Da nützt es auch nichts, eine andere Farbe als Schwarz zu wählen.

Die beste Lösung wäre, den Text mit einem transparenten Hintergrund zu versehen, sodass das Bild noch zu sehen ist, der Text aber auch in Ruhe gelesen werden kann.

1 Sie fügen das Bild und den entsprechenden Text mit einem Textfeld in gewohnter Weise ein. Für das Textfeld klicken Sie auf der Registerkarte *Einfügen* auf *Textfeld* und schreiben Ihren Text.

2 Sie klicken auf den Rahmen des Textfeldes, um es zu markieren.

3 Klicken Sie auf den Reiter *Formformat*, und wählen Sie in der Gruppe *Formenarten* den kleinen Pfeil, um das Fenster *Form formatieren* zu öffnen.

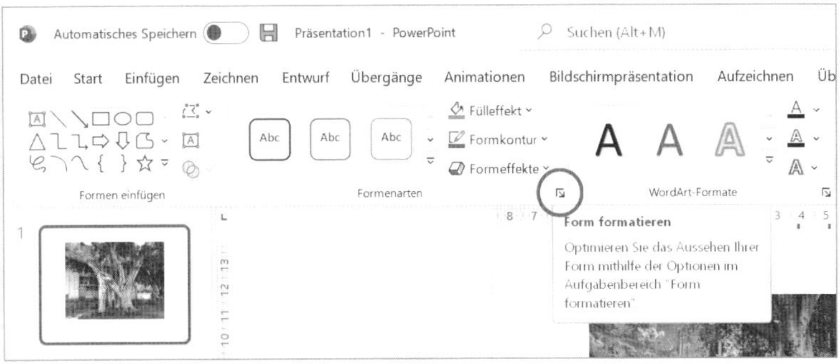

4 Rechts wird nun *Form formatieren* eingeblendet. Hier wählen Sie *Füllung*. *Füllung* wird nun erweitert. Nun wählen Sie *Einfarbige Füllung* und können nun im Bereich *Farbe* zunächst eine Farbe auswählen, um dann bei *Transparenz* einen Prozentwert einzutragen, der angibt, wie transparent die Form werden soll. Auch das wird wieder in »Echtzeit« geregelt, d. h., Sie lassen an den Pfeilen die Prozentzahl einfach hochzählen und sehen auf der Folie sofort, wie transparent die Form auf der Folie wirkt.

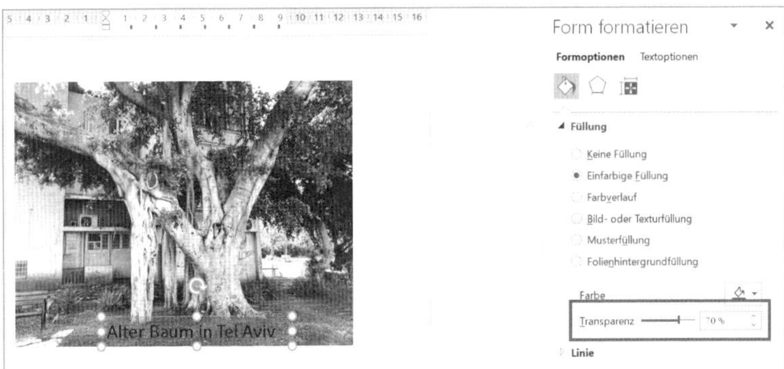

Bilder schneiden und freistellen

Nicht immer braucht man aber das ganze Bild in seiner Präsentation. Häufig genügt auch nur ein kleiner Ausschnitt. Dann könnte man das Bild abschneiden und es so auf den Ausschnitt reduzieren.

Oder Sie möchten die Blume frei im Bild stehend, also ohne irgendwelche Hintergründe.

Schneiden wir also zunächst einmal ein Bild passend.

1 Markieren Sie das Bild mit einem Klick.

2 Wählen Sie dann bei *Bildformat* ganz rechts den oberen Teil der Schaltfläche *Zuschneiden*.

3 Sie erhalten nun die Elemente, mit denen Sie das Bild zuschneiden können.

4 Klicken Sie auf einen dieser Punkte, halten Sie die Maustaste gedrückt, und ziehen Sie den Punkt nach innen.

5 Wenn Sie die Strg-Taste festhalten, bevor Sie zu schneiden beginnen, können Sie gleichzeitig auch den gegenüberliegenden Rand schneiden.

So schön das Abschneiden von unerwünschten Bildinhalten ist, Sie können nur gerade Linien abschneiden. Wirklich?

Nicht so in PowerPoint 2021. Klicken Sie auf der Registerkarte *Bildformat* auf den unteren Teil der Schaltfläche *Zuschneiden*.

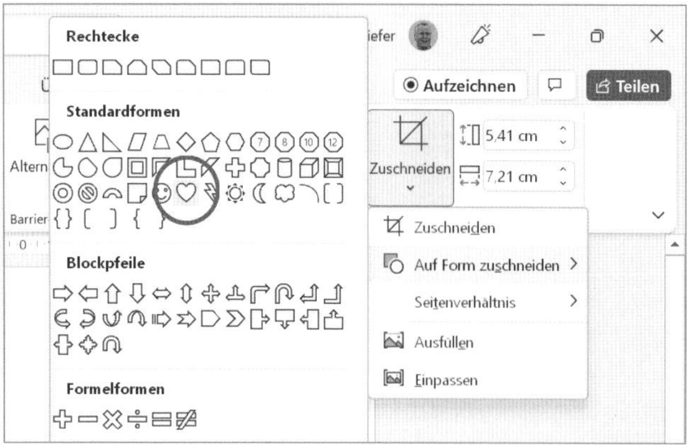

Hier klicken Sie auf *Auf Form zuschneiden* und wählen eine der Formen aus. PowerPoint schneidet die Form dann aus.

Aber noch viel mehr bietet die Funktion *Freistellen*. Nehmen wir an, Sie möchten nur die Blume in der Mitte, nicht aber das »Drumherum«.

Klicken Sie zuerst das Bild an, und wählen Sie dann *Bildformat*. Klicken Sie nun auf *Freistellen*:

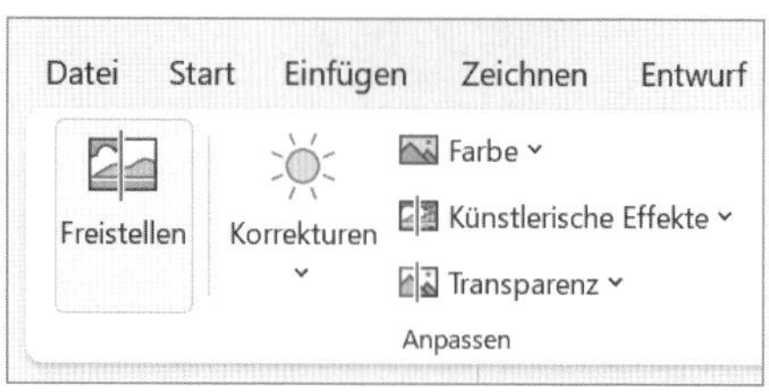

PowerPoint macht Ihnen nun einen Vorschlag, der in diesem Fall perfekt ist, aber häufig noch nachbearbeitet werden muss. Das freigestellte Objekt hat die bekannten Farben, während der Teil, den PowerPoint wegschneiden möchte, eingefärbt ist.

Haben Sie die Blume freigestellt, klicken Sie einfach auf *Änderungen beibehalten*.

Die Blume ist nun freigestellt, d. h., es wurde lediglich der Hintergrund entfernt. Das Bild selbst ist noch genauso groß wie vorher, nur eben jetzt mit weißem Hintergrund. Den können Sie natürlich genau so ändern, wie wir es bisher gemacht haben.

Auch können Sie das Bild noch auf die wirkliche Größe der Blume zuschneiden, diese vergrößern und frei drehen.

Bei komplexeren Objekten klicken Sie auf *Zu behaltende Bereiche markieren* oder *Zu entfernende Bereiche markieren.*

Zeichnen Sie nun mit der Maus Markierungen für die zu behaltenden bzw. zu entfernenden Bereiche. Das ist etwas Fummelei, aber das Ergebnis kann sich sehen lassen.

Auch mit Onlinebildern können Sie auflockern

Onlinebilder hießen in früheren Versionen von PowerPoint ClipArts und waren ziemlich verpönt, denn sie sahen oft primitiv und manchmal sogar recht hässlich aus. Bei PowerPoint 2021 können Sie nun Onlinebilder über den Microsoft-Suchdienst Bing herunterladen.

Klicken Sie dazu auf der Registerkarte *Einfügen* unter *Bilder* auf *Onlinebilder*. Geben Sie im entsprechenden Feld des Fensters einen Suchbegriff ein, und klicken Sie auf die Lupe bzw. drücken Sie die ↵-Taste. Sie erhalten einen Reigen an Smileys, mit denen Sie trockene Informationen etwas auflockern können. Klicken Sie das gewünschte Bild an, und wählen Sie dann *Einfügen*. Mit einem netten Text versehen, können Sie viele Freunde gewinnen.

TIPP

Beliebig skalierbare Vektorgrafiken einbauen: die Piktogramme
Sowohl in Word als auch in den anderen Office-Programmen können Sie auch Piktogramme einfügen. Das sind Vektorgrafiken, die Sie beliebig skalieren können, um Ihre Office-Dateien grafisch aufzumöbeln. Zum Einfügen eines Piktogramms wählen Sie *Einfügen* und dann *Piktogramme*. Suchen Sie nach einem passenden Piktogramm, wählen es aus und bestätigen mit *Einfügen*.

3D-Modelle einbinden

Eine besondere Form der Onlinebilder sind in Office 2021 die 3D-Modelle. Diese zeichnen sich, wie der Name schon sagt, dadurch aus, dass sie in 3D sind – Sie können sie in einer Office-Datei aus einer beliebigen Perspektive betrachten. Das Einfügen erfolgt ähnlich wie bei den Onlinebildern: Sie wählen die Registerkarte *Einfügen* und klicken in der Gruppe *Illustrationen* auf die Schaltfläche *3D-Modelle*.

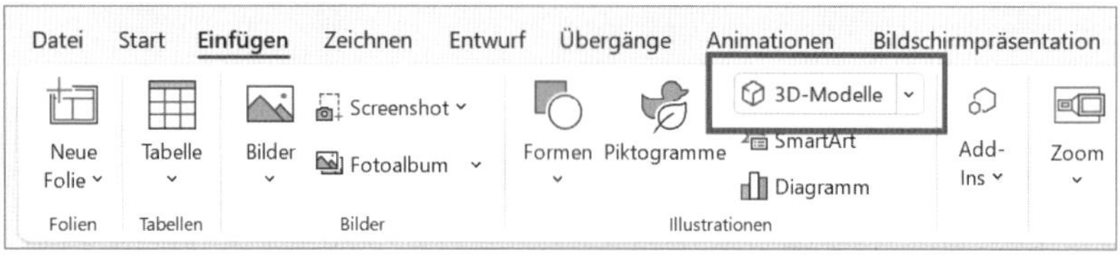

Wählen Sie im folgenden Fenster ein 3D-Modell aus und bestätigen Sie mit *Einfügen*. Sie sehen: Bis jetzt funktioniert das wie bei den Onlinebildern.

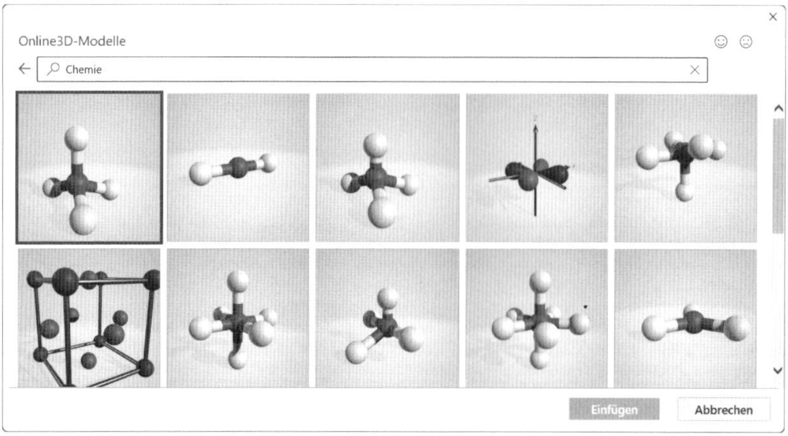

Wenn Sie nun aber auf das eingefügte 3D-Modell klicken und die Maustaste gedrückt halten, können Sie durch Ziehen die von Ihnen gewünschte Perspektive wählen.

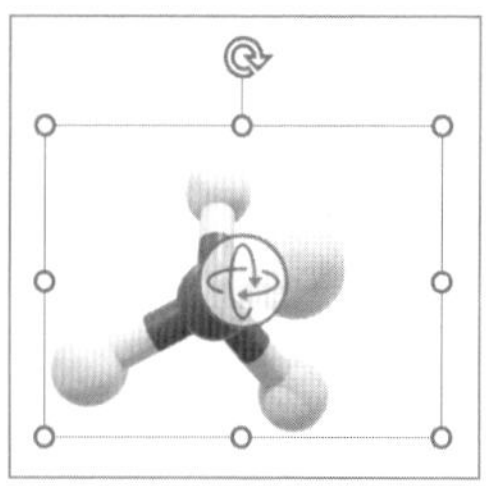

5.4 Auch Tabellen können wirken

Immer wieder liest und hört man, dass Tabellen in einer Präsentation nichts zu suchen haben, denn die Teilnehmer hätten nicht die Zeit, sich in Tabellen hineinzudenken, und es wird der Schluss gezogen, Tabellen gehörten grafisch aufbereitet.

Das so global zu sagen ist gewiss Unsinn. Natürlich können Sie auf einer Folie auch eine Tabelle vorführen, und es ist bei kleinen Tabellen durchaus sinnvoll, wenn der Seminarteilnehmer auch ein paar konkrete Zahlen sehen kann. Aber es ist natürlich richtig, dass man sparsam mit Tabellen in Präsentationen umgehen sollte. Die visuelle Darstellung in Form eines Diagramms ist bei Weitem einprägsamer als die Präsentation eines Wustes an Zahlen.

Nehmen wir einmal für den Anfang eine Tabelle aus Excel.

1 Starten Sie Excel, nehmen Sie eine Tabelle, und markieren Sie die Werte, die Sie nach PowerPoint kopieren möchten. Kopieren Sie mit Strg+C oder den anderen Kopiermöglichkeiten.

	A	B	C	D	E
1	Verkaufspreis	16,80 €			
2	Stückkosten	9,50 €			
3					
4		Stückzahl	Umsatz	Kosten	Gewinn
5	1. Quartal	35	588,00 €	332,50 €	255,50 €
6	2. Quartal	46	772,80 €	437,00 €	335,80 €
7	3. Quartal	87	1.461,60 €	826,50 €	635,10 €
8	4. Quartal	32	537,60 €	304,00 €	233,60 €
9					
10	Summe	200	3.360,00 €	1.900,00 €	1.460,00 €

2 Gehen Sie auf eine PowerPoint-Folie, und drücken Sie dort die rechte Maustaste. Es öffnet sich ein Fenster mit Eingabeoptionen. Fahren Sie einmal über sämtliche Optionen, um zu sehen, was dahintersteckt.

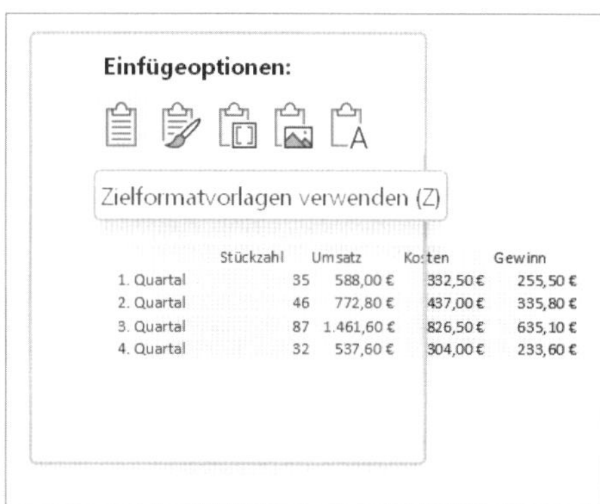

3 Erst wenn Sie auf eine der Optionen klicken, wird die Excel-Tabelle eingefügt.

4 Nun haben Sie die Tabelle in PowerPoint und können sie dort noch verändern. Klicken Sie bei markierter Tabelle einfach mal auf den Reiter *Tabellenentwurf* und dort auf das Dreieck bei den *Tabellenformatvorlagen*.

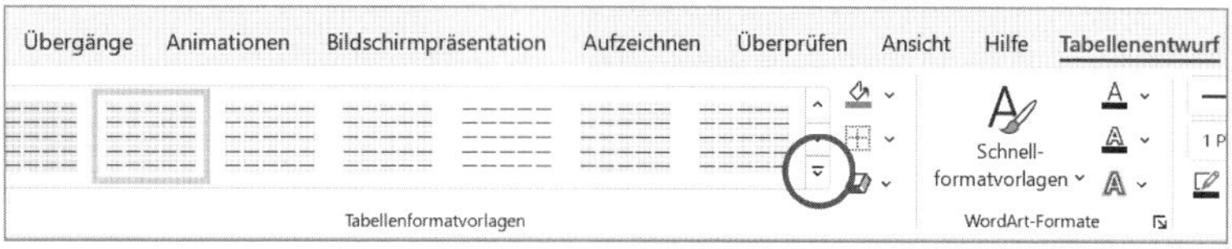

5 PowerPoint wird Sie mit ansprechenden Formatvorlagen förmlich erschlagen.

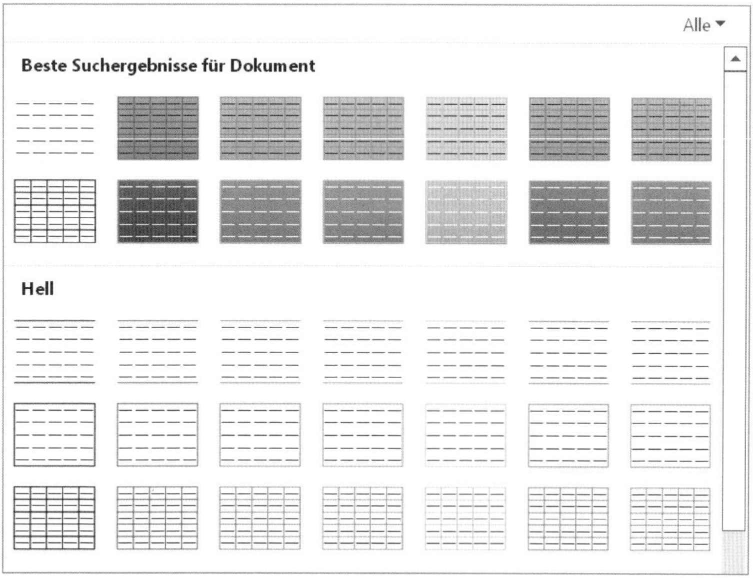

6 Falls Sie mit den vordefinierten Formaten nicht arbeiten wollen, markieren Sie einfach die entsprechenden Zeilen oder Spalten und formatieren sie per Hand. Um zum Beispiel eine Spalte zu markieren, gehen Sie über die Spalte, bis ein schwarzer Pfeil erscheint, und klicken dann mit der linken Maustaste.

Denken Sie an dieser Stelle daran, dass die Tabelle in PowerPoint nun nicht mehr weiß, woher sie ursprünglich kam, d. h., Änderungen an der Excel-Tabelle haben keine Auswirkungen auf diese PowerPoint-Tabelle.

Nun wollen wir aber auch in PowerPoint eine vollständige Tabelle anlegen. Wie wäre es mit einem Stundenplan?

1 Gehen Sie dazu auf der Registerkarte *Einfügen* auf *Tabelle* und wählen Sie durch Markieren eine Tabelle mit sieben Spalten und sieben Zeilen.

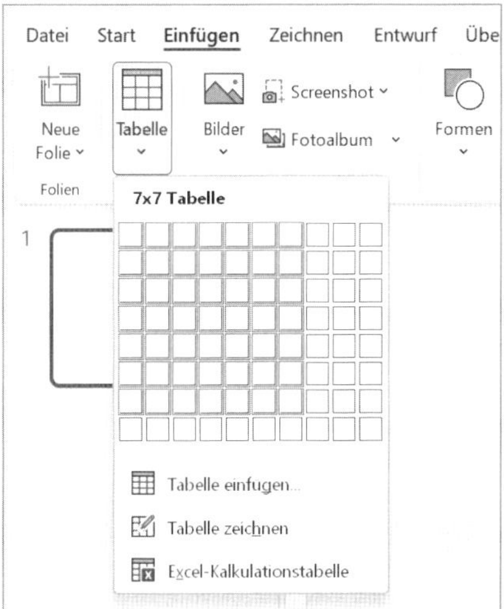

2 Tragen Sie zunächst einmal als Spaltenüberschriften die Tage einer Woche und dann die Uhrzeiten ein. Sollte die Spalte für die Uhrzeiten zu klein sein, vergrößern Sie einfach die ganze Tabelle an den entsprechenden Markierungselementen.

	Mo	Di	Mi	Do	Fr	Sa
8:00-8:45						
8:45-9:30						
10:00-10:45						
10:45-11:30						
11:30-12:15						
12:15-13:00						

3 Der Rest ist einfaches Formatieren und Füllen mit Inhalt.

Sie können weitere Zeilen oder Spalten nachträglich einfügen, indem Sie mit der rechten Maustaste in eine Zelle klicken und über den Punkt *Einfügen* mit der linken Maustaste entscheiden, was eingefügt werden soll.

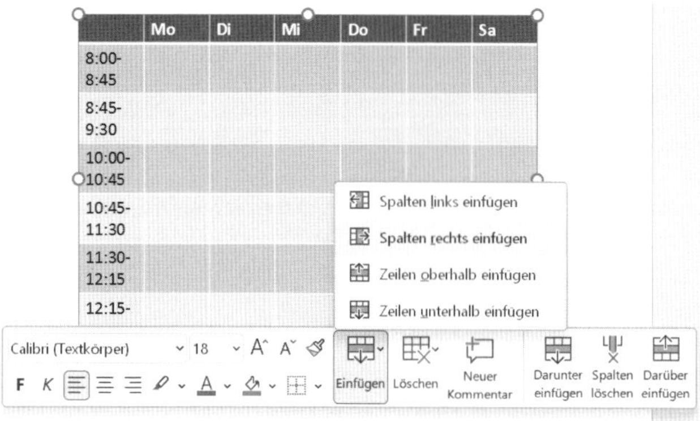

5.5 Daten in beeindruckenden Diagrammen darstellen

Nichts ist öder als eine Präsentation aus Zahlen. Wir Menschen können mit der grafischen Aufbereitung von Zahlenbergen wesentlich mehr anfangen, und deshalb sollten Sie, wann immer es geht, Ihre Zahlen grafisch darstellen.

Natürlich kann man mit solch einer grafischen Aufbereitung auch Schindluder treiben, und es gibt nicht wenige hochrangige Firmenberater, die sich nicht scheuen, Ihre Daten grafisch so darzustellen, dass sie genau das belegen, was die entsprechenden Berater auch sagen möchten.

In diesem Abschnitt möchte ich mit Ihnen nicht nur die grafische Darstellung von Zahlen besprechen, sondern Ihnen auch einige Anregungen dazu vermitteln, wie Sie Ihre Diagramme mit verschiedenen Bildelementen versehen können. Dabei gilt natürlich erneut das schon einmal Gesagte: PowerPoint 2021 kann viel, aber es muss nicht alles in einer einzigen Präsentation zu sehen sein.

Wer das Kapitel über Excel bereits durchgearbeitet hat, wird sich vielleicht fragen, weshalb Sie in PowerPoint eine Grafik erstellen sollten, wenn Ihre Daten in Excel enthalten sind und Sie auch dort tolle Grafiken erzeugen können. Warum also nicht gleich die Grafik in Excel bauen und das fertige Produkt dann über die Zwischenablage nach PowerPoint kopieren?

Niemand wird Sie daran hindern, es so zu machen, und da vielen Zahlenwerten ohnedies in der Regel Berechnungen zugrunde liegen, ist es auch ein legitimes Vorgehen, Säulen- und andere Diagramme in Excel zu gestalten. Es ist also eigentlich eine reine Gewissensentscheidung, wie Sie vorgehen. Eines lässt sich auf jeden Fall sagen: Bei großen Tabellen sollten Sie alles in Excel machen, kleinere Tabellen mit Grafiken kann man auch in PowerPoint erstellen.

Erste Schritte – ein Diagramm in PowerPoint erstellen

Wie Sie eine Tabelle aus Excel nach PowerPoint kopieren können, haben Sie in diesem Kapitel schon erfahren. Nun wollen wir aber auch noch eine Tabelle in PowerPoint erstellen und mit dieser Tabelle dann eine Grafik aufbauen. Wir haben das Erstellen von Tabellen ebenfalls bereits besprochen, deshalb soll jetzt einmal eines der vordefinierten Layouts zum Einsatz kommen.

1 Klicken Sie deshalb als Erstes auf der Registerkarte *Start* auf den unteren Teil der Schaltfläche *Neue Folie*, und wählen Sie zum Beispiel *Titel und Inhalt*.

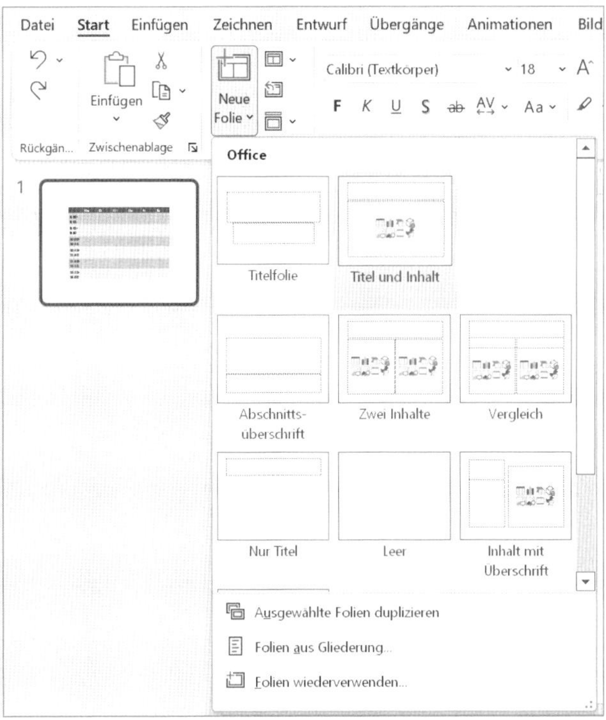

2 Wenn Sie eine Tabelle erstellen möchten, klicken Sie nun auf das Tabellensymbol.

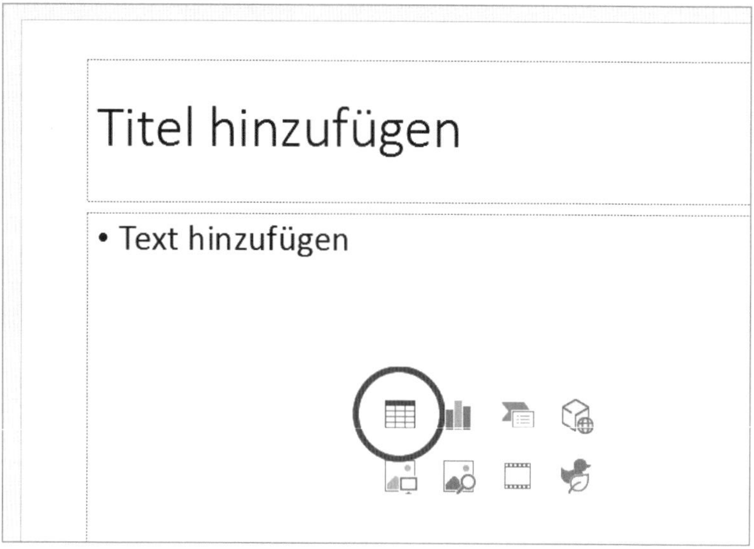

3 Entscheiden Sie sich, wie viele Zeilen und Spalten Sie haben möchten, und bestätigen Sie mit *OK*.

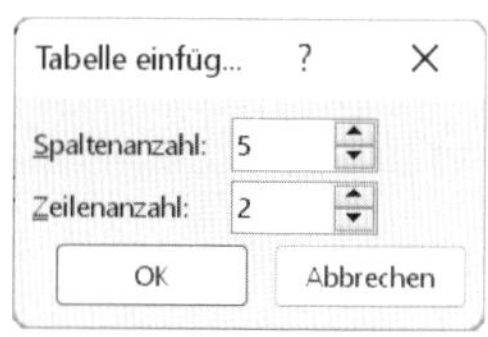

Den Rest entnehmen Sie dem vorangegangenen Abschnitt.

Was aber geschieht, wenn Sie auf das Diagrammsymbol klicken, ohne dass Sie vorher eine Tabelle erstellt haben?

1 Klicken Sie also einmal auf das Diagrammsymbol. Sie hätten bei einer leeren Folie über *Einfügen* und Klick auf *Diagramm* ebenfalls das folgende Fenster einblenden können. Sie sehen, auch bei PowerPoint führen viele Wege nach Rom.

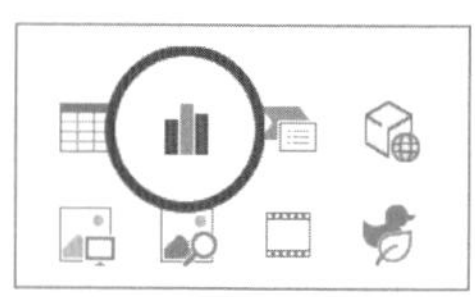

2 Wenn Sie den Excel-Teil dieses Buches schon gelesen haben, wird Ihnen das folgende Fenster schon bekannt vorkommen:

3 Wählen Sie hier zunächst die Ihnen angebotene einfache Säulengrafik und klicken Sie auf *OK*.

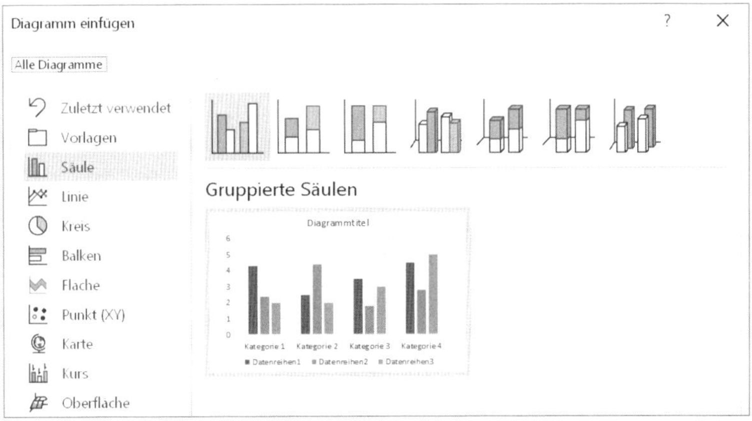

4 Nun wird es dramatisch. PowerPoint teilt sich in zwei Fenster. Im einen Fenster sehen Sie eine fiktive Tabelle, im anderen Fenster das dazugehörige Diagramm.

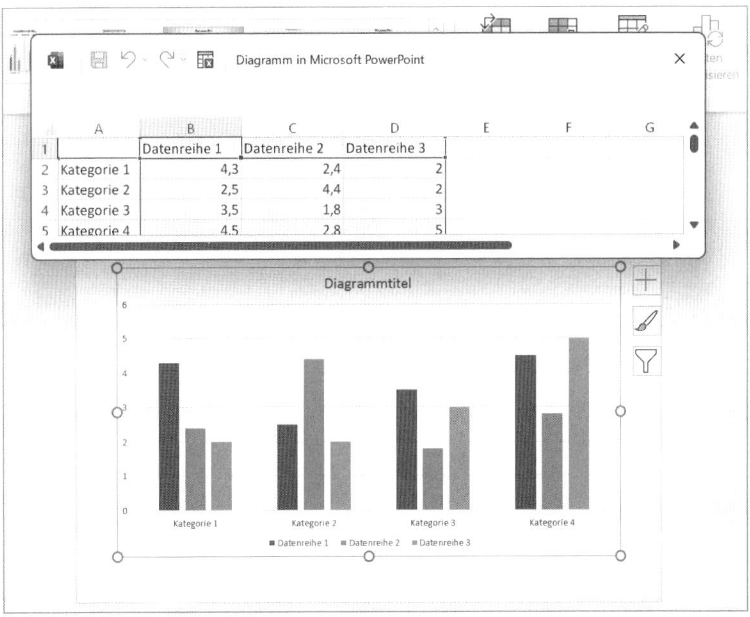

5 Das Datenblatt werden Sie sicher leicht als ganz normale Excel-Tabelle erkennen. Nun brauchen Sie eigentlich nur Ihre Daten in das Datenblatt

einzutragen oder reinzukopieren. Vergessen Sie die Beschriftungen für die Zeilen und Spalten nicht. Sobald Sie etwas in das Datenblatt eintragen, wird das Diagramm aktualisiert.

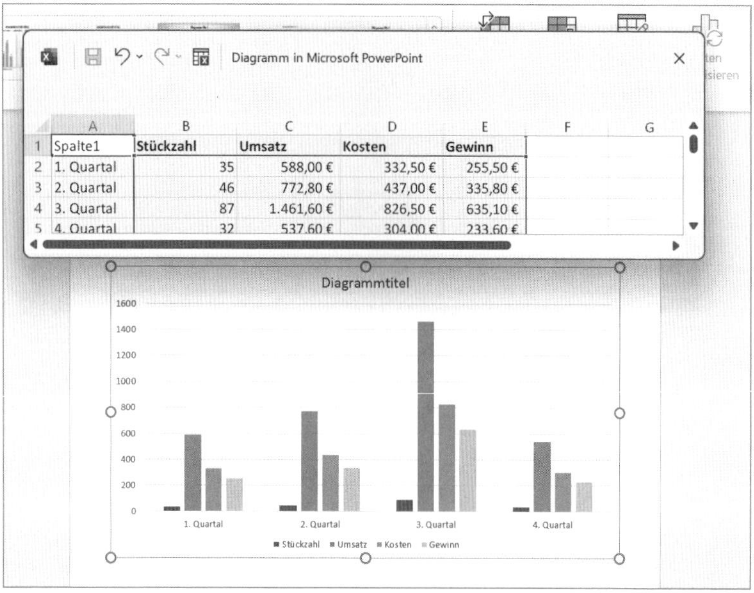

6 Sie können viele Funktionen zum Rechnen auch in PowerPoint benutzen. Geben Sie einmal ein paar Zahlen für Umsatz und Kosten ein, und subtrahieren Sie die Werte in Spalte D genau so, wie Sie es in Excel machen würden.

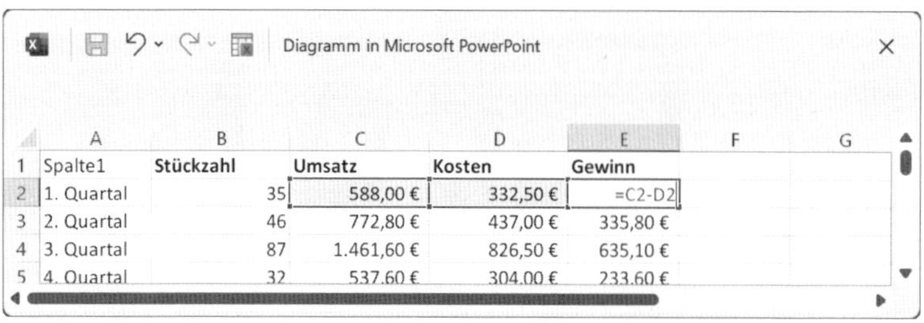

Aber PowerPoint ist halt nicht Excel, und so werden Sie vieles, was Sie in Excel lieb gewonnen haben, hier vermissen. Aber letztlich können Sie alle in Excel erstellten Tabellen verarbeiten.

Zum weiteren Bearbeiten des Diagramms können Sie nun das Datenblattfenster durch Klick auf das entsprechende Windows-Symbol schließen.

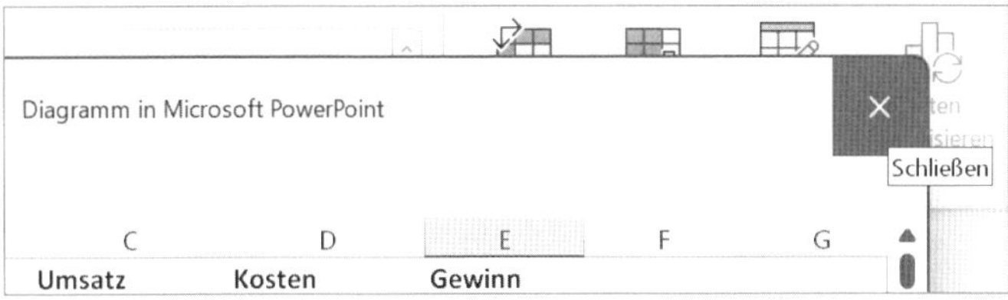

Meist merkt man jetzt erst, dass ein Wert im Datenblatt nicht stimmt. Wie also bekommen Sie Ihr Datenblatt wieder?

1 Klicken Sie gegebenenfalls Ihr Diagramm in PowerPoint an. Sie sehen nun die Registerkarte *Diagrammentwurf*.

2 Klicken Sie jetzt auf dieser Registerkarte auf den oberen Teil der Schaltfläche *Daten bearbeiten*. Sie müssen nur noch entscheiden, ob Sie die Daten in PowerPoint oder in Excel bearbeiten möchten.

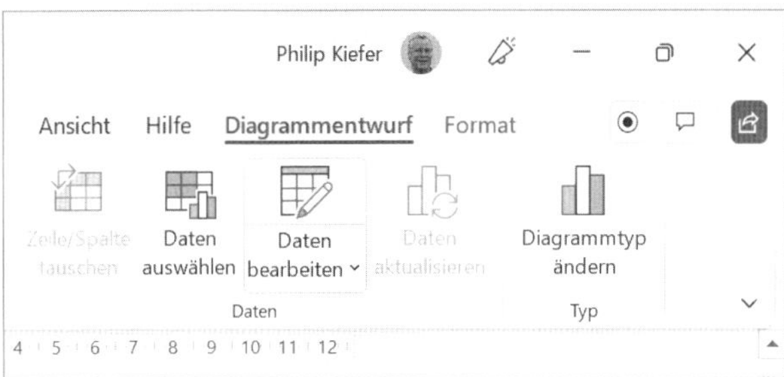

Wann sollten Sie welchen Typ wählen? – Ändern des Diagrammtyps

Natürlich ist ein Säulendiagramm nicht alles, was PowerPoint an Diagrammen zu leisten vermag.

Und wie bei Excel können Sie natürlich auch nachträglich den Diagrammtyp noch ändern.

Dazu gibt es wieder mehrere Möglichkeiten. Sie können zum Beispiel mit der **rechten** Maustaste auf das Diagramm klicken, das Sie ändern möchten. Dann wählen Sie *Diagrammtyp ändern* mit der linken Maustaste aus.

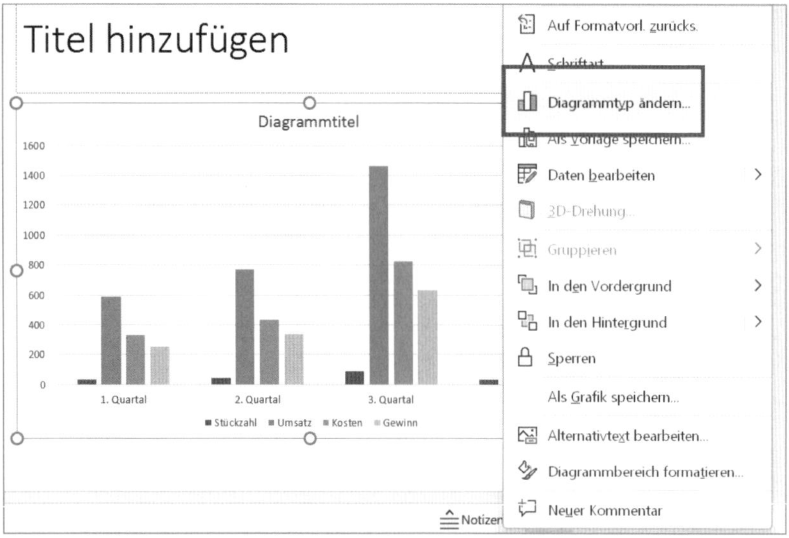

Oder Sie klicken auf der Registerkarte *Diagrammentwurf* im Menüband in der Gruppe *Typ* auf das Symbol *Diagrammtyp ändern*.

Wie Sie es machen wollen, ist reine Geschmacksache. Auf jeden Fall erhalten Sie das schon bekannte Fenster, aus dem Sie nach Herzenslust einen neuen Diagrammtyp auswählen können.

Säulen- oder Balkendiagramme werden häufig eingesetzt, wenn es darum geht, Daten zu vergleichen, denn dieser Diagrammtyp zeigt die Unterschiede zwischen absoluten Werten.

Sie können diesen Diagrammtyp auch dann einsetzen, wenn Sie eine Reihenfolge von Werten darstellen möchten. Aber bei sehr vielen Werten pro Kategorie wird dieser Diagrammtyp sehr schnell sehr unübersichtlich.

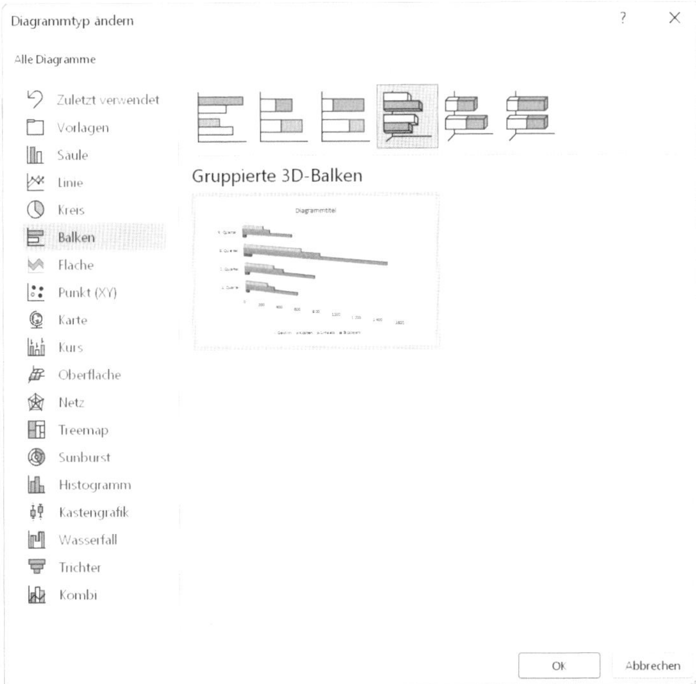

In der folgenden Abbildung wurde der tägliche DAX-Kurs in seinen Anfangsjahren dargestellt.

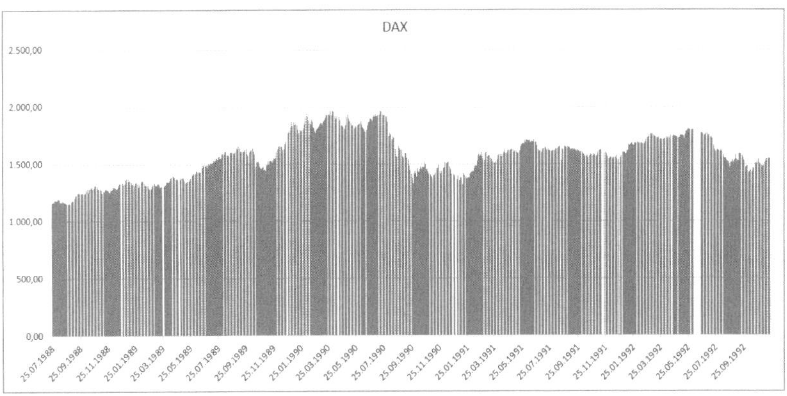

Das sind nun so viele Werte, dass die Darstellung unübersichtlich ist. Hier sollte man besser ein Liniendiagramm auswählen.

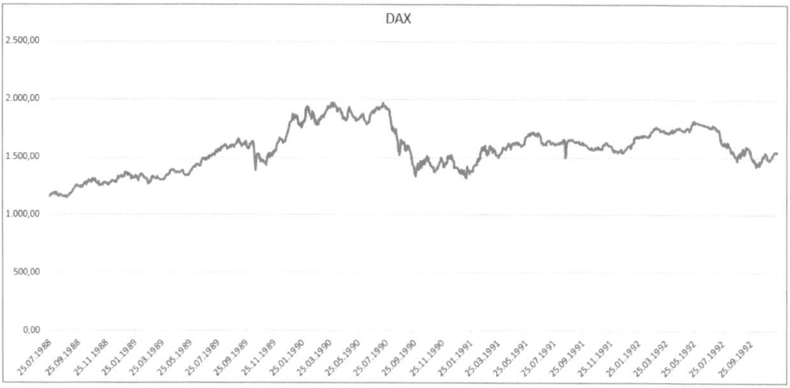

Linien- und Flächendiagramme eignen sich sehr gut, um Trends aufzuzeigen. Damit können auch sehr große Datenmengen übersichtlich dargestellt werden.

Kreisdiagramme bieten sich an, wenn es darum geht, Teile eines großen Ganzen zu visualisieren. Im Businessbereich könnte man diesen Diagrammtyp nehmen, um zum Beispiel zu zeigen, welche prozentuale Aufteilung die Gesamtkosten einer Firma aufweisen oder in welchen Stärken einzelne Parteien bei einer Wahl abgeschnitten haben.

Sie sollten bei diesem Diagrammtyp jedoch beachten, dass nicht zu viele Teilmengen dargestellt werden müssen. Die Aussagekraft der DAX-Werte in einem Kreisdiagramm wäre praktisch gleich null.

Der Teil vom Ganzen – die Darstellung mit Kreisdiagrammen

Strom wird hierzulande aus unterschiedlichen Energieträgern gewonnen. Folgende Werte haben Sie recherchiert (die Zahlen erheben keinen Anspruch auf Richtigkeit und sollen nur als Beispiel dienen).

	A	B
1		Strom (in %)
2	Kohle	26,4
3	Windkraft	17,1
4	Erdgas	14,4
5	Photovoltaik	13,8
6	Kernenergie	12,9
7	Biogas	6,1
8	Wasserkraft	3,6

Hier drängt sich ein Kreisdiagramm förmlich auf, denn Sie möchten die einzelnen Werte im Verhältnis zum Ganzen sehen. Darüber hinaus haben Sie nur eine einzige Datenreihe.

1 Ein Kreisdiagramm erstellen Sie ähnlich wie die gerade besprochenen Säulendiagramme. Auf der Registerkarte *Einfügen* klicken Sie in der Rubrik *Illustrationen* auf das Symbol *Diagramm*. Anschließend wählen Sie *Kreis* aus.

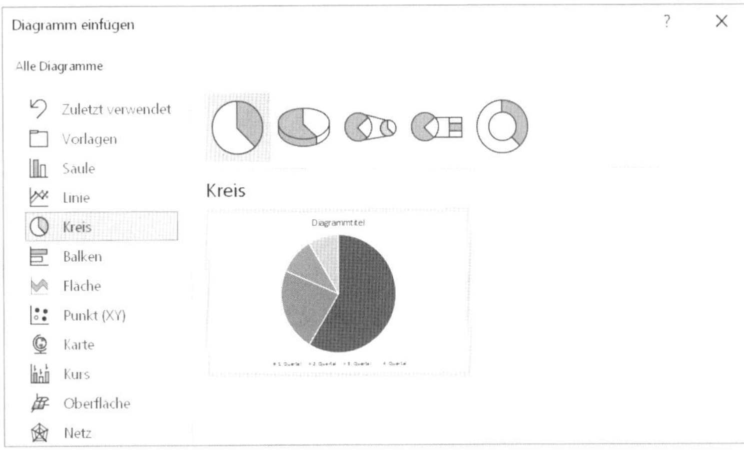

2 Im Datenblatt haben Sie nur eine Datenreihe, da Sie pro Kreisdiagramm auch nur eine Datenreihe verarbeiten können. Tragen Sie, wie im letzten Abschnitt besprochen, die Werte ein.

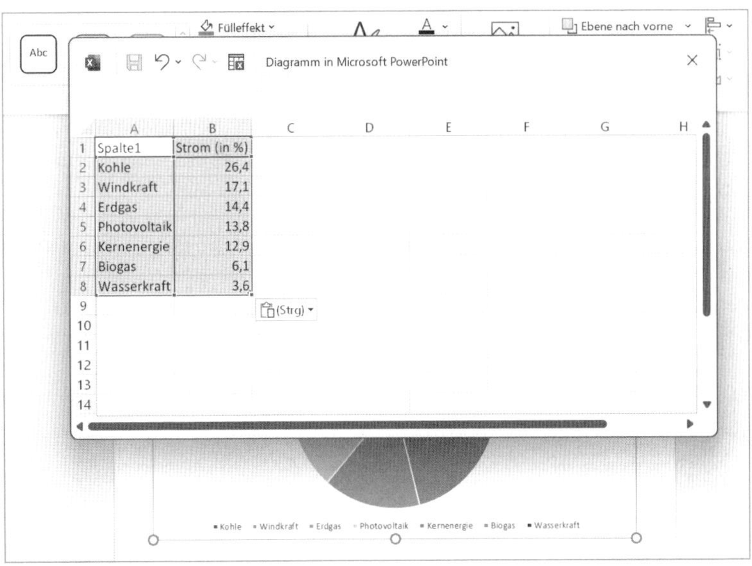

3 Wenn Sie nun das Datenblattfenster schließen, haben Sie Ihr Kreisdiagramm in voller Größe.

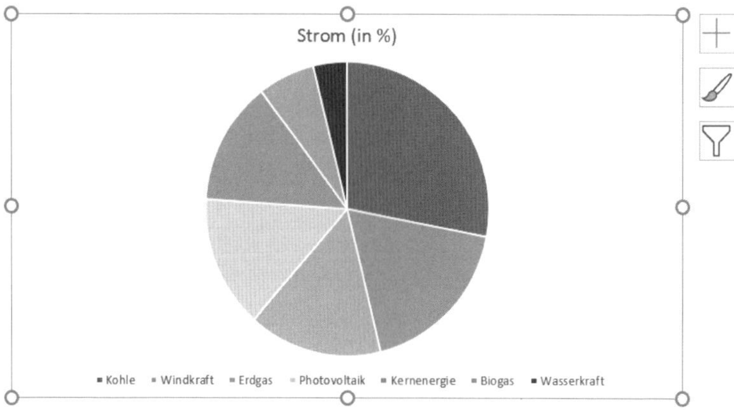

Sagen Ihnen die Farben der einzelnen Segmente nicht zu, können Sie sie natürlich ändern. Klicken Sie dafür wie in Excel ein Diagrammelement zweimal langsam hintereinander an. Über *Diagrammentwurf/Diagrammtyp ändern* können Sie auch 3D-Kreisdiagramme erzeugen.

5.6 Abläufe grafisch darstellen – die SmartArt-Grafiken

SmartArt-Grafiken dienen dazu, Abläufe bildlich darzustellen. Theoretisch könnten Sie solche Abläufe auch mit den schon besprochenen Formen in Abschnitt 5.1 (Seite 464) erstellen.

Das kann aber ein ziemlicher Aufwand werden, und es sieht wahrscheinlich bei Weitem nicht so professionell aus wie mit den Grafiken von SmartArt.

Universität Musterhausen – mit SmartArt

Die Universität Musterhausen hat viele Fachbereiche. Sie haben die Aufgabe, diese Fachbereiche anschaulich darzustellen.

Ihre Grafik soll folgendes Aussehen bekommen:

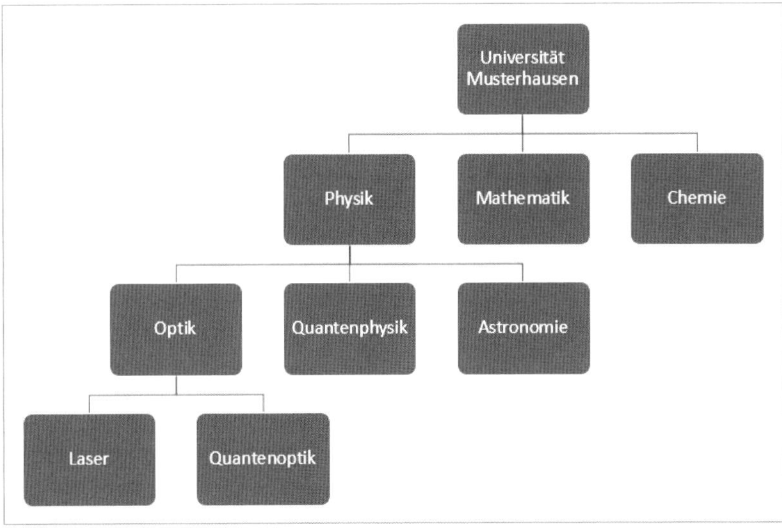

Wir schauen uns hier aber nur einige Fachbereiche mit den entsprechenden Arbeitsgruppen an. Natürlich können Sie auch komplexe Organigramme mit SmartArt erstellen.

1 Klicken Sie auf die Registerkarte *Einfügen* und dort auf *SmartArt*. Wählen Sie nun im Fenster *SmartArt-Grafik auswählen* in der Kategorie *Hierarchie* das Organigramm oben links aus, und klicken Sie auf *OK*.

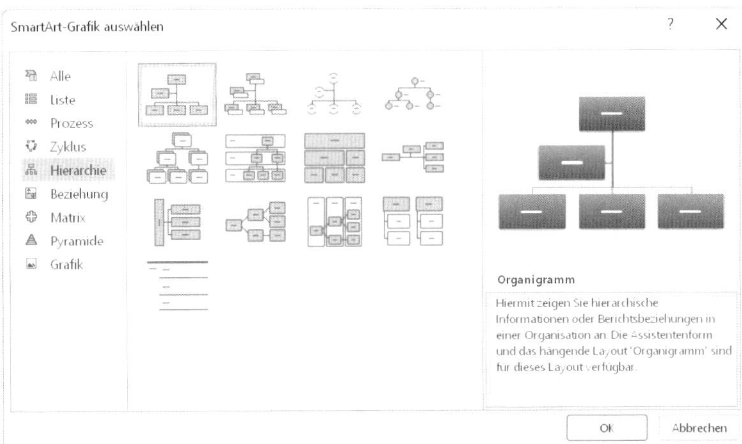

2 Sie erhalten eine leere Struktur, aus der Sie die Elemente, die Sie nicht brauchen, entfernen sollten. Klicken Sie dazu das Element an, und entfernen Sie es mit der [Entf]-Taste.

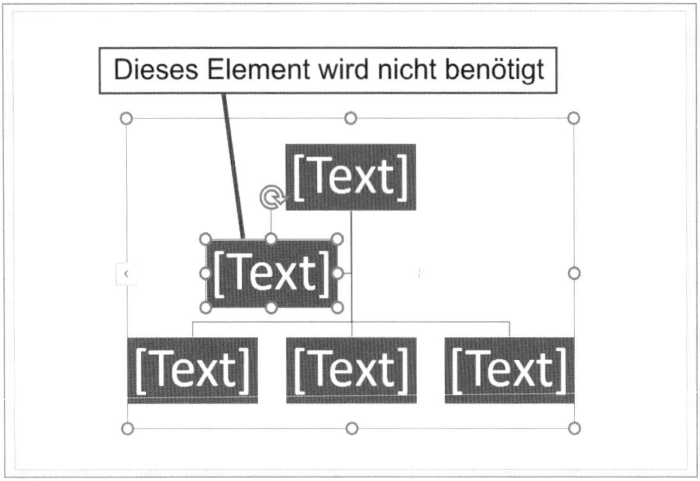

3 Das obere Kästchen trägt die allgemeine Überschrift *Universität Musterhausen*. Die anderen drei Kästchen füllen Sie nun mit den Namen von drei Fachbereichen. Sie können die Texte direkt eingeben. Alternativ öffnen Sie im Menüband auf der Registerkarte *SmartArt-Design* den *Textbereich*, einen extra Bereich, in dem Sie Ihren Text eingeben.

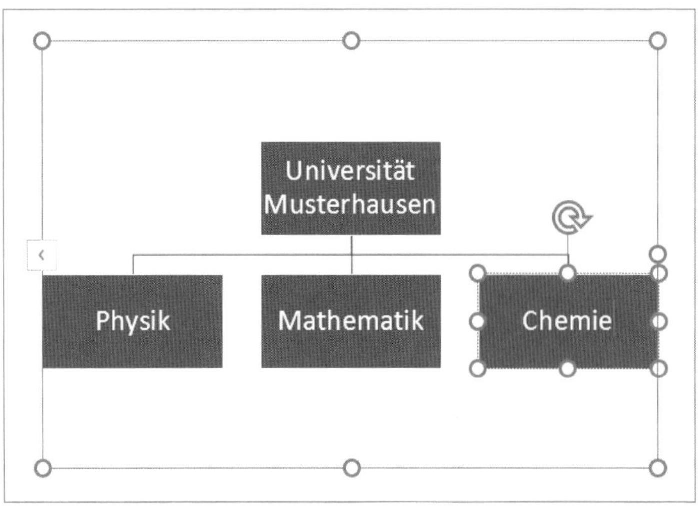

4 Der Fachbereich Physik besteht aus den Arbeitsgruppen Optik, Quantenphysik und Astronomie. Wir brauchen also eine neue Hierarchieebene mit drei Kästchen. Aktivieren Sie dazu das Kästchen *Physik* und wählen Sie auf der Registerkarte *SmartArt-Design* unter *Form hinzufügen* die Option *Form danach hinzufügen.*

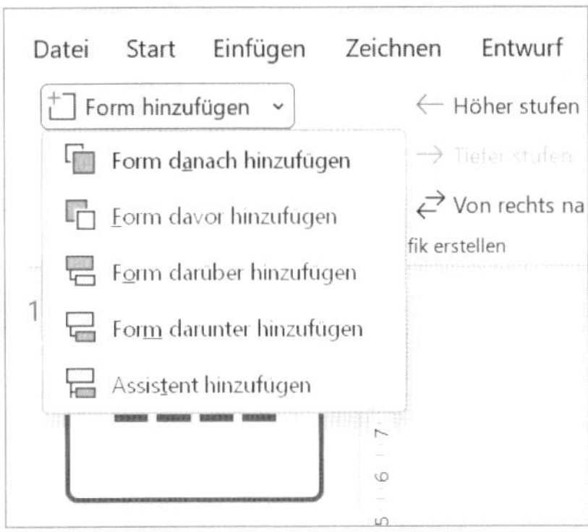

5 Nun wurde ein neues Kästchen eingefügt, aber leider auf der gleichen Ebene wie die anderen. Aber das Kästchen sollte eine Hierarchieebene tiefer als Arbeitsgruppe *Optik* erscheinen.

Kein Problem! Markieren Sie das leere Kästchen und wählen Sie im Menüband die Schaltfläche *Tiefer stufen.* Anschließend füllen Sie das Kästchen mit dem Wort *Optik.*

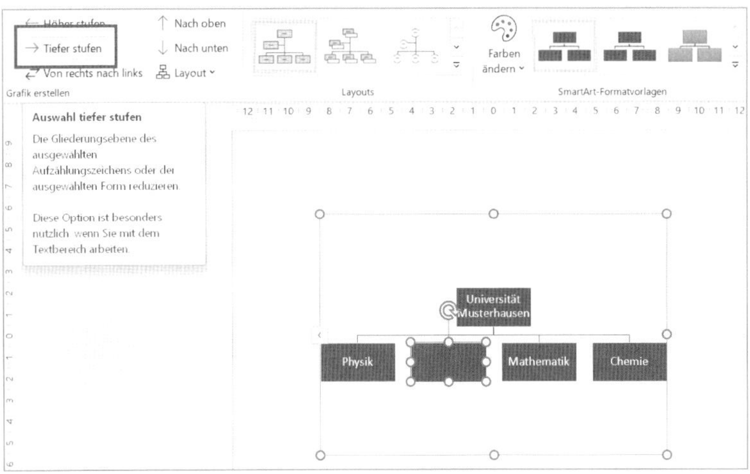

6 Zur Physik gehört auch die Arbeitsgruppe Quantenphysik. Da Sie noch im Bereich Optik stehen, wählen Sie wieder *Form hinzufügen/Form danach hinzufügen* und füllen das so erzeugte Kästchen mit dem Wort *Quantenphysik*.

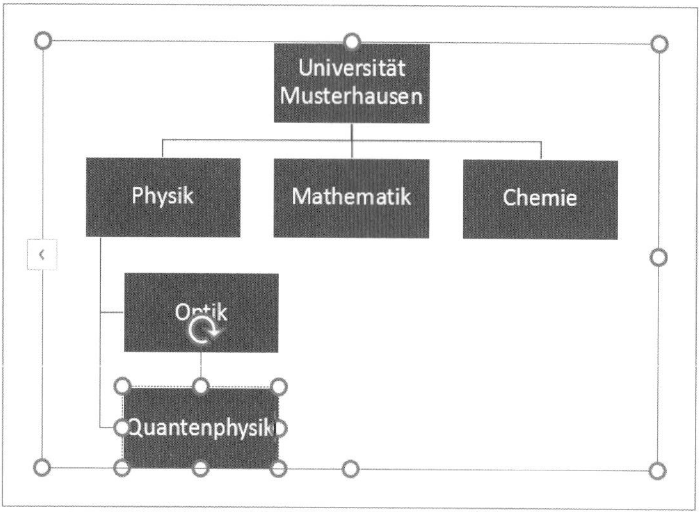

7 Fügen Sie auf gleiche Weise noch die letzte Arbeitsgruppe Astronomie hinzu.

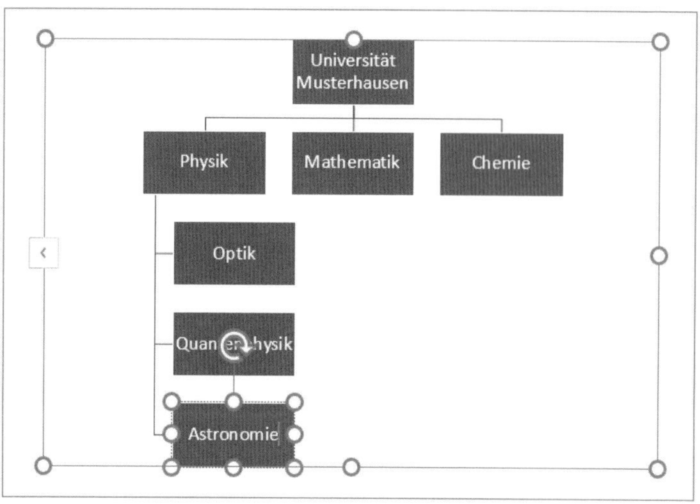

8 Die Arbeitsgruppe Optik unterteilt sich noch in die Arbeitsgruppen Laser und Quantenoptik. Also fügen Sie nach dem Kästchen mit dem Wort Optik noch zwei weitere Kästchen ein, die Sie dann per Schaltfläche tiefer stufen. Ihre SmartArt-Grafik sollte anschließend so aussehen:

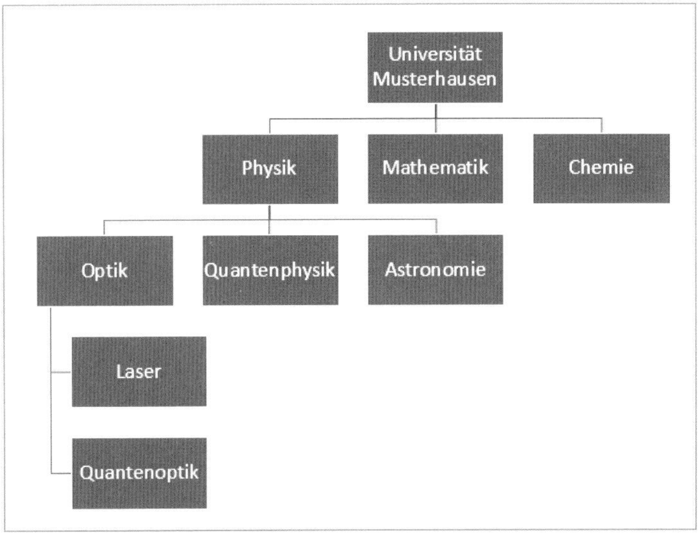

9 Leider hat PowerPoint diese beiden letzten Kästchen untereinander platziert. Schöner und einheitlicher wäre es, wenn auch diese Kästchen nebeneinander angeordnet wären.

Wählen Sie deshalb auf der Registerkarte *SmartArt-Design* die *Layouts*.

Klicken Sie auf das zugehörige kleine Dreieck, und wählen Sie das in der Abbildung markierte Layout aus.

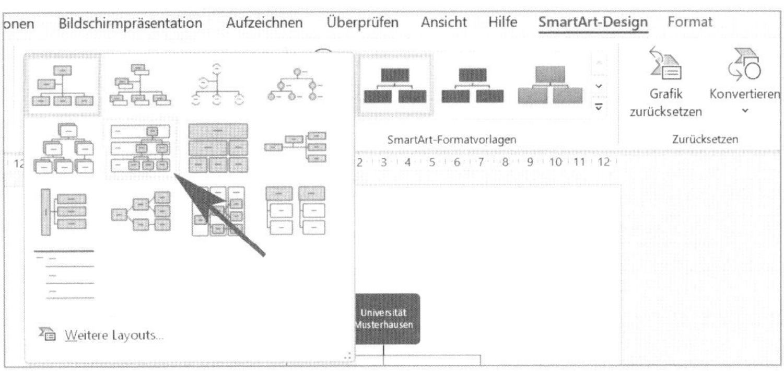

10 Das sollte zu folgendem Aussehen führen:

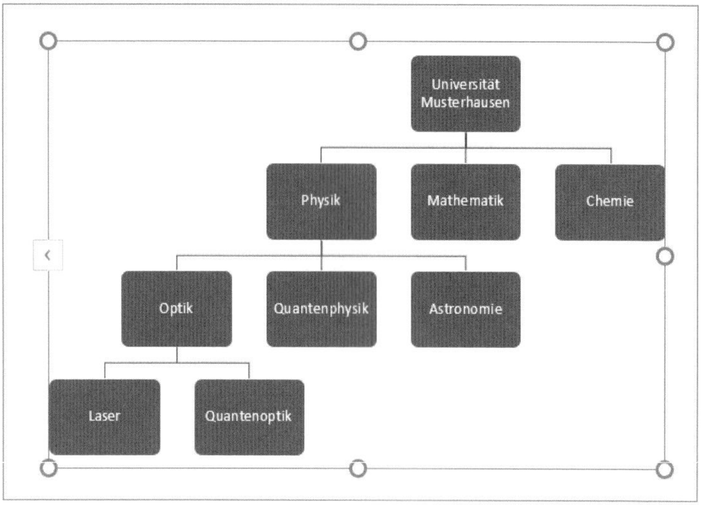

Wem das Aussehen noch zu langweilig ist, der kann auf der Registerkarte *SmartArt-Design* einmal in die *SmartArt-Formatvorlagen* oder bei *Farben ändern* reinschauen.

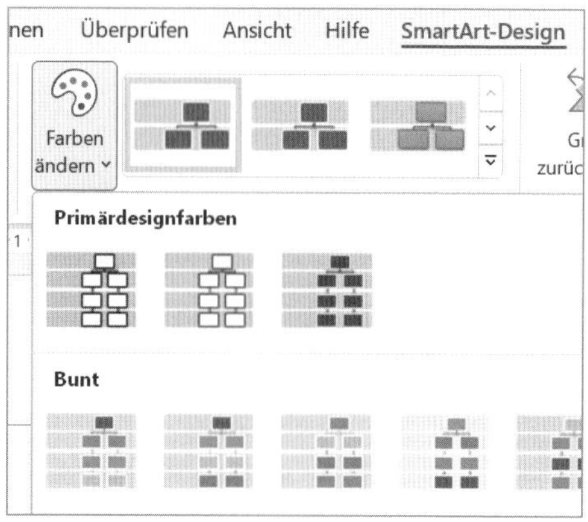

5.7 Sound- und Videoclips einfügen

In diesem Abschnitt geht es nicht darum, wie Sie einen abendfüllenden Film in Ihre Präsentation einbinden, sondern wie Sie kleine Videoclips oder Musikdateien in Ihrer Präsentation ablaufen lassen können.

Mit kleinen Videos können Sie Ihre Folien und damit Ihre gesamte Präsentation gehörig aufpeppen, aber – und jetzt kommt das große Aber – Videodateien verlangen vom Präsentationsrechner schon eine Menge Power und können Ihre Präsentation nicht unerheblich verlangsamen. Überlegen Sie also lieber zweimal, ob und wann Sie überhaupt Videodateien in Ihre Präsentation einbinden wollen.

Bei naturwissenschaftlichen Präsentationen können kleine Videosimulationen einen schwierigen Sachverhalt anschaulicher machen. Wenn es aber nur etwas sein soll, um die Zuschauer während der Präsentation am Einschlafen zu hindern, genügt vielleicht ein kleines, animiertes GIF-Bildchen. Solche GIF-Bildchen lassen sich wie ganz normale Bilder einbinden. Zu erkennen sind diese GIF-Bilder an der entsprechenden Dateiendung *.gif*.

TIPP

Abspielen von Videos und Musikstücken

Das Abspielen von Video- und Musikdateien bedingt natürlich auch spezielle Abspielprogramme. In der Regel haben Sie diese sicher zu Hause auf Ihrem Rechner. In den meisten Fällen genügt dazu nämlich der Windows Media Player. Wenn Sie aber Ihre Präsentation nicht auf Ihrem Notebook haben, sondern auf einem USB-Stick, weil sie auf einem anderen Rechner abgespielt werden soll, müssen Sie sicherstellen, dass auf dem Abspielrechner ebenfalls die entsprechende Abspielsoftware vorhanden ist. Wenn Sie Video- und Musikdateien in Ihre Präsentation integriert haben, genügt nur PowerPoint auf dem anderen Rechner häufig nicht.

Sie sollten sich auch angewöhnen, vor der eigentlichen Veranstaltung die ganze Präsentation probeweise auf dem Rechner abzuspielen, auf dem dann die eigentliche Vorführung laufen soll. So ersparen Sie sich Stress und Nervosität, wenn bereits 100 Teilnehmer im Saal sitzen, während Sie noch schweißgebadet versuchen, die wichtigen Videoclips in der Präsentation zum Laufen zu bringen. Nervenschonender ist es allemal, wenn man die Vorführung auf dem eigenen Notebook zeigt.

Das sollten Sie beim Einsatz von Video- und Musikstücken bedenken

Es tummeln sich viele Videodateiformate auf dem Markt, und für jedes Format gibt es auch Abspielsoftware. Aber verlassen Sie sich niemals darauf, wenn man Ihnen sagt: »Natürlich haben wir eine geeignete Abspielsoftware. Machen Sie sich mal keine Sorgen.« Oft erfahren Sie erst vor Ort, dass die Abspielsoftware dann doch nicht geeignet ist.

Halten Sie sich auch möglichst fern von exotischen Videoformaten. Die folgende Liste erhebt keinen Anspruch auf Vollständigkeit und dient nur dazu, die wichtigsten Videoformate beim Namen zu nennen.

Videoformat	Beschreibung
WMV: (*.*mwv*) (**W**indows **M**edia **V**ideo)	Entwickler: Microsoft. Die Dateien haben eine hohe Kompression, dabei aber noch eine recht gute Qualität, d. h., die Dateien sind klein, und die Filme haben eine gute Auflösung.
MPEG I und II: (*.*mpg*) MPEG IV: (*.*mp4*) (**M**oving **P**ictures **E**xperts **G**roup)	Die Dateien sind recht klein und haben eine gute Qualität. Dabei sind MPEG-II-Videos in der Bildqualität besser als MPEG-I-Videos. MPEG-IV-Videos sind noch deutlich stärker komprimiert, stellen aber hohe Anforderungen an die Abspielrechner, da die Dateien vor dem Abspielen noch schnell dekomprimiert werden müssen.
AVI: (*.*avi*) (**A**udio **V**ideo **I**nterleaved)	AVI ist ein weiteres Medienformat. Fast jeder Rechner ist in der Lage, dieses Format abzuspielen. So manche digitale Fotokamera zeichnet Videos im AVI-Format auf. Es hat einen sehr hohen Speicherbedarf – gut 20-mal höher als bei MPEG oder WMV.
MOV: (*.*mov*) (**Mov**ie)	Die Standardabspielsoftware für MOV-Dateien ist QuickTime von Apple. Die Vor- und Nachteile sind mit denen von MPEG IV zu vergleichen.

PowerPoint 2021 versteht diese und noch einige weitere Videoformate. Aber wie gesagt, auf einem fremden Rechner sollten Sie vor der eigentlichen Präsentation immer prüfen, ob Ihr Video von PowerPoint auch tatsächlich wiedergegeben werden kann.

Videodateien werden nicht in die PowerPoint-Präsentation eingebunden, sondern nur verknüpft, d. h., der Film ist nicht wirklich physisch in der Präsentation, sondern nur der Pfad zum Video auf der Festplatte. Vergessen Sie also diese Videodateien nicht, wenn Sie Ihre Präsentation an verschiedenen Orten vorführen wollen. Und sie müssen im gleichen Ordner liegen wie auf Ihrem Rechner zu Hause, denn PowerPoint hat sich ja nur den Pfad zum Video gemerkt. Wenn also der Pfad falsch ist, findet PowerPoint nichts.

Wie binden Sie Videoclips in eine Präsentation ein?

Es ist heute recht einfach, mit einer kleinen Digitalkamera oder dem Smartphone eigene Videos zu machen und diese in eine Präsentation einzufügen. Wenn Sie aber einen gewissen Anspruch an die Qualität haben, sollten Sie auf alle Fälle eine gute Kamera für das Video einsetzen.

1 Klicken Sie auf der Registerkarte *Einfügen* in der Gruppe *Medien* auf *Video* und wählen Sie dann *Dieses Gerät*.

2 Wählen Sie anschließend auf der Festplatte den Ordner, in dem sich Ihr Videoclip befindet, klicken Sie ihn an, und bestätigen Sie dann mit *Einfügen*.

Sie sehen an den Markierungspunkten, dass Sie den Film auch skalieren und drehen können. Interessant ist ebenfalls, dass der Film noch zugeschnitten werden kann. Das heißt, Sie können den Film an den Seiten etwas abschneiden, zum Beispiel wenn dort Personen auftauchen, die eigentlich gar nicht in den Film gehören. Das Abschneiden der Ränder eines Films funktioniert wie das Schneiden bei Bildern. Im unteren Teil des Videos sehen Sie das Symbol für den Start.

Diese Videostartleiste erscheint aber nur, wenn das Video entweder markiert ist oder Sie mit der Maus über das Video fahren. Mithilfe des markierten Symbols im folgenden Bild starten Sie die gesamte Präsentation (wir werden das später noch ausführlich besprechen). Sie finden diese Leiste unten rechts.

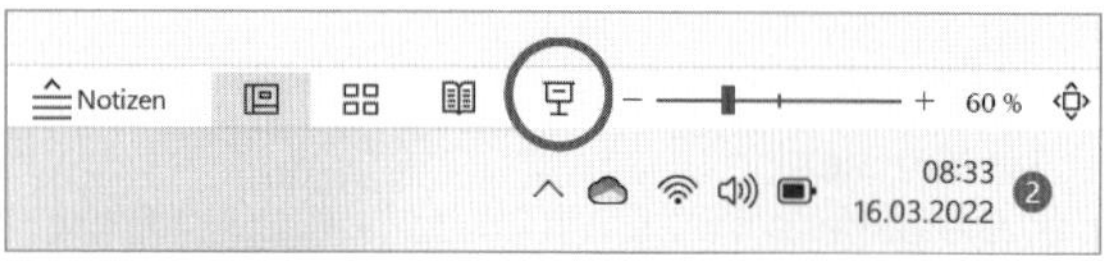

Wenn Sie also Ihre Präsentation starten, wird das Video nicht automatisch gestartet. Es startet erst, sobald Sie daraufklicken. Das ist nicht immer optimal, etwa wenn bei einer Vorführung in einem großen Saal der Rechner irgendwo in einer Ecke des Raums steht und Sie in einer anderen. Besser ist es, das Video startet automatisch, wenn die Folie vorgeführt wird. Sollten Sie gerade Ihre Präsentation gestartet haben, drücken Sie die Esc-Taste. Damit kommen Sie wieder aus der Präsentation in Ihre Folien. Klicken Sie nun mit der rechten Maustaste auf das Video, und wählen Sie *Starten*.

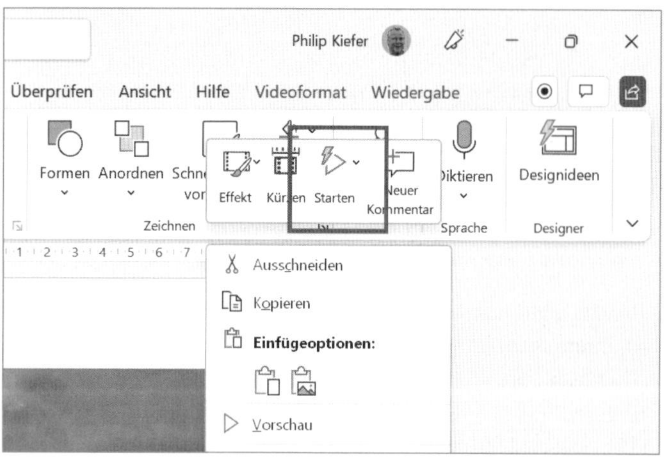

Wählen Sie nun die gewünschte Option. *Automatisch* bedeutet, dass das Video sofort gestartet wird, wenn die Folie erscheint.

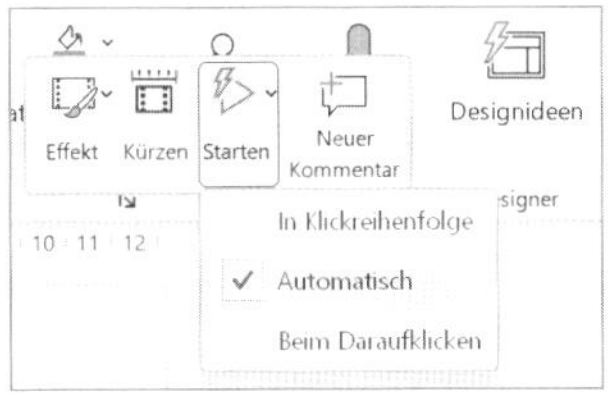

Die Wiedergabe des Films anpassen

Wenn Sie den Film markiert haben, erscheinen im Menüband die Reiter *Videoformat* und *Wiedergabe*. Klicken Sie auf *Wiedergabe*, finden Sie Optionen für das Abspielen eines Videos.

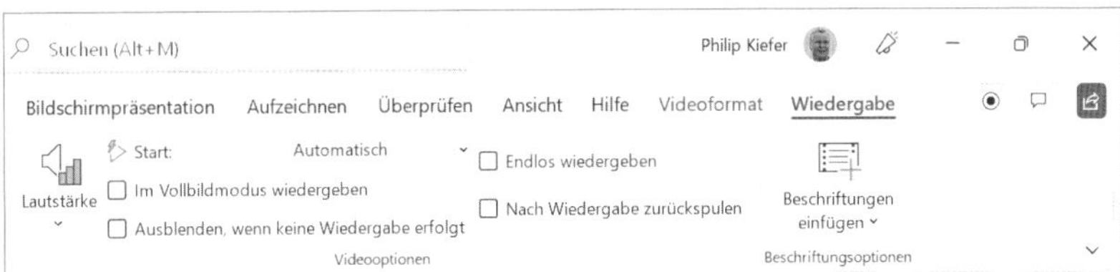

Befehl	Beschreibung
Endlos wiedergeben	Wenn Sie diffizile Simulationen zeigen, ist es manchmal nötig, den Film mehrmals anzuschauen um den Vorgang wirklich sehen zu können. Mit dieser Schaltfläche führt PowerPoint den Film so lange vor, bis Sie zur nächsten Folie gehen.
Nach Wiedergabe zurückspulen	Damit wird der Film ein einziges Mal abgespielt. Danach wird auf das erste Filmbild gesprungen, und der Film wird angehalten.
Im Vollbildmodus wiedergeben	Damit wird der Film bildschirmfüllend vorgeführt. Mit der Esc-Taste verlassen Sie den Vollbildmodus wieder. Sie sollten diesen Modus aber nur wählen, wenn Ihr Film in einer entsprechend hohen Auflösung vorliegt und Sie einen wirklich schnellen Vorführrechner haben. Ansonsten wird er für die Zuschauer zur Qual.
Lautstärke	Hier regeln Sie die Lautstärke des Tons Ihres Videos.
Ausblenden, wenn keine Wiedergabe erfolgt	Sollte aus welchen Gründen auch immer keine Wiedergabe des Videos erfolgen, wird es ausgeblendet. Aber Achtung: Das Video muss dazu automatisch starten, sonst sehen Sie während der Vorführung gar nichts.

Musik in eine Präsentation einbinden

Ähnlich wie einen Videoclip können Sie auch Musikstücke und andere Sounds in Ihre Präsentation einbinden.

1 Klicken Sie auf der Registerkarte *Einfügen* in der Gruppe *Medien* auf *Audio*, und wählen Sie dann zunächst *Audio auf meinem Computer*.

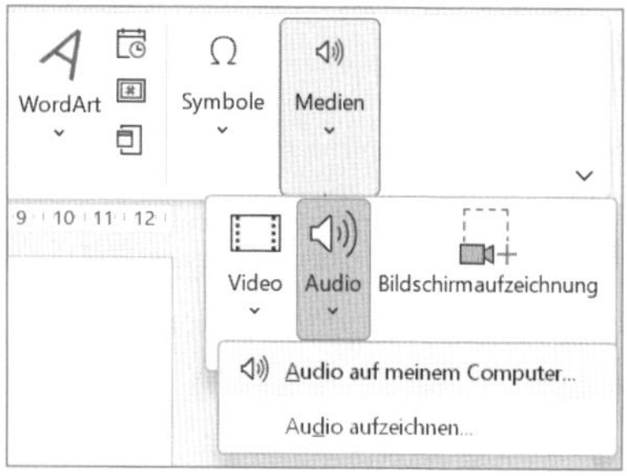

2 Wählen Sie dann auf der Festplatte den Ordner, in dem sich Ihre Audiodatei befindet, und klicken Sie dann auf *Einfügen*.

3 PowerPoint legt nun in der Mitte Ihrer Folie ein Lautsprechersymbol ab. Schieben Sie das Symbol an die richtige Stelle auf Ihrer Folie.

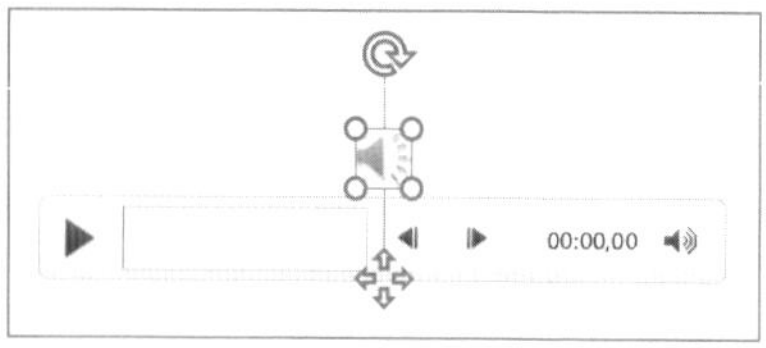

Damit der Ton auch automatisch startet, wählen Sie auf der Registerkarte *Wiedergabe* bei *Start* die Option *Automatisch*.

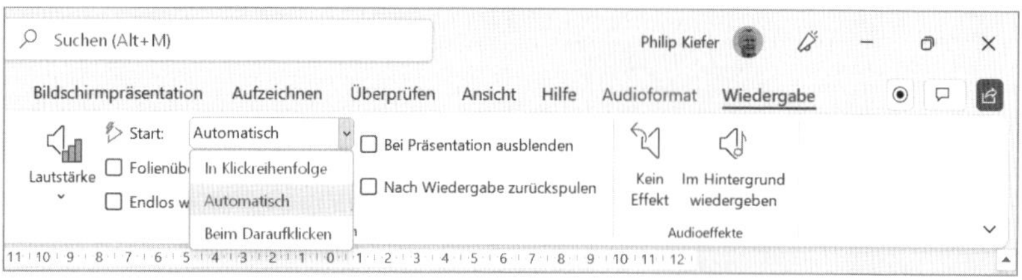

Doch leider wird das Symbol auch während der Vorführung zu sehen sein, selbst wenn der Ton automatisch startet. Um das zu vermeiden, gibt es mehrere Möglichkeiten.

Die eine ist, das Symbol hinter einem Bild oder einem anderen Objekt zu verstecken. Das ist nicht die beste Möglichkeit, denn wenn Sie viele Objekte auf einer Folie haben, wird dann ein fröhliches Suchen nach dem Symbol beginnen, wenn man die Musik durch eine andere ersetzen will und dazu das Symbol braucht.

Die bessere Möglichkeit ist, das Symbol aus der Folie zu ziehen und es nebenan abzulegen.

Das Audiosymbol gehört dann zwar immer noch zu der entsprechenden Folie, wird aber nun bei der Präsentation nicht mehr angezeigt. Die dritte und beste Möglichkeit will ich Ihnen natürlich auch nicht verschweigen. Sie setzen auf der Registerkarte *Wiedergabe* in der Gruppe *Audiooptionen* ein Häkchen bei *Bei Präsentation ausblenden*.

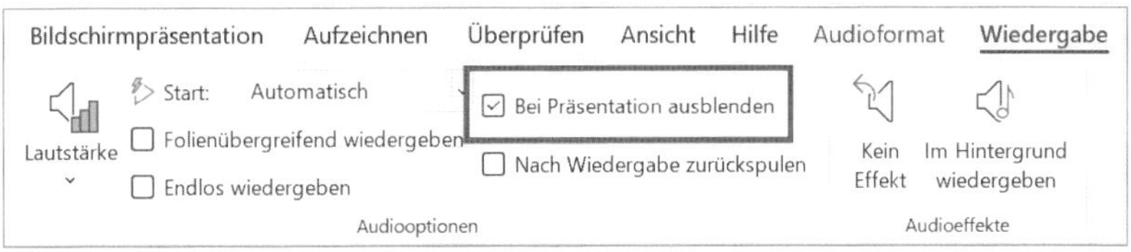

In der Abbildung sehen Sie auch die Möglichkeit, ein Häkchen vor *Folienübergreifend wiedergeben* zu setzen. Die Erklärung für diese Option ist einfach: Sobald Sie zur nächsten Folie gehen, wird die Musik abrupt beendet. Durch Setzen des Häkchens wird die Musik auch während der nächsten Folien weitergespielt. Wenn Sie *Endlos wiedergeben* markieren, wird die Sounddatei während der gesamten Präsentation abgespielt. Gegebenenfalls beginnt der Sound wieder von vorne.

Problem: Der Sound wird über alle Folien abgespielt. Was aber, wenn er nur während der nächsten zwei oder drei Folien gespielt werden soll? Um das festzulegen, klicken Sie das Soundsymbol auf bzw. neben der Folie an, wählen die Registerkarte *Animationen* und klicken dort auf den Pfeil rechts unten in der Gruppe *Animation*.

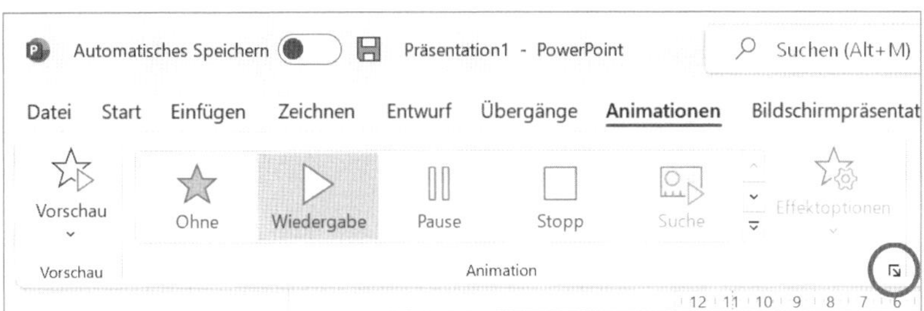

In dem nun folgenden Fenster geben Sie bei *Wiedergabe beenden* die Anzahl der Folien an, nach denen die Sounddatei beendet werden soll. Hier müssen Sie die Folie, auf der der Ton beginnt, mitzählen.

5.8 Überzeugende Präsentationen gestalten

Nachdem Sie jetzt alle wichtigen Begriffe zu PowerPoint-Präsentationen kennengelernt haben, beschäftigen wir uns nun mit ein klein wenig Theorie, denn eine gute Präsentation ist mehr als nur das Aneinanderreihen von Folien, so wie wir es bisher gemacht haben.

Müssen Sie häufiger präsentieren, lohnt es sich, etwas länger darüber nachzudenken, wie Sie Ihre Folien gestalten, um einen gewissen Wiedererkennungswert zu erzielen. Corporate Identity nennt man so etwas im Businesssprachgebrauch.

Nun wird an dieser Stelle oft eingewendet, dass man solche Überlegungen doch auch anstellen kann, wenn die Präsentation bereits fertig ist.

Man kann in PowerPoint doch alles auch noch nachträglich ändern – warum also nicht zuerst die Folien erstellen und danach klären, wie alles prinzipiell aussehen soll?

Vorsicht! Auch wenn Sie in PowerPoint noch alles ändern können, ist der Aufwand, 30 oder 40 Folien vom Design her nachträglich abzuwandeln, sehr groß – und er ist vermeidbar, wenn Sie sich vorher Gedanken darüber machen.

Deshalb ist dieses Kapitel wichtig.

Bevor Sie loslegen: Ein paar wichtige theoretische Gedanken sollten am Anfang stehen

Um schnell mal eben eine Folie zu erstellen, müssen Sie sich nicht unbedingt sehr große Gedanken darüber machen, welchen Hintergrund und welches Design Sie verwenden sollen, obwohl es auch hier nichts schadet, sich zu überlegen, wie Sie auf dieser einen Folie Ihr Anliegen am besten transportieren können.

Wenn Sie aber eine vollständige Präsentation mit 50 bis 60 Folien (so viele werden Sie für einen 90-minütigen Vortrag brauchen) vorführen müssen, sollten Sie dies gut planen. So wäre zuerst zu überlegen:

1. Für wen erstellen Sie die Präsentation?
Ein Kassenbericht für den nächsten Vereinsabend läuft nach anderen Gesetzen ab als eine Präsentation der Umsatzzahlen für den Vorstand eines großen Unternehmens oder die Pressekonferenz zur Eröffnung der neuen Disco. Es wird also nicht funktionieren, einfach Ihre Gedanken auf eine Folie zu pressen und vorzuführen. Wie Ihre Gedanken verpackt sind, ist ebenso für den Erfolg ausschlaggebend.

Je mehr Sie über die Zielgruppe Ihrer Präsentation wissen, desto besser können Sie die Präsentation aufbauen, um das Interesse der Zuhörer zu wecken und zu halten.

2. Wie lange soll Ihre Präsentation dauern?
Nehmen wir an, Sie sollen einen 45-minütigen Vortrag über ein bestimmtes Thema halten. Nun rechnen Sie: 45 Minuten, jede Folie ca. 1 Minute präsentiert, macht 45 Folien. Also erstellen Sie 45 Folien und lassen diese stakkatoartig von PowerPoint vorführen.

Bei der Eröffnung der neuen Disco im Ort mag das vielleicht noch in Ordnung sein. Aber es funktioniert nicht, wenn Sie wichtige Informationen weitergeben wollen. Sie werden Ihre Zuhörer schnell abhängen. Und Sie sollten sich auch verkneifen, auf die Bitte, die Folien etwas langsamer vorzuführen, die Bemerkung fallenzulassen: »Denken Sie einfach etwas schneller, dann klappt das schon.«

45 Folien mit jeweils neuem Inhalt sind für einen 90-minütigen Vortrag manchmal schon zu viel. Bedenken Sie, dass Sie zu jeder Folie etwas sagen müssen. Jawohl, müssen! Jede Ihrer Folien muss bei einem Vortrag von Ihnen erläutert werden. Das kostet Zeit. Rechnen Sie am besten gute zwei bis drei Minuten pro Folie an Vortragszeit ein. Besser Sie rechnen mit einer längeren Redezeit.

Es ist eine anerkannte Tatsache, dass man sich 10 % von dem merken kann, was man gelesen hat. Man merkt sich 20 % des Gehörten und 30 % des Gesehenen. Eine gute Präsentation besteht also aus Sprache, Schrift und Bild. Und all das muss in einem Tempo vorgeführt werden, bei dem ein normales Gehirn noch mitdenken kann.

Auch wenn wir es noch so gern glauben möchten, aber der Mensch ist nicht multitaskingfähig. Wir sind nicht in der Lage, mehrere Dinge gleichzeitig bewusst zu tun. Zwar können wir während des Autofahrens ein Hörbuch hören, aber machen Sie einmal den Test, und fragen sich nach einer Stunde Fahrt, was Sie an Information aus dem Hörbuch behalten haben und was links und rechts am Straßenrand während der Fahrt geschah. Sie werden sich nur an eines davon wirklich erinnern können.

3. Ist die Präsentation Bestandteil eines Vortrags?

Vielleicht fragen Sie nun nach dem Sinn dieser Vorüberlegung, denn natürlich wird eine Präsentation in der Regel von einem Vortrag begleitet.

Aber das muss nicht sein. Innerhalb von PowerPoint haben Sie auch die Möglichkeit, eine Präsentation zu erstellen, die zum Beispiel auf Messen vorgeführt werden kann und die den ganzen Tag automatisch abläuft. Bei einer solchen Präsentation gibt es keine erläuternden Worte, die einzelnen Folien müssen also selbsterklärend und deshalb auch ausführlicher sein als bei einem Vortrag vor Publikum, in dem Sie die Möglichkeit haben, bestimmte Sachverhalte mit Worten zu erläutern. Bei einer automatisch ablaufenden Präsentation haben Sie diese Möglichkeit nicht.

4. Welches Ziel möchten Sie mit der Präsentation erreichen?
»Wer kein Ziel hat, für den ist jeder Weg der falsche«, sagt eine Lebensweisheit. Nur wenn Ihnen ganz klar ist, was Sie mit der Präsentation erreichen wollen, werden Sie auch einen roten Faden finden.

Ein kleines Reiseunternehmen braucht für eine Floßreise über den Amazonas noch ein paar Kunden, die genug Abenteuerlust im Blut haben, damit sie die Reise buchen. Hier werden Sie natürlich mehr mit Freiheit und Abenteuer arbeiten, als wenn es nur darum geht, wie der Bürgermeister im letzten Jahr das Altersheim eingeweiht hat.

5. Haben Sie alles im Kopf?
Dies ist eine der wichtigsten Fragen. Müssen Sie während des Vortrags in Ihre Unterlagen schauen, oder haben Sie alles, was Sie sagen wollen, im Kopf? Wenn Sie in die Unterlagen schauen müssen, gibt es im Vortragsraum genügend Licht? Oder ist Ihr Notebook in der Nähe des Mikrofons, sodass Sie vielleicht mit der Notizenseite von PowerPoint arbeiten können? Dann nämlich kann der Vortragsraum auch vollständig dunkel sein.

Am besten ist es aber, wenn Sie Ihren gesamten Vortrag im Kopf haben, dann nämlich können Sie Augenkontakt zum Publikum halten und merken sofort, wenn die ersten Augen zufallen.

6. Welchen grundsätzlichen Aufbau für die Folien sollten Sie wählen?
Ihre Folien sollten einheitlich sein. So zeugt es von schlechtem Stil, die Folien 1 bis 5 mit einem roten Hintergrund zu versehen, die Folien 6 und 7 mit einem blauen und die restlichen ... na, mal sehen, was PowerPoint noch so draufhat.

7. Wie groß ist der Raum, in dem Sie vorführen? Wie viele Teilnehmer erwarten Sie?
In einem Saal mit 200 Personen müssen Sie die Schrift und die Bilder größer wählen als in einem kleinen Raum mit nur 20 Teilnehmern. Und in einem großen Saal ist ein dunkler Hintergrund für Folien mit einer hellen Schrift schlechter zu sehen als in einem kleinen Raum.

8. Verwenden Sie möglichst die gleiche Schrift für alle Folien!
Verwenden Sie serifenlose Schriften. Die sind einfach besser lesbar, gerade auch in großen Räumen. Benutzen Sie auch stets jeweils die gleiche Schriftgröße für Titel und Text.

9. Haben Sie Mut zur Lücke!

Kleistern Sie Ihre Folie nicht bis zum letzten Millimeter zu. Auch wenn Sie die vorhandenen Elemente einzeln auf der Folie erscheinen lassen, sollten auf den Folien noch leere Flächen erkennbar sein.

Haben Sie alles im Kopf oder brauchen Sie Notizen? – Die Notizenseite

Erstellen Sie ein Manuskript für Ihren Vortrag, oder halten Sie ihn auswendig? Jeder gute Vortragende sollte natürlich alles im Kopf haben und nicht an seinem Manuskript kleben. Doch meist wird man die Präsentation Wochen oder gar Monate vor dem Termin machen. Während man die Präsentation erstellt, hat man sicher auch alles noch im Kopf. Was aber, wenn Sie den gleichen Vortrag ein oder zwei Jahre später noch einmal halten sollen? Haben Sie dann auch noch alles parat? Wissen Sie, was Sie zu jeder Folie sagen wollen? Und was, wenn Sie zehn oder 20 verschiedene Vorträge auf Lager haben?

Dann stellt sich oft die Frage: Was wollte ich genau zu dieser Folie eigentlich sagen? Und deshalb lautet meine Empfehlung: Nutzen Sie ausgiebig die Notizenseite der Folien.

Nehmen wir als Beispiel eine Folie über den deutschen Dichterfürsten Johann Wolfgang von Goethe. Während der Vorführung könnte die Folie so aussehen:

Was aber wollten Sie zu diesem Herrn sagen? Besonders im Zusammenhang mit Ihrer restlichen Präsentation? Wie gesagt, beim Erstellen der Präsentation weiß man das noch, aber wie ist das nach ein paar Jahren? Hier hilft die Notizenseite von PowerPoint. Wählen Sie auf der Registerkarte *Ansicht* das Symbol für *Notizenseite*.

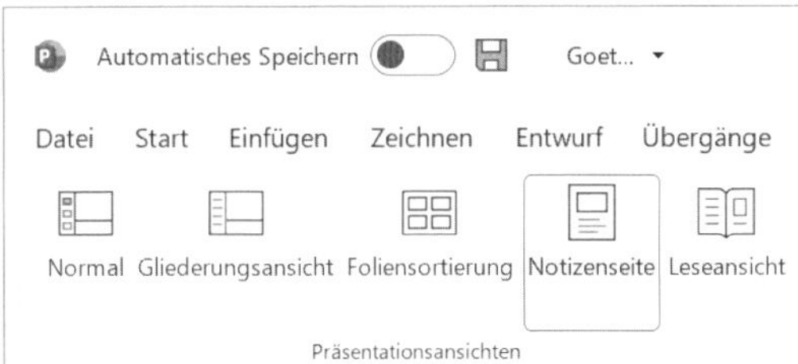

Augenblicklich erhalten Sie im unteren Teil der Folie die Möglichkeit, Informationen zur Folie einzugeben.

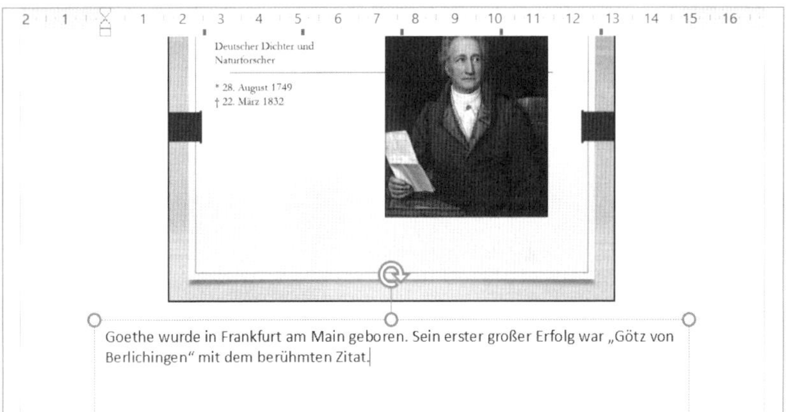

Diese Informationen sind während der Präsentation für die Zuschauer nicht sichtbar, Sie können sie aber am Bildschirm sehen. Wie das geht, werden wir uns später anschauen.

So haben Sie immer Ihr Manuskript sichtbar bzw. wissen stets, was Sie zu einer bestimmten Folie sagen möchten. Sie können zu jeder Folie solche Notizen erstellen, auch wenn Sie die Präsentation nicht in der Nähe Ihres Rechners halten. Schauen Sie einfach vor dem Vortrag diese Notizenseiten durch, dann wissen Sie sofort, was Sie wann und wie sagen müssen.

Möchten Sie zur Folienansicht zurück, wählen Sie auf der Registerkarte *Ansicht* ganz links das Symbol *Normal*. Einen kleineren Notizenbereich können Sie jederzeit per Schaltfläche *Notizen* in der Statusleiste ein- und wieder ausblenden.

Die Notizenseite können Sie natürlich auch ausdrucken. Wir werden uns das im Abschnitt über das Drucken genauer ansehen, denn PowerPoint bietet an Druckmöglichkeiten noch einiges mehr.

Kommentare zu Folien

Nicht zu verwechseln mit den Notizen sind Kommentare zu Folien, die während einer Präsentation ebenfalls nicht angezeigt werden. Die Kommentarfunktion zu den Folien werden Sie vor allem dann verwenden, wenn mehrere Personen an der Präsentation arbeiten. Sind Sie allein dafür zuständig, werden Sie diese Funktion weniger einsetzen.

Die Eingabe solcher Kommentare ist denkbar einfach. Klicken Sie mit der rechten Maustaste auf das Element, das Sie mit einem Kommentar versehen möchten, und wählen Sie im Kontextmenü den Eintrag *Neuer Kommentar*.

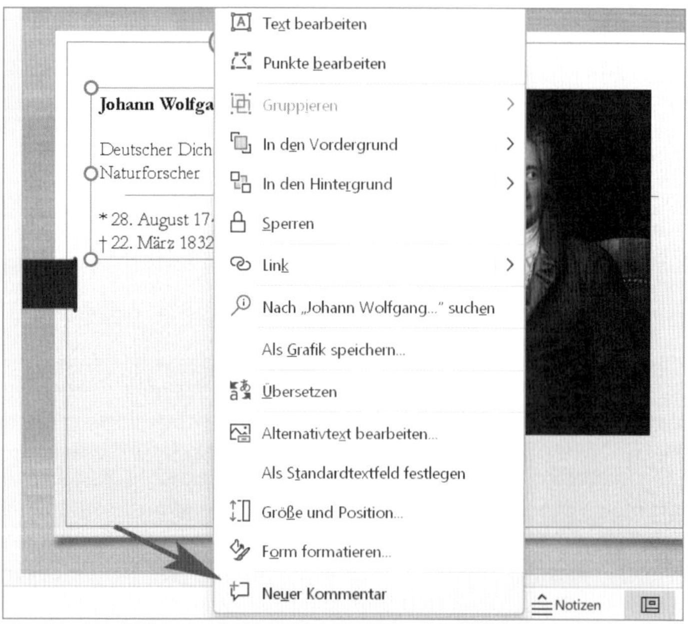

Rechts wird nun ein Kommentarbereich eingeblendet. Geben Sie Ihren Kommentar ein und bestätigen Sie mit dem *Senden*-Symbol. Der Kollege kann den Kommentar dann sehen und gegebenenfalls eine Antwort dazu geben.

Gibt es auf einer Folie einen Kommentar, ist dies im Folienbereich durch ein Sprechblasensymbol gekennzeichnet.

Durch Klick auf diese Kommentarwolke öffnen Sie den Kommentarbereich und können lesen, was der Kollege oder die Kollegin zur Folie meint. Der Kommentarbereich lässt sich auch jederzeit über das Sprechblasensymbol rechts oben im Menüband ein- und wieder ausblenden.

Zum Löschen eines Kommentars klicken Sie bei dem Kommentar im Kommentarbereich auf das Symbol mit den drei Punkten und wählen *Thread löschen*.

5.9 Arbeiten mit den PowerPoint-Vorlagen

Vorlagen für das Layout einer Folie

Eine Präsentation besteht in der Regel aus mehreren Folien, und auf jeder dieser Folien können Sie Texte, Grafiken, Bilder, Videoclips und Sounddateien integrieren, um die Präsentation für einen Betrachter ansprechender zu machen. Diese Elemente können Sie auf einer leeren Folie beliebig platzieren. Doch eigentlich sollte das Layout Ihrer Präsentation gleich sein oder zumindest einen hohen Wiedererkennungswert besitzen.

Aus diesen Gründen hat sich Microsoft selbst schon viele Gedanken über perfekte Layouts gemacht. Diese Layouts können Sie als Grundlage für Ihre eigene Präsentation nutzen und sie nach ihren Bedürfnissen verändern. Das wollen wir hier in diesem Abschnitt besprechen.

Schauen wir uns ein paar dieser Vorschläge etwas genauer an. Wenn Sie sich beim Start von PowerPoint oder einer neuen Präsentation für *Neu* entscheiden, werden Sie eine Menge Layoutvorlagen sehen:

Sollte hier kein Layout dabei sein, das Sie auch nur annähernd gut finden, wählen Sie oben *Nach Onlinevorlagen und -designs suchen*. Lassen Sie einfach einmal den Begriff *Natur* suchen.

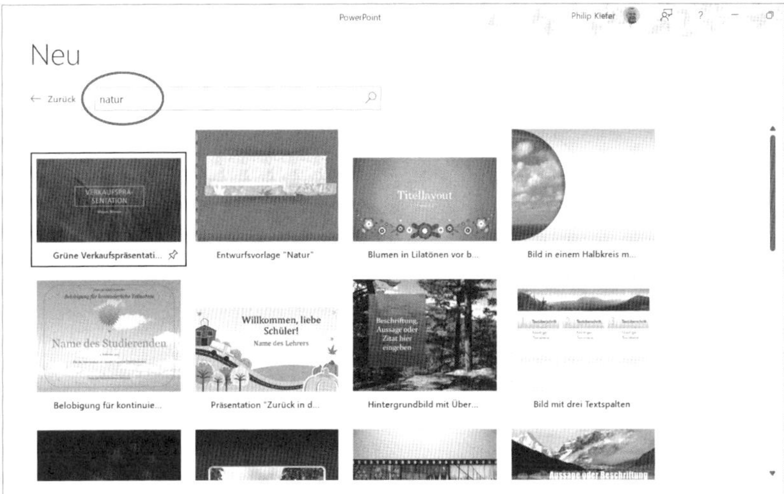

Microsoft zeigt Ihnen ein paar wirklich schöne und ansprechende Layoutvorschläge und dazu auf der rechten Seite noch weitere Unterkategorien. Kämpfen Sie sich in einer ruhigen Stunde einfach einmal hindurch, vielleicht finden Sie genau das, was Sie schon immer gesucht haben.

Ich nehme hier zur Übung die eher schlichte Vorlage *Naturpräsentation „Ausgeglichenheit“* (vormals *Klarheit*) und möchte Ihnen zeigen, wie man ein solches Layout noch selbst anpassen kann. Wenn Sie auf eine Präsentationsvorlage klicken, können Sie zunächst durch die einzelnen Folien wandern und gegebenenfalls zwischen mehreren Varianten wählen. Zum Verwenden des Layouts klicken Sie auf *Erstellen*.

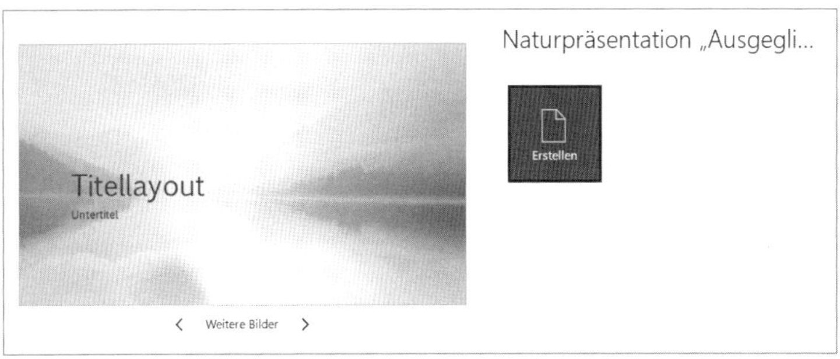

Nun wird das Layout heruntergeladen. Bestimmen Sie danach zunächst auf der Registerkarte *Entwurf* unter *Foliengröße*, ob Sie die Präsentation im Standardformat oder im Breitbildformat erstellen möchten. In diesem Fall wähle ich wieder das Standardformat 4:3.

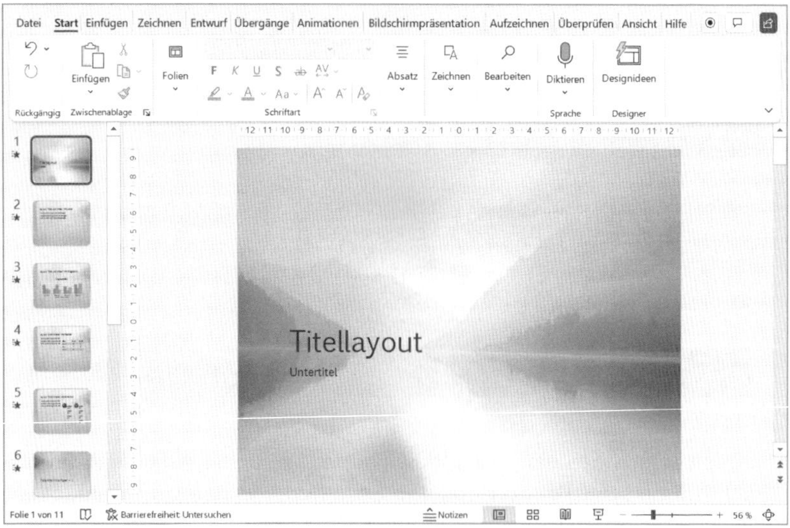

Bei vielen Vorlagen, so auch hier, sehen Sie links eine bestimmte Anzahl aufbereiteter Folien. Diese können Sie mit Leben, also Informationen, füttern, wie wir es bisher schon getan haben. Wenn Sie eine der Folien nicht brauchen, klicken Sie diese auf der linken Seite an und löschen sie mit der [Entf]-Taste.

Nehmen wir einmal an, Sie möchten zunächst die Besucherzahlen des Jahres 2021 Ihres Meditationszentrums als Balkengrafik darstellen. Wählen Sie dazu das Diagramm-Layout in der Folienansicht auf der linken Seite. Klicken Sie dann das Balkendiagramm an, wählen Sie die Registerkarte *Diagrammentwurf* und klicken Sie dort auf den oberen Teil der Schaltfläche *Daten bearbeiten*.

Geben Sie in die Tabelle die entsprechenden Daten ein, in diesem Fall also die Besucherzahlen des Jahres 2021. Wir haben in Abschnitt 5.5 bereits ausführlich über das Bearbeiten von Tabellen in PowerPoint gesprochen.

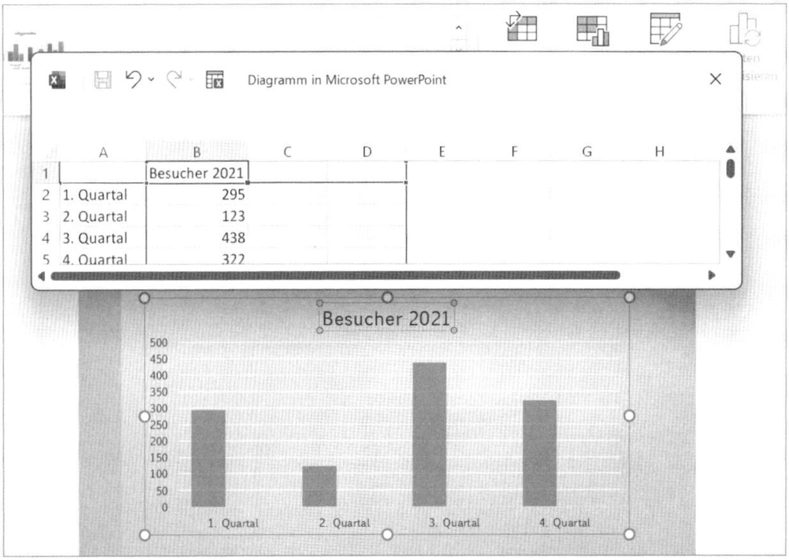

Wenn Sie die mit dem Layout mitgelieferten Folien durchschauen, sehen Sie, dass Sie zunächst nur eine Folie mit einer Balkengrafik bekommen. Brauchen Sie eine zweite, kopieren Sie eine der Folien, die Sie zusätzlich brauchen. Dazu gehen Sie auf das in der Abbildung markierte Symbol unten in der Statusleiste. Damit gelangen Sie in die Folienansicht, klicken auf die zu kopierende Folie, halten die Strg-Taste gedrückt und ziehen das Layout in der Folienansicht einfach an die gewünschte Position.

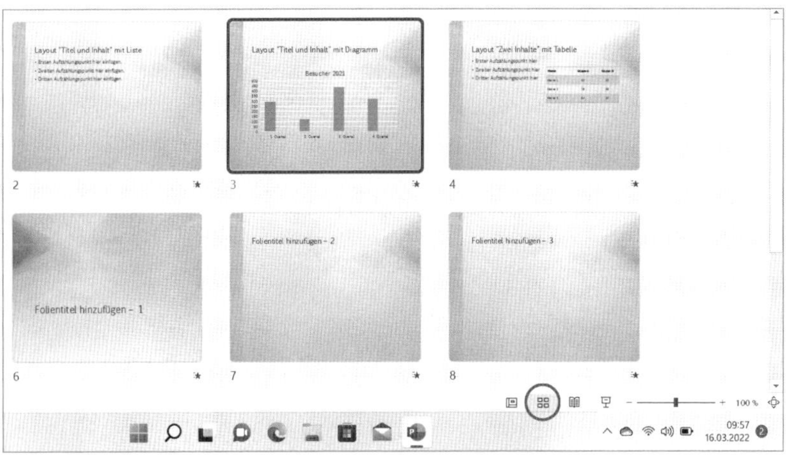

Oder Sie klicken mit der rechten Maustaste auf die Folie und wählen *Folie duplizieren*.

Hätten Sie auf der Titelfolie gern noch ein kleines Buddhabild? Wählen Sie auf der Registerkarte *Einfügen* unter *Bilder* die *Onlinebilder*. Im folgenden Fenster lassen Sie nach *Buddha* suchen und wählen den aus, der Ihnen am besten gefällt. Wichtig: Beachten Sie im Zusammenhang mit Bildern, die nicht Ihnen gehören, stets das geltende Urheberrecht!

Mit der Schaltfläche *Einfügen* steht das Bild auf der Folie zur Verfügung. Passen Sie die Größe an und ziehen Sie das Bild in die gewünschte Position. Wenn Sie mögen, können Sie ein Bild auch freistellen, wie es Ihnen bereits an anderer Stelle gezeigt wurde.

Klicken Sie sich nun weiter durch die Folienlayouts. Bei einigen wurden schon kleine Symbole integriert:

Mit diesen Symbolen können Sie schnell und einfach die verschiedenen Mediendateien in Ihre Folie integrieren, und zwar in der Reihenfolge von links oben nach rechts unten: Tabelle, Diagramm, SmartArt, 3D-Modell, Bild, Archivbild, Video, Piktogramm.

Klicken Sie einfach auf das gewünschte Symbol, und lassen Sie sich von PowerPoint führen, denn wir haben das alles schon in den früheren Abschnitten besprochen.

Nachträgliche Designänderung? – Kann man machen, aber Achtung!

Das nachträgliche Ändern des einmal gewählten Designs ist zwar grundsätzlich möglich, aber Sie sollten immer damit rechnen, dass Sie dann die Inhalte auf den Folien möglicherweise anpassen müssen.

Nehmen wir an, Ihr gewähltes Design gefällt Ihnen nicht mehr, aber Ihre Folien haben schon sehr viel Inhalt. Sie können über die Registerkarte *Entwurf* das Design jederzeit ändern. In der Gruppe *Designs* klappen Sie alle Möglichkeiten auf und wählen aus.

Sie sollten bei einer nachträglichen Änderung des Designs immer bedenken, dass Sie Objekte auf den Folien mit dem neuen Design eventuell umsetzen müssen. Das ist bei vielen Folien dann mit erheblichem Arbeitsaufwand verbunden. Das kostet Zeit und Nerven. Deshalb meine Empfehlung: Denken Sie über das grundsätzliche Design länger nach, und vermeiden Sie nach Möglichkeit das nachträgliche Ändern.

5.10 Layoutänderungen – die Masterfolien

Bisher haben wir die Layout- und Designvorschläge von Microsoft benutzt, um eine Präsentation zu erstellen. Aber meistens sind diese vorgegebenen Layouts nicht hundertprozentig so, wie man sie haben möchte. Kann man also diese Standardvorlagen noch seinen Bedürfnissen anpassen? Kurze Antwort: ja! Lange Antwort: Machen wir es doch einfach mal.

Bevor wir beginnen, müssen wir den Begriff Folienmaster klären, denn in PowerPoint 2021 gibt es drei verschiedene »Master«: einen Folienmaster, einen Handzettelmaster und einen Notizenmaster.

Ein Folienmaster ist eine Folie, die allen anderen Folien zugrunde liegt. Auf die Masterfolie gehören also all jene Elemente, die später auf allen Folien zu sehen sein sollen. Zum Beispiel sollte das Logo der Firma auf jeder Folie erscheinen. Damit man es aber nicht auf jede Folie kopieren muss, setzt man es in die Masterfolie und hat dadurch erreicht, dass es auf jeder Folie der Präsentation sichtbar ist.

Neben dem Folienmaster, der die Grundlage aller Folien einer Präsentation bildet, steht Ihnen der Handzettelmaster als Grundlage aller Folien, die Sie als Handzettel den Kursteilnehmern mitgeben wollen, zur Verfügung. Diese werden ganz einfach aus den PowerPoint-Folien erzeugt. Im Abschnitt über das Drucken werden wir uns das genauer anschauen. Als dritte Masterfolie bildet der Notizenmaster die Layoutgrundlage für die Notizenseite jeder Folie.

Folienmaster

Ein Folienmaster ist also die Folie, die allen anderen als Grundlage dient. All das, was auf den verschiedenen Folienlayouts erscheinen soll, gehört in den Folienmaster, d. h., hier legen Sie die Schriftgestaltung, das Logo und die Foliennummer fest. PowerPoint 2021 verfügt über einen Folienmaster pro Präsentation, aber mehrere verschiedene Folienlayouts. Das ist für den Anfänger am Anfang recht verwirrend, klärt sich aber schnell durch ein Beispiel. Nehmen wir an, Sie möchten den ersten Geburtstag Ihres Meditationszentrums feiern und planen einen Tag der offenen Tür, bei dem Sie unter anderem einen Vortrag über Ihr Zentrum halten wollen. Sie haben sich die folgende Hauptgliederung überlegt:

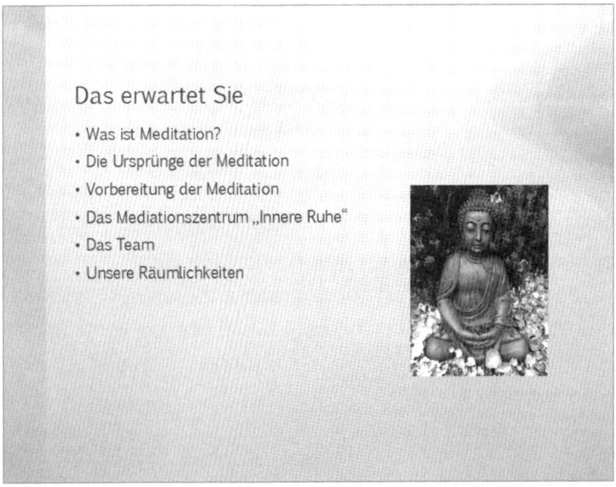

Jedes Mal, wenn Sie zu einem anderen Punkt Ihrer Gliederung kommen, können Sie das mit einer Folie ankündigen, die eine entsprechende Überschrift trägt, etwa:

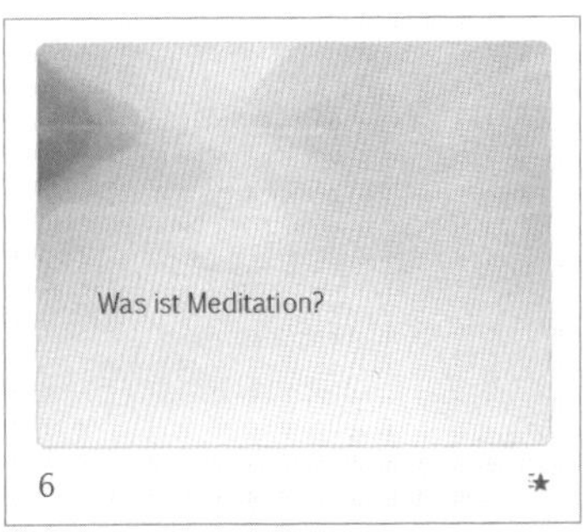

Jede der Folien mit einer Gliederungsüberschrift soll dabei gleich aussehen. Das nennt man das Folienlayout. Nun könnten auch alle Folien, die irgendeine Statistik zeigen, gleich aufgebaut sein. Auch für so etwas könnten Sie ein spezielles Folienlayout erstellen. Der Folienmaster ist also für alle Folien zuständig, die einzelnen Folienlayouts sind dagegen für die einzelnen Layouts zuständig.

Es ist verwirrend, aber ich zeige Ihnen gleich einmal ein Beispiel. Wie erstellen Sie nun einen Folienmaster? Sie wählen auf der Registerkarte *Ansicht* die Schaltfläche *Folienmaster*.

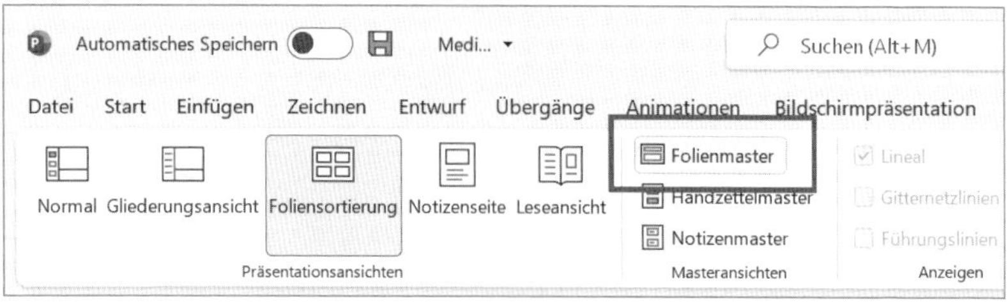

Sie sehen nun im Bereich links die verschiedenen Folienlayouts. Hier fehlt leider der Platz, alle diese Typen zu besprechen, aber ich denke, wenn wir uns einen etwas genauer anschauen, wird der Sinn der anderen ebenfalls klar sein, denn die einzelnen Elemente auf den verschiedenen Folienlayouts haben wir in den vorangegangenen Abschnitten schon besprochen. Nehmen wir also die Titelmasterfolie als Beispiel.

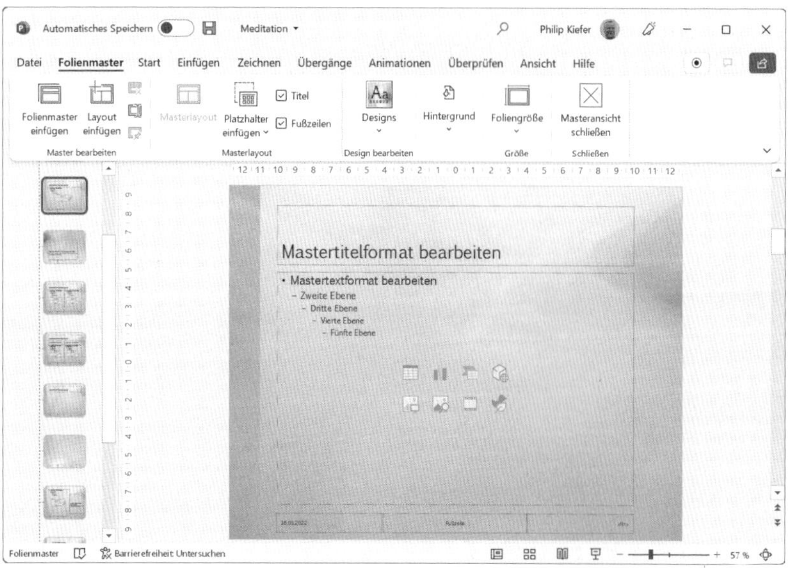

Sie müssen nun die einzelnen Standardelemente nur markieren, um zum Beispiel eine neue Schriftart oder Schriftgröße zu verwenden. Sie ändern die Elemente also genau so, wie in den vorangegangenen Abschnitten besprochen.

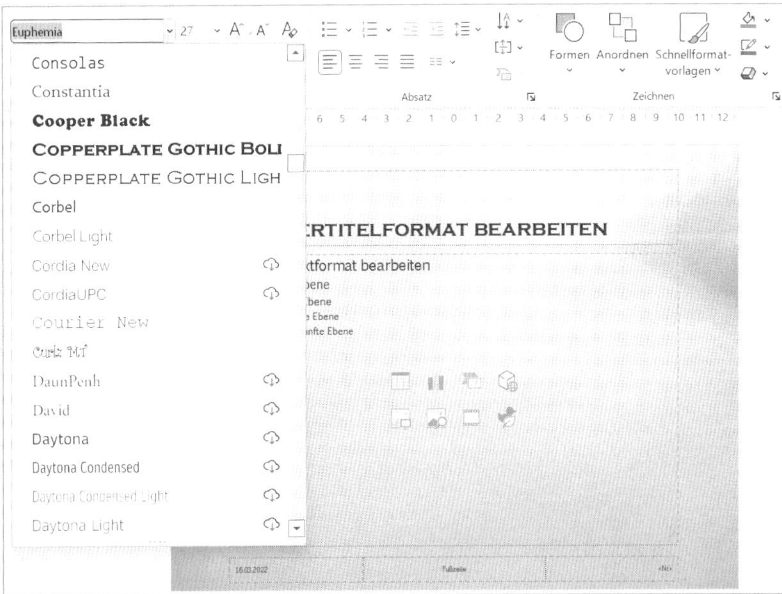

Möchten Sie den kleinen Buddha als Logo auf allen Titelfolien, kopieren Sie ihn einfach in die Titelmasterfolie, und schon haben Sie auf allen Titelfolien den Buddha.

Aber eigentlich wollten Sie den Buddha auf allen Folien und nicht nur auf den Titelfolien, denn dieser Buddha ist ja Ihr Firmenlogo. In diesem Fall müssen Sie den Buddha auf alle weiteren Folienlayouts kopieren.

Vielleicht möchten Sie den Hintergrund für alle Folien verändern. Dafür gibt es nun den Folienmaster – die übergeordnete Struktur zu den Folienlayouts. Sie finden diesen Folienmaster ganz oben im Bereich links.

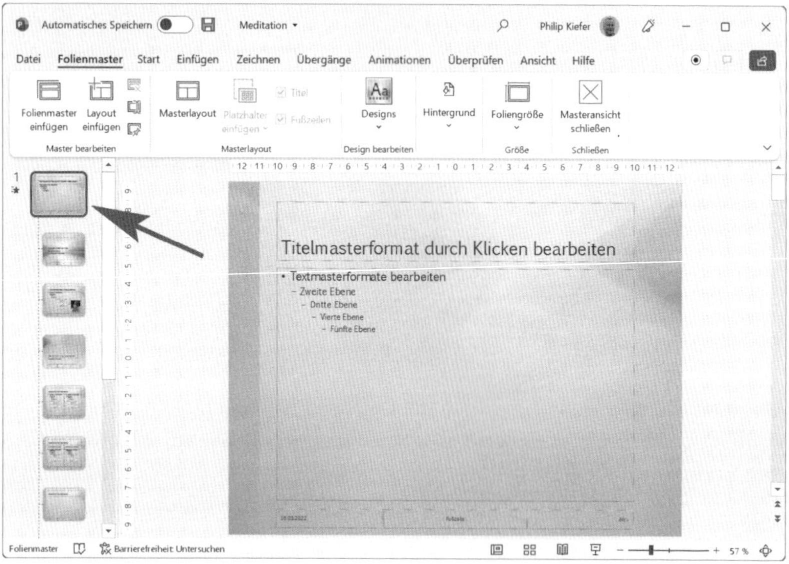

Alles, was Sie im Folienmaster an Farben oder Hintergründen verändern, wirkt sich auf alle Folienlayouts im Folienmaster aus.

Um aus den Folienmastern wieder zu den normalen Folien zu wechseln, klicken Sie im Folienmaster einfach auf *Masteransicht schließen*.

Notizenmaster

Notizzettel zu den Folien sind eine schöne Möglichkeit, immer zu wissen, was man zu einer bestimmten Folie sagen möchte. Sie sind quasi eine Art Manuskript. Natürlich gibt es für diese Notizenseite auch eine Masterfolie. Wählen Sie auf der Registerkarte *Ansicht* das Symbol für den *Notizenmaster*.

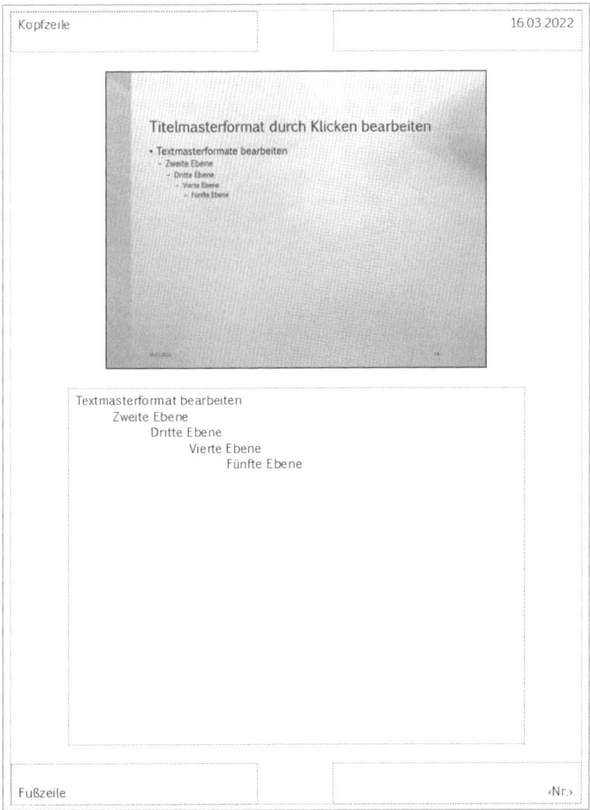

Der Notizenmaster ist nicht so komplex wie die verschiedenen Folienmaster, denn die Notizenseite ist ja nur für den Vortragenden da, um Notizen zu den Folien einzufügen. Insofern erhalten Sie nur eine einzige Masterfolie. Hier ändern Sie eigentlich nur die Schriftart und -größe, damit Sie sie beim Vortrag optimal ablesen können. Doch ganz so primitiv sind diese Notizen nicht, denn Sie können Ihre Folien einschließlich der Notizen ausdrucken und den Teilnehmern quasi als Manuskript mitgeben. Wenn Sie das vorhaben, sollten Sie über eine passende Schrift für die Teilnehmer nachdenken.

Sie sehen, dass es im Notizenmaster eine Kopf- und eine Fußzeile gibt (die gibt es auch in den anderen Masterfolien). Wenn Sie also die Folien und die entsprechenden Notizen für die Teilnehmer ausdrucken möchten, sollten Sie hier in die Fußzeile zumindest Ihren Namen oder den Namen der Firma setzen, damit auch noch nach Jahren klar ist, wessen geistiges Eigentum diese Präsentation ist. Klicken Sie also in die Fußzeile, und tragen Sie dort ein, was beim Ausdrucken auf der Notizenseite erscheinen soll.

Aber Achtung: Obwohl Platzhalter für Kopf- und Fußzeile vorhanden sind, werden sie erst wirklich gedruckt oder angezeigt, wenn sie aktiviert werden. So haben Sie immer die Chance, die Kopf- oder Fußzeile auszublenden, ohne den Platzhalter löschen zu müssen. Wie aktivieren Sie Kopf- und Fußzeile? Gehen Sie auf die Registerkarte *Einfügen*, und wählen Sie *Kopf- und Fußzeile*.

Im folgenden Fenster aktivieren Sie durch Häkchen die Elemente, die Sie sehen wollen. Sie müssen den Platzhalter also nicht löschen, wenn Sie zum Beispiel keine Seitenzahl haben wollen.

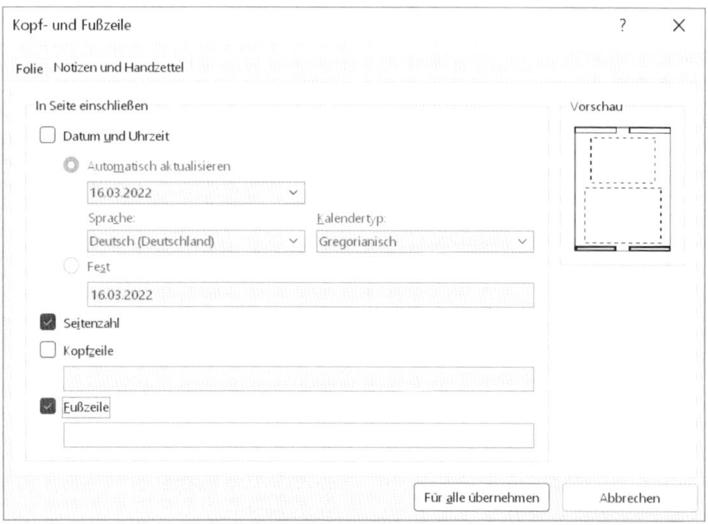

Handzettelmaster

Handzettel nennt man Ausdrucke, bei denen Sie mehrere Folien verkleinert auf eine DIN-A4-Seite bekommen. Diese können Sie auch an die Teilnehmer verteilen, wenn Sie zum Beispiel die Notizenseite mit Ihren Vortragsnotizen nicht herausgeben möchten. Natürlich gibt es auch für Handzettel eine entsprechende Masterfolie. Gehen Sie über die Registerkarte *Ansicht* auf *Handzettelmaster.*

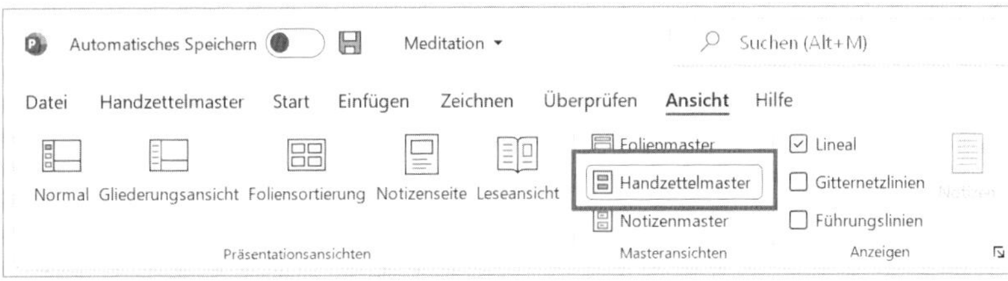

Die Kopf- und Fußzeilenfunktion funktioniert genau so wie beim Notizenmaster. Interessant ist hier vielleicht noch die Möglichkeit, die Anzahl der Folien pro Seite festzulegen:

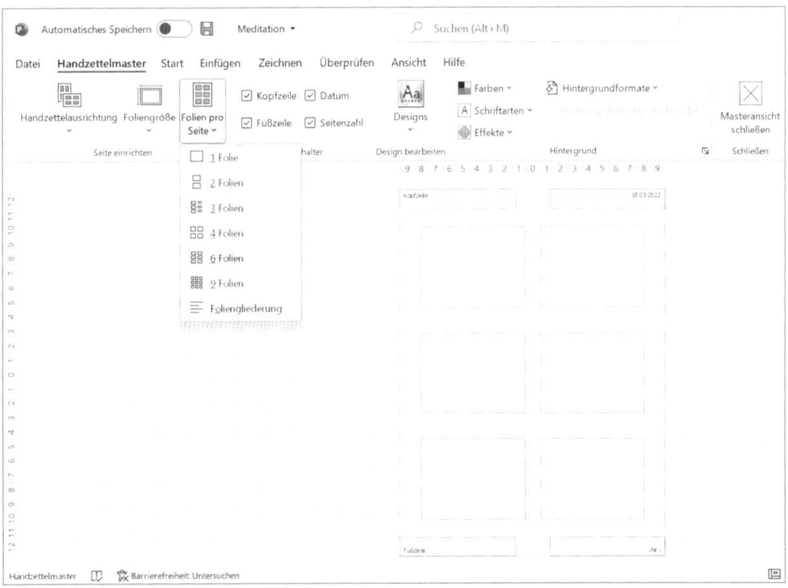

Aber das können Sie später auch beim Ausdrucken festlegen.

Foliennummerierung

Es ist durchaus sinnvoll, sich während der Vorführung ganz klein eine Foliennummer ausgeben zu lassen. Wenn Sie wissen, dass Ihre Präsentation 80 Folien umfasst, Sie aber nach 60 von 90 vorgesehenen Minuten erst auf Folie 12 sind, haben Sie ein Problem.

Ein Platzhalter für die Foliennummerierung ist in den entsprechenden Masterfolien schon integriert, Sie müssen ihn also nur noch aktivieren. Über die Registerkarte *Einfügen* klicken Sie auf *Kopf- und Fußzeile*. Hier wählen Sie die Registerkarte *Folie* und setzen ein Häkchen bei *Foliennummer*.

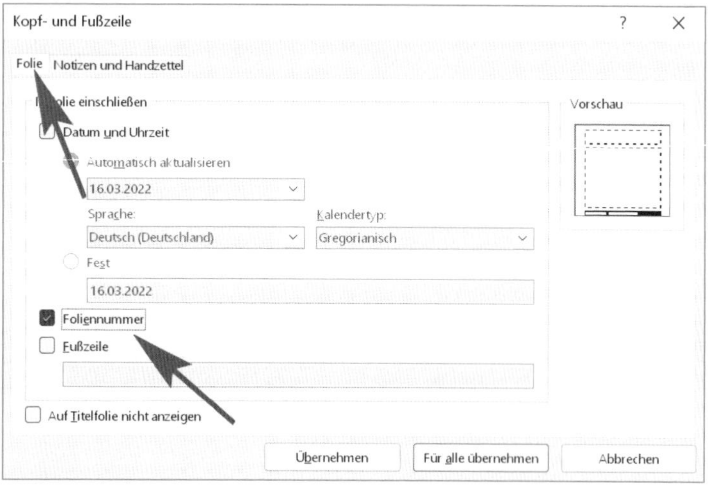

5.11 Die Show – Folienübergänge und Animation

PowerPoint kennt Folienübergänge und Animationen. Folienübergänge sind die Übergänge zwischen den einzelnen Folien. Mit den Animationen können Sie einzelne Objekte auf einer Folie animieren und nacheinander einblenden. Die Menge der möglichen Effekte birgt aber die Gefahr, dass Sie alles und jedes irgendwie animieren möchten. Doch dann wird Ihre Präsentation ein einziges Zucken und Rollen, Ausblenden und Einblenden. Also auch hier: Weniger ist oftmals mehr.

Solche Animationen, sparsam eingesetzt, können aber auch eine durchaus didaktische Präsentation erzeugen. Beginnen wir also mit den Animationen.

Sortieren der Folien einer Präsentation

Haben Sie Ihre Präsentation fertig, sollten Sie sie natürlich noch einige Male überprüfen, um festzustellen, ob das Ganze auch einen roten Faden hat oder ob die Folien mehr oder weniger zusammenhanglos aneinandergereiht sind. Das kann beim Erstellen einer Präsentation durchaus passieren.

Deshalb sollten Sie am Ende der Bearbeitung, bevor Sie die eigentlichen Showeffekte erzeugen, die Reihenfolge Ihrer Folien als Gesamtschau einmal genauer betrachten. Dazu dient unter anderem die *Foliensortierung*, die Sie rechts unten in Ihrem PowerPoint-Fenster aufrufen.

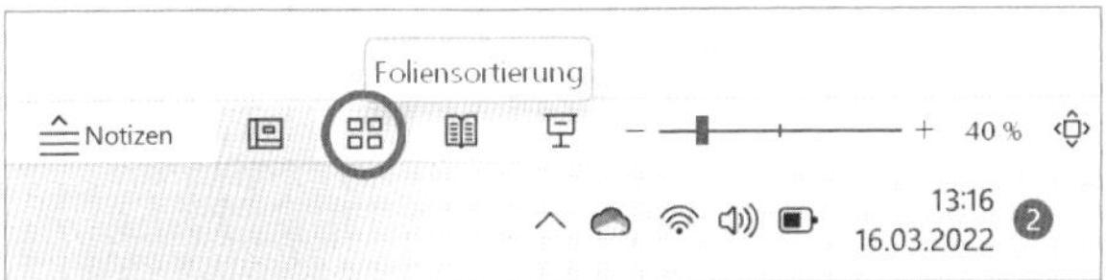

Klicken Sie auf das Symbol, und Sie erhalten eine Übersicht aller Ihrer Folien. Hier wird beispielhaft eine Übersicht über eine physikalische Präsentation dargestellt.

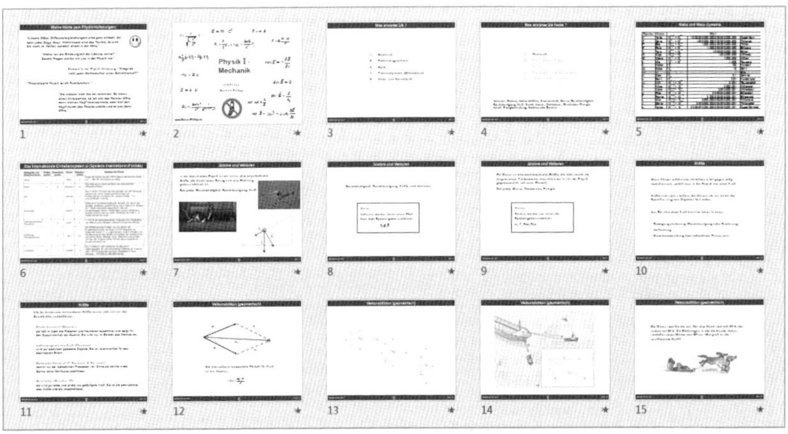

In dieser Ansicht können Sie die Reihenfolge der Folien jederzeit verändern. Sie brauchen nur die Folie mit der Maus an den gewünschten Platz zu verschieben.

Hier können Sie Folien auch sehr schnell löschen. Klicken Sie einfach in der Foliensortierung auf eine Folie, und drücken Sie die Entf-Taste. Sollten Sie einmal eine Folie oder ein Objekt auf Ihrer Folie versehentlich gelöscht haben, können Sie alles mit *Rückgängig* wieder zurückholen. Alternativ funktioniert auch die Tastenkombination Strg+Z.

Wenn Sie dann mit der Reihenfolge zufrieden sind, gehen Sie zurück zu einer bestimmten Folie, indem Sie diese doppelt anklicken. Alternativ können Sie auch das entsprechende Symbol für die Normalansicht unten in der Statusleiste anklicken.

Animationen

Mit den Animationen können Sie die einzelnen Elemente auf einer Folie einzeln sichtbar machen, sodass Sie die Folie langsam und didaktisch aufbauen können.

Nehmen wir einmal an, Sie möchten in einem Physikvortrag zeigen, wie zwei Vektoren grafisch addiert werden. Vektoren sind mathematische Größen, die eine Richtung und eine Länge haben.

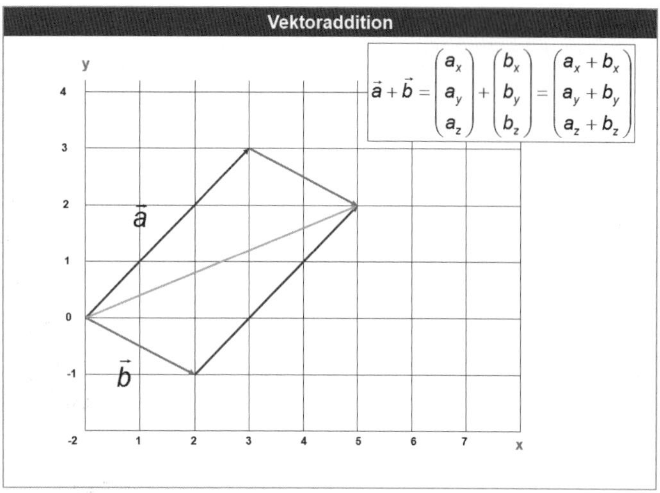

Wenn Ihre Folie so angezeigt wird, ist das für die meisten Teilnehmer, die noch keine Ahnung von Vektoren haben, verwirrend. Wie Sie solche mathematischen Formeln eingeben, haben wir uns im entsprechenden Word-Kapitel schon angeschaut.

Wenn Sie in PowerPoint den Formel-Editor brauchen, wählen Sie *Einfügen* und gehen in der Gruppe *Text* auf das *Objekt*-Symbol.

Wie viel didaktischer wäre es, wenn die einzelnen Elemente erst dann auf der Folie erschienen, wenn Sie mit ein paar Zwischenerläuterungen fertig sind?

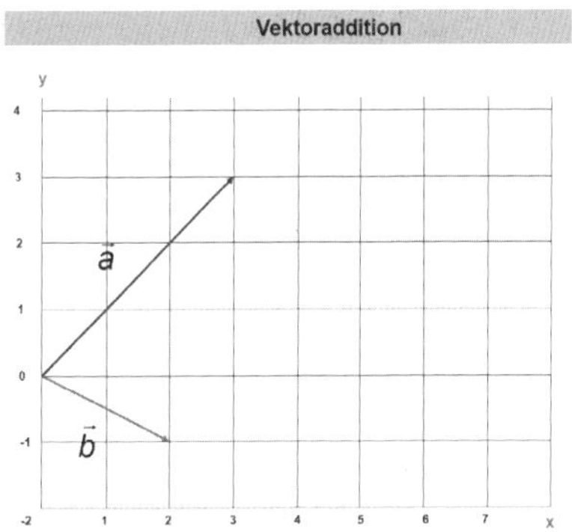

1

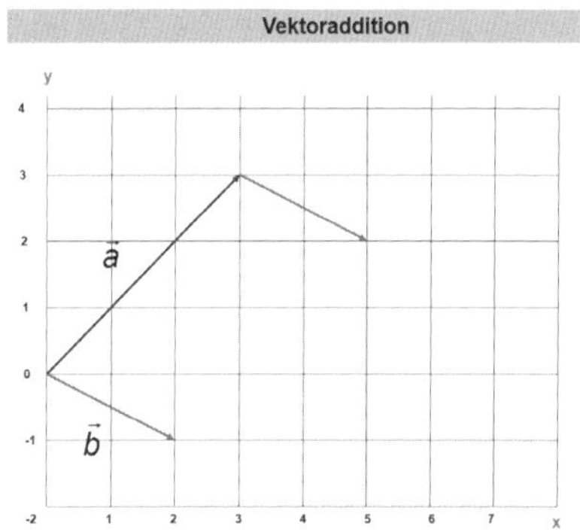

2

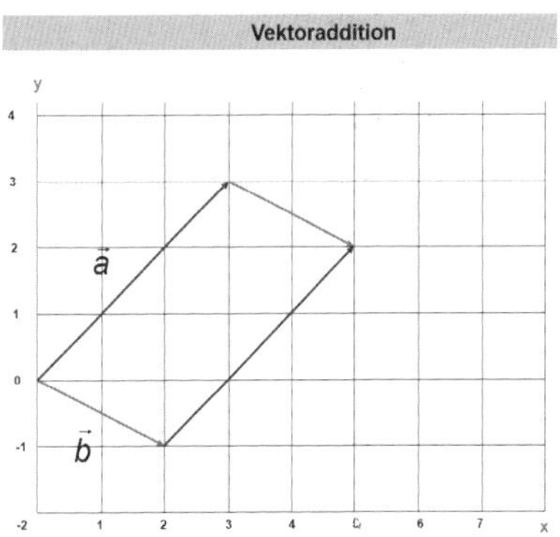

3

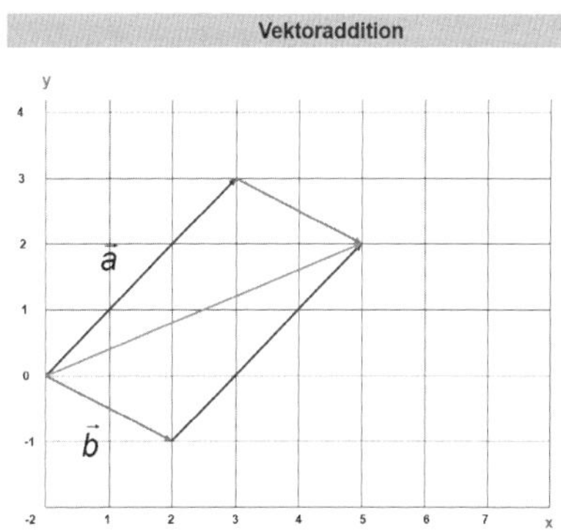

4

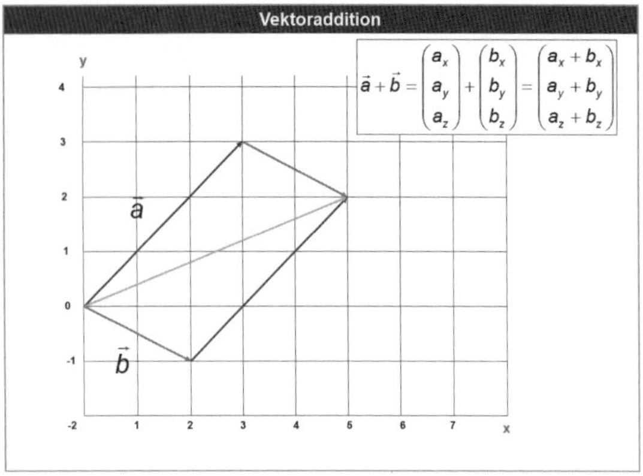

5

Für so etwas brauchen Sie keine fünf Folien, sondern Sie können die einzelnen Elemente auf einer Folie nacheinander einblenden lassen.

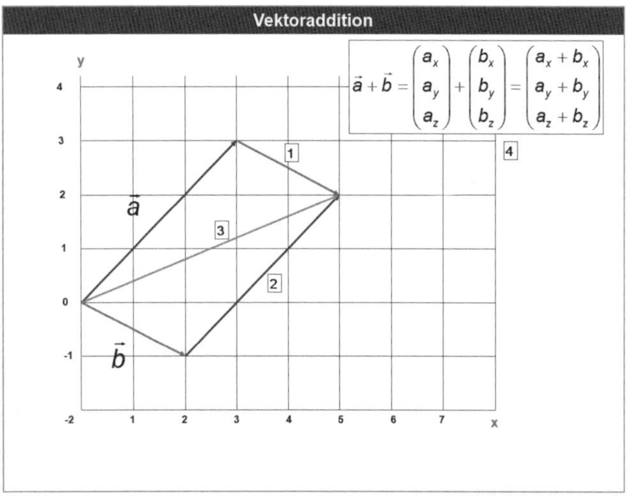

Die Zahlen geben an, in welcher Reihenfolge die Pfeile auf der Folie animiert werden sollen. Um die einzelnen Elemente nun zu animieren, gehen Sie über die Registerkarte *Animationen* in den *Animationsbereich*.

Nun erhalten Sie auf der rechten Seite das Animationsfenster. Hier sollte noch nichts eingetragen sein.

Klicken Sie auf das Objekt Ihrer Folie, das zuerst animiert werden soll, dann klicken Sie auf der Registerkarte *Animation* auf das in der Abbildung markierte Symbol, um einen Katalog mit allen möglichen Animationseffekten aufzurufen.

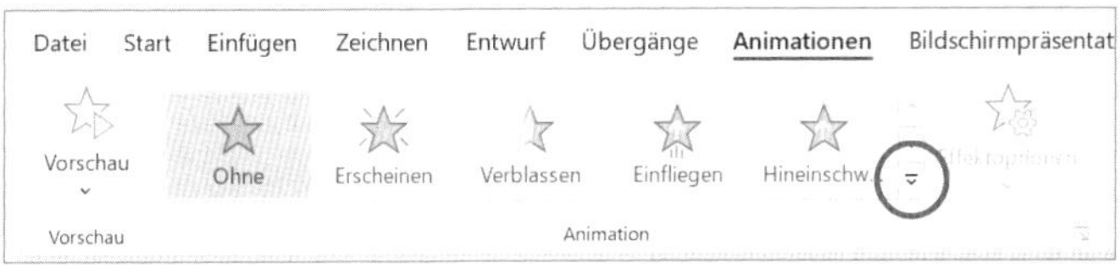

Der Pfeil, den wir vorhin mit der Nummer 1 bezeichnet haben, soll von links oben nach rechts unten eingeblendet werden. Diesen Effekt nennt PowerPoint *Wischen*.

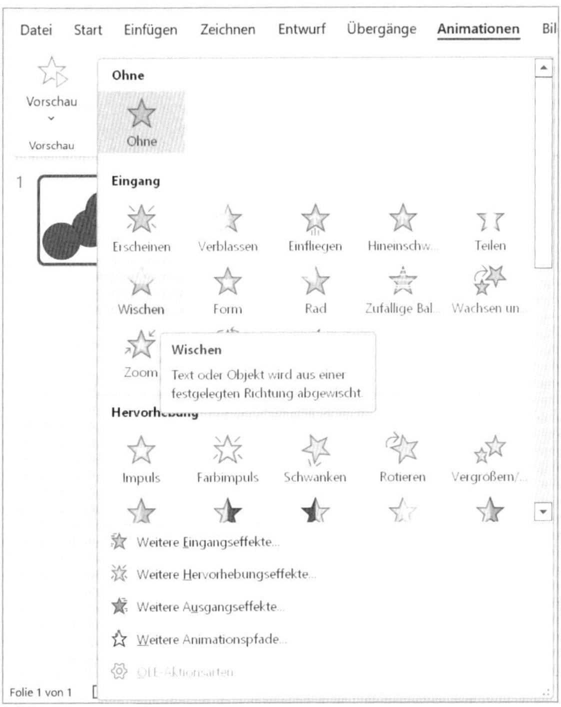

Klicken Sie also auf *Wischen*. Wenn Sie nun im Animationsbereich das Element markieren und auf *Wiedergeben ab* klicken, sehen Sie, dass der Pfeil nicht so hereinfliegt, wie wir es wollten.

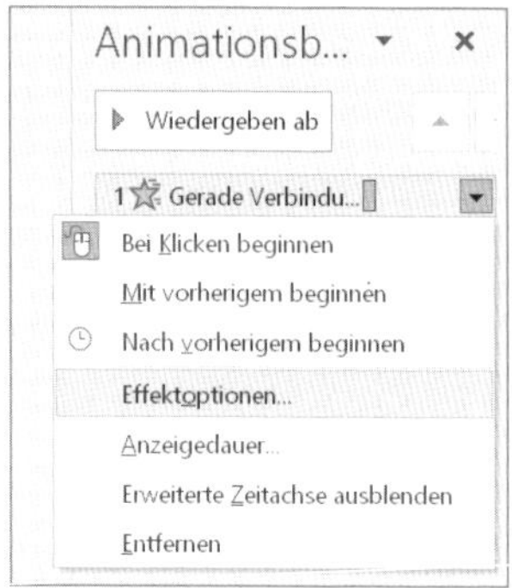

Es nützt also nichts, die Objekte nur zu animieren, man muss auch noch sagen, aus welcher Richtung sie animiert werden sollen. Das können Sie tun, indem Sie neben dem Objekt das Dreieck anklicken, um das Listenfeld zu öffnen.

Hier wählen Sie die *Effektoptionen* und erhalten ein weiteres Fenster.

In diesem Fenster öffnen Sie auf der Registerkarte *Effekt* bei *Richtung* das Drop-down-Menü und wählen *Von links*. Auf der Registerkarte *Anzeigedauer* können Sie, wenn gewünscht, noch die Dauer der Animation bestimmen. Hier legen Sie also fest, ob der Pfeil langsam oder schnell von links oben nach rechts unten fliegen soll.

Genau so legen Sie die Animation für Pfeil Nummer 2 an. Hier sollten Sie die Animation *Von unten* nehmen. Als Nächstes animieren Sie Pfeil Nummer 3 mit der Richtung *Von unten*. Als Effekt wählen Sie immer *Wischen*. Zum Schluss lassen Sie die Formel einblenden. Welchen Effekt Sie dafür wählen und welche Richtung Sie nehmen, überlasse ich Ihnen. Spielen Sie einfach einmal mit einigen dieser Effekte, um sie kennenzulernen.

Ihre animierten Objekte haben nun Nummern bekommen, die die Reihenfolge der Animation angeben. Möchten Sie nachträglich die Reihenfolge verändern, markieren Sie das Objekt und verschieben es durch Klick auf die schwarzen Dreiecke.

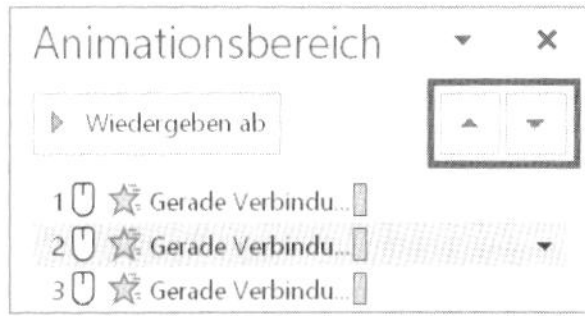

Wie alles in der Präsentation wirkt, können Sie durch Klick auf das Projektionssymbol in der Taskleiste sehen.

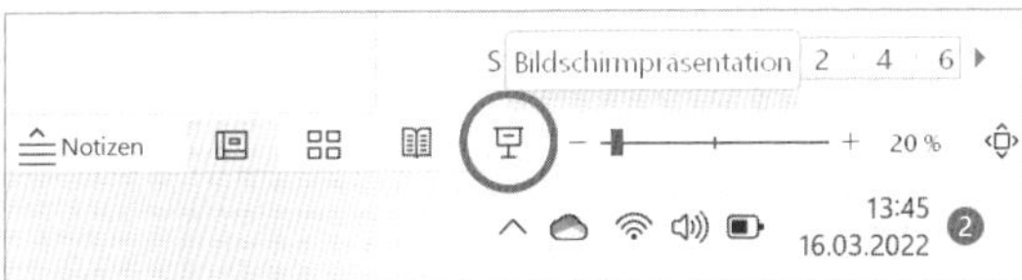

Erst bei einem Klick wird einer der Vektorpfeile animiert, d. h., Sie haben genügend Zeit für Erklärungen. PowerPoint wartet mit der nächsten Animation, bis Sie wieder klicken.

Das ist aber nicht immer erwünscht. Vielleicht möchten Sie den Vektorpfeil und gleichzeitig, also ohne zusätzlichen Klick, auch die Bezeichnung für den Vektor animieren. Kein Problem! Animieren Sie beide zunächst so, wie es gerade besprochen wurde. Dann klicken Sie auf die Animation für das Textfeld *a*.

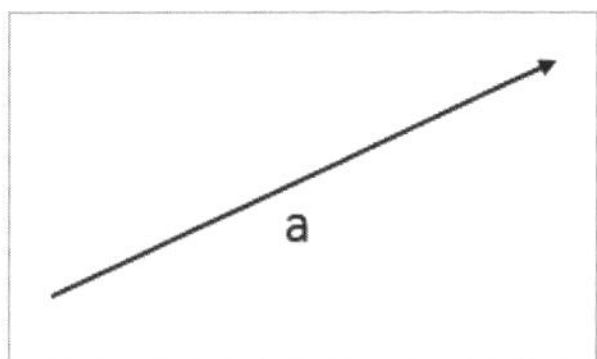

Wählen Sie wieder die *Effektoptionen* und dann auf der Registerkarte *Anzeigedauer* im Menü *Start* die Option *Mit Vorheriger* oder *Nach Vorheriger*.

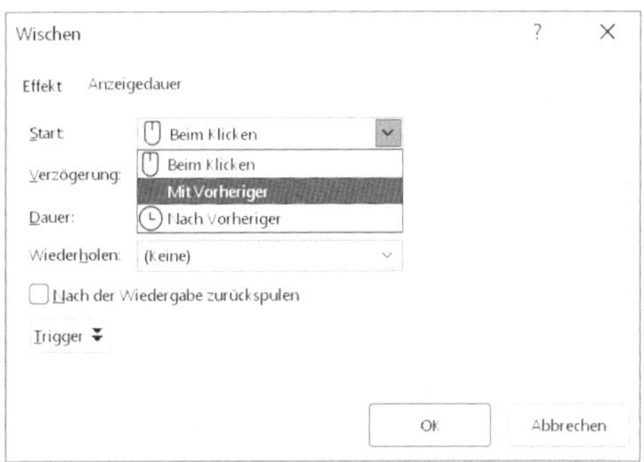

Mit Vorheriger heißt, das Textfeld mit dem Buchstaben *a* wird gleichzeitig mit dem Pfeil eingeblendet. *Nach Vorheriger* bedeutet, *a* wird nach dem Pfeil eingeblendet. Wie lange danach, legen Sie bei *Dauer* fest. In jedem Fall wird das Textfeld mit dem Buchstaben *a* automatisch, also ohne weiteren Klick, eingeblendet.

Natürlich hätten Sie in diesem Fall auch die beiden Objekte vorher gruppieren, also zu einer Gruppe zusammenfassen können. Dann hätte sich die Animation auf die gesamte Gruppe ausgewirkt, denn Sie können natürlich auch Gruppen animieren. Welche dieser beiden Varianten Sie bevorzugen, müssen allein Sie entscheiden.

Auch Textfelder können Sie sehr didaktisch animieren. Zum Beispiel lässt sich unsere Seminargliederung schön in einzelnen Schritten aufbauen.

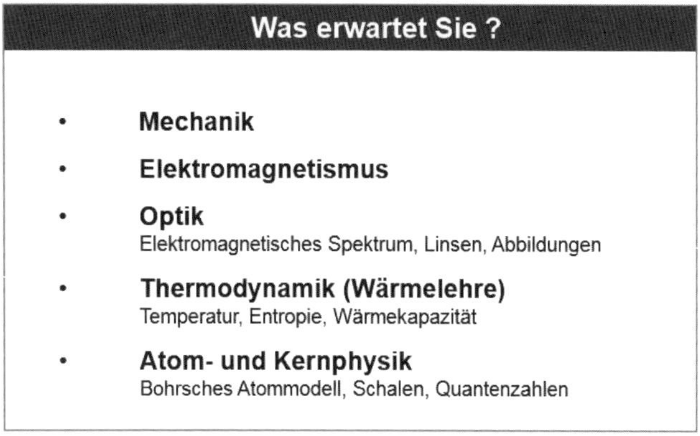

1 Klicken Sie das Textfeld an.

2 Wählen Sie dann eine entsprechende Animation aus. Eine schöne und nicht zu aufdringliche Animation ist zum Beispiel das *Verblassen*.

3 Im Animationsbereich wählen Sie wieder *Effektoptionen*.

4 Auf der Registerkarte *Textanimation* wählen Sie bei *Text gruppieren* im Listenfeld *Bei 1. Abschnittsebene*. Das heißt, bei jedem Klick wird eine Hauptebene eingeblendet.

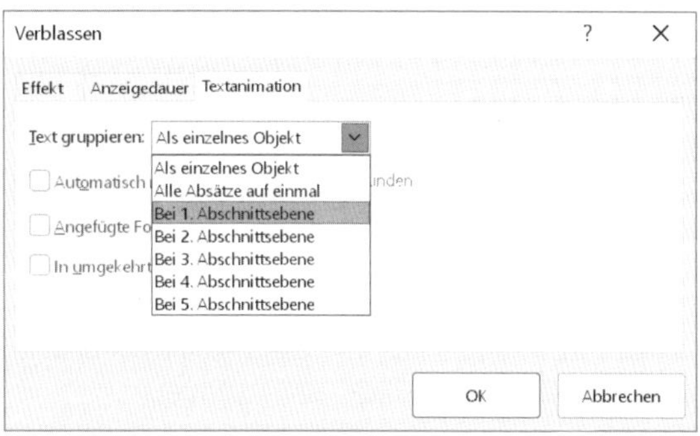

Sie können alles animieren, was Sie auf eine Folie integrieren können, also auch Bilder.

Leider lassen sich die verschiedenen Animationen im Druck nicht darstellen, deshalb müssen Sie nun einfach einiges ausprobieren.

Die Kugel und die schiefe Ebene – der Animationspfad

Auch wenn Sie mit der Physik vielleicht auf dem Kriegsfuß stehen und schon in der Schule mit diesem Fach Probleme hatten, sollten Sie sich diesen Abschnitt antun.

Ich möchte Ihnen hier nämlich an einem einfachen Beispiel einen sehr eindrucksvollen Effekt zeigen, den Sie, mit etwas Kreativität, sicher auch für eines Ihrer Probleme nutzen können.

Eine Kugel soll eine schiefe Ebene herabrollen.

1 Machen wir zunächst einmal eine Kugel. Dazu zeichnen Sie zuerst einen ganz normalen Kreis mit *Einfügen/Formen*.

Sie wissen, wenn Sie beim Zeichnen die ⇧-Taste gedrückt halten, wird es ein ganz exakter Kreis.

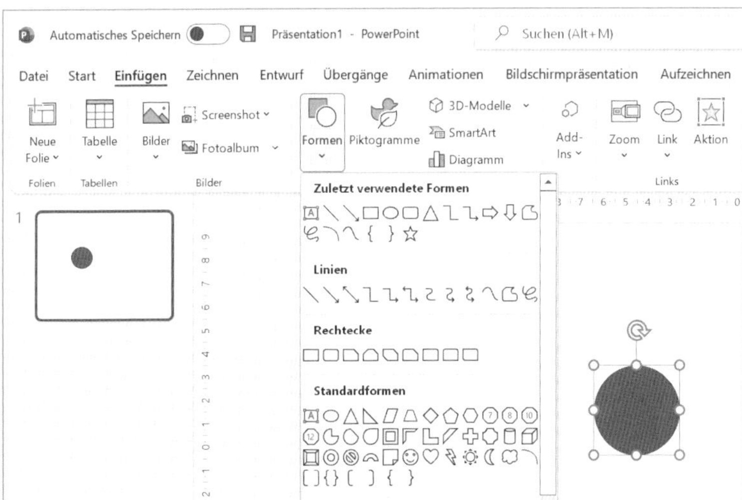

2 Nun öffnen Sie auf der Registerkarte *Formformat* die *Formeffekte*. Darin wählen Sie *Abschrägung* und dann *3D-Optionen*.

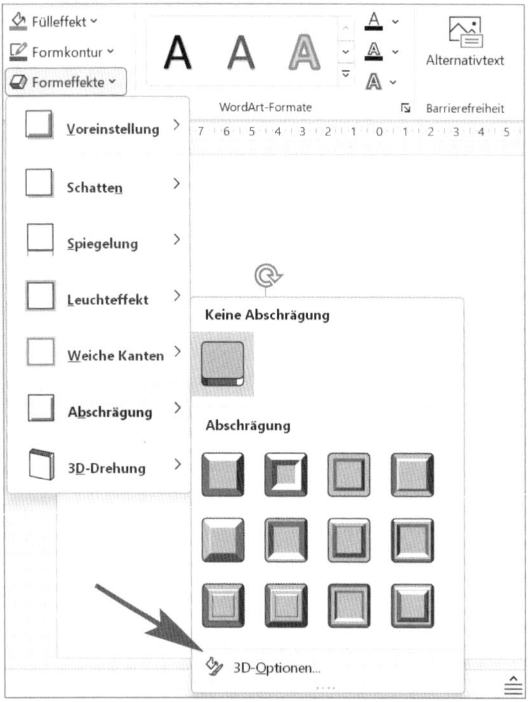

3 Nun verändern Sie, wie die Abbildung zeigt, die *Abschrägung oben* und die *Abschrägung unten*. Die Werte hängen von der Größe Ihres Kreises ab. Lassen Sie die Werte der *Abschrägung oben* einfach nach oben laufen, bis der Kreis zu einer Kugel geworden ist. Nehmen Sie dann die gleichen Werte für die *Abschrägung unten*. So bekommen Sie eine perfekte Kugel.

4 Zeichnen Sie nun über *Einfügen/Formen* ein Dreieck für die schiefe Ebene, und platzieren Sie Ihre Kugel obendrauf.

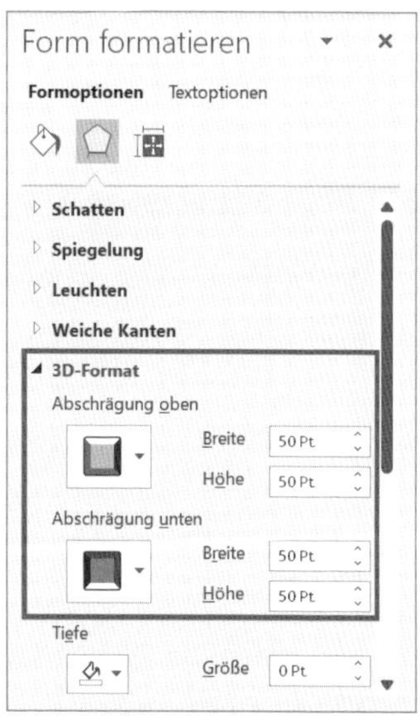

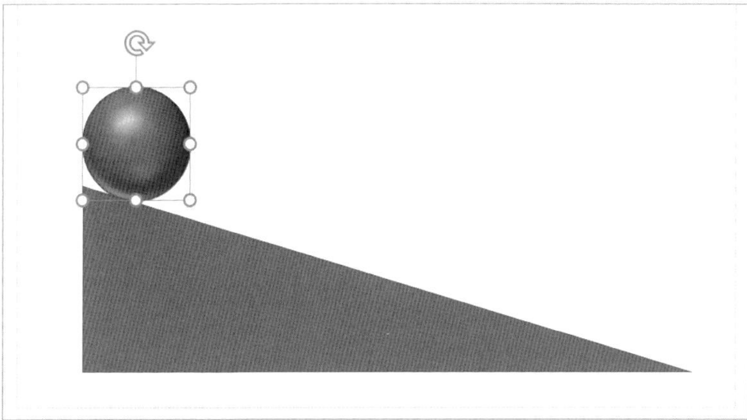

5 Nun fügen Sie einen Animationspfad ein. Dazu markieren Sie die Kugel, wählen auf der Registerkarte *Animationen* das Symbol *Animation hinzufügen* und gehen im Katalog ganz nach unten zu *Animationspfade*. Hier wählen Sie *Linien*.

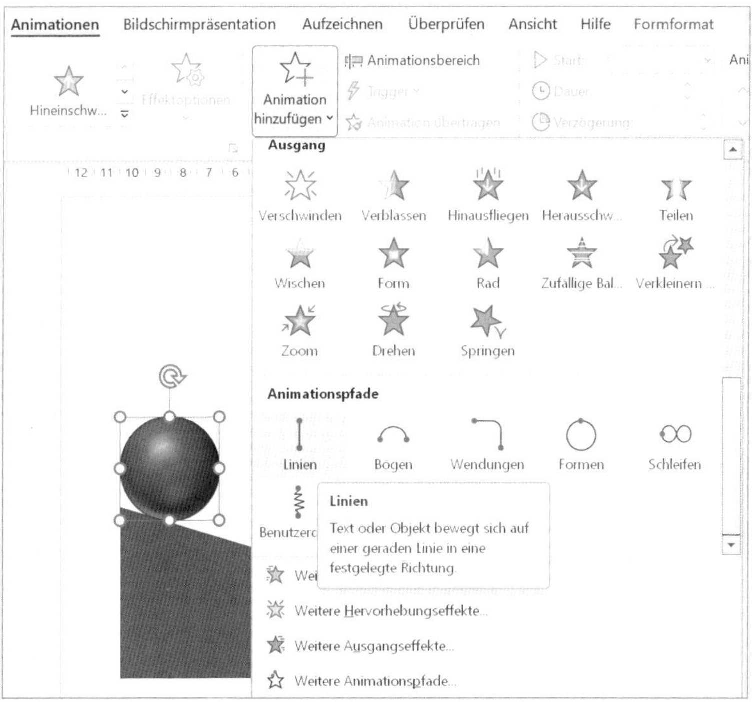

6 Ihre Kugel hat nun eine Linie nach unten bekommen. Das ist die Standardrichtung für Linienanimationspfade.

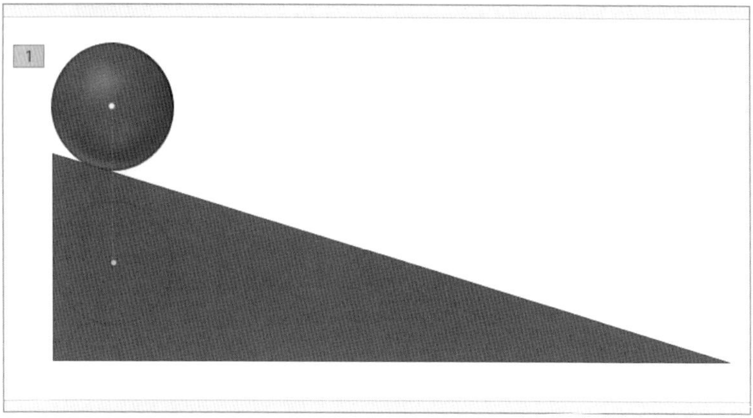

7 Ziehen Sie den kleinen roten Kreis mit der Maus dorthin, wo die Kugel hinrollen soll. In unserem Beispiel also ans Ende der schiefen Ebene. Dort wird nun eine virtuelle Kugel platziert.

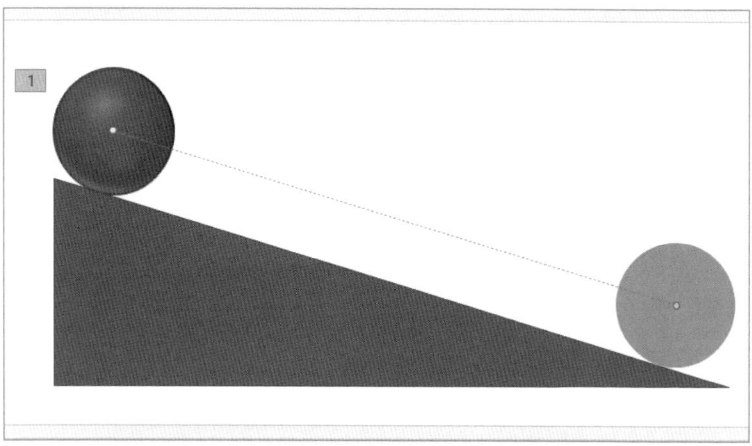

8 Das war's! Wenn Sie nun im Animationsbereich auf *Wiedergeben ab* oder in der Taskleiste auf den kleinen Projektionsschirm zum Starten der Präsentation klicken, rollt Ihre Kugel die schiefe Ebene hinab.

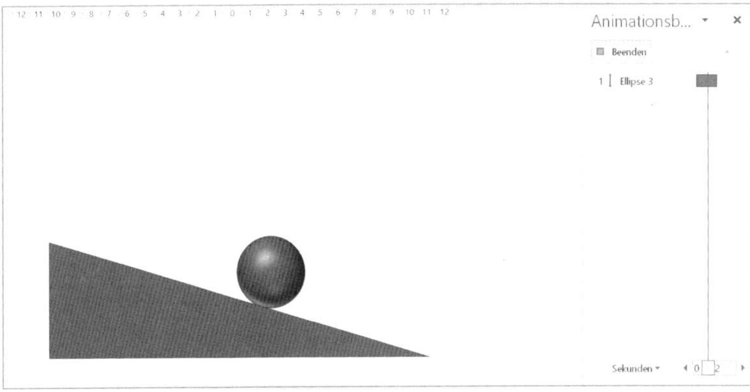

9 Im *Animationsbereich* bei *Effektoptionen* können Sie auf der Registerkarte *Anzeigedauer* noch bestimmen, wie schnell Ihre Kugel rollen soll.

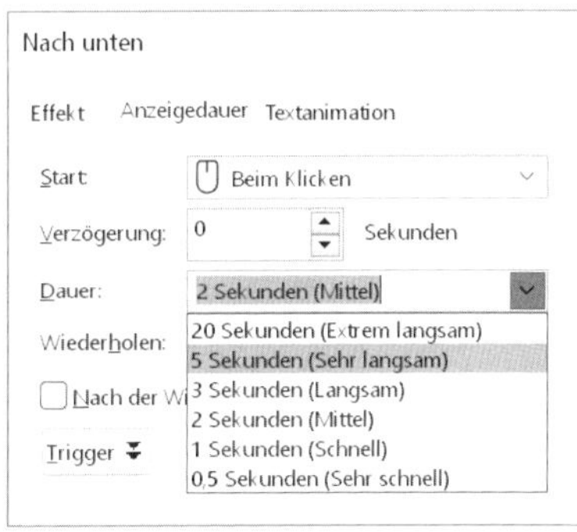

Wenn Sie einen anderen Animationspfad als Linien wählen, können Sie Ihre Kugel fast beliebige Wege rollen lassen. Probieren Sie es einfach aus.

Folienübergänge

Animationen gelten für die Objekte auf einer Folie. Ein Folienübergang ist die Animation, mit der von einer Folie zur nächsten gewechselt wird. Hier legen Sie fest, wie eine Folie die vorherige ablöst oder von der Bildfläche verschwindet. Die beste Möglichkeit, solche Übergänge für die einzelnen Folien festzulegen, schafft die Übersicht in der Foliensortierung.

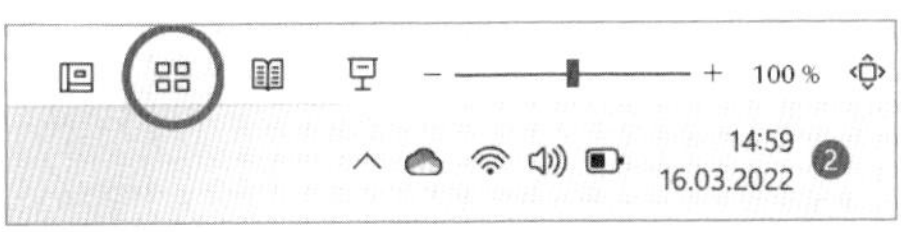

Hier sehen Sie nämlich jetzt alle Folien Ihrer Präsentation, können diese markieren und mit einem Übergang versehen.

Wählen Sie in der Foliensortierung auf der Registerkarte *Übergänge* einen Übergang oder durch Klick auf das Dreieck weitere Übergänge. Nun müssen Sie nur noch entscheiden, welchen Übergang Sie für welche Folie nehmen.

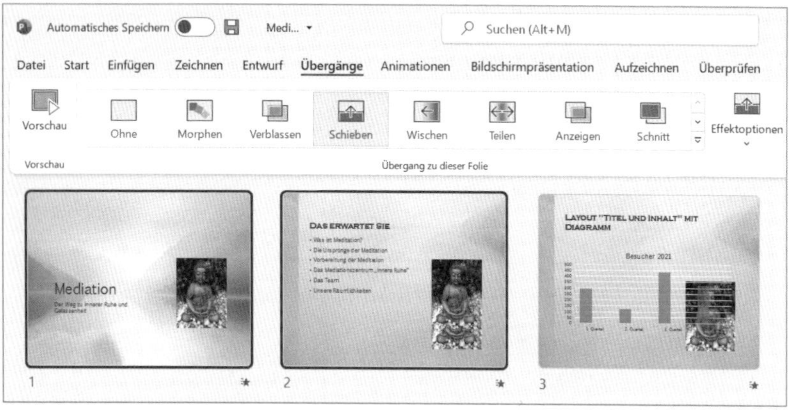

Aber auch hier sollten Sie daran denken, dass Übergänge etwa für eine wissenschaftliche Präsentation an der Uni etwas dezenter ausfallen müssen als für die Präsentation des letzten Musikevents in der Disco.

Unter der Schaltfläche *Effektoptionen* legen Sie fest, in welcher Richtung die Folie eingeblendet wird. Hier müssen Sie wieder selbst etwas forschen und entscheiden, was für Ihre Folien am besten wirkt.

5.12 Hilfsmittel für eine erfolgreiche Präsentation

Um eine PowerPoint-Präsentation vor einem größeren Publikum vorzuführen, bedarf es zusätzlicher Geräte. Dass ein Beamer unerlässlich ist, ist sicher kein großes Geheimnis. Wenn Sie ein Notebook an einen Beamer anschließen, können Sie zum Beispiel Ihre Folien über den Beamer dem Publikum vorführen, während Sie gleichzeitig auf dem Notebook die Notizenseite Ihrer Folien im Auge behalten können. Wie das im Einzelnen geht, möchte ich Ihnen in diesem Abschnitt zeigen.

Doch wie blättern Sie von einer Folie zur nächsten? Mit der Maus natürlich. Damit kleben Sie aber immer an Ihrem Notebook. Eine Präsentation wirkt jedoch viel persönlicher, wenn Sie in der Nähe des Publikums sind und nicht in der Nähe des Computers. Sie brauchen also ein Gerät, mit dem Sie wie mit einer Maus zwischen den Folien blättern können.

Was sind Presenter?

Stellen Sie sich vor, Ihr Notebook muss projektionsbedingt an einem Ende des Raums sein, während Sie am anderen Ende vortragen. Wie blättern Sie zur nächsten Folie?

Eine Funkmaus ist hier nicht geeignet, denn Mäuse brauchen eine Unterlage. Und einem guten Freund oder einem Mitarbeiter ständig »Bitte die nächste Folie!« zuzurufen, wirkt unprofessionell.

Für solche Zwecke gibt es sogenannte Presenter, mit denen Sie zwischen den Folien wechseln können. Unter anderem die Firmen Logitech, Kensington und Keyspan haben entsprechende Geräte herausgebracht. Mit einem solchen Gerät können Sie bis zu 30 Meter von Ihrem Notebook entfernt sein und trotzdem auf Knopfdruck zur nächsten Folie oder auch zurückblättern.

Das Gerät besitzt eine USB-Empfangsstation, die Sie einfach in eine USB-Schnittstelle an Ihrem Computer stecken. Sie benötigen keine Installationssoftware.

Mit dem Sender in der Hand können Sie sich dann frei im Raum bewegen. Durch einen integrierten Laserpointer können Sie von jeder beliebigen Stelle des Vorführraums auf einen wichtigen Bereich Ihrer Präsentation zeigen.

Diese Presenter funktionieren übrigens nicht nur bei PowerPoint-Dateien, sondern auch bei PDF-Dateien.

Mit dem Beamer arbeiten

An dieser Stelle sollen Beamer weder erläutert oder getestet noch Minimalanforderungen besprochen werden, sondern es geht in diesem Abschnitt ausschließlich um den Einsatz eines Beamers während der Präsentation.

Das Wichtigste, das Sie bei der Arbeit mit einem fremden Beamer beachten sollten, ist, dass Sie den fremden Beamer vor der eigentlichen Präsentation mit Ihrem Notebook zusammen testen.

Es wäre nicht das erste Mal, dass auf Ihrem Notebook alles funktioniert, der Beamer nach dem Anschließen an das Notebook diesen aber nicht findet. Das kostet Nerven, selbst wenn Sie einen guten Geist neben sich haben, der versucht, den Fehler zu finden. Letztlich sind Sie es, der dem Publikum erklären muss, warum Sie noch nicht anfangen können.

Ein Beamer wird in PowerPoint behandelt wie ein zweiter Bildschirm. Wenn Sie keinen Beamer haben, können Sie auch einen zweiten Bildschirm an Ihren Computer anschließen. Dieser muss jedoch über zwei Bildschirmeingänge verfügen. Moderne Grafikkarten können einen zweiten Bildschirm steuern, haben also zwei Bildschirmeingänge. Dieser andere Bildschirmeingang kann dann eine HDMI-Schnittstelle sein.

Moderne und kleine Notebooks haben in der Regel nur eine HDMI-Schnittstelle und keinen VGA-Anschluss mehr. Das kann manchmal sehr ärgerlich sein, wenn ältere Beamer nur mit einem VGA-Anschluss arbeiten. Auch habe ich es in der Praxis schon häufig erlebt, dass Notebook und Beamer zwar über eine HDMI-Schnittstelle verfügen, die Geräte aber trotzdem keine Verbindung herstellen können.

Deshalb an dieser Stelle ein kleiner Tipp eines leidgeprüften Vortragsreisenden: Nehmen Sie auf alle Fälle Ihre gesamte Präsentation als PowerPoint-Datei und als PDF-Datei auf einem USB-Stick mit. Schlimmstenfalls können Sie sich dann vor Ort ein Notebook besorgen lassen. Und selbst wenn auf diesem Notebook keine PowerPoint-Version vorhanden ist, können Sie zumindest Ihre PDF-Datei benutzen. Das ist allemal besser, als gar nichts zeigen zu können.

Aber hier gehen wir einmal davon aus, dass Sie Ihr Notebook für die Präsentation benutzen. Schließen Sie also den Beamer an das Notebook. Windows erkennt den Beamer in der Regel automatisch. Wenn Sie auf Nummer sicher gehen wollen, starten Sie zuerst den Beamer und fahren anschließend das Notebook hoch.

1 Als Nächstes starten Sie Ihre Präsentation in PowerPoint. Gehen Sie auf die Registerkarte *Bildschirmpräsentation*, und wählen Sie dort die Schaltfläche *Bildschirmpräsentation einrichten.*

   Sie sehen rechts unten die Gruppe *Mehrere Monitore*. Hier klicken Sie im Bereich *Bildschirmpräsentationsmonitor* auf das kleine Dreieck und wählen das Gerät aus, auf dem die Bildschirmpräsentation gezeigt werden soll. Es ist das Gerät, über das die Zuschauer die Präsentation sehen.

2 Vergessen Sie nicht, gegebenenfalls das Häkchen bei *Referentenansicht verwenden* zu setzen.

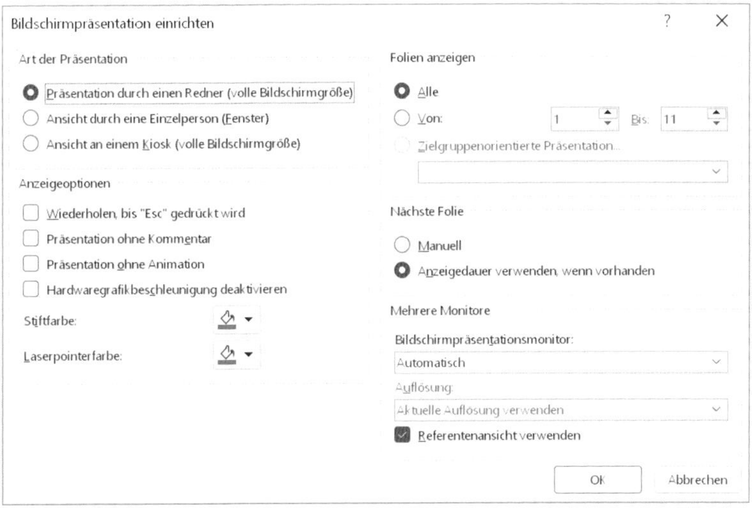

3 Nun starten Sie Ihre Präsentation.

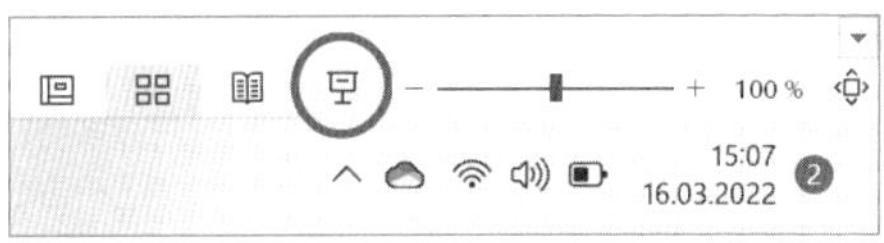

Natürlich funktioniert auch bei einer solchen Konstellation aus Bildschirm und Beamer der Presenter hervorragend.

5.13 Drucken der Präsentation

Um eine Präsentation zu Papier zu bringen – z. B. als Handzettel für Ihr Publikum – wählen Sie im Menüband *Datei* und anschließend *Drucken*.

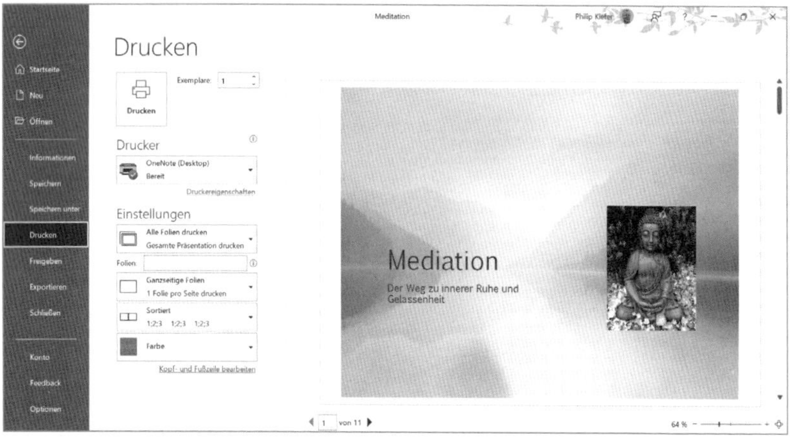

Jetzt erhalten Sie verschiedene Einstellungsmöglichkeiten, die in folgender Tabelle erklärt werden.

Symbol	Bedeutung
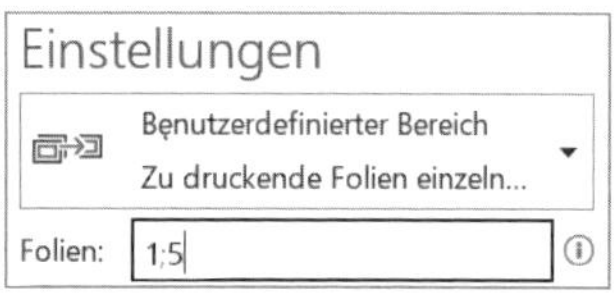	Hier entscheiden Sie, ob Sie alle Folien oder nur einige ausdrucken möchten. Bei *Folien* tragen Sie die Foliennummern ein, die Sie ausdrucken möchten. Diese Nummern müssen mit Semikolons getrennt werden. Beispiel: 1;5;13;17.
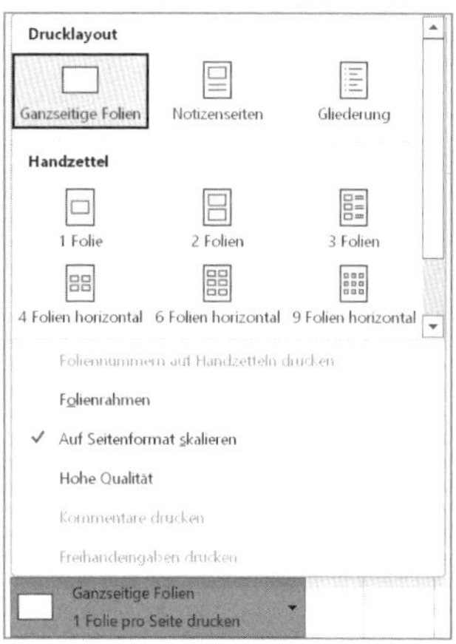	Hier definieren Sie, wie viele Folien Sie auf einer DIN-A4-Seite haben wollen. Sie legen dadurch die Handzettel fest und entscheiden, ob und durch welchen *Folienrahmen* die Folien auf einem DIN-A4-Blatt getrennt werden sollen.

Symbol	Bedeutung
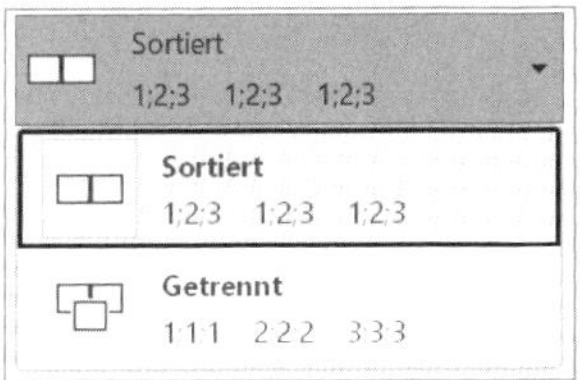	Hier legen Sie fest, in welcher Reihenfolge die einzelnen Folien bei mehreren Exemplaren gedruckt werden sollen. Nehmen wir an, Sie möchten die Präsentation zehnmal ausdrucken. Soll erst zehnmal die erste Seite, dann zehnmal die zweite Seite etc. gedruckt werden, oder sollen alle Folien einmal, dann alle Folien noch einmal etc. gedruckt werden?
	Eine farbige Präsentation auf einem Schwarz-Weiß-Drucker auszudrucken, wirkt nicht besonders schön. Besser ist es, hier *Reines Schwarzweiß* auszuwählen. Das gilt natürlich nur für den Ausdruck, die Präsentation bleibt farbig.
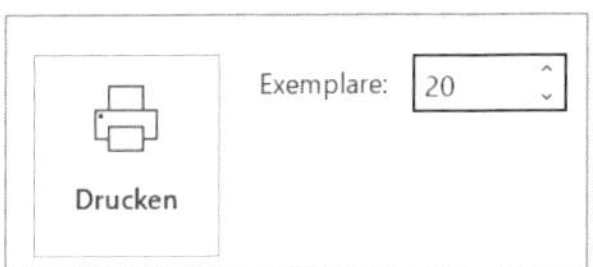	Wenn alle Einstellungen stimmen, führt dieser Klick zum Druck. Hier können Sie übrigens auch noch festlegen, wie viele Exemplare Ihrer Präsentation ausgedruckt werden sollen.

Wenn Sie Ihre Folien mit den Notizen ausdrucken möchten, wählen Sie im *Drucken*-Menü bei den *Einstellungen* den Bereich *Ganzseitige Folie* und klappen das Listenfeld auf. Hier wählen Sie *Notizenseiten*.

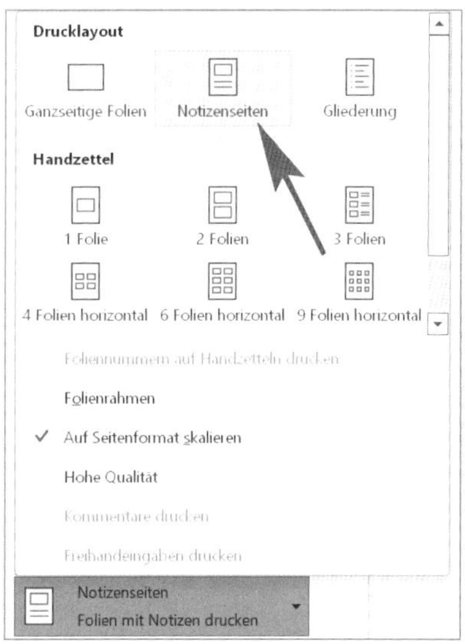

Wenn Sie jetzt drucken, bekommen Sie oben auf dem Papier Ihre verkleinerte Folie und unterhalb die entsprechenden Notizen.

Folien als JPEG-Dateien speichern

Sie können die einzelnen Folien Ihrer Präsentation als Bild im JPEG-Format speichern. Dazu klicken Sie auf den Reiter *Datei* und wählen dann *Speichern unter*.

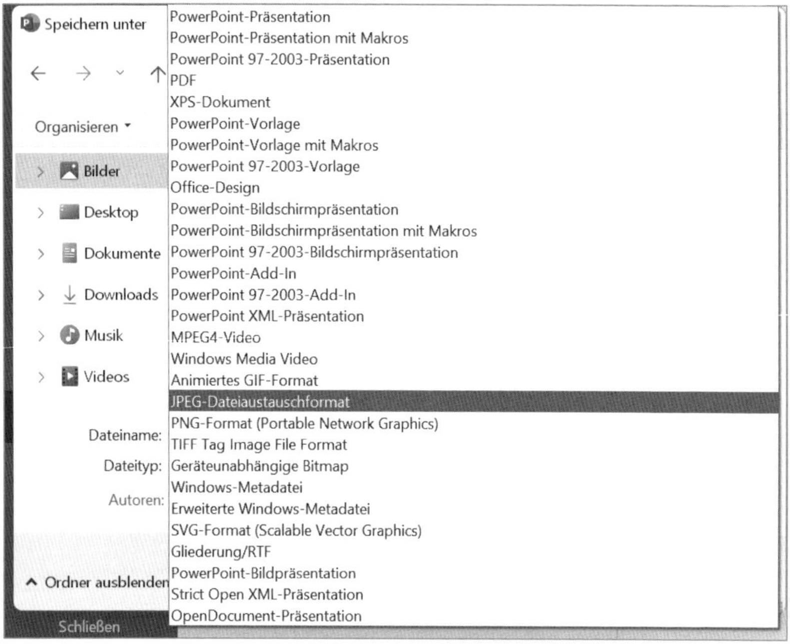

Wenn Sie nun den richtigen Ordner aufgesucht haben, wählen Sie bei *Dateityp* zum Beispiel *JPEG-Dateiaustauschformat*.

Jetzt müssen Sie nur noch entscheiden, ob Sie alle Folien als Bild haben wollen oder nur die, von der aus Sie das *Speichern unter* gestartet haben.

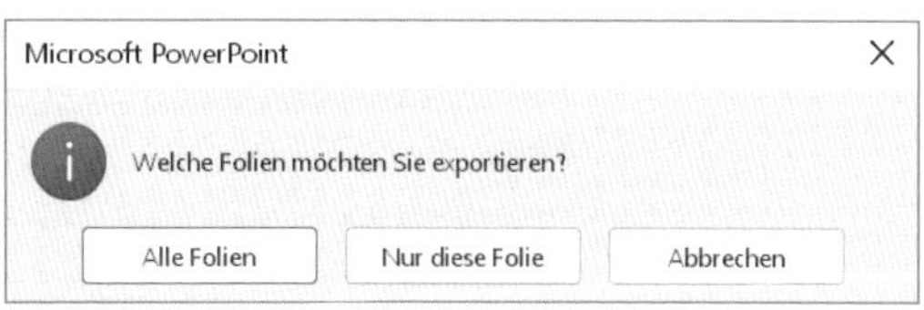

Präsentationen als Videodatei exportieren

Eine Präsentation lässt sich auch als Videodatei exportieren, und zwar in sehr hoher 4K-Auflösung (= Ultra HD). Aber das bringt natürlich nur was, wenn auch die eingefügten Elemente eine entsprechende Auflösung aufweisen.

Um aus einer in PowerPoint 2021 geöffneten Präsentation eine Videodatei zu erstellen, wählen Sie *Datei* und dann *Exportieren*. Klicken Sie auf *Video erstellen* und entscheiden Sie sich per Menü für die gewünschte Auflösung. Achtung: Je höher die Auflösung, desto größer wird die Datei!

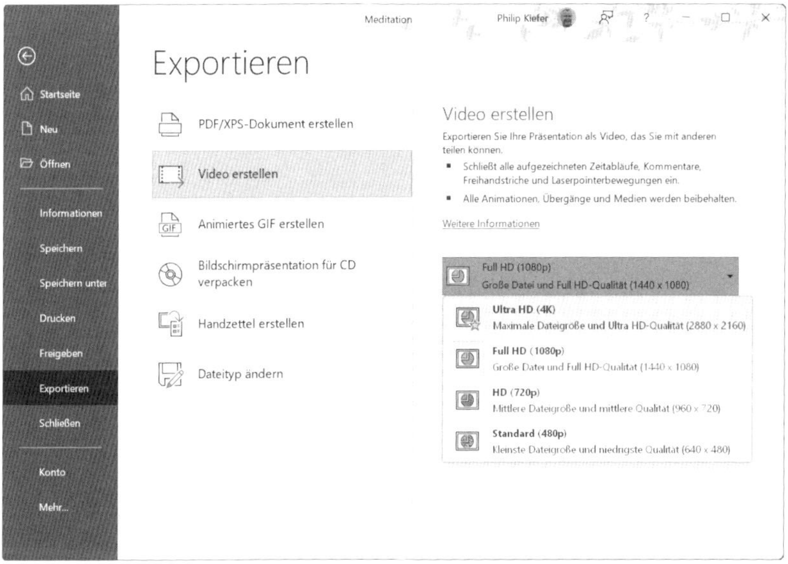

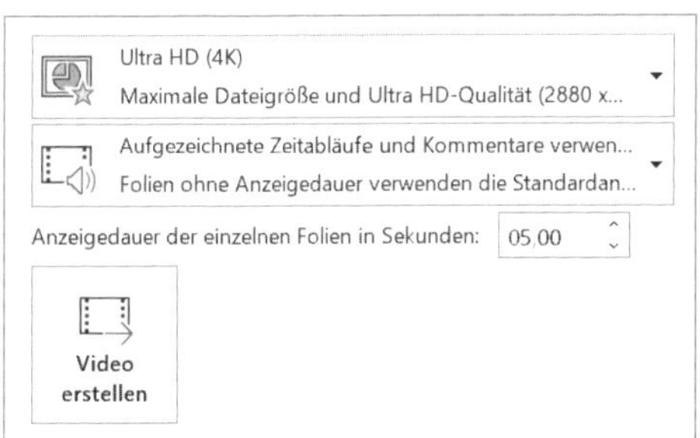

Legen Sie außerdem noch die gewünschte Anzeigedauer der Folien im Video fest. Klicken Sie nun auf die Schaltfläche *Video erstellen*. Anschließend brauchen Sie nur noch den Speicherort für die Videodatei auszuwählen und mit *Speichern* zu bestätigen.

Tipp: Diese Funktion können Sie auch dazu verwenden, um eine ansprechende Diashow mit Ihren Urlaubsfotos zu erstellen.

6 Mit Outlook mailen und organisieren

Outlook ist ein Programm, das unter anderem zum Versenden und Empfangen von E-Mails über einen kommerziellen E-Mail-Versender wie Gmail, GMX, T-Online oder andere zum Einsatz kommt. Sie brauchen im privaten Bereich für das Versenden von E-Mails also nicht nur Outlook, sondern auch einen sogenannten Provider. Der Provider verschickt die E-Mails und empfängt sie auch, während Ihr Computer ausgeschaltet ist. Outlook holt eigentlich nur die E-Mails bei Ihrem Provider ab und liefert Ihre E-Mails zum Verschicken an ihn.

Heute gibt es eine Vielzahl von Unternehmen, die Ihnen kostenlos eine E-Mail-Adresse anbieten. Das Postfach, das Ihnen dabei zur Verfügung gestellt wird, kann unterschiedlich groß sein. Stellen Sie sich das wie ein normales Postfach vor: Wenn Sie bezahlen, bekommen Sie auch ein größeres Postfach. Vielleicht werden Sie jetzt sagen, die Größe des Postfachs sei für Sie nicht so ausschlaggebend, da Sie nie mehr als zehn oder 20 E-Mails pro Tag erhalten.

Eine durchschnittliche E-Mail ohne Anhang ist etwa 10 bis 50 KB groß, d. h., ein Postfach mit 1 GB Speicherplatz verträgt also rund 20.000 bis 100.000 E-Mails. Ich höre Sie förmlich lachen, denn bei 20.000 E-Mails könnten Sie über fünf Jahre lang jeden Tag zehn E-Mails empfangen und gespeichert lassen.

Aber diese Rechnung ist Theorie, denn sobald Sie ein Bild oder einen anderen Dateianhang per E-Mail zugeschickt bekommen, wird die Größe des Postfachs wichtig, weil eine E-Mail durch Anhänge schnell ziemlich groß wird. Stellen Sie sich einmal vor, Sie bekommen von Ihrem Sohn oder Ihrer Tochter fünf Bilder des Enkelkinds oder Sie möchten den neuen Großeltern Bilder schicken, und das Postfach ist zu klein. Wenn dann die Postfachgröße einmal überschritten ist, können keine weiteren E-Mails mehr im Postfach gespeichert werden, und Sie können mit Outlook keine mehr abholen. Also erkundigen Sie sich bei Ihrem Provider nach der Größe des Postfachs.

Im privaten Bereich ist Outlook ein Programm, das mit Ihrem Postfach beim Provider kommuniziert. Damit das klappt, müssen Sie Outlook mitteilen, wie diese Kommunikation erfolgen soll. Es ist eigentlich wie bei einem richtigen Postfach: Sie müssen die Adresse des Postfachs kennen, Sie brauchen den Schlüssel, mit dem Sie Ihr Postfach öffnen können, und Sie müssen wissen, wohin Sie Briefe (E-Mails) legen, damit diese abgeschickt werden können.

Aber Outlook ist nicht nur ein E-Mail-Programm, sondern auch ein sehr guter Terminkalender, der Sie nicht nur an Ihre Termine erinnert, sondern auch an Geburts- oder andere wichtige Tage – und das sehr zuverlässig. Oder müssen Sie bis zu einem bestimmten Termin eine Hausarbeit oder eine Semesterarbeit fertig haben, und dazwischen sind noch zwei Prüfungen zu machen? Sie können auch Ihre Aufgaben in Outlook verwalten und brauchen keine Knoten in irgendwelchen Taschentüchern mehr.

Darüber hinaus haben Sie die Telefonnummer und die Adresse von Tante Hedwig ebenso immer parat wie die Marke der Lieblingsplätzchen Ihres Betreuers an der Uni. Wie das alles geht, erfahren Sie in diesem Abschnitt.

6.1 Erste Schritte

Bevor Sie Outlook auf Ihrem Computer einrichten, müssen wir noch einige wichtige Begriffe klären, die im Laufe des Einrichtungsprozesses auftauchen.

Um Daten zwischen Outlook und dem Provider austauschen zu können, benötigen beide ein sogenanntes Protokoll. In einem Protokoll sind Anweisungen zusammengefasst, damit jeder am Datenaustausch Beteiligte weiß, wie die Daten aufgefasst werden sollen.

Wenn Ihnen zum Beispiel auf der Autobahn das Kennzeichen BI-AB 123 auffällt, wissen Sie sofort, dass die Buchstaben links vom Bindestrich den Code für die Stadt darstellen. In der Codetabelle des Protokolls (Gesetzestext) erfahren Sie, dass BI das Kennzeichen für Bielefeld ist. Bielefeld existiert also doch, zumindest als Kfz-Kennzeichen. Auch für die beiden Buchstaben rechts neben dem Strich gibt es eine gesetzliche Entsprechung (Protokoll).

Protokolle regeln also, wie Daten zu interpretieren sind. Im Computerbereich gibt es Hunderte verschiedener Protokolle. Glücklicherweise müssen Sie diese nicht kennen, sondern nur Ihr Computer. Und es ist klar, dass Ihr Computer die gleiche Sprache (Protokoll) sprechen muss wie der Computer Ihres Providers. Zwei wichtige Protokolle im E-Mail-Verkehr sind POP3 und IMAP.

POP3 und IMAP – was ist das?

Das **P**ost **O**ffice **P**rotocol (POP) ist ein Übertragungsprotokoll zwischen einem E-Mail-Computer und einem E-Mail-Server. Die 3 im Protokollnamen steht für die dritte Version des Protokolls. Der Vorteil dieses Protokolls ist, dass keine ständige Verbindung zwischen dem Clientcomputer, also Ihrem Rechner, und dem Server bestehen muss. Die Verbindung wird aufgebaut, die E-Mails werden abgerufen, und dann wird die Verbindung wieder beendet. Obwohl POP3 in seinem Funktionsumfang sehr beschränkt ist und nur das Auflisten, Abholen und Löschen von E-Mails am E-Mail-Server erlaubt, unterstützen die meisten Provider dieses Protokoll.

Ein weiteres Protokoll, das Ihnen vielleicht als Buchstaben über den Weg laufen könnte, ist das **S**imple **M**ail **T**ransfer **P**rotocol (SMTP). Es ist ähnlich einfach gestrickt wie POP3.

Wenn aber Ihr E-Mail-Programm mehr können soll als Auflisten, Abholen und Löschen von E-Mails, müssen andere Protokolle eingesetzt werden. Eines davon ist IMAP (**I**nternet **M**essage **A**ccess **P**rotocol).

Bei IMAP liegen die E-Mails in einer Ordnerstruktur auf dem Server des Providers. IMAP stellt die E-Mails also so bereit, als würden sie auf einem lokalen Computer liegen. Der große Vorteil dabei ist, dass die E-Mails überall auf der Welt mit mobilen Geräten abgerufen werden können, aber auf dem Server bleiben. Das heißt, wenn Sie die E-Mails mit dem Smartphone im Urlaub abrufen, können Sie sie noch einmal nach dem Urlaub ganz normal auf Ihren PC bringen. Sie sehen daran, wie wichtig es ist, ein genügend großes Postfach beim Provider zu haben.

Und selbst wenn Sie noch einen leistungsschwachen Rechner haben, können Sie Ihre E-Mails abrufen, denn die Arbeit wird mit IMAP nicht auf Ihrem Rechner, sondern auf dem Server Ihres Providers durchgeführt.

Wie gesagt, es interessieren uns hier keine Einzelheiten der verschiedenen Protokolle, Sie sollten sich nur die Begriffe einprägen und wissen, worum es bei Protokollen generell geht.

So richten Sie Outlook als E-Mail-Programm ein

Das Einrichten ist eine wirklich schnelle Sache, besonders wenn Sie bereits mit einer älteren Outlook-Version gearbeitet haben. In diesem Fall wird Outlook nämlich alle Ihre Einstellungen übernehmen. Wenn Sie Outlook aber zum ersten Mal benutzen, startet erst mal ein Assistent, der Ihnen ein leichtes Konfigurieren ermöglicht. Dabei bietet Ihnen Outlook die automatische Konfiguration Ihres Providers an. Das funktioniert in der Regel erstaunlich gut. Wenn Sie aber von Ihrem Provider alle Informationen bekommen haben, können Sie die Einrichtung notfalls auch manuell durchführen.

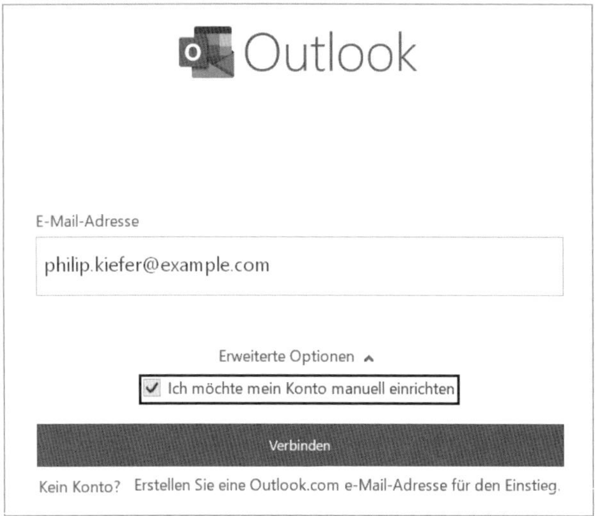

Sollte die automatische Installation nicht funktionieren, schauen Sie bei Ihrem E-Mail-Provider nach. Viele Provider wollen bei der Einrichtung ganz spezifische Angaben, die auf deren Webseiten meist sehr ausführlich erklärt werden. Im Assistenten unter *Erweiterte Optionen* erhalten Sie die Möglichkeit, das E-Mail-Konto manuell einzurichten.

Falls Sie noch nicht über eine E-Mail-Adresse verfügen sollten, können Sie eine Outlook.com-Adresse über den Assistenten einrichten. Dazu klicken Sie auf *Erstellen Sie eine Outlook.com e-Mail-Adresse für den Einstieg.*

So sieht die Oberfläche aus

Nachdem Sie sich mit einem E-Mail-Konto angemeldet haben, wird Ihnen die Oberfläche des Programms Outlook angezeigt, und zwar in der Kategorie *E-Mail.* Auf den ersten Blick erkennen Sie ein im Vergleich mit den anderen Office-Programmen »vereinfachtes Menüband«. Falls Ihnen dieses nicht zusagen sollte, klicken Sie auf das Dreieck rechts im Menüband und wählen die Option *Klassisches Menüband.* Die folgende Darstellung basiert allerdings auf dem vereinfachten Menüband.

Das Hauptfenster von Outlook 2021 ist standardmäßig in drei Bereiche unterteilt. Auf der linken Seite finden Sie den Navigationsbereich. Dort finden Sie den Posteingang mit den aktuellen E-Mails.

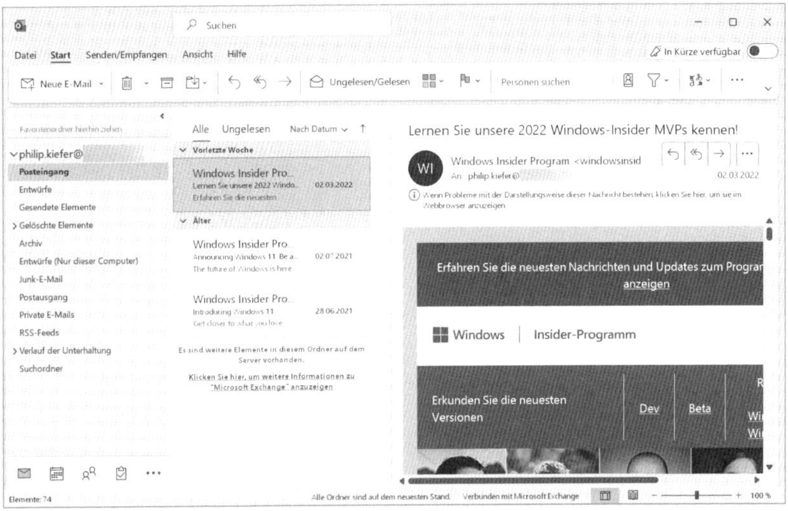

E-Mails, die Sie zwar schon geschrieben, aber noch nicht abgeschickt haben, befinden sich unter *Entwürfe*. Sie sehen hier auch einen Bereich mit allen gesendeten oder gelöschten Objekten. Der Bereich *Gelöschte Elemente* ist besonders interessant, wenn Sie einmal eine E-Mail angeklickt und dann versehentlich auf die Entf-Taste gedrückt haben. Solche E-Mails werden nämlich in den Bereich *Gelöschte Elemente* verschoben und können dort wieder herausgeholt werden. Wichtig ist, dass dieser Bereich nicht automatisch gelöscht wird. Wenn Sie also nie in den Ordner *Gelöschte Elemente* gehen, um dort wirklich mal aufzuräumen, wird da nichts gelöscht. Dadurch kann aber Ihre Datendatei im Laufe vieler Jahre sehr groß werden. Räumen Sie also ab und zu einmal in diesem Papierkorb auf.

In der Mitte des Fensters finden Sie den E-Mail-Bereich. Dort sehen Sie alle Ihre empfangenen und noch nicht gelöschten E-Mails. Wenn Sie hier eine E-Mail anklicken, können Sie im rechten Bereich diese E-Mail lesen. Das ist also der Lesebereich. Das Lesen in diesem Lesebereich ist aber nicht unbedingt komfortabel, deshalb können Sie jede E-Mail durch einen Doppelklick in einem separaten Fenster öffnen.

Wie Outlook Ihr Standard-E-Mail-Programm wird

Unter Windows steht Ihnen auch die E-Mail-App *Mail* zur Verfügung, die gegebenenfalls als Standard-E-Mail-Programm zum Öffnen von E-Mail-Links eingerichtet ist. Outlook als Standard-E-Mail-Programm auch hierfür zu verwenden, ist dann sinnvoll, wenn Sie öfter auf einer Internetseite durch einen dortigen Klick eine E-Mail an den Seitenbetreiber schicken wollen. Dann wird sofort Ihr Outlook geöffnet.

1 Rufen Sie die Suche in den *Einstellungen* auf, z. B. mit der Tastenkombination ⊞+I.

2 Nun suchen Sie nach der Einstellung *Standard-Apps*.

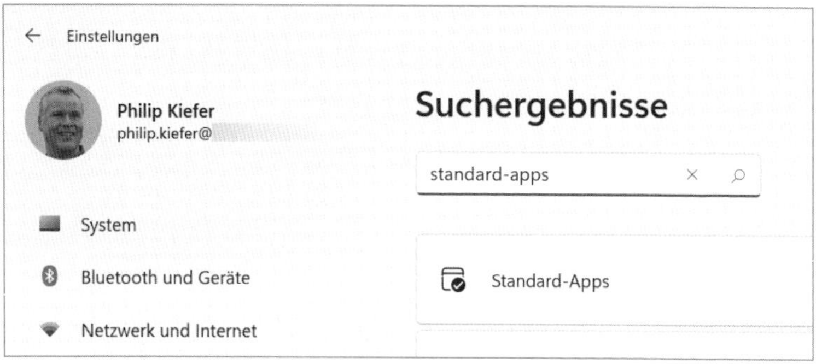

3 Die folgende Vorgehensweise ist bei Windows 10 und Windows 11 unterschiedlich. Unter Windows 10 wählen Sie einfach Outlook als Standardprogramm in der Kategorie *E-Mail* aus. Unter Windows 11 öffnen Sie hingegen den Eintrag *Outlook* und entscheiden nun, dass Sie Outlook auch für die *Mailto*-Funktion nutzen möchten.

E-Mail-Format und Rechtschreibprüfung

Sie können in Ihre E-Mails die tollsten Gestaltungselemente einbauen und sie dann verschicken. Doch leider gibt es auch heute noch – wenn auch sehr wenige – E-Mail-Anbieter, die solche formatierten E-Mails nicht korrekt darstellen können. Dann wäre es sinnvoll, Ihre E-Mails als unformatierten Text zu verschicken.

Es kann unter Umständen sinnvoll sein, diese Einstellung als Standard zu verwenden. Sie können diesen Standard setzen, wenn Sie über den Reiter *Datei* in die *Optionen* gehen und dort auf die Kategorie *E-Mail* klicken. Hier wählen Sie dann *Nur-Text* aus.

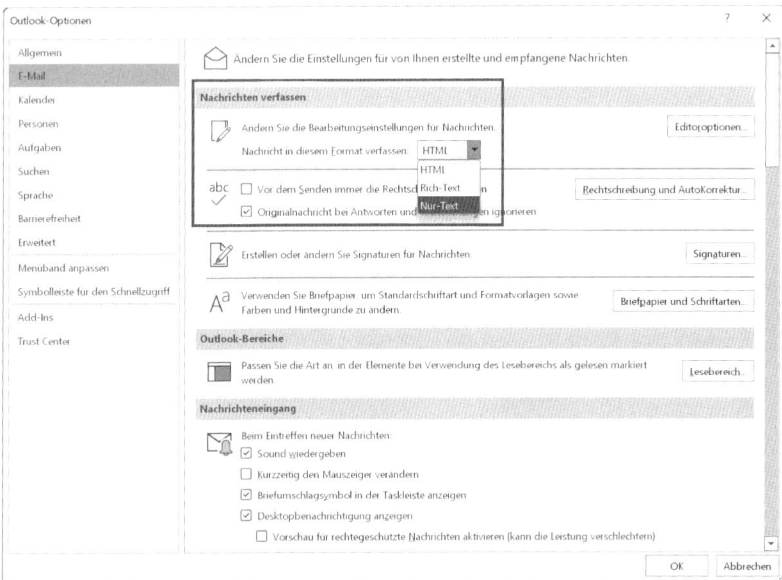

Jetzt brauchen Sie sich aber nicht zu sorgen, dass Sie möglicherweise nie mehr verrückt formatierte E-Mails verschicken können. In jeder E-Mail, die Sie schreiben, können Sie immer wählen, in welchem Format diese verschickt werden soll. Wo Sie für eine bestimmte E-Mail den Standard verändern können, schauen wir uns bei den E-Mails an.

Hier setzen Sie nur den Standard. Wenn Sie aber alle Ihre Empfänger kennen und wissen, dass sie das HTML-Format (also mit allen Formatierungen) lesen können, brauchen Sie Ihren Standard nicht zu ändern.

Im gleichen Bereich können Sie auch festlegen, dass Outlook vor dem Versenden einer E-Mail diese auf Rechtschreibung überprüfen soll. Das Häkchen bei *Vor dem Senden immer die Rechtschreibung prüfen* ist standardmäßig nicht gesetzt, Ihre E-Mail würde also ohne Rechtschreibprüfung verschickt werden. Erst wenn Sie das Häkchen setzen, wird Ihre E-Mail überprüft.

Ordner »Gelöschte Elemente« leeren

Ich sagte bereits, dass Outlook den Ordner *Gelöschte Elemente* nicht automatisch leert, was Ihre Datendatei im Laufe der Zeit ziemlich vergrößern wird. Aber Sie können natürlich den Bereich *Gelöschte Elemente* von Outlook selbstständig leeren lassen – und zwar jedes Mal, wenn Sie Outlook beenden. Das kann aber recht gefährlich werden, denn wenn dieser Ordner gelöscht ist, können Sie nichts mehr zurückholen. Wo können Sie die Einstellung vornehmen, dass Outlook den Ordner *Gelöschte Elemente* selbst leeren soll?

1 Unter dem Reiter *Datei* klicken Sie auf *Optionen*.

2 Hier wählen Sie die Kategorie *Erweitert* und setzen im Abschnitt *Starten und Beenden von Outlook* ein Häkchen bei *Beim Beenden von Outlook die Ordner "Gelöschte Elemente" leeren*.

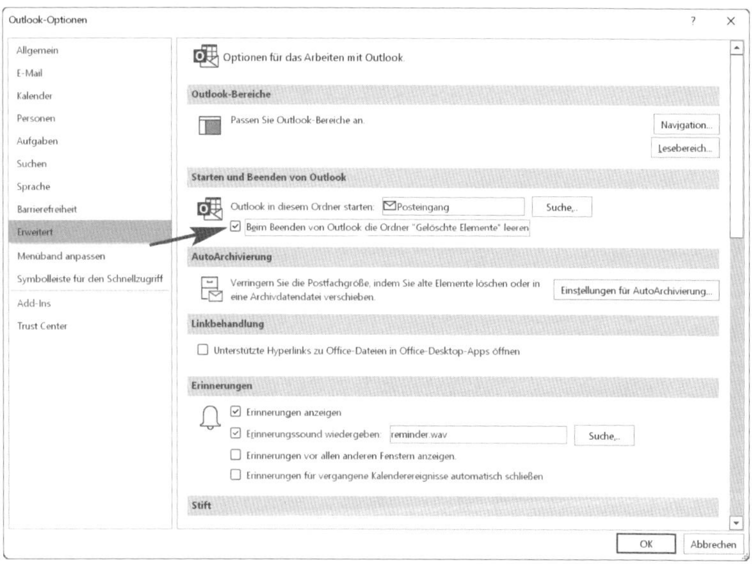

Setzen Sie hier das Häkchen aber nur, wenn Sie absolut sicher sind, was Sie tun, und sich über die eventuellen Konsequenzen im Klaren sind.

6.2 Anlegen von Kontakten

Das Verwalten Ihrer Kontakte ist ein weiterer wichtiger Teil von Outlook, denn es ermöglicht den schnellen und zuverlässigen Zugriff auf E-Mail-Adressen von Freunden, Bekannten und Kollegen. Darüber hinaus lassen sich hier auch weitere Informationen über Personen speichern. Welche Gesprächsthemen sollte man vermeiden, wenn man bei den Herren Müller-Lüdenscheidt und Dr. Klöbner zum Abendessen eingeladen ist? Etwa das Thema »Enten in der Badewanne«? Welche Plätzchensorte liebt Ihr Prof an der Uni? Ich weiß, solche Dinge zu speichern, ist nicht unbedingt die Aufgabe von Outlook, aber man kann es problemlos dafür benutzen, um sich vor eventuellen Peinlichkeiten zu bewahren.

Kontakte pflegen – in Outlook

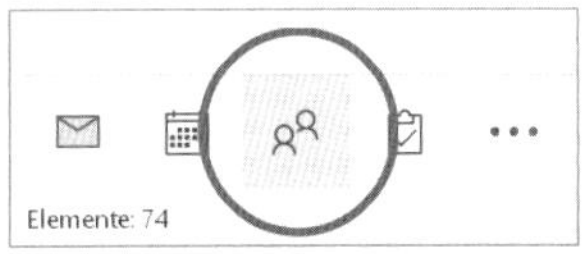

Sie öffnen den Kontaktebereich durch Klick auf das Symbol mit den zwei Köpfen. Sie finden es unten links in der Navigationsleiste. Dabei spielt es keine Rolle, auf welcher Registerkarte Sie sich befinden. Wenn Sie lediglich den Mauszeiger auf das Symbol bewegen, wird ein Fenster für die Personensuche eingeblendet, ohne dass Sie die Kategorie wechseln müssen.

Die einfachste Möglichkeit, in den zunächst leeren Kontaktbereich etwas einzugeben, ist ein Klick auf *Neuer Kontakt*. Nun öffnet sich ein Kontaktformular, in das Sie die entsprechenden Inhalte der Person eintragen können.

Nun wird Ihnen eine Vielzahl von Feldern angezeigt, deren Bezeichnungen jeweils angeben, womit die Felder zu füllen sind, also z. B. Name, Telefonnummern, Adressen usw. In das Feld *Notizen* geben Sie das ein, was Sie sich zu der betreffenden Person merken wollten. Das ist der Bereich für die Plätzchenwünsche und die Themen, die bei einem Geschäftsessen nicht angeschnitten werden sollten.

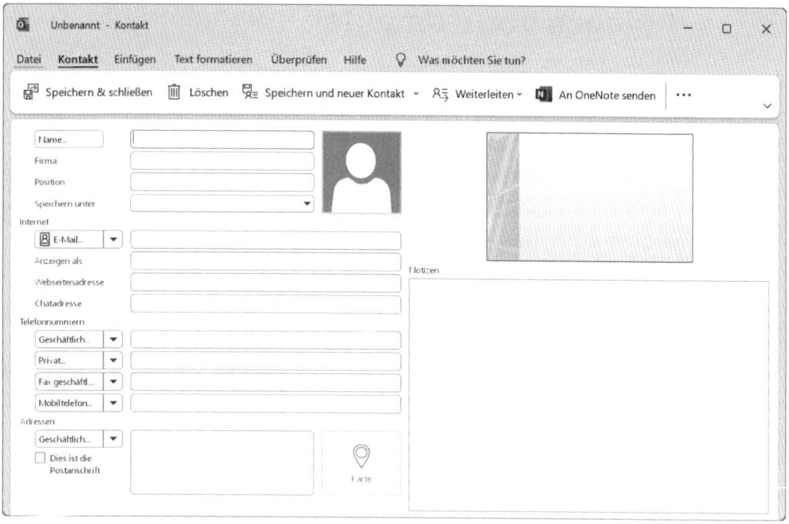

Dieses Notizfeld können Sie über die Registerkarte *Text formatieren* mit den gleichen Elementen formatieren, die Sie bereits aus Word kennen, allerdings werden die Formatierungen nur angezeigt, wenn Sie den Kontakt öffnen. Wenn Sie nun auf das leere Kontaktbild klicken, können Sie das Bild der Person einfügen.

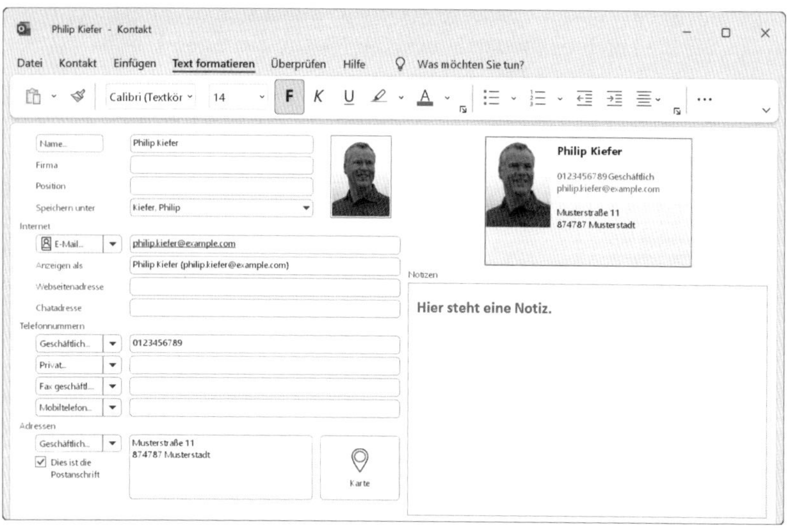

Ist alles eingegeben, klicken Sie auf *Speichern & schließen*. Nun erhalten Sie Ihre Kontakte in Form einer Liste.

Möchten Sie aber lieber die Informationen auf kleinen Visitenkarten, ist auch das kein Problem. Klicken Sie im Menüband auf der Registerkarte *Ansicht* und dort unter *Ansicht ändern* einfach auf die Ansichtsoption *Visitenkarte*.

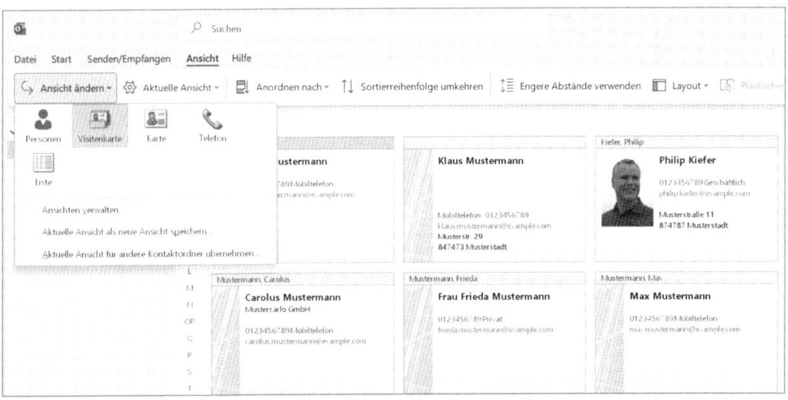

Wenn Sie sich Ihre Adressen gründlich anschauen, könnten Sie z. B. sehen, dass bei einer Person noch keine E-Mail-Adresse eingetragen wurde. Kein Problem! Klicken Sie doppelt auf die Person. Dadurch kommen Sie wieder in das Formular hinein und können es beliebig ändern. Nur müssen Sie dann natürlich erneut auf *Speichern & schließen* klicken.

Kontakte gruppieren

Wenn Sie häufig E-Mails gleichen Inhalts an dieselben Personen schicken, etwa an ein Team in Ihrer Firma oder an die Mitglieder Ihres Gartenbauvereins, bietet es sich an, diese Personen zu einer Kontaktgruppe zusammenzufassen. Solche Kontaktgruppen können Sie dann als Empfänger in die E-Mails eintragen und brauchen so nicht mehr die einzelnen Personen auszuwählen.

Um eine neue Kontaktgruppe zu erstellen, klicken Sie auf der Registerkarte *Start* auf den zur Schaltfläche *Neuer Kontakt* gehörenden Pfeil und wählen im Menü den Eintrag *Kontaktgruppe*.

Geben Sie Ihrer Gruppe einen sinnvollen Namen, sodass Sie schon am Namen erkennen können, welche Personen sich darin befinden.

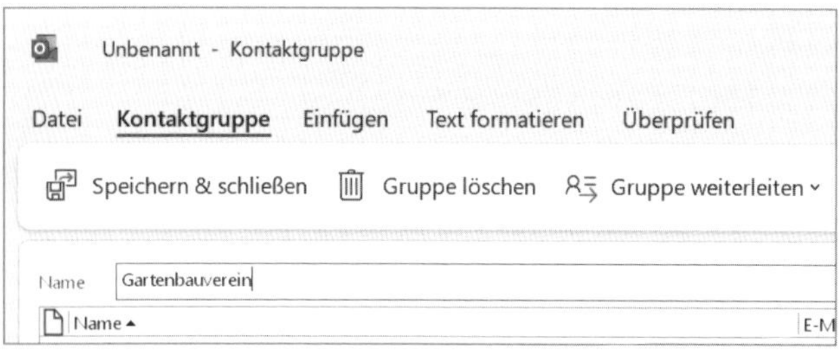

Dann klicken Sie auf *Mitglieder hinzufügen* und entscheiden sich, aus welchem Bereich Sie Personen hinzufügen möchten. In der Regel wird es die Gruppe *Aus Outlook-Kontakten* sein.

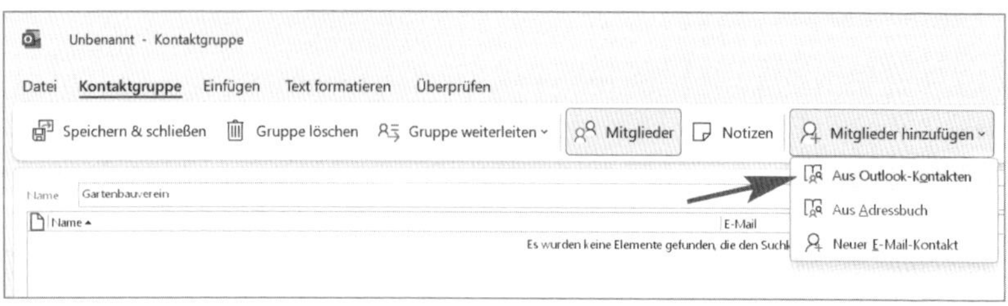

Nun wählen Sie aus dem Fenster alle Personen, die Sie zu einer Gruppe zusammenfassen möchten. Dabei können Sie die einzelnen Personen mit der Strg-Taste markieren.

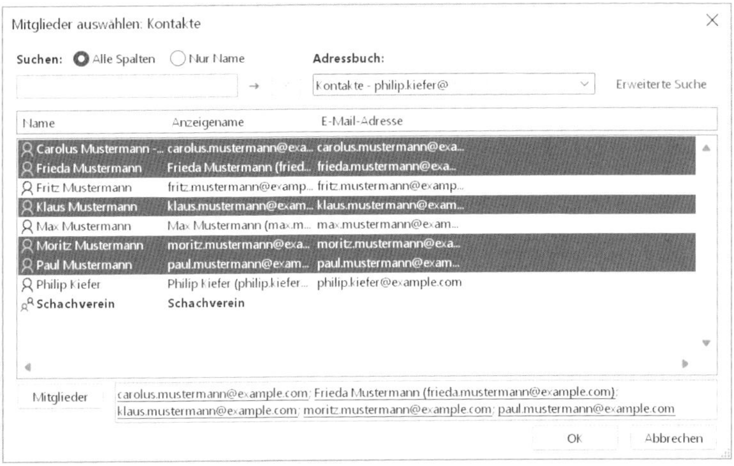

Wenn Sie alle ausgewählt haben, klicken Sie auf *Mitglieder* und dann auf *OK*. Nun stehen die Adressen in Ihrer neuen Kontaktgruppe, und Sie können die Gruppe mit *Speichern & schließen* speichern.

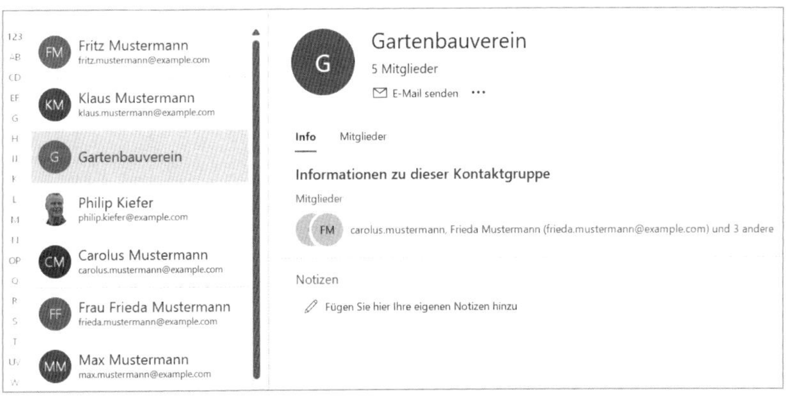

Kontaktgruppen sind ein schönes Mittel, um sich die E-Mail-Adressierung etwas zu erleichtern. Aber hüten Sie sich, Ihren Kontakte-Bereich mit zu vielen Kontaktgruppen zu füllen. Man verliert schnell den Überblick darüber, wer in welcher Kontaktgruppe ist.

6.3 Senden und Empfangen von E-Mails

Empfangen von E-Mails

Kommen wir nun zum Senden und Empfangen von E-Mails. Outlook ist ja nicht nur ein Programm zum Versenden, sondern auch zum Empfangen, d. h., Outlook meldet sich online bei Ihrem Provider an, holt sich dort die eingegangenen E-Mails ab, speichert sie auf Ihrer Festplatte und meldet sich dann wieder beim Provider ab.

Dieser Vorgang geschieht regelmäßig. Solange Outlook geöffnet ist, solange wird es nach einem festgelegten Intervall die Post abholen.

Der Standardwert für das Nachschauen und Senden ist 30 Minuten. Outlook schaut also alle 30 Minuten nach der Post. Dieser Wert geht in Ordnung, wenn man sowieso nur einmal am Tag seine E-Mails abruft. Wer aber seinen Computer häufiger und länger benutzt, für den ist der Wert schlicht zu lang.

Mit der F9-Taste oder per Schaltfläche *Alle Ordner senden/empfangen* können Sie Outlook zwar jederzeit zu einem spontanen Nachschauen veranlassen, aber besser wäre es, wenn Outlook das Intervall selbst verkürzen könnte, was es natürlich kann.

1 Gehen Sie dazu auf die Registerkarte *Senden/Empfangen*, und wählen Sie die Schaltfläche *Senden-Empfangen-Gruppen*.

2 Nun wählen Sie *Senden-Empfangen-Gruppen definieren*.

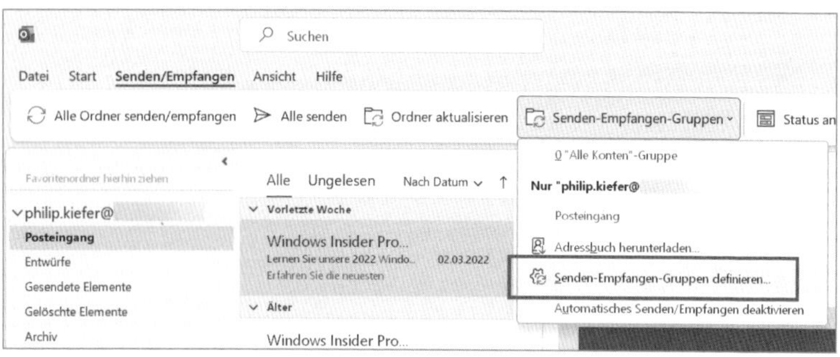

3 Bei *Automatische Übermittlung alle* wählen Sie *10 Minuten* (oder jeden anderen Wert, den Sie möchten).

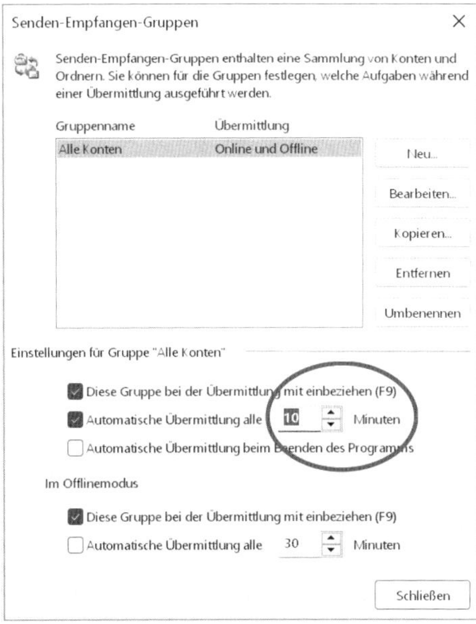

Neue E-Mails befinden sich im Ordner *Posteingang*.

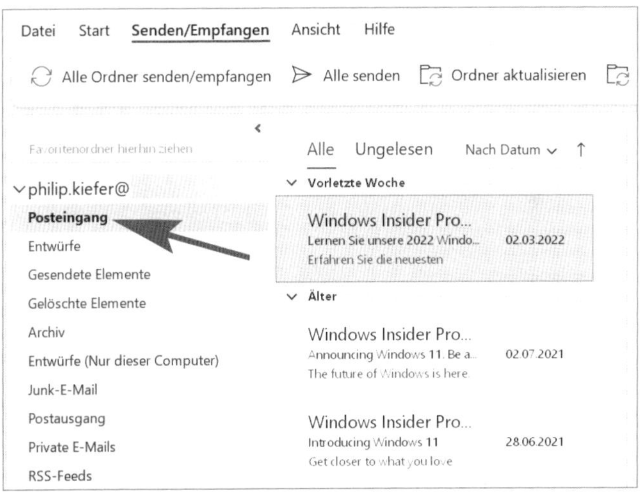

Sie können eine E-Mail auf einem kleineren Bildschirm wesentlich besser lesen, wenn Sie sie mit einem Doppelklick in einem separaten Fenster öffnen.

Nun endlich – das Schreiben einer E-Mail

Zum Schreiben einer E-Mail klicken Sie auf der Registerkarte *Start* ganz links auf *Neue E-Mail*.

Sollten Sie diesen Befehl nicht sehen, befinden Sie sich wahrscheinlich nicht im E-Mail-Bereich von Outlook.

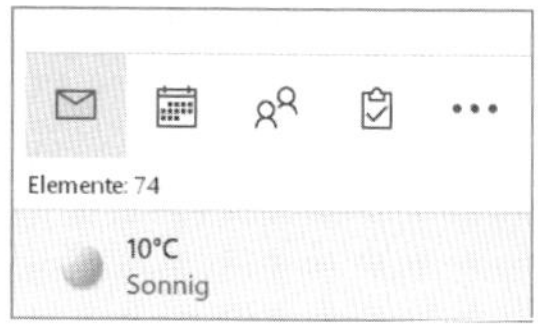

Vergewissern Sie sich, dass links unten in der Bereichsleiste *E-Mail* ausgewählt ist. Das folgende Formular ist sicher sehr intuitiv bedienbar.

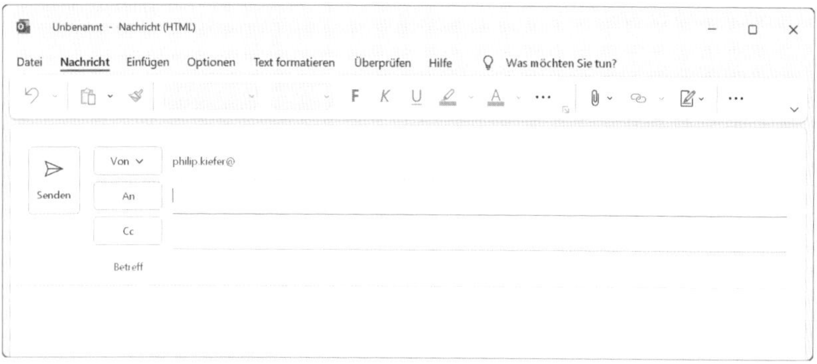

Deshalb sollen nur ein paar Bemerkungen zu speziellen Bereichen einer E-Mail gemacht werden. Wie jeder Brief braucht auch eine E-Mail einen Empfänger. Den geben Sie im Feld *An* ein. Wenn Sie den Empfänger dort eintragen, achten Sie aber auf die exakte Schreibweise der E-Mail-Adresse. Jeder kleinste Punkt ist da wichtig. Groß- und Kleinschreibung spielen hingegen keine Rolle.

Wahrscheinlich werden Sie nun fragen, weshalb Sie die E-Mail-Adresse hier noch einmal eingeben sollen, wenn Sie für den Empfänger Kontaktdaten hinterlegt haben. Klar, wenn Ihr Empfänger als Kontakt angelegt wurde, brauchen Sie nur auf die Schaltfläche *An* zu klicken, um an die E-Mail-Adresse zu kommen.

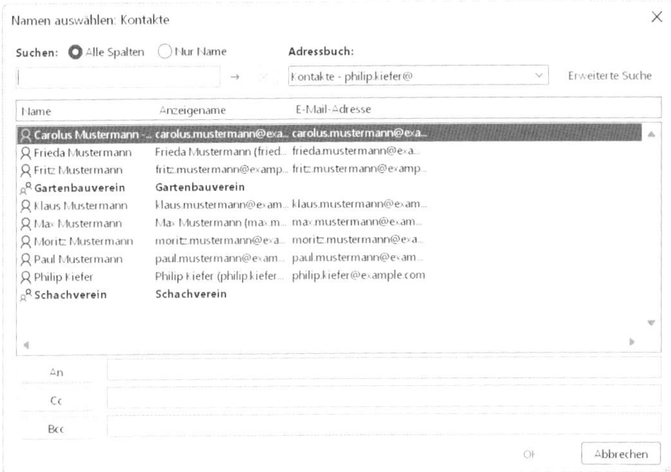

In dem geöffneten Fenster wählen Sie durch Klick den entsprechenden Empfänger aus. Sie sehen in diesem Fenster übrigens auch alle Ihre angelegten Gruppen, wie zum Beispiel unsere Kontaktgruppe *Gartenbauverein*.

In diesem Fenster sehen Sie aber noch zwei weitere wichtige Adressbereiche neben *An*: *Cc* und *Bcc*.

Wenn Ihre E-Mail nur einen Empfänger hat, markieren Sie ihn mit einem Klick und klicken dann auf *An*.

Nun könnten Sie theoretisch einen zweiten Namen auswählen und ihn ebenfalls in den Bereich *An* einfügen. Das heißt, in das Feld *An* geben Sie alle Empfänger der E-Mail ein. Jeder Empfänger im Bereich *An* wird die E-Mail-Adresse der anderen in diesem Bereich sehen können.

Möchten Sie aber andeuten, dass weitere Empfänger diese E-Mail nur zur Information erhalten sollen, setzen Sie diese Personen in den *Cc*-Bereich.

Cc steht für **C**arbon **C**opy. So nannte man im alten Briefverkehr einen Durchschlag, der nur zur Information oder zur Kenntnisnahme übersandt wurde. Das stammt noch aus den Zeiten ohne Kopiergerät oder Computer.

Mit der Konstellation aus folgender Abbildung signalisieren Sie, dass Carolus Mustermann die E-Mail bekommt und bitte auch reagieren möchte, während Frieda und Moritz Mustermann sie nur zu deren Information bekommen. Wichtig hier: Alle drei Beteiligten sehen die E-Mail-Adressen der jeweils anderen.

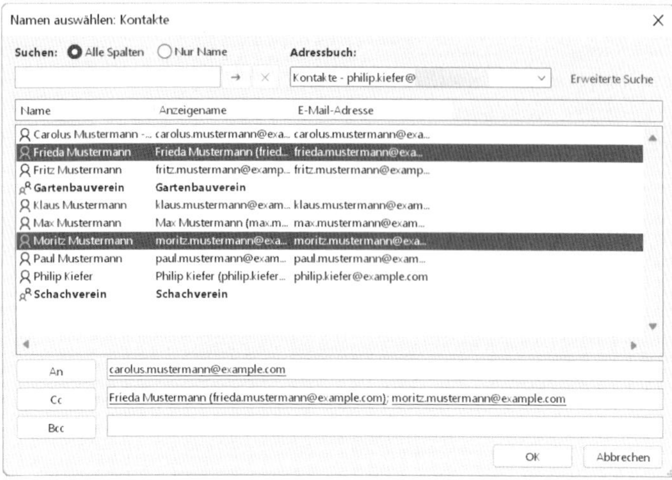

Beide Bereiche wären für das Versenden von Newslettern ungeeignet, denn keiner der Empfänger eines Newsletters sollte die E-Mail-Adresse der anderen Empfänger sehen. Und das erreichen Sie mit *Bcc*. Die Abkürzung steht für **B**lind **C**arbon **C**opy und bedeutet, dass alle Empfänger, die in diesem Bereich stehen, die E-Mail-Adressen der anderen in diesem Bereich nicht sehen können. Sie wissen nicht einmal, wer die E-Mail sonst noch bekommen hat.

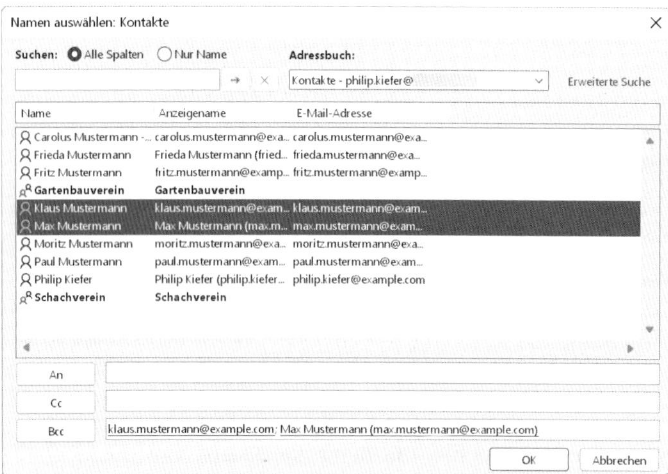

Klaus und Max Mustermann erhalten die E-Mail, aber keiner von ihnen weiß, ob und welche anderen sie ebenfalls bekommen haben.

Wählen Sie also eine Adresse aus, und setzen Sie diese in den Bereich *An*. Als Nächstes sollten Sie sich einen sinnvollen Betreff ausdenken – zum einen, damit der Empfänger sofort sehen kann, worum es in der E-Mail geht, und zum anderen, um die Wahrscheinlichkeit zu minimieren, dass Ihre Mail im Spam-Ordner landet.

Viele Spam-Filter sind nämlich darauf eingestellt, E-Mails ohne Betreff als Spam anzusehen und in den virtuellen Mülleimer zu werfen. Gewöhnen Sie sich also besser daran, immer einen Betreff aus sinnvollen Wörtern zu schreiben. Betreffs der Form *xnxnsdhxjdhdxgh* landen fast immer im Spam-Ordner.

Und jetzt bleibt zunächst nur noch das Schreiben des Textes übrig.

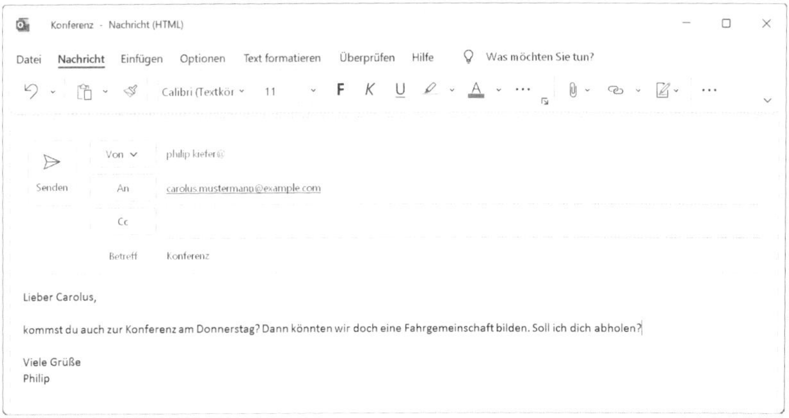

Nun könnten Sie auf die Schaltfläche *Senden* klicken, um die E-Mail abzuschicken.

E-Mails formatieren

Natürlich können Sie den Text vor dem Verschicken auch noch formatieren. Das geschieht in der Regel mit den gleichen Elementen, die Sie auch von Word kennen. Klicken Sie dazu im E-Mail-Fenster auf die Registerkarte *Text formatieren*.

Die meisten Elemente kennen Sie bereits oder können sie in Kapitel 3 ab Seite 145 nachschlagen. Sollten Sie in den grundlegenden Einstellungen als E-Mail-Format *Nur-Text* gewählt haben, werden bestimmte Formatierungen oder Bilder nicht möglich sein. Um das E-Mail-Format *HTML* zu wählen, mit dem Sie jede Formatierung senden können, klicken Sie rechts auf der Registerkarte *Text formatieren* auf das Symbol mit den drei Punkten und entscheiden sich unter *Nachrichtenformat* für den Eintrag *HTML*. In dem Menü finden Sie darüber hinaus noch weitere Formatieroptionen.

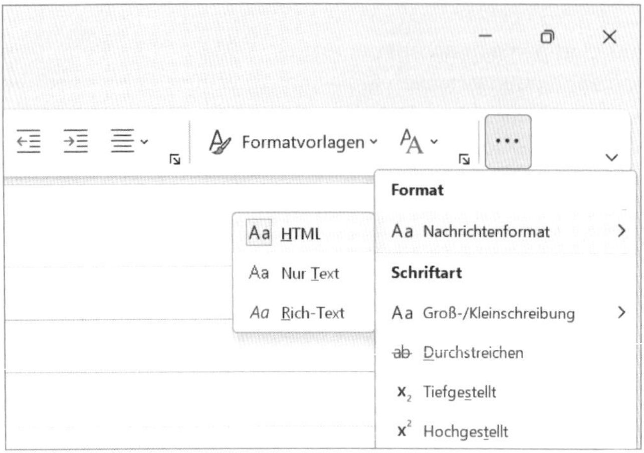

Aber bei E-Mails gilt in verstärktem Maße das, was schon in Word angesprochen wurde. Übertreiben Sie es mit diesen Formatierungsmöglichkeiten nicht. Nicht nur, dass durch zu viele Formatierungen die E-Mail unübersichtlich wird, es kann auch sein, dass einige E-Mail-Programme diese tollen Formatierungen nicht darstellen können und beim Empfänger ein gewisses Chaos in der empfangenen E-Mail herrscht.

Auf eine E-Mail antworten

Wenn Sie selbst eine E-Mail erhalten, können Sie dem Absender antworten, allen E-Mail-Empfängern antworten sowie eine E-Mail an andere Personen weiterleiten. Dazu stehen im Lesebereich oberhalb der E-Mail entsprechende Symbole zur Verfügung.

Haben Sie die E-Mail per Doppelklick in einem eigenen Fenster geöffnet, finden Sie die Symbole im Menüband auf der Registerkarte *Start*.

Für eine Antwort an den E-Mail-Absender wählen Sie den einfachen, nach links gebogenen Pfeil.

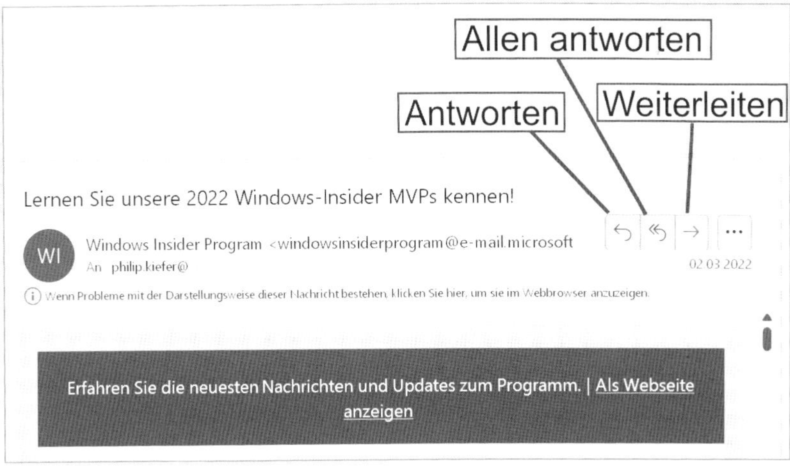

Möchten Sie auch andere Personen in die Antwort einbeziehen, die die E-Mail ebenfalls erhalten haben, wählen Sie den doppelten, nach links gebogenen Pfeil. Sie erhalten folgendes Fenster:

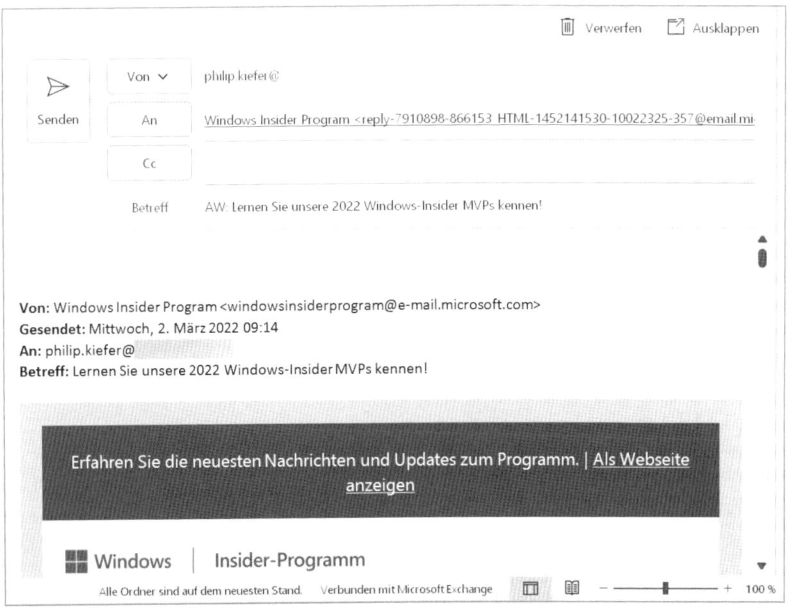

Die E-Mail-Adresse des Empfängers ist angegeben. Und Sie sehen auch, dass die ursprüngliche E-Mail an die Antwort angefügt wurde.

Die Einfügemarke steht automatisch oben im Fenster, denn nur dort sollte die Antwort geschrieben werden. Das heißt, die neueste Nachricht gehört oben in das Fenster. Das ist deshalb wichtig, weil Outlook bei jeder Antwort die ganzen alten Nachrichten dieses Betreffs mit in die E-Mail einfügt. So kann man jederzeit nachvollziehen, worüber man bisher diskutiert hat.

Das wäre eine grandiose Sache, wenn sich jeder daran halten würde, die neuesten Nachrichten dort oben zu schreiben. Ich sehe es leider manchmal, dass E-Mails verschickt werden, in denen die neueste Nachricht unten steht. Man muss also erst einmal ganz nach unten scrollen, um das Neueste zu lesen. Das kann bei einer längeren Diskussion schon ganz schön auf die Nerven gehen.

TIPP **Antworten gehören an den Anfang**
Wenn Sie mit dem Befehl *Antworten* auf eine E-Mail antworten möchten, schreiben Sie Ihre Antwort immer oben in den Schreibbereich und niemals ans Ende.

Möchten Sie eine erhaltene E-Mail an eine andere Person weiterleiten, klicken Sie auf den nach rechts weisenden Pfeil. Auch in diesem Fall wird die ursprüngliche Nachricht in ein neues E-Mail-Fenster eingefügt und die Eingabemarke blinkt oben. Im Gegensatz zur Antwort auf eine E-Mail müssen Sie aber auch noch den oder die Empfänger der weitergeleiteten E-Mail eintragen.

Wenn eine Nachricht wichtig ist

Bei manchen E-Mails werden Sie vielleicht schon auf der Ecke des Stuhls sitzen und hoffen, dass der Empfänger bald antwortet. Um einem Empfänger schon vorab klarzumachen, ob die E-Mail wirklich wichtig ist, gibt es in Outlook zwei Optionen.

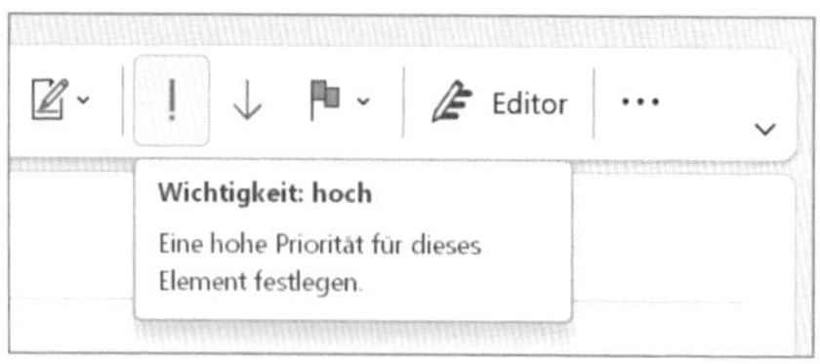

Bevor Sie die Nachricht verschicken, können Sie dem Empfänger durch das rote Ausrufezeichen auf der Registerkarte *Nachricht* signalisieren, dass die E-Mail wichtig ist. Durch Klick auf den nach unten weisenden blauen Pfeil zeigen Sie hingegen an, dass es Wichtigeres auf der Welt gibt als diese E-Mail.

Dieses Feature kann man in den Bereich »nett gemeint« einordnen, denn es gibt manche E-Mail-Programme, die mit diesen beiden Symbolen nichts anfangen können.

Und das rote Ausrufezeichen heißt auch nicht, dass beim Empfänger dann alle Alarmglocken läuten oder dass sein Computer so lange gesperrt ist, bis er auf die E-Mail geantwortet hat. Der Empfänger sieht nur ein kleines rotes Ausrufezeichen an seiner empfangenen E-Mail.

Lesebestätigung

Wie häufig hört man: »Ich habe deine E-Mail leider nicht bekommen.« Meist ist so etwas eine beliebte Ausrede, wenn der Inhalt der E-Mail für den Empfänger unangenehm oder mit zusätzlicher Arbeit verbunden ist. Outlook macht Schluss mit dieser Ausrede.

Bevor Sie die E-Mail versenden, gehen Sie auf die Registerkarte *Optionen* und klicken dort unter dem Symbol mit den drei Punkten auf *Lesebestät. anfordern*.

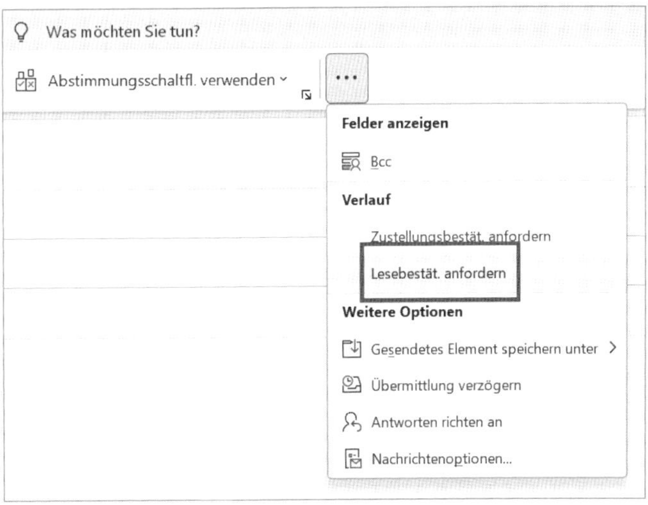

Wenn der Empfänger die E-Mail öffnet, auch im Vorschaumodus, wird Ihnen, sofern der Empfänger dies gestattet, eine Lesebestätigung übermittelt. Hier gilt jedoch wieder: gut gemeint!

Ich wiederhole mich: Es gibt auch E-Mail-Programme, die mit dieser Funktion nichts anfangen können. Wundern Sie sich also nicht, wenn Sie keine Lesebestätigung erhalten. *Zustellungsbestät. anfordern* heißt nur, Sie bekommen eine Meldung, wenn die E-Mail richtig angekommen ist. Erneut: Nicht jedes E-Mail-Programm versteht das.

Visitenkarten verschicken

Sie können in Outlook Ihre Daten als Visitenkarte verschicken. Das geschieht im sogenannten vCard-Format, das viele E-Mail-Programme verstehen. Der Empfänger einer solchen Visitenkarte kann diese sehr einfach in seine Kontakte, z. B. in Outlook, übertragen und muss die Informationen nicht per Hand eintippen.

Um eine solche Visitenkarte zu verschicken, müssen Sie natürlich in den Kontaktdaten einen entsprechenden Eintrag erstellt haben. Das wollen wir uns nun an einem Beispiel anschauen. Sie erzeugen oder öffnen zunächst einen ganz normalen Kontakt, den Sie verschicken möchten.

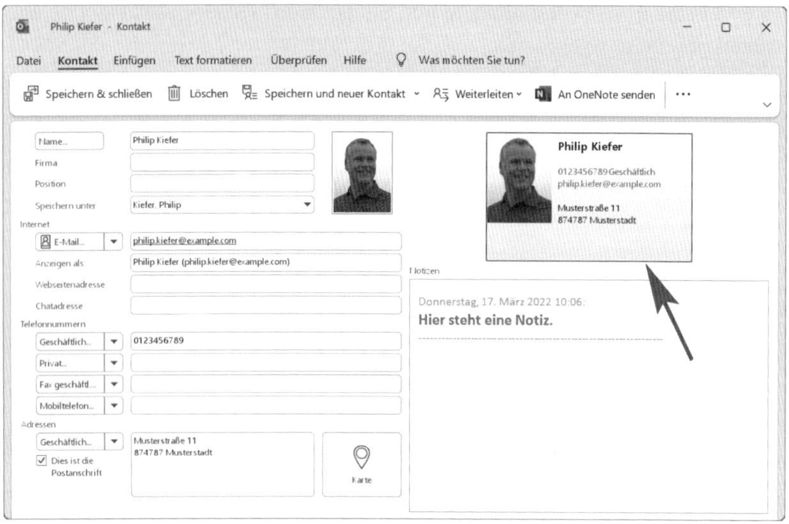

Auf der rechten Seite des geöffneten Kontaktes sehen Sie die Visitenkarte. Was auf der Visitenkarte zunächst auffällt, ist, dass die Bezeichnungen für die verschiedenen Telefone nicht, wie bei uns üblich, links vor der eigentlichen Telefonnummer stehen, sondern rechts. Kein Problem. Doppelklicken Sie auf die Visitenkarte.

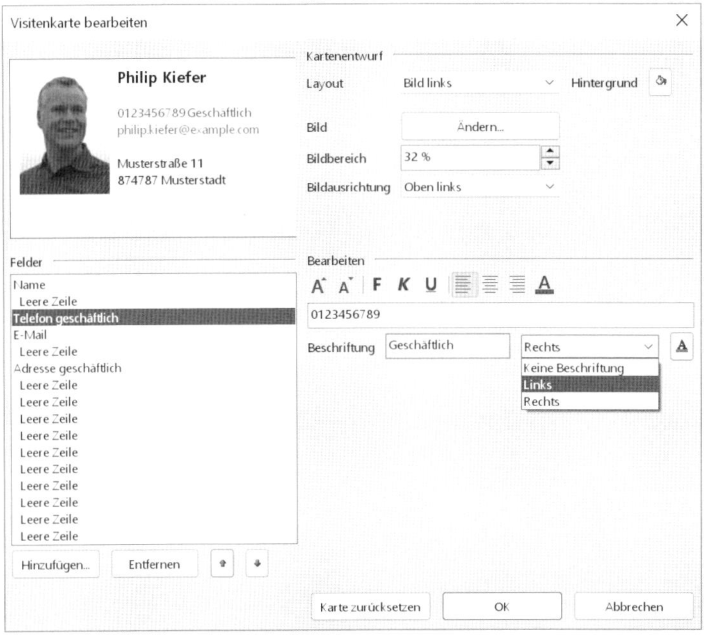

Über *Layout* können Sie das Kontaktbild anders positionieren. Und unter *Felder* können Sie die Lage der Beschriftung ändern. Bei *Beschriftung* können Sie auch noch einen zusätzlichen Doppelpunkt einfügen oder eine völlig andere Beschriftung eintragen. Wenn alles zu Ihrer Zufriedenheit ist, klicken Sie auf *OK*.

In Ihrer E-Mail gehen Sie auf die Registerkarte *Einfügen* und wählen unter dem Symbol mit den drei Punkten den Eintrag *Visitenkarte* und dann *Andere Visitenkarten*.

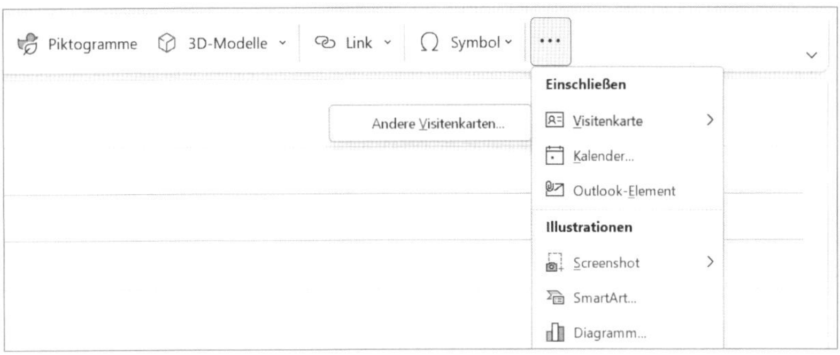

Klicken Sie im folgenden Fenster auf den Kontakt, dessen Visitenkarte Sie versenden möchten. Wenn Sie dann mit *OK* bestätigen, fügt Outlook die Visitenkarte in die E-Mail ein.

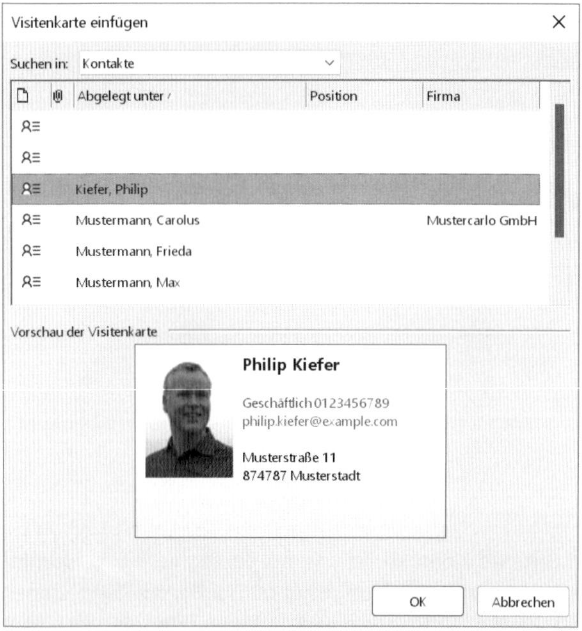

Wenn Sie nun selbst eine E-Mail mit einer Visitenkarte erhalten, sehen Sie nicht nur die geöffnete Visitenkarte, sondern auch die entsprechende Datei. Machen Sie einen Doppelklick auf den Dateinamen, um die Visitenkarte zu öffnen.

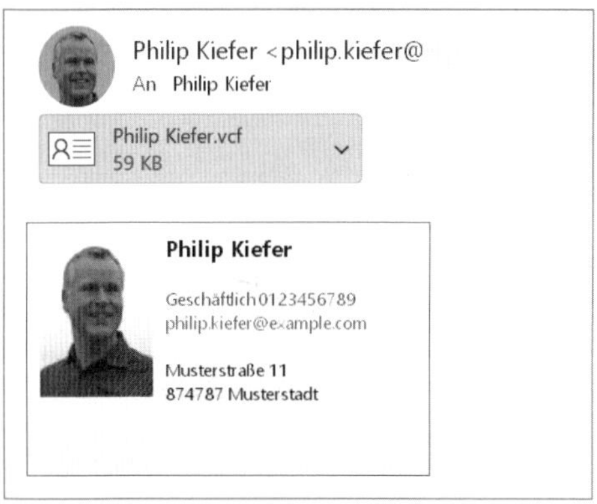

Outlook öffnet sofort ein neues Kontaktformular und trägt alle Daten der Visitenkarte ein. Eventuelle Notizen zu einem Kontakt sind nicht enthalten.

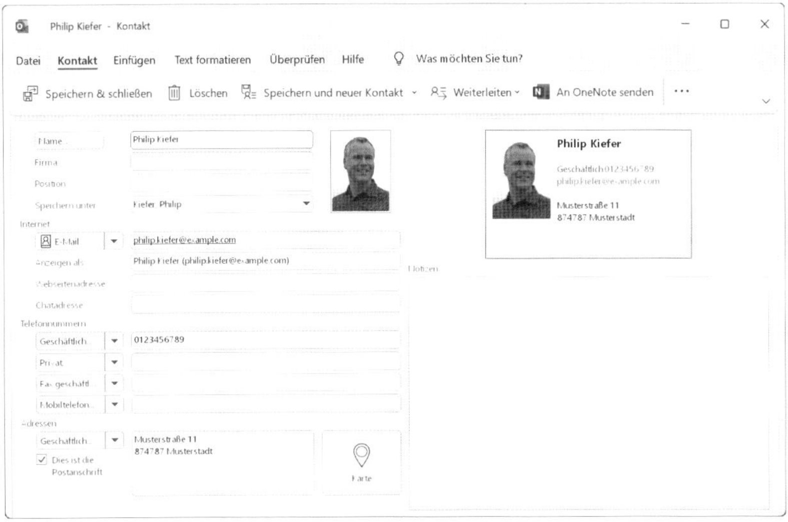

Sie müssen die Übernahme in die Liste Ihrer Kontakte nur noch durch einen Klick auf *Speichern & schließen* bestätigen.

Signaturen haben nichts mit einer Unterschrift zu tun – oder doch?

Wenn Sie eine E-Mail nicht nur mit Ihrem Namen beenden wollen, sondern stets mit Ihrer gesamten Anschrift einschließlich aller Telefonnummern, wäre es sehr umständlich, das alles jedes Mal eintippen zu müssen. Auch das Kopieren dieser Inhalte wäre auf Dauer äußerst lästig.

Dafür gibt es in Outlook die Signaturen. Signaturen sind Textelemente, die auf Wunsch oder automatisch ans Ende jeder E-Mail gesetzt werden.

1 Am einfachsten erstellen Sie eine neue Signatur, als wenn Sie ganz klassisch eine neue E-Mail schreiben würden. Sie klicken also auf *Neue E-Mail* auf der Registerkarte *Start*.

2 Im neuen E-Mail-Fenster klicken Sie auf der Registerkarte *Einfügen* auf die Schaltfläche *Signatur* und wählen dann *Signaturen.*

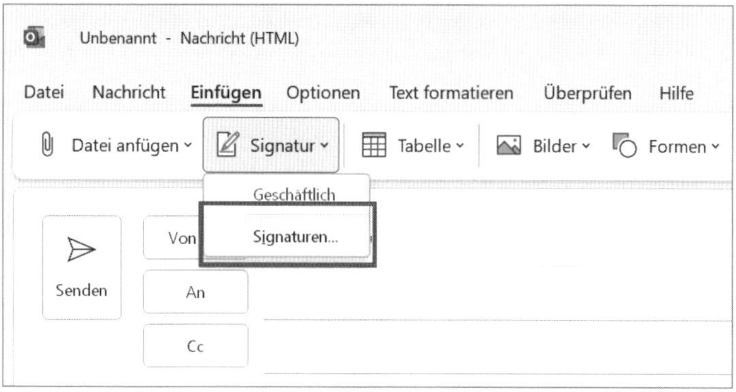

3 Im folgenden Fenster klicken Sie auf *Neu*, wählen einen sinnvollen Namen und bestätigen mit *OK*.

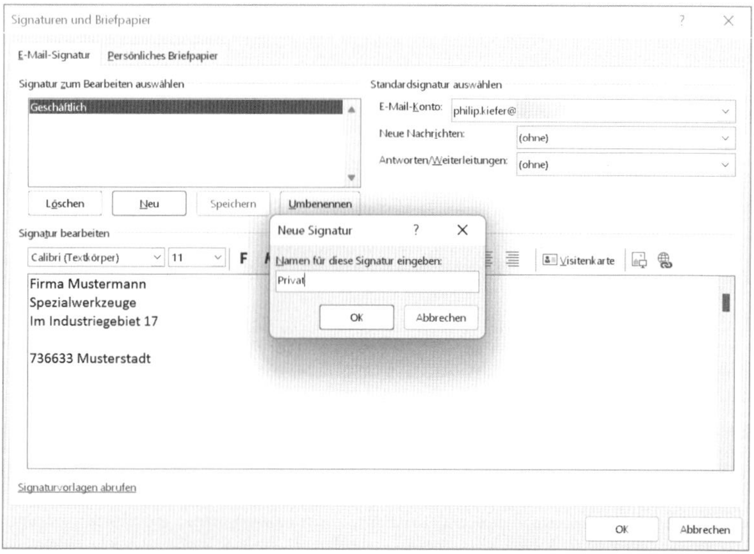

4 Nun tragen Sie die Informationen ein, die Sie als Signatur weitergeben möchten.

5 Anstatt alles noch mal einzugeben, können Sie über die Schaltfläche *Visitenkarte* auch Ihre gesamte Visitenkarte als Signatur einfügen.

6 Wenn Sie fertig sind, bestätigen Sie das Signaturfenster mit *OK*.

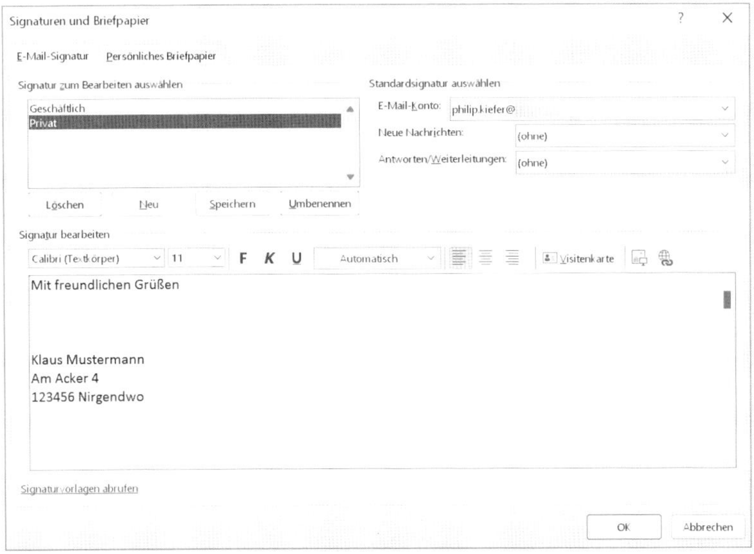

Sie können noch weitere Signaturen anlegen, je nachdem, für welche E-Mail sie eingesetzt werden sollen. Für E-Mails an Freunde brauchen Sie sicher nicht die gesamte Anschrift, und einen Freund verabschieden Sie auch nicht mit »Mit freundlichen Grüßen«. Erstellen Sie also für ein paar wichtige Einsatzzwecke Signaturen.

Wenn Sie nun eine E-Mail mit Ihrer Signatur beenden möchten, klicken Sie im E-Mail-Fenster auf der Registerkarte *Einfügen* auf *Signatur* und wählen Ihre Signatur aus. Signaturen wählen Sie also über ein Menü aus. Der Vorteil der Auswahl ist, dass Sie immer die passende Signatur auswählen können. Und wenn Sie keine Signatur brauchen, müssen Sie auch keine auswählen.

Aber natürlich können Sie Outlook auch dazu veranlassen, bei jeder E-Mail eine Standardsignatur einzufügen. Treffen Sie dazu im Fenster aus Schritt 4 im Bereich *Standardsignatur auswählen* Ihre Auswahl, indem Sie gegebenenfalls zunächst das E-Mail-Konto bestimmen, für das die Signatur verwendet werden soll, und dann unter *Neue Nachrichten* bzw. *Antworten/Weiterleitungen* die gewünschte Standardsignatur festlegen.

Damit setzt Outlook immer die ausgewählte Signatur ans Ende einer E-Mail. Aber wenn Sie eine andere einsetzen wollen, müssen Sie die Standardsignatur löschen, deshalb überlegen Sie es sich sehr gründlich, ob Sie eine Signatur als Standard festlegen wollen.

Bilder einfügen – geht ganz einfach

Bisher haben wir in E-Mails Visitenkarten eingefügt. Natürlich können Sie in eine E-Mail auch Bilder einfügen oder andere Dateien, etwa aus Word oder Excel, an die E-Mail anhängen, um diese zu verschicken. Grundsätzlich verläuft das Einfügen von Bildern ähnlich wie das, was in Kapitel 3 (Word) zum Einfügen von Bildern gesagt wurde.

1 Sie klicken auf der Registerkarte *Start* auf *Neue E-Mail*, fügen dann die Adresse und den Betreff ein und schreiben den Text.

2 Nun gehen Sie an die Stelle, an der das Bild platziert werden soll, und wählen auf der Registerkarte *Einfügen* den Befehl *Bilder* und dann erneut *Bilder*.

3 Gehen Sie dann in den Ordner, in dem sich das Bild befindet, wählen Sie es durch einen Klick aus, und klicken Sie auf *Einfügen*. Alternativ können Sie auf den Dateinamen des Bildes auch doppelklicken.

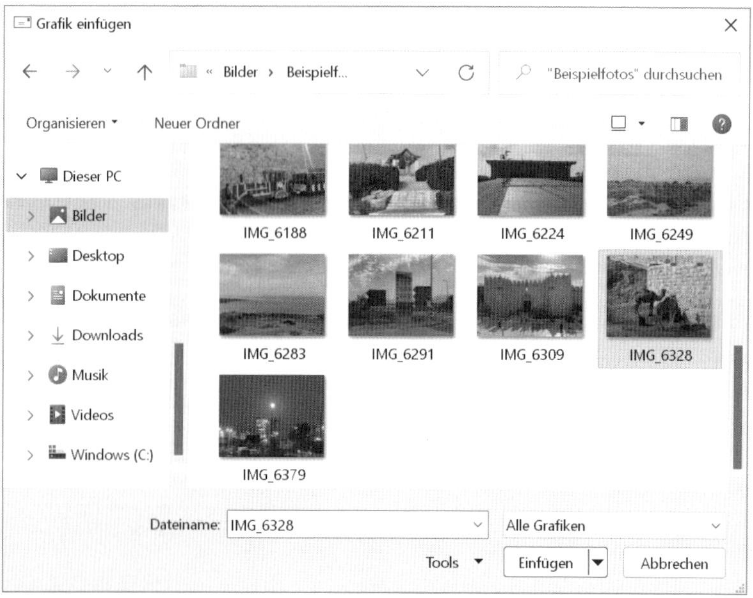

4 Die *Layoutoptionen* auf der rechten Seite des Bildes wurden im Word-Kapitel dieses Buches schon besprochen. Als Letztes brauchen Sie die E-Mail nur noch zu verschicken.

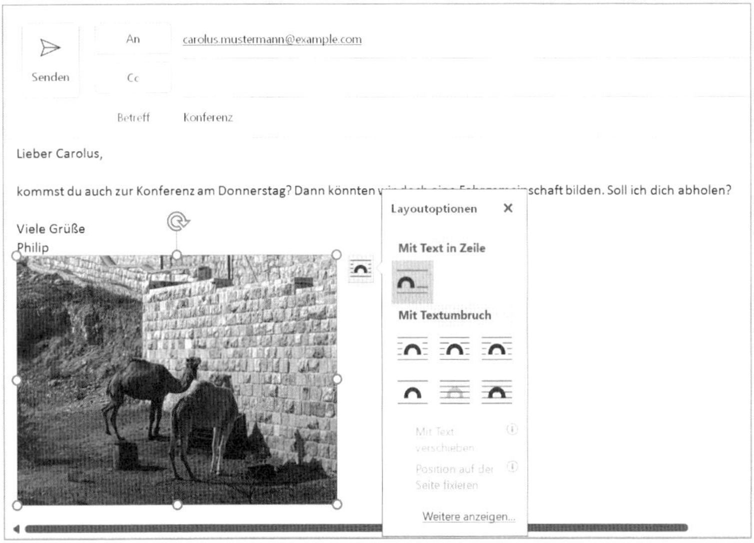

Dateianhänge senden und empfangen

Andere Dateien, z. B. Word-, Excel- oder PowerPoint-Dateien, können Sie natürlich auch quer durch die Welt schicken. Nur müssen Sie solche Dateien anders verschicken als Bilder – nämlich als Dateianhang.

1 Sie schreiben über die Registerkarte *Start* und *Neue E-Mail* ganz klassisch Ihre E-Mail.

2 Klicken Sie auf der Registerkarte *Nachricht* auf das Büroklammersymbol.

3 Ihnen werden die zuletzt verwendeten Dateien angezeigt. Ist die gewünschte Datei nicht dabei, wählen Sie *Diesen PC durchsuchen*, bestimmen den Ordner, in dem sich die Datei befindet, und fügen die Datei ein.

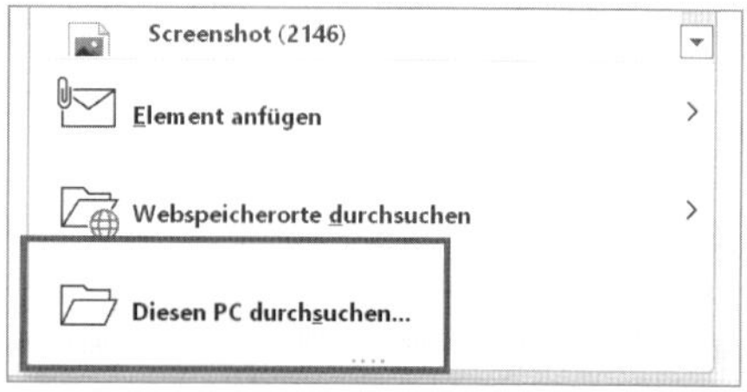

4 Outlook hat nun einen weiteren Bereich mit Ihrem Dateianhang eingefügt. Mit den gleichen Schritten können Sie nun weitere Dateianhänge einfügen.

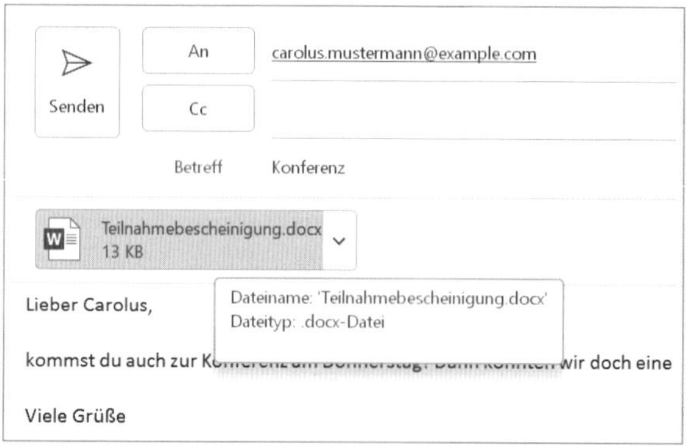

Sie können als Anhang aber nicht nur Word-, Excel- oder PowerPoint-Dateien mitschicken, sondern auch Bilder. Oder auch einen Mix aus allem.

Wenn Sie dann einmal selbst eine E-Mail mit solchen Dateianhängen bekommen, können Sie diese auf Ihrer Festplatte speichern. Dazu klicken Sie in der E-Mail mit der rechten Maustaste auf den Dateianhang und wählen *Speichern unter*.

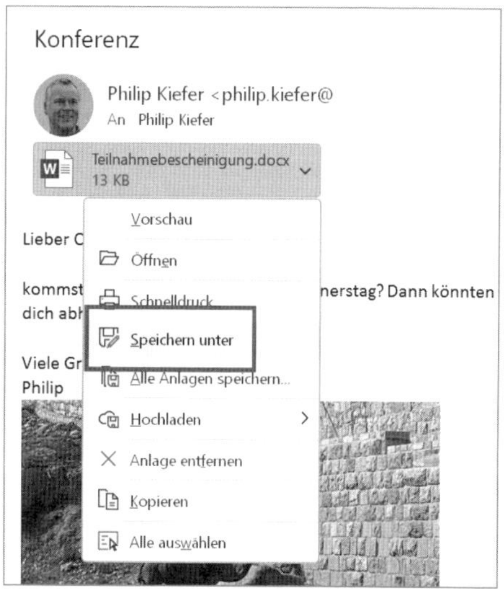

Das Chaos vermeiden – Nachrichten in eigenen Ordnern verwalten

Wenn Sie Ihre E-Mails aufbewahren möchten, bräuchten Sie eigentlich nichts zu tun, denn im Posteingang bleiben sie so lange liegen, bis Sie sie löschen oder archivieren. Aber diese Lösung wird auf Dauer ziemlich unübersichtlich, selbst wenn Sie zwischendurch nicht ganz so wichtige E-Mails löschen.

Viel sinnvoller ist es, sich für die E-Mails eine eigene Ordnerstruktur aufzubauen, in der Sie die einzelnen E-Mails verwalten. Sie können diese Ordner im Posteingang erstellen oder auf einer etwas höheren Ebene in Ihrem persönlichen Ordner.

Klicken Sie also im Navigationsbereich links mit der rechten Maustaste entweder auf das E-Mail-Konto oder auf den *Posteingang* und wählen Sie dann *Neuer Ordner*. Geben Sie einen sinnvollen Namen für den Ordner ein.

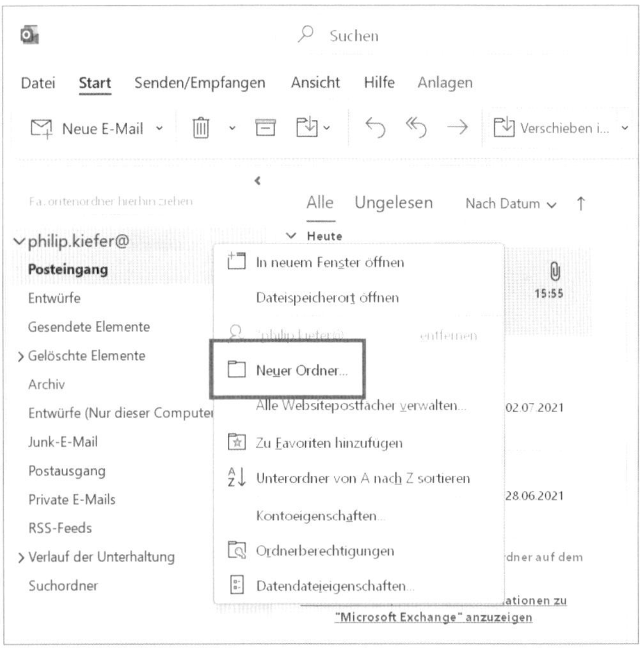

Nun können Sie per Drag-and-drop den Ordner mit den entsprechenden E-Mails füllen. Drag-and-drop? Was das ist? Sie schieben mit der linken Maustaste die Datei über den Ordner und lassen dann die Maustaste los.

E-Mails ausdrucken

Sollten Sie einmal den Wunsch haben, E-Mails auszudrucken, gibt es in Outlook dazu natürlich auch eine Möglichkeit.

Klicken Sie auf die E-Mail, die Sie ausdrucken möchten, und wählen Sie dann unter dem Reiter *Datei* die Option *Drucken*. Nun bekommen Sie, ähnlich wie in den anderen Modulen von Office 2021, ein Fenster mit der Seitenansicht des Objekts, das gedruckt werden soll.

Gleichzeitig erhalten Sie zwei weitere Möglichkeiten der Einstellung, die es nur hier in Outlook gibt und die ich deshalb hier kurz erwähnen möchte. Das Memoformat druckt die E-Mail aus, die Sie gerade ausgewählt haben. Das Tabellenformat druckt quasi eine Liste aller E-Mails Ihres Posteingangs aus. Es ist also wirklich lediglich eine Liste aller E-Mails, die Sie empfangen haben.

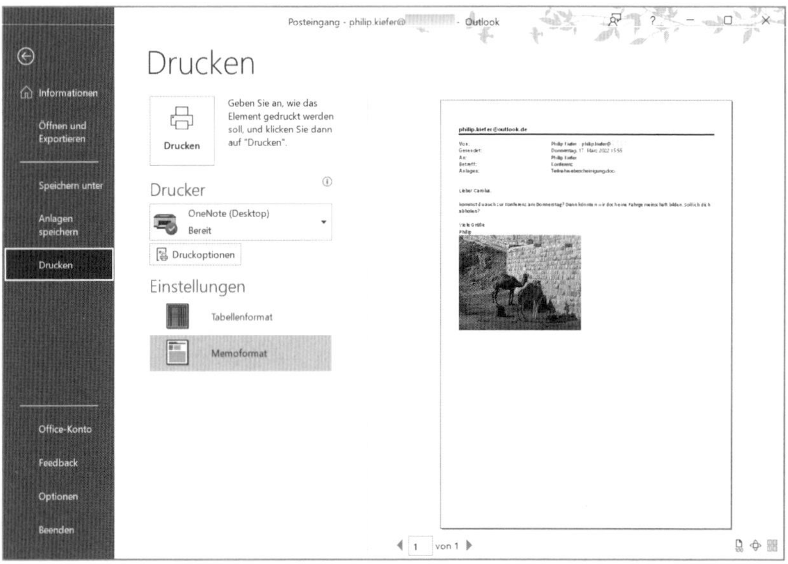

6.4 Mit Outlook Ihre Termine managen

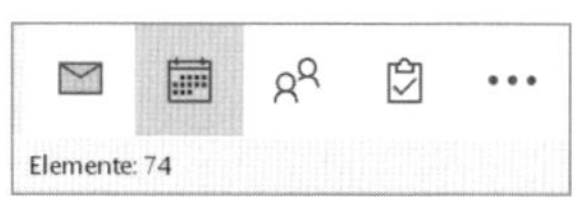

Outlook ist nicht nur ein Programm zum Senden und Empfangen von E-Mails, sondern bietet auch eine großartige Möglichkeit, Ihre Termine zu verwalten. Dazu klicken Sie im unteren Bereich des Navigationsfensters auf das Kalendersymbol.

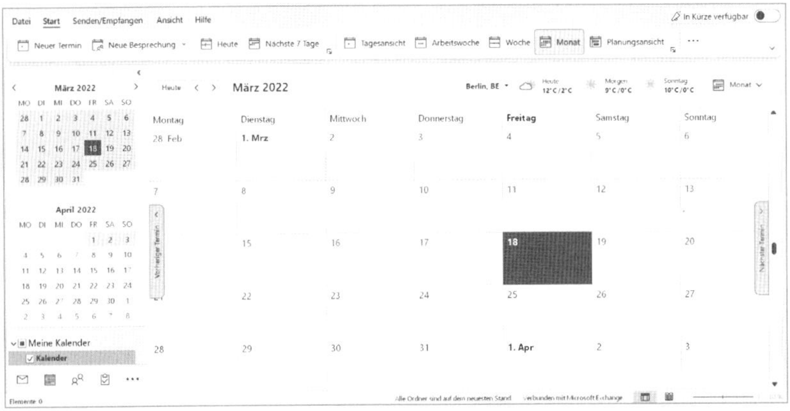

Die standardmäßige Ansicht des Kalenders können Sie auf der Registerkarte *Start* verändern.

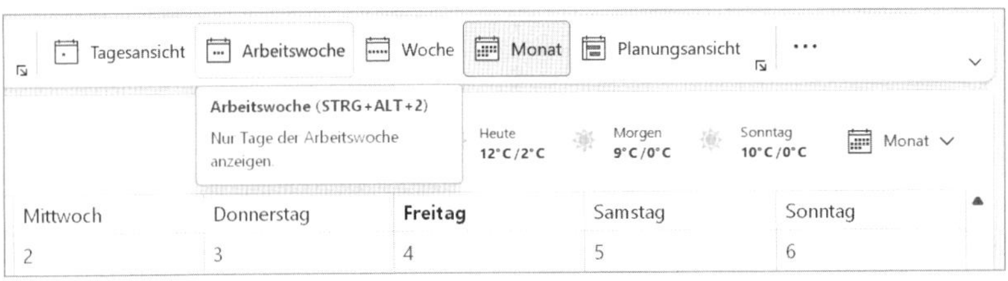

Hier können Sie zum Beispiel zwischen *Arbeitswoche* und *Woche* wählen. Der Unterschied ist, dass Ihnen bei *Arbeitswoche* keine Samstage und Sonntage angezeigt werden. Zwischen den verschiedenen Ansichten können Sie jederzeit wechseln.

Sie haben beim Durchgehen der verschiedenen Ansichten vielleicht bereits bemerkt, dass der Kalender mit einigen Standardvorgaben versehen wurde. Aber vielleicht passen die vom Kalender vorgegebenen Arbeitszeiten nicht für Sie? Nun, Sie können natürlich auch außerhalb dieser Zeiten Eintragungen vornehmen, aber diese werden dann nicht als Arbeitszeit angezeigt.

Es ist also sinnvoll, diese Standardvorgaben an die eigenen Bedürfnisse anzupassen. Das können Sie tun, indem Sie auf die Registerkarte *Datei* klicken und dann *Optionen* wählen. Entscheiden Sie sich dann links für die Kategorie *Kalender*.

Hier können Sie im oberen Teil zunächst einmal Ihre Arbeitszeit ändern und festlegen, welche Tage bei Ihnen eine Arbeitswoche umfasst und mit welchem Tag die Arbeitswoche beginnt. Diese Angaben sind für das richtige Zählen der Wochen des Jahres wichtig.

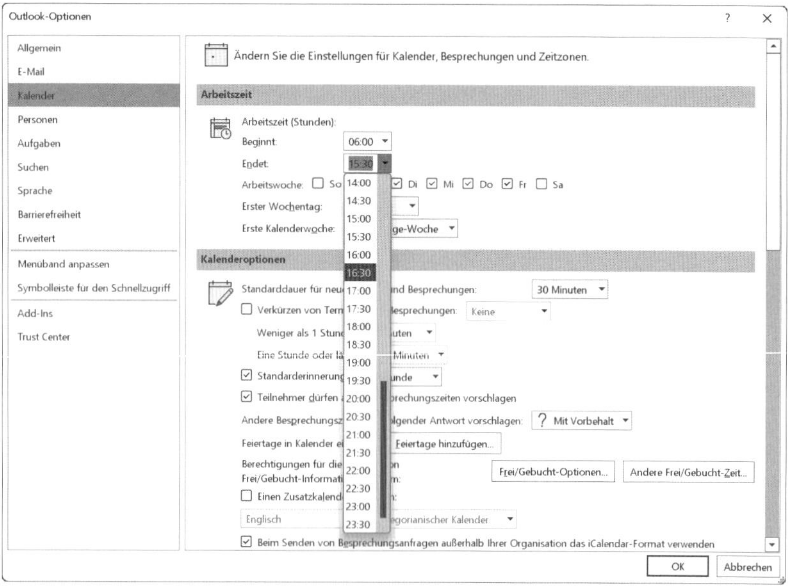

Sehr interessant ist in diesem Fenster noch die Option, Feiertage in den Kalender eintragen zu lassen. Das erspart Ihnen ziemlich viel Mühe. Klicken Sie also im Bereich *Kalenderoptionen* auf die Schaltfläche *Feiertage hinzufügen*.

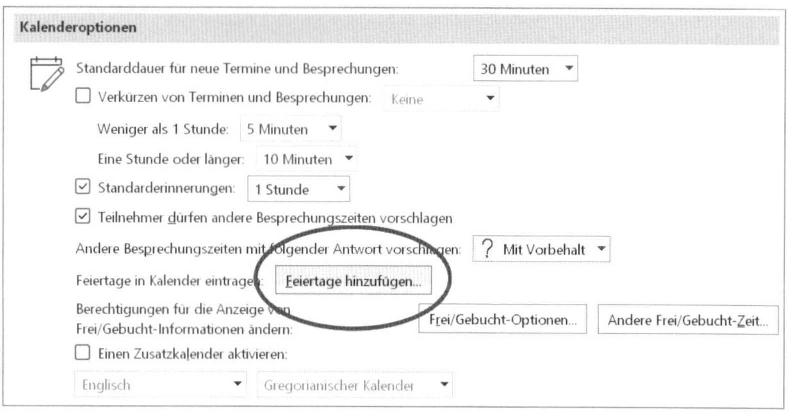

Wählen Sie im folgenden Fenster z. B. *Deutschland, Österreich* und die *Schweiz* aus. Sie können über dieses Fenster aber auch noch die Feiertage weiter entfernter Länder in den Kalender eintragen lassen.

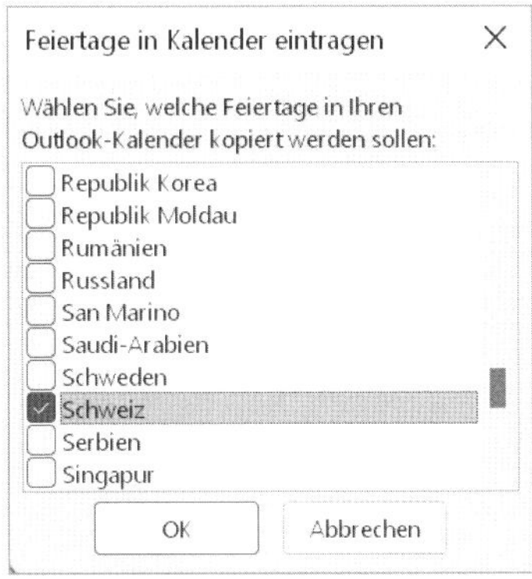

Nachdem die Feiertage hinzugefügt wurden, sollten Sie sich auch noch die *Wochennummern in der Monatsansicht* anzeigen lassen, sodass Sie immer wissen, in der wievielten Kalenderwoche Sie sind. Dies erfolgt per Kontrollkästchen im Bereich *Anzeigeoptionen*.

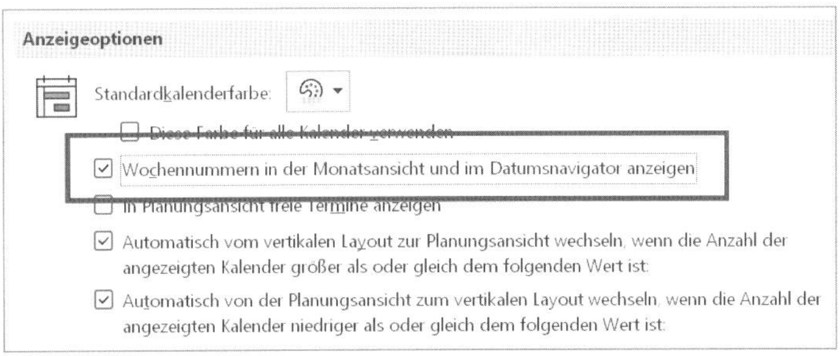

Einen Termin erstellen und verändern

Um einen Termin zu erstellen, klicken Sie doppelt auf das entsprechende Uhrzeitfeld, z. B. in der *Tagesansicht*. Sie erhalten ein neues Fenster, in das Sie bei *Betreff* eingeben, worum es sich bei dem Termin handelt.

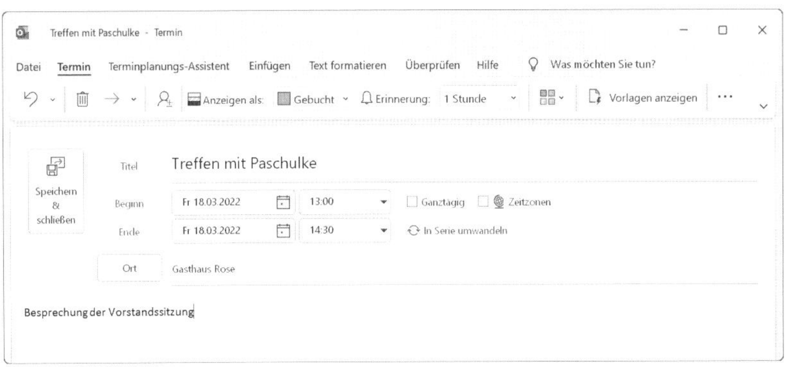

Die Uhrzeiten können Sie natürlich auch jetzt noch verändern, indem Sie in das entsprechende Feld eine neue Uhrzeit eintragen oder durch Klick auf das kleine Dreieck ein Listenfeld aufklappen, in dem Sie eine andere Uhrzeit auswählen können. Wie Sie sehen, können Sie auch noch eine Zeitzone für den Termin festlegen – ideal, wenn Sie viel auf Geschäftsreise sind.

Im großen unteren Bereich können Sie sich weitere Informationen zu dem Termin eintragen. Dieser Bereich ist besonders geeignet, wenn Sie bestimmte Dinge zum Termin mitbringen müssen. Wichtig ist hier eine wirklich aussagefähige Betreffzeile. Denn diese Zeile erscheint in Ihrem Kalender, und Sie müssen sofort erkennen können, um was für einen Termin es sich handelt. Ist Ihr Termin einer, der über den ganzen Tag läuft, aktivieren Sie die Option *Ganztägiges Ereignis*.

Im Menüband können Sie weitere Details zum Termin festlegen. Auf einen Bereich möchte ich hier noch eingehen. Sie können sich nämlich von Outlook an den Termin erinnern lassen. Dazu öffnen Sie das Menü bei *Erinnerung*.

Bestimmen Sie im Menü die Zeit, in der Sie an den Termin erinnert werden möchten. Sie können sich nur fünf Minuten, aber auch bis zu zwei Wochen vor dem Termin erinnern lassen. Das sollte eigentlich in der Regel immer genügen.

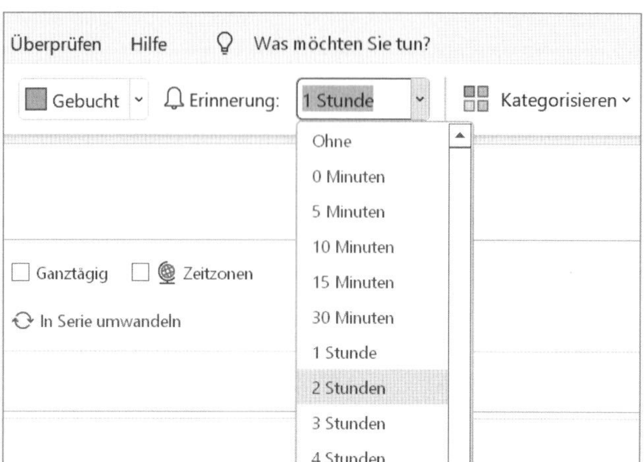

Hier können Sie mit der Option *Ohne* aber auch sagen, dass Sie keine Erinnerung wünschen, denn manchmal sind diese Erinnerungen recht lästig. Sollten Sie den Wunsch verspüren, diese Erinnerungen prinzipiell auszuschalten, können Sie das natürlich auch tun. Dazu gehen Sie über den Reiter *Datei* in die *Optionen*. Hier nehmen Sie in der Kategorie *Kalender* bei *Kalenderoptionen* das Häkchen bei *Standarderinnerungen* weg.

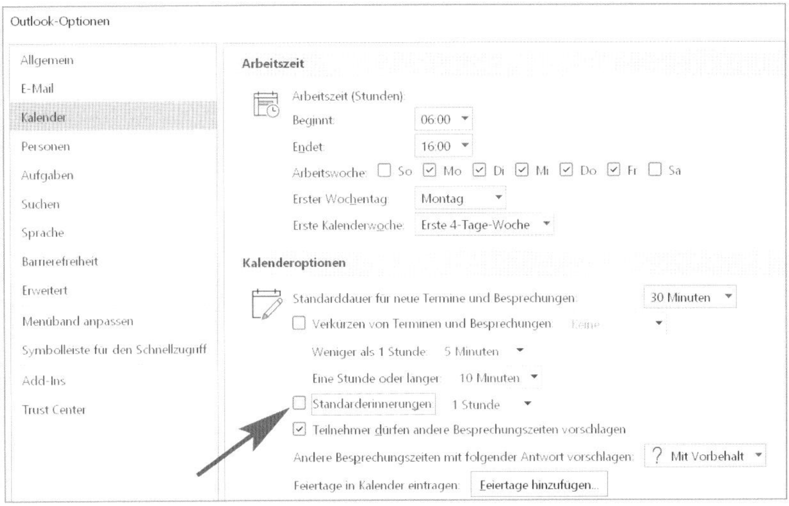

Wenn Sie nun alles Nötige für den Termin eingetragen haben, klicken Sie auf *Speichern & schließen*.

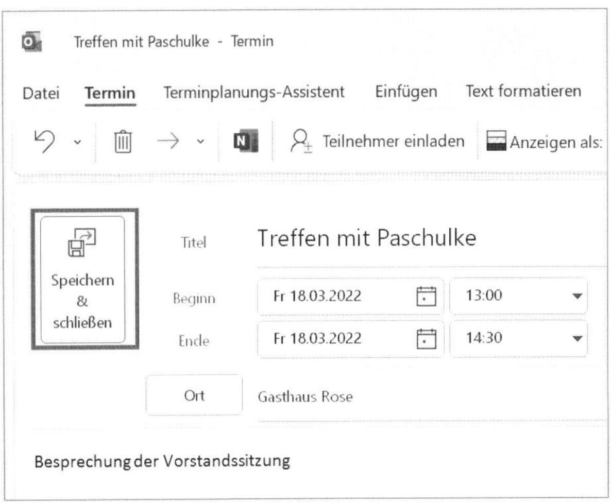

Nun sollte der Termin in Ihrem Kalender eingetragen sein.

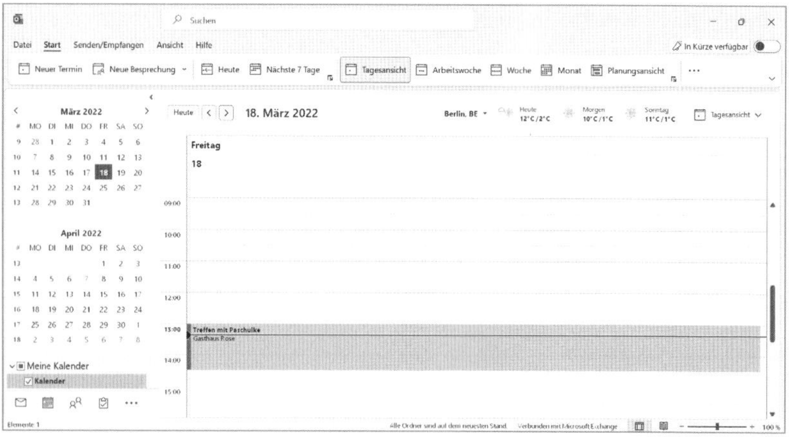

Wollen Sie den Termin nachträglich verändern, öffnen Sie ihn durch einen Doppelklick.

Falls nun jemand auf die Idee kommt, den Termin auf einen anderen Tag und eine andere Uhrzeit zu verschieben, gehen Sie einfach auf den seitlichen Rahmen des Termins, halten die linke Maustaste gedrückt und ziehen den Termin an die neue Stelle. Um den Zeitraum anzupassen, klicken Sie auf den oberen oder unteren Rahmen und nehmen ebenfalls durch Ziehen mit der Maus Ihre Anpassung vor.

Und wenn der Termin ganz ausfällt, klicken Sie auf den Rahmen und löschen ihn mit der Entf-Taste.

Wiederkehrende Ereignisse als Serientermin einrichten

Tante Hedwig hat jedes Jahr am 1. April Geburtstag. Und den dürfen Sie auf keinen Fall vergessen. Auch Ihren eigenen Hochzeitstag sollten Sie besser nie vergessen. Nicht auszudenken, wenn Sie den vergäßen. Sie sehen, es gibt wichtige Termine, die regelmäßig stattfinden, an die man sich in der Regel aber nicht regelmäßig erinnert. Die Gründe für das Vergessen sollen hier nicht diskutiert werden. Mit Outlook hat dieses Vergessen jetzt ein Ende. Sie können nämlich immer wiederkehrende Termine als Serien eingeben. Schauen wir uns das am Beispiel von Tante Hedwig an.

1 Gehen Sie auf einen 1. April, und machen Sie dort zu einer beliebigen Uhrzeit einen Doppelklick.

2 Tragen Sie die entsprechenden Inhalte ein und aktivieren Sie die Option *Ganztägig*, denn Tante Hedwig hat natürlich den ganzen Tag Geburtstag.

3 Anschließend klicken Sie auf *In Serie umwandeln*. Geben Sie hier den Serientyp ein. Tante Hedwig hat jährlich immer am 1. April Geburtstag. Ein Enddatum für die Serie sollten Sie in diesem Fall vielleicht noch nicht eintragen.

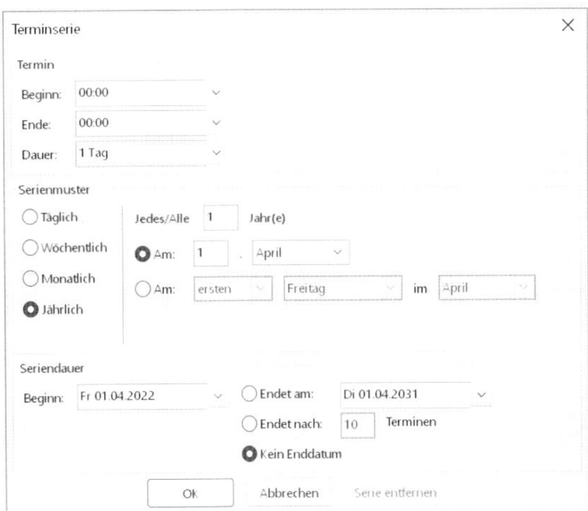

4 Bestätigen Sie das Fenster, und speichern Sie den Termin nun ab.

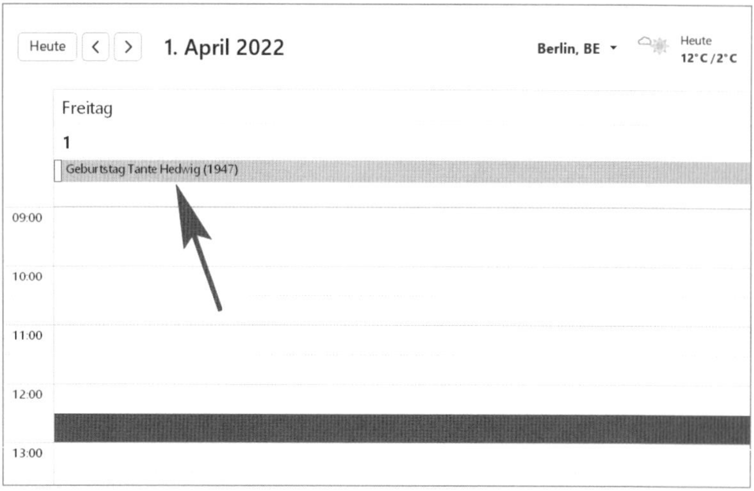

Ganztägige Ereignisse erscheinen immer oberhalb der normalen Termine. Selbstverständlich können Sie auch normale Termine als Serie eingeben. Haben Sie zum Beispiel zwei Monate lang jeden Dienstag von 10 bis 12 Uhr ein Seminar über Differenzialgleichungen, sieht Ihr Serienfeld folgendermaßen aus:

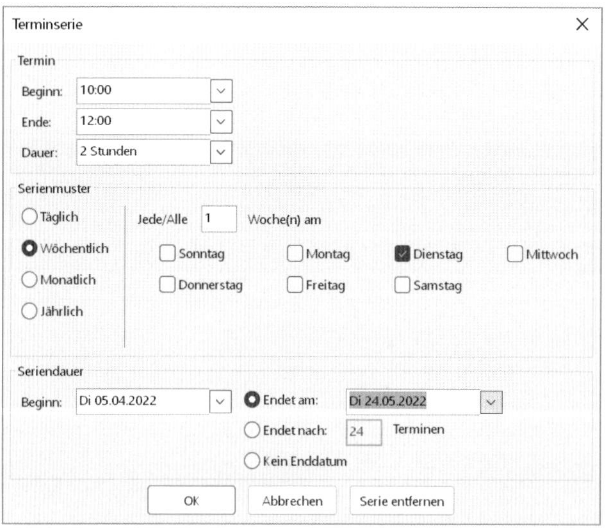

TIPP

Achtung bei Serienterminen

Sollte einer der Serientermine auf einen Feiertag fallen, wird das Outlook nicht besonders stören. Der Termin wird trotzdem eingetragen. Deshalb kontrollieren Sie insbesondere Serientermine. Möchten Sie einen Termin, der auf einen Feiertag fällt, löschen, klicken Sie ihn an und drücken die Entf-Taste. Outlook wird Sie fragen, ob Sie nur diesen Termin oder die ganze Serie löschen möchten.

Drucken des Kalenders

Dass Sie Ihren persönlichen Kalender auch ausdrucken können, ist eigentlich selbstverständlich. Nicht selbstverständlich, aber in Outlook möglich, ist es, den Kalender in so vielen Formaten und Layouts auszudrucken, dass der Ausdruck sicher auch in Ihren Papierterminkalender passt. So haben Sie immer Ihre Termine dabei, auch wenn Sie einmal nicht online gehen können.

Zum Ausdrucken des Kalenders gehen Sie über den Reiter *Datei* auf *Drucken*.

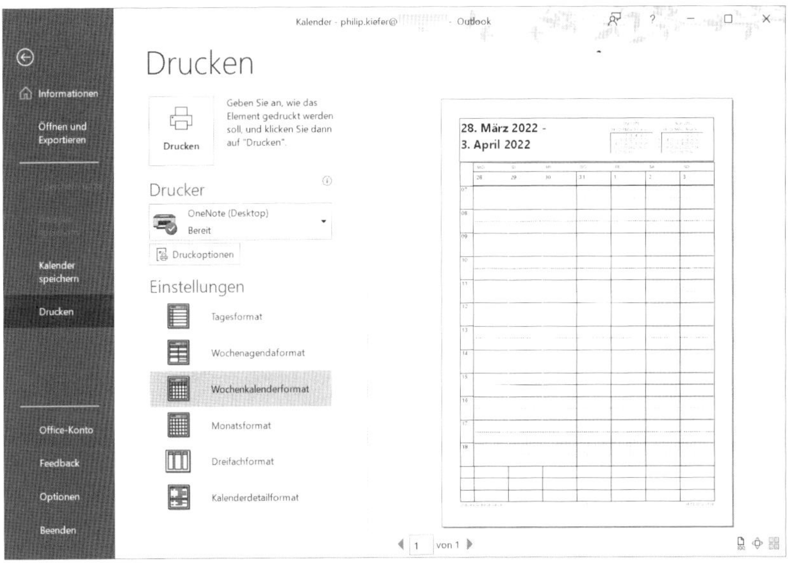

Klicken Sie einfach einmal die Einstellungen durch, um die verschiedenen Möglichkeiten kennenzulernen.

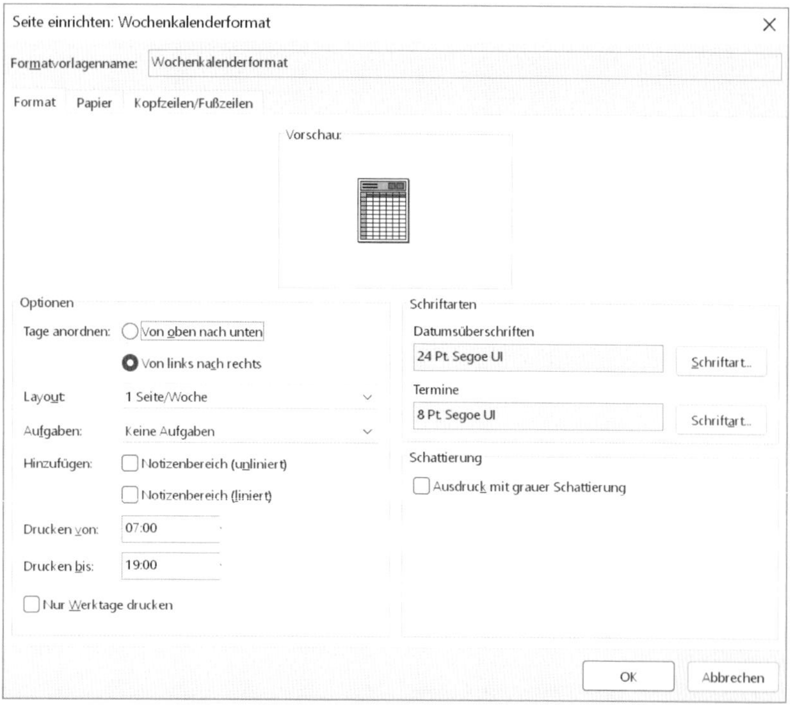

Wem das aber noch nicht genügt, der möge anschließend einen Doppelklick auf die einzelnen Einstellungen machen. Hier haben Sie so viele Möglichkeiten, dass sie in einem Buch mit einer begrenzten Seitenzahl kaum darstellbar sind.

6.5 Aufgaben in Outlook verwalten

Warum ist der Knoten im Taschentuch? – Outlook vergisst es nicht

Termine sind Objekte, die zu einem bestimmten Termin erledigt werden müssen. Eine Prüfung hat einen bestimmten Termin und eine bestimmte Uhrzeit. Da kann man selten etwas schieben. Aber die Vorbereitung zu einer Prüfung, also wann Sie wie viel lernen, können Sie über einen bestimmten Zeitraum verteilen. Ihre Aufgabe ist es also, für die Prüfung zu lernen, die aber zu einem festen Termin stattfindet.

Solche und ähnliche Aufgaben können Sie auch in Outlook verwalten. Jetzt höre ich Sie förmlich sagen, dass man den Termin einer Prüfung auch ohne Outlook im Kopf haben sollte und deshalb auch keine Aufgabenverwaltung bräuchte.

Muss Ihr Auto nicht in den nächsten Monaten zum TÜV? Wollten Sie nicht in den nächsten Wochen Ihr Abo im Theater erneuern? Oder sich einen Termin beim Zahnarzt geben lassen? Oh, der Zahnarzt ist in Urlaub. Dann sollten Sie sich den Termin seiner Rückkehr notieren, damit Sie sich einen Termin geben lassen können. Sie sehen, eine Aufgabenverwaltung kann ganz praktisch sein.

Um bei Outlook in den Aufgabenbereich zu kommen, klicken Sie links unten bei den Kategorien auf das Symbol, das eine Aufgabenliste zeigt.

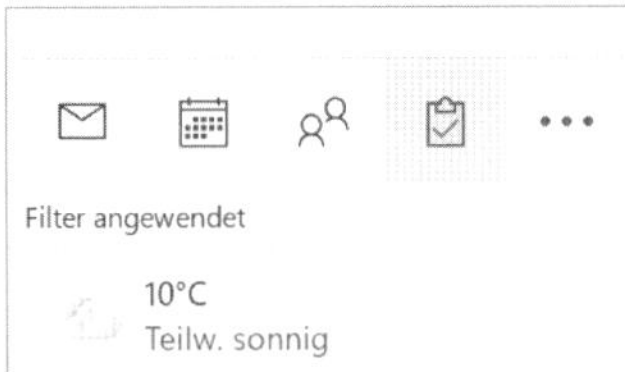

Klicken Sie dann auf *Neue Aufgabe*, oder machen Sie einen Doppelklick auf eine leere Stelle im Aufgabenbereich. In das sich öffnende Fenster tragen Sie ähnlich wie bei den Terminen einen sinnvollen Betreff ein.

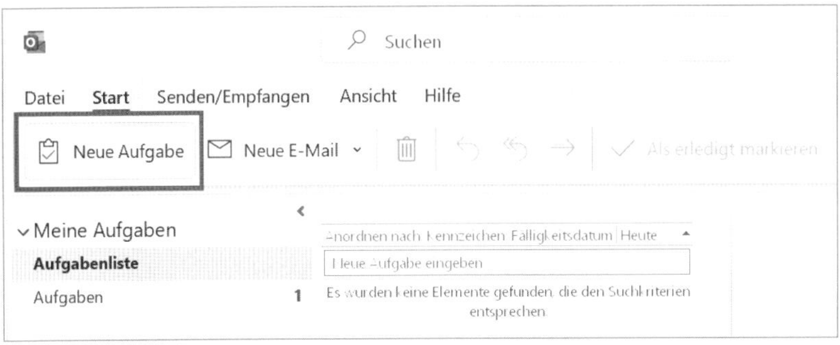

Startdatum und *Fälligkeitsdatum* kennzeichnen den zeitlichen Rahmen, in dem die Aufgabe erledigt werden soll. Bei *Erinnerung* können Sie einen Tag eintragen, an dem Outlook Sie ganz massiv an die Erledigung der Aufgabe erinnern soll. In dem großen freien Feld unterhalb der terminlichen Felder können Sie die zu erledigende Aufgabe etwas beschreiben und auch eventuelle Fortschritte bei der Bewältigung der Aufgabe festhalten.

Ihre Aufgabe könnte also folgendermaßen aussehen:

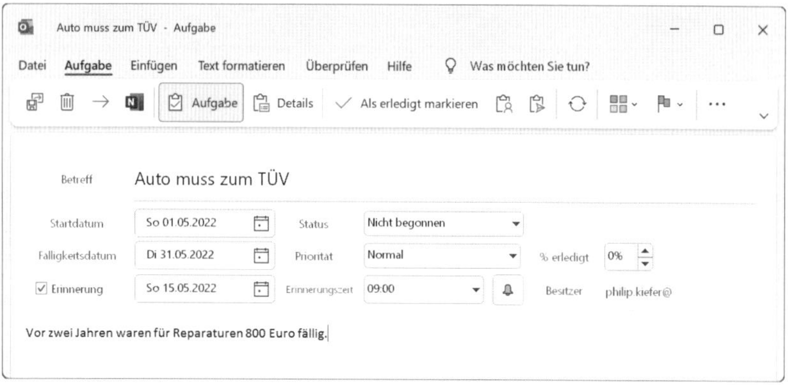

Die Aufgaben liegen in verschiedenen Kategorien vor, je nachdem, ob sie bis zum nächsten Monat zu erledigen sind oder erst später. Diese Einteilungen hängen natürlich vom aktuellen Tagesdatum ab.

Eine Steuererklärung ist zum Beispiel jedes Jahr fällig. Da ist das Finanzamt unerbittlich. Es wäre also gut, wenn Sie jedes Jahr an die Abgabe der Steuererklärung erinnert werden würden. Das Zauberwort dafür heißt natürlich wieder *Serie*.

Legen Sie eine Aufgabe *Steuererklärung* an bzw. öffnen Sie eine bereits vorhandene Aufgabe mit einem Doppelklick. Klicken Sie auf der Registerkarte *Aufgabe* auf das Symbol *Serientyp*. Legen Sie hier – wie bei der Terminerinnerung – das Intervall fest.

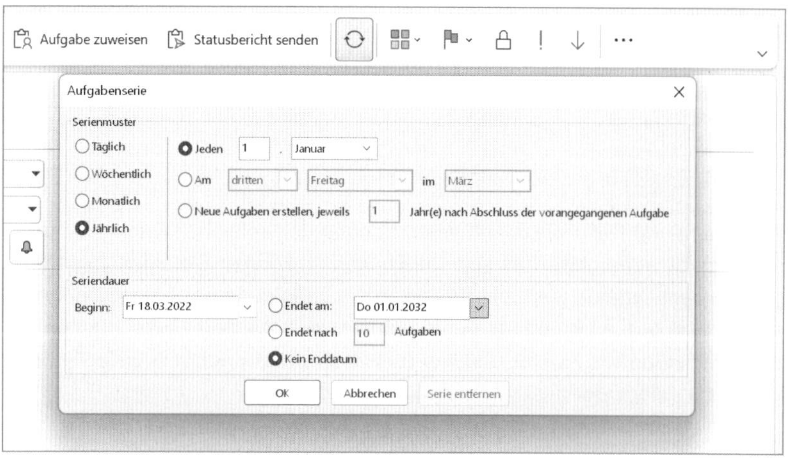

Ist eine Aufgabe erledigt, können Sie sie löschen. Bei manchen Aufgaben ist es aber besser, Sie lassen sie in der Liste, um vielleicht irgendwann einmal nachzuschauen, wann die Aufgabe erledigt wurde. Trotzdem sollte eine erledigte Aufgabe aus der Liste entfernt werden, sonst verliert man schnell den Überblick.

Deshalb kennzeichnen Sie erledigte Aufgaben am besten als erledigt. Das geschieht im Fenster mit all Ihren unerledigten Aufgaben.

Markieren Sie durch einen einfachen Klick die Aufgabe, die erledigt ist, und klicken Sie dann im Menüband auf *Als erledigt markieren*. Sofort verschwindet das Element aus der Liste im Aufgabenbereich. Aber Sie finden es jederzeit, wenn Sie im Bereich *Meine Aufgaben* auf *Aufgaben* klicken.

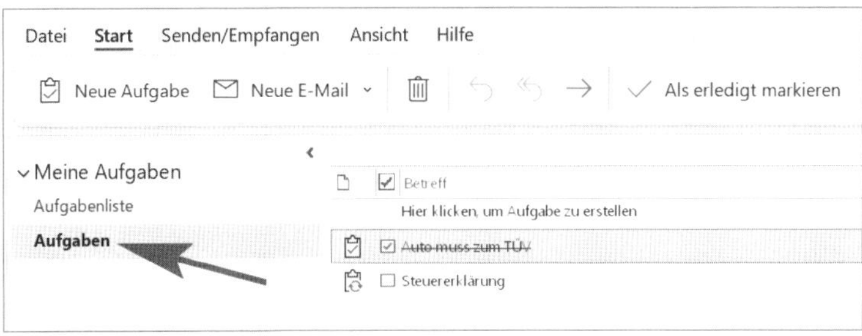

TIPP

Ideen auf kleinen Notizzetteln aufschreiben

In Outlook ist auch ein kleines Notizbuch versteckt, in dem Sie Ihre Ideen und Gedanken auf kleinen Notizzetteln aufschreiben können. Den Notizenbereich rufen Sie auf, indem Sie im Navigationsbereich links unten in Outlook auf das Symbol mit den drei Punkten klicken und dann *Notizen* wählen. Noch schneller geht es mit der Tastenkombination Strg+5. Für richtige elektronische Notizbücher, die Sie mit Texten, Bildern und vielen weiteren Inhalten füllen können, verwenden Sie aber besser das Microsoft-Tool *OneNote*.

6.6 Wichtig, aber sehr unterschätzt – die Datensicherung in Outlook

Man kann mit Outlook problemlos arbeiten, ohne das Konzept dahinter verstehen zu müssen. Es ist wie mit dem Autofahren. Das schafft man auch, ohne zu wissen, wie ein Motor funktioniert. Aber wenn der Motor einmal nicht funktioniert, bringt man das Auto zu einem Spezialisten in die Werkstatt.

Mit einem Computer und Outlook könnte man es ähnlich machen. Das Problem ist nur, dass Ihre Daten sehr individuell sind. Ein Automotor lässt sich Tausende Male nachbauen, die Daten in Ihrem Outlook jedoch nicht. Das ist der große Unterschied zwischen Ihrem Computer und Ihrem Auto. Und deshalb müssen Sie Ihre Daten sichern.

Datensicherung ist bei vielen Anwendern kein besonders wichtiger Aspekt. Erst wenn der Rechner zusammengebrochen ist und die Daten nur mit großem finanziellen und technischen Aufwand eventuell zu retten sind, fängt man an, sich über Datensicherung Gedanken zu machen. Dabei ist eine Datensicherung bei Outlook wirklich einfach, und es gibt eigentlich keinen Grund, es nicht zu tun.

Alles, was Sie in Outlook eingeben – E-Mails, Termine, Aufgaben oder Kontakte –, wird in Outlook in einem persönlichen Ordner abgelegt. Dieser persönliche Ordner trägt die Abkürzung PST. Das steht für **P**ersonal **St**ore, also für persönlicher Speicher oder Ablage. Auf der Festplatte bekommt diese Datei die Erweiterung *.pst.*

Die Daten von Outlook sind also nicht getrennt in verschiedenen Dateien und Formaten auf der Festplatte gespeichert, sondern befinden sich alle zentral in einer einzigen, der PST-Datei. Wenn Sie diese Datei regelmäßig sichern würden, hätten Sie damit alle Daten in Ihrem Outlook gerettet, wenn es zu einem Computercrash kommt.

Eine PST-Datei ist also so etwas wie ein Aktenschrank im Büro. Und so, wie Sie im Büro mehrere Aktenschränke haben können, so können Sie auch in Outlook mit mehreren PST-Dateien arbeiten. Aber Sie brauchen mindestens eine PST-Datei, um in Outlook überhaupt arbeiten zu können.

Diese eine PST-Datei legt Outlook bei der Installation automatisch an.

Das Sichern Ihrer PST-Datei

Was müssen Sie also tun, um diese wichtige Datei zu sichern?

Zunächst einmal sollten Sie sich klarmachen, dass diese Datei, so wie wir es nun tun werden, auf Ihrer Festplatte gesichert wird. Das ist natürlich relativ unsinnig, denn wenn Ihre Festplatte den Geist aufgibt ...

Deshalb sollten Sie eine Datensicherung in zwei Schritten durchführen. Der erste Schritt ist das Sichern der PST-Datei, der zweite ist das Kopieren dieser gesicherten PST-Datei auf eine externe Festplatte oder einen Datenstick.

Ich möchte Ihnen aus Datenschutzgründen davon abraten, die Outlook-Datensicherung in der Cloud, also einem Onlinespeicher, durchzuführen. Legen Sie die Datei lieber auf ein externes Laufwerk.

1 Gehen Sie über den Reiter *Datei* auf *Öffnen und Exportieren.*

2 Entscheiden Sie sich als Nächstes für *Importieren/Exportieren.*

3 Wählen Sie nun *In Datei exportieren.*

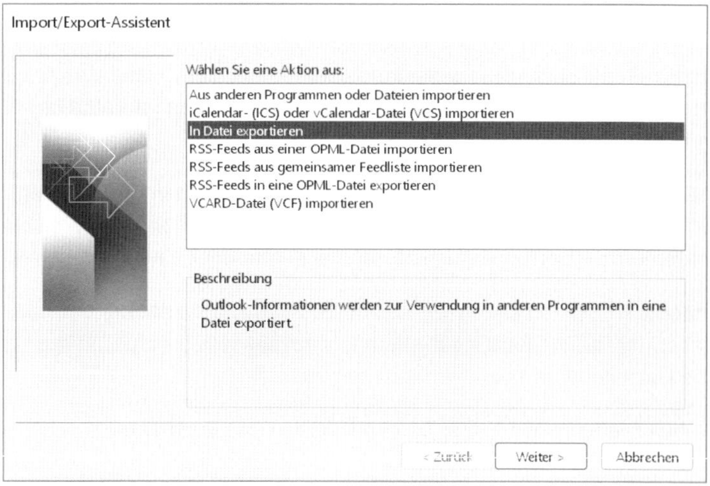

4 Im folgenden Fenster entscheiden Sie sich natürlich für die *Outlook-Datendatei (.pst).*

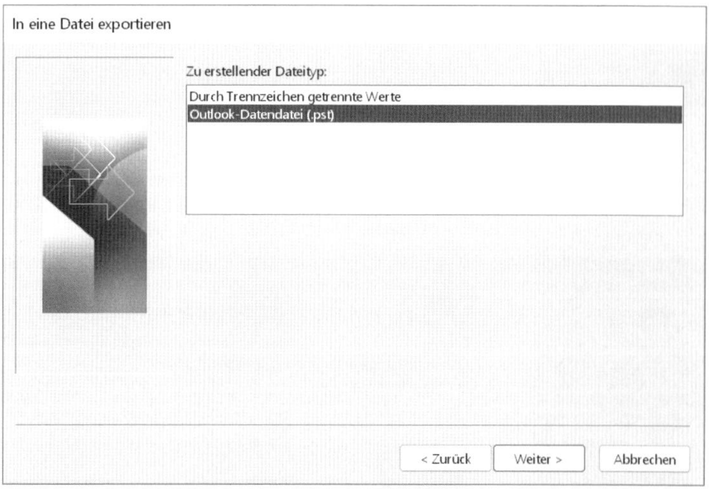

5 Nun ist es wichtig, sich für den richtigen persönlichen Ordner zu entscheiden. Stellen Sie außerdem sicher, dass bei *Unterordner einbeziehen* das Häkchen gesetzt ist, sonst werden diese Ordner nämlich nicht mit gesichert.

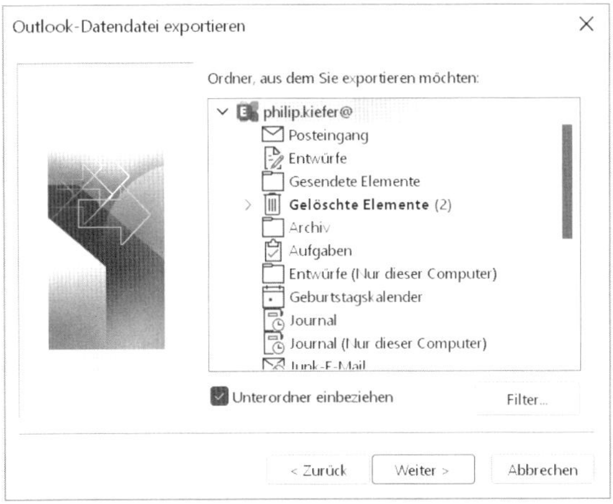

6 Im folgenden Fenster geben Sie nun einen Pfad an, in dem die Datei gespeichert werden soll. Sie können der Datei auch einen anderen Namen geben, wenn Sie zum Beispiel in den Dateinamen noch das Datum der Sicherung einbeziehen möchten, sodass Sie sofort sehen, von wann die Daten der Datei sind.

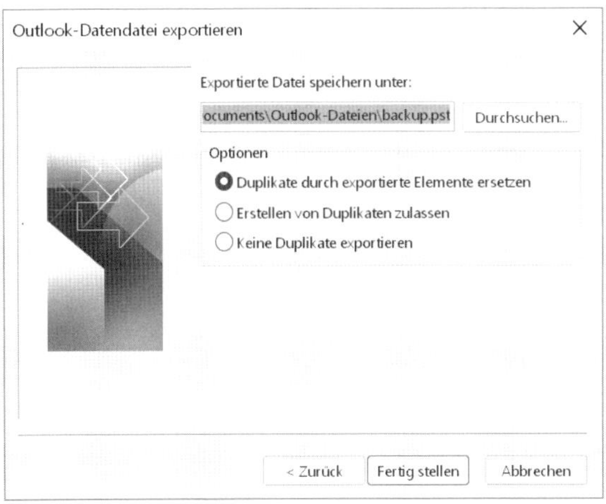

7 Damit nun nicht jeder auf Ihre Datei zugreifen kann, können Sie sie nun noch mit einem Kennwort versehen. Dieses Kennwort ist aber nicht zwingend.

Wenn Sie das letzte Fenster mit einem *OK* bestätigen, beginnt die Sicherung. Diese Sicherung kann, je nach Umfang der Daten, mehrere Minuten dauern. Als Letztes sollten Sie die Datei nun auf ein externes Laufwerk kopieren. Sollte es dann einmal nötig sein, die Datei zurückzukopieren, gehen Sie wieder unter dem Reiter *Datei* auf *Öffnen und Exportieren*.

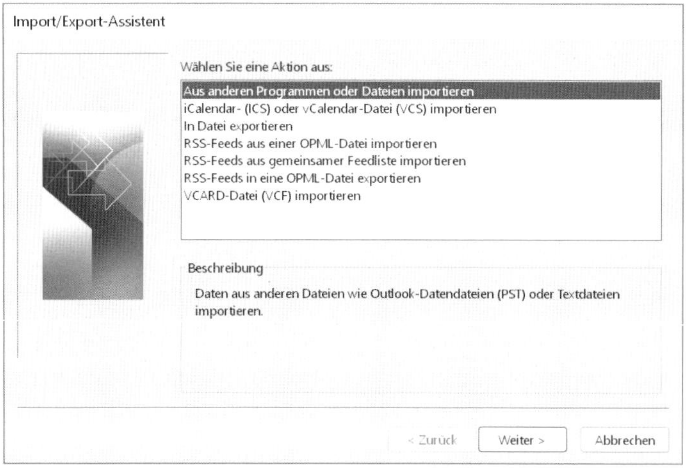

Nun wählen Sie *Aus anderen Programmen oder Daten importieren* und entscheiden sich anschließend für das Importieren einer PST-Datei.

Bestimmen Sie dann im Assistenten den Dateipfad der Sicherungsdatei und entscheiden Sie, wie gegebenenfalls mit Duplikaten verfahren werden soll, bevor Sie den Import schließlich starten.

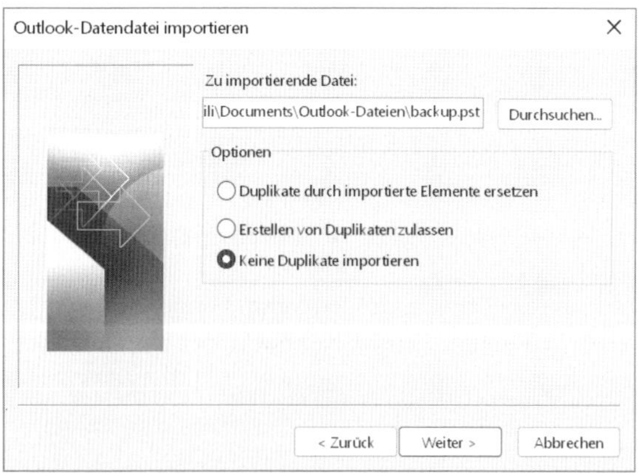

7 Nahtlose Zusammenarbeit zwischen den Office-Programmen

Eine der großen Stärken des Office-Pakets ist es, Daten zwischen den einzelnen Programmen annähernd beliebig auszutauschen. So ist es problemlos möglich, Grafiken aus Excel sowohl nach Word wie auch nach PowerPoint zu übertragen oder ganze Folien aus PowerPoint in Word einzubinden.

Dabei ist sogar eine sogenannte Verknüpfung möglich, bei der die ausgetauschten Daten immer auf dem aktuellen Stand bleiben.

Um diese Techniken geht es in diesem Kapitel.

7.1 Excel-Tabellen und -Grafiken nach Word und PowerPoint

Kopieren oder Verknüpfen – das ist hier die Frage

Sie haben in den vorangegangenen Kapiteln schon gesehen, dass es keine Probleme bereitet, in Word oder PowerPoint eine Original-Excel-Tabelle zu integrieren. Das ist besonders dann wichtig und interessant, wenn in dieser Tabelle umfangreiche Rechnungen durchgeführt werden sollen, denn in einer Word-Tabelle ist das Rechnen nur in sehr eingeschränktem Maße möglich.

Doch oft ist es so, dass man zunächst eine große und umfangreiche Tabelle in Excel kalkuliert und erst später merkt, dass man diese auch für einen Word-Text benutzen könnte.

Es gibt nun drei Möglichkeiten der Verbindung zwischen den Objekten in den einzelnen Modulen. Schauen wir uns das an Beispielen an.

Nehmen wir an, Sie haben das folgende Word-Dokument:

Gleichungen in Parameterdarstellung – Spiralen und andere komplexe Grafiken

In mathematischen Gleichungen der Form y = f(x) nennt man die x-Werte unabhängige Variablen, da sie jeden beliebigen Wert annehmen können, während die y-Werte die abhängigen Variablen sind, denn sie hängen von den x-Werten ab. Nun gibt es aber auch Gleichungen, in denen sowohl die x-Werte als auch die y-Werte von einem dritten Wert abhängen.

Solche Funktionen in Excel darzustellen, ist kein großes Problem. Spätestens bei der grafischen Aufbereitung zeigt sich die Stärke von Excel. Schauen wir uns das Ganze anhand einer Spirale an.

Eine Spirale hat folgende zwei Gleichungen:

$$x = \frac{a \cdot \cos(t)}{t} \quad und \quad y = \frac{a \cdot \sin(t)}{t}$$

Hier ist t die unabhängige Variable, und x und y sind die abhängigen Variablen. Erster Schritt ist hier auch wieder das Entwickeln einer Wertetabelle.

In diesen Text soll nun eine in Excel erstellte Grafik kopiert werden.

1. Variante

Der Übertrag von Excel nach Word läuft im Wesentlichen auf ein Kopieren hinaus.

1 Gehen Sie in die Tabelle in Excel, in der die Grafik zu finden ist, und klicken Sie diese an. Wundern Sie sich nicht, wenn dadurch auch die Werte in der Wertetabelle markiert werden.

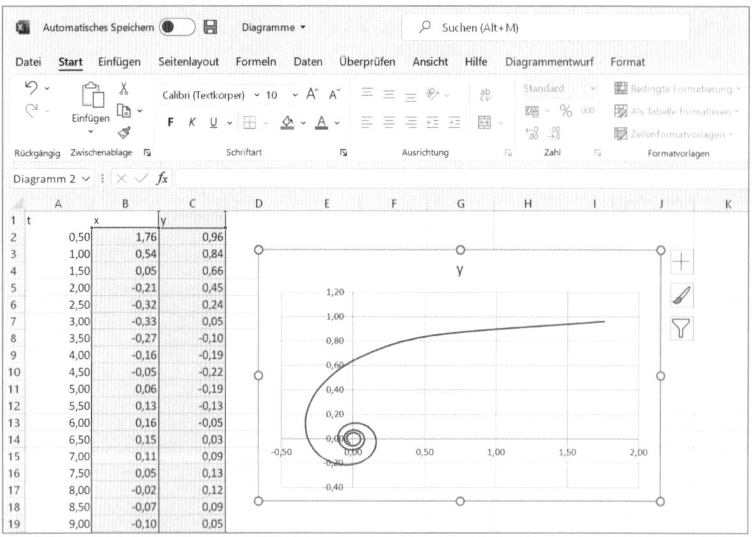

2 Drücken Sie nun ganz klassisch Strg+C, um die Grafik in die Zwischenablage zu kopieren.

3 Gehen Sie in Word an die Stelle, an der die Grafik platziert werden soll, und drücken Sie Strg+V, um die Grafik aus der Zwischenablage zu holen.

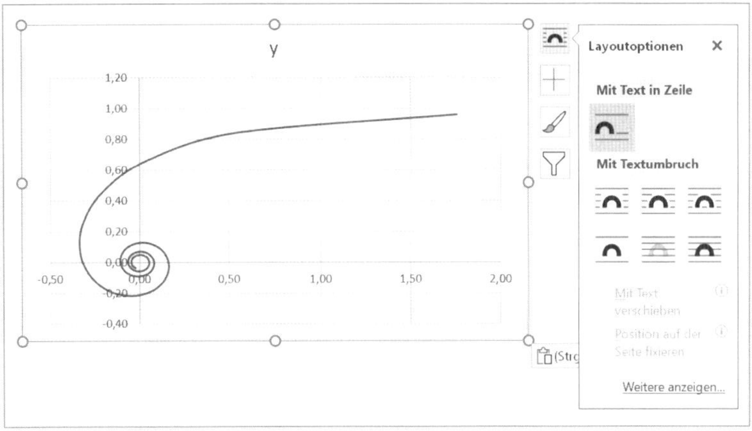

Dadurch wurde nun tatsächlich eine Verknüpfung von der Excel-Grafik zur Word-Grafik erzeugt, das heißt, dass jede Änderung der Daten in Excel eine Änderung der Grafik in Word bedeutet.

Dieser Weg geht aber nur in eine Richtung, nämlich von Excel nach Word. Sie sehen an den Symbolen auf der rechten Seite der Grafik, dass Sie das Aussehen der Grafik in Word noch verändern können.

Diese Änderungen in Word haben aber nicht zur Folge, dass auch Änderungen in Excel stattfinden. Wie gesagt, es geht nur in Richtung von der Quelle zur Mündung, in unserem Fall also von Excel nach Word.

Und es gilt nur für Grafiken. Fügen Sie in der gleichen Weise eine Excel-Tabelle ein, wird eine Änderung der Werte in der Excel-Tabelle keinen Einfluss auf Werte in der Word-Datei haben.

Was Sie in Word hier eingefügt haben, war ein sogenanntes Microsoft-Office-Grafikobjekt, d. h., die Grafik ist wirklich physisch in Word gelandet, aber sie weiß dort auch noch, woher sie stammt, deshalb werden Änderungen im Herkunftsprogramm automatisch aktualisiert.

2. Variante

Obwohl solche Änderungen oft erwünscht sind, gibt es Fälle, in denen das nicht der Fall ist. Nehmen wir an, Sie möchten Werte der Tabelle und die grafische Aufbereitung der verschiedenen Werte auch darstellen. In einem solchen Fall dürfen keine Änderungen an der Grafik vorgenommen werden.

1 Das geht aber auch sehr einfach. Sie markieren und kopieren Ihre Grafik ganz klassisch. Alternativ können Sie auf der Registerkarte *Start* das Dreieck beim *Kopieren*-Symbol anklicken.

Im aufgeklappten Listenfeld wählen Sie dann *Als Bild kopieren*.

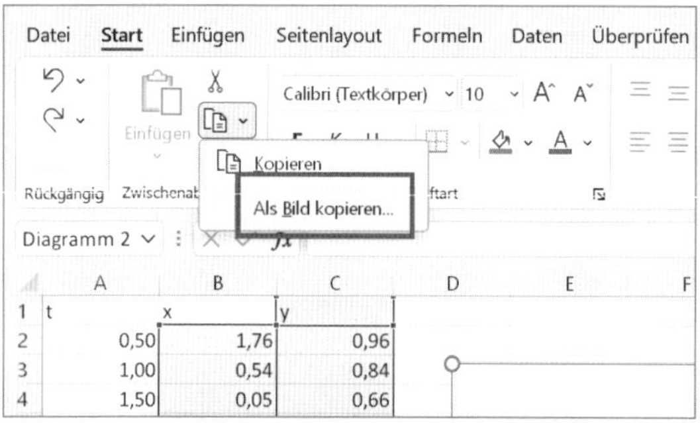

2 Nun müssen Sie noch entscheiden, ob Sie die Grafik als Bild oder Bitmap nach Word kopieren wollen. Der Unterschied zwischen beiden liegt in erster Linie in der Dateigröße: Bitmaps verbrauchen mehr Platz, sind deshalb aber auch wesentlich besser zu skalieren.

Wie angezeigt bedeutet, dass die Grafik so, wie sie am Bildschirm zu sehen ist, kopiert werden soll, *Wie angezeigt* bedeutet so, wie sie ausgedruckt werden würde, denn es könnte ja sein, dass Sie die Grafik als Graustufenbild ausdrucken lassen.

3 Einfügen mit Strg+V fügt die Grafik nun tatsächlich als normales Bild ein.

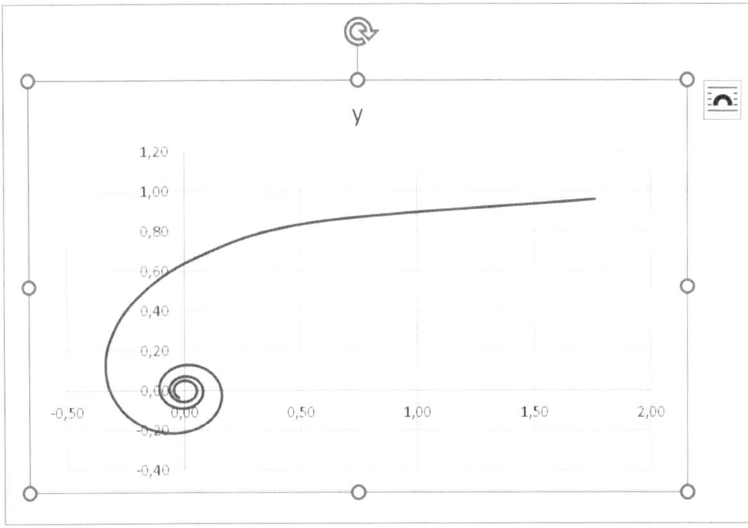

Bei der zweiten Möglichkeit, nämlich Grafiken als Bild zu kopieren, wissen die Bilder nicht mehr, woher sie kommen. Sie haben also keinen Bezug mehr zu Excel.

Es sind Bilder, die Sie auch über die Registerkarte *Einfügen* und *Bilder* bekommen hätten.

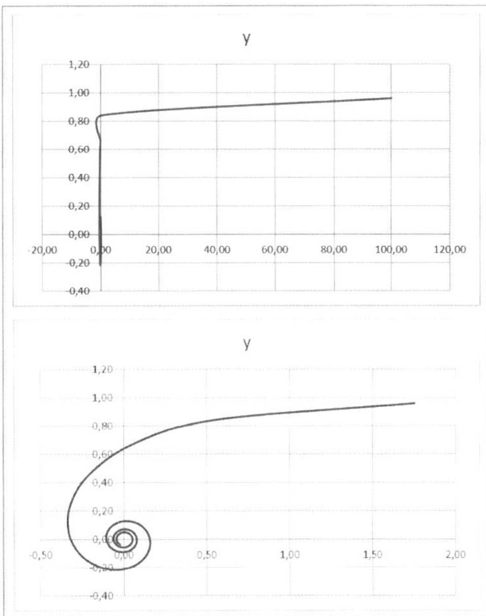

Beide Grafiken der vorherigen Abbildung stammen aus der gleichen Quelle. Nummer 1 zeigt das Einfügen als Microsoft-Office-Grafikobjekt, bei Nummer 2 wurde die Grafik als normales Bild eingefügt. Danach wurde in der Herkunftstabelle in Excel ein Wert verändert. Und augenblicklich wird die Grafik beim Grafikobjekt (1) ebenfalls verändert.

3. Variante

Wenn Sie denken, das war's schon, sind Sie im Irrtum. Es gibt noch eine Möglichkeit der Zusammenarbeit zwischen den Programmen: die Verknüpfung.

1 Sie markieren und kopieren wie bisher mit Strg+C.

2 Dann gehen Sie, ebenfalls wie bisher, an die Stelle in Word, an der die Grafik platziert werden soll.

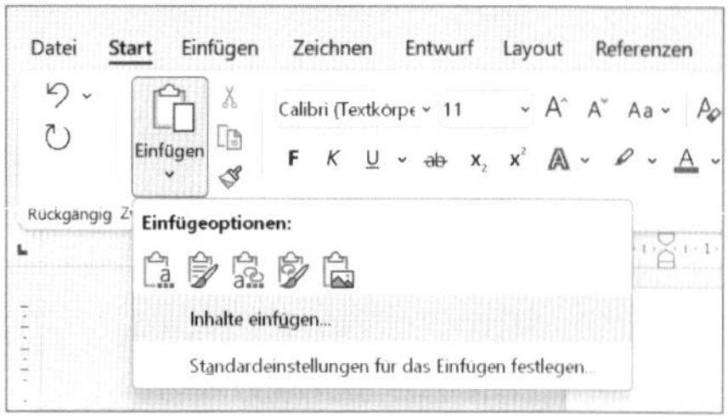

3 Nun aber wählen Sie auf der Registerkarte *Start* das kleine Dreieck bei *Einfügen*. Darin wählen Sie *Inhalte einfügen*.

4 Im folgenden Fenster sehen wir unsere bisher genutzten Möglichkeiten. Hier wählen Sie nun erneut *Microsoft Office-Grafikobjekt*. Diesmal klicken Sie aber zusätzlich auf der linken Seite auf *Verknüpfung einfügen*.

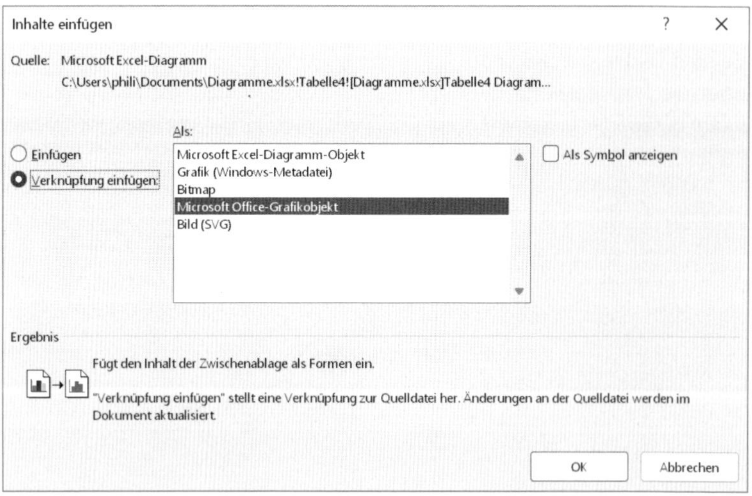

Zunächst werden Sie keinen Unterschied feststellen zwischen diesem Verknüpfen und dem Einbinden als Grafikobjekt.

Der Unterschied ist jedoch gravierend! Bei einer Verknüpfung, die wir gerade hergestellt haben, befindet sich das Objekt nicht wirklich physisch in der Word-Datei, sondern es wurde nur ein Pfad zur Excel-Datei gelegt.

Wie gesagt, zunächst bemerken Sie keinen großen Unterschied, aber bei einer Verknüpfung gibt es die Grafik in Word nicht, sondern es gibt nur den Pfad dorthin.

Das heißt, wenn Sie die Word-Datei öffnen, sucht Word nach der verknüpften Excel-Tabelle und lädt sich die Daten. Auch in diesem Fall haben Sie also immer die aktuellen Daten.

Was aber, wenn Sie die Tabelle in einen anderen Ordner legen? Oder wenn Sie die Word-Datei auf das Notebook schieben, die zugehörige Excel-Tabelle aber nicht?

In diesem Fall findet Word an dem in der Datei gespeicherten Pfad keine Excel-Grafik und zeigt Ihnen ein entsprechendes Infofenster an.

In der folgenden Tabelle werden die drei Möglichkeiten noch einmal übersichtlich zusammengefasst.

Kopieren	Einfügen	Art des Objekts
Strg+C	Strg+V	Microsoft-Office-Grafikobjekt. Änderungen der Werte in Excel werden in der entsprechenden Grafik von Word aktualisiert.
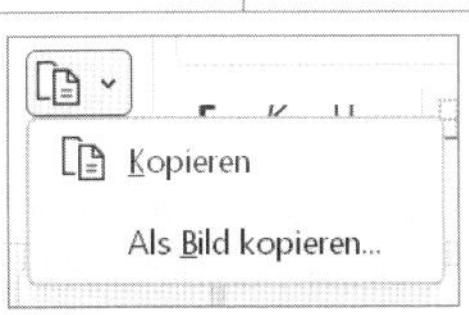	Strg+V	Die Grafik wird als ganz klassisches Bild eingefügt. Das Bild weiß von seiner Herkunft nichts mehr.

Kopieren	Einfügen	Art des Objekts
Strg+C	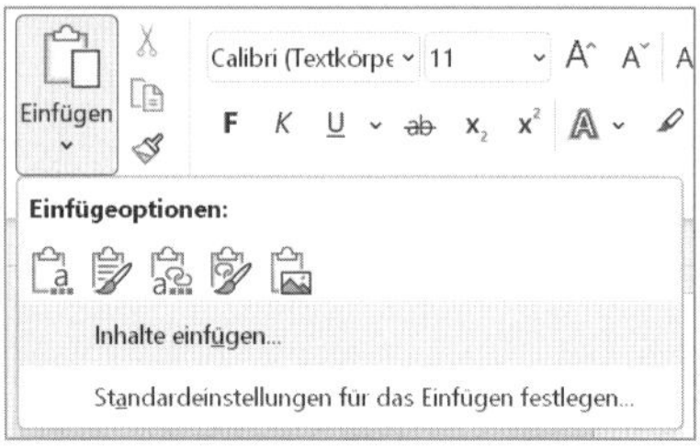 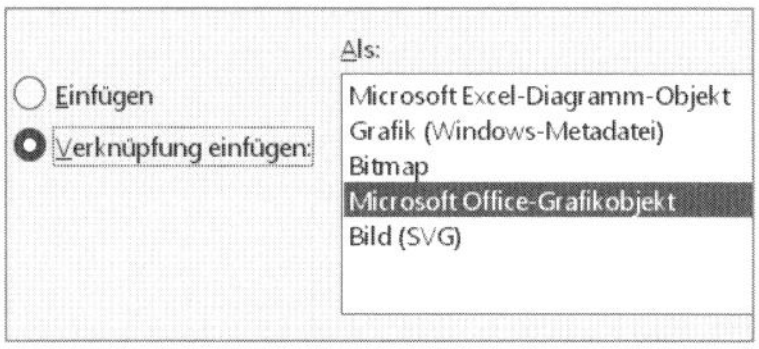	Die Grafik wird nur verknüpft. In der Word-Datei befindet sich lediglich der Pfad, nicht aber das Objekt.

Genauso einfach und mit den gleichen Überlegungen können Sie auch Excel-Tabellen nach Word oder PowerPoint kopieren. Sie haben es dann aber nicht mit Excel-Grafikobjekten, sondern mit Excel-Tabellenobjekten zu tun. Alle anderen Überlegungen sind identisch mit unseren bisherigen Betrachtungen.

Machen Sie sich den Unterschied zwischen dem Einfügen als Grafik- oder Tabellenobjekt gegenüber der Verknüpfung als Grafik- oder Tabellenobjekt noch einmal klar. Bei einer Verknüpfung befindet sich das Objekt nicht physisch in der Datei, sondern nur der Pfad zu diesem Objekt. Das kann massive Auswirkungen etwa in einer PowerPoint-Präsentation haben, wenn Sie die Excel-Grafikobjekte verknüpft und nicht eingefügt haben und vergessen, diese Excel-Dateien mit auf Ihr Notebook zu schieben. Wenn Sie das dann erst während der Präsentation bemerken, werden Sie bedauern, diesen Abschnitt nicht sorgfältiger durchgelesen zu haben. Bei Excel-Tabellen ist die Methode der Verknüpfung die einzige Möglichkeit, um die Werte automatisch zu aktualisieren.

7.2 PowerPoint-Folien in Word

Speichern als Grafikdatei

Das Kopieren verschiedener Objekte zwischen den Office-Programmen Word, Excel und PowerPoint geschieht grundsätzlich nach den im letzten Abschnitt beschriebenen Varianten.

Aber PowerPoint bietet eine weitere Variante an, Folien in Word oder Excel einzufügen. Diese Variante ist besonders dann interessant, wenn man eine umfangreiche und komplexe Folie als Bild in einer Word-Datei haben möchte.

Und hier ist das Stichwort schon gefallen: Bild. Sie können nämlich jede PowerPoint-Folie als JPEG, BMP und noch in einigen anderen Bildformaten abspeichern. Schauen wir uns das einmal konkret an.

1 In Ihrer PowerPoint-Präsentation gehen Sie auf die Registerkarte *Datei* und wählen *Speichern unter.* Hier entscheiden Sie nun, wo Sie die Bilder abgelegt haben wollen.

2 Haben Sie sich für den Ort entschieden, erscheint das Fenster zum Festlegen des Dateinamens. Hier wählen Sie bei *Dateityp* aus einer großen Menge an Dateiformaten das Format aus, das Sie für Ihre einzelnen Folien benutzen möchten. In der Regel wird das **.jpg*, **.bmp* oder **.png* sein.

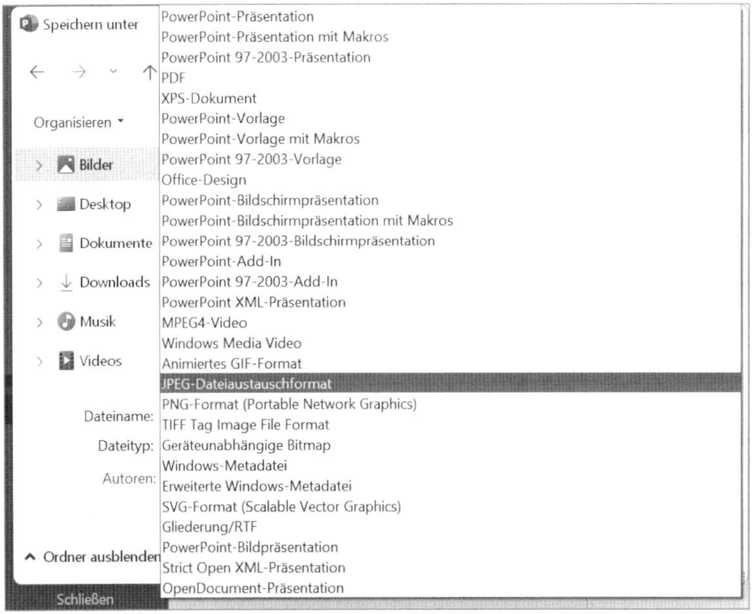

3 Wenn Sie nun auf *Speichern* klicken, müssen Sie eine weitere Entscheidung treffen.

4 Hier entscheiden Sie, ob Sie nur die aktuelle Folie, also die, die Sie gerade bearbeiten, oder alle Folien Ihrer Präsentation als JPEG-Dateien haben

möchten. Wählen Sie *Alle Folien*, wird PowerPoint einen separaten Ordner anlegen und die Bilder darin speichern. Als Speicherplatz für diesen Unterordner benutzt PowerPoint den Ordner, aus dem die zu speichernde Datei kommt.

Diese Bilddateien können Sie nun in Word oder auch in Excel genauso einfügen wie jedes andere Bild auch. Sie müssen immer nur daran denken, dass diese JPEG-Dateien (oder die anderen möglichen Bildformate) nicht mehr wissen, dass sie einmal Bestandteil einer PowerPoint-Präsentation waren.

Da Sie solche Bilddateien nur mit dem Befehl *Speichern unter* erzeugen können, ist Ihre ursprüngliche PowerPoint-Präsentation natürlich unverändert noch weiter vorhanden.

TIPP **Office- und weitere Dateien als Objekte einbinden**
Statt Grafiken einzubinden, können Sie auch die Dateien selbst in ein Dokument einbetten. Dazu wählen Sie z. B. in Word auf der Registerkarte *Einfügen* die Schaltfläche *Objekt*, wählen im folgenden Fenster die Registerkarte *Datei erstellen* und geben mit *Durchsuchen* den Dateipfad an. Ein Doppelklick auf das eingebettete Objekt öffnet die Datei im dafür vorgesehenen Programm.

Welche Variante ist die beste?

Welche dieser Varianten nun die beste ist, hängt davon ab, was Sie brauchen. Möchten Sie den sicheren Weg gehen, sollten Sie keine Verknüpfung wählen, denn Sie wissen, bei einer Verknüpfung liegt die Datei nicht physisch in dem entsprechenden Programm, sondern nur ein Pfad. Und wenn der Pfad verändert wird, findet das Programm die Datei nicht mehr.

Der Vorteil einer Verknüpfung ist: Gerade bei Word-Dateien mit verknüpften Excel- oder PowerPoint-Grafiken bleibt die Word-Datei erstaunlich klein. Jedes Bild, jede Grafik, die sich physisch in dem Programm befindet, bläht die Datei auf.

Müssen Ihre Daten immer auf dem aktuellen Stand sein, egal, wer sie präsentiert, müssen Sie die Daten verknüpfen und immer aufpassen, dass alles zusammen zum Beispiel auf ein Notebook verschoben wird.

Der Nachteil der Verknüpfung: Wenn sich Pfade ändern, haben Sie ein Problem.

A Tastenkombinationen im Überblick

A.1 Word

Allgemeine Tastenkombinationen	
Strg+O	Zeigt das Dialogfeld *Öffnen* an. Ist gleichbedeutend mit Klick auf *Datei* und *Öffnen*.
Strg+N	Erstellt ein neues leeres Dokument.
Strg+P	Blendet das Dialogfenster *Drucken* ein.
Strg+S	Speichert die aktive Datei. Verwendet werden der aktuelle Dateiname, das aktuelle Dateiformat und der aktuell gewählte Speicherort.
F12	Blendet das Dialogfenster *Speichern unter* ein.
Strg+W Strg+F4	Schließt das markierte Arbeitsmappenfenster.
Strg+F	Öffnet das Suchfeld.
Strg+H	Öffnet das Dialogfeld *Suchen und Ersetzen*.
Strg+G	Öffnet das Dialogfeld *Gehe zu*.
Esc	Aktion abbrechen
Strg+Z	letzte Aktion rückgängig machen
Strg+Y	Aktion wiederherstellen/wiederholen
Alt+Strg+G	Gliederungsansicht
Alt+Strg+N	Entwurfsansicht
Strg+F9	Feld einfügen
Strg+A	alles markieren
F9	Feldfunktion aktualisieren
Strg+↵	Seitenumbruch

Allgemeine Tastenkombinationen	
⇧+↵	Zeilenumbruch
⇧+Strg+-	geschützter Bindestrich

Tastenkombinationen für Formatierungen	
⇧+Strg+A	Öffnet das Dialogfenster *Schriftart.*
⇧+Strg+<	Vergrößert den Schriftgrad auf den nächsten Standardwert.
Strg+<	Verkleinert den Schriftgrad auf den nächsten Standardwert.
Strg+9	Vergrößert den Schriftgrad um 1 pt.
Strg+8	Verkleinert den Schriftgrad um 1 pt.
⇧+F3	Die Groß- und Kleinschreibung der Buchstaben ändert sich.
⇧+Strg+G	Alle Buchstaben werden Großbuchstaben.
⇧+Strg+F	Der Text wird fett.
⇧+Strg+K	Der Text wird kursiv.
⇧+Strg+U	Der Text wird unterstrichen.
⇧+Strg+H	Der Text wird verborgen formatiert.
⇧+Strg+W	Nur Wörter werden unterstrichen, keine Leerstellen dazwischen.
⇧+Strg+D	Der Text wird doppelt unterstrichen.
⇧+Strg+Q	Der Text wird zu Kapitälchen formatiert.
⇧+Strg+B	Dem Text wird die Schriftart *Symbol* zugewiesen.
⇧+Strg++	alle Absatzmarken und Formatierungssymbole sichtbar machen
⇧+Strg+C	Das Format wird kopiert.
⇧+Strg+V	Das Format wird zugewiesen.
Strg+#	Der Text wird tiefer gestellt.

Tastenkombinationen für Formatierungen	
Strg+(+)	Der Text wird hochgestellt.
Strg+Leer	Zeichenformatierung entfernen
Strg+F1	Formatierung anzeigen
Strg+1	einfacher Zeilenabstand
Strg+2	doppelter Zeilenabstand
Strg+5	1,5-facher Zeilenabstand
Strg+B	Blocksatz
Strg+L	linksbündig
Strg+R	rechtsbündig
Strg+M	Absatz von links einrücken
⇧+Strg+M	Absatzeinzug links entfernen
Strg+T	hängender Einzug
⇧+Strg+T	hängenden Einzug entfernen
Strg+Q	Absatzformatierung entfernen
Alt+1	Formatvorlage *Überschrift 1* zuweisen
Alt+2	Formatvorlage *Überschrift 2* zuweisen
Alt+3	Formatvorlage *Überschrift 3* zuweisen

Bearbeiten von Texten	
⇦	Löscht das Zeichen links von der Einfügemarke.
Entf	Löscht das Zeichen rechts von der Einfügemarke.
Strg+Entf	Das Wort rechts von der Einfügemarke wird gelöscht.
Strg+X	Text oder Grafik wird in die Zwischenablage verschoben.
Strg+C	Text oder Grafik wird in die Zwischenablage kopiert.
Strg+V	Text oder Grafik wird aus der Zwischenablage eingefügt.

A.2 Excel

Allgemeine Tastenkombinationen	
Strg+O	Zeigt das Dialogfeld *Öffnen* an. Ist gleichbedeutend mit Klick auf *Datei/Öffnen*.
Strg+N	Erstellt eine neue leere Arbeitsmappe.
Alt+⇧+F1 ⇧+F11	Fügt ein neues Tabellenblatt ein.
Strg+P	Blendet den Dialog *Drucken* ein.
Strg+S	Speichert die aktive Datei. Verwendet werden der aktuelle Dateiname, das aktuelle Dateiformat und der aktuell gewählte Speicherort.
F12	Blendet den Dialog *Speichern unter* ein.
Strg+W Strg+F4	Schließt das markierte Arbeitsmappenfenster.

Wechsel zwischen Ansichten und Navigation im Programm	
F6	Wechselt zwischen Tabellenblatt, Registerleiste, Menüband und Statusleiste. Ist das Tabellenblatt geteilt, werden die geteilten Fenster für den Wechsel mit einbezogen.
⇧+F6	Wechselt zwischen Statusleiste, Menüband, Registerleiste und Tabellenblatt.
Strg+F6	Sofern mehrere Arbeitsmappenfenster geöffnet sind, wechseln Sie mit dieser Tastenkombination in die nächste Arbeitsmappe.
F1	Zeigt die Excel-Hilfe an.

Oft verwendete Funktionen	
Strg+Y	Wiederholt die zuletzt ausgeführte Aktion.
Strg+Z	Macht den letzten Befehl rückgängig oder löscht den zuletzt eingegebenen Befehl.

Oft verwendete Funktionen	
F5	Blendet das Dialogfeld *Gehe zu* ein.
Strg+F	Blendet das Dialogfeld *Suchen und Ersetzen* ein. Ausgewählt ist die Registerkarte *Suchen*.
Strg+H	Blendet das Dialogfeld *Suchen und Ersetzen* ein.
⇧+F4	Wiederholt den letzten Suchvorgang.

Bearbeitung einer Tabelle	
Alt+↵	Beginnt in derselben Zelle eine neue Zeile. Die Zelle muss vorher zum Bearbeiten geöffnet worden sein.
⇧+↵	Schließt die Eingabe einer Zelle ab und markiert die darüberliegende Zelle.
⇧+Leer	Markiert in einem Tabellenblatt eine komplette Zeile.
Strg+⇧+Leer	Markiert das gesamte Tabellenblatt. Enthält das Tabellenblatt Daten, wird der aktuelle Bereich markiert. Drücken Sie die Tastenkombination ein zweites Mal, werden der aktuelle Bereich und die zugehörigen Zusammenfassungszeilen markiert. Drücken Sie die Tastenkombination ein drittes Mal, wird das gesamte Tabellenblatt markiert. Ist ein Objekt markiert, werden mit der Tastenkombination alle Objekte auf dem Tabellenblatt markiert.
F2	Öffnet die aktive Zelle zum Bearbeiten.
⇦	Löscht in der Bearbeitungszeile ein Zeichen links. Löscht außerdem den Inhalt einer aktiven Zelle.
Entf	Löscht den Inhalt einer Zelle. Entfernt werden Daten und Formeln. Formate und Kommentare bleiben erhalten. Im Zellbearbeitungsmodus wird das Zeichen neben der Einfügemarke gelöscht.

Navigation in einer Tabelle	
Pfeiltasten	sich in einem Tabellenblatt um eine Zelle nach oben, unten, links oder rechts bewegen
[⇧]+[⇆]	Navigiert in einem Tabellenblatt zur vorherigen Zelle.
[Strg]+[Ende]	Navigiert zur letzten verwendeten Zelle in einem Tabellenblatt.
[Strg]+[Pos 1]	Navigiert an den Anfang des Tabellenblatts.

Arbeit mit Zahlenformaten	
[Strg]+[⇧]+[1]	Weist das Zahlenformat mit zwei Dezimalstellen und Tausendertrennzeichen zu. Negative Werte werden mit einem Minuszeichen kenntlich gemacht.
[Strg]+[⇧]+[4]	Weist das Währungsformat zu. Es werden zwei Dezimalstellen verwendet. Negative Werte werden rot gefärbt.
[Strg]+[⇧]+[5]	Weist das Zahlenformat *Prozent* zu.

Arbeit mit Datums- und Zeitformaten	
[Strg]+[⇧]+[.]	Trägt die aktuelle Uhrzeit ein.
[Strg]+[#]	Weist das Datumsformat zu.

Ausführung von Berechnungen und Überprüfung von Formeln	
[F9]	Berechnet alle Tabellenblätter in den geöffneten Arbeitsmappen.
[⇧]+[F9]	Berechnet das aktive Tabellenblatt.

Markieren von Tabelleninhalten und Arbeit mit der Zwischenablage	
[Strg]+[A]	Markiert das gesamte Tabellenblatt. Enthält das Tabellenblatt Daten, wird mit der Tastenkombination der aktuelle Bereich markiert. Drücken Sie die Tastenkombination zweimal hintereinander, um den aktuellen Bereich und die zugehörigen Zusammenfassungszellen zu markieren. Drücken Sie die Tastenkombination dreimal, um das gesamte Tabellenblatt zu markieren.

Markieren von Tabelleninhalten und Arbeit mit der Zwischenablage	
Strg+C	Kopiert die markierten Zellen in die Zwischenablage. Drücken Sie die Tastenkombination zweimal, um die Zwischenablage anzuzeigen.
Strg+V	Fügt den Inhalt der Zwischenablage an der Position, an der sich die Einfügemarke befindet, ein. Eine mögliche Auswahl wird dabei ersetzt.

A.3 PowerPoint

Markieren und Formatieren von Objekten	
Strg+A	alle Elemente auf einer Folie markieren
Esc	Aufheben der Markierung
⇆	Markierung des nächsten Elements
⇧+⇆	Markierung des vorherigen Elements
Strg+⇧+.	Vergrößern der Schriftart
Strg+⇧+,	Verkleinern der Schriftart

Umgang mit der Präsentation	
Strg+S	Speichern der Präsentation
Strg+M	eine neue Folie einfügen
Strg+D	Duplizieren eines markierten Elements
Strg+⇧+D	Duplizieren einer ganzen Folie
Strg+Z	den letzten Schritt rückgängig machen
F4	Wiederholen eines Befehls
Strg+F	Suchen nach Text, Formatierungen oder besonderen Elementen
Strg+H	Ersetzen von Text, Formatierungen oder besonderen Elementen

Bildschirmpräsentation	
F5	Starten der Show von der ersten Folie an
Esc	Beenden der Show
Foliennummer + ↵-Taste	Sprung zur Folie <Foliennummer>
B	Anzeigen eines schwarzen Bildschirms und Zurückkehren vom schwarzen Bildschirm zur Präsentation
W	Anzeigen eines weißen Bildschirms und Zurückkehren vom weißen Bildschirm zur Präsentation

Textformatierung	
Strg+⇧+P oder Strg+T	Öffnen des Dialogfelds zur Zeichenformatierung
⇧+F3	Wechsel zwischen Groß- und Kleinschreibung
Strg+⇧+F	fett
Strg+⇧+U	unterstrichen
Strg+⇧+I	kursiv
Strg++	tiefgestellt (automatisches Anpassen des Schriftgrads)
Strg+⇧++	hochgestellt (automatisches Anpassen des Schriftgrads)
Strg+Leer	Entfernen manueller Zeichenformatierungen
Strg+L	linksbündig
Strg+R	rechtsbündig
Strg+E	zentriert
Strg+J	Blocksatz

A.4 Outlook

Markieren und Formatieren von Objekten	
Strg+1	Wechseln zu E-Mail
Strg+2	Wechseln zu Kalender
Strg+3	Wechseln zu Kontakte
Strg+4	Wechseln zu Aufgaben
Strg+5	Wechseln zu Notizen
Strg+6	Ordnerliste anzeigen
Strg+7	Wechseln zu Verknüpfungen
Strg+8	Wechseln zu Journal
F9	E-Mails empfangen und senden
F6	Wechseln zwischen den Outlook-Fenstern
F3 oder Strg+E	Feld *Suchen* wird aktiviert
Strg+⇧+M	neue E-Mail
Strg+⇧+N	neue Notiz
Strg+⇧+A	neuer Termin
Strg+⇧+L	neue Kontaktgruppe
Strg+⇧+C	neuer Kontakt
Strg+⇧+H	Erstellen eines neuen Office-Dokuments
Strg+⇧+I	Wechseln zu Posteingang
Strg+⇧+O	Wechseln zu Postausgang
Strg+.	Wechseln zur nächsten Nachricht
Strg+,	Wechseln zur vorherigen Nachricht

Im Kalender	
Alt+0	Anzeigen von acht Tagen im Kalender
Alt+1	Anzeigen von einem Tag im Kalender
Alt+2	Anzeigen von zwei Tagen im Kalender
Alt+3	Anzeigen von drei Tagen im Kalender
Alt+4	Anzeigen von vier Tagen im Kalender
Alt+5	Anzeigen von fünf Tagen im Kalender
Alt+6	Anzeigen von sechs Tagen im Kalender
Alt+7	Anzeigen von sieben Tagen im Kalender
Alt+8	Anzeigen von acht Tagen im Kalender
Alt+9	Anzeigen von neun Tagen im Kalender
Alt+↑	Wechseln zur vorherigen Woche
Alt+↓	Wechseln zur nächsten Woche
Alt+Bild ↑	Wechseln zum vorherigen Monat
Alt+Bild ↓	Wechseln zum nächsten Monat
Alt+Pos 1	Wechseln zum Anfang der Woche
Alt+Ende	Wechseln zum Ende der Woche
Strg+G	Wechseln zu einem Datum

F

G

H

I

K

Q

R

S

T